政府采购救济

争议处理

实务指引与案例分析

杭正亚/著

Government Procurement Relief Dispute Settlement
Practical Guidance and Case Analysis

法律出版社 LAW PRESS·CHINA

PREFACE

序·言

齐玄江*

刚来《中国政府采购报》不久，就听到政府采购领域流传的两个段子，一个是："孤独站在这舞台，就是听不见掌声响起来"；另一个是："辛辛苦苦十几年，一夜回到解放前"。政府采购一百个项目，做对做好了九十九个，只要有一个做得不好，就会引起社会广泛关注，甚至引起社会诟病，政采人百般委屈都在这两个段子里展现出来。可以看出，政府采购对政府公信力的影响极大。对"那个"没有做好的项目进行分析，不难发现，个别项目确实存在"暗箱操作"牟取私利的现象，但大多数却是由于政采从业人员对政府采购的法律法规体系理解把握不到位而造成的无心之失。

杭正亚律师是《中国政府采购报》的忠实读者，也常给《中国政府采购报》投稿，算是业内的朋友。他对政府采购争议处理有着丰富的实践经验以及从这经验中总结出来的独特认识。他认为，由于立法上《政府采购法》《招标投标法》两个法律体系存在，天然地不可避免地存在某些冲突与矛盾。再者，执法中监督管理部门的少数越位、错位与缺位的情形，司法中各个争议主体普遍存在的不同观点的碰撞，造成政府采购争议相对于其他领域争议，"同事不同办""同事不同罚""同案不同判"的现象更容易发生，财政部门因政府采购争议处理而败诉的案件数量比起其他行政诉讼败诉的案件数量也较多。

有一次，他对我说，"担任江苏省财政厅法律顾问已经 18 年，代理政府采购行政诉讼案件数十件全部胜诉"。这令我很吃惊，我说，"你为何不把你经历处理的案例都写出来？这无疑可以给广大政采人提供借鉴与参考"。这话才说了没多久，不想他很快就把煌煌两大本书——《政府采购救济争议处理：实务指引与案例分析》《政府采购活动争议处理：实

---

* 齐玄江，《中国政府采购报》总编辑。

务指引与案例分析》（以下简称“两书”）初稿送到了我的案头，并嘱我作序。

当前，深化政府采购制度改革已经全面展开，改革的顶层设计已然绘就，这些方面也无需我来赘言了。我的政采学养、理论与实践都非常有限，确实不能够说些什么，只好把书稿认真翻阅几遍，谈点个人的粗浅看法。近年来，全国多家出版社出版了各类政府采购实务方面的书籍，绝大多数关注的是政府采购活动流程的实务，从法律角度专注政府采购争议处理，是两书的一大特色。两书中的许多案例及资料，实际上也是江苏省财政厅政府采购监督管理工作的结晶，两书不仅仅是案例汇集，其触角还延伸到了政府采购机制体制建设的诸多方面，这是两书的又一特色。具体而言，两书有以下三个特点：

一、体系完整、逻辑严密。两书以政府采购争议的法律关系为主线，对政府采购询问、质疑、投诉、监督检查、信息公开、行政处罚、行政复议、行政诉讼中的争议主体、形式、内容，对政府采购招标投标中的招标、投标、开标、评标、中标以及竞争性谈判、询价、单一来源等非招标采购各采购环节的争议处理，从实务处理方面进行了系统全面的总结与探讨，基本囊括政府采购争议的各个方面。两书案例尽管有268个之多，但不是杂乱无章，而是与法律、法规和行政规章的相关规定及操作实务内容形成严密的体系。

二、内容翔实、注重实务。两书既概括了法律规定，又介绍了处理的办法，章节内容与案例基本对应，每个案例由关键词、案例要点、案情简介、争议主体的各方意见、处理结果和案例评析几个部分组成，便于政府采购当事人及其争议处理者了解案件全貌，了解其他主体的意见，特别是了解财政部门与法院处理政府采购争议的观点与技巧，给自己今后的工作以借鉴。

三、与时俱进，观点新颖。两书中的案例自然适用当时的法律、法规和行政规章的规定，但作者对现在施行的相关规定也作了介绍，特别是对《民法典》等新法相关规定的介绍，便于读者了解新规定。书中对不同观点进行分析，尽管有些观点可能会有争议，但也是作者的有益探索。同时，两书还结合各章节内容，对财政部先后三批公布的指导案例中新的观点也作了介绍。

总之，两书涵盖了政府采购各阶段基础知识、法律实务、异议处理，可谓政府采购法律风险防范实务的大荟萃。毋庸讳言，两书中某些问题的观点有待商榷，且两书过于偏重实务，理论论述深度不够。但瑕不掩瑜，两书可谓政府采购争议处理方面高质量的实务与案例书籍，既对争议处理实务有指导作用，也有理论与实践意义。

两书或者还有更多的亮点本人未能体会到，此序言也只是抛砖引玉。我相信，两书的价值广大政采人读过后会有更多体会。

2020年8月28日于北京

PREFACE 前·言

本书是公共采购系列丛书第一册，与《政府采购活动争议处理：实务指引与案例分析》为姊妹篇。

公共采购包括，适用《政府采购法》《政府采购法实施条例》为体系的法律、法规、行政规章、规范性文件处理的采购，适用《招标投标法》《招标投标法实施条例》为体系的法律、法规、行政规章、规范性文件处理的采购。为便于读者对有关问题的了解，特说明如下：

一、对几个概念的说明

（一）政府采购争议

什么是政府采购争议？对政府采购争议有广义与狭义的理解：广义的政府采购争议，包括在政府采购中发生的，或者因政府采购而引起的一切争议。政府采购争议根据不同的标准进行分类，可以有不同的分类：

一是根据争议类型进行分类，可以分为：行政争议、民事争议、刑事争议；其中绝大多数是行政争议，民事争议、刑事争议并不多见。本书所称政府采购争议，专指政府采购行政争议。

二是根据适用法律进行分类，可以分为：适用《政府采购法》《政府采购法实施条例》为体系的法律、法规、行政规章、规范性文件处理的争议，适用《招标投标法》《招标投标法实施条例》为体系的法律、法规、行政规章、规范性文件处理的争议。本书所称政府采购争议，专指前者。

三是根据采购标的进行分类，可以分为采购货物、服务及非招标投标方式采购工程的争议，招标投标方式采购工程的争议。本书所称政府采购争议，专指前者。

四是根据监督管理部门进行分类，可以分为由财政部门履行监督管理职责的争议以及在发展改革部门指导和协调下由工业和信息化、住房城乡建设、交通运输、水利、商务等部门履行监督管理职责的争议。本书所称政府采购争议，专指前者。

本书所称的政府采购争议，是狭义的政府采购争议，专指在采购货物、服务和非招标投标方式采购工程的政府采购活动中发生的，适用政府采购法律规范体系，依法由财政部门履行监督管理职责的行政争议以及处理该争议而引起其他行政争议，不包括招标投标方式采购工程的行政争议，也不包括民事争议、刑事争议。

（二）政府采购活动争议与政府采购救济争议

对狭义的政府采购争议，还可以分为两大类，第一类是政府采购活动争议，即对采购文件、采购过程、中标或者成交结果相关事项的争议，对招标投标、竞争性谈判、竞争性磋商、询价、单一来源采购活动的争议；第二类是政府采购救济争议，即对政府采购争议处理活动等相关事项而引起的争议，如对政府采购项目提出的质疑、投诉不予受理，对非政府采购项目质疑、投诉予以受理，对政府采购处理形式、处理主体、处理内容的争议，对政府采购质疑、投诉、监督检查、行政处罚等相关事项而引起的争议。

为了叙述的方便，也便于读者更好地了解政府采购争议及其处理，本书将上述第二类争议，即对政府采购争议处理行为等相关事项而引起的争议，作为第一本书，第一本书的上篇“政府采购争议的四要素”，实际上是两本书的总则部分，讨论的内容是从政府采购救济活动中总结出政府采购争议的四要素，下篇“政府采购救济争议”，讨论内容是对质疑答复、投诉处理、监督检查处理、行政复议决定、行政判决等提出的异议。将上述第一类争议，作为第二本书。两本书都能自成相对完整的体例。当然，上述争议事项分书出版，仅是从体例上系统叙述，不排除案例中的多个争议事项，同时涉及政府采购活动与政府采购救济。

二、有关法律、法规、行政规章的简称

为叙述的方便，又鉴于个别不同时间施行的行政规章名称相同而条款、内容不同，本书部分内容对部分常用法律、法规、规章、规范性文件简称如下：

名称	简称
中华人民共和国政府采购法	政府采购法
中华人民共和国预算法	预算法
中华人民共和国招标投标法	招标投标法

续表

名称	简称
中华人民共和国行政诉讼法	行政诉讼法
中华人民共和国行政复议法	行政复议法
中华人民共和国政府采购法实施条例	政府采购法实施条例
中华人民共和国招标投标法实施条例	招标投标法实施条例
中华人民共和国行政复议法实施条例	行政复议法实施条例
政府采购货物和服务招标投标管理办法（财政部令第 18 号）	财政部令第 18 号
政府采购货物和服务招标投标管理办法（财政部令第 87 号）	财政部令第 87 号
政府采购信息公告管理办法（财政部令第 19 号）	财政部令第 19 号
政府采购信息发布管理办法（财政部令第 101 号）	财政部令第 101 号
政府采购供应商投诉处理办法（财政部令第 20 号）	财政部令第 20 号
政府采购质疑和投诉办法（财政部令第 94 号）	财政部令第 94 号
中华人民共和国民法通则	民法通则
中华人民共和国民法总则	民法总则
中华人民共和国民事诉讼法	民事诉讼法
中华人民共和国公司法	公司法
中华人民共和国合同法	合同法
中华人民共和国行政处罚法	行政处罚法
中华人民共和国行政许可法	行政许可法
中华人民共和国监察法	监察法
中华人民共和国行政强制法	行政强制法
中华人民共和国国家赔偿法	国家赔偿法

三、有关案例的说明

书中案例绝大部分都是从“中国裁判文书网”等网站中获得的相应法律文书，然后根据在书中具体部分内容的主题，选择相应的内容进行编写，突出了与书中该部分主题相关的内容，简略或者删除了与主题无关的内容。尽管法律文书中对相关主体的身份信息是予以披露的，出于众所周知的考虑，案例中隐去了部分主体的相关信息。对少数案例中的政府采购监督管理部门的错误，适用《政府采购法》或《招标投标法》的错误，将投标无效、中标或者成交结果无效、废标等概念混淆，将竞争性谈判、竞争性磋商、询价、单一来源采购统称为招标投标等，笔者是持有异议的，但为了尊重法律文书及其叙述的事实，只在本书讨论该问题的相关章节提出异议与讨论，在其他章节都按原状叙述，只在个别案例评析中略作评论。

四、本书适合的读者

本书着重对政府采购救济的实务与案例进行了探讨与分析，尤其适合政府采购监督管理部门中的监管工作人员，采购人及其采购代理机构中的处理政府采购质疑答复的工作人员，为供应商质疑、投诉、申请行政复议、提起行政诉讼的工作人员与律师。同时，对在政府采购活动中直接从事招标、竞争性谈判、竞争性磋商等一线工作人员也有帮助，以正确识别政府采购项目、政府采购争议，防范质疑、投诉和检举、控告等风险；对供应商公司中从事投标、响应等工作的员工也能借鉴，以正确行使质疑、投诉和检举、控告的权利。

CONTENTS

目·录

上·篇 政府采购争议的四要素

第一章 CHAPTER 01 政府采购中发生或因政府采购救济而引起

第二章
CHAPTER 02
争议及其处理的形式

第四章
CHAPTER 04
争议事项与请求及其处理的内容

下·篇 政府采购救济争议

第一章
CHAPTER 01
因质疑答复行为而引起的争议

第二章
CHAPTER 02
因投诉处理行为而引起的争议

案例索引

上·篇　政府采购争议的四要素

第一章　政府采购中发生或因政府采购救济而引起

第二章　争议及其处理的形式

第三章　争议及其处理的主体

第四章　争议事项与请求及其处理的内容

下·篇　政府采购救济争议

第一章　因质疑答复行为而引起的争议

第二章　因投诉处理行为而引起的争议

第六章　行政复议行为的争议事项

第七章　因诉讼活动产生的争议事项

文书索引

上·篇

政府采购争议的四要素

要正确处理政府采购争议，首先要正确区分政府采购争议与其他争议的界限。不弄清政府采购争议与其他争议之间的界限，作为供应商，就有可能质疑、投诉走错门，甚至还有律师事务所在法律服务的招标活动中也因认识模糊，向采购人或者采购代理机构提出“异议”，而不是提出引起法定救济程序的“质疑”；作为采购人或者采购代理机构，就可能因错误答复造成不良影响；作为监管部门，就可能立错案，形成法律风险。因此，正确区分政府采购争议与招标投标等非政府采购争议的界限，对供应商来说是认准方向，对采购人或者采购代理机构是把好大门，对监管部门来说是正确履职。

如何正确区分政府采购争议，应当从政府采购争议的四要素进行分析，就能形成金睛火眼，透过现象看本质，避免将不属于政府采购争议的事项，当作政府采购争议来处理；同时避免将属于政府采购争议的事项，误认为不是政府采购争议而拒之门外。政府采购争议的四要素是指：政府采购中发生或因政府采购救济而引起，政府采购争议的形式，政府采购争议的主体，政府采购争议的内容。

CHAPTER 01

第一章

政府采购中发生或因政府采购救济而引起

什么是政府采购？《政府采购法》第二条规定，“政府采购，是指各级国家机关、事业单位和团体组织，使用财政性资金采购依法制定的集中采购目录以内的或者采购限额标准以上的货物、工程和服务的行为”。由于《政府采购法》规定过于原则，对是否属于政府采购，也会产生许多争议，争议焦点主要有：采购主体是否属于各级国家机关、事业单位和团体组织采购？资金来源是不是财政性资金？采购项目范围是不是依法制定的集中采购目录以内的或者是采购限额标准以上的？采购对象是否是货物和服务采购，是不是建设工程采购？采购形式是否以签订合同形式有偿取得？等等。

第一节 采购主体：是否属于各级国家机关、事业单位和团体组织

根据《政府采购法》第二条、第十五条规定，政府采购的主体，只能是依法进行政府采购的各级国家机关、事业单位和团体组织。在政府采购的实践中，国家机关通常包括各级党委机关、国家权力机关、国家行政机关、国家监察机关、国家审判机关、国家检察机关等；事业单位通常包括国家机关依法设立的从事某种公共职能的社会组织，包括财政全额拨款的事业单位、差额拨款事业单位、自筹经费事业单位，一般以中心、会、所、站、队、院、社、台、宫、馆等字词结尾；团体组织通常包括各级总工会、共青团、妇联，各民主党派、

工商联以及依法设立的从事某种社会活动的社会团体。

在政府采购实践中，对采购主体最容易混淆的是将国有企业实施政府公益项目的采购行为作为政府采购来处理。国有企业经常为了实施政府公益项目，而使用最终由财政承担的资金，采用或者参照政府采购程序，委托集中采购代理机构采购，这些项目经常被当作政府采购项目来对待，并按照政府采购的质疑、投诉程序处理相关争议。争议处理后，不服的一方就以采购主体不符合、不是政府采购、财政部门无权处理为由而申请复议或者提起诉讼。实践中对该问题的认识，经常各执一词，产生冲突。

【案例 1[1]】国有独资企业实施政府项目、有财政资金投入、代表教育行政机关采购，对该项目投诉，财政部门应当受理吗

关 键 词：采购主体/国有企业/代表行政机关采购/逃避监管

案例要点：国有企业不论其资金来源、项目范围、采购标的、采购形式等是否类似于政府采购，或者按照、参照政府采购程序实施，发生争议都不能作为政府采购质疑、投诉来处理。如有逃避政府采购监管的事实，应当通过监督检查来追究相关责任。如对招标投标活动有异议，应当按照《招标投标法》提出异议、投诉，由法定监督机关实施监督。

招标、质疑、投诉、复议情况

2017 年 12 月 19 日，原告参与招标人广西德元工程项目管理有限责任公司（以下简称“德元公司”）组织的钦州市钦北区义务教育均衡发展项目多媒体（一体机）采购及安装（第二十二标）采购项目（以下简称“该项目”）的采购竞标，2017 年 12 月 29 日对中标结果提出质疑，后又对质疑回复不满意，向钦州市钦北区财政局进行投诉。钦北区财政局审查认为，原告的投诉事项不成立，于 2018 年 3 月 1 日作出投诉处理决定，驳回投诉。

原告不服，向钦州市财政局申请行政复议。该局审查认为，根据《政府采购法》第二条第二款的规定，钦州皇马城市发展投资有限公司（以下简称“皇马投资公司”）为国有企业，不属政府采购主体，其采购行为不属政府采购活动而属企业采购行为，依法不属《政府采购法》调整的范畴，不属钦北区财政局政府采购监管的范围，其作出的政府采购投诉处理决定适用依据错误和超越职权。据此，钦州市财政局于 2018 年 7 月 5 日作出行政复议决定，撤销了钦北区财政局作出的政府采购投诉处理决定。

---

1 案例来源：（2018）桂 0703 行初 39 号。

原告诉求及观点

原告不服钦州市财政局作出的复议决定，于2018年8月20日向广西壮族自治区钦州市钦北区人民法院（以下简称“钦北区法院”）提起行政诉讼。原告认为：

1. 钦州市财政局作出的行政复议决定认定事实错误。（1）认定该项目不是政府采购项目错误。根据钦州市人民政府办公室《关于印发钦州市加快推进县域义务教育均衡发展工作实施方案的通知》（钦政办〔2017〕4号）第五点可以看出，义务教育均衡发展是政府义不容辞的责任，各级教育行政部门和义务教育学校作为主要责任人对义务教育均衡发展的投入依靠的主要是财政资金，其采购的设备、设施当然要进行政府采购，因而该案涉及的采购是政府采购项目。

（2）采购人皇马投资公司表面是国有企业，实质由设在钦北区财政局内的事业单位钦州市钦北区国有资产经营管理中心（以下简称“钦北国资管理中心”）控制。该中心全资控股钦州皇马资产经营集团有限公司（以下简称“皇马集团”）和钦州市钦北区清源供水有限责任公司两家国企，皇马投资公司是皇马集团的全资控股公司。皇马投资公司实质是代表钦北区财政局行使职能。该案涉及采购项目通过皇马投资公司采购，是规避政府采购监管，钦州市财政局简单认定该采购行为是国有企业的自主行为而不是政府采购行为错误。

（3）皇马投资公司是代表钦北区教育行政机关动用财政资金实施的政府采购行为。该案涉及的采购项目，实质是行政机关进行的政府采购，而不是企业自主采购行为。皇马投资公司是代表本应由钦北区教育行政主管部门实施的采购行为，按《政府采购法》规定应当纳入政府采购法监管范围。

2. 钦州市财政局作出的行政复议决定适用法律错误。根据《政府采购法》的规定，钦北区财政局作为监管主体，应该对该案涉及的采购项目的采购行为实施监督，而不是超越职权。钦州市财政局作为复议机关，以超越职权为由排除钦北区财政局的监管职责，最终导致原告在本次的采购项目中受到不公正的评分待遇不能中标。

据此，钦州市财政局作出的行政复议决定存在认定事实错误，适用法律错误。请求：（1）判决撤销钦州市财政局作出的行政复议决定；（2）责令钦州市财政局重新作出复议决定。

被告答辩及观点

钦州市财政局辩称：1. 原告要求撤销钦州市财政局作出的行政复议决定理由不成立。（1）政府采购是一种法定的采购制度，采购主体、资金性质、集中采购目录以内或者采购限额标准以上三个要素必须同时满足《政府采购法》第二条第二款的规定。根据该规定，政府采购的主体是各级国家机关、事业单位和团体组织。采购人皇马投资公司属国有独资公司，系企业法人，不属于符合法律规定的政府采购主体。根据《政府采购法》第六条和第三十三条规定，部门预算的审批，按预算管理权限和程序进行。根据《政府采购法实施条例》第二十九条的规定，采购人皇马投资公司不属于钦北区本级预算部门，不需要编制年度财政预算，不需要向财政部门报政府采购计划，其采购行为不属政府采购。

（2）原告以义务教育均衡发展属政府项目、有财政资金投入，采购人皇马投资公司由钦北国资管理中心控制，采购人皇马投资公司是代表钦北区教育行政机关采购三个理由均不能证明采购人皇马投资公司的采购行为符合《政府采购法》第二条第二款的规定，认定是否属于政府采购行为，原告单凭属政府项目、有财政资金投入、采购人属国企或者采购人是代表教育行政机关采购就认为属于政府采购是错误的。采购主体、资金性质、集中采购目录以内或者采购限额标准以上三个条件必须同时满足才符合政府采购的法定条件，故原告诉请理由不成立。

2. 钦州市财政局作出的行政复议决定复议主体适格、复议程序合法、查明事实清楚、适用法律正确。钦州市财政局撤销钦州市钦北区财政局作出的《政府采购投诉处理决定书》事实清楚，适用法律正确。经复议查明：该项目由采购人皇马投资公司委托德元公司开展采购活动的。采购人皇马投资公司具有企业法人资格,属国有企业。钦州市财政局根据《政府采购法》第二条第二款的规定，认定采购人皇马投资公司不属政府采购主体，其采购行为不属政府采购活动，依法不属《政府采购法》调整的范畴，不属钦北区财政局按照《政府采购法》监管的范围，钦北区财政局作出的《政府采购投诉处理决定书》适用依据错误，也超越职权。根据《行政复议法》第二十八条第一款第（三）项第 2 目、第 4 目的规定，被告撤销钦北区财政局所作出的政府采购投诉处理决定符合法律规定。请求人民法院依法予以维持，驳回原告的诉讼请求。

法院裁判及观点

法院认为，该案涉及采购项目是由皇马投资公司委托德元公司开展的采购活动，皇马投资公司属国有企业，双方当事人在庭审时对该事实没有异议。该案的争议焦点主要是，该案涉及的采购项目是否属于政府采购项目并应纳入政府采购监管范围。根据《政府采购法》第二条第二款的规定，该案涉及的采购项目的采购人系皇马投资公司，采购代理机构为德元公司，涉案采购行为并非《政府采购法》明确规定的政府采购项目，钦北区财政局作出的政府采购投诉处理决定适用依据错误超越职权。据此，钦州市财政局根据《行政复议法》第二十八条第一款第（三）项的规定，作出的撤销钦北区财政局作出的政府采购投诉处理决定的行政复议决定，认定事实清楚，程序合法，适用法律法规正确。

对原告提出，皇马投资公司是由作为事业单位的钦北国资管理中心出资成立，钦北区国有资产管理中心又属于钦北区财政出资的，而主张采购人皇马投资公司实质是代表钦北区财政局行使职能，该案涉及采购项目通过皇马投资公司采购，实质是行政机关进行的政府采购，而不是企业自主采购行为，是规避政府采购监管，钦北区法院认为，从主体条件来看，涉案采购项目的采购人皇马投资公司系国有企业，并非《政府采购法》第二条第二款规定的采购主体即国家机关、事业单位和团体组织。从资金条件看，根据《公司法》《企业国有资产法》等规定，国有企业属于企业法人，其成立不仅需要满足企业法人的特殊要求，财务制度亦与各级国家机关、事业单位和团体组织存在明显不同，其在企业运营中使用的采购相关产品的资金不纳入国家财政预算管理。因此，该案涉及的采购项目不属于政府采购项目，不适用《政府采购法》的规定，也不应列入政府采购监管范围。即使如原告所称，该案涉及的采购项目资金来源由采购人皇马投资公司向金融机构贷款，并由钦北区财政局或钦北区政府为贷款提供担保，也改变不了采购人采购项目资金来源的非财政性资金性质的事实。

综上所述，钦州市财政局作出的行政复议决定，事实清楚，证据充分，程序合法，适用法律法规正确，原告诉请撤销理由不成立。法院依照《行政诉讼法》第六十九条的规定，判决驳回原告的诉讼请求。

案例评析 CASE ANALYSIS

1. 该项目的实际采购主体究竟是不是国家机关、事业单位或者团体组织

原告认为，采购人皇马投资公司表面是国有企业，实质由设在区财政局内的事业单位区国有资产经营管理中心全资控股，“代表钦北区财政局行使职能”，“代表钦北区教育行政机关动用财政资金实施的政府采购行为”。这是不能成立的，一是从投资关系看，钦北区国有资产管理中心即使由钦北区财政出资，但该中心直接投资的是皇马集团，皇马集团再投资皇马投资公司，不能视为财政直接投资的企业；二是原告主张皇巴公司代表财政部门行使职能、代表教育部门实施政府采购，没有任何事实与法律依据，从原告的主张及判决书认定的事实，对照法律规定，都没有任何根据。所以，该项目实际采购主体是国有企业而不是国家机关、事业单位或者团体组织。

2. 该项目是否属于政府采购，财政部门应否受理投诉

鉴于采购人皇马投资公司是国有企业，不属于钦北区本级预算部门，该项目不符合《政府采购法》第二条所规定的政府采购调整的范围，也不需要根据《政府采购法实施条例》第二十九条向财政部门报政府采购计划，其采购行为不属政府采购，也不属钦北区财政局按照《政府采购法》监管的范围。因此，钦北区财政局受理该项目投诉超越了自己的职权，钦州市财政局撤销钦北区财政局投诉处理决定是正确的。

3. 该项目由国有企业采购是否规避政府采购监管

原告认为，该项目应当纳入《政府采购法》规定的监管范围，通过国有企业采购是规避政府采购监管。从原告主张与判决认定的事实，还没有这方面的根据。即使是逃避政府采购监管，对该项目的投诉财政部门还是不能受理，确实发现存在逃避政府采购监管的事实，应当依法进行监督检查。

第二节 资金来源：是否属于财政性资金

政府采购的资金来源是财政性资金。什么是财政性资金？有以下几个判定标准：

一是纳入预算管理的资金。根据《政府采购法实施条例》第二条的规定,《政府采购法》第二条所称财政性资金是指纳入预算管理的资金。2002 年 6 月 29 日《政府采购法》颁布时，预算外资金规模占不少比例，主要有政府批准的各类收费或者基金等，还有事业单位和团体组织的自有收入。随着行政事业性收费等政府非税收入实行“收支两条线”，逐步将未纳入财政预算管理的行政事业性收费纳入财政预算管理，预算外资金规模进一步缩小。从 2011 年 1 月 1 日开始，逐步全面取消了预算外资金。

二是以财政性资金作为还款来源的借贷资金。根据《政府采购法实施条例》第二条的规定，视同财政性资金。

三是使用财政性资金的混合资金。《政府采购法实施条例》第二条规定，国家机关、事业单位和团体组织的采购项目既使用财政性资金又使用非财政性资金的，使用财政性资金采购的部分，适用《政府采购法》及《政府采购法实施条例》；财政性资金与非财政性资金无法分割采购的，统一适用《政府采购法》及《政府采购法实施条例》。

实践中争议比较大的是，事业单位使用自筹资金、自有资金、受赠资金进行采购的，该资金究竟属不属于财政性资金？

财政部、中国人民银行 2001 年 2 月 28 日《政府采购资金财政直接拨付管理暂行办法》第二条规定：“政府采购资金是指采购机关获取货物、工程和服务时支付的资金，包括财政性资金（预算资金和预算外资金）和与财政性资金相配套的单位自筹资金。”“预算资金是指财政预算安排的资金，包括预算执行中追加的资金。”“预算外资金是指按规定缴入财政专户和经财政部门批准留用的未纳入财政预算收入管理的财政性资金。”“单位自筹资金是指采购机关按照政府采购拼盘项目要求，按规定用单位自有资金安排的资金。”

2012 年 4 月 1 日起施行的《事业单位财务规则》（财政部令第 68 号）对事业单位预算

作出明确规定，根据该规则第六条规定，事业单位预算是指事业单位根据事业发展目标和计划编制的年度财务收支计划，由收入预算和支出预算组成。该规则第十六条规定，事业单位应当将各项收入全部纳入单位预算，统一核算，统一管理。该规则第二十条规定，事业单位应当将各项支出全部纳入单位预算，建立健全支出管理制度。该规则第二十五条规定，事业单位应当严格执行国库集中支付制度和政府采购制度等有关规定。据此可见，事业单位的各项收入与支出都要纳入单位预算，严格执行政府采购制度。

在政府采购领域对财政性资金认定错误的情形主要有：

一、将非财政拨款资金视为非财政性资金而不适用《政府采购法》

事业单位购买货物、服务采购采用公开招标方式采购的，如果使用该单位自有资金，经常被认为因资金来源不是“财政拨款资金”，就不属于“财政性资金”，不需纳入政府采购管理范围。这种看法是错误的。在出现质疑、投诉时，如果采购人或者采购代理机构坚持认为资金来源不是财政性资金，应当由其举证该资金没有纳入预算管理。有人为了尽快“过关”，经常由采购人出具资金来源是单位自有资金而不是财政性资金的证明，该证明材料在证据种类上只能视为当事人陈述，证据效力不高。

有的财政部门提出，如果该单位上一级预算管理部门出具证明材料，证明未纳入预算管理，且有充分证据证明确有某一合法原因未纳入预算管理，可以不认定为“财政性资金”。但从实践看，事业单位上一级预算部门一般是不愿意为其出具而承担风险的。对该类问题，财政部门应当认真审查，才能较好地把好纳入与不纳入政府采购管理范围的关口。

【案例2[1]】事业单位招标采购货物，未使用财政拨款资金，是否应当适用《政府采购法》，财政机关应否受理该投诉

关 键 词：财政性资金/事业单位自有资金/非财政性拨款

案例要点：国家机关、事业单位和团体组织即使未直接使用财政拨款，通过公开招标方式采购货物与服务，如无证据证明未纳入预算管理，都应当属于政府采购范围，适用《政府采购法》而不应当适用《招标投标法》。

招标、质疑情况

2016年11月25日，徐州某招标有限公司（以下简称“招标公司”）在江苏政府采购网发布某医院一次性无菌换药包、护理包项目的公开招标采购信息。2016年12月16日，

1 案例来源：苏财购〔2017〕13号。

招标公司组织了该项目的公开招标，确定了江苏华中医疗器械有限公司为中标候选人，并于2016年12月16日予以公告。

2016年12月19日，新乡市众信医疗器械有限公司（以下简称“众信公司”）向招标公司提出质疑，认为此次招标采购项目未完全适用《政府采购法》。招标公司在2016年12月27日作出答复，认为此项目资金来源于某医院自有资金，不属于财政性资金，故此次招标活动不属于政府采购范畴，应适用招投标有关法律规定。

投诉处理情况

众信公司对质疑答复不满意，于2017年1月16日投诉至江苏省财政厅（以下简称“省财政厅”）。众信公司投诉称，该项目公告及招标文件中都是按照《政府采购法》相关规定，对项目进行相关采购，但质疑回复中说又适用于《招投投标法》，招标公司前后说法不一致，显然是对我公司提出的质疑敷衍了事。本次招标文件完全按照《政府采购法》进行，现在招标公司又提出适用与招投标有关法律规定，是违法行为。

省财政厅经审查，认为招标文件中显示该项目所适用法律为《政府采购法》，招标公司作出的质疑答复中表示，该项目资金来源于某医院自有资金，不属于财政性资金，故本次招标不属于政府采购范畴。适用招投标有关法律规定。招标公司的答复，确有与招标文件不一致的情况。

省财政厅在调查取证的过程中，采购人某医院于2017年3月16日提供该项目的采购合同，并表示该项目已经暂停，没有履行。某医院提出该项目的资金来源不是财政资金，不属于政府采购项目，并提供某医院的主管部门证明该项目资金来源不属于财政拨款资金的材料。众信公司在补正材料中引用《事业单位财务规则》（财政部令第68号）第十六条、第二十条规定，认为“事业单位的各项收入和各项支出应当全部纳入预算统一管理，统一核算”。

省财政厅另查明，招标公司在江苏政府采购网上发布了该项目的招标公告和中标公告，未从政府采购评审专家库中抽取评审专家。

省财政厅认定，招标公司和采购人不能提供该项目的资金不属于《政府采购法实施条例》第二条所称“财政性资金”的证明，也不能提供该项目不属于《政府采购法》第二条第二款所称“政府采购”的证明。该项目未依照《政府采购法实施条例》第三十九条的规定从政府采购评审专家库中随机抽取评审专家。综上，该项目的采购过程存在违法行为。省财政厅决定：撤销该项目的采购合同，责令某医院重新开展采购活动。

案例评析

CASE
ANALYSIS

1. 资金来源不属于财政拨款资金不能当然认定为非财政性资金

某医院和招标公司提出，此项目资金来源于某医院自有资金，“来源不是财政资金，不属于政府采购项目”，并且某医院提供其主管部门证明该项目资金来源不属于财政拨款资金的材料。财政性资金包括纳入预算管理的资金、视同为财政性资金的将其作为还款来源的借贷资金以及使用财政性资金的混合资金。根据财政部、中国人民银行 2001 年 2 月 28 日《政府采购资金财政直接拨付管理暂行办法》第二条之规定，政府采购资金包括财政性资金和与财政性资金相配套的单位自筹资金。对于事业单位而言，其各项收入与支出都应当纳入单位预算，应当严格执行政府采购制度。如果某医院所用资金纳入了预算管理，或者该资金是与财政性资金相配套的自筹资金，或者在采购时既使用了财政性资金又使用了自有资金，那么该笔自有资金也属于财政性资金，而不能仅以其来源是不是财政拨款资金而定论。根据《事业单位财务规则》的有关规定，事业单位应当将各项收入全部纳入单位预算，统一核算，统一管理，应当严格执行国库集中支付制度和政府采购制度等有关规定。尽管该项目中，某医院使用的不是财政拨款资金，也不能就认定为不属于财政性资金。

2. 该项目采购应当适用《政府采购法》，财政机关应当受理该投诉

该项目的采购人某医院是事业单位，招标公司发布的招标项目公告及招标文件注明是按照《政府采购法》相关规定执行的，其无法提供该项目的资金不属于“财政性资金”的证明，也不能提供该项目不属于《政府采购法》第二条第二款所称“政府采购”的证明。鉴于此，该项目应当属于《政府采购法》第二条所规定的政府采购，应当适用《政府采购法》及相关实施条例。根据《政府采购法》第十三条的相关规定，江苏省财政厅具有对该政府采购活动的监督管理职责。根据调查核实，该项目未从政府采购评审专家库中抽取评审专家，采购过程确实存在违法行为。因此，省财政厅作出撤销该项目的合同，重新开展采购活动的处理决定是正确的。

二、将纳入单位预算的资金视为非财政性资金而不适用《政府采购法》

根据《预算法》第六条、第七条、第八条规定，中央一般公共预算包括中央各部门（含直属单位，下同）的预算和中央对地方的税收返还、转移支付预算；地方各级一般公共预算包括本级各部门（含直属单位，下同）的预算和税收返还、转移支付预算；各部门预算由本部门及其所属各单位预算组成。可见，单位预算是各部门预算的组成部分，各部门预算又是公共预算的组成部门。将单位预算不视为预算管理的观点是错误的，《政府采购法实施条例》第二条所规定的“预算管理”并未将“单位预算”排斥在外。但是，该条例是 2015 年 3 月 1 日起施行的，对于此前政府采购活动并无溯及以往的效力。

【案例3[1]】《政府采购法实施条例》施行前，事业单位使用自有资金采购，项目被投诉，财政部门能受理吗

关 键 词：财政性资金/事业单位/自有资金/法不溯及以往

案例要点：《政府采购法实施条例》施行前，事业单位使用自有资金采购不作为政府采购对待；该条例施行后，则作为政府采购对待。

招标、质疑、投诉、复议情况

2014年4月，广州市广播电视台（以下简称“市广电台”）委托广东华鑫招标采购有限公司（以下简称“华鑫公司”）就市广电台广州国际媒体港电视工艺节目传输系统项目（以下简称“该项目”）公开招标。《招标文件》总则第一款第一项“适用主要法律”要求“本项目的采购人、投标人、招标采购代理机构及有关当事人均适用《政府采购法》及财政部和地方有关法律、法规”。第三项“资金来源”明确“本项目已获得有关部门的批准，资金为自筹资金”。

经开标评审，2014年5月8日，华鑫公司向北京某公司发出《中标通知书》，确定北京某公司在该项目中标。2014年8月21日，华鑫公司发布该项目中标结果变更公告，公告称因北京某公司技术验收不合格，不符合《招标文件》要求，由本次采购项目第二中标候选人替补中标。北京某公司认为本次采购项目的采购文件、采购过程及结果变更公告损害其利益，遂向华鑫公司、市广电台提出质疑。华鑫公司、市广电台对质疑进行答复。

北京某公司对答复不满，后向广州市财政局（以下简称“市财政局”）进行投诉。2014年11月13日，市财政局作出投诉处理决定，告知北京某公司该项目不属于政府采购，因此该局不是该项目的法定监管部门，该项目招标涉及的招标文件内容、招标过程、中标结果是否存在违规和损害投诉人合法权益的情形，建议投诉人依法向有关行政主管部门或有管辖权的人民法院寻求救济。

北京某公司对此不服，向广州市人民政府申请行政复议。2015年3月5日，广州市人民政府作出行政复议决定，维持了市财政局的投诉处理决定。

行政诉讼一审情况

北京某公司仍不服，以市财政局为被告，市广电台、华鑫公司为第三人，向广州市天河区人民法院提起诉讼。该院认为：根据《政府采购法》第二条第一款、第二款，第十三条之规定，市广电台使用自筹资金委托华鑫公司公开招标进行采购的行为非政府采购，市

---

1 案例来源：(2015)穗中法行终字第1697号。

财政局的监督管理职责应当限定在政府采购活动上，故市财政局对北京某公司投诉的采购活动并无法定监管职权。市财政局的行为符合《政府采购法》第五十六条之规定，市财政局受理北京某公司的投诉之后，经审查发现其投诉的非政府采购项目，参照该条期限的要求，对其作出涉案投诉处理决定，告知其调查结果并建议其依法向有关行政主管部门或有管辖权的人民法院寻求救济，并无不当。综上所述，依照《行政诉讼法》第六十九条的规定，判决驳回北京某公司的诉讼请求。

上诉人诉求及观点

北京某公司不服一审判决，以市财政局为被上诉人，市广电台、华鑫公司为原审第三人，向广州市中级人民法院提起上诉。该公司上诉称：一审判决认定涉案的采购活动不属于政府采购，缺乏事实和法律依据。判决认定的理由是资金来源为自筹资金，但其引用的法律规定《政府采购法》第二条所称财政性资金，已在《政府采购法实施条例》第二条中明确规定"政府采购法第二条所称财政性资金是指纳入预算管理的资金"。纳入预算管理的资金，不仅是指纳入财政预算的资金，也包括了采购人本部门的预算管理的资金。本案的市广电台作为涉案项目的采购人，其性质为事业单位，必须执行《事业单位财务规则》（财政部令第68号）的规定，即对单位的各项收入及各项支出全部纳入单位预算，统一核算，统一管理，并且严格执行国库集中支付制度和政府采购制度等有关规定。而在执行政府采购制度中，无论资金来源，包括自筹资金，都应当纳入政府采购管理范畴，不存在任何例外情形。因此，一审判决认定该项目不属于政府采购，缺乏事实和法律依据。故北京某公司请求撤销一审判决，并依法改判。

被上诉人答辩及观点

市财政局答辩称：

1. 该项目采购人虽属于事业单位法人，但项目资金来源为自筹资金，属于非财政性资金，根据《政府采购法》第二条的规定，不属于市财政局监督管理范围。

2. 北京某公司适用法律错误。（1）北京某公司引用事后生效法规为依据，违反"法不溯及以往"原则。涉诉采购行为2014年4月发生，北京某公司于2014年9月向市财政局提出投诉，市财政局同年11月作出行政决定。但北京某公司现将2015年3月1日生效的《政府采购法实施条例》作为上诉依据，法律适用不当。（2）北京某公司概念混淆，无视"单位预算管理"和"财政预算管理"的显著区别。并非所有纳入事业单位预算的资金都纳入财政预算管理并由财政预算予以保障。市广电台是自收自支事业单位，经费自理，并非市财政管理的预算单位，市财政对其正常业务无须提供经费保障。虽然该事业单位财务活动应当遵守《事业单位财务规则》，但其自筹资金并非纳入财政预算管理范畴，而是纳入单位预算管理。

3. 市财政局处理决定程序合法。鉴于该项目是利用“广州市政府采购网”信息平台及政府采购代理机构完成招标相关工作的。市财政局经调查发现，该项目资金来源并非财政性资金，市财政局认定该项目不属于《政府采购法》和《政府采购供应商投诉处理办法》调整范围，不适用政府采购投诉处理程序。由于市财政局已启动政府采购投诉受理，且无法定职权处理非政府采购投诉事项，遂对该项目投诉救济途径作出建议和指引，让北京某公司另寻其他救济途径。市财政局的行政行为及程序严格遵循“职权法定”原则，北京某公司主张市财政局行政处理程序违法，是混淆了法律的具体适用范围，片面理解法条规定。综上所述，一审裁判正确，请二审法院驳回北京某公司的诉讼请求。

法院裁判及观点

广州市中级人民法院认为，《政府采购法》第二条第一款、第二款，第十三条以及第五十六条之规定，本案中，市财政局受理北京某公司的投诉后，经审查发现其投诉的为非政府采购项目，故在法定期限内作出处理并书面告知北京某公司，符合上述规定，并无不当。原审法院判决驳回北京某公司诉讼请求处理正确，法院予以支持。北京某公司的上诉请求理由不能成立，不予支持。综上所述，依照《行政诉讼法》第八十九条第一款第（一）项的规定，判决驳回上诉，维持原判。

案例评析 CASE ANALYSIS

1. 在《政府采购法实施条例》施行前使用自有资金采购不适用该条例

在《政府采购法实施条例》出台之前，《政府采购法》仅规定事业单位使用财政性资金依法采购的行为应当定性为政府采购，并未对“财政性资金”作出明确规定，所以不能以此为依据就将市广电台的自筹资金定性为“财政性资金”。另外，根据2012年4月1日起施行的《事业单位财务规则》（财政部令第68号）第六条之规定，事业单位预算是指事业单位根据事业发展目标和计划编制的年度财务收支计划，当时并无法律、行政法规、行政规章明确指明其属于财政性资金。所以，北京某公司以《政府采购法实施条例》作为起诉依据，违反了“法不溯及以往”的原则，市财政局根据《政府采购法》的相关规定在投诉处理决定中将该项目定性为非政府采购是完全正确的。

2.《政府采购法实施条例》实施后再使用自有资金采购，如无证据证明未纳入预算管理，都应当属于政府采购范围

根据《事业单位财务规则》（财政部令第68号）第十六条、第二十条的规定，事业单位的各

项收入和各项支出应当全部纳入预算统一管理。由于《政府采购法实施条例》第二条中明确规定了“政府采购法第二条所称财政性资金是指纳入预算管理的资金”，因此该条例施行后，即使使用自有资金采购，一般也属于政府采购的范围，除非有充分证据证明该资金未纳入预算管理。

3. 将“单位预算管理”排除在“预算管理”之外而否认政府采购的观点值得商榷

在招标采购活动中，经常以采购资金尽管纳入了“单位预算管理”而没有纳入“财政预算管理”为由，进而否认属于政府采购的情形经常发生。这种观点认为：并非所有纳入单位预算管理的资金都纳入财政预算管理，对于自收自支事业单位，因经费自理，并非公共预算管理的预算单位，各级财政对该单位无须提供经费保障。虽然这些事业单位财务活动应当遵守《事业单位财务规则》，但其自筹资金并非纳入财政预算管理，而是纳入单位预算管理。从而，使用该自筹资金进行采购的，不应纳入政府采购管理。笔者认为，这种观点值得商榷。《政府采购法实施条例》第二条规定并未将“单位预算”排斥在该条所规定的“预算管理”之外，如果将事业单位没有使用财政拨款资金的采购不纳入政府采购管理，是违反政府采购方面的法律、法规规定的。

三、将未纳入预算管理的师生伙食费等资金视为财政性资金而适用《政府采购法》

公办学校食堂采购原材料经常采用公开招标的方式，有的学校或者招标代理机构，由于对《政府采购法》的错误理解，在招标文件中完全按照政府采购的方式与程序作出相应规定，在采购过程中也是抽取政府采购评审专家进行评审。发生争议后，又按政府采购质疑、投诉的程序进行。这种做法是违反《政府采购法》相关规定的。

【案例 4[1]】公办学校使用师生伙食费采购食堂原材料，属于政府采购吗，发生争议财政部门应否受理

关 键 词：财政性资金 / 未纳入预算管理 / 师生伙食费

案例要点：使用未纳入预算管理的师生伙食费采购学校食堂原材料，不属于政府采购，财政机关也不应受理对该采购项目的投诉。

招标、质疑、投诉情况

“昆山市部分学校食堂原材料供货商及配送服务商”采购项目（以下简称“该项目”）的采购人为昆山市教育装备与勤工俭学管理办公室，采购代理机构为苏州公正建设咨询房地产评估有限公司（以下简称“公正公司”），昆山某公司为参与投标的七家供应商之一。

2017 年 6 月 30 日公开中标结果后，昆山某公司因认为该次招投标在程序和实体上存

1　案例来源：（2017）苏 05 行终 537 号。

在重大违法，于7月3日向公正公司提出质疑，公正公司于7月19日作出质疑回复。因不满质疑答复，昆山某公司于2017年7月24日向公正公司提出第二次质疑，同日向昆山市财政局递送了投诉函。公正公司于7月28日作出质疑回复，8月3日，昆山某公司向昆山市财政局递交投诉书和依法履职申请书，要求对涉案采购项目中的违法违规行为以及相关责任人员进行调查处理。8月7日，昆山市教育局向昆山市财政局提供该项目资金来源的情况说明，表明该项目资金来源为师生伙食费。根据调查核实的情况及相关规定、办法，昆山市财政局于8月9日作出《答复函》及《投诉资料转送告知函》，认为涉案采购项目的资金来源非财政性资金，该采购不属于政府采购，故昆山某公司的投诉不属于其管辖。

行政诉讼一审情况

昆山某公司对处理决定不服，以昆山市财政局为被告，向江苏省张家港市人民法院提起行政诉讼。该法院认为，昆山市财政局作为一级政府财政部门，具有制定地方财政发展规划，制定年度预算和编制年度决算等主要职责。昆山市财政局在收到投诉书后，经对昆山市教育局关于涉案项目资金来源情况说明进行调查核实，以及对昆山市预算编制管理办法、各级中小学公用经费支出管理办法等规定的查阅，作出涉案采购项目的资金来源非财政性资金，进而对该采购项目的投诉不属于其管辖范畴的答复，应认为其在审查后作出的认定事实清楚、证据充分。昆山市财政局于8月3日收到昆山某公司的投诉，在发现该投诉不属于其管辖后转送有管辖权的部门，于8月9日作出《答复函》及《投诉资料转送告知函》，书面通知投诉人昆山某公司，符合《政府采购供应商投诉处理办法》第十一条第二项的规定。综上所述，昆山市财政局作出的《答复函》及《投诉资料转送告知函》事实清楚、证据充分、适用法律正确、程序合法。一审法院遂依照《行政诉讼法》第六十九条的规定，判决驳回昆山某公司的诉讼请求。

上诉人诉求及观点

昆山某公司不服一审判决，向苏州市中级人民法院（以下简称“苏州中院”）提起上诉称：(1）昆山某公司提供的证据足以表明其参与的系政府采购活动。根据该项目招标文件显示、参加本次采购主体资格审查、招标文件及中标公告、采购代理机构的废标理由等，都是按照政府采购管理制度。昆山市财政局的告知函通知昆山某公司需要补充营业执照等材料，也未向昆山某公司提出本案所涉采购活动不属于政府采购这一事实。(2）仅凭昆山市教育局有关该项目资金来源的情况说明里“资金来源为师生伙食费”这一句话，既不调取相关账户、账册等书证，又不仔细进行询问的情形下，就径直答复昆山某公司本案所涉采购项目使用的资金系非公共财政资金，显然是荒谬的。(3）即使学生的伙食费可能是学生上缴，老师的伙食费也是财政经费支付的，老师的伙食原材料、食堂工作人员的伙食原材料和从事加工的工资费用、食堂的水电等公共开支均系公共财政补贴，从公用经费账户中支出。另外，像爱心学校、残疾人学校等特殊教育的公立学校的食堂原材料供应均系本次政府采购的范围之内，都是公共财政支出。本案中，对于“昆山市部分学校原材料供货及配送商”采购项目涉及哪些学校？师生伙食费是否有老师的伙食费？账目是否包含了公共财政资金、参与本次采购学校的公用经费账户收支项目情况是否清楚等事实，原审法院均未做任何调查。可见，昆山某公司有充分理由相信，本次采购活动资金来源系公共财政资金或者公共财政资金与私有性质资金混同、无法区分。

综上所述，一审法院未将事实调查清楚。故请求依法撤销原审判决，根据现有证据，直接责令重新启动调查程序。

被上诉人答辩及观点

昆山市财政局答辩称，政府采购根据《政府采购法》第二条和《政府采购法实施条例》第二条相关规定，由以下几个条件所构成：一是主体条件，各级国家机关、事业单位和团体组织属于财政供养单位；二是资金条件，资金来源要属于财政性资金，或者是以财政性资金作为还款来源的借贷资金；三是采购的对象纳入了集中采购目录，或者虽然没有纳入集中采购的目录但是高于采购限额标准；四是形式要件，要以合同方式有偿取得。涉案采购项目不管代理机构是否参照政府采购的相关规定来进行操作，都需满足上述四个条件，只要有一个条件不符合就不属于政府采购项目。涉案采购项目的资金来源是师生上交的伙食费。作为预算管理机关提交了昆山市相关的政府规定以及财政部和江苏省的相关文件，也是按照上述要求来安排预算资金的，从来没有安排过涉案项目的资金，因此该项目资金不属于公用经费的范畴。综上，涉案采购项目并非政府采购项目，财政部门没有监督管理的权限，所作答复证据充分，原审判决认定事实清楚，请求二审法院维持原判决。

法院裁判及观点

苏州市中院认为，《政府采购法》第二条第二款以及《政府采购供应商投诉处理办法》第三条之规定，昆山市财政局负责处理的前提是使用了财政性资金的政府采购项目。根据本案查明的事实，涉案采购项目名称为“昆山市部分学校食堂原材料供货商及配送服务商”，采购人为昆山市教育装备与勤工俭学管理办公室，系昆山市教育局举办的事业单位。昆山市教育局出具的“情况说明”中明确涉案采购项目的资金来源为师生伙食费。根据昆山市人民政府昆政规〔2010〕10号《市政府关于印发昆山市市级部门预算编制管理办法的通知》，市财政局的职责是统一管理市级部门预算的编制工作，负责审核编制市级各主管部门和预算单位预算草案，并汇总上报；批复市级部门预算；组织和监督市级部门预算的执行；依法向市人大、市政府报告部门预算执行情况。昆山市财政局称其从未审核过涉案采购项目资金的预算，本案现有证据亦不能证明涉案采购项目资金来源于财政性资金，故昆山某公司认为涉案采购项目属于政府采购项目的主张依据不足，苏州市中院不予采纳。综上，昆山某公司的上诉请求及理由不能成立，法院不予支持。原审判决认定事实清楚，适用法律正确，审判程序合法，依法应予维持。据此，依照《行政诉讼法》第八十九条第一款第（一）项之规定，判决如下：驳回上诉，维持原判。

案例评析 CASE ANALYSIS

1. 公办学校食堂原材料采购，资金来源为师生伙食费，未纳入预算管理

该项目采购人是昆山市教育装备与勤工俭学管理办公室，系昆山市教育局举办的事业单位，其财政预算方案应当由昆山市财政局审核。但是，昆山市财政局称其从未审核过涉案采购项目资金的预算，且昆山市教育局出具的"情况说明"中明确涉案采购项目的资金来源为师生伙食费，而学校食堂经营具有外包的性质。鉴于此，食堂收支不需要纳入预算管理。

2. 未纳入预算管理的食堂原材料采购不是政府采购，采购活动中发生争议财政部门也不应当予以受理

根据《政府采购法实施条例》第二条之规定，政府采购中所涉及的财政性资金应当是指纳入预算管理的资金。本案中没有任何证据证明该笔资金属于财政性资金，昆山市财政局提供的证据证明该项目不属于政府采购，是有事实根据与法律依据的。因此，昆山市财政局认为昆山某公司的投诉，不属于其管辖是正确的。

第三节 项目范围：是不是依法制定的集中采购目录以内或者采购限额标准以上

根据《政府采购法》第二条的规定，只有纳入集中采购目录以内的或者采购限额标准以上的政府采购项目，才依法实行政府采购，而不是所有使用财政性资金的采购，都必须适用《政府采购法》。适用《政府采购法》的有两类采购：

一、集中采购

根据《政府采购法实施条例》第三条、第四条的规定，集中采购，是指采购人将列入集中采购目录的项目委托集中采购机构代理采购或者进行部门集中采购的行为。集中采购

目录包括：一是集中采购机构采购项目，即技术、服务等标准统一，采购人普遍使用的项目；二是部门集中采购项目，即采购人本部门、本系统基于业务需要有特殊要求，可以统一采购的项目。根据《政府采购法》第七条、第八条的规定，集中采购的范围由省级以上人民政府公布的集中采购目录确定。属于中央预算的政府采购项目，其集中采购目录由国务院确定并公布；属于地方预算的政府采购项目，其集中采购目录由省、自治区、直辖市人民政府或者其授权的机构确定并公布。纳入集中采购目录的政府采购项目，应当实行集中采购。

二、分散采购

根据《政府采购法实施条例》第四条的规定，分散采购，是指采购人将采购限额标准以上的未列入集中采购目录的项目自行采购或者委托采购代理机构代理采购的行为。根据《政府采购法》第八条的规定，政府采购限额标准，属于中央预算的政府采购项目，由国务院确定并公布；属于地方预算的政府采购项目，由省、自治区、直辖市人民政府或者其授权的机构确定并公布。

对于集中采购或者分散采购的争议，决定了采购代理机构的不同或者能否自行采购，有时会发生争议。有的采购人将集中采购目录以内的项目，不委托集中采购代理机构采购，或者自行采购，或者委托集中采购代理机构以外的代理机构采购。这样，都是违反政府采购相关规定的。

【案例5[1]】公安局空调采购安装项目是否属于集中采购目录范围以内，还是属于工程有关的货物采购项目

关 键 词：集中采购目录／构成工程不可分割／适用法律

案例要点：集中采购目录以内货物采购，该货物如果不属于构成工程不可分割的组成部分，应当适用《政府采购法》且实行集中采购，财政部门有权受理该类项目的投诉。

招标、质疑、投诉情况

2014年4月30日，嘉兴市发展与改革委员会（以下简称“嘉兴市发改委”）批准了公安局业务技术用房建设工程的立项建设。2016年6月24日，招标代理机构嘉兴市中诚建设投资咨询有限公司（以下简称“中诚公司”）在嘉兴市公共资源交易中心发布了公开招标公告。2016年7月12日，嘉兴市惠肯机电设备有限公司（以下简称“惠肯公司”）、浙江爱建机电设备有限公司（以下简称“爱建公司”）与浙江禾申暖通工程有限公司（以下

1 案例来源：（2017）浙04行终230号。

简称“禾申公司”）向嘉兴市财政局（以下简称“市财政局”）进行投诉，认为该项目采购主体为国家机关、项目资金来源为财政性资金、项目所采购设备属于集中采购目录内的商品且采购金额50万元以上；且该项目不属于建设工程，所采购的空调设备不属于与建设工程建设有关的货物，故应当根据《政府采购法》及其实施条例和《嘉兴市年度政府集中采购目录及限额标准的通知》委托集中采购机构代理采购，要求市财政局依法受理并作出处理决定。市财政局受理后，于2016年8月16日作出嘉政采投（2016）2号《政府采购投诉处理决定书》，告知投诉人其提出的“公安局空调采装”项目应当依据《政府采购法》及其实施条例以及《嘉兴市人民政府办公室关于公布嘉兴市年度政府集中采购目录及限额标准的通知》委托集中采购机构代理采购的投诉成立，责令修改采购文件，并按修改后的采购文件开展采购活动。嘉兴市公安局于2016年8月23日在嘉兴市公共资源交易中心网上发布《关于终止〈公安局空调采装〉招标投标的通知》。

嘉兴某设备公司与浙江某科技公司于2016年8月26日向嘉兴市公安局、中诚公司提出书面质疑，认为该项目符合《建设工程质量管理条例》《多联机空调系统工程技术规程》对工程的定义，且在嘉兴市年度政府采购品目分类目录表中“通风和空调设备安装”属于B“工程类”，根据《政府采购法实施条例》第七条第一款的规定政府采购工程以及与工程建设有关的货物、服务，应当适用《招标投标法》及实施条例进行招标。嘉兴市公安局及中诚公司终止已经依法开展的招标（采购）活动，损害了质疑人的合法权益。嘉兴市公安局于8月29日书面答复：上述终止通知，是根据市财政局《政府采购投诉处理决定书》的要求作出，并将根据该决定书按照政府采购法相关规定重新进行公开招标（采购）。

嘉兴某设备公司于2016年9月5日向市财政局提出书面投诉，9月9日，市财政局作出《政府采购商投诉不予受理决定》（嘉政采投2016第3号），认为惠肯公司、爱建公司、禾申公司已于2016年7月14日就该项目投诉，该局于2016年8月16日作出了嘉政采投（2016）2号《政府采购投诉处理决定书》，嘉兴某设备公司的投诉事项与前述单位的投诉事项系同一投诉事项，决定对投诉不予受理。

行政诉讼一审情况

嘉兴某设备公司不服市财政局作出的嘉政采投（2016）2号《政府采购投诉处理决定书》，以市财政局为被告，惠肯公司、爱建公司、禾申公司、市公安局和中诚公司为第三人，向嘉兴市南湖区人民法院提起行政诉讼。

嘉兴市南湖区人民法院认为，根据《政府采购法》第二条、第十三条的规定，嘉兴市公安局为国家机关，其“公安局空调采装”项目需使用财政性资金采购，且空调设备属于集中采购目录范围，故该项目的采购属于政府采购，市财政局有权对该案所涉政府采购活动进行监管。该案的争议焦点：涉案项目是否属于《政府采购法实施条例》第七条规定的可以适用《招标投标法》及其实施条例的“与工程建设有关的货物”，即是否为“构成工程不可分割的组成部分，且为实现工程基本功能所必需的设备、材料等”。所谓“不可分割”，应指离开了建筑物或构筑物主体就无法实现其使用价值的货物，如门窗属于不可分割，而家具等就属于可分割。所谓“基本功能”，应指建筑物、构筑物达到能够投入使用的基础条件，并不涉及建筑物、构筑物的附加功能。“公安局空调采装”项目并未构成与工程不可分割的组成部分，也非实现工程基本功能所必需的设备，故不能认定为“与工程建设有关的货物”。

另外，涉案项目未与建筑物主体工程或其装修工程一并招标。故涉案项目不适用《招标投标法》及其实施条例采用招标方式采购，仍应按《政府采购法》及《政府采购法实施条例》的规定进行集中采购。市财政局作出的嘉政采投〔2016〕2号《政府采购投诉处理决定书》认定事实清楚，适用法律正确，且程序合法。嘉兴某设备公司的诉讼请求无法律依据，不予支持。嘉兴市南湖区人民法院据此依照《行政诉讼法》第六十九条之规定，判决驳回嘉兴某设备公司的诉讼请求。

上诉人诉求及观点

嘉兴某设备公司不服一审判决，以嘉兴市财政局为被上诉人，惠肯公司、爱建公司、禾申公司、嘉兴市公安局和中诚公司为原审第三人，向浙江省嘉兴市中级人民法院提起上诉。该公司上诉称，涉案项目虽为政府采购项目，但不在政府集中采购目录中，而是属采购限额以上的工程。关于政府采购的监管职责，根据《政府采购法实施条例》第七条的规定和《招标投标法实施条例》第四条的规定，市财政局只是政府采购政策执行情况的监管单位，而非法律法规层面上的监管单位，市财政局已经超越其监管职责。嘉兴市公安局新建的公安业务技术用房项目，符合《政府采购法实施条例》第七条和《招标投标法实施条例》第二条所称的工程的规定，其冷暖中央空调也完全符合“与工程建设有关的货物”的规定，是构成工程不可分割的组成部分，且为实现工程基本功能所必需的设备。《政府采购法》与《招标投标法》中关于工程的概念不同。而两个实施条例，则对工程概念进行了统一，并且增加了“与工程建设有关的货物”的概念，使之相互统一与衔接。该项目中，建筑主体工程、装修工程与通风、空调工程同步设计，说明冷暖中央空调采购、安装与工程不可分割。其次，根据嘉兴市发改委对项目的立项批复等，说明暖通空调系统及设备是该工程项目建筑设备不可或缺的组成部分，是工程基本功能所需，并非工程的提升功能。另外，根据《招标投标法》第十九条第三款的规定，招标项目是可以划分标段、确定工期的。可见，招标项目可以合理划分标段进行招标。因此，原审认为涉案项目未与建筑物主体工程或其装修工程一并招标，不能适用《招标投标法》及其实施条例的观点亦不成立。请求二审撤销原判，撤销市财政局作出的嘉政采投（2016）2号《政府采购投诉处理决定书》。

被上诉人答辩及观点

市财政局答辩称，根据《政府采购法实施条例》第七条的规定，“公安局空调采装”项目不属于与工程建设有关的货物。涉案项目中的空调设备与建筑物分属两个范畴，不构成建筑物不可分割的组成部分，空调设备也不是建筑物的基本功能之一，而是为达到建筑物的最终使用目的采取的提升功能。嘉兴某设备公司的错误在于不是从建筑物的基本属性去定义建筑物的概念及其基本功能，而是从建筑物的最终用途去定义，如以这样的观点，则会产生在政府采购中不同用途的建设工程适用不同的标准，显然违反法律的规范性和普遍适用这一基本特征。

根据《政府采购法》第二条第二款的规定，凡是在政府采购集中目录以内的或者采购限额标准以上的货物，均必须按《政府采购法》及其实施条例的相关规定进行采购，只有在政府采购集中目录以外的或者采购限额标准以下的货物，为节省政府采购成本，提高政府采购效率，经监管部门同意可以与主体工程合并招标。本案所涉的项目属于在政府采购集中目录以内且采购限额标准以上的货物，不适用主体工程合并招标。请求驳回上诉，维持原判。

法院裁判及观点

嘉兴市中院认为，在使用财政性资金的项目用何种方式进行采购的法律适用上，《政府采购法》属于特别法，《招标投标法》属于一般法。且由于法律制定时间的先后，《政府采购法》属于后法，《招标投标法》属于先法。根据“特别法优于一般法”以及“后法优于先法”的法律原则，本案“公安局空调采装”项目应当优先适用《政府采购法》的规定。

根据《政府采购法》第七条的规定，浙江省人民政府2015年浙政办发〔2015〕108号《浙江省人民政府办公厅关于公布浙江省2016年度政府采购目录及标准的通知》中，除公布《浙江省2016年度政府采购目录及标准》外，还规定“各市、县（市，不含区）政府可以在《浙江省2016年度政府采购目录及标准》的基础上，结合当地政府采购实际情况进行充实和完善，报省财政厅备案并予以公布”。已公布的《嘉兴市年度政府集中采购目录及限额标准》中A0206180203栏为空调机，市财政局认为“公安局空调采装”项目属于前述集中采购目录中的空调机的范围，应当实行集中采购。而本案“公安局空调采装”项目未按政府采购的要求编制，其要求嘉兴市公安局修改采购文件，并按修改后的采购文件开展采购活动的处理决定，符合前述法律和规范性文件的规定。市财政局作出的嘉政采投〔2016〕2号《政府采购投诉处理决定书》认定事实清楚，适用法律正确。

嘉兴某设备公司认为《嘉兴市年度政府集中采购目录及限额标准》与《浙江省2016年度政府采购目录及标准》内容不一致，市财政局未提交嘉兴市的标准已经上报省人民政府备案故不能适用嘉兴市标准的观点与浙江省人民政府2015年浙政办发〔2015〕108号授权各市、县（市，不含区）政府可结合当地实际充实完善的规定不符，不予采信。嘉兴某设备公司认为本案“公安局空调采装”项目属于《招标投标法实施条例》第二条规定的与工程建设有关的货物，其认为《政府采购法实施条例》第七条第二款中与工程建设有关的货物的概念与《招标投标法实施条例》第二条的概念一致。故“公安局空调采装”项目按照《招标投标法》进行的招标活动于法有据。《政府采购法》第二条规定，其中的“集中采购目录以内的货物、工程和服务与采购限额标准以上的货物、工程和服务”是选择关系，只要“公安局空调采装”项目属于集中采购目录以内的货物，即应当依照《政府采购法》第七条规定实行集中采购，无须再分析其是否属于采购限额标准以上的工程。基于本案“公安局空调采装”项目优先适用《政府采购法》和《政府采购法实施条例》，嘉兴某设备公司认为“公安局空调采装”项目进行的招标活动符合《招标投标法》规定的上诉意见亦不予采信。

综上所述，嘉兴某设备公司的上诉理由缺乏法律依据，法院不予采信。原判认定事实清楚，适用法律正确，依法应予维持。依照《行政诉讼法》第八十九条第一款第（一）项之规定，嘉兴市中院作出判决如下：驳回上诉，维持原判。

案例评析 CASE ANALYSIS

1. 公安局空调采装项目属于集中采购目录以内

根据《政府采购法》第七条和《政府采购法实施条例》第五条之规定，地方政府采购项目的集中采购目录的制定机关除了省级政府以外，还应当包括其授权的机构。但是相关法律并没有对机构的级别作出具体规定，也就是说并没有限制省级政府授权给市级机关制定本行政区域的集中采购目录。在实践中，地方集中采购目录通常由省级财政部门制定，报有关省级政府批准并由政府公布，也有部分省级政府授权给地市级政府制定各地的集中采购目录。

在该项目中，采购主体嘉兴市公安局是国家机关，其采购的“公安局空调采装”项目与《嘉兴市年度政府集中采购目录及限额标准》中A0206180203栏的空调机相符。浙江省人民政府在公布《浙江省2016年度政府采购目录及标准》时，明确授权各市、县（市，不含区）政府可以在该文件的基础上，结合当地政府采购实际情况进行充实和完善，报省财政厅备案并予以公布。由此可见，嘉兴市人民政府具有制定本行政区域政府集中采购目录的职权，其制定的政府采购集中目录具有法律效力。嘉兴市财政局据此作出该项目属于集中采购目录以内的货物，属于政府采购是符合相关法律规定的。

2. 公安局空调采装项目不属于与工程建设有关的货物采购项目

公安局所采购的空调，是否属于《政府采购法实施条例》第七条规定“与工程建设有关的货物”，“构成工程不可分割的组成部分，且为实现工程基本功能所必需的设备、材料等”。显然，空调与建筑物或构筑物主体并非“不可分割”，离开它照样可以实现其使用价值。空调所实现的“基本功能”，与建筑物、构筑物的功能也不相同，也不涉及建筑物、构筑物的附加功能。可见，“公安局空调采装”项目不是建设工程不可分割的组成部分，也不是实现建设工程基本功能所必需的设备，不属于与工程建设有关的货物采购项目。

第四节 采购标的：是货物和服务，还是工程

使用财政性资金的公共采购由《招标投标法》和《政府采购法》两大法律体系调整。《招标投标法》自 2000 年 1 月 1 日起施行，《招标投标法实施条例》自 2012 年 2 月 1 日起施行，于 2017 年 3 月 1 日修订。《政府采购法》自 2003 年 1 月 1 日起施行，于 2014 年 8 月 31 日经过修订。《政府采购法实施条例》于 2015 年 3 月 1 日起施行。

根据《政府采购法》第二条和《政府采购法实施条例》第二条的规定，政府采购法规范的是各级国家机关、事业单位和团体组织，使用财政性资金采购依法制定的集中采购目录以内的或者采购限额标准以上的货物、工程和服务的行为。《政府采购法》第四条规定，政府采购工程进行招标投标的，适用招标投标法。

根据《招标投标法》第三条的规定，必须进行招标的项目并不仅限于使用财政性资金的项目。根据《政府采购法》第二条、第四条，《政府采购法实施条例》第二条、第七条的规定，政府采购的标的有货物、工程和服务三类。政府采购工程以及与工程建设有关的货物、服务，采用招标方式采购的，适用《招标投标法》及其实施条例。

由于货物、服务采购以及政府采购工程采用其他方式采购的，适用《政府采购法》及其实施条例。在实践中，经常为有关政府采购标的究竟是货物和服务采购，还是工程采购，而争执不休，有必要对该问题进行探讨。

一是货物，即各种形态和种类的物品，包括原材料、燃料、设备、产品等；二是服务，即除货物和工程以外的其他政府采购对象，包括政府自身需要的服务和政府向社会公众提供的公共服务；三是工程，即建设工程，包括建筑物和构筑物的新建、改建、扩建及其相关的装修、拆除、修缮等；与工程建设有关的货物，即构成工程不可分割的组成部分，且为实现工程基本功能所必需的设备、材料等；与工程建设有关的服务，是指为完成工程所

需的勘察、设计、监理等服务。对于什么是建设工程，实践中有时也难以区分。既然是建设工程，一般说来应当是土建工程，与土建无关的环保、网络、信息、安装等工程项目，不应当被认定为建设工程，如果发生争议，应当视为政府采购争议，而不应当视为建设工程中的招标投标争议。

在公共采购的实践中，还有许多问题值得探讨。例如，越来越多的大型或重要货物的采购需求除了采购货物本身外，在采购内容中还附带施工的内容。采购文件中除了要求供应商具备货物经销商资质外，还同时要求具备施工资质。有些施工资质是由住建等部门发证，采购文件中要求供应商具备该类工程资质，中标供应商感到可能会对其不利，就提出该项目包含工程，认为应属于建设工程项目，财政部门无权对该投诉作出处理。根据《政府采购法实施条例》第七条的规定，建设工程，包括建筑物和构筑物的新建、改建、扩建及其相关的装修、拆除、修缮等，那么包含施工类采购到底是货物、服务采购还是工程采购呢？此类属于管理领域模糊的采购项目，有的地方纳入工程类招标，有的地方作为政府采购类招标。

在不同地方、不同部门之间尚未明确模糊管理地带边界的现实面前，如果考虑到完全区分货物、服务和工程，而要求先采购货物、服务，货物、服务采购完成后，再针对施工需求再次采购，根据施工工程预算金额最终确定是否进行招标。这种模式尽管将来对投诉处理的管辖不会产生争议，但会对政府采购效率产生较大影响，在实践中难以推广。那么，对货物、服务附带施工的政府采购项目提出投诉，财政部门是否有管辖权？

笔者认为，可以从以下方面把握：（1）采购文件中是否要求供应商具备相应的建筑施工、勘察、设计、监理等资质；（2）采购文件中是否需要勘察、设计、监理等流程；（3）是否需要有政府有关部门颁发的工程施工许可文件。如果具备上述条件，则应认为是工程项目，财政部门不应受理该项目的投诉；反之，则应受理其投诉。

【案例6[1]】封山育林工程项目是货物和服务采购，还是工程采购

关 键 词：采购标的／货物、工程、服务／监督管理部门

案例要点：采用招标方式采购的工程以及与工程建设有关的货物、服务，由相应的招标投标监督管理部门进行监管；除此之外，由财政部门进行监管。对是否属于工程，应当根据采购标的进行具体分析，不能仅根据项目名称中含有“工程”二字，就将其直接定性为建设工程。

1 案例来源：（2015）鄂秭归行初字第00013号。

招标、投诉情况

2014年11月某县林业科学技术推广中心作为招标人，向社会公开招标某县生态屏障区封山育林（一期）工程项目（以下简称“该项目”），并编制发布了招标文件。湖北某公司与宜昌某公司均参与了该项目的投标活动。

2014年12月31日，湖北某公司以宜昌某公司项目负责人洪某、技术负责人柴某不是该单位在职职工为由，向某县财政局等三部门提出该项目投标违规违纪的投诉。2015年2月2日，某县财政局作出答复意见。2015年2月3日某县财政局作出政府采购投诉处理决定书。

行政诉讼情况

湖北某公司不服某县财政局的答复意见，以某县财政局为被告，于2015年3月19日向该县法院提起诉讼，请求判令撤销某县财政局于2015年2月2日对湖北某公司作出的答复意见，并重新作出处理决定。某县财政局辩称，湖北某公司的诉讼缺乏事实依据，其诉讼请求不能成立。某县财政局所作的处理决定程序合法、证据确凿充分、适用法律正确，请求人民法院依法维持。

某县法院认为，根据《政府采购法》第四条的规定，该案涉诉某县“生态屏障区封山育林（一期）工程”属于实行招标投标的政府采购工程，依法应当适用招标投标法。依据《招标投标法实施条例》第四条规定以及《湖北省招标投标投诉处理办法》第六条规定，对招标投标活动的行政监督法律法规授权给各行业的行政主管部门。某县财政局作为政府采购的职能部门，对政府采购的货物、工程、服务具有行政监督的职权，但对于实行招投标的政府采购工程，《政府采购法》做了例外规定，明确适用《招标投标法》。

该案所涉的招投标政府采购工程某县“生态屏障区封山育林（一期）工程”，招标人是某县林业技术推广中心，其行政主管部门为某县林业局。某县财政局应当对该项目的预算执行情况和政府采购政策执行情况进行监督，对于招标投标活动的行政监督应当由林业部门或本县招投标管理办公室行使。某县财政局提出根据《政府采购法》的规定其具有行政监督的职权，显然与《政府采购法》第四条规定不符，其对政府采购工程在招标投标活动中的投诉作出行政处理决定，属于超越法定职权。

综上，某县财政局对湖北某公司作出的答复意见属于超越职权，且没有适用法律，违反法定程序，依法应当予以撤销。湖北某公司要求某县财政局重新作出处理决定的诉请，与法不符，该县法院不予支持。依照《行政诉讼法》第七十条第（二）（三）（四）项之规定，作出判决如下：撤销某县财政局2015年2月2日对湖北某公司作出的关于政府采购投诉的答复意见书。

案例评析

CASE
ANALYSIS

1. 对封山育林工程，认定为建设工程采购，或者认定为货物、服务，关系到适用法律的差异，关系到监督管理部门的不同

本案中某县林业科学技术推广中心采购的内容是某县“生态屏障区封山育林（一期）工程”，首先应当界定该项目是否属于政府采购的标的，即要区分究竟是属于《政府采购法》第二条第五款、第七款所规定的货物与服务，还是属于该条第六款所规定工程。《政府采购法实施条例》第七条第一款和第二款，对适用《政府采购法》的工程范围作出了限制，明确指出采用招标方式采购的工程以及与工程建设有关的货物、服务，应当适用《招标投标法》，这与《招标投标法》第二条也是相符合的。除此之外，都适用《政府采购法》。认定为建设工程采购，或者认定为货物、服务，还关系到监督管理部门的不同：前者根据建设工程项目的性质，由相应的招标投标监督管理部门进行监管，后者由政府采购监督管理部门即财政部门进行监管。

2. 从本案事实中尚不能准确判定是否属于建设工程项目

该项目是采用公开招标的方式进行采购的，所以本案的关键在于区分“封山育林工程”是否属于工程。关于工程的定义，《政府采购法》及其实施条例以及《招标投标法实施条例》中均指出“工程，是指建设工程，包括建筑物和构筑物的新建、改建、扩建及其相关的装修、拆除、修缮等”。而对于“建筑物和构筑物”的概念，在现行法律中并未找到相关规定。但是，结合国家现行标准和具体实践而言，建筑物是人工建造的供人们进行各种生产或者生活等活动的场所，主要指房屋；构筑物是不具备、不包含或不提供人类居住功能的人工建筑物，如水塔、桥梁、围墙等。

就本项目来看，根据《森林法》和《封山育林管理暂行办法》，封山育林工程是指在植被生长期对林地或者灌丛实施封禁，并且辅以人工促进手段。封山育林的主要措施，包括设置护林人员、签订护林公约或者设置标牌和围栏、补植补造幼苗等。由此可见，封山育林工程究竟属于货物、工程还是服务应当根据采购标的进行具体分析。如果仅是采购幼苗等，应视为货物类采购；若单纯设置护林人员、签订护林公约等，应视为服务类采购；若单纯是设置标牌和开挖沟渠设置围栏等，如此建成了构筑物，则可以视为工程类采购。

但是从法院判决来看，某县财政局和某县法院都未对该项目采购文件的相关内容进行分析，某县财政局将其定性为政府采购认为其有监督管理职权，而某县法院根据该项目名称中含有“工程”二字，就将其直接定性为建设工程，从而适用《招标投标法》。笔者认为，县财政局与县法院对该项目采购标的的认定，都缺乏事实依据和法律依据。

第五节 采购形式：是否以签订合同形式有偿取得

根据《政府采购法》第二条第四款规定，采购形式有三个特点，一是必须以合同方式来体现，这比较好理解，《政府采购法》第四十三条就规定了“政府采购合同适用合同法。采购人和供应商之间的权利和义务，应当按照平等、自愿的原则以合同方式约定”。二是必须是有偿的，这根源于政府采购是一种市场经济行为，必须遵循公平竞争的市场理念。在政府采购中经常会对与“有偿”性质完全不同的“赠送”产生争议，虽然《政府采购法实施条例》第十一条第二款对赠送有所涉及，但其规定的是采购人不得向供应商索要或者接受其给予的赠品、回扣或者与采购无关的其他商品、服务，但未明确对供应商的赠送行为作限制性规定或者为违法性认定。但是，能够肯定的是即使是以政府采购名义，但不是有偿取得的，则不属于政府采购行为。三是具体方式包括购买、租赁、委托、雇用等，其中购买是最主要的方式。

【案例7[1]】事业单位招标由银行出钱购置门禁系统设备归事业单位使用，对该项目投诉，财政机关应当受理吗

关键词：事业单位/非财政性资金/签订合同/有偿

案例要点：政府采购法中的“采购”是“以合同方式有偿取得”，只有采购主体自身对中标供应商进行了偿付，才能视为“有偿取得”。否则，不属于政府采购，也不属于财政部门监督管理的范围。

招标投标、质疑情况

2018年9月1日，苏州科技大学发布校园门禁系统项目招标公告，2018年9月21日，该项目按规定程序进行了开标、评标、定标，最终确定苏州金迪智能科技有限公司为中标单位。

苏州某公司于2018年9月26日向苏州科技大学提出质疑，苏州某公司认为中标供应商苏州金地智能科技有限公司最高价中标不合理。主要内容为：（1）招标文件评分标准不

1 案例来源：苏财购〔2018〕91号。

合理；（2）招标单位未公示未中标单位得分细节及排序。

苏州科技大学于2018年10月12日做出答复，答复内容为：（1）关于对招标文件评分标准的质疑。根据《政府采购质疑和投诉办法》第十一条规定，苏州某公司于2018年9月1日获取采购文件，现质疑期限已过，该投诉没有事实及法律依据。（2）关于对公示未中标单位得分细节及排序的质疑，该诉求没有事实及法律依据。

投诉及处理情况

苏州某公司不服苏州科技大学作出的质疑答复提起投诉，江苏省财政厅（以下简称“省财政厅”）于2018年11月20日受理。

省财政厅经审查查明，该项目招标文件第六章合同的特殊条款《苏州科技大学门禁系统采购合同》中规定：苏州科技大学作为甲方、该项目中标供应商作为乙方、中国工商银行苏州分行作为丙方签订该合同，合同中约定：“门禁系统设备安装验收合格后，乙方凭经甲方审核确认的验收合格报告，向丙方提供正规的增殖税专用发票后，丙方于一周内支付合同总金额的95%，预留中标价的5%作为质保金。待三年质保期满且无质量问题后由甲方出具确认书，并由丙方于一周内支付剩余款项”，“甲方及丙方确认，在甲方与丙方的战略合作有效期内，本协议所涉及的门禁系统设备及相关资产的所有权归丙方所有，甲方享有使用权”。

在处理投诉期间，苏州科技大学向本厅提供了甲方苏州科技大学、乙方金迪公司、丙方中国工商银行股份有限公司苏州高新技术产业开发区支行（以下简称“工行开发区支行”）三方签订的《苏州科技大学门禁系统采购合同》，合同约定该项目使用的资金由工行开发区支行直接将款项支付给金迪公司，该项目的相关设备的所有权由工行开发区支行所有。因此，该项目采购人为工商银行，苏州科技大学为使用人，受工商银行委托进行招标。招标文件和采购合同中明确：（1）中标单位向工商银行提供增值税专用发票，工商银行支付合同款；（2）本协议涉及的门禁系统设备及相关资产的所有权归工商银行所有。

另外，该项目中使用的资金并未纳入苏州科技大学管理，不属于财政性资金，因此该项目不属于政府采购，不属于政府采购监督管理的范围，该投诉不符合政府采购投诉的法定受理条件。

因此，省财政厅于2018年12月29日作出《政府采购供应商投诉处理决定书》，处理决定为：驳回投诉人的投诉。

案例评析 CASE ANALYSIS

根据《政府采购法》对于政府采购的相关定义，政府采购是进行货物、服务和工程类采购的行为，《政府采购法》第二条第四款对“采购”的解释中是“以合同方式有偿取得”。所以，只有采购主体自身对中标供应商进行了偿付，才能视为“有偿取得”。该项目中采购人苏州科技大学与中标供应商、中国工商银行苏州分行签订三方合同，约定由中国工商银行苏州分行支付该项目的采购资金，并且该项目的相关设备的所有权由工行开发区支行所有。可见，苏州科技大学并没有有偿取得该项目相关设备的所有权，不符合“以合同方式有偿取得”的基本特征，因此该项目不属于政府采购，也不属于政府采购监督管理的范围。省财政厅以该投诉不符合政府采购投诉的法定受理条件为由，作出驳回投诉人投诉的处理决定，具有相关事实和法律依据。

第六节 委托政府采购代理机构、参照政府采购程序进行采购，发生争议是否属于政府采购争议

由于各种原因，政府采购代理机构经常受企业或者群众自治组织的委托，参照政府采购程序进行采购活动。其采购是否属于政府采购，根据上述采购主体、资金来源、项目范围、采购标的、采购形式都不符合政府采购的属性。但是因代理机构、采购程序都与政府采购相仿，有时甚至采购文件也声称是政府采购，依照《政府采购法》，发生争议时，供应商经常根据《政府采购法》提出质疑、投诉，但最终查明事实后，不可能作为政府采购争议来处理，使供应商耽误了按照《招标投标法》提出异议、投诉的期限，而投诉无门。这种现象应当避免。

【案例8[1]】一件采购主体、资金来源、项目范围、采购标的、采购形式都不符合政府采购特征的项目，所经历的质疑、投诉、起诉、上诉过程

关 键 词：采购主体/资金来源/项目范围/采购标的/采购形式

案例要点：该案是一件典型的将不属于政府采购争议的案件，混同于政府采购争议，财政部门与人民法院对该争议的定性都非常准确，避免了一起超越职权处理的事件的发生。

---

1 案例来源：(2017)辽01行终788号。

招标投标、质疑、投诉情况

2015年11月11日，沈阳市皇姑区陵东街道办事处和沈阳市皇姑区陵东街道西窑村民委员会（以下简称“西窑村委会”）同时向皇姑区公共资源交易中心（以下简称“交易中心”）出具《关于西窑综合市场整体招租进行招标委托函》，对沈阳市西窑综合市场交易城的承租权进行招标。谈判文件中载明的招标人为沈阳市西窑股份公司。2016年1月12日沈阳市皇姑区政府采购中心向李某下发《成交通知书》，通知李某为“西窑综合农贸市场承租权（四次）”项目的成交供应商。

2016年1月26日李某向沈阳市西窑股份公司提出质疑，收到质疑回复后对回复不满意，向沈阳市皇姑区财政局进行投诉，要求沈阳市西窑股份公司履行招标谈判文件确定的义务并赔偿损失。2016年4月28日沈阳市皇姑区财政局对李某作出《皇姑区财政局政府采购投诉处理决定书》，不予受理李某关于“西窑综合农贸市场承租权招标项目”的投诉，理由是西窑农贸市场承租权招标事项，是西窑村委会将归其所有的西窑综合农贸市场经营管理权出租给承包人，西窑村委会由此获得收益的行为，不符合政府采购中的使用财政性资金购买货物、工程、服务的规定，不属于政府采购行为。

行政诉讼一审情况

李某对该理决定不服，以区财政局为被告、交易中心为第三人，向沈阳市和平区人民法院（以下简称“和平区法院”）提起行政诉讼。

一审法院查明，西窑综合农贸市场是集体所有制法人企业，名称为沈阳市西窑综合市场交易城，投资人为沈阳市于洪区陵东街道西窑村委会。谈判文件中记载的沈阳市西窑股份公司全称为沈阳市西窑实业股份合作经营公司，该公司系原沈阳市于洪区陵东乡西窑村委会在实施股份制改革过程中成立的股份合作公司，现于洪区陵东乡西窑村委会已划入皇姑区区划范围，名称变更为沈阳市皇姑区陵东街道西窑村民委员会。

一审法院认为，根据《政府采购供应商投诉处理办法》第三条第三款、《政府采购法》第二条第二款以及第六条的规定，李某投诉的招标项目是否使用经预算批准的财政性资金、是否属于政府采购行为，进而是否属于皇姑区财政局受理和处理投诉的职责成为该案的审理焦点。根据皇姑区财政局提供的涉案的招标谈判文件，招标人为沈阳市西窑股份公司，招标项目为西窑村委会投资的沈阳市西窑综合市场交易城的承租权，所获得的收益归属沈阳市西窑实业股份合作经营公司，即西窑村集体所有，村委会的财产属于村民集体所有的财产，因此西窑农贸市场承租权的出租收益，不属于政府性资金，因此，涉案的招标事项不属于政府采购，财政部门对不属于政府采购的项目没有依供应商的投诉进行受理和处理的权限。沈阳市皇姑区财政局对李某的投诉作出不予受理决定，事实清楚，适用法律法规正确，程序合法。和平区法院依照《行政诉讼法》第六十九条之规定，判决驳回李某的诉讼请求。

上诉人答辩及观点

李某对和平区法院行政判决仍不服，以区财政局为被上诉人、交易中心为原审第三人向沈阳市中级人民法院提出上诉。李某上诉称，其于2016年年初，经皇姑区政府采购中心采取竞争谈判的方式中标，取得西窑综合农贸市场承租权，此后多次与西窑村委会沟通协调，要签署采购合同，以各种借口搪塞导致至今无法签订合同，故李某向皇姑区政府采购中心监管部门皇姑区财政局进行投诉。皇姑区政府作出的投诉处理决定认为不是政府采购行为，无权处理。皇姑区政府采购中心、西窑村和皇姑区陵东街道办事处三者涉嫌非法招标和欺诈行为，因此应对招投标所造成的损失承担相应责任。请求沈阳市中院撤销一审判决依法改判或发回重审。

被上诉人观点

区财政局答辩称，（1）案涉的招标事项不属于政府采购，其对不属于政府采购项目的供应商投诉无行政监管职责。其作为县级地方人民政府财政部门，负责本级预算项目政府采购活动中的供应商投诉事宜，除本级预算项目政府采购活动外，其无法定行政监管职责。（2）因其对案涉竞争性谈判项目无法定行政监管职责，作出不予受理的投诉处理决定，具有事实依据。案涉项目招标实质上为西窑村委会通过其设立的股份合作公司对其投资的西窑综合市场承租权进行招标，因此产生的收益归属于西窑村集体所有，且西窑村委会投资西窑综合市场的资金来源于集体财产，非财政性资金。比照《政府采购法》竞争谈判程序实施的承租权招标项目不存在政府采购行为，而是选定西窑综合市场经营承租人。（3）其作出不予受理的投诉处理决定，具有法律依据。李某就案涉招标项目投诉，不属于本级预算项目政府采购活动中的供应商投诉事宜，其无法定行政监管职责，作出不予受理的处理决定具有法律依据。（4）其并未认为案涉招标项目不合法，因对案涉招标项目无行政监管职责而未予受理被答辩人的投诉，案涉招标项目非政府采购项目。综上，一审判决认定事实清楚，适用法律正确，请求沈阳市中院予以维持。

皇姑区政府采购中心答辩称，（1）根据《国务院办公厅关于印发整合建立统一的公共资源交易平台工作方案的通知》的相关规定，公共资源交易平台具有为市场主体、社会公众的招投标等事宜提供服务的资格，其作为皇姑区管辖区域内的公共资源交易平台，接受陵东街道办事处、西窑股份公司的委托，为西窑综合市场整体招租事宜提供服务是政策允许的公共社会服务行为，不是政府采购行为。（2）李某与西窑股份公司关于西窑综合农贸市场交付等事宜产生的法律纠纷，属于双方之间的民事争议，与其无关。综上，原审认定事实清楚，判决合法合理，请求沈阳市中院驳回上诉、维持原判。

法院裁判及观点

沈阳市中院认为，该招标投标活动虽然是通过沈阳市皇姑区政府采购中心组织实施，招标谈判文件中也出现了“政府采购”字样，但招标人实为沈阳市西窑股份公司，即村集体经济组织改制成立的合作经营公司，招标项目为西窑综合市场的承租权，项目收益归村民集体所有。由此可见，该项招标活动不涉及政府性资金，故不属于政府采购行为，据此，沈阳市皇姑区财政局就李某针对此招标项目的投诉以不属于财政管辖为由决定不予受理，符合法律规定。综上，原审判决认定事实清楚，适用法律正确，程序合法。判决驳回上诉，维持原判。

案例评析 CASE ANALYSIS

1. 沈阳市西窑股份公司是否是合格的政府采购主体

沈阳市西窑股份公司是企业，该公司投资人亦为皇姑区陵东街道西窑村委会，根据《村民委员会组织法》第二条之规定，村委会属于基层群众性自治组织，不属于国家机关、事业单位和团体组织。所以，与该项目有关的西窑股份公司及其背后的实际出资人西窑村委会均不是合格的政府采购主体。

2. 该项目的资金来源是村集体资金，是否属于财政性资金

根据《预算法》第三条的规定，国家实行一级政府一级预算，设立中央，省、自治区、直辖市，设区的市、自治州，县、自治县、不设区的市、市辖区，乡、民族乡、镇五级预算。国家财政预算的范围并不包括行政村这一级，可知村委会的资金无需纳入财政预算。根据《村民委员会组织法》对村委会性质的规定，村委会属于自收自支的自治性组织，其资金来源主要是于集体财产，而非财政性资金。所以，该项目中西窑村委会通过沈阳市西窑股份公司进行招标所使用的资金并属于财政性资金。

3. 该项目招标项目为西窑综合市场的承租权，是否符合政府采购的范围和形式规定

该项目是西窑农贸市场承租权招标事项，具体内容是西窑村委会将归其所有的西窑综合农贸市场经营管理权出租给承包人，西窑村委会由此获得收益的行为。承租权实质上是承租人对标的物享有使用收益权，出租人继续享有所有权和收取租金的占有性权利总称。承租人并未向出租人提供货物、服务和工程中的任何内容，所以与政府采购的范围并不相符。另外，政府采购应当是“以合同形式有偿取得”的行为，但是，该项目中西窑村委会投资的对象是西窑综合农贸市场，并未支付成交人任何资金，反而是成交人向其支付租金，西窑村委会从中获得收益，这与政府采购的形式也是完全不同的。所以，该项目并不属于政府采购，皇姑区财政局、和平区法院以及沈阳中院作出的相关认定，具有相关事实和法律依据。

CHAPTER 02

第二章

争议及其处理的形式

政府采购中的争议及其处理形式有，一是《政府采购法》中所规定的询问及其答复、质疑及其答复、投诉及其处理、监督检查中的争议及其处理;二是其他法律、法规所规定的、在政府采购中发生或者因政府采购引起的争议及其处理，如信息公开申请及其答复，信访、举报及其答复；三是对采购人、集中采购代理机构、监督管理部门行政行为不服而提出的申请行政复议及其复议决定；四是对行政行为（包括复议行为）不服而引起的一审、二审、申请再审、再审及其裁判。

第一节 《政府采购法》规定的争议及其处理的形式

一、询问及答复的形式

（一）询问及其询问函

根据《政府采购法》第五十一条、第五十四条和《政府采购法实施条例》第五十二条的规定，询问是指政府采购供应商对政府采购活动事项有疑问的，向采购人或者采购代理机构提出的询问。在政府采购实践中,经常将“询问”与“质疑”相混淆,引起争议。“询问”与“质疑”相同的是,都是发现在政府采购活动中供应商向采购人或者采购代理机构提出的,但是两者是有严格区别的：

一是内容不同。询问的内容只是咨询相关事项、了解相关情况，但未提出诉求，质疑的内容应当包括供应商认为自己的权益受到损害并主张权利的内容。

二是提出的主体不同。询问提出的主体比较广泛，只要对政府采购活动事项有疑问，所有供应商都可以提出；质疑提出的主体则是特殊主体，只有认为自身权益受到损害的供应商，才可以提出质疑。

三是针对事项不同。询问的事项，可以是政府采购活动中的各种相关事项，而质疑的事项仅限于采购文件、采购过程和中标成交结果。

四是答复时限不同。对询问，采购人或者采购代理机构应当在3个工作日内对供应商依法提出的询问作出答复；对质疑，采购人或者代理机构应当在收到供应商的书面质疑后七个工作日内作出答复。

询问应当先由供应商提出《询问函》，参考文本如下：

【文书1】

询 问 函

采购人名称/采购代理机构名称：

我单位已（准备）参与 （项目名称） 项目 （项目编号： ）的政府采购活动，现对政府采购活动的以下几个事项有疑问，现提出询问：

一、____________________（事项一）

（1）____________________（疑问的具体内容）

（2）____________________（说明疑问的原因）

（3）____________________（对解决疑问的具体建议）

二、____________________（事项二）

……

询问人：（单位名称）

法定代表人（委托代理人）：

地址：

电话：

年 月 日

附证明材料目录如下：

1.

2.

……

（二）询问答复及答复函

询问答复，是指采购人或者采购代理机构对于供应商依法提出的询问，在3个工作日内作出的、不涉及商业秘密内容的答复。《询问答复函》的参考文本如下：

【文书2】

询问答复函

供应商（名称）：

你单位对（项目名称）　　项目　　（项目编号：　　　）的政府采购活动提出询问，现依据《政府采购法》第五十一条之规定回复如下：

询问事项一：（具体内容）

答复一：解释疑问并进行必要的说明；

询问事项二：（具体内容）

答复二：解释疑问并进行必要的说明；

……

特此函复

采购人/采购代理机构（名称）

年　　月　　日

采购人联系人：

联系地址：

电话：

采购代理机构联系人：

联系地址：

电话：

（三）对询问及其答复形式的争议

询问是供应商维护知情权的一种方式，对于询问及其答复的程序，《政府采购法》没有作出具体规定；对于询问答复不满意或者不予答复，《政府采购法》也没有规定法定的救济途径。有时，对于询问及其答复，也会发生争议。供应商对“询问”这一术语的误用，容易给政府采购争议处理带来困惑。有的供应商把“询问函”与“质疑函”混用，给采购人或者采购代理机构依法处理带来困惑；还有的供应商有时向采购人或者采购代理机构提出书面“质询函”，对于该函性质，究竟应定性为“询问函”还是“质疑函”，经常发生争议。根据《政府采购法》第五十一条、第五十二条的规定，询问的目的是解决疑问，而质疑的目的是维护权益。如供应商提交的书面函件的内容只是咨询、了解相关情况，要求释疑解惑，并不涉及其自身主张和诉求，则该函件应认定为询问函；如果书面函件的内容中，有认为自身合法权益受到损害，要求采购人或者采购代理机构澄清或者修改采购文件、纠正采购过程中的错误、改变中标或者成交结果等方面的内容，则该函件应认定为质疑函。

【案例9[1]】不是对采购文件、采购过程以及中标、成交结果提出质疑而是质询，对答复不满意能投诉吗

关 键 词：质询 / 询问 / 质疑

案例要点：供应商可以对政府采购活动有疑问的事项进行询问，采购人或者采购代理机构应当及时作出答复。如果其不予答复或者供应商对其答复不满，不能直接投诉，但可以质疑。

质询、投诉情况

2018年1月15日，北京某公司向北京市海淀区城市服务管理指挥中心（以下简称“海淀区管理中心”）提交了质询函，其质询的内容为：“（1）请贵单位正式回答‘清研灵智信息咨询（北京）有限公司’两年合同期内是否完全履行合同之约定，包括但不限于资金使用、人员数量、是否转包等；（2）请贵单位公示本项目的监理公司对‘清研灵智信息咨询（北京）有限公司’两年合同期内的监理意见；（3）请贵单位公示本项目两年合同期内的政府采购项目绩效评估报告和财政评审报告；（4）请贵单位公示纪律检查部门对本项目相关负责人的常规性审查结果。”

2018年1月23日，海淀区管理中心向北京某公司作出质询函回复意见，认为北京某公司所提的四条内容已超出法规许可的质疑范围，且未提及认为采购文件、采购过程以及中标、成交结果使其权益受到损害，也未提出受损害的事实和理由；历次海淀区城市管理综合考核评价第三方服务外包项目的采购工作均在海淀区财政局、海淀区采购中心的监督和指导下，按照相关法律、法规的要求，严格遵守工作流程，依法依规开展。

2018年1月29日，北京某公司向海淀区财政局提交了投诉书，认为海淀区管理中心未对其提出的质询函内容进行信息公示。2018年2月5日，海淀区财政局作出《不予受理告知书》，主要内容为：“2018年1月29日，区财政局经审查，该项目为海淀区区级预算政府采购项目，属于区财政局监管范围，但投诉不符合规定条件。根据《政府采购法》第五十一条至第五十五条、《政府采购法实施条例》第五十二条规定……你公司向采购人提交的质询函，内容为要求答复采购人与中标供应商履行其他政府采购项目合同情况，属于询问而非质疑，当前系对询问答复情况不满意向区财政局提出投诉，不属于投诉处理范围。综上，根据《政府采购供应商投诉处理办法》（财政部令20号）第十一条第一款第（三）

1 案例来源：（2018）京0108行初552号。

项规定，区财政局决定如下：对北京某公司提出的投诉不予受理。”

原告诉求及观点

北京某公司对以上处理决定不服，以海淀区财政局为被告，向北京市海淀区人民法院（以下简称“海淀区法院”）提起行政诉讼。

北京某公司诉称，北京某公司系海淀区城市管理综合考核评价第三方服务外包项目入围投标人。北京某公司认为，前述外包项目在具体实施过程中违反《政府采购法》的规定，无论是采购过程，还是中标、成交结果均损害了北京某公司的合法权益。后北京某公司按照法律规定向海淀区财政局投诉，海淀区财政局不但对北京某公司的投诉不认真审查，还仅仅针对北京某公司提出的投诉材料中对采购人投诉书下达《不予受理告知书》；对于北京某公司提出的投诉书根本未给予任何处理意见。北京某公司认为，海淀区财政局做出的《不予受理告知书》违反相关法律、法规的规定，并且损害了北京某公司的合法权益，为此特依法请求撤销海淀区财政局对北京某公司作出的《不予受理告知书》，判令海淀区财政局限期依法对北京某公司的具体投诉请求做出决定。

被告答辩及观点

海淀区财政局辩称，北京某公司投诉不符合受理条件，海淀区财政局作出的不予受理行为证据确凿，适用法律依据正确，符合法定程序。北京某公司的起诉缺乏事实根据，请求法院驳回北京某公司的诉讼请求。

法院裁判及观点

根据《政府采购法》第五十一条以及该法第五十二条规定，北京某公司向海淀区管理中心提出的质询函的主要内容为要求海淀区管理中心答复清研灵智信息咨询（北京）有限公司两年合同期内是否完全履行合同之约定，并要求海淀区管理中心公示相关项目的监理公司对清研灵智信息咨询（北京）有限公司两年合同期内的监理意见和相关项目两年合同期内的政府采购项目绩效评估报告和财政评审报告，以及公示纪律检查部门对相关项目相关负责人的常规性审查结果。北京某公司质询的上述内容，并非《政府采购法》第五十二条中规定的“供应商认为采购文件、采购过程和中标、成交结果使自己的权益受到损害”的质疑内容；因此海淀区财政局认为北京某公司提出的质询属于《政府采购法》第五十一条规定的“询问”内容并无不当。

由于北京某公司的质询属于《政府采购法》第五十一条规定的“询问”内容，海淀区财政局依据《政府采购供应商投诉处理办法》第十一条第一款第（三）项的规定作出《不予受理告知书》亦无不当。综上，海淀区法院依据《行政诉讼法》第六十九条之规定，判决驳回北京某公司的全部诉讼请求。

案例评析

CASE ANALYSIS

1. 询问和质疑应如何作出区分

此案例主要涉及询问与质疑概念的区分。二者的性质不同，询问是对供应商在政府采购活动中知情权的维护，对于采购活动中有不明白的地方，可以向采购人或采购代理机构提出，由其作出解释；而质疑则是供应商认为采购活动侵害其合法权益时，可以通过质疑函的形式要求采购人或者采购代理机构予以纠正。二者的范围也不相同，询问可以就采购活动中任何有疑问的地方进行提问，而质疑仅能针对采购文件、采购过程、中标或者成交结果提出。本案之所以将北京某公司的"质询"视为"询问"而非"质疑"，是因为北京某公司质询的内容并非针对采购文件、采购过程、中标或者成交结果提出，在性质与范围上都不符合"质疑"的特征，应当认定为"询问"。

2. 对询问答复不满或者不予答复可以直接投诉吗

对于供应商的询问，采购人或者采购代理机构应当及时作出答复。如果供应商对采购人、采购代理机构答复不满或者不予答复，供应商无法直接提起投诉。如果供应商认为，由于采购人、采购代理机构的答复行为或者不答复行为，使自己的权益受到损害，只能先提出质疑，对质疑不满意，才能投诉。

二、质疑及其答复的形式

（一）质疑与质疑函范本

什么是质疑？根据《政府采购法》第五十二条、第五十四条，《政府采购质疑和投诉办法》（财政部第94号令）第十二条规定，质疑，是指政府采购供应商认为采购文件、采购过程和中标、成交结果使自己的权益受到损害时，在知道或者应知其权益受到损害之日起七个工作日内，向采购人、采购代理以书面形式提出的意见与请求。

关于供应商可以提起质疑的次数，根据《政府采购质疑和投诉办法》第十条的规定，采购文件可以要求供应商在法定质疑期内一次性提出针对同一采购程序环节的质疑。法律仅规定供应商应在七个工作日内提出质疑，并未对质疑的次数作出限制，因此如果采购文件未对质疑次数进行限制，则只要供应商的多次质疑均是在法定期限内提出，采购人或者采购代理机构就应当答复。

质疑必须以书面形式提出，2018年2月1日，财政部发布了《政府采购供应商质疑函范本》，全国政府采购项目涉及供应商质疑的均应采用这个范本。范本为：

【文书3】

质疑函范本

一、质疑供应商基本信息

质疑供应商：____________________

地址：__________ 邮编：__________

联系人：__________ 联系电话：__________

授权代表：____________________

联系电话：____________________

地址：__________ 邮编：__________

二、质疑项目基本情况

质疑项目的名称：____________________

质疑项目的编号：__________ 包号：__________

采购人名称：____________________

采购文件获取日期：____________________

三、质疑事项具体内容

质疑事项1：____________________

事实依据：____________________

____

法律依据：____________________

____

质疑事项2：____________________

……

四、与质疑事项相关的质疑请求

请求：____________________

签字（签章）： 公章：

日期：

质疑函制作说明：

1. 供应商提出质疑时，应提交质疑函和必要的证明材料。

2. 质疑供应商若委托代理人进行质疑的，质疑函应按要求列明“授权代表”的有关内容，并在附件中提交由质疑供应商签署的授权委托书。授权委托书应载明代理人的姓名或者名称、代理事项、具体权限、期限和相关事项。

3. 质疑供应商若对项目的某一分包进行质疑，质疑函中应列明具体分包号。

4. 质疑函的质疑事项应具体、明确，并有必要的事实依据和法律依据。

5. 质疑函的质疑请求应与质疑事项相关。

6. 质疑供应商为自然人的，质疑函应由本人签字；质疑供应商为法人或者其他组织的，质疑函应由法定代表人、主要负责人，或者其授权代表签字或者盖章，并加盖公章。

（二）质疑答复与质疑答复函

什么是质疑答复？根据《政府采购法》第五十三条、第五十四条，《政府采购质疑和投诉办法》第十五条规定，质疑答复是指采购人、采购代理机构在收到供应商的书面质疑后七个工作日内，通知质疑供应商和其他有关供应商的质疑答复具体内容的书面材料。下面是江苏省财政厅印发的《政府采购质疑处理流程》[1]：

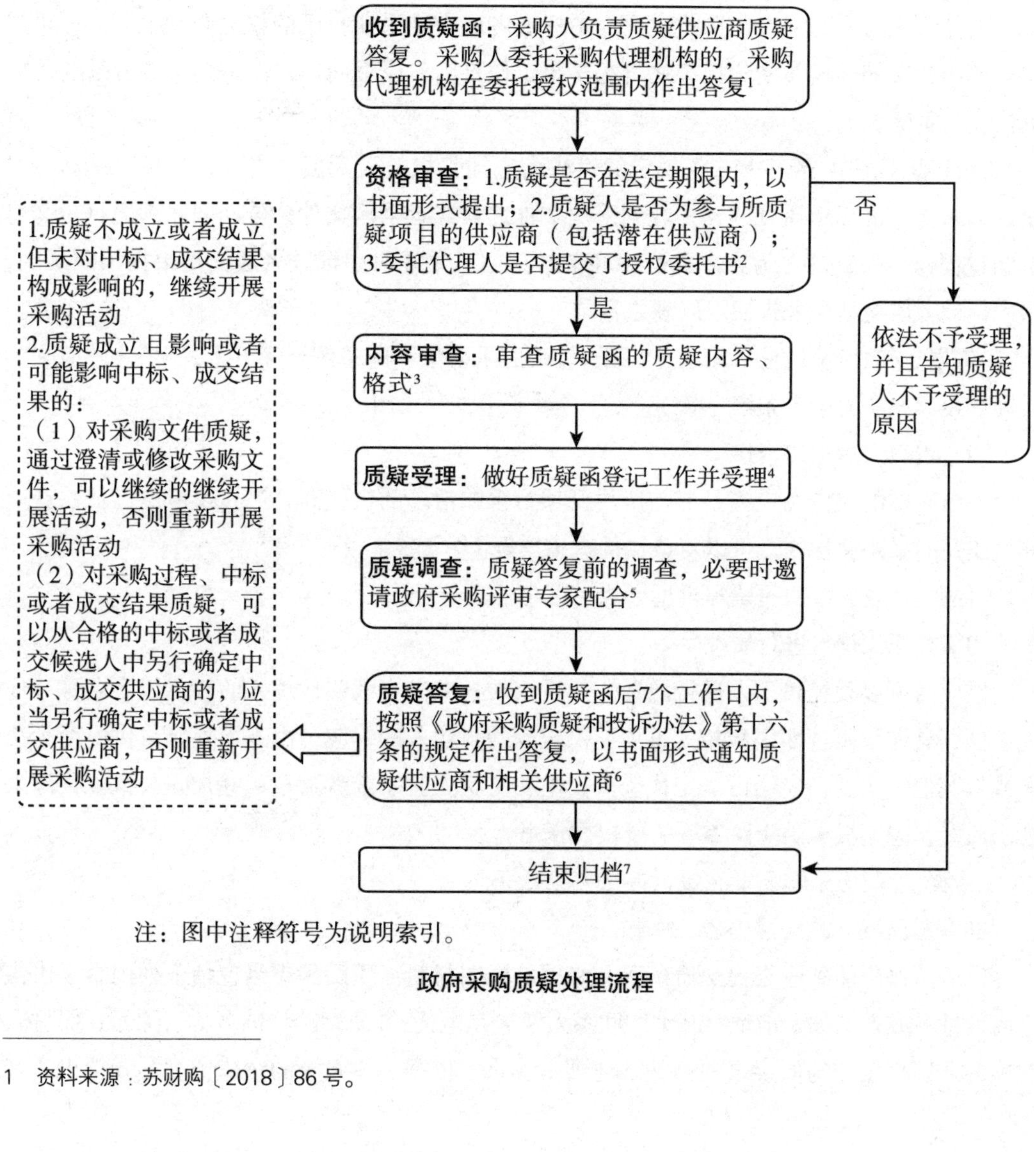

注：图中注释符号为说明索引。

政府采购质疑处理流程

1 资料来源：苏财购〔2018〕86号。

政府采购质疑处理流程说明

1. 收到质疑函

供应商提出的质疑超出采购人对采购代理机构委托授权范围的，采购代理机构应当告知供应商向采购人提出。

采购人负责供应商质疑答复。采购人委托采购代理机构采购的，采购代理机构在委托授权范围内作出答复。

（依据：《政府采购法实施条例》第五十二条第二款、《政府采购质疑和投诉办法》第五条第一款）

2. 审查质疑人是否具有质疑资格

（1）质疑的时效性

供应商认为采购文件、采购过程、中标或者成交结果使自己的权益受到损害的，可以在知道或者应知其权益受到损害之日起 7 个工作日内，以书面形式向采购人或者采购代理机构提出质疑。

《政府采购法》第五十二条规定的供应商应知其权益受到损害之日，是指：①对可以质疑的采购文件提出质疑的，为收到采购文件之日或者采购文件公告期限届满之日；②对采购过程提出质疑的，为各采购程序环节结束之日；③对中标或者成交结果提出质疑的，为中标或者成交结果公告期限届满之日。

（依据：《政府采购法》第五十二条、《政府采购法实施条例》第五十三条、《政府采购质疑和投诉办法》第十条第一款）

（2）质疑人的主体资格

提出质疑的供应商应当是参与所质疑项目采购活动的供应商。潜在供应商已依法获取其可质疑的采购文件的，可以对该文件提出质疑。

（依据：《政府采购质疑和投诉办法》第十一条）

（3）委托代理人进行质疑

供应商可以委托代理人进行质疑。其授权委托书应当载明代理人的姓名或者名称、代理事项、具体权限、期限和相关事项。供应商为自然人的，应当由本人签字；供应商为法人或者其他组织的，应当由法定代表人、主要负责人签字或者盖章，并加盖公章。代理人提出质疑，应当提交供应商签署的授权委托书。

（依据：《政府采购质疑和投诉办法》第八条）

3. 审查质疑人的质疑内容、格式

供应商提出质疑应当提交质疑函和必要的证明材料。质疑函应当包括下列内容：①供应商的姓名或者名称、地址、邮编、联系人及联系电话；②质疑项目的名称、编号；③具体、明确的质疑事项和与质疑事项相关的请求；④事实依据；⑤必要的法律依据；⑥提出质疑的日期。供应商为自然人的，应当由本人签字；供应商为法人或者其他组织的，应当由法定代表人、主要负责人，或者其授权代表签字或者盖章，并加盖公章。

（依据：《政府采购质疑和投诉办法》第十二条）

4. 做好质疑函的登记受理工作

对于正式受理的质疑，需做好相关登记，包括：质疑单位名称、联系地址、邮编、联系方式、法人（授权代表）姓名及身份证号、质疑项目名称及编号、质疑收到时间等。如为面交质疑，需登记接收地点，并由递交人和接收人签名；如为邮寄质疑，需登记邮件编号及寄送公司名称。

5. 答复质疑前的调查

政府采购评审专家应当配合采购人或者采购代理机构答复供应商的质疑。

供应商对评审过程、中标或者成交结果提出质疑的，采购人或者采购代理机构可以组织原评标委员会、竞争性谈判小组、询价小组或者竞争性磋商小组协助答复质疑。

（依据：《政府采购法实施条例》第五十二条第三款、《政府采购质疑和投诉办法》第十四条）

6. 进行质疑答复

（1）质疑答复的时间和形式要求

采购人、采购代理机构应当在收到质疑函后 7 个工作日内作出答复，并以书面形式通知质疑供应商和其他有关供应商。

（依据：《政府采购质疑和投诉办法》第十三条）

（2）质疑答复的内容

质疑答复应当包括下列内容：①质疑供应商的姓名或者名称；②收到质疑函的日期、质疑项目名称及编号；③质疑事项、质疑答复的具体内容、事实依据和法律依据；④告知质疑供应商依法投诉的权利；⑤质疑答复人名称；⑥答复质疑的日期。

质疑答复的内容不得涉及商业秘密。

（依据：《政府采购质疑和投诉办法》第十五条）

（3）质疑答复的处理要点

采购人、采购代理机构认为供应商质疑不成立，或者成立但未对中标、成交结果构成影响的，继续开展采购活动；认为供应商质疑成立且影响或者可能影响中标、成交结果的，按照下列情况处理：

（一）对采购文件提出的质疑，依法通过澄清或者修改可以继续开展采购活动的，澄清或者修改采购文件后继续开展采购活动；否则应当修改采购文件后重新开展采购活动；

（二）对采购过程、中标或者成交结果提出的质疑，合格供应商符合法定数量时，可以从合格的中标或者成交候选人中另行确定中标、成交供应商的，应当依法另行确定中标、成交供应商；否则应当重新开展采购活动。

质疑答复导致中标、成交结果改变的，采购代理机构应当将有关情况书面报告本级财政部门。

（依据：《政府采购质疑和投诉办法》第十六条）

7. 结束归档

质疑处理过程中产生的一切文件材料均应作为采购文件的一部分予以归档。

（依据：《政府采购法》第四十二条第二款）

下面是一件质疑答复函的实例文本：

【文书 4[1]】

质疑答复函

质疑供应商（名称）：

我单位于 × 年 × 月 × 日收到贵司关于（项目名称）（项目编号）的质疑函，根据《政府采购质疑和投诉办法》（财政部 94 号令）的有关规定，现答复如下：

质疑请求一：招标公司没有按照招标流程行使职责，项目公布中标供应商后，如相关供应商提出质疑，招标公司应给与被质疑公司发函，要求实质疑公司在规定时间内给出明确答复，但招标公司没有进行此步骤。请给出合理解释和相关法律规定，贵司请求按照招标法相关规定合理化流程。

答复：根据《政府采购质疑和投诉办法》第十四条"供应商对评审过程、中标或者成交结果提出质疑的，采购人、采购代理机构可以组织原评标委员会、竞争性谈判小组、询价小组或者竞争性磋商小组协助答复质疑"的有关规定，我公司组织原竞争性谈判小组协助答复质疑，过程符合相关法律法规定，贵司要求向被质疑供应商发函没有法律依据。

质疑请求二：质疑方相关资料以及质疑内容没有在政府采购网公布，贵司投标内容，质疑方从何种渠道获取，请招标公司和相关方面给出明确答复，招标公司是否泄露应该保密与招标活动相关的内容和相关资料，请招标公司给予解释相关法律规定。贵司请求按照招标规定公布质疑方资料和质疑内容，以及获取质疑内容文件获取渠道。

答复：本项目于 × 年 × 月 × 日进行了成交结果公示，公示网站有：www.ccgp.gov.cn（中国政府采购网）、……成交结果公示内容包含了"中标、成交结果公告的内容应当包括采

1 本书隐去文书中相关单位名称，文书来源：防城港市公共资源交易中心，载 http://www.fcgggzy.cn/gxfcgzbw/infodetail/?infoid=f2d81382-947e-4162-a597-c62ce59f3dbc&categoryNum=001004008，最后访问日期：2020 年 4 月 21 日。

购人和采购代理机构名称、地址、联系方式；采购项目名称和采购项目编号；中标或者成交供应商名称、地址和中标或者成交金额；主要中标或者成交标的的名称、规格型号、数量、单价、服务要求或者标的的基本概况；评审专家名单”。公示网站均为开放式网站，任何人都可在网站获取相关项目情况，成交标的的名称、规格型号、数量、单价等为必须公开的内容，贵司质疑招标公司泄露应该保密与招标活动相关的内容和相关资料没有法律依据。

质疑请求三：贵司质疑 × 年 × 月 × 日贵司发布的中标结果更改公告的理由，按照招标法规定公开公平公正原则，贵司请求在政采网公布核查人员名单及核查时间。

答复：我单位于 × 年 × 月 × 日就质疑相关情况（包含质疑答复、告知函）已经书面通报贵司，质疑答复也在网上进行了公示，相关内容已经包含人员名单及时间。

质疑请求四：质疑开标过程中，招标代理机构有意袒护 ×× 公司，协助其补充不合格资料，按照招标法规定，评标过程投标人资料不合格，应做废标处理。贵司请求公布开标现场录像。

答复：本项目于 × 年 × 月 × 日上午 9 时 30 分在 ×× 市公共资源交易中心进行谈判采购，整个过程有 ×× 市公共资源交易中心工作人员进行现场监督，并实时监控录像，谈判过程合法合规，贵司质疑招标代理机构有意袒护 ×× 公司，协助其补充不合格资料没有事实依据，贵司可通过申请的方式向 ×× 市公共资源交易中心申请或到我公司现场观看整个谈判过程的视频录像录音。

质疑请求五：质疑贵司在公布中标结果更正变更中，没有公示替换供应商所投标的明细。贵司请求公示相应投标标的，并且从公示标的时间起计算提出异议时间。

答复：我单位于 × 年 × 月 × 日同时在 www.ccgp.gov.cn（中国政府采购网）、……对该项目的成交结果进行了重新公示，请自行查阅。

质疑请求六：本次项目预算 ××× 万，贵司以 ××× 万合理利润中标，贵司单方面组织二次评审，并替换成投标价 ××× 万的 ×× 公司。贵司请求本次更改无效，维持贵司中标。

答复：我单位于 × 年 × 月 × 日收到本项目的质疑函原件（已同步把相关情况报 ×× 市财政局），根据《政府采购质疑和投诉办法》的有关规定，对质疑进行答复，质疑答复相关内容已经按规定在网上进行了公示并书面告知相关供应商。

根据《政府采购质疑和投诉办法》第十六条相关规定，采购人按规定从合格的成交候选人中另行确定 ×× 公司为成交供应商合法，我单位已经就相关情况以书面形式报告 ×× 财政局，相关程序符合法律规定，贵司请求本次更改无效，维持贵司成交没有法律依据。

综上所述，质疑人的质疑事项不成立，贵司如对本次答复不满意，可根据《政府采购质疑和投诉办法》有关规定，在答复期满后十五个工作日内向同级政府采购监督管理部门投诉。

采购人 / 政府采购代理机构（名称）

年　　月　　日

（三）对质疑及其答复的争议

供应商提起质疑是将来提起投诉的必要条件，采购人、采购代理机构进行质疑答复是法律规定的职责。根据《政府采购质疑和投诉办法》第三十六条的规定，采购人或采购代理机构拒收质疑供应商在法定质疑期内发出的质疑函、对质疑不予答复或者答复与事实明显不符并不能作出合理说明，应当承担相应的法律责任。

在实践中，对质疑及其答复的形式经常发生争议。有的供应商未以质疑的形式提出争议，而是以其他名称提交材料，甚至提交密封的材料，后又主张该材料属于质疑而提起投诉。还有的供应商还针对采购文件、采购过程与采购结果以外的事项提出“质疑”，引起争议。

1. 对提交“备案”等材料是否属于质疑的争议

【案例 10[1]】供应商在购买招标文件时已过要求澄清的期限，在投标时递交“备案书”被拒收，该“备案书”能否视为质疑，被拒收是否使其丧失质疑机会

关 键 词：对招标文件的异议 / 密封备案书 / 质疑函

案例要点：质疑期间与澄清期间不同，质疑尽管不受招标文件某一条款限制，但密封的“备案书”等类似材料并非质疑函，采购人或者采购代理机构可以拒绝接收。

招标投标、质疑、投诉、复议情况

2009 年 12 月 28 日，江苏省招标公司（以下简称“招标公司”）在中国政府采购网就某项目发布招标公告。公告中称：“投标人可从即日起至 2010 年 1 月 5 日每天 8：30—17：00 购买招标文件”，“定于 2010 年 1 月 18 日上午 9：00 公开开标”。另外，招标文件第二章投标人须知二中 4.1 条款规定“任何要求对招标文件进行澄清的投标人，均应按第 13 条规定的递交投标文件截止期十五（15）天前以书面形式通知招标代理机构。逾期的澄清要求将不被接受”。

2010年1月4日，上海某科技公司到招标公司购买招标文件，当天因故未拿到招标文件。1 月 5 日下午，省招标公司通过电子邮件方式将招标文件发给上海某科技公司，该公司电子邮箱自动回复确认收到招标文件。开标当日，上海某科技公司参加投标，并在距开标时间还有约 30 分钟左右，该公司向招标公司递交“备案书”，由于不符合公开招标程序规定被拒绝。在评标过程中，评标委员会认为上海某科技公司投标文件不满足招标文件实质性条款的要求，对其作无效投标处理。

1 案例来源：（2010）宁行初字第 79 号。

2010年1月21日，上海某科技公司向招标公司提出质疑，认为招标公司拒收“备案书”的行为使其丧失了对招标文件的质疑机会。招标公司于2010年1月29日作出质疑答复。

上海某科技公司对答复不满，于2010年3月2日向江苏省财政厅投诉。该厅于2010年4月14日作出投诉处理决定，认为上海某科技公司的投诉缺乏事实依据，决定驳回上海某科技公司的投诉。上海某科技公司不服，向财政部申请行政复议，财政部维持了江苏省财政厅的投诉处理决定。

行政诉讼情况

上海某科技公司不服，起诉至南京市中级人民法院。该院认为，招标文件第二章“投标人须知”第4.1条规定，要求对招标文件进行澄清的投标人必须在递交投标文件截止期十五天前以书面形式通知招标代理机构，逾期的澄清要求将不被接受。因为开标时间为2010年1月18日上午9时，所以投标人要求澄清的时间至迟应为2010年1月3日上午9时，而上海某科技公司购买标书的时间为2010年1月4日，因此其在购买标书时即已经丧失要求澄清的机会，并非是招标公司的工作人员原因所致。同时根据《政府采购法》第五十二条的规定，上海某科技公司仍然可以在知道或者应当知道权益受到损害后进行质疑，其质疑机会并未丧失。该院判决，驳回上海某科技公司的诉讼请求。

（注：本案例质疑、投诉、复议、诉讼涉及的事项较多，为突出阐明的重点问题，而略去与质疑形式无关的争议内容。）

案例评析 CASE ANALYSIS

1. 对招标文件提出书面质疑的期间与招标文件规定的澄清时间起算有何不同

自上海某科技公司于2010年1月5日收到招标文件起至2010年1月14日止，是上海某科技公司对招标文件提出书面质疑的有效期间。上海某科技公司虽然错过了要求对招标文件进行澄清时间，但可以在知道招标文件使自己的权益受到损害之日起七个工作日内向招标公司提出书面质疑，质疑期间不受招标文件某一条款限制。在质疑期间内，招标公司并未收到上海某科技公司对招标文件的书面质疑材料。

2. 提交密封的“备案书”不符合质疑的法定形式，不能视为对招标文件提出质疑

开标当日，上海某科技公司临时向省招标公司提交了“备案书”，该“备案书”经上海某科技公司密封且上海某科技公司也不说明内在详细内容。招标公司拒绝接受“备案书”不违反相关法律规定。该密封的“备案书”并非质疑函，招标公司拒绝接收并不违反法律规定。

2. 对“异议”是否属于“质疑”的争议

在实践中，经常与“质疑”相混淆的是“异议”，其原因在于对《政府采购法》与《招标投标法》错误理解。两者的相同之处是，都是政府采购或者招标投标过程中，认为自身权益受到损害或可能受到损害时，向采购人（招标人）或代理机构提出的，都是法律赋予供应商（投标人）的维权手段。立法者将其称谓不同，是为防止混淆进而错误适用法律。在政府采购过程中称谓为“质疑”，在招投标过程中称谓为“异议”。“质疑”与“异议”更多的是不同：

一是有权提出的主体不同。有权提出质疑的主体只能是参与政府采购活动的供应商或者潜在供应商；有权提出异议的主体是参与招投标活动的投标人、潜在投标人、其他利害关系人。可见，有权提出异议的还包括“其他利害关系人”，在政府采购活动中，其他利害关系人无权提出质疑。

二是针对的事项不同。质疑是针对采购文件、采购过程和中标、成交结果而提出的有关事项;异议是针对资格预审文件、招标文件、开标、评标结果等招标投标活动的有关事项。可见，对招标投标活动提出异议，比采购文件、采购过程和中标、成交结果更为广泛。

三是可以提出的时限不同。质疑提出时限为“知道或者应知其权益受到损害之日起 7 个工作日内”，即对可以质疑的采购文件提出质疑的自供应商收到采购文件之日或者采购文件公告期限届满之日起计算，对采购过程提出质疑的自各采购程序环节结束之日起计算，对中标或者成交结果提出质疑的自中标、成交结果公告期限届满之日起计算；异议提出时限为，对资格预审文件的异议在提交资格预审申请文件截止时间 2 日前提出，对招标文件的异议在投标截止时间 10 日前提出，对开标的异议在开标现场提出，对依法必须进行招标的项目的评标结果在中标候选人公示期间提出。可见，质疑与异议提出的时限是完全不同的。

四是答复期限不同。对质疑，采购人或采购代理机构答复期限为自收到书面质疑后 7 个工作日内；对异议，招标人自收到异议之日起 3 日内作出答复，对开标异议招标人当场作出答复。

但是，许多供应商在政府采购活动，认为采购文件、采购过程和中标、成交结果使自己的权益受到损害时，不是提出“质疑”，而是提出“异议”。这就给采购人或者采购代理机构带来难题，对此宽容一点吧，如果认为其实际上提出的是“质疑”予以受理，一旦质疑事项成立，就会被受到影响的供应商以违法答复而投诉。因此，采购人、采购代理机构一般都会为避免风险，而对提出的“异议”不予受理。

【案例 11[1]】律师事务所分所参加投标被认定不符合“投标人要求”而提起异议，是否属于质疑

关 键 词：质疑主体 / 异议 / 质疑

案例要点：在政府采购中，供应商认为招标文件使自己的权益受到损害，应提出“质疑”而非提出“异议”，《异议书》不能被认定为“质疑”。

招标、质疑情况

2019 年 5 月 8 日，江苏省财政厅委托江苏省政府采购中心（以下简称“采购中心”）就江苏省省级机关、事业单位及团体组织法律服务协议供货采购项目进行公开招标采购。招标文件“投标人要求”中规定：“本项目不接受律师事务所分所及分支机构投标。”某律师事务所分所参加投标后，被认定不符合《政府采购法》及该项目招标文件关于政府采购供应商的要求。采购中心于 2019 年 5 月 17 日收到了某律师事务所分所对该项目的《异议书》，认为招标文件“投标人要求”中“本项目不接受律师事务所分所及分支机构投标”，对投标单位进行了不合理限制，违反了《反垄断法》第八条，《招标投标法》第十八条、第二十条、第五十一条规定。2019 年 5 月 20 日，采购中心向某律师事务所分所发出《告知函》，告知该所：

1. 该项目是政府采购项目，根据《政府采购法》第二条、第四条的规定，应当适用《政府采购法》而不是适用《招标投标法》。《政府采购法》第五十二条规定，供应商认为采购文件、采购过程和中标、成交结果使自己的权益受到损害的，可以在知道或者应知其权益受到损害之日起 7 个工作日内，以书面形式向采购人提出质疑。《政府采购法》中无“异议”的提出和处理的相关规定，《政府采购质疑和投诉办法》第十二条对提出质疑也有明确规定，因此该所的《异议书》不符合《政府采购法》和《政府采购质疑和投诉办法》的相关规定，采购中心依法不予受理。

2.《政府采购法》第二十二条明确规定，参加政府采购活动的供应商，应当具有独立承担民事责任的能力。本项目《招标文件》“投标人要求”中亦载明“本项目不接受律师事务所分所及分支机构投标”。该所不符合《政府采购法》及本项目招标文件关于政府采购供应商的要求，因此也不具备对本项目提出质疑的资格。

---

1 案例来源：江苏省政府采购中心质疑答复函，省采函 [2019]24 号。

案例评析 CASE ANALYSIS

此次采购活动是政府采购，因此应当适用《政府采购法》而非《招标投标法》,《政府采购法》中无“异议”的提出和处理的相关规定，对招标文件不满意应当在法定期限内以书面形式提出“质疑”而非“异议”,《异议书》不能够被认定为是“质疑”。且某律师事务所分所作为分所，没有独立承担民事责任的能力，不符合《政府采购法》第二十二条明确对于供应商资格的规定，因此也不具备对本项目提出质疑的资格。某律师事务所分所既不具备提出质疑的主体资格，又没有按《政府采购法》规定的形式提出质疑，因此，该《异议书》不能被认定为“质疑”。

三、投诉及其处理的形式

（一）投诉及投诉书

什么是投诉？根据《政府采购法》第五十五条的规定，投诉的主体应为提起质疑的供应商，前提是对质疑答复不满意或者未在规定的时间内作出质疑答复，供应商投诉的事项一般不得超出质疑事项的范围，但还可就质疑答复的内容提起投诉。值得注意的是，政府采购工程进行招标投标发生投诉的，与其他政府采购活动发生投诉的，两者相同之处是，都是招标投标或者政府采购过程中向有关行政监督部门提出的，都是法律赋予投标人（供应商）的维权手段，行政监督部门作出书面处理决定的时限都是30个工作日内。不同之处主要有：

一是适用的法律不同。政府采购工程进行招标投标发生投诉的，适用《招标投标法》；其他政府采购活动发生投诉的，适用《政府采购法》。

二是投诉主体不同。对政府采购工程进行招标投标，有权提出的主体是参与招投标活动的投标人、潜在投标人、其他利害关系人，其中对资格预审文件、招标文件、开标、评标结果的投诉，应先向投标人提出异议；对其他政府采购活动，有权投诉的是必须是质疑的供应商，前提是对质疑答复不满意或者采购人或者采购代理机构未在规定的时间内作出质疑答复。可见，对政府采购工程进行招标投标投诉主体范围更广，其中对资格预审文件、招标文件、开标、评标结果之外招标投标活动的投诉，无须先向招标人提出异议。

三是投诉事项不同。对政府采购工程进行招标投标投诉，针对的是资格预审文件、招标文件、开标、评标结果等招标投标活动的有关事项；对其他政府采购活动投诉，针对的是采购文件、采购过程和中标、成交结果以及基于质疑答复内容而提出的有关事项。

四是投诉理由不同。对政府采购工程进行招标投标投诉理由，是“认为招标投标活动不符合法律、行政法规规定”；对其他政府采购活动投诉理由是，对质疑答复不满意或者采购人、采购代理机构未在规定的时间内作出答复。

五是投诉时限不同。对政府采购工程进行招标投标投诉时限，是自知道或者应当知道之日起10日内；对其他政府采购活动投诉时限，是质疑答复期满后15个工作日内。

因此，无论是供应商（投标人），还是采购人（招标人）及其代理机构，都要注意两种不同的投诉之间的区别，不能因为混淆而错误适用法律。

根据《政府采购质疑和投诉办法》第十八条规定，投诉应当用书面形式。2018年2月1日，财政部发布了《政府采购供应商投诉书范本》，全国政府采购项目涉及供应商投诉的均应采用这个范本。投诉书范本为：

【文书5】

投诉书范本

一、投诉相关主体基本情况

投诉人：________________________________

地　址：______________ 邮编：______________

法定代表人/主要负责人：________________________

联系电话：______________________________

授权代表：______________ 联系电话：______________

地　址：______________ 邮编：______________

被投诉人1：______________________________

地　址：______________ 邮编：______________

联系人：______________ 联系电话：______________

被投诉人2：______________________________

……

相关供应商：______________________________

地　址：______________ 邮编：______________

联系人：______________ 联系电话：______________

二、投诉项目基本情况

采购项目名称：____________________________

采购项目编号：______________ 包号：______________

采购人名称：______________________________

代理机构名称：____________________________

采购文件公告：是/否　公告期限：______________

采购结果公告：是/否 公告期限：________________

三、质疑基本情况

投诉人于______年____月____日，向______提出质疑，质疑事项为：________________

____

采购人/代理机构于______年____月____日，就质疑事项作出了答复/没有在法定期限内作出答复。

四、投诉事项具体内容

投诉事项1：________________

事实依据：________________

____

法律依据：________________

____

投诉事项2：________________

……

五、与投诉事项相关的投诉请求

请求：________________

____

签字（签章）：　　　　　　　　公章：

日期：

投诉书制作说明：

1. 投诉人提起投诉时，应当提交投诉书和必要的证明材料，并按照被投诉人和与投诉事项有关的供应商数量提供投诉书副本。

2. 投诉人若委托代理人进行投诉的，投诉书应按照要求列明“授权代表”的有关内容，并在附件中提交由投诉人签署的授权委托书。授权委托书应当载明代理人的姓名或者名称、代理事项、具体权限、期限和相关事项。

3. 投诉人若对项目的某一分包进行投诉，投诉书应列明具体分包号。

4. 投诉书应简要列明质疑事项，质疑函、质疑答复等作为附件材料提供。

5. 投诉书的投诉事项应具体、明确，并有必要的事实依据和法律依据。

6. 投诉书的投诉请求应与投诉事项相关。

7. 投诉人为自然人的，投诉书应当由本人签字；投诉人为法人或者其他组织的，投诉书应当由法定代表人、主要负责人，或者其授权代表签字或者盖章，并加盖公章。

（二）投诉处理及投诉处理决定书

什么是投诉处理？根据《政府采购法》第五十六条的规定，投诉处理是指财政部门对供应商所投诉的事项进行审查，在收到投诉后三十个工作日之内对投诉事项作出的一种行政行为。下面是江苏省财政厅印发的《政府采购投诉处理流程》[1]：

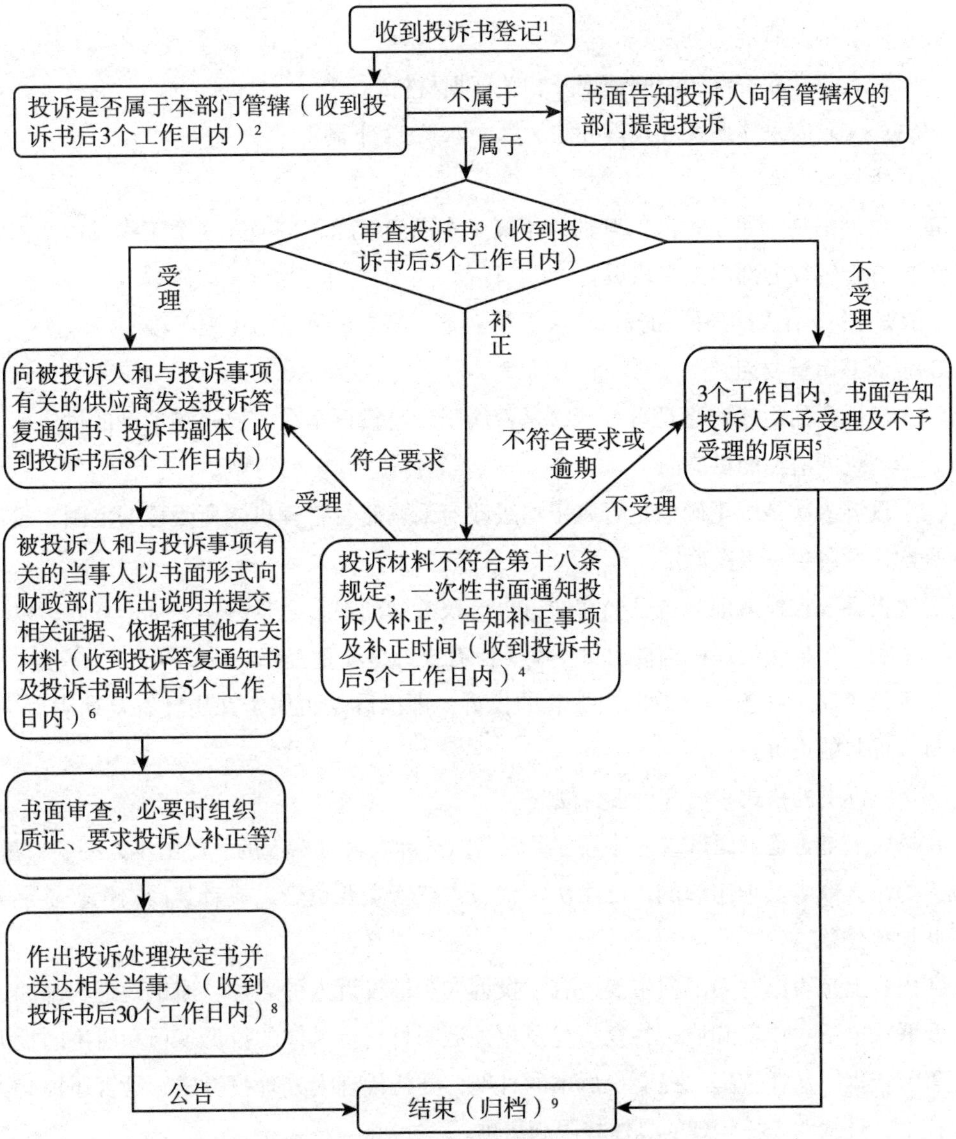

政府采购投诉处理流程

1　资料来源：苏财购〔2018〕32 号。

政府采购投诉处理流程说明

1. 投诉登记投诉收件签收单及相关证据目录

（1）投诉书；

（2）投诉人身份证明材料（自然人身份证复印件、法人营业执照复印件、代理人授权委托书）；

（3）质疑函及质疑答复；

（4）所有收件和寄件的时间证据及相关证据材料。

（依据：《政府采购质疑和投诉办法》第十八条）（下同）

2. 投诉管辖审查

审查投诉书是否属于本部门管辖，不属于本部门管辖，应当在3个工作日内书面告知投诉人向有管辖权的部门提起投诉。

[依据：《政府采购质疑和投诉办法》第六条、第二十一条第（三）项]

3. 投诉书审查要点

（1）投诉人的主体资格是否合规，是否属于参与投诉本次政府采购活动的供应商（包括符合新规定的潜在的供应商）。

（2）投诉级次是否正确，是否属于本级政府采购监督管理机构所受理的范围，投诉级次由采购人所属预算级次确定。

（3）投诉人在投诉前是否已经在知道自已权益受到损害之日起7个工作日内，以书面形式向采购人、采购代理机构提出过质疑（所有投诉事项是否都经过质疑）。

（4）是否属于在投诉有效期内提起的投诉，即投诉是否属于在质疑答复期满后15个工作日内提起的投诉。

（5）投诉书的格式和内容是否合规。

在格式上是否是书面形式，并且已经署名，投诉人为自然人的，已由本人签字、盖章；投诉人为法人或者其他组织的，已由法定代表人或者主要负责人或者其授权代表签字或者签章并加盖公章。

在内容上是否已写明下列主要内容：投诉人和被投诉人的名称、通讯地址、邮编、联系人及联系电话，质疑和质疑答复情况及相关证明材料，具体的投诉事项和明确的投诉请求，事实依据、法律依据、提交投诉书的日期，委托代理人办理投诉的，是否还提交了授权委托书，且载明委托代理的具体权限和事项。

（6）是否按照被投诉采购人、采购代理机构和与投诉事项有关的供应商数量提供投诉书的副本。

（依据：《政府采购质疑和投诉办法》第六条、第十一条、第十七条、第十八条、第十九条；《政府采购法》第五十三条、第五十五条；《政府采购法实施条例》第五十三条）

4. 投诉书允许补充、修改的情形

（1）投诉书副本不足；

（2）投诉事项、投诉请求不清晰；

（3）相关依据或证明材料不全；

（4）投诉书署名不符合规定；

（5）缺少质疑和质疑答复情况说明及相关证明材料；

（6）缺少事实、法律依据。

应当及时一次性书面告知投诉人补充事项及补正时间，逾期或者补正后仍不符合规定的，不予受理。

［依据：《政府采购质疑和投诉办法》第十八条、第二十一条第（一）项］

5. 不予受理的情形

（1）投诉人不是参加投诉项目政府采购活动的供应商（合法取得采购文件的潜在供应商对采购文件投诉的除外）；

（2）被投诉人为采购人或采购代理机构之外的供应商；

（3）所有投诉事项未经过质疑（基于质疑答复内容提出的投诉事项除外）；

（4）所有投诉事项超过投诉有效期；

（5）以具有法律效力的文书送达之外方式提出的投诉。

对认定为无效投诉，不予受理，应及时书面告知投诉人不予受理的理由。

应当由投诉人承担举证责任的投诉事项，投诉人未提供相关证据、依据和其他有关材料的，视为该投诉事项不成立；被投诉人不提交相关证据、依据和其他有关材料的，视同放弃说明权利，依法承担不利后果。

（依据：《政府采购质疑和投诉办法》第十九条、第二十条、第二十一条第二款、第二十五条；《政府采购法实施条例》第五十五条）

6. 采购人或采购代理机构与相关供应商需提供证据目录

（1）招标文件（相关供应商不提供）；

（2）相关供应商投标文件；

（3）评审委员会评审材料（相关供应商不提供）；

（4）招标公告（相关供应商不提供）；

（5）中标公告（相关供应商不提供）；

（6）情况说明（包括采购合同是否签订，是否已经履行）；

（7）质疑函及质疑复函及所有收件和寄件的时间证（相关供应商不提供）；

（8）相关证据材料；

（9）其他。

7. 书面审查及暂停采购活动

（1）财政部门在处理投诉事项期间，可以视具体情况书面通知被投诉人暂停采购活动，但暂停时间最长不得超过 30 日。

被投诉人收到通知后应当立即暂停采购活动，在法定的暂停期限结束前或者财政部门发出恢复采购活动通知前，不得进行该项采购活动。

（2）应当自受理投诉之日起 30 个工作日内对投诉事项做出处理决定（财政部门处理投诉事项，需要检验、检测、鉴定、专家评审以及需要投诉人补正材料的，所需时间不计算在投诉处理期限内；财政部门向有关单位、第三方、投诉人发出相关文书、补正通知之日起至收到相关反馈文书或材料之日不计算在投诉处理决定的日期内。

（依据：《政府采购质疑和投诉办法》第二十六条、第二十七条、第二十八条；《政府采购法》第五十六条、五十七条；《政府采购法实施条例》第五十八条）

8. 投诉处理决定要点

（1）向投诉人、被投诉人及其他与投诉处理结果有利害关系的政府采购当事人送达投诉处理决定书。

（2）投诉人主动撤回投诉的，送达终止投诉处理决定书。

（3）投诉处理决定书的内容包括：投诉人、被投诉人以及相关供应商的基本信息（姓名或者名称、通讯地址、法定代表人）；投诉内容及投诉请求；审查情况；法律依据和处理决定。

（4）区别投诉人对采购文件、采购活动或者采购过程提出的投诉事项，分别作出相应的处理决定：

①投诉人对采购文件提起的投诉事项，财政部门经查证属实的，应当认定投诉事项成立。经认定成立的投诉事项不影响采购结果的，继续开展采购活动；影响或者可能影响采购结果的，财政部门按照下列情况处理：

第一，未确定中标或者成交供应商的，责令重新开展采购活动。

第二，已确定中标或者成交供应商但尚未签订政府采购合同的，认定中标或者成交结果无效，责令重新开展采购活动。

第三，政府采购合同已经签订但尚未履行的，撤销合同，责令重新开展采购活动。

第四，政府采购合同已经履行，给他人造成损失的，相关当事人可依法提起诉讼，由责任人承担赔偿责任。

②投诉人对采购过程或者采购结果提起的投诉事项，财政部门经查证属实的，应当认定投诉事项成立。经认定成立的投诉事项不影响采购结果的，继续开展采购活动；影响或者可能影响采购结果的，财政部门按照下列情况处理：

第一，未确定中标或者成交供应商的，责令重新开展采购活动。

第二，已确定中标或者成交供应商但尚未签订政府采购合同的，认定中标或者成交结果无效。合格供应商符合法定数量时，可以从合格的中标或者成交候选人中另行确定中标或者成交供应商的，应当要求采购人依法另行确定中标、成交供应商；否则责令重新开展采购活动。

第三，政府采购合同已经签订但尚未履行的，撤销合同。合格供应商符合法定数量时，可以从合格的中标或者成交候选人中另行确定中标或者成交供应商的，应当要求采购人依法另行确定中标、成交供应商；否则责令重新开展采购活动。

第四，政府采购合同已经履行，给他人造成损失的，相关当事人可依法提起诉讼，由责任人承担赔偿责任。

投诉人对废标行为提起的投诉事项成立的，财政部门应当认定废标行为无效。

（依据:《政府采购质疑和投诉办法》第二十六条、第三十条、第三十一条、第三十二条、三十三条、三十四条；《政府采购法》第五十六条；《政府采购法实施条例》第五十七条）

9. 结束归档

（1）保存所有时间证明材料及认定无效投诉的材料；

（2）投诉人在全国范围12个月内三次以上投诉查无实据的，由财政部门列入不良行为记录名单；

投诉人进行虚假、恶意投诉，由财政部门列入不良行为记录名单，禁止其1年至3年内参加政府采购活动（虚假、恶意投诉包括:捏造事实、提供虚假材料、以非法手段取得证明材料）。

（依据：《政府采购质疑和投诉办法》第三十七条）

根据《政府采购质疑和投诉办法》第三十三条规定，财政部门作出处理决定，应当制作投诉处理决定书，并加盖公章，投诉处理决定的性质属于行政行为中的行政裁决。投诉处理决定书应当包括下列内容：（1）投诉人和被投诉人的姓名或者名称、通讯地址等；（2）处理决定查明的事实和相关依据，具体处理决定和法律依据；（3）告知相关当事人申请行政复议的权利、行政复议机关和行政复议申请期限，以及提起行政诉讼的权利和起诉期限；（4）作出处理决定的日期。下面是一件投诉处理决定书实例文本：

【文书6[1]】

政府采购投诉处理决定书

投诉人：广州某某信息科技有限公司

地址：广州市天河区……

---

1 本书文书隐去相关单位名称。

被投诉人1：广州某某招标采购有限公司

地址：广州市环市中路……

被投诉人2：广东省高级人民法院

地址：广州市员村一横路9号

有关当事人：南京某某信息科技有限公司

地址：南京市雨花台区……

投诉人参与了被投诉人1组织的“广东省高级人民法院诉讼程序咨询智能客服系统项目”（采购项目编号：440000–201809–146001–0076）的政府采购活动，因对被投诉人1的答复不满意，于2018年11月22日向本机关提起投诉。经审查，投诉符合规定，本机关予以受理。

投诉人主要诉称：投诉事项一，代理机构未按照磋商文件要求“核心能力现场测试”及“输入本地系统”组织现场测试，涉嫌现场磋商过程未按照采购文件规定的评审程序、评审方法和评审标准进行评审；投诉事项二，代理机构在磋商过程中提供给供应商的测试数据不一致，涉嫌对供应商采取不同的评审标准；投诉事项三，中标供应商南京某某信息科技有限公司的报价显著低于成本。

投诉人请求：本次磋商结果无效，纠正错误的磋商结果，从合格的候选供应商中重新推荐成交供应商或者重新开展采购活动。

本机关依法开展调查，向被投诉人及与投诉事项有关的当事人发出投诉书副本。查明情况如下：

一、关于投诉事项一

该项目磋商文件第30页技术评分表“5.核心能力现场测试”对应评分标准为“现场由评标专家在中国裁判文书网（https://wenshu.court.gov.cn）随机抽取3份近三年抢劫罪的裁判文书输入本地系统，判断系统输出以下3个非常规条件统计指标：（1）是否‘涉外’；（2）是否‘累犯’；（3）是否‘持械’；是否符合文书内容。以上3个指标在每份文书中均要输出结果（是或否），每输出正确1个得3分，错误得0分，合计9分”。采购人和代理机构在答复中对该项做出说明，认为现场测试环节主要在于考察供应商的系统处理能力，“本地系统”用于模拟部署于内网的后台系统，同时对互联网公众用户和内部专网用户提供服务；本次测试所用设备和系统均由各供应商自行配备，测试样本现场输入供应商自身系统则视为已输入本地系统；磋商文件并没有规定现场测试不能连接互联网。磋商小组按照磋商文件规定评审标准进行测试和评审，并给予按要求完成测试的3家响应供应商相应分数。该投诉事项缺乏事实依据，投诉不成立。

二、关于投诉事项二

该项目磋商文件第30页技术评分表“5.核心能力现场测试”对应评分标准为“现场由评标专家在中国裁判文书网（https://wenshu.court.gov.cn）随机抽取3份近三年抢劫罪的裁判文书输入本地系统，判断系统输出以下3个非常规条件统计指标：（1）是否‘涉外’；（2）是否‘累犯’；（3）是否‘持械’；是否符合文书内容。以上3个指标在每份文书中均要输出结果（是或否），每输出正确1个得3分，错误得0分，合计9分”。磋商小组按照磋商文件评分标准要求，逐一对各供应商进行随机抽样测试，根据测试输出结果给予完成该项测试的3家响应供应商均为满分9分。并未发现磋商小组在该项评分中存在对供应商采取不同评审标准情形。该投诉事项缺乏事实依据，投诉不成立。

三、关于投诉事项三

磋商文件第22页“4.2评审程序和评审方法”“响应供应商不得以低于成本的报价竞标。如果磋商小组发现响应供应商的报价明显低于其他报价，使其报价可能低于其个别成本的，将要求该响应供应商作书面说明并提供相关证明材料。响应供应商不能合理说明或不能提供相关证明材料的，评标委员会将认定该其以低于成本报价竞标，其报价作无效标处理”。经查，在该项目磋商过程中，磋商小组要求成交人对其报价进行书面说明并提供相关证明材料。成交人按要求提交了《低价说明函》及相关证明材料。磋商小组不认为其低于成本，认定为有效报价。该投诉事项缺乏事实依据，投诉不成立。

综上，本机关作出处理决定如下：

根据《政府采购质疑和投诉办法》（财政部令第94号）第二十九条第（二）项的规定，投诉事项缺乏事实依据，投诉事项不成立，驳回投诉。

如不服本处理决定，可在收到本决定书之日起60天内向广东省人民政府或中华人民共和国财政部申请行政复议，或者在收到本决定书之日起6个月内向广州铁路运输法院提起行政诉讼。

广东省财政厅

2018年12月18日

（三）对投诉及投诉处理形式的争议

投诉，是指权益被侵害者本人对涉案组织侵犯其合法权益的，向有关国家机关或者组织主张自身权利的行为。投诉人，即为权益被侵害者本人。由于“投诉”一词被广泛运用，最常见的有消费者投诉。而政府采购中的投诉是特指的，对于不符合政府采购法律、法规、行政规章的投诉，不能将其视为属于政府采购投诉的形式。

【案例 12[1]】供应商对项目结算款审计时计价方法向财政部门投诉，该投诉属于政府采购法所规定的投诉形式吗

关 键 词：项目结算审计 / 计价方法 / 投诉形式

案例要点：在履行政府采购合同过程中发生的争议而投诉，不是《政府采购法》所规定的投诉形式，财政部门不予受理符合相关法律规定。此类争议适用合同法，应该通过民事诉讼寻求救济途径。

招标投标、履行合同、投诉情况：

2013 年 10 月 18 日，无锡市锡山区重点工程建设管理办公室（以下简称“锡山重点办”）委托无锡市锡山区采购中心就东亭主城区道路箱变围栏采购项目进行公开招标，在公开招标文件（二）《投标人须知》（九）定标中注明：锡山区采购中心将在锡山区政府采购网和中国锡山政府门户网上发布中标公告，锡山区采购中心和评标委员会对未中标原因不做解释。如有质疑，按《政府采购法》、财政部《政府采购货物和服务招标投标管理办法》等有关法规处理。在公开招标文件（三）《项目技术要求和有关说明》中，对用材热镀锌方钢管规格、数量及技术要求进行了明确，其中第（22）《其他要求》中第 8 条明确：本次采购数量均为暂估，最终结算数量以实际审定数量为准，结算总价不得超过本项目最高限价，如需追加，按相关规定办理手续……第 9 条结算及付款方式：本项目最终结算额将通过审计确认。中标人完成全部货物供货、安装且验收合格后提交结算书，由招标人送交锡山区审计局审计。2013 年 10 月 24 日，无锡某公司向锡山区采购中心提交了投标文件，投标总报价 232.6898 万元（附细目报价表及供货、安装方案等）。2013 年 10 月 28 日，评标委员会经评议，决定中标单位为无锡某公司。

2013 年 11 月 5 日，无锡某公司与锡山重点办签订了项目合同书，约定由无锡某公司负责东亭主城区道路箱变围栏项目，中标总金额为 232.6898 万元，项目最终结算款将通过审计确认。合同签订后，无锡某公司如约完成了该项目，并于 2014 年 4 月 26 日通过了项目验收。

2014 年 9 月 19 日，无锡江南工程造价咨询有限公司受锡山区审计局委托对该项目进行了审核，并出具了《工程造价咨询初审报告书》，核减金额为 106.4606 万元，无锡某公司对审核价不认可，认为审核中的计算方法与招标时计算方法不符。

2015 年 5 月 5 日，无锡某公司就该项目向锡山区财政局进行了投诉，要求锡山财政局对投诉事项作出处理决定，锡山区财政局收到投诉后，即于次日分别向锡山重点办和锡山

---

1 案例来源：(2015) 锡法行初字第 00021 号。

区采购中心发出《征询函》，就无锡某公司是否就上述采购项目提出过质疑，要求两单位在3日内回函。锡山重点办、锡山区采购中心于同年5月10日、8日分别回函：无锡某公司就上述项目未提出过质疑。锡山区财政局于2015年5月11日作出了对无锡某公司投诉不予受理的决定。

原告诉求及观点

无锡某公司不服，以锡山区财政局为被告，于同年5月15日向江苏省无锡市锡山区人民法院（以下简称“锡山区法院”）提起行政诉讼。无锡某公司诉称：2013年10月18日，锡山重点办委托无锡市锡山区采购中心对该项目进行公开招标，同年10月28日经评标委员会评议，无锡某公司中标。随后无锡某公司与锡山重点办签订了采购合同，无锡某公司按约履行了合同项下的义务，该项目于2014年4月26日通过了验收。2014年9月19日，审计部门出具了《工程造价咨询初审报告书》，审计得出的金额明显低于实际金额，损害了无锡某公司的利益。而争议的源头在于锡山重点办发布的招标文件中一组数据的错误。无锡某公司发现后及时向锡山重点办提出了书面质疑。但锡山重点办未给出明确答复，无锡某公司于2015年5月5日向锡山区财政局提出书面投诉，锡山区财政局于2015年5月11日作出不予受理的决定，故要求判决锡山区财政局依法对无锡某公司提出的投诉事项作出处理决定。

被告答辩及观点

锡山区财政局称：无锡某公司没有按照法律规定向采购人或采购代理机构提出过质疑，依法不能提出投诉。无锡某公司提供的2014年7月18日向锡山采购中心的所谓质疑实质上是对审计时计价方法的异议，不是政府采购法所说的质疑。

法院裁判及观点

根据《政府采购供应商投诉处理办法》（财政部令第20号）第七条、第十条规定，无锡某公司向锡山财政局提起投诉，必须具备相应的条件，即供应商在提起投诉前，应先向采购人或采购代理机构提出质疑。故无锡某公司是否在规定期限内向锡山重点办或锡山区采购中心提出质疑系本案的争议焦点，如果无锡某公司未向采购人或者采购代理机构提出质疑，或者未在投诉有效期内（答复的为15个工作日，不答复的为22个工作日）提起投诉的，则不具备提起投诉的条件。

本案中，无锡某公司对采购文件、采购过程、中标和成交结果均未提出异议或质疑，仅是对审计机构作出的初审审核报告中的计算方法提出质疑。无锡某公司在规定期限内未向有关单位提出质疑，故其向锡山财政局提起投诉不符合投诉的条件。根据《政府采购法》第五十六条、《政府采购供应商投诉处理办法》第十一条第一款第（三）项规定，锡山财政局经审查后，认为无锡某公司在投诉前，未向有关单位提出质疑，投诉人提起的投诉不符合投诉的条件，随后在规定期限内作了不予受理的决定，并送达投诉人。故锡山财政局作出的不予受理决定，认定事实清楚，程序合法，作出的处理决定符合相关法律规定。无锡某公司提出撤销并对其投诉作出处理决定的诉讼请求于法无据，法院不予支持，驳回无锡某公司诉讼请求。

案例评析 CASE ANALYSIS

1. 供应商履行政府采购合同后，再对采购文件投诉无法律依据

无锡某公司以自己履行采购合同后经审计得出的金额明显低于实际金额损害其利益，争议的源头在于招标文件中一组数据错误为由，提出投诉，是对政府采购质疑、投诉制度的错误理解。《政府采购法》第五十二条将供应商提起质疑的范围规定为“采购文件、采购过程和中标、成交结果”，对采购文件的投诉必须先对采购文件进行质疑，而对采购文件的质疑必须是在法定期限内，一般是在中标、成交结果公布之前。无锡某公司早就中标并履行合同，在履行合同后再回头质疑采购文件，可说是一“奇案”，没有任何法律依据。

2. 本案的争议属于政府采购合同履行过程中发生的争议

无锡某公司仅是对审计机构作出的初审审核报告中的计价方法提出异议，不是《政府采购法》所规定的质疑、投诉，这属于在履行政府采购合同过程中发生的争议。财政局不予受理符合相关法律规定，根据《政府采购法》第四十三条“政府采购合同适用合同法”的规定，无锡某公司应该根据《合同法》《民事诉讼法》的相关规定寻求救济途径。

四、监督检查的形式

监督检查主要由两种情形引起，一是主动依法进行监督检查，二是由控告、检举而引起监督检查。

（一）主动依法进行监督检查

《政府采购法》及《政府采购法实施条例》专章对监督检查作出规定。政府采购监督检查的形式，从监督时间看，可分为事前监督、事中监督、事后监督；从监督对象看，可分为对政府采购当事人即采购人、采购代理机构、供应商的监督，对政府采购监督管理部门的监督，对政府采购活动的监督，对参与政府采购活动的国家机关、国家公务员和国家行政机关任命的其他人员的监督；从监督主体看，可分为政府采购监督管理机关的监督，

审计机关的监督，监察机关的监督，其他依照法律、行政法规的规定对政府采购负有行政监督职责的政府有关部门的监督。

主动监督检查发现问题，作出行政处理决定应当作出监督检查决定书，下面是一件实例文本和一件监督检查的案例：

【文书 7】

政府采购监督检查处理决定书

钦市财采〔2019〕2号

广西某某工程项目管理有限责任公司：

自2018年8月至10月，本机关依法对你单位2017年开展的政府采购项目实施监督检查，根据《政府采购法》及其实施条例等法律法规，现作出如下处理决定：

一、检查发现主要问题

你公司代理的钦州市某某项目中存在招标文件中将资格审查前置、未按规定时限退还投标保证金等问题；代理的市某某局“专用设备采购”项目存在发布信息公告内容不完整问题。

二、处理决定

（一）招标文件中将资格审查前置，违反了《政府采购货物和服务招标投标管理办法》（财政部令第18号）第五十四条“评标应当遵循下列工作程序（一）投标文件初审。初审分为资格性检查和符合性检查。1.资格性检查。依据法律法规和招标文件的规定，对投标文件中的资格证明、投标保证金等进行审查，以确定投标供应商是否具备投标资格”的规定。

（二）未按规定时限退还保证金，违反《政府采购法实施条例》第三十三条第二款“采购人或者采购代理机构应当自中标通知书发出之日起5个工作日内退还未中标供应商的投标保证金，自政府采购合同签订之日起5个工作日内退还中标供应商的投标保证金”的规定。

（三）政府采购项目发布信息公告内容不完整，违反了《财政部关于做好政府采购信息公开工作的通知》（财库〔2015〕135号）“竞争性谈判公告、竞争性磋商公告和询价公告的内容应当包括采购人和采购代理机构的名称、地址和联系方法，采购项目的名称、数量、简要规格描述或项目基本概况介绍，采购项目预算金额，采购项目需要落实的政府采购政策，对供应商的资格要求，获取谈判、磋商、询价文件的时间、地点、方式及文件售价，响应文件提交的截止时间、开启时间及地点，采购项目联系人姓名和电话”的规定。

上述问题，本机关决定对你公司作出责令整改的处理。请你单位收到处理决定之日起15日内将整改情况报送本机关。

如不服本处理决定，可以在接到本决定书之日起60日内，依法向钦州市人民政府或者自治区财政厅申请行政复议；或者在接到本决定书之日起6个月内，依法向人民法院提起行政诉讼。

钦州市财政局

2019年1月22日

【案例13[1]】财政局对事业单位使用自筹资金采购可以主动监督检查吗，监督检查结论的形式如何才能规范

关 键 词：事业单位 / 自筹资金采购 / 主动监督检查 / 废标通知

案例要点：事业单位采购资金虽来源自筹资金，但按规定均应纳入预算管理，属于政府采购。财政部门有权主动进行监督检查，但直接向采购人发出废标通知的形式值得商榷。

招标投标、监督检查、复议情况

2014年2月24日绥阳县卫生和食品药品监督管理局向绥阳县人民政府请示，同意绥阳县人民医院采购1.5T磁共振成像系统一套、CT及数字胃肠机一台（以下简称“该项目”），资金来源方式为绥阳县人民医院自筹，纳入政府采购。绥阳县人民医院将该项目委托贵州某国际机电设备招标有限公司（以下简称“贵州某招标公司”）在国内进行国际招标采购。在抽取专家论证参数时，贵州某招标公司未通知绥阳县财政局、绥阳县人民医院到场参加。2014年6月6日，该项目开标、评标，未对专家评审及评标过程进行全程录音录像。

2014年6月25日，贵州某招标公司向江西某公司发出中标通知书。2014年7月1日绥阳县财政局以贵州某招标公司违反了有关抽取专家和评审现场要全过程录音录像的强制性规定，根据《机电产品国际招标投标实施办法》第三章第十一条、财库（2003）119号第十九条和财库（2012）69号第二项的相关规定和《政府采购法》第三十六条第二款之规定，向绥阳县人民医院发出废标通知。江西某公司向遵义市人民政府提出行政复议，遵义市人民政府维持绥阳县财政局作出的废标通知。

原告诉求及观点

江西某公司不服遵义市人民政府的行政复议决定，向贵州省绥阳县人民法院（以下简称“绥阳县法院”）提起行政诉讼。原告认为，绥阳县财政局作出的该具体行政行为是错误的，其理由如下：

1. 该案中绥阳县人民医院采购事项属于机电设备国际招标采购，并非政府采购。该项

1　案例来源：（2014）绥行初字第20号。

目使用的是自筹资金，根据《政府采购资金财政直接拨付管理暂行办法》第二条规定，自筹资金不属于财政性资金，不属于政府采购行为。本次招标应当属于《机电产品国际招标投标实施办法（试行）》第二条所规定的机电产品国际招标，财政部门无权进行监管，其对该采购事项作出的具体行政行为是一种滥用职权的越权行为。

2. 绥阳县财政局仅凭招投标不符合财库〔2003〕119号、财库〔2012〕69号之要求，认定招投标违反《政府采购法》第三十六条第一款第（二）项予以废标，其法律依据及事实依据并不充分，亦违反了行政比例原则。首先，没有全程录音录像以及抽取专家未经财政部门监督，其行为本身并不违反法律的禁止性规定，不足以影响采购公正，且涉案采购行为已履行了法定招标投标程序，不存在违反招投标法律规定的行为，即使与财政部相关规定不符，但并未达到废标的条件，也没有任何一部法律规定招标过程中未进行全程录音录像或在抽取专家未通知监管部门即可达到废标的法律后果。其次，作出废标决定也不具备合理性，明显违背了行政比例原则。比例原则要求行政机关作出行政行为应当讲求适当性和必要性，所采行的措施必须能够实现行政目的或至少有助于行政目的达成并且是正确的手段，在此基础上在能达成法律目的的诸方式中选择对人民权利最小侵害的方式。即使因贵州某招标公司在组织招标过程有个别与绥阳县财政局所列规定不符的行为，在该行为并未达到一定的违法程度，且未影响到招标的公正性的情况下，应当本着保护市场交易宗旨和维护合同无过错方信赖利益的原则，绥阳县财政局应当充分考虑在比例原则的指导下综合权衡各方利益，作出合法、合理且公正的具体行政行为。基于以上事由，请求法院依法裁判，以维护江西某公司的合法权益。

被告答辩及观点

绥阳县财政局认为：1. 该项目属于政府采购，受我国《政府采购法》《政府采购评审专家管理办法》等相关法律法规的约束。2014年2月24日，绥阳县卫生与食品药品监督管理局向绥阳县人民政府请求同意绥阳县人民医院该项目采购，资金来源方式为绥阳县人民医院自筹，但纳入政府采购，并在绥阳县政府办、财政局、监察局、发改（物价）局等部门的监督下公开采购。同年5月7日，绥阳县人民医院与贵州某招标公司签订的协议明确根据《政府采购法》的规定进行。贵州某招标公司5月14日发布的公开招标公告，5月23日作出的回复，都是严格按照《政府采购法》等相关程序。

2. 绥阳县财政局作出《废标通知》是属于履行法定职责。按照《政府采购评审专家管理办法》第十九条规定，抽取使用专家时，原则上由采购人或采购代理机构的经办人在财政部门监督下随机抽取，特殊情况下，经采购人或采购代理机构同意，也可以由财政部门专家库维护管理人员从专家库中随机抽取后，推荐给采购人或采购代理机构，任何单位和个人都不得指定评审专家或干预评审专家的抽取工作。按此规定，明确规定了政府采购活动，必须在财政部门的监督下进行。故绥阳县财政局是当然的监管主体，其作出的《废标通知》未超越职权。

3. 贵州某招标公司在对绥阳县人民医院采购设备采购的招投标上，违反法定程序。贵州某招标公司在进行招投标中，在2014年5月11日，抽取使用专家时，没有通知绥阳县财政局，更没有在绥阳县财政局的监督下抽取，甚至也没有通知采购人绥阳县人民医院。

同时财政部在2012年发布的《关于进一步规范政府采购评审工作有关问题的通知》(财库〔2012〕69号）中明确规定，省级以上政府集中采购机构和政府采购甲级代理机构应该对评审现场进行全过程录音录像，录音录像资料作为采购项目文件随其他文件一并存档。贵州某招标公司属于政府采购的甲级代理机构，但在5月11日的招标文件评审和6月6日的评标过程，未进行录音录像，故招标程序严重违规。故绥阳县财政局作出的《废标通知》事实清楚，证据充分，程序合法，请求人民法院依法予以维持。

第三人陈述及观点

绥阳县人民医院述称：我医院作为差额预算的事业单位，于2014年向绥阳县相关部门提出采购螺旋CT设备的请求，并且委托贵州某招标公司进行采购，现完成招标程序。江西某公司中标后，接绥阳县财政局下发废标通知书，所以我医院未与该公司签订合同。我医院与江西某公司的诉求没有直接的法律利害关系，我医院尊重人民法院的判决。

贵州某招标公司述称：(1）该案涉及的招标活动，只能遵循商务部《机电产品国际招标投标实施办法（试行）》的规定，否则无法办理《进口自动许可证》和海关手续。(2）本次招标未违反《政府采购法》和《政府采购货物和服务招标投标管理办法》(财政部令第18号）中的规定。请求人民法院依据法律规定对本次招标的性质及适用规则作出认定，并依法作出裁判，维护我公司的合法权益。

法院裁判及观点

绥阳县法院认为，该项目资金来源虽属自筹资金，但其主管部门已向绥阳县人民政府作出请示将此次采购纳入政府采购范围，并明确了监督部门；并且绥阳县人民医院与贵州某招标公司所签订的政府采购项目委托招标代理协议，也是按照《政府采购法》的相关规定所签订的，绥阳县人民医院的采购行为应属政府采购。绥阳县财政局依据贵州某招标公司在抽取专家论证参数未通知采购人绥阳县人民医院及监督人绥阳县财政局到场参加和未对专家评审评标过程实施全程录音录像的事实，依照《政府采购法》第三十六条之规定，向绥阳县人民医院作出废标通知，并无不当。

贵州某招标公司在此次招标活动中所依照的《机电产品国际招标投标实施办法(试行)》和《政府采购法》并无矛盾，江西某公司主张的此次招标事项属于机电设备国际招标采购，并非政府采购。其招标的程序应按照商务部《机电产品国际招标投标实施办法(试行)》办理，而不适用《政府采购法》的理由不充分，其要求撤销绥阳县财政局作出的废标通知的请求不应支持，法院判决驳回江西某公司的诉讼请求。

案例评析 CASE ANALYSIS

1. 事业单位使用纳入预算管理的自筹资金采购属于政府采购

人民医院是事业单位，符合政府采购的主体资格，其采购医疗器械设备，资金虽来源自筹资金，但按规定均应纳入预算管理，根据2015年3月1日起施行的《政府采购法实施条例》第二条规定，属于财政性资金。笔者注意到，该项目是在上述条例施行前采购的，并不受上述条例规定的约束。但是，人民医院的主管部门已向政府请示纳入政府采购范围，明确财政部门为监督部门，还是认定为政府采购项目为宜。

2. 国内供应商、代理商、经销商能够提供的进口机电产品，采购方式和采购程序应当按照《政府采购法》及其相关规定执行

2014年4月1日起施行的《机电产品国际招标投标实施办法(试行)》(商务部令2014年第1号)第二条第二款规定，该办法“所称机电产品国际招标投标活动，是指中华人民共和国境内的招标人根据采购机电产品的条件和要求，在全球范围内以招标方式邀请潜在投标人参加投标，并按照规定程序从投标人中确定中标人的一种采购行为”。可见，这里的投标人是“在全球范围内”，而不是限于在中国境内。财政部“指导性案例30号：S医院手术室数字化管理系统采购项目举报案”[1]：举报人反映S医院项目为政府采购货物和服务，资金性质为财政性资金，采购人及其代理机构规避政府采购程序，在中国国际招标网发布招标公告，S医院项目适用法律错误。采购人及其代理机构称，S医院项目采购标的包含腹腔镜系统，属于《机电产品国际招标投标实施办法(试行)》(商务部令2014年第1号)规定的机电产品，应采用国际招标方式进行采购。财政部经审查认为，S医院项目是事业单位使用财政性资金向国内代理商购买货物，属于政府采购项目。根据《政府采购法》第二条的规定，采购方式和采购程序均应按照《政府采购法》及其相关规定执行。S医院项目未按照上述规定执行，违反了《政府采购法》第二条和第六十四条第一款的规定。财政部决定，责令采购人废标，责令采购人、代理机构限期改正，并分别给予警告的行政处罚。S医院项目包1中标候选人T公司不服处理决定提起行政诉讼，法院认为T公司不是中标供应商，不具备针对处理决定提起诉讼的原告主体资格，该诉讼不符合法定起诉

1 《指导性案例30号——S医院手术室数字化管理系统采购项目举报案》，载http://www.cgpnews.cn/articles/51553，最后访问日期：2020年5月20日。

条件，裁定驳回起诉。从该指导性案例中，也可以看到，国内供应商、代理商、经销商能够提供的进口机电产品，采购方式和采购程序应当按照《政府采购法》及其相关规定执行。

3. 财政部门在无质疑、投诉的情况下有权主动监督检查

一般情况下，财政部门对政府采购实施监督、处理争议，是在供应商对采购人、采购代理机构质疑答复不满意而提出投诉后进行的。即使没有投诉，财政部门也有权根据《政府采购法》第五十九条、第六十五条规定，主动进行监督检查。

4. 财政部门监督检查结论应以监督检查处理决定书出现

本案中，财政局以采购代理机构违反了有关抽取专家和评审现场要全过程录音录像的强制性规定，向采购人发出废标通知，采购人将废标通知口头向采购代理机构转告。笔者认为，这一形式值得商榷。比较规范的做法是，一是监督检查时通知采购人、采购代理机构及其原中标人参加，对发现的违法、违规行为通知他们各自发表意见，提出证据；二是财政局不应当直接废标，而应当责令采购人或者采购代理机构废标；三是财政局应制作监督检查处理决定书，列明相关当事人，并对救济途径予以说明。

（二）由控告、检举而引起的监督检查

根据《政府采购法》第七十条的规定，任何单位和个人对政府采购活动中的违法行为，有权控告和检举，有关部门、机关应当依照各自职责及时处理。对于控告、检举的事项，如在受理的部门监督检查的范围之内，就会引起监督检查。下面一件文书与一件案例，一件是由采购人反映引起的监督检查，一件是由举报人举报引起的监督检查。

【文书 8[1]】

政府采购监督检查处理决定书

浦财购决〔2018〕05 号

当事人 1：某某文化旅游控股有限公司

地址：北京市海淀区……

法定代表人：某某某

委托代理人：某某某，某某文化旅游控股有限公司工作人员

当事人 2：某某工程集团有限公司

地址：南京市建邺区……

法定代表人：某某某

本机关收到材料反映，在“南京求雨山文化创意产业园 PPP 项目”（以下简称“本项目”）

1 本书引用该文书时隐去相关单位名称。

的政府采购活动中，成交供应商某某某建工联合体不满足资格预审文件的资质要求，不具备中标（成交）资格。本机关依法进行监督检查，现已审查终结。

一、成交供应商是否具备资格预审文件要求的资质问题

本机关查明：采购人于2017年3月10日发布的《资格预审文件》（采购编号JSZC-G2017-038）第二条“申请人资格条件”中规定：“本项目接受联合体申请。申请人为联合体，联合体则须满足以下条件：联合体由牵头方和成员组成，联合体牵头方和成员总数量不超过两家，牵头方应具备运营本项目所要求的卓越的管理能力和组织资源能力，联合体成员应为施工总承包企业……”在第二款“特定条件”第2点中又进行了细化规定“……2.申请人应具有建筑工程施工总承包一级资质及以上（如果申请人是联合体，则成员必须满足）……”本项目的成交供应商为某某工程集团有限公司（牵头方）和某某某有限责任公司（成员方）组成的联合体（以下简称“某某联合体”），其中联合体成员某某某信托有限责任公司并不具有建筑工程施工总承包一级及以上资质。

本机关认为：某某某联合体成员不满足《资格预审文件》要求的资格条件。某某某联合体不具备《资格预审文件》要求的投标资格条件，不是本项目的合格供应商。

二、本机关在调查过程中发现，某某文旅联合体的供应商资格存在问题

本机关查明：《资格预审文件》（编号JSZC-G2017-038）在第二条“申请人资格条件”中规定“联合体通过资格预审后，其牵头方和成员不得变更”，竞争性谈判文件（采购编号JSZC-J2017-003）第一部分“采购邀请”第三条“合格谈判供应商资格要求”规定：“本项目已经完成前期资格预审工作，公开招标只有两家供应商实质性响应招标文件要求，经批准由公开招标转为两家竞争性谈判方式。本次竞争性谈判方式只接受公开招标中实质性响应招标文件要求的两家供应商参加谈判。”

在本项目公开招标阶段（采购编号JSZC-G2017-038），某某文化旅游控股有限公司（以下简称“某某文旅”）与中国某某某股份有限公司（以下简称“中某公司”）组成联合体（以下简称“某某文旅联合体”）通过了资格预审并参加投标活动。但是在竞争性谈判阶段（采购编号JSZC-J2017-003）联合体成员中某公司退出，未参加谈判活动，也未授权某某文旅代理中某公司参加竞争性谈判及后续质疑、投诉等事项。某某文旅未向采购人和采购机构反映上述情况，反而在竞争性谈判阶段提交了虚假的《中国某某某股份有限公司授权委托书》参加谈判，经鉴定该委托书上的公章并非中某公司公章所盖印。

本机关认为：某某文旅联合体尽管符合公开招标时资格预审的要求，但是在竞争性谈判阶段该联合体组成发生了重大变化，联合体成员方退出，该联合体不再是竞争性谈判的合格供应商。

上述事实，有资格预审文件（编号JSZC-G2017-038）、竞争性谈判文件（编号JSZC-J2017-003）、投标文件、谈判响应文件、调查笔录、中某公司说明函和鉴定报告等相关证据证明。

综上所述，关于“某某某联合体不满足资格预审文件的资质要求”的反映属实，并且本项目竞争性谈判阶段的两个供应商均不具备合格资质。根据《政府采购法实施条例》第七十一条、《政府采购非招标采购方式管理办法》第四条和第二十七条的规定，决定如下：

1. 本项目成交结果无效，重新开展政府采购活动。

2. 对于某某文化旅游控股有限公司提交虚假材料谋求中标的行为，本机关将另行处理。

如对本决定不服，可在接到本决定之日起60日内依法向浦口区人民政府或南京市财政局申请行政复议，或6个月内向人民法院提起行政诉讼。

南京市浦口区财政局

2018年8月22日

【案例14[1]】举报事项与举报人无直接利害关系，财政部门是否应当监督检查，以什么形式处理，举报人不服可以起诉吗

关 键 词：控告和检举 / 监督检查 / 处理形式 / 信访 / 起诉

案例要点：对控告、检举不应苛其形式，而应当及时处理并书面答复；如控告、检举的事项与控告、检举人无直接利害关系，也应当及时处理；对与控告、检举人无直接利害关系的，不会引起行政复议或者行政诉讼。

举报情况

2017年9月30日，烟台市财政局收到威海某公司《举报函》，载明：“我公司依法于2017年6月参加了污水处理药剂及消毒剂（城）采购的招投标活动。第五包和第十包套子湾反相型阳离子胺乳状絮凝剂采购中标人（烟台欧卡环保材料有限公司）投标中有提供虚假信息的行为：套子湾污水处理厂和辛安河污水处理厂实验过程不合理不合法等违规行为，严重损害了我们的利益，也损害了国家财产，因此举报。”“一、具体举报事项如下：（一）烟台欧卡环保材料有限公司招投标提供虚假信息……（二）1. 两个水厂所需采购的其他产品都可以规定产品指标进行招标采购，为什么只有该产品既要规定产品指标又要做实验……2. 上机实验不透明……二、请求事项：1. 请求政府调查烟台欧卡环保科技有限公司投标时是否提供虚假信息，并依法进行处理。2. 要求套子湾污水处理厂和辛安河污水处理厂提供所有参加实验厂家的实验数据，以示本次招投标的透明、公平、公正。”

1 案例来源：（2018）鲁0613行初10号。

监督检查情况

2017年10月31日，烟台市财政局作出烟财采函〔2017〕185号《政府采购监督检查回复函》，针对举报事项回复如下：(1)关于烟台欧卡环保材料有限公司（以下简称“欧卡公司”）招投标提供虚假信息的举报。经调查，欧卡公司在投标文件中列明的阳离子絮凝剂生产厂家为巴斯夫（中国）有限公司，生产场地为南京。因产品升级，生产地址现为上海浦东区。另外，未发现欧卡公司所供产品系进口产品的情形。因该项目招标文件对制造商的生产地址并无特殊要求，也不属于影响评分的因素，欧卡公司填写的生产地址有误不属于提供虚假材料的情形。该项目所采购的絮凝剂并非列入国家质检总局制定的实行生产许可证制度的工业产品目录内的产品，巴斯夫（中国）有限公司营业执照登记的经营范围未包含生产该项产品的经营范围并未违反国家的强制性规定，未对本次招标过程或结果产生影响。举报事项不成立。(2)关于采购人要求进行上机实验及实验过程不公开透明问题的举报。该局认为采购人在对絮凝剂样品进行上机实验时，违反了政府采购公开透明的原则，上机试验程序的不合理，可能影响该项目的中标结果，因该项目政府采购合同已经签署并履行，该局已依法决定本次采购活动违法，给供应商造成损失的，由采购人承担赔偿责任。责令采购人对絮凝剂上机试验程序不合法的问题进行整改。

原告诉求与观点：

原告威海某公司对烟台市财政局的回复不服，向山东省烟台市莱山区人民法院提起诉讼。原告要求被告烟台市财政局重新调查落实原告所举报事项，要求依法处理该项目招标的违法行为，请求法院撤销被告作出的烟财采函〔2017〕185号政府采购监督检查回复函，重新调查并回复。

被告答辩及观点：

被告烟台市财政局辩称：

1.原告不是行政诉讼的适格原告，无权提起行政诉讼。原告的《举报函》属于信访性质，对信访答复不服提起行政诉讼，法院应不予受理。被告对原告的信访回复，对其合法权益明显不产生实际影响，应裁定驳回其起诉。该项目已于2016年7月26日确定欧卡公司为中标人，采购合同已签订，采购活动已结束。原告举报事项处于履约验收环节，采购合同履行结果如何，与原告是否能够对项目中标无关。因此虽然被告是基于原告的举报进行答复，但原告作为举报人，其本身与被告的举报答复行为之间没有利害关系，被告的答复对原告合法权益明显不产生实际影响。根据《行政诉讼法》第四十九条第（一）项之规定，原告不是本案适格原告。

2. 被告的答复适用法律正确，程序合法。被告于2017年9月23日收到原告的《举报函》后，审查了该项目相关资料，对采购人、采购代理机构、被举报人就举报事项进行了调查，做出了《政府采购监督检查回复函》，符合《政府采购法》的相关规定。

3. 被告的答复认定事实清楚，证据充分。（1）原告有关虚假材料的举报不成立。经被告调查，未发现欧卡公司所供产品系进口产品的情形，且因该项目招标文件对制造商生产地址并无特殊要求，也不属于影响评分的因素，因此，欧卡公司填写的生产地址有误不属于提供虚假材料情形。（2）原告“关于采购人要求进行上机实验及实验过程不公开透明的举报”成立。经被告审查，采购人在对絮凝剂样品进行上机实验时，违反了政府采购公开透明的原则，上机试验程序的不合理，可能影响该项目的中标结果。因该项目政府采购合同已经签署并履行，被告已依法决定本次采购活动违法，给供应商造成损失的，由采购人承担赔偿责任，并责令采购人对絮凝剂上机实验程序不合法问题进行整改。

所述综上，原告不是提起行政诉讼的适格原告，法院应不予受理。被告作出的监督检查回复认定事实清楚、适用法律正确、程序合法，原告请求撤销证据不足。请求法院依据事实和法律进行裁判，驳回原告的起诉。

法院裁判及观点

在本案审理过程中，关于“被告的回复对原告的权利义务产生了什么影响”的问题，威海某公司陈述：该项目招标采购对原告以后的招投标会产生影响，因为该招标采购是每年进行一次。关于“原告所举报的烟台欧卡环保材料有限公司不中标的话，原告是否必然中标”的问题，威海某公司陈述：“不一定，每次参加招投标的公司有很多。”

法院认为，威海某公司对中标人“投标中有提供虚假信息等违规行为”具有举报的权利。根据《行政诉讼法》第二十五条第一款规定：“行政行为的相对人以及其他与行政行为有利害关系的公民、法人或者其他组织，有权提起诉讼。”威海某公司提起行政诉讼还需具备“与行政行为有利害关系”这一要件。本案中，威海某公司自认所举报的欧卡公司不中标的话，威海某公司并不必然中标，因为每次参加招投标的公司有很多。可见，威海某公司的举报并非直接为了保障威海某公司自身的合法权益，而主要是为行政机关查处违反采购法律、法规或者规章的行为提供线索或者证据，因此举报目的在于维护公共利益，烟台市财政局对于威海某公司的举报所作出的回复与威海某公司并没有直接利害关系，故威海某公司不具备提起行政诉讼的原告资格。

依照《行政诉讼法》第四十九条第一款、《最高人民法院关于适用〈中华人民共和国行政诉讼法〉的解释》第六十九条第一款第（一）项之规定，裁定驳回原告威海某公司的起诉。

案例评析

CASE
ANALYSIS

1.《政府采购法》规定对政府采购活动中的违法行为有权控告、检举，但对其形式没有明确规定，有关部门、机关应当关注并及时处理

根据《政府采购法》第七十条规定，对控告、检举的内容，与质疑、投诉相比，可以广泛得多，只要认为是政府采购活动中违法行为，都有权控告、检举，而不受是否与采购文件、采购过程、中标或者成交结果所限制。由于法律、行政法规、行政规章对控告和检举及其处理形式没有作出明确规定，有关部门、机关不应苛求控告、检举的形式，而应当及时处理。从本案看，财政部门收到举报后，对举报事项进行了调查并及时处理，这是符合《政府采购法》相关规定的。

2. 对控告、检举的处理结果应当书面答复

由于相关法律、法规、行政规章对政府采购控告、检举的处理没有作出明确规定，有的部门、机关处理后未及时书面答复控告人、检举人，这是不妥当的，经常引起争议。即使控告、检举的事项不能成立，也应当将处理结果书面答复控告人、检举人。

3. 如控告、检举的事项与控告、检举人无直接利害关系，不会引起行政复议或者行政诉讼

根据《信访条例》第二条的规定，信访是指公民、法人或者其他组织采用书信、电子邮件、传真、电话、走访等形式，向各级人民政府、县级以上人民政府工作部门反映情况，提出建议、意见或者投诉请求，依法由有关行政机关处理的活动。威海某公司以举报的形式向财政局反映政府采购活动中的违法情况，属于信访。根据《最高人民法院关于不服县级以上人民政府信访行政管理部门，负责受理信访事项的行政管理机关以及镇（乡）人民政府作出的处理意见或者不再受理决定而提起的行政诉讼人民法院是否受理的请示的批复》(〔2005〕行立他字第 4 号）规定，信访工作机构是各级政府或政府工作部门授权负责信访工作的专门机构，其依据《信访条例》作出的登记、受理、交办、转送、承办、协调处理、督促检查、指导信访事项等行为，对信访人不具有强制力，对信访人的实体权利不产生实质影响。信访人对信访机构依据《信访条例》处理信访事项的行为或者不履行《信访条例》规定的职责不服提起行政诉讼的，人民法院不予受理。本案所涉举报的中标供应商即使不中标，威海某公司并不必然中标，财政部门对于威海某公司的举报所作出的回复与威海某公司并没有直接利害关系，故法院认定威海某公司不具备提起行政诉讼的原告资格，驳回了威海某公司的诉讼请求。

五、追究行政责任的形式

政府采购活动中的行政责任主要有行政处罚与行政处分两类，以及“责令限期改正”这种对于违法行为具有补救性的行政措施。

（一）行政处罚

政府采购中的行政处罚，主要是由财政部门等行政监管部门对采购人、采购代理机构、供应商、评标委员会在政府采购活动中出现的违法违规行为，经调查核实后，作出的罚款、

警告、责令停业整顿等处罚措施。根据《行政处罚法》第八条的规定，共有七类行政处罚措施：警告；罚款；没收违法所得、没收非法财物；责令停产停业；暂扣或者吊销许可证、暂扣或者吊销执照；行政拘留；法律、行政法规规定的其他行政处罚。政府采购法领域经常作出的行政处罚主要有以下形式：警告、罚款、没收违法所得、供应商在一年至三年内禁止参加政府采购活动、采购代理机构在一年至三年内禁止代理政府采购业务、禁止评审专家参加政府采购评审活动。

1. 警告

在政府采购中，警告是行政机关对政府采购违法行为人的谴责和告诫，对政府采购违法行为所作的正式否定评价，会对被警告一方产生不利影响，其制裁作用主要是对被警告一方形成心理压力、不利的社会舆论环境，使被警告一方认识其行为的违法性和对社会的危害,纠正违法行为并不再继续违法。对警告的行政处罚,在《政府采购法》第七十一条中,《政府采购法实施条例》第六十七条、第六十九条、第七十条、第七十五条中，“财政部令第 87 号”第七十七条、第七十八条、第八十一条中,《政府采购质疑和投诉办法》（财政部令第 94 号）第五十一条、第五十二条、第五十五条中有具体规定，主要是针对采购人、采购代理机构和政府采购评审专家的，对供应商不适用警告的行政处罚。在 2020 年 3 月 1 日前施行的《政府采购信息公告管理办法》第三十条、第三十一条和现在施行的《政府采购信息发布管理办法》第十六条第二款中，也是针对采购人、采购代理机构、政府采购信息指定发布媒体和任何非法干预政府采购信息公告活动的单位和个人，并不针对供应商。

【案例 15[1]】对通过样品检测而改变评审结果的采购人，行政处罚形式有哪些

关 键 词：通过对样品检测而改变评审结果 / 行政处罚 / 警告

案例要点：采购人通过对样品进行检测的方式改变评审结果，行政处罚应当是“给予警告，可以并处罚款”，“警告”是必需的，“罚款”是可选的。

案情简介：

江苏某学院（以下简称“该学院”）长江路校区田径场塑胶跑道改造工程项目（以下简称“该项目”）招标文件中定标办法规定：评标委员会确定前三名投标人为中标候选人，招标人将中标候选人提供的投标样品进行检测后，根据检测结果及评标排名顺序确定中标人。该学院提供的《招标采购结果登记表》中评审结果显示：第一中标候选人为南京

---

1 案件来源：苏财购〔2018〕77 号。

某某体育实业有限公司，评委意见是“待样品送检之后递序确定中标人”，该学院通过样品检测的方式最终否定南京某某体育实业有限公司中标而确定广州某某设备有限公司为中标人。

该项目招标文件的评标办法违反了《政府采购法实施条例》第四十四条第二款规定。该项目中，该学院对中标候选人提供的投标样品进行了取样和送检。在调查过程中向省财政厅提供的三份检测报告的检测样品为500克，与中标候选人所提供的2千克样品数量不符，且没有相关文件证明样品数量存在差异的原因；检测报告中规格型号等多个栏目空白；《样品登记表》中没有投标人签字及第三方监督记录，也未记载送检样品数量。该学院上述行为存在明显问题，导致无法判断检测报告送检样品来源，不能确定送检样品的检测结论是否与中标候选人提供的投标样品相符。

根据《政府采购法》第七十一条和《政府采购法实施条例》第六十八条的有关规定，省财政厅对该学院作出警告的行政处罚。

案例评析

CASE ANALYSIS

《政府采购法实施条例》第六十八条规定：“采购人、采购代理机构有下列情形之一的，依照政府采购法第七十一条、第七十八条的规定追究法律责任：……（九）通过对样品进行检测、对供应商进行考察等方式改变评审结果；……”《政府采购法》第七十一条规定：“采购人、采购代理机构有下列情形之一的，责令限期改正，给予警告，可以并处罚款，对直接负责的主管人员和其他直接责任人员，由其行政主管部门或者有关机关给予处分，并予通报：……”根据上述规定，采购人通过对样品进行检测的方式改变评审结果，行政处罚应当是“给予警告，可以并处罚款”，在“并处”前有“可以”二字，可见“罚款”是选择性的，而不是必须罚款。

2. 罚款

罚款，是行政机关对行政违法行为人强制收取一定数量金钱，剥夺一定财产权利的制裁方法。适用于对多种政府采购违法行为的制裁，在《政府采购法》第七十一条、第七十二条、第七十六条、第七十七条、第七十八条、第八十二条中，《政府采购法实施条例》第六十六条、第七十条、第七十二条、第七十五条中，“财政部令第87号”第七十八条中，《政府采购质疑和投诉办法》（财政部令第94号）第五十一条、第五十二条、第五十五条中都有具体规定，对供应商、采购人、采购代理机构和政府采购评审专家都可以适用罚款的行政处罚。

【案例 16[1]】对代理政府采购业务中存在多种违法行为的采购代理机构，行政处罚形式有哪些

关 键 词：代理业务中违法 / 行政处罚 / 警告 / 罚款

案例要点：对采购代理机构在代理政府采购业务中有违法行为的，行政处罚的形式“警告”是必须的，“罚款”和“在一至三年内禁止其代理政府采购业务”是可选的。

案情简介：

福州市财政局在2018年度全国政府采购代理机构监督检查中发现，福建某招标代理有限公司在代理晋安区计划生育家庭意外伤害保险项目中，磋商文件发售期限自开始之日起不足5个工作日，违反了《政府采购竞争性磋商采购方式管理暂行办法》（财库〔2014〕214号）第十条第二款的规定，属于《政府采购法实施条例》第六十八条第一款第（一）项“未按照政府采购法和政府采购法实施条例规定的方式实施采购”规定的情形。

在代理闽清县移风易俗主题公园建设项目中，未按照《政府采购法实施条例》第十五条规定编制磋商文件，属于《政府采购法实施条例》第六十八条第一款第（三）项“未按照规定执行政府采购政策”规定的情形；磋商文件发出之日起至供应商提交首次响应截止之日不足10日，违反了《政府采购竞争性磋商采购方式管理暂行办法》（财库〔2014〕214号）第十条第一款的规定，属于《政府采购法实施条例》第六十八条第一款第（一）项“未按照政府采购法和政府采购法实施条例规定的方式实施采购”规定的情形。

在组织晋安区计划生育家庭意外伤害保险项目评审过程中提供的“符合性审查表”中列明的串通投标的情形与磋商文件规定“关于串通投标情形”不一致，在组织闽清县移风易俗主题公园建设项目评审过程中提供的“竞争性磋商资格审查表”增加了该项目磋商文件未规定的资格标准，存在误导评审行为，属于《政府采购法实施条例》第六十八条第一款第（六）项“非法干预采购评审活动”规定的情形。

根据《政府采购法实施条例》第六十八条、《政府采购法》第七十一条和《政府采购法实施条例》第六十六条规定，福州市财政局决定对福建某招标代理有限公司作如下行政处罚并予以公告：责令限期整改，给予警告，并处以20 000元人民币罚款。

---

1 案例来源：榕财采〔2019〕12号。

案例评析 CASE ANALYSIS

《政府采购法实施条例》第六十八条规定，采购人、采购代理机构有下列情形之一的，依照政府采购法第七十一条、第七十八条的规定追究法律责任：（1）未依照政府采购法和本条例规定的方式实施采购；……（3）未按照规定执行政府采购政策；……（6）非法干预采购评审活动；……《政府采购法》第七十一条规定，采购人、采购代理机构有下列情形之一的，责令限期改正，给予警告，可以并处罚款，对直接负责的主管人员和其他直接责任人员，由其行政主管部门或者有关机关给予处分，并予通报：……第七十八条规定，采购代理机构在代理政府采购业务中有违法行为的，按照有关法律规定处以罚款，可以在一至三年内禁止其代理政府采购业务，构成犯罪的，依法追究刑事责任。《政府采购法实施条例》第六十六条第一款规定，政府采购法第七十一条规定的罚款，数额为10万元以下。

可见，对采购代理机构在代理政府采购业务中有违法行为的，行政处罚的形式是警告，可以并处罚款，可以在一年至三年内禁止其代理政府采购业务。福州市财政局决定对该代理机构责令限期整改，给予警告，并处以20 000元人民币罚款。该行政处罚是适当的。

3. 没收违法所得

没收违法所得，在政府采购中是指政府采购监督管理部门依法将政府采购违法行为人取得的违法所得财物，运用强制措施对其违法所得财物的所有权予以强制性剥夺的处罚方式。在《政府采购法》第七十二条、第七十七条中，《政府采购法实施条例》第六十九条、第七十五条中，"财政部令第87号"第七十八条中，都有具体规定，对供应商、采购人、采购代理机构和政府采购评审专家都可以适用没收违法所得的行政处罚。

【案例17[1]】对恶意串通的供应商，行政处罚形式有哪些

关 键 词：恶意串通/行政处罚/罚款/没收违法所得/禁止参加政府采购活动

案例要点：供应商之间为谋求某供应商中标而进行串通，属于恶意串通，对供应商依照《政府采购法》第七十七条第一款的规定追究法律责任，即罚款、列入不良行为记录名单、在一年至三年内禁止参加政府采购活动、有违法所得的并处没收违法所得。

案情简介

杭州市富阳区财政局于2017年9月30日起对富阳某公司在杭州市国土资源局富阳分

1 案例来源：《同一项目两次招标 多家公司恶意串通终被查处》，载政府采购信息网：http://www.caigou2003.com/jdgl/jgxdz/4060486.html，最后访问日期：2020年4月24日；杭州市富阳区财政局2018年4月4日行政处罚决定。

局（以下简称“市国土局富阳分局”）2015年度土地日常测绘项目招投标中嫌疑串标的行为予以立案调查后查明：

1. 2015年10月28日，浙江华诚建设工程招标代理有限公司富阳分公司（以下简称“华诚代理”）在富阳市政府采购网和浙江省政府采购网上发布市国土局富阳分局2015年度土地日常测绘项目招标公告。富阳某公司得知后参加了招投标，同时私下联系桐庐某公司、杭州某公司、淳安某公司、建德某公司4家公司前来参加招投标，并派富阳某公司员工陈某联系桐庐某公司、骆某联系杭州某公司、胡某联系淳安某公司、郑某联系建德某公司，与4家公司商议出具虚假内容的法定代表人授权委托书，授权富阳某公司职工进行招投标事务，包括编制技术标标书和打印装订等。后这4家公司以委托自己公司在职职工名义，分别委托富阳某公司在职职工陈某、骆某、胡某、郑某报名进行招投标，报名费用及保证金由这4家公司自行承担。报名后，以上5家公司均获得了招投标资格。富阳某公司员工赵某在负责制作富阳某公司投标文件的同时，在同一台电脑上为桐庐某公司、杭州某公司、淳安某公司、建德某公司4家公司制作了技术标，经上述4家公司确认后由其统一打印、装订标书。后这4家公司分别在装订好的标书上签字盖章、封标，现场投标由这4家公司自行派员参加。

2015年11月19日开标，除富阳某公司及上述4家公司外，还有杭州富阳新地测绘有限公司（以下简称“富阳新地”）、杭州富阳创衡房地产测绘有限公司（以下简称“富阳创衡”）和杭州纳智土地勘测规划设计有限公司（以下简称“杭州纳智”）也参加了投标。招投标专家组在评商务标时，发现富阳某公司、桐庐某公司、杭州某公司、淳安某公司、建德某公司5家单位报价一览表中，商务标报价的小数点保留位数均保留了2位，不符合招标文件保留1位小数点的要求，被确认为无效标；富阳新地和富阳创衡两家单位投标文件有效期限均为7日，不符合招标文件规定的60天的要求，也确认为无效标。该次招标活动参与竞标单位8家，无效标7家，该项目招标因“对招标文件作实质响应的供应商不足三家”废标。

富阳某公司与桐庐某公司、杭州某公司、淳安某公司、建德某公司同为投标人，私下联系商议出具虚假内容的法定代表人授权委托书，4家公司同时授权富阳某公司职工进行招投标事务，并由富阳某公司职工统一编制技术标标书和打印装订，致使在商务标中出现的错误异常一致而被认定为无效标。根据《政府采购法实施条例》第七十四条的规定，富阳某公司和上述4个投标人为恶意串通投标行为。

2. 2015年11月21日，华诚代理发布废标公告。2015年11月23日，华诚代理就该项目重新发布招标公告。富阳某公司得知后仍私下联系桐庐某公司和杭州某公司与其一起参加第二次招投标，并派公司员工骆某联系桐庐某公司、派胡某联系杭州某公司，后与2家公司商议出具虚假内容的法定代表人授权委托书，授权富阳某公司职工进行招投标事务，费用由上述2家公司自行承担。富阳某公司重新替邀请来的这2家公司编制了招投标文书并进行打印、装订，后送至这2家公司进行签字、盖章和自行封标。杭州某公司自己派人参加了投标，桐庐某公司没有参加现场投标。2015年12月14日，在国土局14楼进行第二次现场开标。现场富阳新地、富阳创衡、富阳某公司、杭州某公司、杭州纳智等5家单位参加投标，通过评审，最后由富阳新地和富阳某公司中标。

富阳某公司与桐庐某公司、杭州某公司同为投标人，私下联系商议出具虚假内容的法定代表人授权委托书，2家公司同时授权富阳某公司职工进行招投标事务，并由富阳某公司统一编制技术标标书和打印装订。根据《政府采购法实施条例》第七十四条的规定，富阳某公司和上述2个投标人为恶意串通投标行为。

3. 市国土局富阳分局和富阳某公司签订的中标合同显示，中标标的暂定为300万，具体按照实际开展业务量来计算标的价格。截至2017年10月31日，富阳某公司中标后共受理日常测绘项目1965宗，收取日常测绘项目费用3 213 257.00元，财务核算净利润为35 345.33元。根据《政府采购法》第七十七条的规定，履行合同所产生的收益应认定为违法所得。

根据《政府采购法》第七十七条的规定，决定对富阳某公司作出如下行政处罚：处以采购金额（500万元）千分之六即3万元罚款，没收违法所得35 345.33元，列入不良行为记录名单，并在一年内禁止参加政府采购活动。

案例评析 CASE ANALYSIS

《政府采购法》第七十七条规定："供应商有下列情形之一的，处以采购金额千分之五以上千分之十以下的罚款，列入不良行为记录名单，在一至三年内禁止参加政府采购活动，有违法所得的，并处没收违法所得，情节严重的，由工商行政管理机关吊销营业执照；构成犯罪的，依法追究刑事责任：……（三）与采购人、其他供应商或者采购代理机构恶意串通的；……"《政府采购法实施条例》第七十四条规定……有下列情形之一的，属于恶意串通，对供应商依照政府采购法第七十七条第一款的规定追究法律责任，对采购人、采购代理机构及其工作人员依照政府采购法第七十二条的规定追究法律责任：……供应商与采购人或者采购代理机构之间、供应商相互之间，为谋求特定供应商中标、成交或者排斥其他供应商的其他串通行为。

本案中，富阳某公司与其他供应商之间为在该项目谋求富阳某公司中标的串通行为，属于恶意串通，对供应商依照《政府采购法》第七十七条第一款的规定追究法律责任，即罚款、列入不良行为记录名单、在一年至三年内禁止参加政府采购活动、有违法所得的并处没收违法所得。

4. 禁止供应商在一至三年内参加政府采购活动

这是政府采购中对供应商特有的行政处罚，根据《政府采购法》第七十七条、《政府采购法实施条例》第七十三条、《政府采购质疑和投诉办法》（财政部令第94号）第五十四条、《政府采购质疑和投诉办法》第三十七条的规定，供应商存在法定的情形，可以对其作出一至三年内禁止参加政府采购活动的行政处罚。

【案例18[1]】对提供虚假材料谋取中标、成交的供应商，行政处罚形式有哪些

关 键 词：提供虚假材料／行政处罚／禁止参加政府采购活动／并处

案例要点：《政府采购法》第七十七条第一款并处，不是选择性处罚，如不适用某一处罚，应当叙述事实与理由。

案情简介

某财政部门在政府采购投诉处理工作中，发现某公司在参与某采购人社会化汽车租赁服务项目过程中，存在违法行为，提供的机动车注册登记材料为虚假材料。上述行为违反了《政府采购法》第七十七条第一款第（一）项规定。根据《政府采购法》第七十七条第一款规定，该财政部门决定对某公司处以列入不良行为记录名单，在一年内禁止参加政府采购活动的行政处罚。

案例评析 CASE ANALYSIS

《政府采购法》第七十七条第一款第（一）项规定："供应商有下列情形之一的，处以采购金额千分之五以上千分之十以下的罚款，列入不良行为记录名单，在一至三年内禁止参加政府采购活动，有违法所得的，并处没收违法所得，情节严重的，由工商行政管理机关吊销营业执照；构成犯罪的，依法追究刑事责任：（一）提供虚假材料谋取中标、成交的；……"

本案中，供应商提供的机动车注册登记材料为虚假材料，依照上述法律规定，还应处以采购金额千分之五以上千分之十以下的罚款，有违法所得的，并处没收违法所得。但从该财政部门行政处罚决定中，却无罚款的处罚，也未叙述是否有违法所得的事实，该处罚决定值得商榷。

1 案例来源：鲁财罚决字〔2017〕13号。

5. 禁止采购代理机构在一年至三年内代理政府采购业务

这是政府采购中对采购代理机构特有的行政处罚，根据《政府采购法》第七十八条的规定，采购代理机构在代理政府采购业务中有违法行为的，可以对其作出一年至三年内禁止代理政府采购业务的行政处罚。

【案例19[1]】采购代理机构通过对样品进行检测改变评审结果，对其要不要进行行政处罚，处罚形式有哪些

关 键 词：样品检测改变评审结果 / 行政处罚 / 警告 / 罚款 / 禁止代理政府采购业务

案例要点：采购代理机构通过对样品进行检测改变评审结果，应给予警告，可以并处罚款，可以在一年至三年内禁止其代理政府采购业务；采购代理机构未按规定期限公告信息的，也应给予警告。行政处罚应当严格依法，不能没有依据有所取舍。

案情简介

济南市济阳区财政局在政府采购投诉处理工作中，发现山东某公司在参与济南市济阳区农家书屋图书书柜采购项目03包过程中，在项目评审结束后，评审专家签字出具的评审报告中03包中标人为济南汇林家具有限公司（以下简称“汇林公司”），于12月3日发布中标公告，中标人为汇林公司。但在12月5日又再次发布中标更正公告：因汇林公司样品规格未达到要求，山东世纪花都家具有限公司（以下简称“花都公司”）达到要求，现为花都公司中标。该行为违反了《政府采购法实施条例》第四十四条第二款：采购人或者采购代理机构不得通过对样品进行检测、对供应商进行考察等方式改变评审结果。

该局在审查过程中还发现该项目11月30日开标，但山东某公司直到12月3日才进行报名确认、专家评审录入，招标结束后还再次发布项目更正公告，违反了《政府采购信息公告管理办法》第三十条第（五）项之规定。根据《政府采购质疑和投诉办法》第三十二条第（二）项、《政府采购法实施条例》第六十八条第（九）项、《政府采购法》第七十八条之规定，决定对山东某公司处以一年内禁止参加济南市济阳区政府采购代理活动的行政处罚。

1　案例来源：济阳财采决字〔2019〕3号。

案例评析

CASE ANALYSIS

《政府采购法实施条例》第六十八条规定："采购人、采购代理机构有下列情形之一的，依照政府采购法第七十一条、第七十八条的规定追究法律责任：……（九）通过对样品进行检测、对供应商进行考察等方式改变评审结果；……"《政府采购法》第七十一条规定："采购人、采购代理机构有下列情形之一的，责令限期改正，给予警告，可以并处罚款，对直接负责的主管人员和其他直接责任人员，由其行政主管部门或者有关机关给予处分，并予通报：……"第七十八条规定："采购代理机构在代理政府采购业务中有违法行为的，按照有关法律规定处以罚款，可以在一至三年内禁止其代理政府采购业务，构成犯罪的，依法追究刑事责任。"《政府采购信息公告管理办法》第三十条规定"采购人或者采购代理机构有下列情形之一的，由县级人民政府财政部门责令限期改正，给予警告；对直接负责的主管人员和其他直接责任人员，由其行政主管部门或者有关机关给予处分，并予通报：……（五）未按规定期限公告信息的"。

可见，对采购代理机构在代理政府采购业务中有违法行为的，行政处罚的形式是警告，可以并处罚款，可以在一年至三年内禁止其代理政府采购业务。而在本案中，财政局决定的行政处罚中没有警告，显然适用法律存在错误情形，且根据《政府采购信息公告管理办法》第三十条规定，也应当对采购代理机构给予警告。

6. 禁止评审专家参加政府采购评审活动

这是政府采购中对评审专家特有的行政处罚，根据《政府采购法实施条例》第七十五条的规定，政府采购评审专家未按照采购文件规定的评审程序、评审方法和评审标准进行独立评审或者泄露评审文件、评审情况的，与供应商存在利害关系未回避的，收受采购人、采购代理机构、供应商贿赂或者获取其他不正当利益，可以对其作出禁止其参加政府采购评审活动的行政处罚。

【案例 20[1]】评审专家未按照采购文件规定的评定成交的标准进行评审，行政处罚形式有哪些

关 键 词：未按采购文件进行评审 / 行政处罚 / 警告 / 罚款 / 禁止参加政府采购评审活动

案例要点：评审专家未按照采购文件规定的评审程序、评审方法和评审标准进行独立评审的，给予警告，并处 2000 元以上 2 万元以下的罚款；影响中标、成交结果的，处 2 万元以上 5 万元以下的罚款，禁止其参加政府采购评审活动。

1 案例来源：开财采购〔2015〕14 号。

案情简介

开县环境卫生管理处垃圾桶采购项目采购文件规定：垃圾桶技术规格为：长730mm（±10mm），宽590mm（±10mm），高1080mm（±10mm）。浙江绿欣环卫设备有限公司所投产品“绿之欣”的技术规格为：长718mm，宽574mm，高1008mm，较采购文件要求的长、宽、高技术规格分别少12mm、16mm和72mm，超出了允许的误差值，其报价文件未对采购文件作出全面的实质性响应，应为符合性审查不合格，而询价小组判定为符合性审查合格，并推荐为成交供应商。

重庆市开县财政局认为：询价小组在对本采购项目的评审过程中，未严格按照采购文件的要求进行评审，作出了错误的评审结论，违反《政府采购非招标采购方式管理办法》（财政部令第74号）第四十八条“询价小组应当从质量和服务均能满足采购文件实质性响应要求的供应商中，按照报价由低到高的顺序提出3名以上成交候选人，并编写评审报告”的规定，构成未按照采购文件规定的评定成交的标准进行评审的违规情形。该局决定：根据《重庆市政府采购评审专家管理办法》（渝财采购〔2014〕29号）第四十二条之规定，从即日起暂停评审专家XXX、XXX、XXX6个月政府采购评审活动。

案例评析 CASE ANALYSIS

《政府采购法实施条例》第七十五条第一款规定：“政府采购评审专家未按照采购文件规定的评审程序、评审方法和评审标准进行独立评审或者泄露评审文件、评审情况的，由财政部门给予警告，并处2000元以上2万元以下的罚款；影响中标、成交结果的，处2万元以上5万元以下的罚款，禁止其参加政府采购评审活动。”

由于该案发生时，《政府采购法实施条例》尚未实施，财政局适用了《重庆市政府采购评审专家管理办法》。从适用法律的效力考虑，当时《政府采购非招标采购方式管理办法》（财政部令第94号）已经实施，该办法第五十五条第一款规定：“谈判小组、询价小组成员有下列行为之一的，责令改正，给予警告；有关法律、行政法规规定处以罚款的，并处罚款；涉嫌犯罪的，依法移送司法机关处理：……（六）未按照采购文件规定的评定成交的标准进行评审的。”也可以根据该条规定进行处罚，其效力高于《重庆市政府采购评审专家管理办法》的规定，法律风险将更小。

（二）行政处分

行政处分，是指法律规定的国家机关或单位，依照行政隶属关系，给予有违法失职行为而未构成刑事犯罪的人员的一种行政制裁。政府采购中的行政处分，是由行政机关（包括财政部门及其他行政机关）对其工作人员在政府采购活动中出现的违法违规行为依法作出行政处分决定。根据《国家公务员条例》的规定“公务员行政处分的种类有警告、记过、记大过、降级、降职、撤职、开除等”。在《政府采购法》及其实施条例中，对于采购人、采购代理机构及政府采购监督管理部门的工作人员的违法渎职行为，均有“由其行政主管部门或者有关机关给予处分”“依法给予行政处分”等表述。

（三）其他行政措施

对于政府采购活动中存在的一般违法行为，根据《政府采购法》及其实施条例的规定，违法者应承担行政责任，政府采购中的行政责任主要分为行政处罚和行政处分两类，但也包括几类其他行政措施，如“责令限期改正”“列入不良行为记录名单”。

1. 责令限期改正（责令改正）

责令限期改正，是指行政主体责令违法行为人停止和纠正违法行为，以恢复原状，维持法定的秩序或者状态，它具有事后救济性，是对违法行为采取的一种补救性行政措施，要求当事人在规定的时间内停止违法行为，并予以纠正。政府采购中的责令限期改正，是指政府采购监督管理部门对于采购人、采购代理机构实施《政府采购法》第七十一条、《政府采购法实施条例》第六十七条的违法行为时，对其采取的一种行政措施，具有补救性但不具有处罚性。由于理解上的不同，个别财政部门在责令限期改正中有时存在以下问题：

第一，个别财政部门往往存在重行政处罚、轻责令改正的情形。制作和下达的投诉处理决定或者监督检查决定文书中缺少限期责令改正的形式。有的即使有限期责令改正的形式，但对是否改正、改正的成效没有跟踪、反馈的记载。

第二，个别财政部门把责令限期改正与行政处罚相混淆。《行政处罚法》第八条规定了行政处罚的种类共有七种，但不包含“责令限期改正”。个别财政部门把“责令限期改正”列在下达给当事人的行政处罚决定书的处罚种类中，容易产生法律风险。

第三，个别财政部门责令限期改正的内容不明确。要求当事人责令限期改正的违法行为要明确、具体，应针对性地指出改什么、怎么改，不能过于简单化，流于形式。

【案例 21[1]】财政局收到潜在供应商举报，查明招标文件存在问题但不影响中标结果，能以什么形式作出处理

关 键 词：采购文件违法 / 不影响中标结果 / 行政责任 / 行政措施 / 责令限期改正

案例要点：对举报事项成立，但不影响采购结果的，如有违法事实应当依法责令限期改正，责令限期改正的内容应明确、具体。

1 案例来源：清财采决〔2018〕5 号。

案情简介

2018年5月18日，某某市财政局收到潜在供应商实名举报市公安局某数字集群（PDT）系统建设项目的采购招标文件中存在问题，对举报事项依法开展调查，查明情况如下：

1. 该项目招标文件中技术部分的两个评审项目评审自由裁量权较大。（1）整体技术设计方案是根据组网方案、频率使用方案、编队方案、功能应用方案等进行评分；（2）施工方案是根据项目施工、建设等方面做的准备、规划以及风险管控等进行评分。上述两项评分均是根据投标人提交的方案进行评分，分值合计共10分，约占技术部分的四分之一分值。上述两项评分均与投标人所提供货物服务的质量相关，其评分也已经进行量化，每个区间的分值为1~2分，符合《政府采购货物和服务招标投标管理办法》的规定；但两项评分均没对优、良、差作出明确的评审标准，需依靠专家的专业知识水平进行评定优劣，评审专家自由裁量权较大。

2. 该项目招标文件中未合理设置商务部分的评审因素。根据投标人售后服务机构情况的进行评分，该项评分是以投标人提供服务机构的营业执照复印件为评审依据。但评审标准不明确，无法确认是以服务机构的数量还是其他因素作为评审依据，该项评分设置不合理，违反了《政府采购法实施条例》第三十四条第四款以及《政府采购货物和服务招标投标管理办法》（财政部令第87号）第五十五条第三款的规定。

综上所述，某某市财政局认为该项目的采购招标文件中存在违反《政府采购法实施条例》第三十四条第四款以及《政府采购货物和服务招标投标管理办法》（财政部令第87号）第五十五条第三款的情形。鉴于采购招标文件中所设置区间分值在1~2分，且评委给出的评分差别不大，不影响项目的中标结果，根据《政府采购货物和服务招标投标管理办法》（财政部令第87号）第七十八条第十二款的规定，某某市财政局作出如下处理决定：责令采购人、采购代理机构限期改正。

案例评析 CASE ANALYSIS

1. 本案举报事项成立，但对不影响采购结果的事实论述不足

《政府采购法实施条例》第三十四条第四款规定：“采用综合评分法的，评审标准中的分值设置应当与评审因素的量化指标相对应。”“财政部令第87号”第五十五条第三款规定：“评审因素应当细化和量化，且与相应的商务条件和采购需求对应。商务条件和采购需求指标有区间规定的，评审因素应当量化到相应区间，并设置各区间对应的不同分值。”本案举报事项成立，但对不影响采购结果的事实论述不足，最好结合对各投标人的评分进行论述，即可对事实一目了然。

2. 本案适用依据正确，但责令限期改正的内容尚不具体

由于《政府采购法》《政府采购法实施条例》对监督检查中发现的问题如何纠正没有作出明确、具体的规定，财政局适用"财政部令第 87 号"是完全正确的。但责令限期改正的内容尚不具体，应针对性地指出改什么、怎么改。

2. 列入不良行为记录名单

列入不良行为记录名单，是对供应商实施《政府采购法》第七十七条，《政府采购法实施条例》第七十二条、第七十三条，《政府采购质疑和投诉办法》（财政部令第 94 号）第五十四条，《政府采购质疑和投诉办法》第三十七条所规定的违法行为时，财政部门所采取的行政措施。对于此种行政措施的性质是否属于行政处罚有意见分歧：

第一种观点认为属于行政处罚。理由是《行政处罚法》第八条规定："行政处罚的种类：……（七）法律、行政法规规定的其他行政处罚"，认为"列入不良行为记录名单"属于法律、行政法规规定的其他行政处罚。从供应商的角度出发，"列入不良行为记录名单"带有惩处性质，对供应商的影响甚至会大过于警告的行政处罚。

第二种观点则认为不属于行政处罚。其主要理由是：按照《行政处罚法》第十二条"国务院部、委员会制定的规章可以在法律、行政法规规定的给予行政处罚的行为、种类和幅度的范围内作出具体规定。尚未制定法律、行政法规的，前款规定的国务院部、委员会制定的规章对违反行政管理秩序的行为，可以设定警告或者一定数量罚款的行政处罚。罚款的限额由国务院规定"的规定，财政部规章除可以设定警告或罚款的行政处罚，其他的行政处罚必须要有上位法依据，而且只能在上位法规定的范围内作具体细化。但是，《政府采购质疑和投诉办法》第三十七条的规定不是对《政府采购法》第七十七条所规定的情形的细化，也不是对《政府采购法实施条例》第七十二条、第七十三条所规定的情形的细化，不能认为"列入不良行为记录名单"是对上位法的细化，而既然不是对上位法的细化，部门规章也无权新设警告和罚款之外的行政处罚，据此"列入不良行为记录名单"不属于行政处罚，只是一种行政处理措施。

笔者倾向于第二种观点，在本书中也作为行政处理措施予以论述。

【案例 22[1]】列入不良行为记录名单，属于行政处罚吗

关 键 词：列入不良行为记录名单 / 行政处罚 / 行政措施

案例要点：列入不良行为记录名单不属于行政处罚。

---

1 案件来源：（2015）浙丽行终字第 7 号。

行政处理、行政复议情况

2007年11月，杭州某公司通过招投标成为丽水市南城东三路道路工程（总造价8000万元）的中标监理单位，并于2007年12月29日签订《建设工程委托监理合同》。2009年5月12日，杭州某公司与建设单位丽水南城建设有限公司签订水阁张村杨梅山k地块安置小区配套工程（造价317万元）的《建设工程委托监理合同》。杭州某公司指派注册监理工程师邓某在东三路道路中担任总监代表、在水阁张村杨梅山工程中担任总监对工程实行监理。

2013年，丽水市审计局在对市本级建设项目监理情况专项审计调查中发现，杭州某公司在上述工程施工方上报的虚假材料上予以签字确认，造成虚报工程量约120万元。丽水市审计局向丽水市住房和城乡建设局（以下简称“住建局”）移送《关于杭州天恒投资建设有限公司涉嫌违法违规行为的审计移送处理书》及相关证据材料，要求住建局依法处理。

住建局调查后，结合杭州某公司违规失职尚未造成国家直接经济损失的实际情况，在2013年10月8日《丽水市住房和城乡建设局关于公布2013年第六次丽水市建设市场不良行为记录名单的通知》(丽建发〔2013〕209号）文件中，将杭州某公司列入不良行为记录公示，不良行为等级为严重，公示期限为24个月。杭州某公司不服，向丽水市人民政府申请行政复议，丽水市人民政府于2014年9月16日作出丽政复决〔2014〕21号行政复议决定书，维持住建局作出的具体行政行为。

行政诉讼一审情况

杭州某公司不服，提起行政诉讼。一审法院莲都区人民法院另查明，丽水市审计局于2013年12月16日发布的《丽水市本级建设项目监理情况审计调查结果公告》文件“(二）监理职责履行不到位的问题”中载有“如监理单位杭州天恒投资建设有限公司在水阁杨梅山k地块安置小区配套工程和东三路道路工程两个建设项目监理过程中，出现重大失职，在施工方上报的虚假材料上予以签字确认”“审计指出上述问题后，市建设局已对该公司和总监列入建设市场不良行为记录名单,两年内不得在丽水市范围内承接业务”的内容。

一审法院经审理认为，杭州某公司依据丽水市审计局发布的《丽水市本级建设项目监理情况审计调查结果公告》中载有“市建设局已对该公司和总监列入建设市场不良行为记录名单，两年内不得在丽水市范围内承接业务”的内容，认定住建局对杭州某公司作出“列入建设市场不良行为记录名单”及“两年内不得在丽水市范围内承接业务”的行政行为。住建局提供《丽水市住房和城乡建设局2013年第六次丽水市建设市场不良行为记录名单的通知》(丽建发〔2013〕209号文件),主张住建局仅将杭州某公司列入不良行为记录公示，但未作出“两年内不得在丽水市范围内承接业务”的行政行为。

一审认为，具体行政行为的载体应来源于作出具体行政行为的行政机关，且行政机关是否作出具体行政行为应由行政相对人举证。本案杭州某公司未能提供有利证据证明住建局对杭州某公司作出“两年内不得在丽水市范围内承接业务”的行政行为，故杭州某公司主张撤销该行为，不予支持。

杭州某公司、住建局对杭州某公司派遣的监理工程师邓某在丽水东二路道路和水阁张村杨梅山 k 地块工程中对施工方上报的虚假材料予以签字确认，造成虚报工程量共计约 120 万元的事实均无异议。根据《浙江省建设工程监理管理条例》第二条、第五条的规定，杭州某公司受业主的委托，应按照法律、法规、技术标准和合同的约定，对建设工程的质量、投资、工期等事项实施监督管理，维护业主和被监理单位的合法权益。

《浙江省建设市场不良行为记录和公示办法》第四条及第十二条、第十三条、第十四条分别规定“本办法所称的不良行为，是指参与建设市场活动的单位和个人，有商业贿赂行为，有行贿、受贿、渎职犯罪及扰乱建设市场秩序等违反法律和政策规定的行为”；不良行为“记入企事业单位或个人信用档案”，“在各级建设信息网等媒体和工程、房地产交易中心屏幕上公示”，“公示时间为 3 个月至 2 年”。

《丽水市建设市场不良行为记录和公示暂行办法》第五条、第七条第十款、第十条则进一步规定，“丽水市建设市场不良行为公示分为：一般不良行为记录公示和严重不良行为记录公示”，“被记录丽水市建设市场不良行为的单位和个人，由市建设行政主管部门予以公示并记入其信用档案”，“严重不良行为记录公示时间为 2 年”，“严重不诚信行为”列入严重不良行为记录公示。杭州某公司未依法依约履行监理职责，造成虚报工程量约 120 万元，严重侵犯了业主的合法权益；故住建局将其认定为严重不诚信行为，列入严重不良行为记录公示，符合规定。

此外，杭州某公司主张不良行为记录属行政处罚，住建局未履行行政处罚决定的法定程序。一审认为，不良行为记录公示是对当事人行为进行客观地记录及公示，不符合行政处罚的特征，且行政处罚应由法律、法规、规章予以设定，故杭州某公司认为住建局程序违法，不予支持。

综上所述，根据《最高人民法院关于执行行政诉讼法若干问题的解释》第五十六条第（四）项的规定，判决驳回杭州某公司要求撤销住建局对杭州某公司作出的“两年内不得在丽水市范围内承接业务”及“建设市场不良行为记录 24 个月公示”行政行为的诉讼请求。

上诉人诉求及观点

杭州某公司不服一审判决，提起上诉称：1. 一审判决对具体行政行为的内容认定不清，事实认定自相矛盾。住建局作出的行政行为是将杭州某公司“列为建设市场严重不良行为并上网公示，及二年内不得在丽水市范围内承接业务”的具体行政行为。从《丽水市本级建设项目监理情况审计调查结果公告》及丽水市人民政府的行政复议决定书，均可以看出。一审判决无视上述事实，认定住建局的行为仅是将杭州某公司列入不良行为记录公示，而未作出“两年内不得在丽水市范围内承接业务”的行政行为，明显不当。2. 一审判决认为不良行为记录公示行为不符合行政处罚的特征，该认定不当。行政行为只要对当事人产生了不利后果，符合行政处罚制裁性、处分性、不利性的特征，它就是行政处罚行为，就应当遵从法定程序。3. 一审判决适用法律错误。《行政处罚法》规定，行政法规、地方性法规和政府规章以外的规范性文件不得设定行政处罚，但《浙江省建设市场不良行为记录和公示办法》和《丽水市建设市场不良行为记录和公示办法》系地方政府工作部门的文件，且该二份文件均不同程度地存在违反法律规定，甚至违反上级行政主管机关规定的情形，一审判决以此作为判决依据是适用法律错误。

被上诉人答辩及观点

住建局答辩称：1. 一审认定事实清楚。上诉人作为丽水南城东三路道路工程及水阁张村杨梅山 k 地块安置小区配套工程的监理单位，没有依据相关规定和合同约定履行相应的监理职责，导致两项工程共虚报 120 余万元工程量得到监理方审核签字，其违规失职行为毋庸置疑。答辩人所作的具体行政行为体现在 2013 年 10 月 8 日印发的《关于公布 2013 年第六次丽水市建设市场不良行为记录名单的通知》中，该通知将杭州某公司及邓某列为 2013 年第六次丽水市建设市场不良行为新增记录名单，不良行为等级为严重，公示时间为 24 个月。通知内容并没有列明“两年内不得在丽水市范围内承接业务”，即使审计局发布了相应的调查结果公告，也不能证明是答辩人作出了该具体行政行为。2. 关于不良行为记录公示应否适用行政处罚程序问题。杭州某公司认为答辩人对其作出的不良行为记录公示具有惩戒性，应属于行政处罚，应当适用行政处罚的法定程序。但答辩人认为，该不良行为记录公示只是答辩人依职责对丽水市建设市场实施动态监管所采取的一种惩戒措施，并非是行政处罚行为，依法不应适用行政处罚的相关规定。综上所述，本案的客观事实清楚明确，答辩人作出的公示行为合理合法，请求二审法院依法维持原判。

法院裁判及观点

丽水市中级人民法院认为，认定被诉行政行为内容最直接的依据应是该行政行为所依附的载体，根据住建局所作的《关于公布 2013 年第六次丽水市建设市场不良行为记录名单的通知》的内容看，该通知仅是将杭州某公司及邓某列为 2013 年第六次丽水市建设市场不良行为新增记录名单，不良行为等级为严重，公示时间为 24 个月。通知内容并没有载明“两年内不得在丽水市范围内承接业务”。

虽然《丽水市建设市场严重不良行为记录和公示暂行办法》第十二条规定了“被公示丽水市建设市场严重不良行为记录期限内的单位或个人，不得在丽水市范围内承接业务”，但从该条款也可以看出，“不得在丽水市范围内承接业务”只是被作出“不良行为公示”行政行为后所要承担的后果，而非行政行为本身。因此，杭州某公司认为被诉行政行为包含“二年内不得在丽水市范围内承接业务”的内容，理由尚不充分。

从行政程序的正当性要求来看，应给予当事人必要的陈述申辩等权利，住建局在公示前未赋予杭州某公司该权利，程序上存在瑕疵。鉴于本案被诉行政行为本身不属于行政处罚的范畴，并不受行政处罚程序规范的规制，且住建局所监理的工程项目虚报的工程量多为管线、井坑等非常容易测量和确定数量的项目，其存在重大失职行为的事实清楚，该程序瑕疵未实际影响住建局的权利，故对一审法院判决驳回杭州某公司诉讼请求的判决结果，二审法院仍予以维持。综上,依照《行政诉讼法》第六十一条第（一）项之规定,判决如下：驳回上诉，维持原判。

案例评析 CASE ANALYSIS

1. 列入“不良行为记录名单”，不在法律所规定的行政处罚种类之内

本案尽管是适用《招标投标法》而不是适用《政府采购法》的争议案件，但是“不良行为记录名单”的性质问题是相似的。不良行为公示是政府对市场主体违法违规行为的一种记录和客观反映，是对已经发生的事实和行为进行的信息公开。《行政处罚法》第八条规定明确的行政处罚的种类为：警告；罚款；没收违法所得、没收非法财物；责令停产停业；暂扣或者吊销许可证、暂扣或者吊销执照；行政拘留；法律、行政法规规定的其他行政处罚。“不良行为记录名单”不在其内，不应视为行政处罚。

2. 列入“不良行为记录名单”可能产生类似于行政处罚的后果，对供应商作出处理决定时，应给予其陈述申辩等权利

对于列入“不良行为记录名单”的供应商，许多地方政府部门的规范性文件都规定不得在当地参加政府采购活动，许多政府采购文件都在供应商的资格条件中将其排除在外。因为这些规定只是被作出“不良行为公示”行政行为后所要承担的后果，但仍然不是列入“不良行为记录名单”的行政行为本身。由于公示能直接引起商誉损失，甚至可能间接造成财产性利益损失，可能产生类似于行政处罚的后果，但性质上不属于法律所规定的行政处罚。从行政程序的正当性要求来看，应给予供应商必要的陈述申辩等权利，如在公示前未赋予供应商该权利，程序上是存在瑕疵的。鉴于列入“不良行为记录名单”本身不属于行政处罚的范畴，因此不受行政处罚程序规范的规制。

第二节 其他法律、法规规定的形式

一、信息公开争议的形式

《政府采购法》第三条规定："政府采购应当遵循公开透明原则、公平竞争原则、公正原则和诚实信用原则。"公开透明原则是政府采购最基本的原则。政府采购事关相关各方切身利益，采购信息的准确性、完整性、及时性是各政府采购参与方交易的依据，只有这样才能让他们作出明智的决策。同时，也决定着潜在供应商参与竞争与否和竞争激烈程度，决定着实际参与政府采购供应商的类型、结构、数量，从而决定着是否能实现公平竞争。

政府采购信息的公开，不仅能规范采购行为，也能优化政府采购监督机制。当政府采购的所有信息准确地、完整地、系统地面对社会公开，实现政府采购行为透明化，才能确保公正。法律、法规、行政规章及其规范性文件对政府采购过程中信息公开已经作出很多规定，特别是《政府信息公开条例》的实施，《政府采购信息公告管理办法》（财政部第 19 号令）和《财政部关于做好政府采购信息公开工作的通知》（财库〔2015〕135 号）的公布，政府采购信息的公开也纳入的法治轨道。2020 年 3 月 1 日，《政府采购信息公告管理办法》（财政部第 19 号令）废止，《政府采购信息发布管理办法》（财政部令第 101 号）开始施行。

应当指出的是，政府采购信息绝大部分都是主动公开的，极少部分是通过申请公开的。一般来说，申请公开政府采购信息的，都有争议的情形或者争议的苗头，应当予以高度重视。对于依申请公开政府采购信息的，最重要的环节在于办理答复规范。2019 年 12 月 27 日，江苏省人民政府办公厅印发《江苏省政府信息公开申请办理答复规范》（苏政办函〔2019〕98 号，本节简称《规范》），江苏省内的财政部门以及采购人中的行政机关法律、法规授权的具有管理公共职能的组织，对于政府采购信息依申请公开的办理答复工作必须遵照执行，江苏省外的也可以参考借鉴。现针对政府采购方面的信息公开申请办理答复的规范及其文书，从《规范》中，结合政府采购实践选择以下供读者参考：

（一）予以公开的答复形式

1. 已对外公开的政府采购信息公开形式

对于申请人申请公开的政府采购信息，如果已经通过政府采购信息公告等形式主动公开的，根据《政府信息公开条例》第三十六条第（一）项的规定，告知申请人获取方式和途径；也可以应申请人请求，便民提供该政府采购信息。

【文书 9】

依复〔20 〕第 号

政府信息公开申请答复书

（申请人姓名或者单位名称）：

本机关于________年____月____日收到您（你单位）通过□在线□信函□传真 □当面□ 提交的《政府信息公开申请书》。

您（你单位）申请公开的______________本机关已通过（政府信息具体发布网址）对外公开，请您自行查阅、获取。根据《政府信息公开条例》第三十六条第（一）项的规定，现予告知。

如对本答复不服，可以在收到本答复之日起60日内向______人民政府或者______部门申请行政复议，或者在6个月内向______人民法院提起行政诉讼。

行政机关名称__________

（印章）

________年____月____日

2. 政府采购信息复印件附后的公开形式

对于申请人申请公开的政府采购信息，如果属于可以公开的，根据《政府信息公开条例》第三十六条第（二）项的规定，向申请人作出书面决定并提供该政府采购信息，包括作出向申请人提供政府采购信息的事实作为。

【文书 10】

依复〔20 〕第 号

政府信息公开申请答复书

（申请人姓名或者单位名称）：

本机关于________年____月____日收到您（你单位）通过□在线□信函□传真 □当面□ 提交的《政府信息公开申请书》。

经审查，您（你单位）申请公开的______________本机关予以公开，根据《政府信息公开条例》第三十六条第（二）项的规定，本机关将该政府信息提供给您（复印件附后）。

如对本答复不服，可以在收到本答复之日起60日内向______人民政府或者______部门申请行政复议，或者在6个月内向______人民法院提起行政诉讼。

行政机关名称__________

（印章）

________年____月____日

3. 政府采购信息近期内对外公开的公开形式

对于申请人申请公开的政府采购信息，因前期修改采购文件、确认中标或者成交结果无效、废标等原因致使采购活动延误，该信息暂未形成，如果近期内将通过政府采购信息公告等形式主动公开的，根据《政府信息公开条例》第三十六条第（二）项的规定，告知申请人获取方式、途径和时间。

【文书 11】

依复〔20　　〕第　　号

政府信息公开申请答复书

（申请人姓名或者单位名称）：

本机关于________年____月____日收到您（你单位）通过□在线□信函□传真 □当面□ 提交的《政府信息公开申请书》。

您（你单位）申请公开的______________本机关将于近期内主动公开，您可通过（获取的方式、途径和时间）获取。根据《政府信息公开条例》第三十六条第（二）项的规定，现予告知。

如对本答复不服，可以在收到本答复之日起 60 日内向______人民政府或者______部门申请行政复议，或者在 6 个月内向______人民法院提起行政诉讼。

行政机关名称__________

（印章）

________年____月____日

（二）不予公开的答复形式

对于申请人申请公开的政府采购信息，经审查，属于《政府信息公开条例》第十四条、第十五条、第十六条、第三十七条第（七）项规定的情形，不予公开、可以不予公开或者依规定处理：

（1）依法确定为国家秘密的政府信息，不予公开；

（2）法律、行政法规禁止公开的政府信息，不予公开；

（3）公开后可能危及国家安全、公共安全、经济安全、社会稳定的政府信息，不予公开；

（4）涉及商业秘密、个人隐私等公开会对第三方合法权益造成损害的政府信息不予公开，但第三方同意公开或者行政机关认为不公开会对公共利益造成重大影响的除外；

（5）行政机关的内部事务信息，包括人事管理、后勤管理、内部工作流程等方面的信息，可以不予公开；

（6）行政机关在履行行政管理职能过程中形成的讨论记录、过程稿、磋商信函、请示报告等过程性信息，可以不予公开；

（7）行政执法案卷信息，可以不予公开，但法律、法规、规章规定上述信息应当公开的除外；

（8）行政查询事项信息，即所申请公开信息属于工商、不动产登记资料等信息，有关法律、行政法规对信息的获取有特别规定的，告知申请人依照有关法律、行政法规的规定办理。

申请公开的信息中含有不应当公开或者不属于政府信息的内容，但是能够作区分处理的，行政机关应当向申请人提供可以公开的政府信息内容，并对不予公开的内容说明理由。

由于对行政机关决定不予公开政府信息的不同情形较多，《规范》提供了7种答复文书，鉴于篇幅，本书将7种答复文书合并起来介绍：

【文书12】

依复〔20　　〕第　　号

政府信息公开申请答复书

（申请人姓名或者单位名称）：

本机关于________年____月____日收到您（你单位）通过□在线□信函□传真 □当面□ 提交的《政府信息公开申请书》。

经审查，您（你单位）申请公开的信息属于（国家秘密的政府信息，法律、行政法规禁止公开的政府信息，公开后可能危及国家安全、公共安全、经济安全、社会稳定的政府信息，涉及商业秘密、个人隐私等公开会对第三方合法权益造成损害的政府信息，内部事务信息，过程性信息以及行政执法案卷信息，工商、不动产登记资料等信息，**以上政府信息的属性必须根据具体情况选择**）根据《政府信息公开条例》第十四条、第十五条、第十六条、第三十二条、第三十六条第（三）项（**以上适用的法规条款必须根据具体情况选择**）的规定，本机关决定不予公开。

如对本答复不服，可以在收到本答复之日起60日内向______人民政府或者______部门申请行政复议，或者在6个月内向______人民法院提起行政诉讼。

行政机关名称__________

（印章）

________年____月____日

（三）无法提供的答复形式

对于申请人申请公开的政府采购信息，经审查，属于《政府信息公开条例》第三十六条第（四）项、第（五）项，第三十八条规定的情形，可以告知该信息因不存在、本机关不掌握、不是已制作或者获取的，或者补正后仍不明确，而无法提供：

（1）经检索没有所申请公开信息的，告知申请人该政府信息不存在；

（2）所申请公开信息不属于本行政机关负责公开的，告知申请人并说明理由；能够确定负责公开该政府信息的行政机关的，告知申请人该行政机关的名称、联系方式；

（3）没有已制作或者获取的政府信息，需要行政机关对现有政府信息进行加工、分析的，行政机关可以不予提供，但能够作区分处理的除外；

（4）经通知补正后申请内容仍不明确，行政机关可作出无法提供的判断。

（四）不予处理的答复形式

对于申请人申请公开的政府采购信息，经审查，属于《政府信息公开条例》第三十五条，第三十六条第（六）项，第三十九条第一款、第二款，第三十八条规定的情形，可以不予处理：

（1）申请人申请公开政府信息的数量、频次明显超过合理范围，行政机关可以要求申请人说明理由，行政机关认为申请理由不合理的，告知申请人不予处理；

（2）行政机关已就申请人提出的政府信息公开申请作出答复、申请人重复申请公开相同政府信息的，告知申请人不予重复处理；

（3）申请人以政府信息公开申请的形式进行信访、投诉、举报等活动，行政机关应当告知申请人不作为政府信息公开申请处理并可以告知通过相应渠道提出；

（4）申请人提出的申请内容为要求行政机关提供政府公报、报刊、书籍等公开出版物的，行政机关可以告知获取的途径；

（5）申请人要求对已获取的政府信息进行确认或者重新出具的，行政机关可以不予处理，但要求更正与其自身相关的不准确政府信息记录的除外。

应当指出的是，在政府采购信息公开方面，一方面依然存在漠视社会公众知情权的问题，另一方面又出现了滥用信息公开申请权、复议权、诉讼权的问题，经常发生争议。

【案例23[1]】投诉请求中要求公布政府采购信息，属于信息公开申请吗

关 键 词：政府采购／政府信息公开／投诉处理／行政诉讼

案例要点：采购项目信息由采购人或者采购代理机构负责公开，监管处罚信息由财政部门负责公开。供应商投诉请求中要求公开政府采购信息，不能视为其申请政府信息公开，且财政部门不为其承担制作、收集、汇总、分析、加工信息的义务。

1 案例来源：（2018）苏0791行初497号。

招标、质疑、投诉情况

2016 年 7 月 4 日，江苏博智工程咨询有限公司（以下简称“博智公司”）组织东海县粮食生产功能区划定项目(以下简称“该项目”)的公开招标，南京图能地产科技有限公司(以下简称“图能公司”)为第一名中标候选人。2018 年 7 月 5 日，南京某公司向东海县农委、博智公司提出质疑。2018 年 7 月 9 日，东海县农委对质疑作出答复。南京某公司对答复不满意，于 2018 年 7 月 17 日投诉至东海县财政局。

南京某公司除了向东海县财政局提供上述材料以外，并没有向东海县财政局申请获取相关政府信息，只是投诉请求中要求公布其与图能公司关于“该项目的总分和扣分项”。南京某公司投诉请求中提到的信息，东海县财政局为方便南京某公司，在投诉处理决定中告知其得分为 87.53 分，图能公司得分为 93.37 分，扣分项不在公布范围。

原告诉求与观点

南京某公司以向东海县财政局提出信息公开的请求，但该局没有履行法定信息公开义务为由，向连云港经济开发区人民法院提起行政诉讼，请求法院判决该局公布该项目的全部总分和扣分项及原因等信息。

被告答辩及观点

东海县财政局辩称：

1. 南京某公司未依法向本局申请获取相关政府信息。根据《政府信息公开条例》[1] 第十三条、第二十条的规定，南京某公司的投诉行为不属于政府信息公开的申请行为，两者完全是两种不同性质的行为：一是调整的法律不同，政府采购投诉由《政府采购法》调整，信息公开申请由《政府信息公开条例》调整；二是产生法律事由不同，政府采购投诉是因对采购人、采购代理机构的答复不满意或者未答复而向财政部门投诉，申请信息公开是向行政机关申请获取政府信息。南京某公司在诉状中声称的“原告向被告提出信息公开的请求”与事实不符，是将政府采购投诉与申请信息公开相混淆。

2. 采购项目信息不属于本局公布范围，本局为方便南京某公司已在投诉处理决定中予以告知，并非申请信息公开的答复行为。根据《国务院办公厅关于推进公共资源配置领域政府信息公开的意见》(国办发〔2017〕97 号）第二条第（二）项，《政府采购信息公告管理办法》(财政部第 19 号令）第三条、第二十条，《财政部关于做好政府采购信息公开工作的通知》(财库〔2015〕135 号文）第二条第（二）项规定的精神，采购项目信息由采

1 此处指修订前的《政府信息公开条例》。

购人或者其委托的采购代理机构负责公开，监管处罚信息由财政部门负责公开。南京某公司投诉请求中提到的信息，本应由其向采购人或者代理机构提出，本局为方便南京某公司，在投诉处理决定中告知其得分为87.53分，图能公司得分为93.37分，扣分项不在公布范围。另外，招标文件也表明，评标办法中只有得分项，没有扣分项。因此，本局的行为并不是信息公开的答复行为，而是政府采购投诉处理的附随行为。

3. 南京某公司的起诉严重违反诉讼程序，应驳回其起诉。（1）南京某公司起诉本局不符合法律与司法解释的规定。南京某公司未向本局申请信息公开，本局也无对南京某公司“在政府信息公开工作中的具体行政行为”，其直接向法院提起诉讼，不符合《政府信息公开条例》第三十三条第二款的规定，也不符合《最高人民法院关于审理政府信息公开行政案件若干问题的规定》第一条规定的受理条件。（2）南京某公司诉讼请求中要求公布的信息，与投诉请求中要求公布的信息完全不同，本局没有为其制作、搜集、汇总、分析、加工信息的义务。南京某公司投诉请求中是要求公布其与图能公司关于“该项目的总分和扣分项”，而该公司诉讼请求却变为公布“项目的全部评标总分和扣分项及原因等信息”，即除南京某公司、图能公司外，还包括其他所有投标人的总分和扣分项，另外还要公开“原因等信息”，完全是不同的信息内容。这些信息需要另行制作、收集、汇总、分析、加工，符合《最高人民法院关于审理政府信息公开行政案件若干问题的规定》第二条第（三）项所规定的不予受理的条件。

法院裁判

东海县财政局答辩、法院开庭后，南京某公司即撤回该起诉，法院裁定予以许可。

案例评析 CASE ANALYSIS

1. 政府采购供应商的投诉行为与政府信息公开的申请行为，是有区别的

《政府采购法》第五十二条、第五十三条、第五十四条、第五十五条、第五十六条所规定的政府采购质疑与答复、投诉与处理，针对的是采购文件、采购过程和中标、成交结果是否使供应商的权益受到损害；而《信息公开条例》所规定的政府信息申请公开与答复，针对的是相关政府信息是否存在、应否公开、由谁公开、如何公开的问题。两者性质完全不同，不能以投诉来代替政府信息公开申请。

2. 财政部门对供应商投诉请求中的政府采购信息的公开要求应区别处理

鉴于投诉请求不是信息公开申请，两者在处理程序与法定时限上也完全不同，供应商不能“眉毛胡子一把抓”。对于申请公开采购项目信息的，应与采购人或者其委托的采购代理机构联系；对于申请公开监管处罚信息的，应与相关财政部门联系。

二、信访争议的形式

控告、检举是《政府采购法》第七十条规定的一项权利。对控告、检举的内容，与质疑、投诉相比，可以说广泛得多，只要认为是违法行为，都有权控告、检举，而不受是否与采购文件、采购过程、中标或者成交结果有关的限制。

对政府采购实践中的控告和检举容易产生争议，由于法律、行政法规、行政规章对政府采购活动的控告和检举的处理，没有作出明确规定，对此类争议的处理形式可以说是五花八门，有的作为信访处理，但事后被认为不履行法定职责而引起行政复议或者行政诉讼；有的作为履行法定职责处理，但事后被另一方提出异议。

笔者认为，如果控告、检举的内容不属于该部门或者该机关法定职责范围内应当履行的事项，或者与控告、检举人无法律上的利害关系，则应当作为信访处理，且控告、检举人不服信访处理不申请行政复议或者提起行政诉讼。如果控告、检举的内容既属于该部门或者该机关法定职责范围内应当履行的事项，又与控告、检举人有法律上的利害关系，则应当作为履行法定职责处理。作为履行法定职责处理的，笔者将在本节“履行法定职责争议的形式”部分介绍。这里只讨论作为信访处理的控告和检举，对于作为信访处理控告和检举，应当根据《信访条例》的有关规定进行处理。

政府采购中的信访，是指包括但不限于政府采购当事人的公民、法人或者其他组织采用书信、电子邮件、传真、电话、走访等形式，反映政府采购情况，提出相关建议、意见或者控告、检举，依法由有关机关、部门处理的活动。政府采购中的信访一般是根据采购人所属预算级次实行由本级财政部门属地管理、分级负责，“谁主管，谁负责”，依法、及时、就地解决问题与疏导教育相结合。

政府采购的信访人如果提供规范的书面材料，有利于信访事项的办理，信访材料类型主要有：一是信访人最初信访时提出信访事项的信访材料，在政府采购信访中有《控告书》《检举书》《举报书》《信访申诉书》等；二是信访人不服有权机关办理意见，向再上一级行政机关请求复查的信访材料，如《信访请求复查书》等；三是信访人不服有权机关复查意见，向再上一级有权机关请求复核的信访材料如《信访请求复核书》。

政府采购中的信访主要有三种形式，一是书面信访，即信访人采用书信、电子邮件、传真等书面形式提出控告、检举；二是电话信访，即信访人采用电话方式提出控告、检举，由接听机关工作人员记录信访人的姓名（名称）、住址和请求、事实、理由；三是走访信访，即信访人采用走访形式提出控告、检举，由接待机关工作人员记录信访人的姓名（名称）、住址和请求、事实、理由。无论什么形式的信访，行政机关都应当予以登记，对于属于本机关法定职权范围的信访事项，应当受理，不得推诿、敷衍、拖延；对不属于本机关职权范围的信访事项，应当直接转送有权处理的行政机关，或者告知信访人向有权的机关提出。

由于政府采购争议，许多都纳入法律途径解决，但是许多信访人“信访不信法”，对采购文件、采购过程、中标或者成交结果有异议，不通过法定的质疑、投诉、申请复议、提起诉讼的程序解决，而是通过信访，有的甚至通过省长信箱、市长信箱、县（区）长信箱，通过向纪律检查（监察）机关控告、检举，通过越级走访形式，掀起轩然大波。还有的信访人，既通过质疑、投诉的法定渠道，又通过信访途径。这类信访属于涉法信访，给财政部门处理政府采购争议带来新的挑战。

【案例24[1]】供应商以检举与投诉的两种形式提起争议，财政机关仅以投诉形式予以处理，其形式合法吗

关 键 词：既投诉又检举 / 涉法信访

案例要点：对于既质疑、投诉又信访的事项，应当作为涉法信访事项，纳入《政府采购法》所规定途径即通过质疑、投诉方式解决。

招标投标、质疑、投诉、检举情况

莒南县教育体育局于2015年5月15日对图书及管理系统项目（以下简称“该项目”）进行开标、评标。参加A包投标的共有8家公司，参加B包投标的有4家公司。山东某公司参加的是本招标项目的A包投标。2015年5月15日，临沂鼎泰招标有限公司（以下简称“鼎泰招标公司”）发布了该项目中标公告。

山东某公司对该项目A包提出质疑，莒南县教育体育局、鼎泰招标公司未答复。山东某公司于2015年6月1日向莒南县财政局所属的政府采购监督管理办公室（以下简称“监管办”）提出投诉，其投诉事项及请求是：该项目中标公告违反规定，评委违反规定，中标供应商有关证件需要核实真实性，并做出废标处理。同时，山东某公司还分别于2015年5月27~28日、6月17日针对涉案项目的招投标向莒南县财政局提出了检举，其检举的内容主要包括：评审专家违法、采购人与中标供应商先前串通、政府采购信息公告违法、鼎泰招标公司针对其公司的询问不予实质性答复不接受询问等问题。上述检举的问题与山东某公司2015年6月1日向莒南县财政局提出的投诉实质内容一致。

监管办针对山东某公司的上述检举事项和投诉事项，通过调查了解招标代理机构及采购人，并咨询政府采购相关专家，做出了如下答复：

1.关于投诉事项（一）（二）（七），根据《政府采购实施条例》第五十五条“供应商质疑、投诉应当有明确的请求和必要的证明材料”。而上述投诉，贵公司未提供必要的证明材料

---

1 案例来源：（2016）鲁1321行初5号。

及事实依据，只是投诉人自己的主观判断。

2. 关于投诉事项（三）（八），经查，代理机构在山东省财政厅指定媒体上进行了该项目招标、变更及中标公告的发布。按照《政府采购法实施条例》第四十三条规定，项目的中标公告中含有采购人名称、代理机构名称、地址、联系电话，项目名称、分包情况及内容、编号、公告日期、开标日期、中标供应商名称、中标价格、评审专家名单等实质性内容。监管办查看了中标公告，中标公告符合要求，按照山东省政府采购信息管理办法动态类信息一般不超过300字的基本要求，发布服务内容据此做了删节是合适的，并不违法相关规定。

3. 关于投诉事项（四），该项目的专家抽取是鼎泰招标公司在山东省政府采购特定的管理交易系统中按照《山东省政府采购评审专家管理办法》第二十四条规定进行抽取的，抽取结果符合相关法律法规要求，鼎泰招标公司对此做出了说明并附有抽取截图。

4. 关于投诉事项（五），本项目A、B包具有一定的关联性，代理机构事前就此问题请示了监管办，监管办同意予以了批准，符合《山东省政府采购评审专家管理办法》第二十七条规定。

5. 关于投诉事项（六），根据《山东省政府供应商投诉处理操作规程》第五条的规定，投诉人公司未参加该B包的投标，不具备对B包进行质疑投诉的条件。

综上所述，监管办认为，被投诉人在质疑回复中已就质疑事项做出了相应的答复，被投诉人的答复是合法合理的。投诉人投诉事项缺乏事实和法律依据，决定驳回投诉。

原告诉求及观点

山东某公司以莒南县财政局未针对其检举内容单独做出处理意见，属于行政不作为为由，提起了本案行政诉讼。诉讼请求为：（1）依法判被告莒南县财政局对原告提起的该项目A包检举信未给予答复属于行政不作为行为。（2）依法判决被告莒南县财政局对原告的检举信重新做出答复，判令被告依法监督管理该项目招标活动，并依法做出废标处理。

被告答辩及观点

莒南县财政局辩称：（1）山东某公司虽于2015年5月27日、5月28日、6月17日对该项目提出检举，同时也于2015年6月1日针对同一问题向莒南县财政局提出了投诉，又于2015年12月29日针对这同一问题向莒南县纪委提出检举。山东某公司的检举事项与投诉事项存在吻合和投诉事项包含检举事项的情况。（2）莒南县财政局经过书面审查，认为该项目A包的招标过程不存在违反规定、应作出废标处理的情形。为此，莒南县财政局根据山东某公司的投诉和检举一并作出答复意见，并书面送达给山东某公司。另外，莒南县财政局针对山东某公司向莒南县纪委的检举，也于2016年1月8日向莒南县纪委作出情况回复。山东某公司的检举事项包含于投诉事项范围内，属于同一事项，莒南县财政局对此统一作出回复，并不违反法律规定，山东某公司诉称的莒南县财政局行政不作为，显然与客观事实不符。(3)山东某公司所诉没有任何事实依据和法律依据，涉案招投标项目合法有效，不存在废标之情形，且中标合同已经履行完毕并已验收合格，也不存在废标的现实可能性。综上，山东某公司诉讼请求所依据的事实和理由不能成立，依法应予驳回。

法院裁判及观点

法院认为，山东某公司作为该项目参加招投标的供应商，认为该项目评审专家违法、采购人与中标供应商先前串通、政府采购信息公告违法、招标代理机构鼎泰招标公司针对其公司的询问不予实质性答复不接受询问等问题，分别向莒南县财政局进行了检举和投诉，但检举内容和投诉内容实质上是一致的。基于这一事实情况，莒南县财政局根据山东某公司检举和投诉内容逐项核实，统一作出了回复意见，并根据核实的情况作出了驳回山东某公司投诉的行政决定。上述回复意见和处理决定，莒南县财政局已书面送达给山东某公司。山东某公司诉称莒南县财政局没有针对其检举内容单独做出处理意见与事实不符，其申请莒南县财政局履行法定职责的理由不成立，故山东某公司在本案中的诉讼请求无事实依据，依法应予驳回。综上所述，依照《行政诉讼法》第六十九条之规定，判决如下：驳回山东某公司的诉讼请求。

案例评析 CASE ANALYSIS

1. 对政府采购活动既投诉又检举，对检举事项可作为信访处理

山东某公司投诉事项范围包含检举事项，县财政局已经对投诉事项作出处理，可以说已经履行了法定职责。对于山东某公司投诉事项已经包含的检举事项，就没有新的法定职责需要重新履行，因此该检举事项属于信访。

2. 如果能对信访予以答复对防范法律风险更为有利

由于财政部门处理投诉时，已经处理了包含信访事项的投诉事项，无须再对信访另行处理。但从防范法律风险的角度考虑，对其信访的内容按《信访条例》规定予以答复较为妥当，因为有时供应商的信访事项中含有履行法定职责的内容，稍有疏忽就有可能被申请复议或被起诉为行政不作为。

三、履行法定职责争议的形式

政府采购中的履行法定职责问题，由于法律、法规、行政规章都无明确、具体的规定，通常情况下，只要在不具备下列条件之一的，就不能认为是符合条件的申请履行法定职责，一是利害关系人的认定，二是财政部门法定职责的认定。而这两项认定是两大难点，经常会引起政府采购争议。

（一）利害关系人的认定

政府采购中履行法定职责中的利害关系人，是指对于其所申请履行的法定职责有直接或间接利害关系的人。直接利害关系人可以向财政部门申请履行法定职责，间接的利害关系人对申请人所申请履行的法定职责没有直接的利害关系，不能申请履行法定职责。所谓“利害关系”是公民、法人或其他组织的合法权益与行政行为之间存在的一种因果关系，应当从合法权益、行政行为及其两者之间的因果关系这三个方面来判断履行法定职责的申请人与履职事项是否具有利害关系。在政府采购实践中，利害关系的认定并无明确标准，故而在认定政府采购案件时，利害关系的认定存在诸多困难。由于对利害关系的认定情况复杂多样，应当根据具体案情来认定。

【案例 25[1]】受中标部分设备提供人委托而经办，向市长信箱举报中标人串标，该举报属于申请履行法定职责吗

关 键 词：控告和检举 / 利害关系 / 履行法定职责

案例要点：非利害关系人可以提起控告和检举，而履行法定职责申请权则必须是利害关系人才能提起。对无利害关系人的举报事项应当作为信访处理，举报人对答复不满意不能申请复议或者提起诉讼。

招标投标、举报情况

某信息技术研究院有限公司（以下简称“某信息技术公司”）中标泰州市实验小学东校区智能化采购项目（以下简称“该项目”）后，于 2014 年 8 月 25 日将其中的部分设备采购交由南京艺林系统集成有限公司进行。2015 年 3 月 25 日，南京艺林系统集成有限公司出具委托书，委托薛某全权负责材料采购。2015 年 7 月 15 日竣工验收意见为基本合格。

2016 年 4 月 5 日，薛某通过泰州市人民政府市长信箱举报某信息技术公司在该项目中

1 案例来源：（2016）苏 12 行终 175 号。

涉嫌恶意串通投标违法行为，泰州市财政局（以下简称“市财政局”）收到举报后，对相关情况进行了专门核查，并于2016年4月7日作出答复意见，详细答复了该项目的招投标情况，认为该项目的政府采购招投标符合相关法律法规要求，同时告知若该项目在实施过程中涉嫌存在其他违法违纪问题，建议薛某向纪检监察部门反映。

2016年4月14日，薛某到市财政局的采购监督处提交了与2016年4月5日网络举报材料一致的举报材料，并附相关证据。市财政局收到上述材料后，认为薛某针对同样的事项和理由提出再次举报，系重复行为，且2016年4月7日已作出了答复，故对薛某的再次举报行为没有进行答复。

行政诉讼一审情况

薛某认为市财政局没有按照法定程序立案查处，于2016年5月12日向泰州市海陵区人民法院提起诉讼，要求判令市财政局依法履行法定职责，对其举报的某信息技术公司等涉嫌恶意串通招投标案立案查处。

一审法院认为，薛某未能提供任何证据证明其为涉案政府采购项目的供应商，其主张提出举报的依据为《政府采购法》第七十条的规定，该条款仅规定“任何单位和个人对政府采购活动中的违法行为，有权控告和检举，有关部门、机关应当依照各自职责及时处理”，并未明确规定对处理结果不服或逾期未作处理的，可以依法申请行政复议或者向人民法院提起行政诉讼。

本案薛某提起诉讼的主要理由是为了落实其与某信息技术公司之间的债权，其认为假如某信息技术公司恶意串通招投标行为成立，可以追究某信息技术公司甚至建设单位的连带责任，追偿薛某与某信息技术公司之间因薛某实施垫资和参与工程建设而产生的债权。而市财政局是否对涉案的政府采购行为进行查处以及查处结果如何，影响的是政府采购合同的效力以及是否对第三人进行行政处罚或追究刑事责任。

根据本案查明的事实，涉案招投标工程已于2015年7月15日竣工验收，故市财政局是否对薛某的举报内容进行查处对薛某主张的债权不产生任何影响，即对薛某的合法权益明显不产生实际影响。

针对涉案举报，薛某于2016年4月5日在泰州市人民政府市长信箱提交举报，市财政局收到举报后，对相关情况进行了专门核查，并于2016年4月7日作出答复意见。2016年4月14日，薛某再次以同一事实和理由向市财政局进行举报，薛某亦当庭确认该举报内容与2016年4月5日的举报内容一致，系重复行为。故市财政局在对薛某的举报已经做出处理和答复的情况下，对其重复举报行为不予处理，不应当认定为不依法履行法定职责的情形。且根据《行政诉讼法》第四十七条的规定，公民、法人或者其他组织申请行政机关履行保护其人身权、财产权等合法权益的法定职责，行政机关在接到申请之日起两个月内不履行的，公民、法人或者其他组织可以向人民法院提起诉讼。本案薛某申请行政机关履行法定职责发生在2016年4月14日，行政机关接到申请最早是2016年4月14日，而薛某提起诉讼是2016年5月12日，未满两个月的履行期间，不符合法律规定。综上，一审法院裁定驳回薛某的起诉。

上诉人诉求及观点

薛某不服泰州市海陵区人民法院（2016）苏1202行初99号行政裁定，向泰州市中级人民法院提起上诉。薛某认为，（1）薛某在一审中有具体的诉讼请求和事实根据，泰州市财政局对于薛某的举报没有依法定程序进行调查、核实，属于明显的不作为。（2）薛某举报某信息技术公司涉嫌恶意串通投标行为，是为了坐实某信息技术公司涉挂靠违法行为，为薛某向某信息技术公司追索债权创造条件。故本案与薛某有利害关系。（3）薛某的举报行为属于紧急情况，不适用行政诉讼法规定的两个月的起诉期限，故一审裁定适用法律错误。（4）薛某提供的证据足以证明某信息技术公司涉嫌恶意串通投标行为。综上所述，一审裁定认定事实错误，适用法律错误，请求二审法院依法支持诉讼请求。

法院裁判及观点

二审法院认为，《行政诉讼法》第二十五条规定，行政行为的相对人以及其他与行政行为有利害关系的公民、法人或者其他组织，有权提起诉讼。第四十九条规定，提起诉讼应当符合下列条件：原告是符合本法第二十五条规定的公民、法人或者其他组织。据此，提起行政诉讼的原告应当是行政行为的相对人或者是与行政行为有利害关系的公民、法人或其他组织。《政府采购法》第七十条虽规定，任何单位和个人对政府采购活动中的违法行为，有权控告和检举，有关部门、机关应当依照各自职责及时处理，这仅是规定了有关单位和个人对政府违法采购行为有控告和举报权，并不是对诉权的规定。任何公民、法人或者其他组织要向人民法院提起行政诉讼，都应当符合《行政诉讼法》上述规定的条件。

本案中，薛某既不是行政行为的利害关系人，即市财政局是否查处某信息技术公司的违法行为对薛某的合法权益并不产生实质性的影响，更不是行政行为的相对人，因此，薛某不享有本案的诉权，无权向人民法院提起行政诉讼。薛某通过行政诉讼，只是想坐实某信息技术公司存在挂靠违法行为，顺利向某信息技术公司维权讨说法和追索债权，薛某向人民法院提起行政诉讼，也不具有诉的正当性。《最高人民法院关于适用〈中华人民共和国行政诉讼法〉若干问题的解释》第三条规定，有下列情形之一，已经立案的，应当裁定驳回起诉：不符合行政诉讼法第四十九条规定的。据此，一审裁定驳回薛某的起诉并无不当，二审法院裁定驳回上诉，维持原裁定。

案例评析 CASE ANALYSIS

1. 非利害关系人可以提起控告和检举，而履行法定职责申请权必须利害关系人才能提起

《政府采购法》第七十条仅是规定了任何单位和个人对政府采购活动中的违法行为有控告和举报权，并不是对履行法定职责申请权的规定。任何单位和个人要向财政部门控告或者检举，要求财政部门作为履行法定职责来处理进而维护其合法权益，都应当是该违法行为的利害关系人，即财政部门是否查处中标人的违法行为对举报人的合法权益应当产生实质性的影响。而本案的举报人并非该举报事项的利害关系人，有权控告和检举，无权作为申请人要求财政部门履行维护其合法权益。

2. 本案的举报应当作为信访处理，举报人对答复不满意不能申请复议或者提起诉讼

本案举报人提起行政诉讼不符合《行政诉讼法》《信访条例》的相关规定，其举报行为完全符合《信访条例》第二条所规定形式，是向“人民政府工作部门反映情况，提出建议、意见或者投诉请求，依法由有关行政机关处理的活动”。根据《信访条例》第三十四条、第三十五条的规定，举报人如对财政局信访事项处理意见不服，可请求该局上一级行政机关复查；如对复查意见不服，可向复查机关的上一级行政机关请求复核。

（二）财政部门法定职责的认定

即判断财政部门有没有申请人所要求履行的法定职责。一般说来，下述申请不能视为向该财政部门申请履行法定职责：一是越级申请，即向有管辖权的行政机关的上级行政机关申请的，上级行政机关不具有法定职责；二是申请人仅仅以财政部门负有相关政府采购监督管理的一般监管职责为依据，要求其履行特定法律职责的，如要求财政部门监督采购人支付采购款项等；三是针对申请人的争议有相关法律法规明确规定的专门救济途径的，如申请人对政府采购文件售价过高的问题有通过价格主管部门解决的救济途径，财政部门不具有该法定职责；四是要求上级财政部门监督下级财政部门履行政府采购监督检查职责，可以对下级财政部门的行政行为不服直接申请行政复议，而没有必要要求上级财政部门履职。这类履职申请，只能认为属于信访。

【案例26[1]】供应商具备出版物印刷许可，认为比其他印刷品印刷许可要求更高，但不能承接其他印刷品印刷，检举采购活动涉嫌排斥潜在供应商，属于申请履行法定职责吗

关 键 词：控告和检举 / 法定职权 / 申请履行法定职责

案例要点：举报人与举报事项有利害关系，受理部门对举报事项有监督管理的法定职责，该部门应当作为履行法定职责来处理。如果处理行为没有对政府采购行为作出变更，可以不制作监督检查决定书。

检举、复议情况

成都市双流区财政局（原双流县财政局，以下简称“双流区财政局”）于2015年10月15日收到某文化集团股份有限公司（以下简称“某文化公司”）递交的《关于双流县第一人民医院印刷品采购项目（第四次招标）供应商资格条件设置涉嫌排斥潜在供应商的检举信》。双流区财政局于2015年10月26日、11月2日分别向相关行政主管部门进行咨询。2015年10月30日，双流县市场监督管理局函复：“企业应当凭行业主管部门颁发的印刷经营许可证从事经营活动。”2015年11月4日，双流区文广新局函复：双流县第一人民医院提供的印刷品清单全是单位文件、资料、图表、票据，都属于“其他印刷品”；承印单位从事印刷经营活动，第一必须取得《印刷经营许可证》，第二印刷范围必须在许可证规定的范围内。双流县第一人民医院作为委印单位，印刷该院文件、资料、图表等其他印刷品，必须委托具有印刷“其他印刷品”资质的印刷企业方能印刷。

2015年11月16日，双流区财政局针对某文化公司的检举，作出如下回复：（1）县第一医院提供的印刷品清单全是该单位文件、资料、图表、票证等，属于“其他印刷品”。（2）承印单位从事印刷经营活动，第一必须取得《印刷经营许可证》，第二印刷范围必须在许可证规定的范围内。县一医院作为委印单位，印刷该院文件、资料、图表等其他印刷品，必须委托具有印刷“其他印刷品”资质的印刷企业方能印刷。另，经我局调查，本采购程序并未违反政府采购相关法律法规。

某文化公司不服，于2015年11月17日向成都市财政局申请行政复议，成都市财政局收到某文化公司的行政复议申请后，于2016年1月20日作出行政复议决定，维持被申请人于2015年11月16日作出的回复。

1　案件来源：（2016）川0112行初10号。

原告诉求及观点

某文化公司不服双流区财政局作出的回复及成都市财政局作出的行政复议决定，于2016年1月25日向成都市龙泉驿区人民法院提起行政诉讼。认为双流县第一人民医院印刷品项目的投标资格条件设置排斥“出版物”印刷企业参加政府采购活动的违法事实清楚，二被告作出的行政行为均事实不清，没有法律依据。请求法院判决：(1)撤销双流区财政局就原告举报问题作出的行政行为，责令双流区财政局重新作出行政行为；(2)撤销成都市财政局作出的行政复议决定书。

被告答辩及观点

双流区财政局及成都市财政局辩称，双流区财政局对检举进行处理及回复的程序合法，有事实和法律依据。根据《印刷品管理条例》第四条的规定，双流县文化旅游和广电新闻出版局有权负责本行政区域内的印刷业监督管理工作，其出具的《复函》系依法履职，其行为具有法律效力。双流区财政局依据《政府采购法》第二条、第十三条、第二十二条、第七十条，《印刷业管理条例》第二条、第四条、第七条、第九条、第十条、第十一条的规定作出被诉回复，法律依据充分。请求人民法院判决驳回某文化公司的诉讼请求。

法院裁判及观点

法院认为，该案的争议焦点在于：双流区财政局作出的回复中认定采购的印刷品清单中所列内容是否均是“其他印刷品”；经营范围仅为“出版物印刷”的企业能否从事“其他印刷品”印刷。双流区财政局接到某文化公司的检举后，根据采购人双流县第一人民医院提供的采购内容印刷品明细清单并结合相关主管部门即第三人双流区文广新局提供的咨询意见，认定印刷品明细清单中所列内容均是“其他印刷品”，符合《印刷业管理条例》第二条对其他印刷品的界定。根据《印刷业管理条例》第二条、第七条、第十条、第十一条、第三十五条的规定，国家实行印刷经营许可制度，印刷业经营者从事印刷经营活动必须取得印刷经营许可证并在印刷经营许可证规定的范围内进行经营活动，否则将受到处罚。

而出版物印刷、包装装潢印刷品印刷、其他印刷品印刷属不同的印刷经营活动，相互之间不存在交叉和包含关系，某文化公司印刷经营许可证上注明的经营范围仅为出版物印刷，故其在未取得其他印刷品印刷经营许可下，不得从事其他印刷品印刷。

某文化公司关于其取得了条件要求更高的出版物印刷经营许可，也就可以从事条件要求更低的其他印刷品印刷经营的意见，系对《印刷业管理条例》相关规定的错误理解。某文化公司即使具备从事其他印刷品印刷经营的条件，其要从事其他印刷品印刷，也必须由其提出申请并取得出版行政部门的许可。综上，双流区财政局作出的回复证据确凿、适用法律、法规正确，符合法定程序。成都市财政局作出的复议决定程序合法。法院依照《行政诉讼法》第六十九条、第七十九条的规定，判决驳回某文化集团股份有限公司的诉讼请求。

案例评析 CASE ANALYSIS

1. 某文化公司与举报事项有利害关系，区财政局对举报事项有监督管理的法定职责

某文化公司未取得了相关的市场准入行政许可，尽管不符合采购文件规定的供应商资格，但其对采购文件所规定的供应商资格提出举报，如举报事项成立，其属于潜在供应商。因此，该举报事项与其有利害关系。根据《政府采购法》第十三条第一款、第七十条的规定，该区财政局作为该区人民政府财政部门，具有对该区辖区内的政府采购活动进行监督管理的职责，也具有对某文化公司的检举进行处理的职责。

2. 某文化公司的举报属于申请履行法定职责，区财政局也履行了法定职责

某文化公司举报后，区财政局进行了调查处理，并书面回复该公司。由于法律、法规、行政规章对履行法定职责的形式没有作出明确、具体的规定，该区财政局的回复内容没有对政府采购行为作出变更，其履行法定职责可以不制作监督检查决定书。

第三节 政府采购争议行政复议与行政诉讼的形式

一、行政复议

因政府采购引起的行政复议，指与政府采购投诉处理行为、监督检查行为等行政行为具有法律上利害关系的人，认为该行政行为侵犯其合法权益，依法向作出该行政行为的上一级行政机关申请复议，由复议机关依法对该行政行为合法性、合理性进行审查并作出决定的活动。行政复议对于政府采购中的行政行为具有行政监督、行政救济和行政司法行为的特征和属性。它对于监督和维护行政主体依法行使行政职权，保护相对人的合法权益等均具有重要的意义和作用。

政府采购行政复议申请人应自收到政府采购投诉处理决定书、监督检查处理决定书、行政处罚决定书等知道行政机关的具体行政行为，侵犯其合法权益之日起60日内申请行政复议。因不可抗力或其他正当理由耽误法定申请期限的，申请期限自障碍消除之日起继续计算。

（一）申请人申请行政复议的形式

根据《行政复议法》第十一条规定，申请人申请行政复议，可以书面申请，也可以口头申请；口头申请的，行政复议机关应当当场记录申请人的基本情况、行政复议请求、申请行政复议的主要事实、理由和时间。书面申请是最常见的形式，参考格式如下：

【文书 13】

行政复议申请书

申请人：姓名、性别、年龄、职业、地址（法人或者其他组织的名称、地址、法定代表人的姓名、职务）。

被申请人：名称、地址、法定代表人姓名、职务。

申请人因不服被申请人________年____月____日作出的___________具体行政行为，向___________机关提出复议申请，要求___________。

事实及理由：

此致

（受理复议申请的行政机关）

申请人：（签名或盖章）

年　　月　　日

附：1. 申请书副本___________份；

2. 证据___________份。

注：申请复议的事实及理由主要陈述原具体行政中与事实不符，适用法律、法规不正确，处罚处理不当，程序违法等问题。

（二）被申请人答复的形式

相关行政复议机构在收到复议申请后，应在 5 个工作日内决定是否受理，对于决定受理的，收到复议申请书之日即为受理之日。根据《行政复议法》第二十三条第一款的规定，被申请人应当自收到复议机关发送的提出答复通知书以及行政复议申请书副本或者行政复议申请笔录复印件之日起 10 日内，向复议机关提出书面答复，并提交当初作出具体行政行为的全部证据和所依据的规范性文件。否则，依照《行政复议法》第二十八条第一款第（四）项的规定，视为该具体行政行为没有证据、依据，复议机关将决定撤销该具体行政行为。

被申请人向复议机关提交书面答复，一般应当包括以下内容：一是被申请人名称、地址、法定代表人或主要负责人姓名、职务；二是被申请人作出具体行政行为的事实、证据和所依据法律、法规、规章以及其他规范性文件；三是被申请人对申请人的复议请求、事实和理由的答辩理由；四是被申请人具体的请求；五是致送机关，应写明复议机关名称；六是作出答复的日期。书面答复应当提交正本一份，并视申请人以及第三人人数提交副本。被申请人向复议机关提交的证据应当完整、充分，应当制作证据清单，对提交的证据材料分类编号，对证据材料的名称、来源、证明对象和内容作简要说明，加盖单位印章，注明提交日期。证据清单提交正本一份，并视申请人以及第三人人数提供副本。

（三）复议机关行政复议决定的形式

相关行政复议机关应自受理复议申请之日起60日内作出行政复议决定，特殊情况下，经相关行政复议机关负责人批准，可延长30日。行政复议决定书主要有以下几个部分：一是首部，大体包括标题、申请人和被申请人身份情况等四个方面事项：写明“××××（机关名称）行政复议决定书”，注明发文字号“××年××复字第××号”，申请人、被申请人情况，如姓名（名称）、性别、年龄、职业、住址等情况。二是正文，即申请复议的主要请求和理由，复议机关认定的事实和理由，复议结论。三是结尾部分，写明如不服复议决定可以向人民法院起诉及其期限，如果是最终的复议决定，要写明当事人履行的期限；最后是落款，加盖复议机关的印章，并写出复议决定的年、月、日。现提供一份政府采购案件的行政复议决定书，供参考：

【文书14[1]】

行政复议决定书

甬财政复决字〔2018〕03号

申请人：某公司。

被申请人：某某县财政局。

申请人不服被申请人于2018年4月17日作出的《政府采购投诉处理决定书》（某采购处字〔2018〕第003号），于2018年4月23日向本机关申请行政复议，请求撤销该投诉处理决定，立即停止本次采购活动。因行政复议申请材料不齐全，申请人按照本机关的要求于2018年4月27日进行了补正。补正后本机关依法受理并进行了审理，本案现已审理终结。

申请人称：申请人系采购人某某县安全生产监督管理局本案案涉政府采购项目投标方。因对采购结果及质疑答复不满，向被申请人提起投诉，被申请人经审查后作出了本项目采购结果有效，继续开展采购活动的行政处理决定。申请人不服该决定，以该决定书认定事实不清，未查明相关事实等为由，申请依法撤销被申请人作出的《政府采购投

1 本书隐去文书中相关单位名称。

诉处理决定书》。

被申请人答复称：（1）采购主体、行政行为主体均符合法律规定；从质疑到投诉所有程序均符合法律规定，所有操作流程均在法定期限内完成。答复人认为对复议申请人作出本项目的政府采购投诉处理决定事实清楚，证据确凿且取证渠道合法，内容适当。（2）关于六点争议问题：第一，复议申请人提出："预中标单位未购买电气火灾险，而投保了产品责任险，评标委员会未扣除其得分，不符合事实依据，是毫无根据的评审。而答复人认可评标委员会的认定是明显偏袒预中标单位，是错误的认定。"评标委员会是根据投标文件中两个险种的保险条款内容进行比较，同时结合预中标单位投保财险公司的情况说明等资料进行认定的，并在评标报告中作了《情况说明》。答复人则在投诉处理阶段向三家国内知名财险公司进行过上述两个险种咨询，综合《招标文件》该条评分设置初衷，认为从保险保障的本质上满足了招标文件要求，为此认可评标委员会所作出的决定。第二，复议申请人提出："预中标单位所投三个产品来自不同的三个供应商，而只有其中两个产品供应商企业参与国标的编制，另外一家产品供应商未参与国标和地方标准的编制，评标委员会在该项评分中徇私舞弊作假行为。"《招标文件》评分表中明确设置：所投产品企业参编电气防火相关的国家标准及地方标准进行评议，参编国家级标准的得 1.5 分，参编地方标准的得 1 分，最高得 1.5 分；根据参编国家标准和地方标准的数量进行酌情打分，最高得 1.5 分。答复人认为预中标单位所投三个产品来自不同的三个供应商，只要有其中的一个供应商参与了国家标准的编制就可以得到 1.5 分，而"根据参编国家标准和地方标准的数量进行酌情打分"是属于主观分，由评标委员会专家自行裁量独立评审给予赋分，为此答复人作出了复议申请人提出的评标委员会徇私舞弊作假行为依据不充足，不予以支持的决定。第三，申请人提出："预中标单位所投三个产品来自不同的三家供应商，难以做到所有设备在同一软件内通用，评委会在此项评分上给予预中标单位得分属于作弊作假行为，且认为答复人对此条投诉的认定依据不足、明显错误。"本项目《招标文件》评分表第四款设置：所有设备（指组合式电气火灾监控探测器、故障电弧探测装置、灭弧式电气防火保护装置）在同一个软件内通用得 5 分，需提供证明资料。答复人审查了预中标单位和复议申请人的投标文件，两家企业均用软件界面截图来作为三个设备在同一软件内通用的证明资料，且预中标单位在评标过程中向评标委员会就三个产品同时在一个手机软件及同一监控平台通用做了相应演示。为此答复人认为评标委员会赋予预中标单位该项得分无异议，在《投诉处理决定书》对该条投诉的回复依据充足。针对复议申请人提出的关于"预中标单位在公司实力评分项中得分为 13 分，认为评标委员会有舞弊不公的行为"的问题，复议申请人未在之前的质疑和投诉中提及，根据《政府采购质疑和投诉办法》（财政部令第 94 号）第十二条的规定，答复人不予答复。第四，关于复议申请人提出的"预中标单位在三个产品演示过程中，从进门到出门，才花了 15 分钟时间，按常规不可能在如此短的时间内完成全部产品的演示，评标委员会存在舞弊行为”问题，复议申请人虽在质疑过程中有所提及，但经代理机构回复后，未在投诉书中再次反映，为此答复人也不予回复该问题。第五，复议申请人提出“预中标单位将未参编国家标准和地方标准的资料也在投标文件中提供，涉嫌提供虚假文件资料，按照《招标文件》的规定，应作为无效标处理”。答复人审查了预中标单位的投标文件，预中标单位虽然把所投产品企业未参与国家标准和地方标准的资料放入了投标文件内，但是所投产品企业的员工有参与这些国家标准和地方标准的编制，是预中标单位表达所投产品企业在这一方面企业实力的体现，不存在提供虚假文件资料的情形。第六，关于复议申请人提出“对预中标单位在投标文件中提供的企业研发机构证书、上年度会计事务所出具的审计报告等资料进行查核，以查明资料真实性，同时查明评标委员会的评分是否公平合理”的问题，复议申请人未在之前的质疑和投诉中提及，根据《政府采购质疑和投诉办法》（财政部令第94号）第十二条的规定，答复人不予答复。综上所述，答复人认为答复人作出的《政府采购投诉处理决定书》认定事实清楚、证据确实充分、适用法律、法规正确、处理程序合法，复议申请人要求撤销该处理决定书于法无据，请求复议机关维持答复人的处理决定。

经审理查明：申请人对本项目的采购结果及质疑答复不满，于2018年3月6日向被申请人提起投诉，被申请人审查后于当日受理。被申请人于2018年3月12日分别向采购人、招标代理机构（××招标有限公司）、预中标单位（某系统集成工程有限公司）发出《政府采购供应商投诉副本发送通知书》（象财采购办〔2018〕002号）并收到各自答复意见。被申请人于2018年4月17日作出《政府采购投诉处理决定书》（某采购处字〔2018〕第003号），认定采购结果有效，继续开展采购活动。

以上事实，有被申请人提供的招标文件、评标报告、三份中标结果质疑函、三份中标结果质疑回复函、投诉书、投诉受理通知书、政府采购供应商投诉副本发送通知书、三份情况说明、政府采购投诉处理决定书、送达回证等证据证实。

本机关认为，第一，关于“预中标单位未购买电气火灾险，而投保了产品责任险，是否应当扣分”。《招标文件》评分表序号1第3点明确设置：所投产品企业向保险公司购买电气火灾险（附加险）得2分。被申请人在投诉处理决定书中的“三、调查结果”认为：“预中标单位的相关产品保险虽然没有直接就‘电气火灾险’进行投保，但经本机关审查产品保险责任条款及向保险行业了解后认为，预中标单位投保的相关产品的保险条款涵盖了电气火灾责任的保障内容，从保险保障的本质满足了招标文件的要求。”行政复议答复书中，被申请人提出：“在投诉处理阶段向三家国内知名财险公司进行过上述两个险种咨询。”本机关认为，被申请人仅凭特定几家保险公司的电话咨询不足以作出以上认定，且未能提供取证记录，故本机关认定该部分被复议机关认定事实不清，证据不足。第二，关于“参编国家、地方标准的得分问题”。《招标文件》评分表序号1第1点明确设置：所投产品企业参编电气防火相关的国家标准及地方标准进行评议，参编国家级标准的得1.5分，参编地方标准的得1分，最高分1.5分；根据参编国家标准和地方标准的数量进行酌情打分，最高得1.5分。根据字面意思，只要所投产品企业参加过标准编制的按级别得分，并不强调“所有”所投产品都应参与国家和地方标准的编制，评标委员会专家的评分，符合招标文件的规定。第三，关于“产品在同一软件内通用问题”。《招标文件》评分表序号4第1点设置：所有设备（指组合式电气火灾监控探测器、故障电弧探测装置、灭弧式电气防火保护装置）在同一软件内通用得5分，需提供证明材料。招标文件规定了两方面评价要求：一是技术方案描述及承诺并提供证明材料；二是通过现场设备演示证明“产品在同一软件通用”技术承诺的真实性。预中标人进行了相关的技术方案承诺及提供相关证明资料并进行了演示，并在演示过程中得到评标委员会的认可，评标委员会的评价符合招标文件的规定的技术响应要求。第四，关于“预中标单位将未参编国家标准和地方标准的资料也在投标文件中提供，涉嫌提供虚假文件资料”。预中标单位既提供了“企业”参编国家标准和地方标准的资料，也提供了该企业的“员工”参编国家标准和地方标准的资料，后一部分只是与评分标准无关，无相关证据证明为虚假文件资料。第五，关于“演示时间”“查核其他资料”等其他问题。因本行政复议的审理范围为《政府采购投诉处理决定书》，投诉书中未涉及“演示时间”“查核其他资料”，且申请人未提供相应的证据予以证明，故本机关对该部分不予支持。

综上所述，被申请人作出的具体行政行为主要事实不清、证据不足，根据《行政复议法》第二十八条第一款第（三）项、第二款和《行政复议法实施条例》第四十五条的规定，本机关决定如下：

撤销被申请人所作的《政府采购投诉处理决定书》（某采购处字〔2018〕第003号）具体行政行为，责令被申请人在60日内重新作出具体行政行为。

被申请人不得以同一的事实和理由作出与原具体行政行为相同或者基本相同的具体行政行为。

申请人如不服本决定，可以自收到本决定书之日起15日内，依法向人民法院提起行政诉讼。

宁波市财政局

2018年7月19日

二、诉讼的形式

因政府采购引起的行政诉讼，指与政府采购投诉处理行为、监督检查行为、行政复议行为等行政行为具有法律上利害关系的人，认为该行政行为侵犯其合法权益，依法向有管辖权的人民法院起诉，由人民法院依法对该行政行为合法性进行审查并作出裁判的活动。

诉讼是维护公平正义的最后一道防线，这在政府采购中也同样适用。当政府采购当事人认为自己的权益受到侵犯时，既可以提起民事诉讼也可以提出行政诉讼，但行政诉讼是政府采购中更为常见和有效的救济手段。行政诉讼是公民、法人或者其他组织认为行政机关和行政机关工作人员的行政行为侵犯其合法权益，依照《行政诉讼法》向人民法院提起诉讼，人民法院依照相关法律法规对被诉行政行为进行审理、查明和裁判，从而解决行政争议的制度。《政府采购法》第五十八条明确规定，投诉人对政府采购监督管理部门的投诉处理决定不服或者政府采购监督管理部门逾期未作处理的，可以依法向人民法院提起行政诉讼。同样，政府采购监管部门作出的监督检查决定、行政处罚决定等可诉的行政行为，也可能被原告提起行政诉讼。

在政府采购领域，当事人可以提出行政诉讼的范围由《政府采购法》和《行政诉讼法》所规定。就供应商而言，《政府采购法》对供应商针对投诉处理决定提出行政诉讼规定了前置程序，即应当先经过质疑和投诉，对监督检查决定和行政处罚并未做类似要求。结合《行政诉讼法》第十二条之规定，供应商可以针对以下行政行为提起诉讼：（1）财政部门逾期履行投诉处理、监督检查等法定职责的；（2）对财政部门作出的驳回投诉、责令修改采购文件、重新开展采购活动等投诉处理决定内容不服的;（3）对财政部门作出警告、罚款、没收违法所得、禁止一至三年内参加政府采购活动等行政处罚不服的；（4）对复议机关不履行法定职责，或作出的复议决定不服的；（5）认为财政部门侵犯其他人身权、财产权等合法权益的。

因政府采购引起的诉讼的形式，从程序上分可分为一审、二审和再审，从性质上分可分为行政诉讼、民事诉讼和刑事诉讼。鉴于在政府采购争议纠纷中，行政诉讼一审案件占绝对多数，本节仅讨论行政诉讼一审的形式。

政府采购行政诉讼原告，应自收到政府采购投诉处理决定书、监督检查处理决定书、行政处罚决定书等知道或者应当知道行政机关的具体行政行为，侵犯其合法权益之日起6个月内提起诉讼；曾经申请复议的，应自收到行政复议决定书之日起15日内提起诉讼。因不可抗力或者其他不属于其自身的原因耽误起诉期限的，被耽误的时间不计算在起诉期限内；因上述以外的其他特殊情况耽误起诉期限的，在障碍消除后10日内，可以申请延长期限，是否准许由人民法院决定。这样，就引起行政诉讼的一审程序。

（一）原告起诉的形式

根据《行政诉讼法》第五十条规定，起诉应当向人民法院递交起诉状，并按照被告数提出副本。书写起诉状确有困难的，可以口头起诉，由人民法院记入笔录，出具注明日期的书面凭证，并告知对方当事人。递交起诉状是最常见的形式，参考文本如下：

【文书 15】

行政起诉状

原告：×××，……（自然人写明姓名、性别、工作单位、住址、有效身份证件号码、联系方式等基本信息；法人或其他组织写明名称、地址、联系电话、法定代表人或负责人等基本信息）。

委托代理人：×××，……（写明姓名、工作单位等基本信息）。

被告：×××，……（写明名称、地址、法定代表人等基本信息）。

其他当事人：×××，……（参照原告的身份写法，没有其他当事人，此项可不写）。

诉讼请求：……（应写明具体、明确的诉讼请求）。

事实和理由：……（写明起诉的理由及相关事实依据，尽量逐条列明）。

此致

×××× 人民法院

原告：×××（签字或盖章）

［法人：×××（盖章）］

×××× 年 ×× 月 ×× 日

（写明递交起诉之日）

附：

1. 起诉状副本 ×× 份
2. 被诉行政行为 ×× 份
3. 其他材料 ×× 份

【说明】

根据立案登记制，行政起诉采取书面主义，即起诉人除确实存在困难外，必须递交行政起诉状，且起诉状必须具备法定的基本要素和要求，能初步证明符合《行政诉讼法》第四十九条等规定的起诉条件。

（二）被告答辩的形式

根据《行政诉讼法》第六十七条的规定，人民法院应当在立案之日起 5 日内，将起诉状副本发送被告。被告应当在收到起诉状副本之日起 15 日内向人民法院提交作出行政行为的证据和所依据的规范性文件，并提出答辩状。人民法院应当在收到答辩状之日起 5 日内，将答辩状副本发送原告。被告不提出答辩状的，不影响人民法院审理。

行政诉讼答辩状的参考文本如下：

【文书16】

行政诉讼答辩状

答辩人：×××，……（写明名称、地址、法定代表人等基本信息）。

法定代表人：×××，……（写明姓名、职务等基本信息）。

委托代理人：×××，……（写明姓名、工作单位等基本信息）。

因×××诉我单位……（写明案由或起因）一案，现答辩如下：

答辩请求：……

事实和理由：……（写明答辩的观点、事实与理由）。

此致

××××人民法院

答辩人：×××（盖章）

××××年××月××日

（写明递交答辩状之日）

附：

1. 答辩状副本×份
2. 其他文件×份
3. 证物或书证×件

【说明】

行政答辩状是行政诉讼中的被告（或被上诉人）针对原告（或上诉人）在行政起诉状（或上诉状）中提出的诉讼请求、事实与理由，向人民法院作出的书面答复，适用《行政诉讼法》第六十七条的规定。

（三）人民法院一审裁判的形式

对于政府采购类一审行政诉讼案件，绝大多数是针对投诉处理决定的。人民法院一审裁判的形式，主要是作出一审行政判决书，另外还有作出不予立案的裁定书或者驳回起诉的裁定书。

1. 作出判决驳回诉讼请求，或者撤销、部分撤销变更的判决

因政府采购类一审案件，绝大多数都是请求撤销、变更投诉处理决定的，一审判决书绝大多数都适用《行政诉讼法》第六十九条、第七十条、第七十七条等规定，即驳回原告的诉讼请求，或者对行政行为判决撤销或者部分撤销，或者对政府采购类行政处罚判决变更。

【文书17】

××××人民法院
行政判决书
（一审请求撤销、变更行政行为类案件用）

（××××）×行初字第××号

原告：×××，……（写明姓名或名称等基本情况）。

法定代表人：×××，……（写明姓名、职务）。

委托代理人：（或指定代理人、法定代理人）×××，……（写明姓名等基本情况）。

被告：×××，……（写明行政主体名称和所在地址）。

法定代表人：×××，……（写明姓名、职务）。

委托代理人：×××，……（写明姓名等基本情况）。

第三人：×××，……（写明姓名或名称等基本情况）。

法定代表人：×××，……（写明姓名、职务）。

委托代理人：（或指定代理人、法定代理人）×××，……（写明姓名等基本情况）。

原告×××不服被告×××（行政主体名称）……（行政行为），于××××年××月××日向本院提起行政诉讼。本院于××××年××月××日立案后，于××××年××月××日向被告送达了起诉状副本及应诉通知书。本院依法组成合议庭，于××××年××月××日公开（或不公开）开庭审理了本案。……（写明到庭参加庭审活动的当事人、行政机关负责人、诉讼代理人、证人、鉴定人、勘验人和翻译人员等）到庭参加诉讼。……（写明发生的其他重要程序活动，例如，被批准延长本案审理期限等情况）。本案现已审理终结。

被告×××（行政主体名称）于××××年××月××日作出……（被诉行政行为名称），……（简要写明被诉行政行为认定的主要事实、定性依据和处理结果）。

原告×××诉称，……（写明原告的诉讼请求、主要理由以及原告提供的证据、依据等）。

被告×××辩称，……（写明被告的答辩请求及主要理由）。

被告×××向本院提交了以下证据、依据：1.……（证据的名称及内容等）；2.……

第三人×××述称，……（写明第三人的意见、主要理由以及第三人提供的证据、依据等）。

本院依法调取了以下证据：……（写明证据名称及证明目的）。

经庭审质证（或庭前交换证据、庭前准备会议），……（写明当事人的质证意见）。

本院对上述证据认证如下：……（写明法院的认证意见和理由）。

经审理查明，……（写明法院查明的事实。可以区分写明当事人无争议的事实和有争议但经法院审查确认的事实）。

本院认为，……（写明法院判决的理由）。依照……（写明判决依据的行政诉讼法以及相关司法解释的条、款、项、目）的规定，判决如下：

……（写明判决结果）

……（写明诉讼费用的负担）

如不服本判决，可以在判决书送达之日起十五日内向本院递交上诉状，并按对方当事人的人数提出副本，上诉于××××人民法院。

审　判　长　×××

审　判　员　×××

审　判　员　×××

××××年××月××日

（院印）

本件与原本核对无异

书　记　员　×××

2. 作出不予立案裁定

根据《行政诉讼法》第五十一条，第一审人民法院接到起诉状或口头起诉后，对符合起诉条件的，应当登记立案。对当场不能判定是否符合起诉条件的，应当接收起诉状，出具注明收到日期的书面凭证，并在七日内决定是否立案。不符合起诉条件的，作出不予立案的裁定。裁定书应当载明不予立案的理由。原告对裁定不服的，可以提起上诉。

【文书 18[1]】

郑州铁路运输法院
行政裁定书

（2019）豫 7101 行初 27 号

起诉人李某某。

本院收到起诉人某某某起诉河南省财政厅一案的起诉状。起诉人李某某请求法院确认河南省财政厅 2017 年出资 22 万元购买法律服务的行为违法，赔偿原告误工每日 520.27 元。

本院认为，《行政诉讼法》第二十五条第一款规定，行政行为的相对人以及其他与行政行为有利害关系的公民、法人或者其他组织，有权提起诉讼。第四十九条第一项规定，提起诉讼应当符合以下条件：（一）原告是符合本法第二十五条规定的公民、法人或者其

1　本书此文书中隐去相关主体身份信息。

他组织。根据《政府采购法》第五十五条、五十六条、五十八条的规定，政府采购的供应商可对采购行为提出质疑、向同级政府采购监督管理部门投诉，政府采购监督管理部门应当对投诉作出处理决定，对投诉处理行为可以申请行政复议或提起行政诉讼。本案中，起诉人李某某并非河南省财政厅法律服务的供应商，与河南省财政厅购买法律服务的行为没有利害关系。起诉人李某某的起诉不符合《行政诉讼法》第四十九条第（一）项规定的起诉条件。依照《行政诉讼法》第五十一条第二款、《最高人民法院关于适用〈中华人民共和国行政诉讼法〉的解释》第一百零一条第一款第（一）项的规定，裁定如下：

对李某某的起诉，不予立案。

如不服本裁定，可在裁定书送达之日起十日内，向本院递交上诉状及副本一式叁份，上诉于郑州铁路运输中级法院。

审　判　长　黄喜安
审　判　员　王　辉
人民陪审员　郑卫东
二〇一九年一月二十一日
书　记　员　赵　一

3. 作出驳回起诉裁定书

第一审人民法院对已经受理的行政诉讼案件，在审理过程中发现属于《最高人民法院关于适用〈中华人民共和国行政诉讼法〉的解释》第六十九规定的情形，已经立案的，应当裁定驳回起诉。裁定事实、理由部分运用法律规范，对案件是否符合起诉条件进行分析论证，对各方当事人提出的与起诉条件相关的诉讼理由逐一分析，论证是否成立，表明是否予以支持或采纳，并说明理由。

【文书 19[1]】

河南省郑州市中原区人民法院
行政裁定书

（2019）豫 0102 行初 291 号

原告某某某航空技术有限责任公司，住所地……

法定代表人……

被告郑州市财政局……住所地郑州市兴华南街 ×××。

法定代表人赵新民，职务局长。

1　本书文书隐去相关当事人信息。

委托代理人李鸿兵，郑州市财政局工作人员。

委托代理人李红卫，郑州市财政局采购监督管理办公室主任。

原告某某某航空技术有限责任公司诉被告郑州市财政局履行法定职责一案，于2019年4月25日向本院提起行政诉讼。本院于当日受理后，依法向被告送达了起诉状副本及应诉通知书。本案现已审理终结。

原告诉称，原告参加了郑州市科技工业学校航空服务专业实训基地建设项目编号为郑财招标采购-2017-833的政府采购招标项目。原告对该项目提出了投诉并向被告如实反映情况，提供了相关材料。依据《政府采购法》第十三条、第五十九条、第六十五条、第六十七条的规定，被告对此政府采购活动负有监督管理职责，原告要求被告履行以下职责：（1）确认采购程序违法，立即停止该项采购，修改采购文件后重新开展采购活动。（2）西安兴航航空仿真科技有限公司与西安飞鹰亚太航空模拟设备有限公司串通投标，应予处罚。本案已达到犯罪立案标准，应依法移送公安机关。（3）西安兴航航空仿真科技有限公司提供虚假材料中标，应禁止其参加政府采购活动并没收违法所得，依法追究刑事责任。（4）应认定中标公司西安飞鹰亚太航空模拟设备有限公司、西安兴航航空仿真科技有限公司中标、成交无效。（5）被告相关工作人员在被投诉后，滥用职权、玩忽职守、徇私舞弊，应依法予以行政处分，构成犯罪的，应依法追究刑事责任。（6）对采购人郑州市科技工业学校和采购代理机构瀚景项目管理有限公司责令限期改正，给予警告并处罚款。对直接责任人员予以通报。原告请求法院依法判令被告履行法定职责。

被告辩称，原告于2019年3月18日向被告邮寄《履行职责请求书》，被告于4月15日作出了答复，于4月17日邮寄给原告。原告请求书中要求被告履行的事项，被告已经在原告对郑州市科技工业学校航空服务专业实训基地建设项目（编号为郑财招标采购-2017-833）的投诉处理中履行了法定职责，被告依法作出了郑财购决〔2018〕7号投诉处理决定。原告不服提起行政复议，郑州市人民政府作出了郑政（行复决）〔2018〕250号行政复议决定。原告不服提起行政诉讼，郑州市中原区人民法院作出（2018）豫0102行初300号行政判决，郑州市中级人民法院作出（2019）豫01行终422号行政判决。原告又以履行法定职责请求书的形式提出要求被告再次处理，此次内容与原来投诉内容基本一致，被告认为不应再次处理，原告的起诉属于重复起诉。根据《最高人民法院关于适用〈中华人民共和国行政诉讼法〉的解释》第六十九条第一款第（六）项的规定，应当不予立案，已经立案的，应当裁定驳回原告起诉。

本院认为，《最高人民法院关于适用〈中华人民共和国行政诉讼法〉的解释》第六十九条第一款第（六）项规定，重复起诉的，已经立案的，应当裁定驳回起诉。该条第三款规定："人民法院经过阅卷、调查或者询问当事人，认为不需要开庭审理的，可以径行裁定驳回起诉。"原告曾以同一事实和理由起诉被告，要求撤销被告对其涉案投诉作出的投诉处理决定，本院对此行政争议已经做出（2018）豫0102行初300号行政判决，驳回了原告的诉讼请求，且经郑州市中级人民法院作出的（2019）豫01行终422号二审判决予以维持。虽然本案原告的诉讼请求为要求被告履行法定职责，但是两案所涉基础事实及争议实质均一致，已经构成重复起诉。本案虽已立案，但本院经过阅卷，且对原、被告双方进行了询问，认为不需要开庭审理，可以迳行裁定驳回原告的起诉。

综上所述，依据《最高人民法院关于适用〈中华人民共和国行政诉讼法〉的解释》第六十九条第一款第（六）项之规定，裁定如下：

驳回原告某某某航空技术有限责任公司的起诉。

如不服本裁定，可在裁定书送达之日起十日内，向本院递交上诉状，并按对方当事人的人数提出副本，上诉于河南省郑州市中级人民法院。

审 判 长 刘黎青
审 判 员 铁莹莹
审 判 员 李 宁
二〇一九年六月三日
书 记 员 石运佳

CHAPTER 03

第三章

争议及其处理的主体

采购争议及其处理的主体，根据不同的争议形式，其主体均不相同。如在质疑阶段，提出质疑的主体是质疑供应商，答复的主体是采购人或者采购代理机构；在投诉阶段，争议主体是投诉供应商与采购人或者采购代理机构以及相关供应商，处理的主体是政府采购监督管理部门；在复议阶段，争议主体是申请复议供应商与政府采购监督管理部门，如有第三人则是采购人或者采购代理机构以及相关供应商，处理的主体是政府采购监督管理部门的上一级行政机关；在诉讼阶段，争议主体是原告供应商与被告政府采购监督管理部门及其复议机关（如有），第三人则是采购人或者采购代理机构以及相关供应商（如有），处理主体是人民法院。

这样，我们可以得出结论，政府采购争议及其处理的主体，在质疑阶段就是政府采购当事人，在投诉阶段就在质疑阶段主体及政府采购监督管理部门，在复议阶段就在投诉阶段主体及政府采购监督管理部门上一级行政机关，在诉讼阶段就是复议阶段主体及人民法院。

第一节　政府采购当事人——质疑阶段的争议主体及其处理主体

根据《政府采购法》第十四条规定，政府采购当事人是指在政府采购活动中享有权利和承担义务的各类主体，包括采购人、供应商和采购代理机构等。有人认为，广义的政府采购当事人还包括政府采购评审专家和政府采购监督管理部门，理由是政府采购方面的法律、法规、行政规章以及规范性文件对评审专家和政府采购监督管理部门都规定了相应的职责。笔者认为不应当包括，因为评审专家和政府采购监督管理部门在政府采购活动中并不直接享有政府采购活动的相关权利，亦不直接承担相关义务。因此，政府采购当事人仅包括法律所明文规定的采购人和采购代理机构以及供应商。

一、供应商

根据《政府采购法》第二十一条、第二十二条、第二十四条的规定，供应商为向采购人提供货物、工程或者服务的法人、其他组织或者自然人。合格的供应商应同时具备一些基本的条件，即具有独立承担民事责任的能力，具有良好的商业信誉和健全的财务会计制度，具有履行合同所必需的设备和专业技术能力，有依法缴纳税收和社会保障资金的良好记录，参加政府采购活动前三年内在经营活动中没有重大违法记录，法律、行政法规规定的其他条件。当然，采购人仍可根据采购项目的特殊要求，在采购文件中对供应商规定一些不具有差别待遇或歧视待遇的特定条件。另外，在接受联合体投标的采购活动中，两个以上的自然人、法人或者其他组织可以组成一个联合体共同参加政府采购。

《政府采购法》虽详细规定了供应商的条件，但在实际的争议处理中，供应商的主体资格问题作为争议处理的第一步，经常成为困扰的难题。因此解决这一问题对于政府采购争议处理则至关重要。那么不同争议阶段对提起的主体亦有不同的要求，我们则需考虑何为参与政府采购的供应商？何为潜在供应商？潜在供应商可以提出哪些质疑？某一供应商对某一政府采购项目是否质疑、投诉、申请复议、提起诉讼的主体资格？等等。

（一）对参与采购活动的供应商质疑主体资格的争议

根据《政府采购法》第五十二条，《政府采购质疑和投诉办法》第十条、第十一条的规定，供应商认为采购文件、采购过程和中标、成交结果使自己的权益受到损害的，可以在知道或者应知其权益受到损害之日起 7 个工作日内，以书面形式向采购人、采购代理机构提出质疑。显然，一般情况下，只有参与所质疑项目采购活动的供应商，其权益才可能受到损害，可对该项目提出质疑。由于采购活动时间周期长，包括招标、投标、开标、评标、定标等一系列阶段性的采购程序环节，辨别参与部分阶段采购程序环节的供应商是否实质参与了采购活动，在实践中仍然存在争议。

1. 参与采购部分环节后因自己的原因未继续参与后续活动，能作为供应商对后续活动提出争议吗

【案例 27[1]】开标前缴纳保证金但未参加投标，能够作为供应商对中标结果提出质疑、投诉吗

关 键 词：缴纳保证金/未投标/对中标结果质疑

案例要点：供应商开标前缴纳保证金但未参加投标，中标结果与其合法权益无利害关系，不能够作为供应商对中标结果提出质疑。判断供应商是否可以对某一事项提出质疑，应考虑其是否参与采购活动的某一环节，如其参与某一环节后未继续参与后续环节采购活动，则不能对后续采购活动提出质疑。

招标、质疑情况

2016年9月20日，许昌市质量技术监督检验测试中心委托许昌市政府采购中心（以下简称“市采购中心”）发布招标文件，招标项目为液化天然气机检定装置、高效液相色谱仪等设备采购,2016年10月28日招标报名表上报名的单位有:邢台某公司、北京某公司、许昌某公司等六家公司。邢台某公司、许昌某公司及北京某公司皆于开标前缴纳了保证金。开标时邢台某公司未参加投标，许昌某公司参与了投标。2016年10月26日邢台某公司对市采购中心出具了制造厂家授权书，指派许昌某公司参加招标。2016年11月17日，确定A包中标单位为北京某公司。

邢台某公司对A包中标结果提起质疑。2016年11月10日，市采购中心组织评标专家进行复核，认为A包质疑不成立，原因是该公司未参与本次政府采购活动，没有质疑的权利。评审专家在核实A包中标单位北京某公司经营单位时发现该单位经营不含设备生产制造，该单位投标为无效投标。2016年11月7日，邢台某公司向市采购中心提交质疑函，认为北京某公司的行为侵犯了采购人和其他投标人的合法权益，2016年10月16日，市采购中心答复，认为邢台某公司未参与该项目投标，不是潜在投标人，邢台某公司的质疑不成立。

行政诉讼一审情况

邢台某公司认为许昌市财政局（以下简称“市财政局”）未履行法定职责，以市财政局为被告、市采购中心为第三人向许昌市魏都区人民法院提起行政诉讼，请求依法判令被

1 案例来源：（2017）豫10行终82号。

告履行法定职责，受理原告对第三人的投诉。

一审法院认为，邢台某公司在涉案采购投标活动中，参与了报名，并缴纳了保证金，但在开标时未参与投标。许昌某公司以自己的名义参与了报名，缴纳了保证金，并参与了投标活动，不存在接受邢台某公司参与投标活动的情况，因此起诉人不是潜在投标人，也不是投标人，也没有委托许昌某公司参与投标，故邢台某公司没有行政诉讼原告主体资格，其诉讼请求裁定驳回。

上诉人诉求及观点

邢台某公司不服一审法院作出的行政裁定，向市法院提起上诉。上诉人认为，（1）一审法院在查明事实时认定其参与了本案所涉项目的报名并缴纳保证金这一事实，却又以其未参加递交标书和参与投标为由认定邢台某公司不是投标人，是对潜在投标人、投标人概念的认识错误。（2）即便邢台某公司不是一审法院定义的投标人，那么邢台某公司也是本次招投标活动的利害关系人。因为邢台某公司已经参与了招投标活动。（3）邢台某公司委托许昌某公司编制标书、参与竞标、评标的行为也是投标人的表现。（4）市财政局未对邢台某公司反映的北京某公司伪造资质证书、业绩的情况进行调查，未能履行其职责。因此，请求撤销一审裁定，依法改判市财政局履行法定职责，受理邢台某公司对第三人的投诉。

被上诉人答辩及观点

市财政局辩称：（1）邢台某公司不是本案适格诉讼主体，不具备相应的投诉资格。邢台某公司既没有购买标书，也未提交投标文件，依法不属于本案的投标人或供应商。（2）邢台某公司称其委托许昌某公司代理投标的理由不能成立。许昌某公司作为邢台某公司的销售商，是以邢台某公司生产制造的产品参加政府采购投标活动，邢台某公司为此出具了《制造厂家授权委托书》，但许昌某公司是以自己的名义独立参加该政府采购项目的投标，不符合“委托代理人必须以被代理人的名义实施民事法律行为”这一民事代理法律关系必备的特征和要件。（3）邢台某公司未依定程序和方式向市财政局提起投诉，市财政局无法受理和依法审查。邢台某公司仅向市财政局反映过与涉案政府采购活动有关的情况，未依法提交、留置或者邮寄投诉书。

第三人观点

市采购中心述称：（1）邢台某公司不是涉案合格的投标人，其未提交相应的文件，主体不适格。（2）邢台某公司诉称的代理关系不存在，许昌某公司与邢台某公司不存在委托关系，两者相互独立。

法院裁判及观点

二审法院认为，邢台某公司并未参加涉案采购项目的投标，也无有效证据证明其委托了案外人许昌某公司作为其代理人参与投标，故邢台某公司与本案所涉招标行为无利害关系，其并不具备本案的原告主体资格。关于邢台某公司称根据《招标投标法》第六十五条的规定其与本案所涉招标行为具有利害关系，其是潜在投标人的主张。二审法院认为，招标投标法上规定的“其他利害关系人”是指有意参加投标竞争，但因招标人的违法行为而不能参加投标竞争，因而丧失可能取得中标利益的潜在投标人。邢台某公司虽缴纳了保证金，但其未参与投标且也未提交在投标前招标人有违法行为致使其未参与投标的证据。因此，邢台某公司并不属于招标投标法上的其他利害关系人即潜在投标人。因此，邢台某公司上诉理由均不能成立，二审法院裁定驳回上诉，维持原裁定。

案例评析 CASE ANALYSIS

1. 邢台某公司能根据《招标投标法》以利害关系人提出异议与投诉吗

邢台某公司依据《招标投标法》第六十五条规定，认为其是涉案项目的投标人或利害关系人，认为招标投标活动不合法，有权提出异议与投诉。但从本案的现有材料来看，本案采购人许昌市质量技术监督检验测试中心为事业单位，其委托许昌市政府采购中心进行货物采购，邢台某公司亦通过质疑方式救济。显然，该项目符合《政府采购法》第二条规定。因此，对于中标结果进行质疑的主体资格，应适用《政府采购法》及其相关法规、规章来审查邢台某公司是否是参与政府采购的供应商，而不能适用《招标投标法》认为其属于涉案项目的“利害关系人”，并以该名义提出异议与投诉。

2. 邢台某公司是否参与了采购活动

认定供应商是否参与了采购活动，应全面考量供应商参与的环节，参与的环节是否损害其要求保护的合法权益等相关情形。而不应仅以是否提交投标保证金、是否提交标书等行为作为参与采购活动的划分界限。邢台某公司认为其报名了涉案项目并缴纳了保证金即参与了涉案项目采购活动，但实际上邢台某公司并未购买标书、提交标书、未参与涉案项目的开标，相当于其在缴纳保证金后自愿放弃了参与采购活动的权利，采购文件、采购过程及中标结果对其权益皆无任何利害关系。因此，邢台某公司并未参与后续的政府采购活动，且原因是邢台某公司自己造成的，无人侵犯其合法权益。

邢台某公司认为其委托许昌某公司编制标书、参与竞标、评标的行为是投标人的表现。事实上许昌某公司作为邢台某公司销售商，是以邢台某公司生产制造的产品参加政府采购投标活动，但许昌某公司是以自己的名义独立参加该政府采购项目的投标，不存在民事代理行为。而根据《政府采购法》及相关规定，参与政府采购的供应商仅局限于实际参与活动的公民、法人或其他组织，并不包括其背后的制造商等上游供应商等。因此，对邢台某公司不能认定其实质参与政府采购活动。

3. 市财政局应否受理投诉

如上所述，邢台某公司并未参与政府采购活动，中标结果必然不会损害其权益，其不具有对中标结果提起质疑投诉的主体资格，市财政局不应受理。同时，投诉人投诉时，应当提交投诉书和必要的证明材料。本案中，邢台某公司仅向市财政局反映过相关情况，但未提交过投诉书。因此，其请求并不具备投诉的形式要件，应视为邢台某公司从未提起投诉。针对邢台某公司反映的情况，鉴于其并未实质参与政府采购活动，政府采购活动与其自身利益无利害关系，可作为信访事项进行处理。

2. 参与采购活动部分环节，因争议而未能继续参与后续活动，供应商能对该环节或后续活动提出争议吗

【案例 28[1]】因投标文件未经整理及密封被拒收，再次提交时又被以过时拒收，该投标人属于参与采购活动的供应商吗

关 键 词：开标／提交投标文件截止时间／投标文件被拒收／是否参与采购活动

案例要点：供应商参与开标活动并对开标活动提出质疑，应当视为其参与采购活动，其对开标活动提出的质疑，属于依法进行质疑，其对质疑答复不满意可以投诉。供应商参与采购过程的某一环节，并对该环节提出质疑，属于认为采购过程使自己的权益受到损害的供应商，如后续环节对自己的权益有影响也有权提出质疑。

招标投标、质疑、投诉情况

2017 年 1 月 17 日，广西建通工程咨询有限责任公司（以下简称“建通公司”）受某中学委托，就该中学某项目采用招标的方式进行采购。招标文件在投标须知前附表中规定：投标文件递交时间为 2017 年 2 月 6 日上午 9 时 00 分 ~9 时 30 分整，投标文件递交截止时间 2017 年 2 月 6 日上午 9 时 30 分，开标时间 2017 年 2 月 6 日上午 9 时 30 分。2017 年 2 月 6 日上午，钦州某公司的法定代表人到指定的地点提交投标文件。9 时 01 分建通公司的一位工作人员来到收取投标文件的座位，但几秒后离开，9 时 12 分该工作人员又回到位置上，但未通知收取投标材料，包括钦州某公司在内的投标人继续在现场等候。9 时 18 分该工作人员又离开现场，9 时 27 分再次回到收材料的座位上，9 时 29 分 17 秒第一个投标人向工作人员提交投标文件，从 9 时 29 分至 9 时 38 分建通公司在陆续收取和整理各投标人提交的材料，钦州某公司于 9 时 31 分 53 秒提交投标文件，但投标文件未

1 案例来源：（2018）桂 07 行终 36 号。

经整理并密封不符合招标文件规定，建通公司的工作人员拒绝收取。9时39分15秒钦州某公司再次提交投标文件时，建通公司的工作人员以提交投标文件的时间已过为由而拒收。因被拒收投标文件，钦州某公司的法定代表人当场与建通公司的工作人员发生争执，在场评标人员经协商决定封存已收取的投标文件，另定时间开标和评标。2017年2月15日，建通公司组织评标人员进行开评标，原参加投标的供应商金秀县明鑫商贸有限公司（以下简称“明鑫公司”）中标。2017年5月8日，明鑫公司与该中学签订了合同，合同已开始履行。

2017年2月14日，钦州某公司向建通公司发出《质疑函》，建通公司于2017年2月22日书面进行了回复。2017年3月9日，钦州某公司向某区财政局（以下简称“区财政局”）提交《投诉书》，投诉内容为：建通公司未按时到达岗位接收投标文件，设备设施不完善，工作人员误导使钦州某公司未能及时递交投标文件，不按招标文件规定时间开评标，威胁钦州某公司要求撤回质疑等问题。区财政局受理投诉后，于2017年4月7日作出了《政府采购投诉处理决定书》。认为：（1）工作人员并没有减少投诉人递交材料的时间段。（2）钦州某公司不是本次政府采购活动的当事人，对建通公司不按招标规定的时间开评标的投诉属无效投诉事项。

行政诉讼一审情况

钦州某公司不服区财政局作出的投诉处理决定，向区人民法院起诉。一审法院认为，（1）建通公司未按规定的时间执行，而在规定的时间过后，建通公司继续收取投标材料，采取延时进行补救，应参照一般人理性经验原则进行确定延长的时间，钦州某公司最后一次提交文件的时间仍在合理的延长期限内。因此，建通公司减少了其提交材料的时间。（2）钦州某公司向建通公司提供了相应的经营资格证明，购买招标文件，符合《政府采购法》第二十二条规定的供应商应具备的条件，取得了参与本次政府招投标活动的资格，钦州某公司认为建通公司不按时间开标损害了自己的合法权益而进行投诉，属于有效投诉。（3）鉴于开标时间发生改变是因钦州某公司与建通公司发生争执无法进行引起的，在评标人员商议下封存投标文件并推迟评标和开标时间，没有违反法律规定。因此，认定钦州某公司部分投诉理由成立。鉴于本次采购活动的中标单位已经与采购人签订了采购合同，该采购合同现已经实际履行，且中标供应商属于合法有效中标，应当依法予以保护。区财政局虽然在认定事实方面有误，但作出驳回投诉的处理结果正确。综上所述，依照《最高人民法院关于执行〈中华人民共和国行政诉讼法〉若干问题的解释》第五十六条第（四）项的规定，判决驳回钦州某公司要求撤销区财政局作出处理决定和责令区财政局重新作出处理决定的诉讼请求。

上诉人诉求及观点

钦州某公司对一审判决不服，向中级人民法院提起上诉称：（1）建通公司在招标过程中不严格执行招标文件规定的接收投标文件的时间，自行设定接收招标文件的时间，选择性地接收部分投标人的文件。（2）建通公司违法另行组织开评标，同时在明知投诉处理情况后，仍要求明鑫公司与该中学签订承包合同，本项目应予废标，另行组织招标。（3）一审法院对区财政局故意错裁行为不作相关的认定和处理，却以中标商善意取得承包权为由判决驳回钦州某公司的起诉请求，该判决极不公正。

被上诉人答辩及观点

区财政局辩称，（1）只存在9时27分才开始有投标人提交材料的事实，而不存在9时27分才可以提交材料的事实。一审判决认定建通公司9时27分才开始收投标文件错误。（2）9时27分后才提交材料，是钦州某公司的选择。其他投标人在规定的时间内提交了合格的材料，工作人员依法签收。既然钦州某公司选择往后提交材料，其应当预见可能导致超时提交的后果。因钦州某公司材料准备不齐全，因其更改而超过规定时间未能提交密封完好的标书，属于其个人的责任，所产生的法律后果必然由其承担。（3）本案所涉项目的评标、议标工作均按法定程序进行，不应因钦州某公司的随意质疑而中断。（4）因项目进度原因，该中学与明鑫公司签订并履行合同，符合法律规定。

第三人观点

建通公司辩称，（1）建通公司不存在延时收取标书的情形，也没有减少投标人递交材料的时间段。钦州某公司自始至终都未能向建通公司提交密封完好的标书，因此，其最终未能在截止时间前递交合格的投标文件，属其自身过错导致。（2）另行组织开标程序完全符合法律规定。同时项目开标时间被迫更改与钦州某公司的无理取闹存在直接的因果关系。（3）建通公司及区财政局对本案所涉项目的招投标处理程序合法。（4）本次政府采购项目招投标程序已结束，中标人明鑫公司已实际投入资金建设，其合法经营权应受到法律保护。

法院裁判及观点

二审法院认为，（1）建通公司没有严格按照招标文件规定的时间段接收招标文件，虽在9:30时之后也给投标人一定的顺延时间并在顺延时间内接收了部分投标人的投标文件，但顺延接收投标文件的时间较短，建通公司的行为存在过错。（2）钦州某公司购买了投标文件并交纳了招标保证金后，具备了参与投标的资格，属本次采购活动的当事人之一，但未能递交文件其本身也有过错。（3）明鑫公司的中标属于善意取得，而且已投入资金开业经营至今。如果撤销区财政局作出的处理决定并重新招标的话，会对师生、学校的正常学习生活，社会公共利益造成严重损害。（4）以提交了投标文件的投标人为标准认定钦州某公司不属本次政府采购活动的当事人，这是对《政府采购供应商投诉处理办法》第十条的错误理解。综上，依照《行政诉讼法》第八十九条第一款第一项的规定，判决如下：驳回上诉，维持原判。

案例评析 CASE ANALYSIS

1. 钦州某公司是否属于参与采购活动的供应商，能否提出质疑、投诉

本案中，区财政局以未提交投标文件认定其未参与政府采购活动，显然是片面的认知。钦州某公司已经向采购代理机构提交投标文件，因文件未整理及密封不符合规定被拒收，钦州某公司继续整理时投标文件时间并未截止，再次提交时又以过时被拒收。同时，本案存在采购代理机构收取投标文件不规范的情形，存在损害钦州某公司权益的可能性。因此，钦州某公司属于参与了采购活动的供应商，其未能成功提交投标文件并不能排除因采购代理机构不规范行为所致的可能性。如其认为合法权益受到侵害，便具有为维护自身合法权益而提起质疑、投诉的主体资格。

2. 本案判决中值得商榷的问题

一审判决认为投诉处理决定认定事实有误，二审判决认为投诉处理决定对行政规章错误理解，并且判决也指出了钦州某公司未能成功提交投标文件自己也存在过错，无疑是正确的。但判决以“如果撤销区财政局作出的处理决定并重新招标的话，会对师生、学校的正常学习生活，社会公共利益造成严重损害”为由，驳回诉讼请求、驳回上诉，这对钦州某公司来说不太公平。其实撤销投诉处理决定并不一定导致重新招标，重新处理投诉时，财政部门可以认定部分投诉事项采购成立，可能影响采购结果，但采购合同已经履行，给他人造成损失的，相关当事人可依法提起诉讼。

（二）对潜在供应商质疑主体资格的争议

根据《政府采购质疑和投诉办法》第十一条的规定，潜在供应商已依法获取其可质疑的采购文件的，可以对该文件提出质疑。潜在供应商是指在采购人发出招标文件或者投标邀请书等采购文件后，有意向并有能力向采购人提供符合其特定技术规格要求的货物、工程和服务的法人、其他组织和自然人。潜在供应商提出质疑的条件有：一是已获取采购文件，二是采购文件是依法获取的，三是采购文件是可质疑的，四是其确实是潜在的供应商，五是只能对采购文件提出质疑。

实践中对是不是潜在的供应商争议最大。例如，甲下载了标书，对于标书条款进行质疑，质疑后标书未修改，其也未参与投标，就政府采购结果而言，甲是潜在供应商吗？再如，甲购买了标书，复印一份给乙，乙欲参与投标，对标书的条款提出质疑，这种情形下，乙属于潜在供应商吗？有些地方采取“报名登记”的方式限定潜在供应商的范围，在政府采购公告中明确要求供应商在限定的期限内进行报名登记，只有通过报名登记的供应商才可以参与投标，也只有登记过的供应商才有质疑的权利。通过报名登记的规定，旨在便于后期向相关供应商发出通知，同时可以将潜在供应商限定在一定范围。但不少人对此提出异议，认为这样做是违法给供应商增加义务，设置或者变相设置进入政府采购市场的障碍。

2019年7月26日，《财政部关于促进政府采购公平竞争优化营商环境的通知》（财库〔2019〕38号）明令禁止“要求供应商在政府采购活动前进行不必要的登记、注册”。这样就不能用是否报名登记来区分潜在供应商是否有质疑资格，如何正确鉴别呢？我们认为可从以下几方面把握：一看是否符合采购文件规定的供应商资格，如符合则是潜在供应商，对于有市场准入资格要求的项目，还要看质疑人是否取得了相关的市场准入行政许可；二看是否对供应商资格提出质疑，如不符合供应商资格但对此提出质疑，可认为是潜在供应商；如不符合供应商资格也未对此提出质疑，则不能认为是潜在供应商。

【案例29[1]】对招标文件提出质疑，未参加招标活动，对质疑答复不满能否投诉

关 键 词：未参加招标活动/对质疑答复不满

案例要点：潜在供应商是指依法获取了采购文件，并有意向且有能力参与政府采购活动的供应商。潜在供应商具有质疑的主体资格，但只能对采购文件提起质疑。

招标、质疑、投诉情况

2013年12月5日，招标公司陕西省采购招标有限责任公司（以下简称“省采购招标公司”）发布某市县级医院血液透析室设备采购项目（以下简称“该项目”）采购公告，采购人为某市卫生局（以下简称“市卫生局”）。2013年12月6日重庆某公司购买招标文件后，于2013年12月9日向省采购招标公司提出质疑，认为招标文件第三部分“招标内容及要求”中对CRRT血液透析机的“总体要求”都明确规定“医疗器械注册为‘进’字号”，违反《政府采购法》第十条规定，其行为歧视和排斥国产品牌参与投标。2013年12月25日，省采购招标公司对质疑作出回复称：（1）本次招标已按照《政府采购进口产品管理办法》的有关规定，办理了审核手续，也并未限制国产产品参加投标。（2）本项目已对招标文件

1　案例来源：（2014）铜中行终字第00011号。

进行了专家论证，并未发现技术指标的指定性和排他性。

2014年1月9日，重庆某公司向某市财政局（以下简称“市财政局”）提出投诉，2014年2月10日，市财政局作出铜财采资(2014)第1号《政府采购投诉不予受理决定书》。处理决定为：重庆某公司于2013年12月6日购买招标文件后，在规定的投标截止日期前，既未参加该项目的投标活动，也没有提交投标保证金，且中标公告发布后，重庆某公司亦未在七个工作日内对中标公告提出质疑。根据《政府采购供应商投诉处理办法》第十条的规定，认定重庆某公司不具备投诉条件。

行政诉讼一审情况

重庆某公司对不予受理决定不服提起诉讼。法院认为，省采购招标公司在对2013年12月6日重庆某公司提起的质疑的回复中，明确表示招标文件“未限制国产品牌参与投标”，重庆某公司可按照规定程序参与投标活动，而其未参与，是对自己权利的放弃。因重庆某公司未参与投标活动，也未对中标结果提出质疑，故重庆某公司的投诉不符合《政府采购供应商投诉处理办法》规定的条件，不应认定为投诉。判决维持市财政局作出的《政府采购投诉不予受理决定书》。

上诉人观点

重庆某公司对一审法院作出的行政判决不服，向市中院提起上诉称：(1)重庆某公司具有投诉人的资格，市财政局作出不予受理决定明显违法。(2)招标人在涉案招标文件中限定进口，以不合理的条件限制或者排斥潜在投标人，法院应确认中标结果无效。

被上诉人答辩及观点

市财政局辩称：(1)重庆某公司在购买招标文件后，没有参加投标工作，也没有提交投标保证金，依法不符合投诉人条件，市财政局所作不予受理决定合法。(2)中标结果是否有效并非行政诉讼范畴。

第三人观点

市卫生局述称：(1)重庆某公司不具备投诉人资格，市财政局作出的不予受理决定并无不当。(2)招投标行为并非具体行政行为。

省采购招标公司述称：(1)重庆某公司不具备投诉人资格，市财政局的具体行政行为合法。(2)确认中标行为无效不属于行政案件的受案范围。

法院裁判及观点

根据《政府采购供应商投诉处理办法》第十条的规定，提起投诉的投诉人应当是参与所投标政府采购活动的供应商。本案中，重庆某公司在规定的投标截止日期前，既未参加该项目的投标活动，也没有提交投标保证金，也就是说重庆某公司并未实质性参与招投标活动，也就不具备政府采购供应商的资格。因此，市财政局根据《政府采购供应商投诉处理办法》第十条的规定认定重庆某公司不具备投诉人资格事实清楚，适用法律法规正确。二审法院判决驳回上诉，维持原判。

案例评析 CASE ANALYSIS

1. 重庆某公司可以对招标文件提出质疑

根据《政府采购法》第五十二条、《政府采购法实施条例》第五十三条、2018年3月1日前施行的《政府采购供应商投诉处理办法》第七条规定，供应商认为采购文件损害其权益可以提出质疑。从保护供应商平等参与采购活动的角度来看，重庆某公司购买了采购文件，且有意向有能力参与采购活动，其认为采购文件存在限制性、排他性条款，损害其合法权益而导致其不能顺利参与投标，应当具有提出质疑的资格。由于《政府采购供应商投诉处理办法》中并未具体规定有关购买采购文件而未参与投标的供应商质疑主体资格问题，因此实践中对于此种情形的处理仍有争议。2018年3月1日开始施行的《政府采购质疑和投诉办法》第十一条明确规定了潜在供应商质疑的主体资格，即潜在供应商已依法获取其可质疑的采购文件的，可以对该文件提出质疑。因此，如根据现行规定，显然重庆某公司已经依法获取了采购文件，为案涉采购活动的潜在供应商，其可以对该采购文件提出质疑。

2. 重庆某公司对质疑答复不满是否可以投诉

《政府采购供应商投诉处理办法》第十条第（一）项规定，投诉人是参与所投诉政府采购活动的供应商。法院也据此认定重庆某公司未参与所投诉政府采购活动，不具有投诉的资格。而如上所述，重庆某公司具有提出质疑的主体资格，但却不具有提起投诉的资格，显然与《政府采购供应商投诉处理办法》第七条规定相违背，即供应商对质疑答复不满意可以提起投诉。而在《政府采购质疑和投诉办法》发布之后，这类问题迎刃而解，保证了在质疑答复与投诉处理对于主体资格处理的统一。因此，根据现行规定，重庆某公司购买了招标文件，有意向并有能力参与采购活动，是案涉采购活动的潜在供应商，具有对采购文件提出质疑的资格，而对于质疑答复不满亦可以提起投诉。而如果其对采购文件之外的内容提起投诉，显然不应受理。

（三）对供应商投诉的主体资格的争议

《政府采购质疑和投诉办法》第十七条规定："质疑供应商对采购人、采购代理机构的答复不满意，或者采购人、采购代理机构未在规定时间内作出答复的，可以在答复期满后15个工作日内向本办法第六条规定的财政部门提起投诉。”可见，供应商投诉与质疑，其主体资格实质要件是一致的，即经过依法质疑的供应商才可以提起投诉，否则投诉将不符合受理条件。在实践中，还有一种“自伤式投诉”，即投诉自己的投标或者响应行为，对该供应商是否具备投诉的主体资格也有不同看法。财政部“指导性案例26号：M研究院空调及电力改造项目投诉案”[1]，2018年8月30日，供应商B公司向财政部投诉：供应商B公司投标文件无法满足招标文件实质性要求，不应通过符合性审查。该项目通过符合性审查的供应商不足3家，应当废标。财政部认为，供应商应当仔细阅读招标文件并如实应答，在自己投标失误后又以此为由寻求对采购项目结果的改变，属于滥用质疑和投诉权利损害政府采购秩序，影响政府采购效率的行为，违反了公平竞争、诚实信用的基本原则。本案中，供应商B公司主张自己不应当通过符合性审查，该事项并不涉及对供应商B公司自己权利的损害，不属于《政府采购法》第五十二条规定的“采购文件、采购过程和中标、成交结果使自己的权益受到损害”的情形，不具备质疑投诉主体资格。处理结果为，根据《政府采购法》第五十二条、第五十五条，《政府采购质疑和投诉办法》（财政部令第94号）第十条、第二十九条第（一）项的规定，驳回投诉。

对以联合体形式参加政府采购活动的供应商投诉主体资格问题，《政府采购质疑和投诉办法》第九条作了特别规定，即应当由组成联合体的所有供应商共同提出。

【案例30[2]】联合体投诉后，有个别成员撤回投诉，未撤回投诉的供应商还具备投诉主体资格吗，对投诉处理不服还具备原告的诉讼主体资格吗

关 键 词：联合体投诉/个别成员撤回投诉/投诉主体资格/诉讼主体资格

案例要点：以联合体形式投标，投诉也应由组成联合体的所有供应商共同提出，个别供应商撤回投诉，财政部门可终止投诉处理程序，但未撤回投诉的供应商仍具有提起诉讼的主体资格。

招标、质疑、投诉情况

湖北省教育资源公共服务平台建设项目采购人为湖北省教育厅，由湖北省采购中心（以下简称“省采购中心”）具体实施政府采购活动，以公开招标的方式选择供应商。2014年

---

1 《指导性案例26号——M研究院空调及电力改造项目投诉案》，载http://www.cgpnews.cn/articles/51107，最后访问日期：2020年5月19日。

2 案例来源：（2015）鄂武昌行初字第00088号。

12 月 2 日，某联合体以武汉 A 公司与武汉 B 公司作为投标人身份共同参加本案政府采购投标并向省采购中心提交了投标文件。当晚 22 时 10 分，评标委员会评审工作结束，现场宣布了评标结果：第一名武汉烽火信息集成技术有限公司（以下简称“烽火公司”），得分 92.64 分，第二名某联合体，得分 79.27 分……

武汉A公司、武汉B公司不服向湖北省教育厅、省采购中心提出质疑。2014年12月22日，省采购中心作了质疑答复。

武汉 A 公司、武汉 B 公司对答复不满意，于 2015 年 1 月 12 日向湖北省财政厅提出投诉。2015 年 1 月 30 日武汉 A 公司向湖北省财政厅申请撤回投诉。2015 年 2 月 26 日，湖北省财政厅作出了《决定书》，结果为:(1)《投诉书》投诉事项不予支持，维持原评审结果；(2) 即日起恢复本项目的政府采购活动。

原告诉求及观点

武汉 B 公司不服该决定，以湖北省财政厅为被告，省采购中心、烽火公司、武汉 A 公司为第三人，向湖北省武汉市武昌区人民法院（以下简称“武昌区法院”）提起行政诉讼。

武汉 B 公司诉称，湖北省财政厅于 2015 年 2 月 27 日向武汉 B 公司下达鄂财函（2015）62 号《政府采购投诉处理决定书》(以下简称《决定书》)。武汉 B 公司认为《决定书》认定事实错误，证据不足，应依法予以撤销。

被告答辩及观点

省财政厅辩称，武汉 B 公司作为本案原告的主体资格有缺陷。根据《政府采购法》第五十五条、第五十八条的规定，有资格对政府采购监督管理部门的投诉处理决定提起行政诉讼的仅限于《政府采购法》限定的“供应商”。在本案诉争的政府采购项目中，武汉 B 公司与武汉 A 公司组成联合体投标人作为供应商参与政府采购项目，提交投标文件、参加评标。根据《政府采购法》第二十四条第一款的规定，在政府采购活动中，两个以上法人组成一个联合体投标人进行投标的，才具备“一个供应商”的资格。2015 年 1 月 30 日，武汉 A 公司撤回了投诉，因此，组成联合体投标人的其中某一家单位不具备《政府采购法》规定的“一个供应商”的资格。

第三人观点

省采购中心述称，(1) 本案诉争政府采购项目的评标过程符合《政府采购法》等相关规定，也符合项目招标文件内容。(2) 本案中武汉 A 公司的诉讼主张不能成立。(3) 省采购中心作为被投诉人，在投诉处理程序中已经尽到配合监管部门调查的义务。

法院裁判及观点

对武汉B公司诉讼主体资格的问题，根据《行政诉讼法》第二十五条的规定，武汉B公司作为本案被诉行政行为的相对人,有权提起诉讼。湖北省财政厅认为根据《政府采购法》第五十五条、第五十八条的规定，有资格对政府采购监督管理部门的投诉处理决定提起行政诉讼的仅限于《政府采购法》限定的供应商，武汉B公司作为本案原告的主体资格有缺陷的抗辩理由不能成立。

湖北省财政厅作出的《决定书》认定事实清楚，证据确凿，适用法律、法规正确，程序合法。依照《政府采购供应商投诉处理办法》第十七条第（二）项的规定，对于投诉缺乏事实依据的，应驳回投诉，湖北省财政厅在《决定书》中作出的决定为"《投诉书》投诉事项不予支持，维持原评审结果"存在瑕疵，但不影响被诉行政行为的合法性。武昌区法院依照《行政诉讼法》第六十九条的规定，判决驳回武汉B公司的全部诉讼请求。

案例评析 CASE ANALYSIS

1. 联合体投诉后个别成员撤回投诉，应如何作出投诉处理决定

2018年3月1日前施行的《政府采购供应商投诉处理办法》对联合体投诉没有作出明确规定，因此，实践中对联合体投诉问题存在不同观点。本案中，省财政厅认为两个以上法人组成一个联合体投标人进行投标的，才具备"一个供应商"的资格。武汉A公司撤回投诉，则武汉B公司不具备投诉的资格。笔者认为，这种观点是正确的。联合体以一个供应商的身份共同参与采购活动，意志一致共进退，在采购活动中不可分割。那么，提出投诉亦应体现整体性，否则与联合体的规则相违背。针对这种情况，如个别成员撤回投诉，就应终止投诉处理程序。

2018年3月1日起施行的《政府采购质疑和投诉办法》第九条规定："以联合体形式参加政府采购活动的，其投诉应当由组成联合体的所有供应商共同提出。"该办法第三十条规定："财政部门受理投诉后，投诉人书面申请撤回投诉的，财政部门应当终止投诉处理程序，并书面告知相关当事人。"根据上述规定，如果其中一供应商撤回投诉，则不具备联合体的投诉主体要件，应视为联合体撤回投诉，财政部门应当终止投诉处理程序。因此，在该办法施行后，联合体中的供应商如有撤回投诉的，财政部门应当终止投诉处理程序。

2. 联合体投诉后个别成员撤回投诉，未撤回投诉的供应商有原告的诉讼主体资格吗

联合体个别成员撤回投诉，财政部门终止投诉处理程序后，未撤诉的供应商诉讼主体资格仍具有争议。《行政诉讼法》第二条、第二十五条规定，公民、法人或者其他组织认为行政机关和行政机关工作人员的行政行为侵犯其合法权益的，有权向人民法院提起诉讼。行政行为的相对人以及其他与行政行为有利害关系的公民、法人或者其他组织，有权提起诉讼。可见，未撤诉的供应商作为行政行为的相对人或者其他与行政行为有利害关系的主体，认为自己的权益受损，应当具有提起行政诉讼的主体资格，应享有救济的途径，但能否胜诉另当别论。

（四）对供应商申请行政复议主体资格的争议

哪些供应商能够在行政复议中能够作为申请人申请行政复议，在实践中争议很多。笔者认为，应当根据相关法律作出分析：一是政府采购投诉人，根据《政府采购法》第五十八条的规定，投诉人对投诉处理决定不服或者政府采购监督管理部门逾期未作处理的，可以依法申请行政复议；二是认为政府采购方面的行政行为侵犯其合法权益且确与该行政行为有利害关系的公民、法人或者其他组织，根据《行政复议法》第六条第（十一）项、《行政复议法实施条例》第二十八条第（二）项规定，认为行政机关的其他具体行政行为侵犯其合法权益，公民、法人或者其他组织可以依法申请行政复议，申请人与具体行政行为有利害关系，复议机关应当予以受理。

【案例31[1]】行政复议申请人并非政府采购质疑人与投诉人，是否具备对投诉处理决定申请复议的主体资格

关 键 词：行政复议申请人/政府采购投诉人/有利害关系

案例要点：行政复议申请人应当是政府采购投诉人，或者与政府采购行政行为有利害关系，否则不具备申请复议的主体资格。

案情简介

2017年8月24日，海南中梁项目管理有限公司（以下简称“中梁公司”）在海南政府采购网发布招标公告，采购人为某县农业局（以下简称“县农业局”）。

2017年8月28日，海南威岛复合肥有限公司（以下简称“威岛公司”）报名。2017年8月31日，威岛公司向中梁公司提出质疑，次日中梁公司作出质疑答复函。威岛公司对质疑答复函不满意，于2017年9月12日向某县财政局（以下简称“县财政局”）投诉。2017年9月18日，县财政局作出采购投诉处理决定书（以下简称“116号决定”），责令重新开展采购活动。2017年10月13日，威岛公司向县财政局递交《关于县农业局违规重启“采购2017年扶持冬季瓜菜生产复合肥采购项目”招标采购活动的投诉函》。

2017年10月28日，县财政局作出《县财政局采购投诉处理决定书》（以下简称“144号决定”），责令重新开展招标活动。

某服务公司不服，于2017年11月6日向海南省财政厅提出行政复议申请。某服务公司请求：（1）“116号决定”“144号决定”违法无效，责令县财政局予以撤销；（2）依法认定

1　案例来源：琼财法〔2017〕2096号。

2017年10月16日下午14：40分在省政务中心依法开标采购2017年扶持冬季瓜菜生产复合肥政府采购项目程序合法，开标有效；（3）依法驳回本项目质疑人威岛公司的非法质疑；……

该厅受理后，认为本案的审理结果与威岛公司、中梁公司有关，于2017年11月7日将威岛公司、中梁公司追加为本案的第三人。省财政厅经审理认为：

1.某服务公司对“116号决定”不具有向本机关提起行政复议的资格。该决定书是针对威岛公司的投诉作出的处理决定，该处理决定并未侵犯某服务公司的合法权益。某服务公司如认为该处理决定作出修改招标文件部分内容存在不合理不合法的情形，应当在采购人修改招标文件后重新开展招投标时，依据《政府采购法》第五十二条的规定，针对修改后的招标文件提出质疑，而不是针对投诉处理决定申请行政复议。因此，某服务公司针对“116号决定”的复议请求应当予以驳回。

2.县财政局作出的“144号决定”违反法定程序。依据《政府采购供应商投诉处理办法》第七条规定：“供应商认为采购文件、采购过程、中标和成交结果使自己的合法权益受到损害的，应当首先依法向采购人、采购代理机构提出质疑。对采购人、采购代理机构的质疑答复不满意，或者采购人、采购代理机构未在规定期限内作出答复的，供应商可以在答复期满后15个工作日内向同级财政部门提起投诉”的规定，本案中，威岛公司2017年10月20日的投诉内容未进行过质疑，县财政局据此作出了“144号决定”，违反了上述规定；并且县财政局在《行政复议答复书》中也称自己在2017年10月28日作出的“144号决定”存在错误，威岛公司于2017年10月20日提交的投诉函不符合构成政府采购投诉的条件，实际是举报行为。因此，“144号决定”应当予以撤销。

3.对于第三人威岛公司举报“2017年扶持冬季瓜菜生产复合肥采购项目”采购活动中存在严重违法违规行为的问题，应当由作为政府采购监督管理部门的县财政局对举报的采购活动是否存在违法违规行为进行调查核实，对2017年扶持冬季瓜菜生产复合肥采购项目程序是否合法，开标结果是否有效进行认定，并作出相应的调查处理。

4.某服务公司第2、3项复议请求不符合《行政复议法》第六条和《行政复议法实施条例》第二十八条的受理条件，对某服务公司的此三项行政复议请求予以驳回。

根据《行政复议法》第二十八条第一款第（三）项及《行政复议法实施条例》第四十八条第一款第（二）项的规定，海南省财政厅于2017年12月22日作出行政复议决定书（琼财法〔2017〕2095号）决定：（1）驳回某服务公司对“116号决定”的行政复议申请。（2）撤销县财政局作出的“144号决定”。（3）驳回某服务公司的第2、3项行政复议请求。

案例评析

CASE
ANALYSIS

1. 某服务公司不是政府采购投诉人，不符合《政府采购法》第五十八条所规定的行政复议申请人主体资格

“116 号决定”“144 号决定”都是针对威岛公司的投诉所作出的，某服务公司不是该两件投诉案件的投诉人，不符合《政府采购法》第五十八条所规定的行政复议申请人的主体资格是非常明显的。但是，即使不符合上述法律规定，也不能就否定其行政复议申请人的主体资格，还应当根据《行政复议法》相关规定进行审查。

2. “116 号决定”与某服务公司无利害关系，“144 号决定”与某服务公司有利害关系，有利害关系则符合《行政复议法》规定的申请人主体资格

“116 号决定”作出时还未开标，不可能侵犯某服务公司的合法权益。某服务公司当时如认为该处理决定作出修改招标文件部分内容存在侵犯其合法权益的情形，应当在采购人修改招标文件后重新开展招投标时，依据《政府采购法》第五十二条规定，以采购文件使自己的权益受到损害，在知道或者应知其权益受到损害之日起 7 个工作日内，以书面形式向采购人针对修改后的招标文件提出质疑，而不是针对投诉处理决定申请行政复议。

“144 号决定”是在某服务公司成为第一中标候选人之后作出的，该决定书与某服务公司有利害关系，某服务公司认为侵犯其合法权益，可以作为申请人提出行政复议申请。但由于该决定书违反了先质疑后投诉的法定程序，应当予以撤销。

3. 某服务公司第 2、3 项复议请求不符合行政复议范围与受理条件

该三项复议请求不在《行政复议法》第六条所规定的十一个种类的收案范围之内，也不符合《行政复议法实施条例》第二十八条所规定的受理条件，该三项复议请求应当予以驳回。

（五）对供应商诉讼主体资格的争议

关于提起政府采购行政诉讼的主体及其起诉条件，结合《行政诉讼法》第四十九条之规定，提起诉讼应当符合下列条件：（1）原告是政府采购行政行为的相对人以及其他与政府采购行政行为有利害关系的公民、法人或者其他组织；（2）有明确的被告；（3）有具体的诉讼请求和事实根据；（4）属于人民法院受案范围和受诉人民法院管辖。

在政府采购行政诉讼案件中，供应商作为原告提起行政诉讼占绝大多数，因为《政府采购法》第五十八条明确赋予了投诉人不服投诉处理决定而提起行政诉讼的权利。需要明确的是，该法律条文仅对投诉人的诉讼权利进行了规定，并未规定除投诉人以外的其他供应商的起诉权，是不是就意味着其他供应商不能对投诉处理决定提起诉讼？答案明显是否定的，根据《行政诉讼法》第二十条之规定，其他与行政行为有利害关系的公民、法人或者其他组织均有权提起诉讼。鉴于此，财政部门作出的投诉处理决定如果影响到了中标人或者其他相关供应商的利益，他们也可以提起行政诉讼。政府采购供应商依法提出质疑、

投诉后，对投诉处理决定不服或者逾期未作处理的，可根据《政府采购法》第五十八条的规定，向人民法院提起行政诉讼。政府采购供应商认为行政机关和行政机关工作人员的行政行为侵犯其合法权益的，可根据《行政诉讼法》第二条规定，有权向人民法院提起诉讼。

作为投诉处理决定的行政行为相对人以及其他与行政行为有利害关系的供应商，根据《行政诉讼法》第二十五条规定，有权提起诉讼。可见，对行政诉讼主体资格的规定，《政府采购法》与《行政诉讼法》并不完全一致。《政府采购法》规定，对投诉处理决定不服或者逾期未作处理即可起诉，但对主体限定为投诉人；《行政诉讼法》规定，认为侵犯其合法权益即可起诉，对主体规定比较广泛，不仅是行政行为的相对人，还包括其他与行政行为有利害关系的主体。由于对上述两部法律的理解不同，实践中容易产生争议。

【案例 32[1]】得分第 19 名的供应商能否对中标结果质疑、投诉，还能起诉吗

案例要点：供应商得分排名靠后，法院有可能否定其起诉的主体资格，裁定驳回其起诉。但以排名情况否定投诉人的主体资格而裁定驳回起诉的做法，值得商榷。

招标投标、质疑、投诉情况

北京某公司参与了某 2017 年义务教育学校均衡发展现代教育技术装备（纸质图书）采购项目（以下简称“该项目”）的投标，根据该项目招标文件的评分细则，价格总分为 60 分，资信状况及样品质量总分为 40 分。2017 年 8 月 10 日，该项目在某公共资源交易中心开标，经评审委员会评审，第一中标人为北京希可尔世纪文化传播有限公司，北京某公司在此次招标采购中评标得分排名 19 名。在中标结果公示期间，北京某公司向采购人及采购代理机构提出质疑。北京某公司对质疑答复不满，向某县公共资源交易监督管理局提出投诉，该局对投诉作出答复。

原告诉求及观点

原告北京某公司向安徽省某县人民法院起诉。原告认为，（1）三家中标单位提供的重合同守信用证书、银行 AAA 级及以上信用证书、书刊发行协会会员证书、缴纳社保发行员编目员人数、样品展示均不符合招标文件的规定，此次中标结果应当无效。（2）某县教育局的回复明显不符合相关规定。首先，采购人及采购代理机构对其回复提出的救济期限明显违反法律规定，对质疑答复不满意，可以在 15 个工作日内提出投诉，然而采购方只给予北京某公司 3 日。因此，北京某公司严重怀疑其招标专业性和评标公正性。其次，北京

1 案例来源：（2017）皖 0826 行初 22 号。

某公司在质疑答复规定的期限向某县公共资源交易监督管理局提出投诉，根据《政府采购法》及相关规定，该局应当在规定期限作出处理决定，然而该局仅对北京某公司的投诉作出答复，并且在回复的第三项中作出与本投诉无关的说明，更有甚者，某县公共资源交易监督管理局的回复没有告知北京某公司救济的途径及期限。

法院裁判及观点

法院认为，《最高人民法院关于执行〈中华人民共和国行政诉讼法〉若干问题的解释》第一条第二款第（六）项规定，公民、法人或者其他组织对下列行为不服提起诉讼的，不属于人民法院行政诉讼的受案范围：……对公民、法人或者其他组织权利义务不产生实际影响的行为。本案被诉的招标采购中标结果，根据《政府采购法实施条例》第四十九条的规定，对招标采购中排名第 19 名的北京某公司权利义务并无实际影响。因此北京某公司的请求不属于行政诉讼的受案范围。

关于北京某公司提出某县公共资源交易监督管理局，采购人及采购代理机构的回复不符合相关规定的意见，投诉处理行政程序中虽有不符合法律规定，但并未导致北京某公司救济程序在实体上的终止。程序公正是实体公正的重要手段和保障，某县公共资源交易监督管理局在今后的执法中应严格遵守程序规范。据此，裁定驳回北京某公司的起诉。

案例评析

CASE ANALYSIS

1. 得分第 19 名的北京某公司能否提起质疑投诉

参与政府采购活动的供应商可对采购活动提出质疑，潜在供应商可对采购文件提起质疑，而评审名次并不限定供应商的质疑、投诉的主体资格。因此，北京某公司参与了案涉采购活动，具有对采购活动提起质疑、投诉的主体资格。

2. 得分第 19 名的供应商是否具有诉讼主体资格

根据《政府采购法》第五十八条的规定，投诉人对投诉处理决定不服，具有提起行政诉讼的主体资格。由于北京某公司诉讼请求为确认案涉采购项目的中标结果无效，但根据《行政诉讼法》的规定，法院只能对行政行为即投诉处理决定进行审查作出维持、撤销或者变更的判决，并无认定中标结果无效的职权。法院认为，北京某公司得分第 19 名，中标结果与其权利义务没有关系，其诉讼请求不属于行政诉讼的受案范围。基于北京某公司得分排名较后亦不会得到顺延中标的结果，虽具有一定的合理性。但如果采购过程违法影响采购结果，也存在重新开展采购活动的可能性。北京某公司作为参与政府采购的供应商并不能排除其中标的可能。因此，以其得分第 19 名中标结果与其权利义务无关，而驳回北京某公司起诉的裁定值得商榷。

二、采购人：采购主体、质疑答复人、被投诉人、复议或诉讼程序中的第三人

在政府采购过程中，采购人在不同的阶段扮演不同的角色：一是政府采购的主体，即《政府采购法》第十五条所规定的“采购人是指依法进行政府采购的国家机关、事业单位、团体组织”。二是政府采购质疑答复的答复人，即《政府采购质疑和投诉办法》第五条所规定的“采购人负责供应商质疑答复”。三是政府采购投诉的被投诉人，即《政府采购质疑和投诉办法》第十八条所规定的“被投诉采购人”。四是政府采购行政复议及行政诉讼的第三人，即《行政复议法》第十条第三款所规定的“同申请行政复议的具体行政行为有利害关系的其他公民、法人或者其他组织，可以作为第三人参加行政复议”，《行政诉讼法》第二十九条所规定的“公民、法人或者其他组织同被诉行政行为有利害关系但没有提起诉讼，或者同案件处理结果有利害关系的，可以作为第三人申请参加诉讼，或者由人民法院通知参加诉讼”。

根据《政府采购质疑和投诉办法》第十条、第十三条规定，供应商认为采购文件、采购过程、中标或者成交结果使自己的权益受到损害的，可以在知道或者应知其权益受到损害之日起7个工作日内，以书面形式向采购人、采购代理机构提出质疑。采购人、采购代理机构不得拒收质疑供应商在法定质疑期内发出的质疑函，应当在收到质疑函后7个工作日内作出答复，并以书面形式通知质疑供应商和其他有关供应商。供应商可向采购人、采购代理机构提出质疑，因采购代理机构在采购人的委托范围内办理采购事宜。如果按照委托范围由采购代理机构处理质疑，则由采购代理机构作为质疑答复人，否则由采购人作为质疑答复人。

在质疑答复的实践中，有的地方存在不规范的做法：一是存在质疑答复基本由采购代理机构包办的现象，这是不符合《政府采购质疑和投诉办法》第五条规定的，应当明确采购人是负责供应商质疑答复的责任主体，采购人委托采购代理机构采购的，采购代理机构在委托授权范围内作出答复。二是采购人与采购代理机构之间相互推诿，采购代理机构认为采购文件中“资质要求、技术指标、参数、评分办法”等涉及采购需求的核心问题，都是采购人确定的，对此类内容的质疑包括采购文件中的其他内容的质疑都应由采购人答复；采购人则认为，采购文件都是采购代理机构审查的，对政府采购业务采购代理机构更专业，认为还是由采购代理机构答复更为妥当。

根据《政府采购质疑和投诉办法》第十七条、第六条规定，质疑供应商对采购人、采购代理机构的答复不满意，或者采购人、采购代理机构未在规定时间内作出答复的，可以在答复期满后15个工作日内，按照采购人所属预算级次的该级财政部门提起投诉。可见，质疑供应商如对质疑答复不满意，以自己为投诉人，以采购人、采购代理机构为被投诉人，向财政部门提起投诉。如果被投诉行为与采购人有关，质疑供应商所列被投诉人必须包括采购人。

对于采购人和采购代理机构来说，《政府采购法》第五十八条只规定投诉人不服投诉

处理决定或者财政部门逾期未作处理的而申请行政复议或者提起行政诉讼的权利，没有规定采购人或采购代理机构可以行使上述权利。《行政复议法》第六条所规定的行政复议范围前十项、《行政诉讼法》第十二条所规定的行政诉讼受案范围前十一项，显然都没有采购人或者采购代理机构可以申请行政复议、提起行政诉讼的事项，那么依据《行政复议法》第六条第（十一）项所规定的“认为行政机关的其他具体行政行为侵犯其合法权益的”，《行政诉讼法》第（十二）项所规定的“认为行政机关侵犯其他人身权、财产权等合法权益的”，能不能作为采购人或者采购代理机构申请复议、提起诉讼的范围？笔者认为，采购人进行政府采购时的采购资金来源于财政部门，即使财政部门作出责令废标、重新开展采购活动等处理决定，也未对采购人的人身权、财产权等合法权益造成任何损害，所以采购人不能依据该项规定而申请行政复议或者提起行政诉讼。如果政府采购监督管理部门在进行监督检查时，对采购人的违法行为作出行政处罚决定，如警告、罚款等行政处罚决定，那么可以依据《行政处罚法》《行政复议法》《行政诉讼法》的相关规定，向复议机关申请行政复议，向人民法院提起行政诉讼。

【案例33[1]】投诉事项与采购人行为有关，投诉人只以采购代理机构为被投诉人，财政机关应如何处理

关 键 词：采购代理机构 / 采购人 / 被投诉人不适格

案例要点：质疑供应商提起投诉应以其提交的投诉书中所列的投诉人为准，但如果投诉事项与采购人或采购代理机构的行为有关，财政部门应在收到投诉书5个工作日内，书面通知质疑供应商补正被投诉人。如果质疑供应商执意不补正或者补正后仍然不符合规定，财政部门应作出不予受理的决定。

招标、质疑、投诉情况

2015年，湖南师范大学（以下简称“湖师大”）委托湖南省华新招标咨询有限公司（以下简称“华新招标公司”）采购该校本科教务管理软件。华新招标公司发布公开招标公告后，湖南某公司及湖南省强智科技发展有限公司、联奕科技股份有限公司、湖南瑞安斯科技有限公司四家公司参与投标。2016年1月22日，湖南省政府采购网发布公开招标成交公告，推荐成交供应商为湖南省强智科技发展有限公司。

湖南某公司认为此次政府采购活动存在违法行为，于2016年1月27日向华新招标公司提出质疑，内容为湖南瑞安斯科技有限公司虚假应标及评审人员名单不合法，华新招标公司于

1 案例来源：（2016）湘0103行初32号。

2016年2月2日作出质疑答复书，对于湖南某公司针对案涉政府采购提出的质疑均未予采信。

湖南某公司于2016年2月4日向湖南省财政厅（以下简称“省财政厅”）提交政府采购投诉书，省财政厅于次日向湖南某公司发出修改补正通知书，要求其修改补正有关内容，被投诉人应增加采购人即湖师大。湖南某公司收到《投诉修改补正通知书》后，于2016年2月17日重新向省财政厅提交了《投诉书（补充文件）》，但未将湖师大列为被投诉人，因此省财政厅对湖南某公司之投诉未予受理。

原告诉求及观点

湖南某公司认为省财政厅不履行政府采购行政监督法定职责，向湖南省长沙市天心区人民法院提起行政诉讼。湖南某公司认为，省财政厅在《投诉修改补正通知书》中，要求其追加采购人湖师大为被投诉人没有法律依据，未予受理其投诉的理由不成立。如本次采购活动继续履行，可能对湖南某公司造成不利后果。请求判令：（1）请判令省财政厅受理并审查湖南某公司对该项目招投标过程和结果的投诉并作出决定；（2）请判令省财政厅通知采购人暂停采购活动。

被告答辩及观点

省财政厅认为，对湖南某公司投诉未予受理是合法合理的。采购人是政府采购投诉中的被投诉主体，且采购人湖师大与湖南某公司的投诉事项有实质性关联，但湖南某公司并未按要求将湖师大追加为被投诉人。依据《政府采购供应商投诉处理办法》等的规定，财政部门在投诉审查期间，认定投诉事项与采购人行为有关但采购人不是被投诉人的，应当要求投诉人将采购人追加为被投诉人。省财政厅在投诉审查期，依法要求湖南某公司将采购人湖师大追加为被投诉人，但湖南某公司未追加，据此对湖南某公司的投诉不予受理。省财政厅请求驳回湖南某公司的诉讼请求。

法院裁判及观点

省财政厅援引《财政部关于加强政府采购供应商投诉受理审查工作的通知》“财政部门在投诉审查期间，认定投诉事项与采购人行为有关但采购人不是被投诉人的，应当要求投诉人将采购人追加为被投诉人，并限期修改投诉书重新投诉，逾期不予受理”的规定，作为不受理湖南某公司投诉之依据。《政府采购供应商投诉处理办法》第十条规定“投诉人提起投诉应当符合下列条件：……（七）国务院财政部门规定的其他条件”。《财政部关于加强政府采购供应商投诉受理审查工作的通知》属于国务院部门制定的规范性文件，该规定与《政府采购法》《政府采购法实施条例》《政府采购供应商投诉处理办法》不相抵触。

"财政部令第18号"第四十四条、第四十五条规定，具体评标事务由招标采购单位依法组建的评标委员会负责，评标委员会由采购人代表和有关技术、经济等方面的专家组成。湖南某公司向省财政厅的投诉请求中对评审人员名单的合法性提出投诉，评标委员会的组成人员依"财政部令第18号"的规定有采购人湖师大的代表。因此，湖南某公司的投诉事项与采购人湖师大有关。省财政厅要求湖南某公司增加被投诉人，于湖南某公司投诉之事项具有适当性和必要性，于省财政厅履行政府采购监督职责之目的具有正当性。湖南某公司在指定期限内未按《投诉修改补正通知书》将符合要求的修改补正材料提交重新投诉，省财政厅不受理湖南某公司之投诉不违反政府采购相关法律法规的规定，湖南某公司的诉讼请求法院不予支持。综上，据此，依照《行政诉讼法》第六十九条之规定，判决如下：驳回湖南某公司的全部诉讼请求。

案例评析 CASE ANALYSIS

1. 投诉事项与采购人行为有关

湖南某公司的投诉事项中认为评审人员名单不合法，而依法组建的评标委员会由采购人代表和有关技术、经济等方面的专家组成。可见，评标委员会的组建、评审人员名单中的采购人代表，都与采购人存在一定的关联性。因此，投诉事项与采购人行为有关。

2. 投诉人执意不投诉采购人，财政部门可对投诉不予受理

根据《财政部关于加强政府采购供应商投诉受理审查工作的通知》规定，财政部门在投诉审查期间，认定投诉事项与采购人行为有关但采购人不是被投诉人的，应当要求投诉人将采购人追加为被投诉人，并限期修改投诉书重新投诉，逾期不予受理。根据《政府采购供应商投诉处理办法》第十一条规定，投诉书内容不符合规定的，财政部门收到投诉书后，应当在5个工作日内进行审查，告知投诉人修改后重新投诉。可见，投诉事项与采购人行为有关但采购人不是被投诉人的，财政部门可要求投诉人对投诉书修改再重新投诉，而投诉人未修改则应视为不再投诉。本案中，湖南某公司投诉的评审人员名单不合法与采购人行为有关，省财政厅从全面清晰审查的角度，要求湖南某公司增加采购人为被投诉人并修改投诉书再重新投诉并无不当，湖南某公司未补正应视为其主动放弃投诉的权利。

修改后的《政府采购质疑和投诉办法》明确规定了补正的程序及未补正的后果。该办法第二十一条规定，投诉书内容不符合该办法第十八条规定的，应当在收到投诉书5个工作日内一次性书面通知投诉人补正，补正通知应当载明需要补正的事项和合理的补正期限，未按照补正期限进行补正或者补正后仍不符合规定的，不予受理。即投诉人以采购代理机构为被投诉人提起投诉，但被投诉行为与采购人有关，财政部门可以要求投诉人补正被投诉人，而投诉人未按照规定补正或补正后不符合规定的，财政部门应作出不予受理的决定。

三、采购代理机构：采购代理人、质疑答复人、被投诉人、复议或诉讼程序中的第三人

《政府采购法》施行以来，对采购代理机构主体的规定，经过多次调整与变化，让人有点眼花缭乱。为了让读者了解这一情况，这里作一简单介绍。根据2014年8月31日修正前的《政府采购法》第十九条规定，除集中采购机构以外，采购代理机构由财政部或者省级财政部门认定。根据2006年3月1日起施行的《政府采购代理机构资格认定办法》（财政部令第31号）第六条规定，认定政府采购代理机构资格分为审批资格和确认资格两种方式。根据2010年12月1日起施行的《政府采购代理机构资格认定办法》（财政部令第61号）规定，采购代理机构资格分为甲级资格和乙级资格，取得甲级资格的采购代理机构可以代理所有政府采购项目，取得乙级资格的采购代理机构只能代理单项政府采购项目预算金额在1000万元人民币以下的政府采购项目，甲级资格的认定工作由财政部负责，乙级资格的认定工作由申请人工商注册所在地的省级财政部门负责。2014年8月31日修正后的《政府采购法》第十九条，删除了有关"认定资格的采购代理机构"的规定。自2014年8月31日起，取消财政部及省级财政部门负责实施的采购代理机构资格认定行政许可事项。自2015年1月1日起，凡有意从事政府采购业务的代理机构可以在中国政府采购网（www.ccgp.gov.cn）或其工商注册所在地省级分网站进行网上登记。2018年1月4日，财政部印发《政府采购代理机构管理暂行办法》（财库〔2018〕2号）。为确保该办法顺利施行，财政部办公厅于2018年2月13日发出《关于做好政府采购代理机构名录登记有关工作的通知》（财办库〔2018〕28号），规定，2018年3月1日起，财政部不再办理政府采购代理机构（以下简称"代理机构"）名录登记事宜，由各省级财政部门按照《办法》要求做好新增代理机构名录登记工作。此前已通过中国政府采购网中央主网（以下简称"中央主网"）进行网上登记的代理机构，名录管理权限将于3月1日调整至其工商注册地省级财政部门。

采购代理机构作为采购人从事政府采购的委托代理人，其主体地位与采购人相似，唯一区别即采购人是采购主体，而采购代理机构是采购代理人。根据《政府采购法》第十六条、第十九条的规定，集中采购机构为采购代理机构。设区的市、自治州以上人民政府根据本级政府采购项目组织集中采购的需要设立集中采购机构。

集中采购机构是非营利事业法人，根据采购人的委托办理采购事宜。采购人可以委托集中采购机构以外的采购代理机构，在委托的范围内办理政府采购事宜。采购代理机构分为集中采购机构和一般采购代理机构，但皆受采购人委托，在委托范围内办理政府采购事务。鉴于采购代理机构受委托办理采购事务，其参与采购活动及后续质疑、投诉活动中的主体资格，应根据委托范围及相关事项是否与其有关进行确定。

根据《政府采购质疑和投诉办法》第十条、第十三条的规定，供应商认为采购文件、采购过程、中标或者成交结果使自己的权益受到损害的，可以在知道或者应知其权益受到损害之日起7个工作日内，以书面形式向采购人、采购代理机构提出质疑。采购人、采购代理机构不得拒收质疑供应商在法定质疑期内发出的质疑函，应当在收到质疑函后7个工作日内作出答复，并以书面形式通知质疑供应商和其他有关供应商。供应商可向采购人、采购代理机构提出质疑，因采购代理机构在采购人的委托范围内办理采购事宜。如果供应商质疑的事项按照委托范围应由采购代理机构处理，则应由采购代理机构作为质疑答复人。

根据《政府采购质疑和投诉办法》第十七条规定，质疑供应商对采购人、采购代理机构的答复不满意，或者采购人、采购代理机构未在规定时间内作出答复的，可以在答复期满后15个工作日内向该办法第六条规定的财政部门提起投诉。质疑供应商如对质疑答复不满意，可以采购人、采购代理机构为被投诉人向财政部门提起投诉，但在被投诉行为与采购代理机构有关的情况下，质疑供应商所列被投诉人必须包括采购代理机构。

对采购代理机构的主体资格问题，有两个问题争议较大：

（一）采购代理机构对投诉处理决定不服，能否成为行政复议申请人、行政诉讼原告

依据《政府采购法》第五十八条规定："投诉人对政府采购监督管理部门的投诉处理决定不服或者政府采购监督管理部门逾期未作处理的，可以依法申请行政复议或者向人民法院提起行政诉讼。"仅赋予了投诉人对投诉处理决定申请复议、提起诉讼的权利。

依据《行政复议法》第二条"公民、法人或者其他组织认为具体行政行为侵犯其合法权益，向行政机关提出行政复议申请，行政机关受理行政复议申请、作出行政复议决定，适用本法。"提起行政复议的主体应为因具体行政行为权益受损的公民、法人或者组织。依据《行政诉讼法》第二十五条"行政行为的相对人以及其他与行政行为有利害关系的公民、法人或者其他组织，有权提起诉讼"。提起行政诉讼的主体应是行政行为的相对人或者利害关系人。本节前面已经论述了采购人不能对政府采购投诉处理决定申请复议、提起诉讼，因为采购人的资金来源于财政部门，投诉处理决定行为不可能侵犯采购人的合法权益。采购代理机构与采购人为委托关系，采购代理机构的权利来源于采购人，所以采购代理机构亦不具备针对投诉处理决定申请复议及提起行政诉讼的权利。

【案例34[1]】采购代理机构对投诉处理决定不服，能作为原告起诉财政部门吗

关 键 词：采购代理机构/原告/起诉财政部门

案例要点：法律仅赋予投诉人对投诉处理决定不服提起行政诉讼的权利，采购代理机

1 案例来源：（2018）黔0423行初9号。

构不具有对投诉处理决定提起行政诉讼的主体资格。

原告诉求及观点

贵州某招标有限公司（以下简称“招标公司”）以安顺市西秀区财政局（以下简称“西秀区财政局”）为被告，向贵州省镇宁布依族苗族自治县人民法院提起诉讼称，安顺市西秀区北街办事处（以下简称“北街办事处”）委托招标公司对征收代办及拆除清运服务进行国内公开招标采购。该项目于2017年9月18日开标、评标，贵州安顺景秀房屋征收咨询有限公司为A、B包第一中标候选人。

招标公司认为，西秀区财政局在政府采购投诉决定书中认为招标公司没有依法推荐中标候选人，擅自改变评审结果于法无据，招标公司的业务活动都是合法合规并得到西秀区财政局及北街办事处的同意而作出。西秀区财政局在作出上述决定书后并没有将结果告知招标公司，更没有将相应的起诉期限及权利告知招标公司，西秀区财政局作出的决定书中记载的起诉期限及起诉法院错误，程序违法。请求法院依法判决撤销西秀区财政局于2017年12月25日作出的政府采购投诉处理决定书。

被告答辩及观点

西秀区财政局辩称：招标公司不具备作为原告的诉讼主体资格。《政府采购法》第五十八条规定：投诉人对政府采购监督管理部门的投诉处理决定不服或者政府采购监督管理部门逾期未作处理的，可以依法申请行政复议或者向人民法院提起行政诉讼。本案中，招标公司作为采购代理机构，不具备提起行政诉讼的主体资格，请求法院驳回招标公司的起诉。

法院裁判及观点

法院认为，《行政诉讼法》第二十五条第一款规定，行政行为的相对人以及其他与行政行为有利害关系的公民、法人或者其他组织，有权提起诉讼。《最高人民法院关于适用〈中华人民共和国行政诉讼法〉的解释》第十二条第（五）项规定，为维护自身合法权益向行政机关投诉，具有处理投诉职责的行政机关作出或未作出处理的，属于行政诉讼法第二十五条第一款规定的“与行政行为有利害关系”。

本案被诉行政行为系西秀区财政局于2017年12月25日针对贵州嘉联华管理咨询有限公司投诉招标公司所作出的政府采购投诉处理决定。《政府采购法》第五十八条规定，投诉人对政府采购监督管理部门的投诉处理决定不服或者政府采购监督管理部门逾期未作处理的，可以依法申请行政复议或者向人民法院提起行政诉讼。按照上述法律规定，对于法律上利害关系的判断，应从行政机关作出行政行为所应适用的行政实体法律规范是否要求行政机关在作出行政行为时考虑、尊重和保护行政相对人或利害关系人的权益来判断。

本案中，招标公司接受安顺北街办事处委托对“西秀区2017年城市棚户区改造征收代办及拆除清运服务”项目进行招标采购。招标公司按照委托协议代表了北街办事处开展招标采购事宜，招标公司作为政府采购代理机构与本案被诉行政行为并无利害关系，不符合法定起诉条件。《最高人民法院关于适用〈中华人民共和国行政诉讼法〉的解释》第六十九条第一款第（一）项规定，不符合行政诉讼法第四十九条规定的，已经立案的，应当裁定驳回起诉。据此，法院裁定驳回招标公司的起诉。

案例评析 CASE ANALYSIS

1. 法律只赋予了投诉人针对投诉处理决定提起行政诉讼的主体资格

一是从《行政诉讼法》规定看，《行政诉讼法》第十二条所规定的行政诉讼受案范围，第一款前十一项受案范围中无采购代理机构能提起诉讼的相应范围，第一款第（十二）项兜底条款明确，行政行为只有侵犯其他人身权、财产权等合法权益才属于行政诉讼的受案范围。第二款规定受理法律、法规规定可以提起诉讼的其他行政案件。

二是从《政府采购法》的角度看，该法第五十八条规定，投诉人对政府采购监督管理部门的投诉处理决定不服或者政府采购监督管理部门逾期未作处理的，可以依法申请行政复议或者向人民法院提起行政诉讼。可见，《政府采购法》只赋予了投诉人针对投诉处理决定提起行政诉讼的主体资格。

2. 采购代理机构对投诉处理决定不服不能起诉财政机关

本案中，《投诉处理决定》认定招标公司在采购活动中存在违法行为，责令重新开展采购活动。因招标公司受采购人委托开展政府采购活动，其权利义务皆来自采购人，投诉处理决定与无直接的利害关系，不具有提起诉讼的主体资格。因此，重新开展采购活动的处理结果并不会直接影响招标公司的权益，即使确认存在违法行为，如后续有行政处罚，招标公司应直接对行政处罚提起诉讼，而不能对投诉处理决定起诉财政机关。

（二）采购代理机构能否成为政府采购行政复议的被申请人、行政诉讼的被告

根据《政府采购法》第十八条、第十九条规定，采购人采购纳入集中采购目录的政府采购项目，必须委托集中采购机构代理采购；采购未纳入集中采购目录的政府采购项目，既可以自行采购，也可以委托集中采购机构在委托的范围内代理采购。采购人还可以委托集中采购机构以外的采购代理机构，在委托的范围内办理政府采购事宜。采购代理机构受采购人委托在委托范围内办理政府采购事宜，委托范围包括开展采购活动、质疑答复，等等。

根据《政府采购法》第五十五条的规定，质疑供应商对采购人、采购代理机构的答复不满意或者采购人、采购代理机构未在规定的时间内作出答复的，可以在答复期满后十五

个工作日内向同级政府采购监督管理部门投诉。在此情形下，采购代理机构可以成为被投诉人。因此,对采购代理机构的质疑答复不满意不能直接申请复议或者提起诉讼。根据《政府采购法》第五十八条的规定，投诉人对政府采购监督管理部门的投诉处理决定不服或者政府采购监督管理部门逾期未作处理的，可以依法申请行政复议或者向人民法院提起行政诉讼。此时被申请行政复议或者被提起诉讼的行政行为，是具有政府采购监督管理职责的财政部门所作出，而非采购人或者采购代理机构所作出，因此他们都不能成为行政复议的被申请人、行政诉讼的被告，但可以成为第三人。

【案例 35[1]】采购代理机构收到质疑后取消中标结果，能被中标人作为被告起诉吗

关 键 词：采购代理机构 / 被告

案例要点：采购代理机构取消中标结果的行为并非可诉行政行为，供应商不能对该行为直接提起行政诉讼。在采购代理机构取消中标结果，而中标人并非质疑供应商的前提下，中标人应另行对采购活动提出质疑、投诉，以维护自己的合法权益，提起诉讼时的适格被告不应是采购代理机构，而是作出投诉处理决定的行政机关。

招标、质疑、投诉情况

舒城县人民法院审判综合楼物业管理服务项目（以下简称“该项目”）委托舒城县招投标中心进行政府集中采购招标。2016 年 1 月 26 日舒城县政府招投标局网上公示安徽某公司为中标单位。2016 年 1 月 27 日，舒城县招投标中心收到相关其他单位的书面质疑函，对评标结果进行复审。2016 年 2 月 3 日，舒城县招投标中心在网上以项目评标专家存在未按招标文件规定评分、评分分值统计错误，导致中标结果有误，宣布项目重新招标，同时将质疑答复情况告知安徽某公司。

原告诉求及观点

安徽某公司诉称,2016年 1 月 26 日安徽某公司参加该项目的招投标,以 92 分高分中标。2016 年 2 月 3 日，舒城县招投标中心告知称，由于相关投标人提出异议，经复审发现项目专家委员会存在违规打分，评分分值统计错误，故此项目重新招标。安徽某公司认为本次招标是公开透明的，符合法定程序，舒城招投标局行政行为随意，请求法院撤销舒城招投标局认定该项目流标的行政行为。

---

1 案例来源：（2016）皖 1503 行初 12 号。

被告答辩及观点

舒城招投标局辩称，(1)舒城招投标局在本次招投标过程中没有作出任何具体行政行为，不存在撤销的问题。舒城招投标局一直没有收到安徽某公司提出投诉。(2)舒城招投标局履行的是监督检查政府采购机构职责，只有通过投诉或质疑等方法对招投标中心的政府性采购项目予以检查监督。请求驳回安徽某公司的起诉。

舒城县招投标中心辩称，(1)舒城县招投标中心是县统一的招投标交易平台，是服务主体不是行政管理机关，不是本案适格被告。(2)舒城县招投标中心在本起案件中从事委托采购事项，没有超出职责范围。(3)本次招投标过程中，安徽某公司是潜在中标人，在公示期间其他供应商提出质疑，舒城县招投标中心发现评分分值统计错误，导致中标结果错误，依法通知安徽某公司，同时向政府监督部门报告。综上，舒城县招投标中心不是行政被告，请求驳回安徽某公司的起诉。

法院裁判及观点

法院认为，两被告都是依法成立的独立法人单位。舒城县招投标中心是自收自支的事业法人单位，从事招投标交易备案、咨询、服务的职能，是采购代理机构，不是行政案件被告。舒城招投标局是政府采购监督管理部门，具有行政管理职责。根据《政府采购法》第五十五条、第五十六条的规定，安徽某公司对招投标答复不满应当向舒城招投标局投诉，由舒城招投标局在三十日内作出处理决定。该行政行为是依申请作为前提。综上，裁定驳回原告安徽某公司的起诉。

案例评析　CASE ANALYSIS

1. 原中标人对采购代理机构取消中标结果，未经质疑、投诉则不能起诉

本案中，舒城县招投标中心取消中标结果并重新开展采购活动。中标人安徽某公司并非质疑供应商，不具有对质疑答复投诉的主体资格，更没有提起行政诉讼的主体资格。况且舒城县招投标中心对其他供应商质疑进行答复，并非依据行政管理职权作出的行政行为，不属于行政诉讼的受案范围。因此，原中标人不能以采购代理机构为被告对质疑答复提起行政诉讼。

2. 原中标人应先对取消中标结果提出质疑、投诉后，才能起诉

在采购代理机构取消中标结果后，原中标人如认为使自己的合法权益受到损害，应先以供应商身份对本次采购活动提出质疑；待收到质疑答复后再视是否满意，决定投诉与否；对投诉处理决定是否不服，再决定是否以政府采购监督管理部门为被申请人或者被告，申请行政复议或者提起行政诉讼。

第二节 监督管理部门

根据《政府采购法》第十三条规定 ：“各级人民政府财政部门是负责政府采购监督管理的部门，依法履行对政府采购活动的监督管理职责。各级人民政府其他有关部门依法履行与政府采购活动有关的监督管理职责。”财政部门是负责政府采购监督管理的部门，其他部门履行相关的监督管理职责，包括审计机关对采购资金预算执行情况的监督，监察机关对采购活动中的国家机关、行政人员的监督等。

一、财政部门的角色 ：投诉处理人、监督检查人、行政复议被申请人、行政诉讼被告

财政部门作为政府采购活动的监管部门，在政府采购立法、执法等过程中担任不同的角色，贯穿于政府采购活动的始终，包括不限于 ：拟定政府采购法律法规草案、制定政府采购政策和规章、批准政府采购的采购方式、政府采购合同备案、处理政府采购投诉、加强政府采购活动监督检查等，在行政复议程序中担任被申请人的角色，在行政诉讼程序中担任被告的角色。经过行政复议的案件，应当按照《行政诉讼法》第二十六条，根据不同情况分别确定被告。

对财政部门在政府采购活动中的角色，法律规定是明确的，本不应发生争议。但由于行政机构几次改革，少数地方将政府采购监督管理的职责指定给其他行政部门。财政部门工作任务繁重，政府采购的监督管理是一件“吃力不讨好”的活儿，而接受政府采购的监督管理职能的其他行政部门一般都是新设机构，或者是采购人的主管部门，对该职能的行使也乐此不疲，几家单位相安无事。但从法律规定看，就隐藏着法律风险，容易产生争议。

（一）政府采购投诉由招标投标活动监督部门处理的争议

根据《招标投标法实施条例》第四条第二款规定，县级以上地方人民政府发展改革部门指导和协调本行政区域的招标投标工作。县级以上地方人民政府有关部门按照规定的职责分工，对招标投标活动实施监督，依法查处招标投标活动中的违法行为。县级以上地方人民政府对其所属部门有关招标投标活动的监督职责分工另有规定的，从其规定。如政府采购项目是采用招标方式采购建设工程或者与工程不可分割的组成部分，且为实现工程基本功能所必需的设备、材料，或为完成工程所需的勘察、设计、监理等服务，应适用《招标投标法》及其实施条例。而招投标活动的监督管理部门，由县级以上人民政府有关部门

按照职责分工实施监督，同时县级以上人民政府有权对监督职责进行划分。除此之外的政府采购项目，一律适用《政府采购法》及相关法规，监督管理部门则为各级人民政府财政部门。但是，有的县级以上地方人民政府根据《招标投标法实施条例》第四条第二款规定，对其所属部门有关招标投标活动的监督职责分工进行规定时，也一并将当地对政府采购的监督管理职能划归其他行政部门。

【案例36[1]】地方政府规定招标投标监督部门对政府采购项目招投标活动，行使监督管理职能，是否合法

关 键 词：招标投标监管部门/政府采购监管部门/地方政府规定分工

案例要点：县级以上地方人民政府有权就适用《招标投标法》及相关法规的招标投标活动的监督管理部门及部门职权进行划分。但适用《政府采购法》及相关法规的政府采购项目，法律明确规定监督管理部门为各级财政部门，任何下位法等规范性文件皆不可随意变更。

招标、质疑、投诉情况

某市公安局印章业管理信息系统建设项目开标，杭州某公司被评标委员会推荐为第一中标候选人。戈德天玺（天津）科技有限公司（以下简称“戈德天玺公司”）向招标人某市公安局提出质疑。同日，某市公安局向市集中招投标交易中心发出对该质疑函的意见，认为杭州某公司没有响应本次招标文件的要求。3月18日，市集中招投标交易中心组织专家对该质疑进行复审，复审结论为维持原评审意见。

戈德天玺公司不服，于3月25日向某市招投标监督管理局（以下简称“某市招投标局”）提出投诉。2016年4月14日，某市招投标局作出监督处理意见，认定该项目招标文件中指定品牌，具有明显倾向性，违反“财政部令第18号”第六条规定，根据《政府采购供应商投诉处理办法》第十八条第二款的规定，采购活动已完成，尚未签订政府采购合同，应重新开展采购活动；杭州某公司投标时提供的身份证读卡器、高拍仪不能满足招标文件的品牌要求，应否决其投标，杭州某公司投标否决后，该项目招标采购中对招标文件作出实质响应的供应商不足三家，根据《政府采购法》第三十六条第一款规定，该项目应予废标，重新招标。

1 案例来源：（2016）皖1202行初71号。

原告诉求及观点

杭州某公司不服，向法院提起行政诉讼。杭州某公司认为，(1)某市招投标局超越职权，根据《政府采购法》及相关法规规定，各级人民政府财政部门是负责政府采购监督管理部门，依法履行对政府采购活动的监督管理职责；(2)某市招投标局作出的监督处理意见证据不足，某市招投标局认定本公司在投标文件中提供的身份证读卡器、高拍仪不能满足招标文件的品牌要求，缺乏证据，是某市招投标局对投标文件的误读；某市招投标局认定该项目建设投标文件指定品牌，本公司完全赞同，既然招标文件指定品牌违法，本公司不按照招标文件要求而选用其他品牌产品是合理合法的，某市招投标局将招标书中对读卡器及高拍仪的品牌要求来确认本公司所采用的品牌不符合要求，属逻辑错误；(3)某市招投标局未给予本公司陈述、申辩的权利，程序违法且适用法律错误。请求撤销某市招投标局作出的监督处理意见。

被告答辩及观点

某市招投标局辩称：2012年市人民政府发布了《招标采购监督管理暂行办法》第四条规定，市招投标监督管理局负责集中招投标活动的监督管理。第五条第（二）项规定，市有关行政部门对市财政部门负责的政府采购项目招投标活动过程中的监督管理职能，由市招投标监督管理局集中行使，因此，某市招投标局具有作出监督决定的主体资格。该局作出的处理决定认定事实清楚，依据《政府采购法》及《政府采购供应商投诉处理办法》的规定，认定本次招投标活动违法并作出监督处理意见，适用法律正确。

法院裁判及观点

法院认为，《招投标法实施条例》第四条第二款规定，县级以上人民政府发展改革部门指导和协调本行政区域的招投标工作。县级以上地方人民政府有关部门按照规定的职责分工，对招投标活动实施监督，依法查处招投标活动中的违法行为。县级以上人民政府对其所属部门有关招投标活动的监督职责分工另有规定的，从其规定；该市《招标采购监督管理暂行办法》第四条规定，市招投标监督管理局负责集中招投标活动的监督管理。第五条第（二）项规定，市有关行政部门对市财政部门负责的政府采购项目招投标活动过程中的监督管理职能，由市招投标监督管理局集中行使。

据此，某市招投标局具有对政府采购项目招投标活动监督管理的法定职权。某市招投标局提举的证据能够证明某市公安局印章业管理信息系统建设项目招标文件指定品牌，违反法律、法规的事实，作出的监督处理意见证据确凿，适用法律、法规正确，不违反法定程序。综上，杭州某公司诉讼请求不能成立，法院判决驳回杭州某公司的诉讼请求。

案例评析

CASE ANALYSIS

1. 地方政府规定招标投标监督部门对政府采购项目招投标活动行使监督管理职能，是否合法

根据《政府采购法实施条例》第七条规定，政府采购工程以及与工程建设有关的货物、服务，采用招标方式采购的，适用《招标投标法》及其实施条例；采用其他方式采购的，适用政府采购法及本条例。即只有采用招标方式采购工程或者与工程有关的货物、服务才适用《招标投标法》及其实施条例。本案中，采购项目为某市公安局印章业管理信息系统建设项目，管理信息系统建设为服务项目并非是工程建设项目。因此，依据《招标投标法实施条例》确定某市招投标局为监督管理部门是不符合法律规定的。

2. 政府采购监督管理的职责只能由财政部门履行

《政府采购法》第十三条明确规定了财政部门是负责政府采购监督管理的部门。本案中，地方政府规定招标投标监督部门对市财政部门负责的政府采购项目招投标活动过程中的监督管理职能，由市招投标监督管理局集中行使。因法律并未赋予地方政府划分政府采购监督管理的职权，因此该市《招标采购监督管理暂行办法》违反了上位法规定，是不合法的。因此，本案政府采购项目的监督管理部门只能是财政部门，本案法院的判决值得商榷。

（二）将政府采购投诉由公共资源交易监督管理部门处理的争议

有的地方人民代表大会及其常务委员会所制定的地方性法规，将对政府采购监督管理职权划分给公共资源交易管理部门。笔者认为，《政府采购法》是全国人民代表大会制定的法律，地方人民代表大会及其常务委员会制定的地方性法规不能违反法律规定。

【案例37[1]】将政府采购纳入公共资源交易，由公共资源交易监督管理部门进行监管，是否合法

关 键 词：公共资源交易监管部门/政府采购监管部门/地方性法规

案例要点：以招标方式采购建设工程或与建设工程有关的货物、服务以外的政府采购项目，由财政部门履行监督管理职责，地方性法规也无权改变。虽然政府采购属于公共资源交易范围，但仍由财政部门负有法定监督管理职责，由公共资源监督管理部门行使属于超越职权的行为。

招标、质疑、投诉情况

2014年2月12日，某公共资源交易中心采购部受某市财政局的委托，对某市“医疗

1 案例来源：（2014）庐行初字第00055号。

收费票据定点印刷”项目(以下简称“该项目”)进行国内公开招标。安徽某印务有限公司(以下简称“某印务公司”)等六个印刷单位参与了该项目投标。2014年3月7日，该项目评标委员会作出评标报告，认为某印务公司提供的业绩证明材料中，省、市财政或税务部门下达的票据印制通知和印刷费付款证明不对应，经现场询标，评标委员会认定其印制通知和印刷费付款证明不符合招标文件要求，初审不通过。2014年3月11日至19日，某公共资源交易中心根据评标委员会推荐的中标候选人名单及排序进行中标公示。

2014年3月11日，某印务公司向某公共资源交易中心提出质疑，认为招标文件并无票据印制通知书应与付款证明相对应的要求，其完全按照招标文件的要求提供了业绩证明材料复印件。2014年3月19日，某公共资源交易中心召集原评审小组对质疑内容进行复议，维持原评审结论。同日，某公共资源交易中心根据复议结论对某印务公司作出质疑回复。2014年3月20日，某印务公司向某市公共资源交易监督管理局(以下简称“市公共资源交易监管局”)提出书面投诉，市公共资源交易监管局于2014年4月11日作出投诉处理决定，驳回某印务公司的投诉。

原告诉求及观点

某印务公司不服市公共资源交易管理局作出的投诉处理决定一案，于2014年7月10日向某区人民法院提起行政诉讼。某印务公司认为，按照招标文件要求，某印务公司提供了财政部门下达的票据印刷通知书和用票单位的印刷费付款证明等相关材料，用以证明某印务公司投标符合招标文件的要求。该项目评标委员会在评标过程中，对某印务公司提供的业绩材料不予认定，认为某印务公司未提供有效的业绩证明材料，否决了某印务公司的投标结果。某印务公司认为其投标文件完全符合招标文件的要求，市公共资源交易监管局作出的投诉处理决定违背事实，损害了某印务公司的合法权益，请求判决撤销该投诉处理决定。

被告答辩及观点

市公共资源交易监管局辩称：(1)某印务公司认为其投标文件符合招标文件要求、某公共资源交易中心认定事实错误的诉请理由不能成立。(2)市公共资源交易监管局作出的投诉处理决定于法有据、程序合法。第一，市公共资源交易监管局依据《市公共资源交易管理条例》第六条的规定，对公共资源交易实施监督管理，受理公共资源交易投诉，依法查处公共资源交易中的违法行为。第二，投诉项目评标委员会的组成符合《政府采购货物和服务招标投标管理办法》(财政部令第18号)第四十五条、第四十六条要求，可以依据《政府采购货物和服务招标投标管理办法》(财政部令第18号)第四十四条规定独立履行职责。故市公共资源交易监管局作出驳回某印务公司投诉的处理决定，符合法律规定。请求驳回某印务公司的诉讼请求。

法院裁判及观点

法院认为：市公共资源交易监管局作为公共资源交易监督管理机构，依法享有对公共资源交易进行监督管理、受理公共资源交易投诉、依法查处公共资源交易中违法行为的法定职权。市公共资源交易监管局受理某印务公司的投诉后，调取了本案所涉项目的招标文件、某印务公司的投标文件、评标委员会的评标报告及相关资料，针对某印务公司的投诉进行审查，并在法定期限内作出处理决定，符合法定程序。本案所涉项目评标委员会认定某印务公司提供的业绩证明材料不符合招标文件的要求而否决其投标的有效性，为此，某印务公司提出质疑、投诉和行政诉讼，而根据《招标投标法》第四十条以及《政府采购货物和服务招投标管理办法》（财政部令第18号）第四十四条、第五十八条规定，评标事务由招标采购单位依法组建的评标委员会负责，任何单位和个人不得非法干预、影响评标办法的确定以及评标过程和结果，招标人只能根据评标委员会的评标报告和推荐的中标候选人确定中标人，故某公共资源交易中心根据评标委员会推荐的中标候选人名单及排序进行中标公示符合法律规定。

市公共资源交易监管局根据评标委员会的评标报告和复核结论作出驳回某印务公司投诉的处理决定具有事实依据。综上，某印务公司请求撤销该投诉处理决定，理由不能成立。依照《行政诉讼法》第五十四条第（一）项之规定，判决如下：维持市公共资源交易监管局作出的投诉处理决定。

案例评析

CASE ANALYSIS

1. 本案应适用《政府采购法》

根据《政府采购法实施条例》第七条规定，政府采购工程以及与工程建设有关的货物、服务，采用招标方式采购的，适用《招标投标法》及其实施条例；采用其他方式采购的，适用政府采购法及本条例。本案采购项目为某市医疗收费票据定点印刷，显然并非工程项目。因此，仍应适用《政府采购法》及其相关法规。

2. 政府采购是否属于公共资源交易类型

公共资源是指国家机关、事业单位、国有控股企业（集团）及授权组织所拥有或者管理的，具有公有性、公益性的资源。政府采购作为各级国家机关、事业单位和团体组织，使用财政性资金采购货物、工程和服务的行为，则属于公共资源交易的范畴。除此之外还包括建设、交通、水利工程，土地、矿业交易，药品耗材采购等。

3. 政府采购由公共资源交易监督管理部门进行监管，是否合法

《政府采购法》第十三条明确规定财政部门为法定的政府采购监督管理部门，虽然政府采购属于公共资源交易，但政府采购由法律规定了其特有的采购程序和监管部门，形成了质疑、投诉等特有的救济途径。因此，将市公共资源交易监管局作为政府采购的监督管理部门，显然是不合法的。本案判决未适用《政府采购法》的相关规定，是值得商榷的。

（三）行业主管部门处理政府采购投诉的争议

对适用《政府采购法》采购的项目，采购人的行业主管部门并无处理政府采购投诉的法定职权。但对于采购工程，因其特殊性、专业性、复杂性，根据法律规定应适用《招标投标法》及相关行业的管理法规，此时相应的行业主管部门依据职权划分可处理相关争议。

【案例38[1]】卫生监督管理部门对医院进行政府采购的项目进行投诉处理，是否合法

关 键 词：卫生监管部门/政府采购监管部门/医疗设备采购

案例要点：县级及县级以上人民政府、国有企业等举办的非营利性医疗机构采购药品、医用耗材应参加药品耗材集中采购工作，适用特殊的采购体系。此时卫生、药品等行业主管部门对采购活动具有监督管理的职权。而对于事业单位性质的医院使用财政性资金采购医疗设备、服务等行为，仍应适用《政府采购法》及其实施条例，财政部门作为监督管理部门具有处理投诉的职权，行业主管部门并无职权处理投诉。

招标、质疑、投诉情况

2017年3月31日，某市人民医院委托山东招标股份有限公司（以下简称“山招公司”）对激光坐浴机及经颅磁刺激仪采购项目（以下简称“该项目”）进行招标，确定潍坊鑫灏源医疗器械有限公司为中标人，中标产品为深圳英智科技有限公司生产的脉冲磁场刺激仪。济南某公司对中标产品的参数及功能提出质疑。山招公司作出回复，认为中标产品技术参数实质性响应招标文件的要求，且评标委员会的评分无计算错误。济南某公司对该回复不予认可，向某市卫生和计划生育局（以下简称“市卫计局”）提出投诉。市卫计局于2017年6月1日作出《投诉处理决定书》，认定投诉人提出的5项质疑问题，其技术参数及功能均符合招标文件要求，根据《政府采购法》第五十六条和《政府采购供应商投诉处理办法》第十七条第（二）项之规定，驳回投诉人的投诉。

1 案例来源：（2017）鲁0781行初64号。

原告诉求及观点

济南某公司对投诉处理决定不服，向山东省某市人民法院提起诉讼。济南某公司认为，山招公司的回复避重就轻、答非所问，本公司于2017年4月28日向市卫计局提出投诉，要求其对中标产品注册证、注册变更文件及附页、完整检验报告进行核查，以及核实中标单位是否存在虚假应标行为。市卫计局于2017年6月1日作出的投诉处理决定书中，仅仅依据中标产品厂家自行编制发布的注册产品标准即认定中标产品的技术参数及功能均符合招标文件要求，对于招标文件要求需具备的医疗器械注册证（含附表）等并未核查。综上，请求撤销市卫计局作出的投诉处理决定书，并限期重新作出处理决定。

被告答辩及观点

市卫计局辩称：（1）答辩人依法受理济南某公司的投诉申请并作出书面处理决定书，程序合法。（2）济南某公司的投诉内容缺乏依据，答辩人驳回投诉的决定事实充分，适用法律正确。请求法院依法驳回济南某公司的诉讼请求。

法院裁判及观点

法院认为，本案争议的焦点是，市卫计局作出投诉处理决定的依据是否充分。济南某公司认为，市卫计局认定中标产品参数符合招标文件要求的主要依据是专家论证意见，但专家论证意见不能作为其作出行政行为的依据。《政府采购供应商投诉处理办法》第十四条规定："财政部门处理投诉事项原则上采取书面审查的办法。财政部门认为有必要时，可以进行调查取证，也可以组织投诉人和被投诉人当面进行质证。"本案中市卫计局组织专家对投诉事项论证，系上述程序中的调查取证行为，被告根据专家论证意见作出行政处理决定，证据确实、充分。

济南某公司关于专家论证意见依据的《YZB/粤1300-2014》标准在医疗器械注册证中没有显示，注册证仅有首页检验合格的内容但没有完整检验报告的主张，法院经审理认为，《行政诉讼法》第六条规定："人民法院审理行政案件，对行政行为是否合法进行审查。"本案行政处理决定依据专家论证意见作出，并非直接以《YZB/粤1300-2014》标准以及检验报告为依据作出，因此被告并无必须提供完整检验报告的举证责任。专家论证意见涉及特定行业专业知识，济南某公司如果对处理决定依据的该专家论证意见有异议，应通过其他渠道寻求救济。

综上所述，济南某公司的诉讼请求缺乏事实和法律依据，法院不予支持。依照《行政诉讼法》第六十九条之规定，判决如下：驳回济南某公司的诉讼请求。

案例评析 CASE ANALYSIS

1. 医疗设备采购应适用《政府采购法》

本案项目为某市人民医院对激光坐浴机及经颅磁刺激仪进行采购，属于医院采购医疗设备。非营利性医疗机构使用财政性资金进行采购适用《政府采购法》及其实施条例。除此之外营利性机构、使用自筹资金、自有资金等情形的应适用《招标投标法》及其实施条例。根据上述案例资料可看出，该项目适用的是政府采购程序。

2. 市卫计局不能对政府采购的项目进行投诉处理

市卫计局作为行业主管部门并非是政府采购监督管理部门，不具有处理政府采购投诉的职权，该职权应由财政部门来行使。本案中，市卫计局直接处理政府采购投诉，是不符合法律规定，本案法院判决值得商榷。

（四）财政部门委托其他部门行使政府采购监督管理职责的争议

有关行政委托的规定零散分布在《行政许可法》第二十四条、《行政处罚法》第十八条、《行政强制法》第十七条、《国家赔偿法》第七条中。行政委托为行政机关在其法定职权内委托其他行政机关、事业单位实施行政行为，受委托者以委托机关的名义实施行政行为，并由委托机关承担法律责任。由于目前我国法律对行政委托缺乏系统的规定，对于行政职权在何种情况下可以进行委托依然存在不同的争议。根据最高人民法院（2017）最高法行申 2289 号判决："行政权力可以委托，如果没有法律、法规的禁止性规定，也没有专业性方面的特殊要求，行政机关可以将某一事项的一部或全部委托给其他行政机关、下级行政机关乃至私人组织具体实施。涉及国家重大利益以及涉及公民重要权利的领域以外的具有给付、服务性质的行政行为，尤其是以协商协议方式实施的行为，更是如此。"即行政职权除了禁止性规定和专业性要求都可以委托。参照目前已有的法律规定和"法无授权不可为"的行政法理论，有的人认为行政委托要依据法律、法规、规章的规定，在确有必要的情况下才可以委托，并非任何行政职权都可以委托。正是因为争议较大，实践中存在大量不规范的行政委托行为，因此如果规范此行为是依法行政要解决的问题之一。

【案例 39[1]】财政局将政府采购监督管理委托给公共资源交易监督管理局，两家共同作出行政处罚，是否合法

关 键 词：行政委托 / 行政处罚权 / 受委托方行文盖章

1 案例来源：（2016）皖 1002 行初 38 号。

案例要点：各级人民政府财政部门可以依照法律、法规或规章的规定委托其他部门行使法定职权，但行政委托行为并不是转嫁责任的行为，委托行为的责任主体仍为委托机关。因此，如果财政部门委托其他机关行使监管职能时，仍应加强监管，保证依法办事，同时，要明确委托的范围，以防超越职权。

行政处罚情况

2014年5月30日和2015年12月30日，某市财政局（以下简称“市财政局”）和某市公共资源交易监督管理局（以下简称“市交易监管局”）分别签订了政府采购行政执法委托协议书，委托执法范围均为某市行政区域内政府采购日常监督管理工作以及投诉违法违规行为调查处理，委托执法权限均为检查权、违法行为制止权、提请行政处罚权。

某市江心洲等广场物业管理服务项目（二次）评审过程中，评委向市交易监管局反映某物管公司标书涉嫌作假。市交易监管局、市财政局作出公共资源交易行政处罚决定书，决定对某物管公司处项目采购金额千分之五的罚款4473.75元，列入不良行为记录名单，禁止三个月内参加在某市公共资源交易中心进行的政府采购活动，并于2016年1月6日向某物管公司送达。在该处罚决定书的落款处，市交易监管局、市财政局均加盖了单位印章。

原告诉求

某物管公司不服被告市交易监管局、市财政局作出的公共资源交易行政处罚决定书，向某区人民法院提起诉讼。请求撤销市交易监管局、市财政局行政处罚决定，退还罚款4473.75元并由被告承担本案诉讼费。

被告答辩及观点

市交易监管局辩称：其并非本案的适格被告，之所以在处罚决定书上签章，是因为其做了前期的调查等工作，应市财政局的要求在处罚决定书上签章；请求驳回某物管公司的诉讼请求。

市财政局辩称：市财政局作为政府采购监督管理部门已依法将某市行政区域内政府采购日常监督管理工作以及投诉违法违规行为调查处理委托市交易监管局行使。因此两被告共同作出行政处罚决定。

法院裁判及观点

法院认为，根据《政府采购法》第十三条第一款规定，各级人民政府财政部门是负责政府采购监督管理的部门，市财政局负责本市行政区域内的政府采购活动监督管理工作，对违反《政府采购法》的违法行为有权依法作出行政处罚。市交易监管局接受市财政局委托，执法权限为检查权、违法行为制止权、提请行政处罚权，并无行政处罚权。且《行政处罚法》第十八条第三款规定，受委托组织在委托范围内，以委托行政机关名义实施行政处罚。故本案所涉行政处罚实施主体应是市财政局，而不是市交易监管局。根据《行政处罚法》第三十九条第二款规定，行政处罚决定书必须盖有作出行政处罚决定的行政机关的印章。故市交易监管局在本案所涉处罚决定书上加盖单位印章，构成程序违法。某物管公司请求撤销该处罚决定并要求返还罚款的诉讼请求符合法律规定，应予支持。依照《行政诉讼法》第七十条第（三）项之规定，判决如下：撤销被告市交易监管局、市财政局作出的行政处罚决定。

案例评析 CASE ANALYSIS

1. 财政局可以将政府采购监督管理职权委托给公共资源交易监督管理局吗

对此问题有两种观点：第一种观点认为，只要不违反法律禁止性规定和专业性特殊要求，行政职权皆可以委托的理论，市财政局出于日常工作需要将政府采购监督管理工作以及投诉违法违规行为调查处理的部分权限委托给某市公共资源交易管理局并无不当。

第二种观点认为，依据“法无授权不可为”的行政法理论，则需依据法律、法规、规章的规定一一进行分析。《政府采购法》明确将政府采购监督管理的职权赋予各级人民政府财政部门，亦未规定其可以进行委托或者授权。该职权就是一种法定职权，不可以擅自交由其他行政机关实施。《行政处罚法》第十八条规定：“行政机关依照法律、法规或者规章的规定，可以在其法定权限内委托符合本法第十九条规定条件的组织实施行政处罚。行政机关不得委托其他组织或者个人实施行政处罚。”即行政处罚的委托必须有法律、法规或者规章的规定，且只能委托给依法成立的管理公共事务的事业组织。

本案中，市财政局将检查权、违法行为制止权、提请行政处罚权委托给市公共资源交易管理局。行政处罚的调查权、违法行为的制止权属于行政处罚的一部分，即视为将行政处罚权的一部分委托给其他机关。而依据《政府采购法》第七十七条的处罚权，并未规定可以委托，所以还是应当由财政部门行使，将处罚权委托其他机关行使是不符合法律规定的。综合上述，从依法行政的角度考虑，笔者倾向于第二种观点。

2. 市财政局和市交易监管局共同作出行政处罚，是否合法

市财政局委托给市交易监管局的执法权限为检查权、违法行为制止权、提请行政处罚权，并无最后的行政处罚作出权。即使市财政局将行政处罚全部委托给市交易监管局行使，但受委托机关仍应以委托机关的名义实施行政处罚，即以委托机关的名义在行政处罚决定书上签章。根据《行政处罚法》第三十九条规定：“行政处罚决定书必须盖有作出行政处罚决定的行政机关的印章。”市交易监管局并非作出行政处罚的行政机关，其在案涉行政处罚决定书上签章，显然是不合法的，属于程序违法。

二、与政府采购监督有关的其他部门

与政府采购监督有关的其他机关有两种情况，一是法律授权的其他有关部门，二是当地政府分工的其他有关部门。

（一）法律授权的其他有关部门

《政府采购法》第六十七条、第六十八条、第六十九条规定，依照法律、行政法规的规定对政府采购负有行政监督职责的政府有关部门，应当按照其职责分工，加强对政府采购活动的监督。审计机关应当对政府采购进行审计监督。政府采购监督管理部门、政府采购各当事人有关政府采购活动，应当接受审计机关的审计监督。监察机关应当加强对参与政府采购活动的国家机关、国家公务员和国家行政机关任命的其他人员实施监察。因政府采购的采购人为国家机关、事业单位和团体组织，且使用财政性资金。从财政性资金使用方面看，审计机关依法应当进行监督。从廉政防止腐败方面看，监察机关应该对参与采购活动的国家机关、国家公务员和国家行政机关任命的其他人员，实施监察。

根据《政府采购法实施条例》第六十五条规定，审计机关、监察机关以及其他有关部门依法对政府采购活动实施监督，发现采购当事人有违法行为的，应当及时通报财政部门。可见，审计机关、监察机关等有关部门发现采购人、采购代理机构、供应商有违法行为，应通报财政部门由其在法定职责的范围内进行处理。也就是说，法律授权的其他部门，发现采购人、采购代理机构、供应商的违法行为，只要不是审计机关或者监察机关职责范围内处理的事项，最后还是由财政部门在法定职责范围内进行处理。

【案例 40[1]】财政部门根据监察机关的建议作出处理意见书，采购代理机构取消中标结果后被质疑、投诉，监察机关、财政部门履行职责是否合法

关 键 词：行政监督职责 / 监察机关 / 通报财政部门

案例要点：在政府采购领域，监察机关主要职责为对行使公权力的公职人员进行监察，调查职务违法和职务犯罪，开展廉政建设和反腐败工作。而对于政府采购中采购文件、采购过程或者中标、成交结果的违法行为，监察机关应移送财政机关处理，财政机关应依法处理。

招标、监察、质疑、投诉情况

2017 年 8 月 2 日，岳池县教育科技体育局（以下简称“县教科局”）发布《2017 年秋—2020 年春岳池县农村义务教育阶段学生营养改善计划营养餐原辅料采购项目需求论证公

1 案例来源：（2018）川 1603 行初 20 号。

示》。公示期间，岳池县财政局（以下简称“县财政局”）在收到举报后，于2017年9月25日作出《信访举报处理决定书》，认为部分举报情况属实，责令县教科局修改采购文件，并按修改后的采购文件开展采购活动。县教科局在修改后，于2017年10月委托广安市公共资源交易中心岳池县分中心（以下简称“县分中心”）发布了《招标文件》。广东某公司于2017年10月25日投标报名成功，并缴纳了保证金。同年11月14日，县分中心组织开标，评审结束后于当日将评标报告及采购人确认书送县教科局确定中标供应商。

2017年11月16日，岳池县监察局向县财政局发出群众反映县教科体局有关问题的处理建议。同日，县财政局作出处理意见书，认为招标文件存在三个问题，责令修改招标文件后重新招标的处理决定。2017年11月18日，县教科局向县分中心出具《关于招标事宜的函》，请求该中心不发布该项目的中标公告及中标通知书。该项目将按县财政局的处理意见修改后重新招标。11月22日，县分中心在四川政府采购网发布招标废标、流标公告。

2017年11月29日，广东某公司向县分中心提出书面质疑，该中心于2017年12月5日作出质疑答复，认为其依法按程序履行了相关职能职责，质疑无效。

广东某公司不服该质疑答复，遂向县财政局投诉，投诉内容为：撤销处理意见书更正公告；责成县教科局和县分中心撤销采购项目公开招标废标、流标公告，并按照评审委员会的评标结果依法确定公布中标供应商。县财政局于2017年12月13日作出《投诉处理决定书》，决定认为：该局依照县监察局的监察建议依法作出的处理意见书正确，广东某公司针对该项的投诉不成立；县教科局根据该处理意见书未对评标委员会推荐的预中标供应商进行确认，同时函告县分中心不发布中标公告，待修改招标文件后重新招标。该中心发布了项目公开招标废标、流标公告，此项投诉不成立。广东某公司的投诉事项缺乏事实依据，投诉不成立。根据《政府采购供应商投诉处理办法》第十七条第（二）项之规定，驳回投诉。

原告诉求及观点

广东某公司对投诉处理决定不服，向法院提起诉讼。广东某公司认为，县财政局作出的投诉决定违背招投标的法律程序，评标结束前的招投标程序合法，之后的程序不合理也不合法；其所依据的事实及理由也违背法律的规定，招标文件要求提供样品符合招投标法的规定，也有利于学生食品安全，要求配送人员12人以上，属于基本要求，非规模性要求，要求投标人基本盈利属于考查投标人的履约能力，上述均符合本次招标目的，同时其他地方的同类招投标并未予以禁止；县财政局应该依法责成县教科局和县分中心撤销废标、流标公告，并依法公布中标供应商。

被告诉求及观点

县财政局辩称，该局作出的投诉处理决定事实清楚、程序合法、适用法律正确，应当维持。（1）县财政局依法责令县教科局“修改招标文件后重新招标”的意见，系依法履行法定职责的行为；（2）县财政局在作出投诉处理决定前的相关行为符合法律的规定。

法院裁判及观点

法院认为，根据《政府采购法》第六十九条的规定，监察机关对参与政府采购活动的国家机关、国家公务员和国家行政机关任命的其他人员实施监察的职责，县监察局建议县财政局对涉诉政府采购项目进行处理，县财政局以此对涉诉项目进行监督符合法律规定，广东某公司认为县财政局以此启动监督检查不符合法律的规定于法无据，法院依法不予支持。

根据《政府采购法》第二十二条第一款第（二）项、《政府采购法实施条例》第十七条第一款第（二）项的规定，参照《政府采购货物和服务招标投标管理办法》第五十五条的规定，招标文件中设置“财物状况评分”将资格条件作为了评审因素，违反了上述规定。

招标文件的评审设置虽然不违反10月1日前的《政府采购货物和服务招标投标管理办法》（财政部令第18号），但是不符合2017年10月1日起施行的《政府采购货物和服务招标投标管理办法》（财政部令第87号）的规定，由于该项目的发出招标邀请系在2017年10月1日以后，应当适用10月1日后施行的规章。因此，县财政局根据《政府采购货物和服务招标投标管理办法》（财政部令第87号）第二十五条的规定作出“责令修改招标文件后重新招标”的处理意见并无不妥。由于该采购项目的招标文件将在修改后重新招标，县分中心在接受县教科局的函告后，发布该采购项目公开招标废标、流标公告并无不妥。综上，广东某公司的主张，法院依法不予支持。依照《行政诉讼法》第六十九条的规定，判决驳回广东某公司的诉讼请求。

案例评析 CASE ANALYSIS

1. 监察机关实施监察的职责并通报、移送财政部门是否合法

根据《政府采购法》第六十九条的规定，监察机关对参与政府采购活动的国家机关、国家公务员和国家行政机关任命的其他人员实施监察的职责。可见，监察机关的主要职责为监督调查处置公职人员是否存在职务违法和职务犯罪行为。本案中，县监察局向县财政局发出《关于群众反映县教科体局有关问题的处理建议》，建议县财政局核实相关问题，并按照规定进行处理。县财政局经审查认为招标文件存在问题，作出责令修改招标文件后重新招标的处理决定。

而从案例中，无法看出群众所反映的具体问题，如果反映的是公职人员的违法违纪问题，监察机关应当按照监察方面的法律法规进行处理。如果涉及不属于本机关管辖，根据《监察法》第三十五条规定，应当移送主管机关处理。本案招标文件方面的问题属于财政机关监督管理的职责，监察机关将此群众反映问题移送财政机关处理并无不当。

2. 财政部门进行监督检查是否合法

根据《政府采购法》第十三条、第五十九条规定，财政部门依法履行对政府采购活动的监督管理职责，应当加强对政府采购活动及集中采购机构的监督检查。因此，本案中财政机关对于其他部门移送的属于其职责的政府采购活动中的招标文件等实质内容问题依据法律规定进行监督检查，是符合法律规定的。

（二）当地政府分工的其他有关部门

在行政机构改革过程中，有些地方政府将政府采购监督管理的职责划归其他有关部门行使。该部门对政府采购争议也作出处理决定。

【案例 41[1]】其他部门按政府分工行使财政部门对政府采购的监督管理职责并作出投诉处理决定，财政部门应否作为被告

关 键 词：政府采购监管部门/机构编制/其他部门处理投诉/财政局成为被告

案例要点：政府采购监督管理权来自法律规定，无论地方政府作出什么规定，都不能改变法律对政府采购监督管理职责的规定。

招标投标、质疑、投诉、复议情况

2012 年 11 月 12 日，某县人民政府办公室下发了某县《公共资源交易管理办法》，该办法明确，某县公共资源交易管理委员会是县政府负责公共资源管理的议事协调机构，下设办公室即公管办，主要承担该委员会的日常工作，履行发经、财政等部门对公共资源交易的行政监管职责。交易中心是进行公共资源交易的有形市场，主要履行按照相关规定开展公共资源交易活动等职责。2013 年 11 月 26 日，交易中心就某县 2013~2015 年度各行政机关、事业单位、社会团体机动车辆维修协议定点供应商采购项目进行公开招投标。

某县机关汽车修理厂（以下简称“机关修理厂”）参与投标并中标，某汽车销售服务有限公司（以下简称“某汽车公司”）质疑中标结果，2014 年 1 月 16 日，某县财政局（以下简称“财政局”）与某县公共资源交易中心下属政府采购分中心对某汽车公司的质疑作

1 案例来源：（2014）湖德行初字第 27 号。

出答复。

某汽车公司对该答复不满于2014年1月26日投诉至公管办。公管办调查询问机关修理厂负责人，并在某县市场监督管理局调取了相关材料后，于2014年3月19日作出处理决定，认定机关修理厂与某公司共用厂房及维修设备，违背了政府采购诚实信用原则，决定机关修理厂中标无效。

机关修理厂对此决定不服，向某县人民政府申请复议，某县人民政府于2014年6月23日作出安政复（2014）3号复议决定书，维持了该处理决定。

原告诉求及观点

机关修理厂不服，于2014年7月17日向浙江省某人民法院提起行政诉讼。机关修理厂诉称，公管办《决定书》认定机关修理厂在投标中存在不诚信行为，并决定中标无效，该决定错误。请求法院（1）确认财政局关于机关修理厂投标不诚信、中标无效之认定错误；(2)撤销财政局于2014年3月29日作出的投诉处理决定书;(3)判令财政局作出公开道歉。

被告答辩及观点

财政局辩称，(1）某县政府采购交易活动监督管理权归公管办享有。根据安政办发〔2012〕109号文件及安编〔2012〕31号文件的规定，对某县政府采购交易活动监督管理权归公管办享有，而非财政局；(2）公管办作出的投诉处理决定书，从未取得财政局任何授权；(3）公管办作出的投诉处理决定书，事实和法律依据充分，程序合法，应予维持。综上，机关修理厂的起诉缺乏事实和法律依据，法院应依法驳回其起诉。

交易中心答辩称，公管办作出的投诉处理决定书，事实清楚、证据确凿，程序合法，适用法律正确，请求法院驳回机关修理厂的诉请并维持该决定。

法院裁判及观点

法院认为，《政府采购法》第十三条规定，各级人民政府财政部门是负责政府采购监督管理的部门，依法履行对政府采购活动的监督管理职责。《政府采购供应商投诉处理办法》第三条规定，县级以上各级人民政府财政部门负责依法受理和处理供应商投诉。根据法律规定，各部门行政机关的部门管辖权，应来自法律、行政法规的授权。法律、行政法规没有授予某部门行政机关进行管理的国家行政事务的职权，该部门行政机关不具有对该类行政管理的行为实施行政管理的职权。《政府采购法》将政府采购活动的监督管理职责授予了财政部门，财政部以《政府采购供应商投诉处理办法》部门规章作了进一步的规定，明确各级人民政府财政部门负责依法受理和处理供应商投诉。故财政局对政府采购中投诉的法定处理职权不因某县政府文件规定而转移，公管办作出的决定，应当视为财政局的委托，法定主体仍应为财政局，故某县财政局应是本案的适格被告。法院判决：(1) 撤销某县财政局于 2014 年 3 月 19 日作出的政府采购供应商投诉处理决定。(2) 责令某县财政局在 30 日内重新作出具体行政行为。

案例评析 CASE ANALYSIS

1. 政府采购监督管理权来自于法律规定，地方政府无权作出与法律规定不符的部门分工

根据《政府采购法》第十三条的规定，各级人民政府财政部门是负责政府采购监督管理的部门，依法履行对政府采购活动的监督管理职责。因此，不论地方政府作出什么规定，都不能改变《政府采购法》对政府采购监督管理职责的规定。

2. 财政局未授权公管办作出投诉处理决定，法院仅以法律规定作出认定的做法值得商榷

本案中尽管财政局辩称，该县政府采购监督管理权归公管办享有，该办所作决定书，从未取得财政局任何授权。但是，法院判决中没有对该事实作出认定，也没有查明投诉处理决定上是否有财政局的公章。财政局对政府采购中投诉的法定处理职权不因县政府文件规定而转移，公管办作出的决定，应当视为财政局的委托，财政局应是本案的适格被告。但法院视为财政局委托的认定，显然缺乏相关证据证明，也与事实真相不符。

第三节 复议机关——复议人、行政诉讼被告

根据《政府采购法》第五十八条，《行政复议法》第十二条、第五条的规定，投诉人对政府采购监督管理部门的投诉处理决定不服或者政府采购监督管理部门逾期未作处理的，可以依法申请行政复议，由申请人选择，既可以向该财政部门的本级人民政府申请行政复议，也可以向该财政部门的上一级主管部门申请行政复议。对行政复议决定不服的，可以依照行政诉讼法的规定向人民法院提起行政诉讼。

根据《行政诉讼法》第二十六条规定，公民、法人或者其他组织直接向人民法院提起诉讼的，作出行政行为的行政机关是被告。经复议的案件，复议机关决定维持原行政行为的，作出原行政行为的行政机关和复议机关是共同被告；复议机关改变原行政行为的，复议机关是被告。复议机关在法定期限内未作出复议决定，公民、法人或者其他组织起诉原行政行为的，作出原行政行为的行政机关是被告；起诉复议机关不作为的，复议机关是被

告。即明确了复议机关作为被告的几种情形。在政府采购领域亦相同，投诉处理决定的复议以及政府采购方面行政处罚的复议，财政部门都有可能成为复议机关，无论是作出维持、改变的复议决定，还是未在法定期限作出复议决定，皆有可能成为被告，因此复议机关必须尽到严格审查的义务。

【案例 42[1]】非行政复议决定相对人对撤销政府采购方面的行政处罚不服而提起诉讼，复议机关能成为被告吗

关 键 词：复议机关 / 撤销行政处罚 / 非相对人 / 起诉复议机关

案例要点：行政复议决定的相对人以及其他与该复议决定有利害关系的公民、法人或者其他组织，才能将复议机关作为被告提起行政诉讼。

行政处罚、复议情况

2015 年 9 月 1 日，珠海市财政局作出珠财罚〔2015〕10 号《政府采购行政处罚决定书》，认定深圳市实信达科技开发有限公司（以下简称"实信达公司"）在 2014 年 12 月参加珠海市中级人民法院档案数字化加工服务项目的政府采购活动中，存在在投标文件中提供虚假材料的行为，属于在参加政府采购活动中提供虚假材料谋取中标、成交的行为，并根据《政府采购法》第七十七条和财政部令第 18 号第七十四条的规定，决定对实信达公司处以罚款并列入不良行为记录名单及在一年内禁止参加政府采购活动的行政处罚决定。

实信达公司不服该处罚，于 2015 年 9 月 15 日向广东省财政厅申请行政复议，2016 年 7 月 21 日，广东省财政厅作出粤财复议〔2016〕61 号《行政复议决定书》，认为珠海市财政局作出的处罚决定事实不清，证据不足，决定撤销其作出的珠财罚〔2015〕10 号《政府采购行政处罚决定书》。该复议决定书查明：……关于实信达公司是否提交虚假《信息安全管理体系认证证书》的问题。……某质量认证中心未否认证书真实性。

该厅认为，申请人已就某质量认证中心在认证程序过程中涉嫌违规操作行为向国家认监委进行了投诉，某质量认证中心作为有利害关系的一方，其前后出具的证明存在矛盾。……综上所述……被申请人不应对申请人直接予以行政处罚，由于某质量认证中心、佳必德公司及中国档案学会涉嫌相关违规操作或管理不规范等行为问题不应由申请人承担责任，申请人最终取得的认证合法有效，其政府采购项目合法中标人资格及相关权利应予以保护。……

1 案例来源：（2016）粤 7101 行初 3016 号。

行政诉讼情况

某质量认证中心不服广东省财政厅行政复议决定一案，向广州铁路运输第一法院提起行政诉讼。法院认为，根据《行政诉讼法》第二十五条第一款、《最高人民法院关于执行〈中华人民共和国行政诉讼法〉若干问题的解释》第十二条规定，本案中广东省财政厅依实信达公司的申请作出涉案行政复议决定，某质量认证中心并非行政复议的行政相对人，亦未提供充分证据证实其与该复议决定存在利害关系，因此其不具有对被诉行政行为提起行政诉讼的原告主体资格，对其起诉依法应予驳回。

至于某质量认证中心认为复议决定书查明的事实对其产生不利影响，复议决定书对于事实的陈述与分析并非针对某质量认证中心的相应认定，对某质量认证中心合法权益不产生实际影响，某质量认证中心认为其与涉案复议决定存在利害关系的理由不充分，法院不予采纳。综上所述，依照《最高人民法院关于执行〈中华人民共和国行政诉讼法〉若干问题的解释》第四十四条第一款第（二）项、第六十三条第一款第（二）项的规定，裁定驳回某质量认证中心的起诉。

案例评析 CASE ANALYSIS

1. 非行政复议决定相对人对撤销政府采购方面的行政处罚不服提起诉讼，复议机关能成为被告吗

根据《行政诉讼法》第二十五条规定，行政行为的相对人以及其他与行政行为有利害关系的公民、法人或者其他组织，有权提起诉讼。显然某质量认证中心不是行政复议决定的相对人，因此本案的争议焦点为某质量认证中心是否为行政复议决定的利害关系人。根据《最高人民法院关于适用〈行政诉讼法〉的解释》第十二条规定，行政复议决定并未涉及某质量认证中心的相邻权或者公平竞争权，其也没有在行政复议程序中被作为第三人，撤销对供应商的行政处罚亦不会影响其合法权益，某质量认证中心亦未提供充分证据证实其与该复议决定存在利害关系，因此其不具有以复议机关为被告提起行政诉讼的主体资格。

2. 非行政复议决定相对人，对复议决定书所认定的事实有异议，复议机关能成为被告吗

对于复议决定书中查明的事实可能涉及某质量认证中心，但调查核实的目的只是为审查珠海市财政局作出的行政处罚是否合法，并非针对某质量认证中心，并不能直接影响其合法权益，其即使对该事实有异议，也不能以复议机关为被告提起诉讼。而申请行政复议的相对人、行政复议中的第三人如不服行政复议决定都能以复议机关为被告提起行政复议。

第四节 审判机关——诉讼阶段的处理主体

在政府采购争议处理中，人民法院是一个特殊的主体。如果人民法院不作为采购人，那么它既不是政府采购当事人，也不是政府采购监督管理部门，而是在政府采购争议的救济阶段的诉讼中，拥有审理、裁判权的主体，其诉讼行为对诉讼程序的发生、变更和消灭具有决定性作用。但是，人民法院不能直接对政府采购活动中的采购文件、采购过程、中标或者成交结果作出裁判。

在政府采购争议中，经常有供应商不明白这个道理，起诉到法院，要求法院直接判决确认中标或者成交结果无效，确认自己中标，还有供应商要求法院直接判决废标，等等。这实际上对人民法院在政府采购争议处理中的主体地位认识模糊，必将造成败诉的结果。

【案例43[1]】法院能直接判决确认成交候选人吗

关 键 词：政府采购争议处理主体 / 审判机关

案例要点：人民法院不是直接答复质疑、处理投诉的机关，质疑、投诉是诉讼的前置程序，人民法院不能代替其他单位或部门作出质疑答复与投诉处理，不能直接判决确认中标或者成交结果。

招标投标、质疑、投诉情况

2016年3月11日，威海某公司参加威海市文登区教育局和威海市文登区公共资源交易管理处（以下简称“交易管理处”）组织的政府询价采购项目，文登某公司中标。

后威海某公司发现文登某公司提供的资料虚假，向威海市文登区教育局（以下简称“教育局”）提出质疑后，该项目于2016年3月16日废标。废标后，未公布威海某公司为成交人，威海某公司于4月再次向教育局及交易管理处提出质疑，教育局和交易管理处未按照《山东省政府采购供应商质疑处理办法》作出回复。

威海某公司投诉至威海市文登区财政局（以下简称“财政局”），该局认为应按照上述办法第二十二条第三款的规定重新采购。

---

1 案例来源：（2016）鲁1003行初28号。

行政诉讼情况

威海某公司不服以上处理决定，以文登区教育局、交易管理处和财政局为被告，向威海市文登区人民法院提起诉讼。

法院认为，根据《政府采购法》第五十二条、第五十四条、第五十五条的规定，供应商认为采购文件、采购过程和中标、成交结果使自己的权益受到损害的，可以向采购人或采购代理机构提出质疑，对采购人、采购代理机构的答复不满意或者采购人、采购代理机构未在规定的时间内作出答复的，可以向同级政府采购监督管理部门投诉。该案中，威海某公司起诉要求确认威海某公司为该项目的成交候选人，不属于行政诉讼受案范围。依照《最高人民法院关于适用〈中华人民共和国行政诉讼法〉问题的解释》第三条第一款第（一）项之规定，裁定驳回威海某公司的起诉。

案例评析 CASE ANALYSIS

1. 人民法院不是直接答复质疑、处理投诉的机关

根据《政府采购法》第五十二条、第五十四条、第五十五条、第五十八条的规定，供应商认为采购文件、采购过程和中标、成交结果使自己的权益受到损害的，可以向采购人或采购代理机构提出质疑；对采购人、采购代理机构的答复不满意或者采购人、采购代理机构未在规定的时间内作出答复的，可以向同级政府采购监督管理部门投诉；对投诉处理决定不服或者逾期未作处理的，才能向人民法院提起行政诉讼。质疑、投诉是诉讼的前置程序，人民法院不能代替质疑答复单位、投诉处理部门来直接审查采购文件、采购过程和中标、成交结果中的违法问题。

2. 即使经过质疑、投诉，人民法院也不能直接判决确认中标或者成交结果

人民法院作为政府采购行政争议处理的主体，是对行政行为是否合法进行审查，而不是对政府采购活动进行监督，不能行使采购人及其代理机构所拥有的确认中标或者成交结果的权利。

CHAPTER 04

第四章

争议事项与请求及其处理的内容

政府采购争议中，根据不同的争议形式，不同的争议主体，提出的争议事项及请求，内容有所不同。一般说来，争议事项应当围绕采购文件、采购过程、中标或者成交结果提出，争议请求应视不同的阶段、不同的主体有所区别。如果搞不清楚，势必影响争议的处理，进而影响自己合法权益的维护。如质疑供应商在质疑阶段要求采购人或者采购代理机构对其他供应商依照《政府采购法》进行处罚，投诉供应商要求财政部门重新组建评标委员会进行评审进而宣布自己中标，复议申请人要求复议机关直接决定自己中标，原告要求法院判决自己中标等。这些请求与法律规定相违背，根本不可能得到支持。同样，争议处理机构对处理决定的应包括的内容出现错误理解，也会出现错误答复质疑、错误处理投诉、错误进行复议、错误作出判决的情形。因此，有必要进行探讨。

第一节 质疑事项与请求及其答复的内容

根据《政府采购法》第五十二条规定，供应商认为采购文件、采购过程和中标、成交结果使自己的权益受到损害的，可以在知道或者应知其权益受到损害之日起 7 个工作日内，以书面形式提出质疑。根据《政府采购法实施条例》第五十五条、《政府采购质疑与投诉办法》第十二条第（四）项，供应商质疑时应当有具体、明确的质疑事项和与质疑事项相关的请求。因此，明确哪些是符合法律规定的质疑事项与请求，可以帮助供应商提出合理的质疑事项与请求，避免盲目质疑抑或滥用质疑的权利；也有助于采购人、采购代理机构提高答复工作的效率和质量，这成为供应商正确撰写质疑函以及采购人、采购代理机构正确答复质疑的基本前提。

根据《政府采购法》第三十六条、第七十三条、第七十七条规定,《政府采购法实施条例》第七十一条、七十二条规定,《政府采购质疑和投诉办法》第十六条规定，可以总结出符合规定的质疑请求主要包括:(1)请求对采购文件进行澄清或者修改，继续开展采购活动;(2)请求修改采购文件后重新开展采购活动;(3)请求认定中标或者成交结果无效，从合格的中标或者成交候选人中另行确定中标、成交供应商;(4)请求认定中标或者成交结果无效，重新开展采购活动;(5)请求继续开展采购活动;(6)请求予以废标。

另外，供应商无论是向采购人还是采购代理机构提出质疑请求均可，但是《政府采购法实施条例》第五十二条第二款规定，质疑超出采购人对采购代理机构委托授权范围的，采购代理机构应当告知供应商向采购人提出。

对于采购人和采购代理机构来说，答复供应商的质疑可以依据《政府采购法质疑与投诉办法》第十六条之规定，其处理的内容有下列几种情形：

一、继续开展采购活动

(一)供应商质疑不成立

供应商提出质疑后，经采购人、采购代理机构审查，认为供应商质疑不成立，可以答复质疑供应商，继续开展采购活动。

(二)供应商质疑成立但未对中标、成交结果构成影响

供应商提出质疑后，经采购人、采购代理机构审查，认为供应商质疑虽然成立，但未对中标、成交结果构成影响，也可以答复质疑供应商，继续开展采购活动。

(三)澄清或者修改采购文件后继续开展采购活动

供应商提出质疑后，经采购人、采购代理机构审查，认为供应商对采购文件提出的质疑成立且影响或者可能影响中标、成交结果，依法通过澄清或者修改可以继续开展采购活动的，澄清或者修改采购文件后继续开展采购活动。

二、另行确定中标、成交供应商

供应商提出质疑后，经采购人、采购代理机构审查，认为供应商对采购过程、中标或者成交结果提出的质疑成立且影响或者可能影响中标、成交结果，合格供应商符合法定数量时，可以从合格的中标或者成交候选人中另行确定中标、成交供应商的，应当依法另行

确定中标、成交供应商。

三、重新开展采购活动

（一）修改采购文件后重新开展采购活动

供应商提出质疑后，经采购人、采购代理机构审查，认为供应商对采购文件提出的质疑成立且影响或者可能影响中标、成交结果，但通过澄清或者修改采购文件不能继续开展采购活动的，应当修改采购文件后重新开展采购活动。

（二）无须修改采购文件重新开展采购活动

供应商提出质疑后，经采购人、采购代理机构审查，认为供应商对采购过程、中标或者成交结果提出的质疑成立且影响或者可能影响中标、成交结果，合格供应商不符合法定数量时，或者不能从合格的中标或者成交候选人中另行确定中标、成交供应商的，应当重新开展采购活动。

质疑答复导致中标、成交结果改变的，采购人或者采购代理机构应当将有关情况书面报告本级财政部门。

综上所述可见，质疑供应商的质疑事项与质疑请求，应当围绕上述情况提出，如不符合难以得到采购人、采购代理机构的支持。

【案例44[1]】供应商质疑时请求的内容能否要求重新评审

关 键 词：质疑事项与请求的内容 / 请求重新评审

案例要点：除财政部规定的情形外，不得以任何理由组织重新评审。质疑事项与请求的内容应当符合相关法律、法规、行政规章的规定。

招标、质疑、投诉情况

2017年4月27日，江苏某物管公司参加宝应县政府采购中心组织的宝应县人民医院后勤保障服务项目招投标项目。该项目《招标文件》规定，项目评标方法采用“综合评分法”。2017年9月27日招标结束，江苏华南物业管理有限公司（以下简称“华南物业”）为中标单位。

江苏某物管公司认为对自己的评分明显过低，不符合客观事实，于2017年10月11日向宝应县政府采购中心提出质疑，要求公布各分项评分结果。2017年10月20日，宝

1 案例来源：（2018）苏10行终82号。

应县政府采购中心作出答复：(1)关于向江苏某物管公司公开其在本项目投标上的各项得分情况的问题，根据财政部《政府采购货物和服务招标投标管理办法》(财政部令第18号)第七十八条规定和评审纪律要求，评标委员会成员或者与评标活动有关的工作人员不得泄露有关投标文件的评审、中标候选人的推荐以及与评标有关的其他情况；(2)关于重新复审江苏某物管公司在信用与资质荣誉项的评分问题，财政部《关于进一步规范政府采购评审工作有关问题的通知》(财库〔2012〕69号)第三条明确了修改评审结果或者重新评审的纪律规定，经核查，贵公司在信用与资质荣誉项的得分不存在以上可以进行复审的情形；(3)关于华南物业信用与资质荣誉证书存在误评或造假的问题，对各投标单位的信用与资质荣誉证书，评审委员会在评审现场都对其原件进行了审核。接到质疑后，我们又按照该公司投标文件中附列的相关材料查验了原件，没发现造假现象。根据《政府采购货物和服务招标投标管理办法》(财政部令第18号)第五十四条规定，决定维持开标结果。

2017年10月26日，江苏某物管公司向宝应县财政局提出投诉申请，提出以下两点要求：(1)请求采购人组织原评标委员会重新评审；(2)采购人重新核实华南物业的信用与资质荣誉项目。宝应县财政局于同年11月7日作出《政府采购供应商投诉处理决定书》，认为投诉没有事实依据，驳回投诉。

行政诉讼一审情况

江苏某物管公司对以上处理决定不服，向高邮市人民法院提起诉讼。该院经审理认为：关于江苏某物管公司向宝应县财政局投诉要求组织原评标委员会重新评审。除非江苏某物管公司有充分证据证明，本案所涉招、投标活动的中标候选人存在《招标文件》第七章第五条第(七)项所列明的情形，即若有充分证据证明，一经查实，将被取消中标资格，报经项目招标领导小组批准，采购中心有权重新组织采购。《政府采购法实施条例》第四十四条对政府采购评审工作结束后，重新评审、改变评审结果的作了禁止性规定。而对于国务院财政部门规定的组织重新评审的情形，根据2017年10月1日起施行的《政府采购货物和服务招标投标管理办法》(财政部令第87号)第六十四条第一款的规定，本案中并不存在"分值汇总计算错误"及该条款所列明的其他情形。江苏某物管公司方投诉时也没有提供相应的证据材料进行佐证。因此，江苏某物管公司向宝应县财政局投诉要求组织原评标委员会重新评审，缺乏充分的事实根据，亦不符合上述法律、法规的规定。

关于江苏某物管公司向宝应县财政局投诉，要求采购人重新核实华南物业的信用与资质荣誉项目。宝应县政府采购中心已作出答复，江苏某物管公司向宝应县财政局投诉时未提供事实根据，宝应县财政局作出驳回投诉的处理决定，符合法律规定。

一审法院判决：驳回江苏某物管公司的诉讼请求。

上诉人诉求及观点

江苏某物管公司对一审判决不服，以宝应县财政局为被上诉人，向扬州市中级人民法院提起上诉称：(1)由于本单位在评标中得分过低，评审委员会可能对客观分评分不一致以及对中标单位信用与资质荣誉类检查认定错误，该项投诉请求属于《关于进一步规范政府采购评审工作有关问题的通知》(财库〔2012〕69号)第三条规定的重新评审的规定。(2)本案招标虽然于2017年9月27日结束，但并未过质疑期。江苏某物管公司于2017年10月11日提出质疑，而《政府采购货物和服务招标投标管理办法》(财政部令第87号)于2017年10月1日起施行。因此该案应适用财政部令第87号，而不是财政部令第18号。一审法院认定事实不清，适用法律存在错误，请求二审法院撤销一审判决、撤销宝应县财政局的投诉处理决定，判令宝应县财政局重新作出具体行政行为。

被上诉人答辩及观点

宝应县财政局答辩称：一审判决认定"宝应县财政局作出的行政行为合法"事实清楚、证据充分，二审法院依法应予维持。江苏某物管公司要求答辩人"组织原评标委员会重新评审"缺乏事实和法律依据；一审判决驳回江苏某物管公司要求"采购人重新核实华南物业的信用与资质荣誉项目"的诉求，事实与证据充分。

二审法院裁决及观点

1.关于江苏某物管公司要求"组织原评标委员会重新评审"的问题。根据《政府采购法实施条例》第四十四条、《政府采购货物和服务招标投标管理办法》(财政部令第87号)第六十四条第一款、结合财政部令第87号第四十六条和《政府采购评审专家管理办法》第十八条的规定，由于相关评审专家评分系独立行使职权，宝应县财政局并未发现存在"组织重新评审"或"修改评标结果"的法定情形，况且江苏某物管公司在投诉以及一审、二审期间皆是对评审专家的评分提出质疑，并未提供证据证明本案存在"组织重新评审"或"修改评标结果"的情形。因此，宝应县财政局针对江苏某物管公司要求"组织原评标委员会重新评审"的处理决定，具有事实和法律依据。

2.关于江苏某物管公司要求"采购人重新核实华南物业的信用与资质荣誉项目"的问题。其一，依照招标文件的规定，评审委员会对投保人的信用与资质荣誉等项目在评审现场应当进行审核；其二，宝应县财政局在本次行政程序中对江苏某物管公司所投诉的"华南物业的信用与资质荣誉涉嫌造假"问题亦进行了审核，并未发现华南物业在其信用与资质荣誉方面存在造假行为；其三，江苏某物管公司在投诉以及一审、二审期间皆未能提供证据证明"华南物业的信用与资质荣誉涉嫌造假"。

综上，二审院判决驳回上诉，维持原判。

案例评析

CASE ANALYSIS

1. 供应商的质疑事项与质疑请求应当明确，质疑答复的内容应当与质疑事项、质疑请求相吻合

本案中供应商的质疑事项与质疑请求，判决书概括为其单位“评分明显过低，不符合客观事实”，“要求公布各分项评分结果”。但是，质疑答复的内容还涉及有关重新复审江苏某物管公司在信用与资质荣誉项的评分问题，华南物业信用与资质荣誉证书存在误评或造假的问题。不知是判决书概括有所遗漏，还是质疑答复内容超出质疑内容。应当指出的是，本案供应商的质疑不太专业，其质疑究竟是针对采购过程还是中标结果，还是两者均质疑，质疑请求是不是要求重新开展采购活动。供应商所提质疑事项与质疑请求，事实依据与法律依据都不具备，难以得到采购人、采购代理机构的采纳。

2. 供应商质疑请求中要求重新评审没有依据

在政府采购活动中，根据《政府采购法实施条例》第四十四条之规定，除国务院财政部门规定的情形外，采购人、采购代理机构不得以任何理由组织重新评审。由此可见，重新评审的启动非常严格。财政部《关于进一步规范政府采购评审工作有关问题的通知》（财库〔2012〕69号）作出具体规定，其中明确可以重新评审的情形仅包括5种情形。另外，从本案的具体情况看，结合《政府采购法》及其实施条例中相关规定，并没有直接涉及可以申请重新评审的内容。本案中，江苏某物管公司质疑中请求重新评审，却并未能说明评审过程中出现法定的重新评审的情形，所以宝应县政府采购中心经核查作出的回复是合乎法律规定的。

第二节 投诉事项与请求及其处理决定的内容

根据《政府采购法》第五十五条规定，质疑供应商对质疑答复不满意或者未在规定的时间作出答复的，可以在答复期满后15个工作日内向财政部门投诉。根据《政府采购法实施条例》第五十五条、《政府采购质疑与投诉办法》第八条第一款第（三）项，供应商投诉时应当有具体、明确的投诉事项和与投诉事项相关的投诉请求。因此，明确哪些是符合法律规定的投诉事项与请求，可以帮助投诉人提出合法的投诉事项与请求，避免盲目投诉或者滥用投诉权利的情形；也有助于财政部门提高处理投诉的效率和质量，这成为投诉人正确撰写投诉书以及财政部门正确处理投诉的基本前提。

根据《政府采购质疑和投诉办法》第二十九条、第三十条、第三十一条、第三十二条的规定，可以总结投诉人制作投诉书确定投诉事项与投诉请求时，被投诉人、相关供应商

在向财政机关作出说明时，财政部门在作出处理决定时，都应当围绕投诉事项所主张的事实是否成立，是否影响采购结果，是否应当重新开展采购活动，是否应当撤销合同，是否应当由责任人承担赔偿责任，是否应当另行确定中标或者成交供应商，废标行为是否应当认定无效，等等。投诉事项与请求及其处理决定的内容应当围绕下述内容之一。

一、责令重新开展采购活动

当政府采购未确定中标或者成交供应商时，供应商对采购文件、采购过程或者采购结果提起的投诉事项，财政部门经查证属实的，应当认定投诉事项成立，影响或者可能影响采购结果的，因为没有确定中标或者成交供应商，不存在中标或者成交结果无效的问题，也不存在政府采购合同已经签订的问题，更不存在合同已经履行的问题。所以，《政府采购质疑和投诉办法》第三十一条、第三十二条规定，对于此种情形责令重新开展采购活动。

【案例 45[1]】招标文件将家具行业的奖项设定为加分因素，该项目尚未确定中标供应商，该投诉应如何处理

关 键 词：特定行业奖项 / 投诉事项成立 / 影响采购结果 / 责令重新开展

案例要点：以特定行业的奖项作为加分条件属于以不合理的条件对供应商实行差别待遇或者歧视待遇，影响采购结果，应责令重新开展采购活动。

案情简介

内蒙古某家具有限公司（以下简称“家具公司”）在参加呼和浩特市公共资源交易中心（以下简称“交易中心”）组织的“呼和浩特市政务服务中心办公家具采购项目”公开招标中，认为招标文件损害其权益，经质疑后向呼和浩特市财政局提出投诉，该局受理后查明下列事实：

该项目招标文件规定，投标人需提供 2015~2018 年内有连续两年获得“中国办公家具绿色品牌”。经查询，“中国办公家具绿色品牌”是由中国采购与招标网和中国名企排行网联合主办“中国办公家具招标采购评价推介活动”评选出的家具品牌。因此，“中国办公家具绿色品牌”应当属于家具行业的特定奖项，招标文件中将此内容设定为加分因素，违反了《政府采购法实施条例》第二十条第（四）项“以特定行政区域或者特定行业的业绩、奖项作为加分条件或者中标、成交条件”的规定，属于以不合理的条件对供应商实行差别待遇或者歧视待遇。另查明，该项目采购尚未确定中标供应商。

1 案例来源：呼财购〔2019〕1 号。

该财政局认为：投诉人提出的投诉理由部分成立。根据《政府采购法实施条例》第七十一条第（一）项和《政府采购质疑和投诉办法》第三十一条第（一）项的规定，于2019年2月22日作出如下处理决定：终止本项目的采购活动，责令被投诉人重新开展采购活动。

案例评析 CASE ANALYSIS

本案认定事实，适用法律，处理程序都正确。本案是对招标文件的投诉，以特定行业的奖项作为加分条件属于以不合理的条件对供应商实行差别待遇或者歧视待遇，必须影响采购结果，投诉处理时应指出。应当引起注意的是，财政部门无权直接作出“重新开展采购活动”的决定，只能“责令重新开展采购活动”，“责令”是命令性要求，与“要求”程度上要强烈得多，被监管对象都要执行。如《政府采购质疑和投诉办法》第三十一条、第三十二条规定，对于需要另行确定中标、成交供应商的，应当要求采购人依法另行确定，此处未用“责令”。

在《政府采购法实施条例》第四十九条、第七十一条，《政府采购质疑和投诉办法》第十六条，《政府采购非招标采购方式管理办法》（财政部令第74号）第二十一条、第二十二条、第三十七条、第四十三条、第五十条、第五十六条中的“重新开展政府采购活动”，《政府采购货物和服务招标投标管理办法》（财政部令第87号）第二十五条、第四十三条中的“重新招标”，这些条文的权力主体或者直接规定为采购人、采购代理机构，或者没有具体规定。对于国家公权力行使是“法无授权不可为”，在没有具体规定权力主体的有关条文中，不得推定权力主体为财政部门，只能推定为采购人。

二、认定中标或者成交结果无效，责令重新开展采购活动

政府采购已经确定中标或者成交供应商时，其他供应商对采购文件、采购过程或者采购结果提起的投诉事项，财政部门经查证属实的，应当认定投诉事项成立，影响或者可能影响采购结果的，有两种情形可以认定中标或者成交结果无效，责令重新开展采购活动：（1）对采购文件提起的投诉事项成立；（2）对采购过程或者采购结果提起的投诉事项，合格供应商不符合法定数量，或者不能从合格的中标或者成交候选人中另行确定中标、成交供应商。

由于在上述情形下，已经有了中标或者成交供应商，认定中标或者成交结果无效，责令重新开展采购活动必然对其利益产生影响。再由于投诉人的投诉事项中经常牵涉相关供应商的有关行为，有时还会引起财政部门对相关供应商进行处罚。由于多种因素，容易引起争议。

【案例46[1]】在三项投诉事项中，有一项影响采购结果，财政部门对一项不再核查，直接决定中标结果无效，重新开展采购活动，对违法违规问题将另案处理，是否符合规定

关 键 词：采购过程违法违规／中标或者成交结果无效／责令重新开展／其他事项／另案处理

案例要点：投诉事项有一项成立涉及采购过程违法违规的，即影响采购结果，不论合格供应商是否符合法定数量，是否有其他中标或者成交候选人，都应重新开展采购活动。如其他投诉事项不影响重新开展采购活动决定的，可以不再核查。对违法违规问题另案处理，属于监督检查程序。

质疑、投诉情况

2018年12月17日，“河北省血液中心全自动贴签机设备公开招标项目”开标，中标供应商为深圳市普特生物医学工程有限公司。2018年12月20日，唐山元升科技有限公司（以下简称“元升公司”）向该项目代理机构河北省成套招标有限公司（以下简称“招标公司”）提出质疑，招标公司于12月24日进行了答复。2019年1月14日，河北省财政厅收到元升公司提交的对河北省血液中心（以下简称“血液中心”）全自动贴签机设备公开招标项目投诉书。

投诉事项为：（1）“质疑回复函”回复得分与质疑前告知的得分不一致，相互矛盾；（2）评标专家在评标过程受到采购人非法干预；（3）“质疑回复函”称评标委员会统一判定我公司所投设备没有包装功能。我公司所投产品与招标文件要求无差异。投诉请求为：申请相关部门介入，调取评标过程中现场全部监控录像，查验评审专家在评标过程是否受到采购人非法干预，并出具正式说明。废除本次评标结果，重新进行评标。

河北省财政厅收到投诉书后，通知该项目采购活动暂停，依法进行了调查，查明下列事实：（1）元升公司在投诉书中称，在中标公告发布之后向招标公司电话询问本公司评审得分为61.2分，质疑回复函却答复为64.7分。经查，评标报告载明元升公司评审得分为与质疑回复函答复一致。招标公司对电话答复出具说明，承认系工作人员工作失误导致。（2）通过对该项目评标现场全程录音录像追溯审查，发现在评标过程中，采购人代表存在发表倾向性言论和评审专家征询采购人代表意见的行为。

2019年3月4日，河北省财政厅作出投诉处理决定：投诉事项1、2属实并成立。按照《政府采购质疑和投诉办法》第三十二条第一款第（二）项规定，认定中标结果无效，责令重新开展采购活动。鉴于评标过程存在违法违规行为，评审委员会评审意见无效，并已责令

---

1 案例来源：冀财采投〔2019〕1号。

重新开展采购活动，因此不再对投诉事项（3）进行核查。该项目采购活动中发生的违法违规问题将另案处理。

案例评析 CASE ANALYSIS

1. 投诉事项是否成立，对投诉处理决定没有影响的，可以不予核查

投诉人以其所投产品与招标文件要求无差异为由提出投诉事项（3），财政部门以“评标过程存在违法违规行为，评审委员会评审意见无效，并已责令重新开展采购活动”为由，不再对投诉事项（3）进行核查。笔者认为，由于存在违法违规行为，投诉事项（3）不论是否成立，都应认定中标结果无效，责令重新开展采购活动。尽管投诉处理决定在事实认定上，没有对合格供应商是否符合法定数量，是否有中标候选人等问题进行叙述，即使投诉事项（3）成立，也不能另行确定中标供应商。因此，财政部门对投诉事项（3）不予核查，是符合规定的。

2. 为避免投诉处理超期，可以对采购活动中发生的违法违规问题另案处理

由于违法违规行为的存在，有关责任人应当承担法律责任。在投诉处理时，往往时间紧，如果待查明违法违规事实，确定各个主体责任，与投诉处理决定一起作出，有可能会超出法定期限。因此，通过监督检查程序另案作出处理是合适的。

三、认定中标或者成交结果无效，要求采购人依法另行确定中标、成交供应商

政府采购已经确定中标或者成交供应商时，其他供应商对采购过程或者采购结果提起的投诉事项，财政部门经查证属实的，应当认定投诉事项成立，影响或者可能影响采购结果的，合格供应商符合法定数量，可以从合格的中标或者成交候选人中另行确定中标、成交供应商。在实践中，如何鉴别合格供应商符合法定数量？如何鉴别合格的中标或者成交候选人，往往引起争议。力图被另行确定为中标、成交供应商的，一般都是得分第二名的供应商，其经常在投诉时认为合格供应商符合法定数量，并主张自己是合格的中标或者成交候选人，与采购人或者采购代理机构发生争执，进而投诉。

【案例 47[1]】投诉事项成立且影响中标结果的，是重新开展采购活动，还是另行确定中标供应商？质疑答复与事实明显不符，是否都要追责

关 键 词：投诉事项成立 / 中标或者成交结果无效 / 另行确定中标供应商 / 质疑答复与事实不符

---

1 案例来源：福财决〔2018〕8号。

案例要点：投诉事项成立且影响中标结果，合格供应商符合法定数量，有其他中标或者成交候选人，由采购人或者采购代理机构按照招标文件的规定另行确定中标供应商。

质疑及其答复情况

深圳市长光智能技术有限公司（以下简称“长光公司”）于2018年8月21日向深圳市某区政府采购中心（以下简称“采购中心”）提出质疑，质疑内容为中标供应商广东某建设集团有限公司（以下简称“建设集团公司”）投标文件多项存在虚假应标的嫌疑，请求取消建设集团公司的中标资格。

采购中心答复称，关于反映建设集团公司投标文件多项内容虚假应标的问题。2018年8月28日，建设集团公司提供了广州市保伦电子有限公司（以下简称“广州保伦公司”）于2018年8月27日出具的《声明函》,《声明函》中广州保伦公司确认建设集团公司投标文件中ITC品牌各型号产品的技术参数真实、有效。评审委员会根据招投标文件、投诉人和建设集团公司双方提供的证据材料进行复核，维持原评审结果。采购中心根据复核结果和相关规定作出质疑答复。

投诉及其处理情况

长光公司因不服被采购中心关于某区红岭中学顶层多功能厅设备采购项目质疑答复，于2018年9月11日向深圳市某区财政局(以下简称“区财政局”)提交投诉函。投诉内容为：（1）建设集团公司投标文件多项内容存在虚假应标的嫌疑，请求取消建设集团公司的中标资格。长光公司提交了产品生广州保伦公司出具的《澄清函》。（2）采购中心对质疑函的处理调查不尽责，不认真。

深圳市某区财政局经审查：

（1）关于反映广东建设集团公司投标文件多项内容虚假应标的问题。该局于2018年9月29日向广州保伦公司发函询问相关事项,广州保伦公司于2018年10月9日作出《回复函》。《回复函》中称《声明函》与《澄清函》均由广州保伦公司出具，以《澄清函》中的内容为准；广州保伦公司在开标前未授权建设集团公司使用广州保伦公司生产的ITC品牌效果器TS-213参与该项目投标；广州保伦公司未生产ITC品牌TS-354HA、TS-354HB、TS-354HC三个型号的产品；型号TS-354H产品为无线麦，并非建设集团公司投标文件《分析报价清单表》中第20项“1进4出UHF宽带无线天线分配器”。根据《回复函》可知，建设集团公司投标文件多项产品不符合招标文件要求，投诉人该项投诉事项成立。（2）关于投诉被投诉人质疑处理调查不尽责的事项。由于广州保伦公司确认《声明函》与《澄清函》均为其公司出具，且投诉人未在被投诉人作出该项目质疑复函之前提交新证据《澄清函》，该局认为被投诉人质疑处理调查过程中不存在不尽责的情形，投诉人该投诉事项不成立。

综上所述，投诉人关于中标供应商部分投标产品不符合招标文件的投诉事项成立，其余投诉事项不成立。深圳市某区财政局作出决定如下：取消建设集团公司的中标资格，由某区政府采购中心从合格的供应商当中按照招标文件的规定另行确定中标供应商。

案例评析 CASE ANALYSIS

1. 认定投诉事项成立且影响中标结果后，是另行确定中标供应商，还是重新开展采购活动

此问题经常引起争议。从本案来看，由于投诉处理决定认定的事实中，没有对合格供应商是否符合法定数量，是否可以从合格的中标候选人中另行确定中标供应商的事实作出认定，是一个瑕疵。至于如何正确确定，一是从招标文件的规定，是否确定两名以上中标候选人；二是从评标结果看，合格供应商是否符合法定数量，事实上是否确定了两名以上的中标候选人；三是从投诉事项成立的性质看，该事项对其他候选人的评分是否有影响。如果招标文件规定确定两名以上中标候选人，评标结果也是如此，且投诉事项对其他候选人的评分没有任何影响，才能从合格的中标候选人中另行确定中标供应商。

2. 质疑答复与事实明显不符是否都要追责

该项目质疑答复出现了与事实明显不符的情形，是否应根据《政府采购质疑和投诉办法》第三十六条第（二）项规定，追究被投诉人法律责任？从案件事实看，由于投诉人未在质疑答复前提交《澄清函》，被投诉人不属于上述规定中的“不能作出合理说明”的情形，财政部门认为质疑答复调查过程中不存在不尽责的情形，没有追究被投诉人的法律责任，这是符合规定的。

四、撤销合同，责令重新开展采购活动

政府采购合同已经签订但尚未履行时，其他供应商对采购文件、采购过程或者采购结果提起的投诉事项，财政部门经查证属实的，应当认定投诉事项成立，影响或者可能影响采购结果的，有两种情形可以撤销合同，责令重新开展采购活动：（1）对采购文件提起的投诉事项；（2）对采购过程或者采购结果提起的投诉事项，合格供应商不符合法定数量，或者不能从合格的中标或者成交候选人中另行确定中标、成交供应商。

因为中标或者成交供应商已经与采购人签订合同，撤销合同并责令重新开展采购活动，必然对其利益产生影响，容易引起争议。

【案例48[1]】供应商和采购代理机构皆存在违法行为，政府采购合同已经签订但尚未履行，财政部门如何依法作出投诉处理决定

关 键 词：违法行为／撤销合同／重新开展采购活动

案例要点：在政府采购投诉处理中，投诉人对中标供应商的投诉成立且影响了采购结果，是否撤销合同，财政部门应视采购合同履行情况作出不同的处理。如果采购合同已经签订但尚未履行，则撤销合同，如果违法行为影响采购活动公平公正或者没有合格数量的中标候选人，一并作出责令重新开展采购活动的决定。但如果采购合同已经履行，则不宜撤销合同。

投诉处理情况

2018年8月7日，新乡市新大职业培训学校（以下简称“新大学校”）、新乡市金山职业培训学校（以下简称“金山学校”）向新乡县财政局提起投诉。投诉事项为：(1)供应商新乡某职校在开标现场粘贴、修改投标文件，并最终中标。(2)代理机构未按招标文件要求逆顺序开标。新乡县财政局经审查认为：关于投诉事项一：经调查，新乡某职校人员对投标文件进行了修改、粘贴。该调查有现场视频监控资料、远大学校投标文件、代理机构及远大学校询问笔录为证，投诉事项成立。关于投诉事项二：经调查，代理机构未按照招标文件规定逆顺序开标，投诉事项成立。

此外，在本项目处理过程中，还发现存在将招标文件以特定行政区域、特定行业的业绩、奖项；学校规模等评审因素或加分条件，属于以不合理的条件对供应商实行差别待遇或者歧视待遇。

因此，新乡县财政局于2018年9月17日作出如下投诉处理决定：责令代理机构限期改正，给予警告；将新乡某职校列入不良行为名单，在二年内禁止参加政府采购活动。决定撤销合同，责令重新开展采购活动。

案例评析

CASE ANALYSIS

1. 该采购项目采购文件采购过程都有违法情形

《政府采购货物和服务招标投标管理办法》（财政部令第87号）第三十四条规定：“投标人在投标截止时间前，可以对所递交的投标文件进行补充、修改或者撤回，并书面通知采购人或者采购代理机构。补充、修改的内容应当按照招标文件要求签署、盖章、密封后，作为投标文

1 案例来源：《新乡县财政局2018年9月17日投诉处理决定》，载http://www.xinxiangxian.gov.cn/portal/zwyw/bmdt/czj/webinfo/2018/09/1539371440027302.htm，最后访问日期：2020年4月26日。

件的组成部分。”显然可知，投标截止时间前投标人可对投标文件修改，但是在签署、盖章、密封后不可再修改。而供应商新乡某职校在投标截止时间后的开标现场粘贴、修改投标文件，并最终中标，这是违法的。采购人或采购代理机构应当按照政府采购相关规定和招标文件的内容开展采购活动。而该项目未按招标文件要求逆顺序开标，违反了招标文件的内容，亦是违法的。

《政府采购法》第二十二条规定：“……但不得以不合理的条件对供应商实行差别待遇或者歧视待遇。”本案还存在将招标文件以特定行政区域、特定行业的业绩、奖项；学校规模等列入评审因素或加分条件，系以不合理的条件对供应商实行差别待遇或者歧视待遇，采购文件违法。

2. 关于政府采购合同是否应当撤销的问题

《政府采购质疑和投诉办法》第三十二条规定：“投诉人对采购过程或者采购结果提起的投诉事项，财政部门经查证属实的，应当认定投诉事项成立。经认定成立的投诉事项不影响采购结果的，继续开展采购活动；影响或者可能影响采购结果的，财政部门按照下列情况处理：……（三）政府采购合同已经签订但尚未履行的，撤销合同。合格供应商符合法定数量时，可以从合格的中标或者成交候选人中另行确定中标或者成交供应商的，应当要求采购人依法另行确定中标、成交供应商；否则责令重新开展采购活动。……”如上所述，投诉人的投诉事项成立且明显影响采购结果，中标人新乡某职校不具有中标资格。案情中未表明政府采购合同是否履行，如果尚未履行，则撤销合同，一并责令重新开展采购活动；如果已经履行，且给他人造成损失的，相关当事人可依法提起诉讼，由责任人承担赔偿责任。

五、撤销合同，要求采购人依法另行确定中标、成交供应商

政府采购合同已经签订但尚未履行时，其他供应商对采购过程或者采购结果提起的投诉事项，财政部门经查证属实的，应当认定投诉事项成立；影响或者可能影响采购结果的，撤销合同；合格供应商符合法定数量，可以从合格的中标或者成交候选人中另行确定中标、成交供应商。得分第二名的供应商，为了力争政府采购合同被撤销的结果，往往投诉时要求撤销合同，并以合格供应商符合法定数量、自己是合格的中标或者成交候选人，要求采购人或者采购代理机构将自己确定为中标、成交供应商，进而与采购人签订政府采购合同，引起争议。

【案例49[1]】决定撤销合同并另行确定中标供应商应达到哪些条件

关 键 词：合同签订但未履行/另行确定中标候选人

案例要点：投诉事项成立且影响采购结果的，财政部门要求另行确定中标供应商还是责令重新开展采购活动，应综合考虑各种因素，即合格供应商数量、是否有其他中标候选人、

1 案例来源：深坪财书〔2019〕21号。

违法行为是否影响整个采购过程及结果的公平公正等。

投诉及其处理情况

深圳某公司因不服深圳市坪山区公共资源交易中心（以下简称“公共资源中心”）关于“玩教具项目”的质疑答复向深圳市坪山区财政局（以下简称“区财政局”）提出投诉。

投诉事项一：评标委员会在评标过程中未按照招标文件规定的评分标准进行评分，对深圳某公司进行歧视和排斥，导致得分畸低，采购过程（评标程序）违反采购法相关规定。

投诉事项二：预中标供应商“深圳市瞭望实业有限公司”得分畸高，评标委员会使用2019年7月8日发布的招标文件中未经澄清修改的评分标准对“深圳市瞭望实业有限公司”投标文件打分，歧视深圳某公司并对深圳某公司实行差别待遇。

投诉请求：重新组织评审委员会进行重新评审，对原评审过程进行调查处理。根据重新评定后的结果责令公共资源中心重新宣布中标结果，同时公布各投标人投标文件的合同案例关键页扫描件和各投标人的分项评分打分表。

公共资源中心答复称：关于项目业绩部分，深圳市龙岗区深圳实验新亚洲幼儿园项目验收报告未加盖公章；宁波市鄞州区潘火街道金域传奇幼儿园项目无验收报告；宁波市鄞州区潘火街道格兰晴天幼儿园项目无验收报告。关于技术参数响应部分评分，深圳某公司未按照带▲号评分节点提供相应的检测报告，无法按照评分规则给予相应分数。关于项目实施方案、设计方案、售后服务部分评分，此三部分为主观分项，由评审专家根据各投标人提供的方案进行横向比较，分档打分。关于服务保障部分评分。按照澄清公告的评分标准，已予以更正该项评分，给予该项评分满分2分。

区财政局经审查认为：

（一）关于投诉事项一

1. 关于项目业绩问题。深圳某公司提供的关于深圳市龙岗区深圳实验新亚洲幼儿园项目的验收报告确未加盖公章，现有证据不足以证明评标委员会在评标过程中对深圳某公司实行歧视性待遇。深圳某公司投标文件中关于深圳市龙岗区深圳实验新亚洲幼儿园项目的业绩合同未体现合同签订日期，无法确定合同是否为2017年1月1日至项目交易公告发布之日期间签订，不符合评分标准要求。综上，深圳某公司所提供的关于深圳市龙岗区深圳实验新亚洲幼儿园的项目业绩不符合评分要求，因此该项业绩不应得分，深圳某公司本项投诉不成立。

2. 关于技术参数响应问题。深圳某公司投标文件中缺乏“49. 冲水画架”的安全结构检测合格报告以及“50. 户外木屋”的安全结构检测合格报告，但深圳某公司均已在《技术规格偏离表》中进行相应“负偏离”说明。此外，招标文件的其他需提供检测合格报告的重点参数投标人均已提供相应的检测报告，且均已在《技术规格偏离表》“说明”一栏中列出技术参数的证明资料名称，指明该证明资料在投标文件中的具体位置，并在投标文件中提供《检验报告索引表》。关于深圳某公司投标文件中提供的检测报告是否符合招标文件的要求，经专家论证，上述报告的检测机构均具有CMA资质，符合招标文件要求的评审标准。另查，招标文件没有将“未按照带▲号评分节点提供相应的检查报告”作为评审标准。综上，在深圳某公司的投标文件中提供了检测报告的情况下，以“未按照带▲号评分节点提供相应的检查报告，无法按照评分规则给予相应分数”为由继而给深圳某公司技术参数部分0分不合理，深圳某公司本项投诉成立。

（二）关于投诉事项二

经查，项目招标文件中项目业绩的评审标准为：投标人每提供一个货物类合同（货物清单内容包含玩教具）及验收报告的有效项目业绩，得10%。深圳市瞭望实业有限公司共提供11份合同及验收报告扫描件，符合招标文件的评审标准，且目前没有证据证明该公司提供虚假材料谋取中标。

此外，根据《最高人民法院关于适用〈中华人民共和国合同法〉若干问题的解释（一）》的有关规定：当事人超越经营范围订立合同，人民法院不因此认定合同无效。但违反国家限制经营、特许经营以及法律、行政法规禁止经营规定的除外。因此，政府采购项目主要看重供应商的履约能力和履约行为。除违反国家限制经营、特许经营以及法律、行政法规禁止经营规定的项目，国家相关法规并没有禁止供应商超经营范围参与政府采购活动。因此，深圳某公司本项投诉不成立。

综上所述，投诉事项一部分成立，投诉事项二不成立，且经认定成立的投诉事项影响本项目的采购结果。另查明，本项目采购人与中标人已于2019年8月12日签订《坪山区政府采购合同》，并于8月12日、8月13日向采购人提供两张增值税发票。中标人于8月12日与厂家上海华森葳教育用品有限公司签订《购销合同》，并于8月15日函至厂家通知暂缓履行合同。经向采购人确认，本项目合同当事人并未依照合同的约定实施属于合同标的的行为，如交付货物、支付价款等。因此，现有证据不足以证明本项目政府采购合同已履行。另根据《财政部关于做好政府采购信息公开工作的通知》（财库〔2015〕135号），投标人投标文件和各投标人的分项评分表不属于法律法规规定应当公开的范围。

区财政局于2019年9月25日作出处理决定为：（1）深圳某公司投诉事项（1）中部分事项以及投诉事项（2）不成立，驳回投诉。（2）深圳某公司投诉事项（1）第（2）项成立，责令撤销合同，合格供应商符合法定数量时，采购人应当依法从合格的中标候选人中另行确定中标供应商。

案例评析 CASE ANALYSIS

1. 中标人与采购人签订了采购合同，但尚未履行则可撤销采购合同

《政府采购质疑和投诉办法》第三十二条规定："投诉人对采购过程或者采购结果提起的投诉事项，财政部门经查证属实的，应当认定投诉事项成立。经认定成立的投诉事项不影响采购结果的，继续开展采购活动；影响或者可能影响采购结果的，财政部门按照下列情况处理：……（三）政府采购合同已经签订但尚未履行的，撤销合同。合格供应商符合法定数量时，可以从合格的中标或者成交候选人中另行确定中标或者成交供应商的，应当要求采购人依法另行确定中标、成交供应商；否则责令重新开展采购活动……"即投诉事项成立且影响采购结果的，如果采购合同已经签订但尚未履行，应撤销合同。本项目采购人与中标人已于2019年8月12日签订《坪山区政府采购合同》，中标人于8月12日与厂家上海华森葳教育用品有限公司签订《购销合同》，并于8月15日函至厂家通知暂缓履行合同。经向采购人确认，本项目合同当事人并未依照合同的约定实施属于合同标的的行为，如交付货物、支付价款等。所以本案未有充分证据证明采购合同已经履行，财政部门决定撤销合同，符合规定。

2. 要求另行确定中标或者成交供应商应多重考量

《政府采购质疑和投诉办法》（财政部令第94号）规定，投诉人的投诉事项成立且影响采购结果，同时合格供应商符合法定数量，可以从合格的中标或者成交候选人中另行确定中标或者成交供应商的，财政部门应当要求采购人依法另行确定中标、成交供应商，否则责令重新开展采购活动。究竟是要求另行确定中标供应商，还是责令重新开展采购？首先要看认定中标或者成交结果无效后，其他参与采购活动的合格供应商是否为三家以上；其次再看采购结果是否确定了其他中标或者成交候选人。

本案中区财政局作出的投诉处理决定为：责令撤销合同，合格供应商符合法定数量时，采购人应当依法从合格的中标候选人中另行确定中标供应商。可见，区财政局直接照搬《政府采购质疑和投诉办法》（财政部令第94号）第三十二条，而未说明合格供应商以及中标、成交候选人的相关情况，直接作出上述决定的行为值得商榷。

六、相关当事人可依法提起诉讼，由责任人承担赔偿责任

政府采购合同已经履行时，其他供应商对采购文件、采购过程或者采购结果提起的投诉事项，财政部门经查证属实的，应当认定投诉事项成立；影响或者可能影响采购结果并给他人造成损失的，由责任人承担赔偿责任。在实践中，采购人与签约供应商为了避免采购合同被撤销，经常主张合同已经履行。对如何认定采购合同已经履行，容易产生争议。财政部门审查时，一般应由签订合同的双方，即采购人与签约供应商来举证。如所举证据不充分，不能认定为合同已经履行。

【案例 50[1]】供应商正在"重大违法记录"处罚期内，政府采购合同已经签订且已经履行，财政部门如何依法作出投诉处理决定

关 键 词：重大违法记录 / 合同履行 / 赔偿责任

案例要点：在政府采购投诉处理中，投诉人对中标供应商的投诉成立且影响采购结果，是否由责任人承担赔偿责任，财政部门应视采购合同履行情况作出不同的处理。财政部门需查明合同是否已经签订且已经履行，另查明供应商是否存在"重大违法记录"且在 3 年内。如果已经履行的部分给他人造成损失的，应当由责任人承担赔偿责任；对于尚未履行的部分，可以从合格的中标或者成交候选人中另行确定中标或者成交供应商，否则可重新开展采购活动。

案情简介

海南省中医院洗涤消毒服务采购项目于 2017 年 5 月 11 日发布公开招标公告，2017 年 6 月 1 日进行开评标，参加开评标的供应商有 3 家，分别为潮州某公司、海口某公司、湛江某公司，2017 年 6 月 8 日本项目发布中标结果公告，海口某公司为中标供应商。

潮州某公司就采购项目的中标结果，于 2017 年 6 月 13 日向海南省政府采购中心（以下简称"采购中心"）提出质疑，采购中心于 2017 年 6 月 22 作出答复。

潮州某公司对质疑答复不满意，遂于 2017 年 7 月 11 日向海南省财政厅投诉，2017 年 9 月 7 日海南省财政厅作出《海南省财政厅政府采购投诉处理决定》，潮州某公司对该投诉处理决定不服向海南省人民政府申请行政复议，海南省人民政府于 2017 年 9 月 30 日受理该行政复议申请，并于 2018 年 7 月 18 日作出了《行政复议决定书》撤销《海南省财政厅政府采购投诉处理决定》并要求海南省财政厅重新作出处理。

潮州某公司投诉称：（1）海口某公司正处于"重大违法记录"处罚期内，不能参加政府采购活动，其恶意提供虚假材料参与本项目投标活动，应认定为投标无效。事实依据：海口某公司在 2014 年 9 月 11 日被海口市生态环境保护局（原海口市环保局）立案处罚，具体处罚事项为责令停止洗涤服务项目的使用和罚款 2 万元，潮州某公司认为该项处罚属于《政府采购法实施条例》第十九条情形，应该按照《政府采购法》第二十二条第一款第（五）项规定，禁止海口某公司在行政处罚生效之日起 3 年内参加政府采购活动。（2）湛江某公司为海口某公司陪标之重大嫌疑。

海南省财政厅经审理认为：

1. 原海口市环保局作出的"责令停止洗涤服务项目的使用和罚款 2 万元"的决定，达

1 案例来源：琼财采〔2018〕1186 号。

到重大违法记录标准。原海口市环保局于2014年8月27日作出338号处罚决定，责令海口某公司停止洗涤服务项目的使用并对其处2万元罚款，根据《行政处罚法》第八条："行政处罚的种类：……（四）责令停产停业……"以及《环境行政处罚办法》第十条"根据法律、行政法规和部门规章，环境行政处罚的种类有：……（三）责令停产、停业、关闭……"的规定，该处罚决定中责令海口某公司停止洗涤服务项目的使用属于责令停产停业的行政处罚，表明海口某公司在经营活动中已有重大违法记录，且该重大违法记录的产生时间距海口某公司参加2017年5月11日发布的海南省中医院洗涤消毒服务采购项目公开招标不满三年。

同时，该处罚决定中罚款2万元，没有达到《海南省行政处罚听证程序规定》第二条"法人或者其他组织100 000元以上的为较大数额罚款"规定之较大数额罚款标准，故罚款2万元不属于《政府采购法实施条例》第十九条规定之重大违法记录。因此，潮州某公司关于"责令停止洗涤服务项目的使用和罚款2万元属于重大违法记录，应禁止海口某公司在行政处罚生效之日起3年内参加政府采购活动"的诉求，海南省财政厅予以支持。

2. 经查，海口某公司和湛江某公司投标保证金汇出账户不是同一银行账户，潮州某公司也没有提供两公司串通的相关证据。因此，潮州某公司关于"湛江某公司为海口某公司陪标之重大嫌疑"的诉求，没有事实依据，海南省财政厅不予支持。

综上所述，投诉事项影响采购结果，因第一年度采购合同已经履行，第二年、第三年采购合同尚未签订，且合格供应商不符合法定数量。海南省财政厅决定如下：（1）第一年度政府采购合同已经履行，给他人造成损失的，相关当事人可依法提起诉讼，由责任人承担赔偿责任。（2）责令就第二年和第三年的采购任务重新开展采购活动。

案例评析 CASE ANALYSIS

1. 中标人确有重大违法记录，禁止参加政府采购活动

《政府采购法实施条例》第十九条之规定，《政府采购法》第二十二条第一款第（五）项所称重大违法记录，是指供应商因违法经营受到刑事处罚或者责令停产停业、吊销许可证或者执照、较大数额罚款等行政处罚。供应商在参加政府采购活动前3年内因违法经营被禁止在一定期限内参加政府采购活动，期限届满的，可以参加政府采购活动。

本案中，原海口市环保局于2014年8月27日作出338号处罚决定，责令海口某公司停止洗涤服务项目的使用并对其处2万元罚款。该处罚决定中责令停止洗涤服务项目的使用属于责令停产停业的行政处罚，表明海口某公司在经营活动中已有重大违法记录，且该重大违法记录的产生时间距海口某公司参加2017年5月11日发布的海南省中医院洗涤消毒服务采购项目公开招标不满三年，依照《政府采购法实施条例》第十九条之规定，应禁止其参加政府采购活动。

2. 第一年度采购合同已经签订并履行，如造成损失只能由责任人赔偿

由于潮州某公司投诉事项一成立，且影响或者可能影响采购结果，政府采购合同已经履行，给他人造成损失的，相关当事人可依法提起诉讼，由责任人承担赔偿责任。其中，第一年度采购合同已经履行，给他人造成损失，相关当事人可依法提起诉讼，由责任人承担赔偿责任。第二年、第三年采购合同尚未签订，因海口某公司不是合格供应商，致使合格供应商不符合法定数量，应当重新开展采购活动。

七、认定废标行为无效

供应商有时也会对采购人、采购代理机构的废标行为提出投诉，认为其违反《政府采购法》第三十六条规定的情形，即在招标采购中，没有出现下列情形之一，而作废标处理的：（1）符合专业条件的供应商或者对招标文件作实质响应的供应商不足三家的；（2）出现影响采购公正的违法、违规行为的；（3）投标人的报价均超过了采购预算，采购人不能支付的；（4）因重大变故，采购任务取消的。财政部门就应对采购人、采购代理机构的废标行为进行审查，并作出投诉处理决定。财政部“指导性案例 24 号——J 单位新闻策划支持系统软件开发项目举报案”[1] 中认为，财政部门认定废标行为无效后，采购人、代理机构应当依法开展后续工作；采购人是作出废标决定的主体。这就说明，财政部门认定废标行为无效，采购人、代理机构应当恢复到废标行为作出前的状态，继续开展采购活动，在哪一环节停下，就在哪一环节继续，如未招标、投标、开标、评标、定标或者签订合同，就继续招标、投标、开标、评标、定标或者签订合同。

【案例 51[2]】是人为因素废标，还是出现重大变故而使采购任务取消

关 键 词： 重大变故取消采购任务 / 废标 / 重新开展采购活动

案例要点： 在政府采购中只有四种情形，采购人、采购代理机构才可以废标。废标后，除采购任务取消外，采购人、采购代理机构应当重新组织招标。

案情简介

2019 年通州区机关事务服务中心购买职工餐制作服务项目于 3 月 19 日开标，3 月 20 日组织评标。3 月 19 日《北京市通州区机构改革实施方案》印发，通州区机关事务服务中

1 《指导性案例 24 号——J 单位新闻策划支持系统软件开发项目举报案》，载 http://www.cgpnews.cn/articles/51032，最后访问日期：2020 年 5 月 19 日。

2 案例来源：通财采购文〔2019〕180 号。

心于3月22日收到该方案，并于3月25日陆续接到部分涉改单位的调整文件，3月29日发布该项目2-6包的废标公告。在此期间，通州区机关事务服务中心与北京某公司以面谈方式接触。

2019年4月23日，北京市通州区财政局（以下简称“区财政局”）收到北京某公司关于“2019年通州区机关事务服务中心购买职工餐制作服务项目废标的投诉函”。

北京某公司认为“2019年通州区机关事务服务中心购买职工餐制作服务项目废标公告不合法”，请求区财政局“责令通州区机关事务服务中心撤销废标公告，依法确认该项目评标结果并发布中标公告”。

区财政局经审查认为：该项目2-6包废标确因采购事项发生重大调整造成，符合《政府采购法》第三十六条第四款规定；废标公告的发布行为不违反《政府采购法》和《政府采购货物和服务招标投标管理办法》（财政部令第87号）规定；人为因素造成废标证据不足。

因此，区财政局于2019年6月4日依据《政府采购质疑和投诉办法》（财政部令第94号）第二十九条第二款规定，决定如下：不支持北京某公司“责令通州区机关事务服务中心撤销废标公告，依法确认该项目评标结果并发布中标公告”的投诉请求，决定驳回投诉。责令通州区机关事务服务中心根据《北京市通州区机构改革实施方案》及调整后的采购需求重新开展采购活动。

案例评析 CASE ANALYSIS

1. 采购人的废标行为是否合法

《政府采购法》第三十六条规定：“在招标采购中，出现下列情形之一的，应予废标：……（四）因重大变故，采购任务取消的……”《政府采购货物和服务招标投标管理办法》（财政部令第87号）第二十九条规定：“采购人、采购代理机构在发布招标公告、资格预审公告或者发出投标邀请书后，除因重大变故采购任务取消情况外，不得擅自终止招标活动。”可见，发生重大变故采购任务取消的终止招标活动。该采购项目为区机关事务服务中心购买职工餐制作服务，评标后区机构改革涉及机构的合并、分立，人员的变动，必然导致涉案项目无法按原有采购文件履行，可以说采购项目发生了重大变故。但本案并未说明采购人是否发布了采购任务取消的公告。如果发布了则符合《政府采购法》第三十六条第（四）项情形，予以废标并无不当。

2. 区财政局责令采购人重新开展采购活动是否合法

《政府采购法》第三十七条规定：“废标后，除采购任务取消情形外，应当重新组织招标……”本案并未说明采购人是否发布采购任务取消的公告。如果采购人取消了采购任务，则不一定要重新组织招标。而如果采购人没有取消采购任务，则应当重新组织招标。在此情形下，区财政局责令采购人重新开展采购活动符合规定。

八、认定投诉事项成立，不影响采购结果，继续开展采购活动

政府采购供应商对采购文件、采购过程或者采购结果的投诉事项，财政部门经查证属实的，应当认定投诉事项成立。不影响采购结果的，应当继续开展采购活动。对于上述情形，是否影响采购结果是关键因素。财政部门在处理过程中，既应当收集查证投诉事项是否属实的证据，也应当收集投诉事项是否影响采购结果的依据，并在投诉处理决定中予以阐述。

【案例 52[1]】评委评分有误并重新核算后，不影响得分排名，应如何作出投诉处理决定

关 键 词：投诉事项成立/不影响采购结果/继续开展采购活动

案例要点：评审委员会未按评分依据给分，经重新核算，中标结果没有变化。如果不存在招标文件违法、采购过程违法等影响公平公正的情形，财政部门应认定不影响采购结果，决定继续开展采购活动。

案情简介

深圳城市学院因不服深圳市政府采购中心关于“全市公职人员赴港项目”的质疑答复，于2018年6月28日向深圳市财政委员会提起投诉。深圳城市学院认为原评审委员会对中标方深港产学研基地培训中心的“拟安排的项目负责人情况”进行评分，未依据招标书的“必须在投标单位缴交社保，否则本项直接计0分”评分准则来做出正确判断，导致评标结果不公正。

深圳市政府采购中心认为，深港产学研基地培训中心是深港产学研基地下设的二级单位，项目负责人上官某是深港产学研基地任命的深港产学研基地培训中心的副主任，属深港产学研基地正式职工，社保由深港产学研基地购买，这种情况认定为“在投标单位缴纳社保”。综上，投诉人投诉事项不成立。

深圳市财政委员会经审查认为：

1.关于投诉事项。经查，本项目招标文件评标信息综合实力部分序号2“拟安排的项目负责人情况（仅限1人）”规定：“要求拟安排的项目负责人2017年11月~2018年4月必须在投标单位缴纳社保，否则本项直接计0分……”该评分项的权重为5分，深港产学研基地培训中心本项得分为5分。经查，深港产学研基地培训中心在其投标文件中关于“拟安排的项目负责人情况”提交的参保证明等资料显示，项目负责人2017年11月~2018年4月期间社保缴费单位的名称为深港产学研基地，并非深港产学研基地培训中心。关于

---

1 案例来源：深财书〔2018〕193号。

投标单位深港产学研基地培训中心与深港产学研基地两个单位之间的关系。

经查，深港产学研基地培训中心的性质为民办非企业单位，而深港产学研基地的性质为事业单位，该两个单位系不同的法人实体。因此，根据上述招标文件的规定，深港产学研基地培训中心关于“拟安排的项目负责人情况”应直接计0分。综上，投诉事项成立，深港产学研基地培训中心的得分应核减5分。

2.关于监督检查事项。该机关在投诉处理过程中发现，本项目另一投标供应商中国（深圳）国际人才培训中心的投标文件中，其《开标一览表》中的投标总价为14 155 656.5元，而其《项目报价表》中的投标报价为14 399 263.66元。上述情形属于招标文件《符合性审查表》第4项所规定的“同一项目出现两个或以上报价”的情形。鉴于上述情况，该机关于2018年7月18日作出《深圳市财政委员会政府采购监督检查决定书》，决定将中国（深圳）国际人才培训中心的投标文件按废标处理。

深圳市财政委员会于2018年7月18日作出投诉处理决定为：根据上述查证事实，投诉事项成立，但不影响采购结果（重新排名后，深港产学研基地培训中心仍为第1名）。该机关决定继续开展本项目的政府采购活动。

案例评析 CASE ANALYSIS

投诉事项成立但不影响采购结果，同时不存在其他影响采购公平公正的违法情形，可继续开展采购活动。招标文件规定“必须在投标单位缴交社保，否则本项直接计0分”。而中标供应商项目负责人社保缴费单位的名称为深港产学研基地，中标供应商的名称为深港产学研基地培训中心，经核实两者为不同性质的独立法人。显然，中标供应商该项应得0分，而在评审过程中，评分给了满分，投诉人的投诉事项成立。后经重新核算分数排名，中标供应商仍然排第一。如果本案招标文件、采购过程合法，不存在其他违反公平公正的情形，那么该事项不影响采购结果。根据《政府采购质疑和投诉办法》（财政部令第94号）第三十二条第一款，财政部门应决定继续开展本项目的政府采购活动。

【案例53[1]】对第三中标候选人问题的投诉事项成立，但其报价为非基准价，不影响采购结果，应如何处理

关键词：对中标候选人的投诉事项成立/报价非基准价/不影响中标结果

1 案例来源：（2018）粤7101行初2262号。

案例要点：投诉人对某中标候选人的投诉事项成立，但该中标候选人的投标报价非基准价，且另有超过三家供应商投标，投诉事项不影响采购过程和中标结果的公平公正，可认定不影响中标结果。

招标、质疑、投诉、复议情况

广东省中医院采购医疗设备招标项目包2：射频肿瘤热疗机，广东省中医院为采购人，第三人国义招标股份有限公司（以下简称“国义公司”）为采购代理机构。2017年8月2日，国义公司发布该项目公开招标文件。深圳某公司、南京恒埔伟业科技股份有限公司（以下简称“恒埔公司”）、南京某医疗器械有限公司（以下简称“南京某公司”）及上海坚敬生物科技有限公司（以下简称“坚敬公司”）四家公司参与投标,并递交了投标文件。2017年8月23日，经评标委员会评审，确定综合得分排名第一的恒埔公司为推荐中标人。2017年9月1日，国义公司发布中标人为恒埔公司的中标公告。

该项目招标文件中规定：“各有效投标供应商的评标价中，取最低者作为基准价，各有效投标供应商的价格评分统一按照下列公式计算：价格评分=（基准价 ÷ 评标价）×30。”其中，深圳某公司投标报价278.4万元，恒埔公司投标报价360万元，南京某公司投标报价408万元，坚敬公司投标报价390万元。深圳某公司为项目的评标基准价。

2017年9月12日，深圳某公司对评审结果向国义公司提出质疑，认为南京某公司提供的厂家授权资料系伪造，恒埔公司与南京某公司协同围标，导致恒埔公司高价中标。9月21日，国义公司对深圳某公司提出的上述质疑进行了书面回复。

2017年10月18日，深圳某公司向被告广东省财政厅投诉，投诉事项如下：（1）恒埔公司存在围标行为，利用南京某公司伪造公章违法犯罪行为导致高价中标；（2）南京某公司伪造先科公司代理产品授权书。要求废除中标结果，将恒埔公司、南京某公司列入黑名单。2017年11月29日，广东省财政厅作出《政府采购投诉处理决定书》，认为：①深圳某公司未提供材料佐证恒埔公司存在围标情形，未发现恒埔公司与南京某公司存在恶意串通的情形，故此项投诉缺乏事实依据；②深圳某公司关于南京某公司伪造先科公司代理产品授权书的投诉事项，经查证属实，南京某公司存在提供虚假材料谋取中标的情形。由于涉案项目投标供应商共四家，南京某公司推荐排名第三，其行为不影响中标结果，省财政厅决定：深圳某公司的投诉事项（1）缺乏事实依据，予以驳回；投诉事项（2）成立，但不影响中标结果，另行处罚。

深圳某公司对上述政府采购投诉处理决定不服，向广东省人民政府提出行政复议，广东省人民政府维持广东省财政厅作出的上述《政府采购投诉处理决定书》。

原告诉求及观点

深圳某公司不服，诉至广州铁路运输法院称，广东省财政厅在处理投诉过程中，避重就轻，不行使行政权力，不调查收集证据核实，与国义公司一起将举证责任推给深圳某公司，要深圳某公司提供行政机关依职权才能获取的证据。请求：(1)撤销广东省人民政府作出行政复议决定；(2)撤销广东省财政厅作出政府采购投诉处理决定；(3)判令广东省财政厅重新作出行政行为。

被告答辩及观点

广东省财政厅辩称：对于南京某公司伪造先科公司代理产品授权书的事实予以认定，另行进行查处；对于深圳某公司投诉的恒埔公司与南京某公司串通投标情形，缺乏事实依据，予以驳回；南京某公司在本项目投标过程中排名第三，其提供虚假材料谋取中标的情形对中标结果的产生过程及最终的中标结果均未产生影响。请求驳回深圳某公司的诉讼请求。

广东省人民政府辩称，同意广东省财政厅的答辩意见，请法院依法驳回深圳某公司提出的诉讼请求。

国义公司述称：国义公司认可、服从广东省财政厅作出的政府采购投诉处理决定和广东省人民政府作出的行政复议决定，请法院依法驳回深圳某公司提出的诉讼请求。

恒埔公司述称，(1)深圳某公司质疑其与南京某公司存在围标行为没有根据，亦未能提供任何证据予以证明。(2)医疗产品的型号不同，价格差异巨大，深圳某公司进行价格比对的产品属于中低端型号，而恒埔公司提供的“射频肿瘤热疗机”包组是最高端配置产品。

法院裁判及观点

法院认为，广东省中医院中标型号为最高端配置的HY7000型，而深圳某公司提供的并非同一产品，不具有价格比对性；涉案招标项目的最高限价是420万元，恒埔公司的中标价360万元在合理范畴内，未超过最高限价；深圳某公司虽主张恒埔公司利用南京某公司进行围标行为，但未能提供相关证据材料予以佐证。故深圳某公司的上述主张缺乏事实依据，法院不予支持。

根据《政府采购法》第七十七条第一款第（一）项、《政府采购货物和服务招标投标管理办法》（财政部令20号）第十七条的规定，本案中，南京某公司伪造先科公司的代理产品授权书的行为经查证属实，对南京某公司应依据上述规定予以处罚。但由于此次投标有四家供应商参与，南京某公司并非项目最低的投标报价，不属基准价，不影响其他供应商在该项目的报价得分。南京某公司在投标中推荐排名第三，其提供虚假材料的行为并不影响中标结果。故深圳某公司关于本次中标结果无效的主张，理据不足，法院不予采纳。综上，法院判决驳回深圳某公司的全部诉讼请求。

案例评析 CASE ANALYSIS

投诉人投诉事项中，有关第一中标候选人的投诉事项不成立，有关第三中标候选人的投诉事项成立。由于第三中标候选人并非项目最低的投标报价，不是基准价，不影响其他供应商在该项目的报价得分。此外，本项目有四家供应商投标，第三中标候选人的投标无效不影响采购项目的开展，且第三中标人提供虚假材料谋取中标不影响整个采购过程的公平公正。综上，即使投诉事项成立，但是不影响中标结果，可继续开展采购活动。但对第三中标候选人应当另行作出行政处罚。

九、驳回投诉

驳回投诉是在财政部门受理政府采购投诉后，依据查明事实，对投诉人程序权利或实体权利的一种否定评价，是一种最常见的投诉处理形式。根据《政府采购质疑和投诉办法》第二十九条的规定，投诉处理过程中，有四种情形应当驳回投诉：（1）受理后发现投诉不符合法定受理条件；（2）投诉事项缺乏事实依据，投诉事项不成立；（3）投诉人捏造事实或者提供虚假材料；（4）投诉人以非法手段取得证明材料。证据来源的合法性存在明显疑问，投诉人无法证明其取得方式合法的，视为以非法手段取得证明材料。由于驳回投诉否定了投诉人程序权利或者实体权利，经常会引起行政复议或者行政诉讼。

【案例54[1]】驳回投诉的决定被诉至法院后，法院一般从哪些方面进行审查

关 键 词：投诉处理／投诉事项不成立／驳回投诉

案例要点：供应商投诉后，财政部门经审查，投诉事项缺乏事实依据不成立的，财政部门应当驳回投诉。同时，财政部门处理政府采购投诉应该依照法定程序，尤其注意期限规定，避免超期。

招标、质疑、投诉情况

2014年6月，张家港市公共资源交易服务中心（以下简称“市公共资源交易中心”）

1 案例来源：（2015）昆行初字第0010号。

公开发布“沙洲职业工学院、张家港市长江文化投资发展有限公司窗帘”项目招标公告，于同年8月6日公开发布中标公告，明确一标段中标候选人为杭州月丹窗饰装饰有限公司、二标段中标候选人为无锡东方新格环境设计装饰工程有限公司。

2014年8月12日，苏州某公司向市公共资源交易中心寄送质疑函，对本案所涉政府采购活动在实体及程序上的内容提出质疑。2014年8月19日，市公共资源交易中心向苏州某公司发出复函，称其质疑不成立。

2014年8月28日，苏州某公司向张家港市财政局（以下简称“市财政局”）进行投诉。2014年9月2日，市财政局收到苏州某公司的书面投诉材料。多次要求补充材料后，2014年11月6日，市财政局作出政府采购投诉处理决定书称，苏州某公司的投诉不成立，故最终驳回投诉人的投诉。

原告诉求及观点

苏州某公司不服市财政局作出的投诉处理决定，向江苏省昆山市人民法院提起行政诉讼。苏州某公司认为，（1）市财政局未依法对投标实样重新进行检测，组织专家复议，未组织投诉人与被投诉人当面质证；（2）市财政局在招标过程中未对防火阻燃性按照国家标准提出要求；（3）市财政局在收到投诉书后，多次发出不合理的告知书，程序明显违法。苏州某公司在庭审又提出：评分专家中的王某是采购人代表，违反相关法律规定；市公共资源交易中心隶属于张家港市行政机关，违反《政府采购法》强制性规定。故请求：（1）市财政局重新作出政府采购投诉处理决定；（2）赔偿苏州某公司权益损失。

被告答辩及观点

市财政局辩称：（1）本案所涉采购项目的采购活动符合《政府采购法》等相关法律法规的规定，市财政局调查后未发现有违法之处；（2）对于苏州某公司提出的投诉事项已经按照规定予以调查，并在调查后确定不存在投诉事项，据此作出的处理决定并无不当。故市财政局所作政府采购投诉处理决定在实体上、程序上均符合法律规定。请求法院判令驳回苏州某公司的诉讼请求。

法院裁判及观点

法院认为，（1）本案所涉政府采购项目的招标文件中已经对防火阻燃性要求作出了明示，无任何证据表明中标人提供的实样不符合采购技术要求。（2）市公共资源交易中心系独立事业单位法人，是合格的采购代理机构。（3）市财政局在对投诉事项进行书面审查后径直得出结论的做法并无不妥，采购活动全程也不存在其他违反国家强制性规定的情形。

（4）市财政局在接到苏州某公司的投诉书后，经补正材料的法律释明，2014年10月16日依法予以受理，并发出《暂停政府采购通知书》。2014年11月6日，市财政局在法定期限内作出处理决定。上述程序符合法律规定。（5）本案中，市财政局并无违法行为，故法院对苏州某公司请求赔偿的主张不予支持。

综上，法院判决驳回苏州某公司的诉讼请求。

案例评析 CASE ANALYSIS

1. 质证非政府采购投诉处理的必经程序

无论是之前施行的《政府采购供应商投诉处理办法》（财政部令第20号），还是现在施行的《政府采购质疑和投诉办法》（财政部令第94号），都规定财政部门处理投诉事项原则上采用书面审查的方式。财政部门认为有必要时，可以进行调查取证或者组织质证。因此，质证非处理政府采购投诉的必经程序。本案财政部门经书面审查，对事实作出认定并作出投诉处理决定并无不当。

2. 对投诉书内容不符合规定应在5个工作日内告知

《政府采购供应商投诉处理办法》（财政部令第20号）第十一条规定："财政部门收到投诉书后，应当在5个工作日内进行审查，对不符合投诉条件的，分别按下列规定予以处理：（一）投诉书内容不符合规定的，告知投诉人修改后重新投诉。……"本案中，2014年9月2日，市财政局收到苏州某公司的书面投诉材料。因其提交材料不符合相关规定，市财政局多次发出要求苏州某公司补正材料的告知书。2014年10月16日，市财政局依法受理苏州某公司的投诉。然而，根据上述规定，市财政局应当在2014年9月2日收到投诉书的5个工作日内进行审查，即2014年9月9日之前告知苏州某公司修改后重新投诉。而市财政局在2014年9月10日告知则超过了法定期限，但最终经补正，市财政局受理了投诉，并没有实质影响投诉人的实体权利。

3. 投诉人的投诉事项缺乏事实依据不成立，驳回投诉合乎法律规定

如上所述，苏州某公司的投诉事项缺乏事实与法律依据，投诉事项不成立。市财政局驳回投诉符合法律规定。本案中，市财政局虽存在程序上的瑕疵，但对苏州某公司的实体权利不产生实际影响，法院驳回原告的诉讼请求并无不当。

十、终止投诉处理

政府采购投诉被财政部门受理后，由于各种原因，投诉人撤回投诉的情形经常发生。财政部门收到撤回投诉的书面申请后，应当进行审查，如果撤回投诉出于投诉人的真实意思表示，应当终止投诉处理程序，并书面告知相关当事人。对于终止投诉处理，有时也会产生争议。

【案例 55[1]】投诉人撤回投诉后，财政部门终止处理程序但未书面告知相关当事人，投诉人后来又提出投诉时，应如何处理

关 键 词：撤回投诉 / 终止投诉处理 / 书面告知

案例要点：政府采购投诉，投诉人书面撤回投诉的，财政部门应当终止投诉处理程序，并作出书面的《终止投诉处理决定书》送达当事人。当事人以寄送《律师函》的方式反映采购情况，即使形式不符合规定但如实质内容为采购项目的投诉、举报等，财政部门仍应处理。

招标、质疑、投诉情况

2018 年 2 月 11 日，广东华鑫招标采购有限公司（以下简称“华鑫公司”）发布 2018 年 2 月 6 日天河区城管局环卫车队采购 2018 年车辆零配件及润滑油等的政府采购中标结果公告，公告显示第三人广州市安粤汽车信息咨询服务有限公司（以下简称“安粤公司”）为中标单位。

2018 年 2 月 13 日，广州某公司向华鑫公司提交《政府采购质疑书》，提出安粤公司在参与此投标时提供了虚假的业绩和对应的业绩用户评定意见证明材料，要求采购人及政府采购代理机构重新审查安粤公司的投标文件。2018 年 2 月 24 日，华鑫公司对质疑予以回复。

2018 年 3 月 15 日，广州某公司对华鑫公司的质疑回复不予认可，遂向广州市天河区财政局（以下简称“区财政局”）作出投诉。2018 年 3 月 20 日，广州某公司向区财政局撤回 2018 年 3 月 15 日的投诉事宜。

2018 年 5 月 2 日，广州某公司向区财政局主要负责人递送投诉书，投诉安粤公司在参与此投标时存在递交虚假伪造资料的行为，要求给予答复，以维护该公司的合法权益。2018 年 5 月 3 日，广州某公司又以向区财政局邮寄《律师函》的形式，投诉安粤公司在参与投标时存在严重的业绩造假和员工技能证书造假行为。2018 年 5 月 4 日，区财政局向广州某公司作出《不予受理投诉通知书》，以该公司提交投诉书超过投诉的有效时限为由，决定不予受理。2018 年 5 月 10 日，广州某公司再次向区财政局的工作人员寄送《律师函》，函询投诉事宜的后续处理结果，并请求 3 日内回复；但因被区财政局工作人员拒收而被退回。2018 年 5 月 11 日，区财政局通过《告知函》，对广州某公司 2018 年 5 月 2 日寄送《律师函》所反映的事宜进行了书面回复，告知广州某公司可向采购人、采购代理机构提出质疑，如对质疑答复不满意的可以依据《政府采购法》及相关法律、行政法规规定的程序向其提起投诉。

---

1 案例来源：（2018）粤 7101 行初 2800 号。

原告诉求及观点

广州某公司以区财政局为被告，以广州市天河区市容环卫汽车队（以下简称“环卫汽车队”）、安粤公司为第三人向广州铁路运输第一法院提起诉讼。广州某公司诉称：广州某公司作为投标人在得知安粤公司在参与此投标时存在严重的业绩造假行为后，向区财政局及第三人环卫汽车队提出了质疑和投诉，区财政局与第三人环卫汽车队都未依法对第三人安粤公司提交的虚假文件核实，而是包庇，与安粤公司签订采购协议。依照招标文件规定，区财政局应当确认安粤公司的中标无效并给予相应处罚。但区财政局置之不理，之后广州某公司对此情况又进行了投诉，后来委托律师向区财政局、招标人发出律师函，区财政局签收后又让邮政部门退回。邮政部门标注为“投后拒收退回”。招标单位签收后没有在合理期限内对广州某公司及律师有任何回应。之后律师又向区财政局寄送了一份督促函，区财政局仍拒收。区财政局在收到广州某公司的投诉后不仅不对第三人安粤公司的违法行为进行审查，并做出合法处理决定，反而在拆封阅览内容后直接拒收退回，其后不再收取函件。区财政局的行为明显属于行政机关不作为。诉讼请求为，确认区财政局拒收广州某公司律师函的行为违法，判令区财政局依据广州某公司律师函请求事项依法做出处理。

被告答辩及观点

1. 区财政局已对广州某公司的投诉作出过处理，不存在行政不作为的情形。在区财政局审查的过程中，广州某公司于2018年3月20日提交《撤诉函说明文件》，将涉案投诉撤回。区财政局遂依法终止投诉处理程序。2018年5月2日，广州某公司再次向区财政局就该项目进行了投诉。因该投诉未在答复期满后15个工作日内进行投诉，故区财政局根据《政府采购质疑和投诉办法》第二条第（二）项规定于2018年5月4日作出了《不予受理投诉通知书》，不存在行政不作为。

2. 广州某公司主张其于2018年5月2日向区财政局寄送《律师函》及相关证据，区财政局对此置之不理，未对广州某公司做出任何回应不符合事实。

针对广州某公司2018年5月2日寄送的律师函，区财政局也已通过《告知函》书面进行了回复，并依法告知广州某公司可向采购人、采购代理机构提出质疑。如对质疑答复不满意的可以依据《政府采购法》及相关法律、行政法规规定的程序向区财政局提起投诉。区财政局并不存在广州某公司所言的未对该律师函做任何回应的事实。

3. 广州某公司屡次以律师函形式主张权利的方式不符合法律的规定，且不属于区财政局行政职权范围。

首先，2018年5月10日广州某公司寄送的邮件，收件人为“尚某”，而并非区财政局，也并非区财政局的负责人，故收发信件人员也不能代表区财政局作出行政行为的意思表示，其拒收行为不是区财政局行政职权的体现，拒收信件的行为并非行政法意义上的行政不作为，行政法上的不作为是以法定义务存在为要件。

行政不作为的前提是行政机关具有行政职权，且相对人要求行政机关履行的行政行为属于该行政机关的行政职权范围，但律师函超出了区财政局的行政职权范围，而且在区财政局已经给广州某公司书面答复的情况下仍不停寄送信件的行为已构成恶意，不应属于行政诉讼的受案范围。

综上所述，区财政局不存在行政不作为的情形，不符合广州某公司诉称《行政诉讼法》第十二条第（六）项“申请行政机关履行保护人身权、财产权等合法权益的法定职责，行政机关拒绝履行或者不予答复的”的情形。且广州某公司寄送律师函的行为超出了区财政局的行政职权范围，不属于行政诉讼的受案范围。

法院裁判及观点

本案中，广州某公司作为涉案招标项目的供应商，于2018年2月13日向招标代理机构华鑫公司提交质疑，该招标代理机构于2018年2月24日对质疑予以回复。2018年3月15日，广州某公司因对回复不满意提出投诉，但于2018年3月20日书面向区财政局撤回该投诉事宜。但是，2018年5月2日，广州某公司再次以书面形式就同一事由向区财政局提出投诉，区财政局以广州某公司的投诉已超过有效时限为由，于2018年5月4日决定不予受理，并无不妥。广州某公司在庭审时提出，其于2018年3月20日撤回3月15日的投诉事宜，是在受到胁迫和引诱的情况下作出的，并非其真实意思表示，但对这一主张，其未能提供相应的证据予以证实，法院不予支持。

另外，广州某公司向区财政局寄送案涉的《律师函》，实际上也是其对涉案招投标项目进行投诉的一种方式，区财政局将此作为涉案的投诉来处理，并无不妥。实际上，2018年5月11日，区财政局通过《告知函》对广州某公司2018年5月2日寄送《律师函》所反映的事宜进行了书面回复，告知广州某公司应依法提出质疑和投诉。但是，区财政局于2018年3月20日收到广州某公司撤回该投诉事宜的申请后终止投诉处理程序，并未按相关规定书面告知相关当事人，程序轻微违法，但对相关当事人的权利不产生实际影响，应确认为违法。

考虑到区财政局终止投诉处理程序事宜，是根据广州某公司书面提出撤回投诉的申请作出的，虽然未书面告知广州某公司，但广州某公司对撤回投诉的申请所产生的法律后果是清楚的，而区财政局是否书面告知终止投诉处理程序，并不影响该投诉的处理程序被终止。

因此，区财政局在处理广州某公司2018年5月2日、5月10日以《律师函》方式提出投诉时，并不存在行政不作为的情况，对广州某公司要求区财政局根据《律师函》请求事项依法作出处理的主张，于法无据，法院不予支持。综上，法院判决如下：驳回广州某公司的诉讼请求。

案例评析 CASE ANALYSIS

1. 投诉人撤回投诉，财政部门终止投诉处理程序且应书面告知

《政府采购质疑和投诉办法》第三十条规定："财政部门受理投诉后，投诉人书面申请撤回投诉的，财政部门应当终止投诉处理程序，并书面告知相关当事人。"2018 年 3 月 15 日，广州某公司因对质疑回复不满意提出投诉，后于 2018 年 3 月 20 日书面向区财政局撤回该投诉事宜，收到申请后区财政局终止投诉处理程序。但并未按相关规定书面告知相关当事人，程序轻微违法。考虑到对相关当事人的权利不产生实际影响，根据《行政诉讼法》第七十四条第一款第（二）项的规定，应当确认违法，但不撤销行政行为。因此，财政部门在投诉人申请撤回投诉后终止投诉处理程序，仍要注意履行相应的告知程序。

2. 财政部门拒收律师函，是否存在不作为

广州某公司以向区财政局发送律师函的方式来投诉，其主张权利的途径并不符合法律规定，但因该律师函反映的实质内容仍为财政部门履行职责范围之内，财政部门收到当事人的反映函件应给予回复。本案，区财政局通过《告知函》，对广州某公司 2018 年 5 月 2 日寄送《律师函》所反映的事宜进行了书面回复，告知广州某公司可向采购人、采购代理机构提出质疑，如对质疑答复不满意的可以依据《政府采购法》及相关法律、行政法规规定的程序向其提起投诉，合法合理。在此告知下，广州某公司仍然多次寄送《律师函》，区财政局不予回复不属于不作为。

第三节 与监督检查有关各主体的要求及其处理内容

政府采购中所称的监督检查，是指政府采购监督管理部门对政府采购的各主体在采购过程中发生的政府采购活动及集中采购机构进行监督的行为和活动。

在政府采购活动中，可以申请监督检查的主体十分广泛，根据《政府采购法》第七十条的规定，任何单位和个人对政府采购活动中的违法行为，有权控告和检举。从对政府采购活动监督检查的实践看，政府采购当事人申请或者监督管理部门自行启动的监督检查，占绝大多数。政府采购当事人包含供应商、采购人、采购代理机构，他们对相关政府采购活动的情况最了解，同时他们也是政府采购监督检查的对象。出于立场与利益的不

同，不同的政府采购当事人，所提出监督检查及其处理的要求的内容往往各不相同。供应商作为政府采购的直接参与主体和利益相关人，是提出监督检查及其处理要求的最多的主体。

《政府采购法》及其实施条例不仅赋予了其提起质疑和投诉的权利，也授予了其对政府采购活动的整个过程和各当事人的行为提出监督检查的权利。因此，供应商进行控告和检举时提出的要求可以涵盖质疑和投诉请求内容，还可以要求监督管理部门行使行政职权，对质疑和投诉中未查清的事实予以查明，并对违法行为的相关责任人进行行政处罚。

监督检查的内容有哪些？毫无疑问，政府采购监督管理部门即财政部门监督检查的内容最多，包括《政府采购法》第五十九条所规定的监督检查的三项主要内容，包括：（1）有关政府采购的法律、行政法规和规章的执行情况；（2）采购范围、采购方式和采购程序的执行情况；（3）政府采购人员的职业素质和专业技能。还包括根据《政府采购法》第六十五条、第六十六条所规定的对政府采购项目的采购活动进行检查，对集中采购机构的采购价格、节约资金效果、服务质量、信誉状况、有无违法行为等事项进行考核，并定期如实公布考核结果；根据《政府采购法实施条例》第六十条所规定的对集中采购机构的六项考核事项；根据《政府采购法实施条例》第六十一条所规定的对采购人报告的采购代理机构拒不改正违法行为，对采购代理机构报告的采购人拒不改正违法行为，进行依法处理；根据《政府采购法实施条例》第六十二条所规定的对政府采购评审专家库实行的动态管理；根据《政府采购法实施条例》第六十三条所规定的对参加政府采购活动的供应商、采购代理机构、评审专家的监督管理，对其不良行为予以记录，并纳入统一的信用信息平台。

此外，还有《政府采购法》第六十八条、第六十九条，《政府采购法实施条例》第六十五条所规定的审计机关的审计监督和监察机关对与政府采购活动相关的国家机关、国家公务员和国家行政机关任命的其他人员实施的监察。

由于上述《政府采购法》第七章监督检查、《政府采购法实施条例》第七章监督检查的相关规定比较原则，有关主体在实践中，提出的监督检查的内容一般都根据《政府采购法》第八章和《政府采购法实施条例》第八章以及财政部相关行政规章的有关规定，提出具体内容。下面根据被监督检查主体的分类，即采购人、采购代理机构、供应商、政府采购评审专家等，对其监督检查及其处理内容归纳如下：

一、针对采购人或者采购代理机构的监督检查及其处理的内容

对采购人或者采购代理机构的控告和检举，绝大部分是供应商提出的。供应商与采购人或者采购代理机构在政府采购活动中是投标方与招标方的关系，也是潜在的卖方与买方之间关系，容易发生直接冲突。供应商针对采购人或者采购代理机构所提的控告和检举的情形及其所主张的监督检查及其处理内容也很多，经常出现的主要有：

（一）针对采购人或者采购代理机构的相关内容

1. 责令采购人、采购代理机构限期改正，给予警告，或者要求并处罚款，并且对直接负责的主管人员和其他直接责任人员，由其行政主管部门或者有关机关给予处分，并予通报，主要包括《政府采购法》第七十一条所规定的五种情形，《政府采购法实施条例》第六十八条所规定的10种情形，《政府采购货物和服务招标投标管理办法》（财政部令第87号）第七十八条所规定12种情形，《政府采购非招标采购方式管理办法》（财政部令第74号）第五十一条第一款所规定的5种情形，第五十三条所规定的情形。

2. 对采购人、采购代理机构及其工作人员构成犯罪的，依法追究刑事责任；尚不构成犯罪的，处以罚款，有违法所得的，并处没收违法所得，属于国家机关工作人员的，请求依法给予行政处分，主要包括《政府采购法》第七十二条所规定的4种情形。

3. 对于控告和检举的情形影响中标、成交结果或者可能影响中标、成交结果的，按照《政府采购法》第七十三条、《政府采购法实施条例》第七十一条、《政府采购货物和服务招标投标管理办法》（财政部令第87号）第七十九条、《政府采购非招标采购方式管理办法》（财政部令第74号）第五十六条分别处理：

（1）对尚未确定中标或者成交供应商的，要求终止采购活动，重新开展采购活动。

（2）对已确定中标或者成交供应商但尚未签订政府采购合同的，要求确认中标或者成交结果无效，从合格的中标或者成交候选人中另行确定中标或者成交供应商；没有合格的中标或者成交候选人的，重新开展政府采购活动。

（3）对政府采购合同已签订但尚未履行的，撤销合同，从合格的中标或者成交候选人中另行确定中标或者成交供应商；没有合格的中标或者成交候选人的，重新开展政府采购活动。

（4）对政府采购合同已经履行，给采购人、供应商造成损失的，确认由责任人承担赔偿责任。

4. 对采购人、采购代理机构违反《政府采购法》规定，隐匿、销毁应当保存的采购文件或者伪造、变造采购文件的，处以二万元以上十万元以下的罚款，对其直接负责的主管人员和其他直接责任人员依法给予处分；构成犯罪的，依法追究刑事责任。

（二）针对采购人的相关内容

1. 责令采购人限期改正，给予警告，对直接负责的主管人员和其他直接责任人员依法给予处分，并予以通报，主要包括《政府采购法实施条例》第六十七条所规定的8种情形，《政府采购货物和服务招标投标管理办法》（财政部令第87号）第七十七条所规定的4种情形，《政府采购非招标采购方式管理办法》（财政部令第74号）第五十二条所规定的4种情形，第五十条所规定的情形。

2. 责令采购人改正，主要包括《政府采购法》第七十四条、第七十五条所规定的2种情形，即：一是对应当实行集中采购的政府采购项目，不委托集中采购机构实行集中采购的；二是未依法公布政府采购项目的采购标准和采购结果的。

（三）针对采购代理机构的相关内容

1. 对采购代理机构按照有关法律规定处以罚款，在一至三年内禁止其代理政府采购业务，构成犯罪的，依法追究刑事责任，即《政府采购法》第七十八条所规定的采购代理机构在代理政府采购业务中有违法行为的；还包括《政府采购法实施条例》第六十八条所规定的10种情形。

2. 对集中采购机构处以二万元以上二十万元以下的罚款，并予以通报；情节严重的，取消其代理采购的资格，即《政府采购法》第八十二条所规定的集中采购机构在政府采购监督管理部门考核中，虚报业绩，隐瞒真实情况的。

3. 对集中采购机构责令限期改正，给予警告，有违法所得的，并处没收违法所得，对直接负责的主管人员和其他直接责任人员依法给予处分，并予以通报，即《政府采购法实施条例》第六十九条所规定的3种情形。

4. 对采购代理机构有违法所得的，没收违法所得，并可以处以不超过违法所得3倍、最高不超过3万元的罚款，没有违法所得的，可以处以1万元以下的罚款，即《政府采购货物和服务招标投标管理办法》（财政部令第87号）第七十八条所规定12种情形。

【案例56[1]】评分时对投标人进行横向比较按优良差打分，符合法律法规吗

关 键 词：监督检查/分值设置/评审因素量化指标/违法

案例要点：采用综合评分法的，评审标准中的分值设置应当与评审因素的量化指标相对应，不能对投标人进行横向比较按优良中差等来打分。

案情简介

广东省财政厅对广东某公司2017年度政府采购代理执业情况进行监督检查中发现的违法行为，经依法调查，认定主要违法事实为：2017年9月，受广东省海洋与渔业技术推广总站的委托，广东某公司代理的省级海洋渔业技术推广体系能力建设项目，招标文件第59页“开标与评标及定标”中明确本次公开招标采用综合评分法。招标文件表明投标人之间横向比较，优6~8分、良4~5分、差1~3分、未进行现场勘查或未提供现场勘查证明

1 案例来源：粤财罚〔2019〕13号。

得0分。以上情形属于评审标准中设置区间分的情形，违反了《政府采购法实施条例》第三十四条第四款“采用综合评分法的，评审标准中的分值设置应当与评审因素的量化指标相对应”的规定。

根据广东某公司违法行为的事实、性质、情节、社会危害程度和相关证据，按照《广东省财政厅关于规范财政行政处罚自由裁量权的规定》，广东某公司的违法行为为轻微。根据《政府采购法》第七十一条和《政府采购法实施条例》第六十八条的规定，该厅于2019年3月11日决定给予广东某公司警告的行政处罚。

案例评析 CASE ANALYSIS

1. 该部分评审因素指标招标文件无法也没有将其量化的，无法与评分标准相对应

招标文件第67页《技术评分表》的“整体技术方案及质量水平”“设计图的合理性及先进性”“现场演示”等评审因素无法进行量化，招标文件也没有将其量化，这就无法与评分标准相对应。

2. 该部分评分标准的分值也没有量化，只是进行横向比较

许多招标文件在评标标准中，对投标文件进行横向比较，以优良中差来打分，并没有细化到相应区间，这都是违反规定的。

二、针对供应商的监督检查及其处理内容

一方面，供应商对其他参与政府采购活动的供应商是政府采购中的竞争主体，最容易产生矛盾与纠纷，会针对其他供应商提出控告和检举的内容；另一方面，财政部门负有对供应商参与政府采购活动负有监督检查的职责，对供应商也有许多监督检查及其处理的内容。主要有以下几个方面：

1. 认定中标或者成交结果无效，一是指《政府采购法》第七十七条第（一）项至第（五）项所规定的情形，包括：（1）提供虚假材料谋取中标、成交的；（2）采取不正当手段诋毁、排挤其他供应商的；（3）与采购人、其他供应商或者采购代理机构恶意串通的；（4）向采购人、采购代理机构行贿或者提供其他不正当利益的；（5）在招标采购过程中与采购人进行协商谈判的。二是指《政府采购法实施条例》第七十二条第一款第（一）项、第二款所规定的情形。三是指《政府采购法实施条例》第七十四条第（一）项至第（七）项所规定的情形。

2. 要求对供应商进行罚款，列入不良行为记录名单，在一至三年内禁止参加政府采购活动，有违法所得的，并处没收违法所得，情节严重的，由工商行政管理机关吊销营业执照；

构成犯罪的，依法追究刑事责任。一是指《政府采购法》第七十七条第（一）项至第（六）项所规定的情形；二是指《政府采购法实施条例》第七十二条第一款、第二款所规定的情形；三是指《政府采购法实施条例》第七十四条第（一）项至第（七）项所规定的情形。

3. 要求对其他供应商列入不良行为记录名单，在一至三年内禁止参加政府采购活动。主要指《政府采购法实施条例》第七十三条所规定的情形，即供应商捏造事实、提供虚假材料或者以非法手段取得证明材料进行投诉的。

4. 责令限期改正，情节严重的，列入不良行为记录名单，在一至三年内禁止参加政府采购活动，并予以通报。主要指《政府采购非招标采购方式管理办法》（财政部令第74号）第五十四条所规定的3种情形。

【案例57[1]】检举中标人曾被行政处罚罚款7.7万元，公司法定代表人行贿，财政部门应如何监督检查

关 键 词：监督检查 / 较大数额罚款 / 行贿

案例要点：是否属于较大数额罚款，应根据政府采购时是否属于申请听证程序范围来确定；不能将供应商法定代表人等高管的违法犯罪行为，认定为供应商的重大违法记录。

控告检举情况

2018年3月19日，韶关市财政局收到该市发展和改革局转来的举报材料，举报2018年2月1日广州穗科建设管理有限公司组织的《韶关市发展和改革局2018~2019年度工程咨询服务资格采购项目》包一中标供应商广州某建筑咨询有限公司（以下简称"广州某公司"），不具备《政府采购法》第二十二条规定的条件。经审查，该局依法受理，并进行了调查。

检举人反映：（1）广州某公司2017年由于投标文件业绩资料作假，受到广州市住房和城乡建设委员会的行政处罚；（2）提供了广州某公司董事长张某行贿案件判决书内容的部分复印件。认为该公司不具备《政府采购法》第二十二条第二款"供应商必须具有良好商业信誉"的条件。

被检举人广州某公司回复称：根据《政府采购法实施条例》第十九条："政府采购法第二十二条第一款第五项所称重大违法记录，是指供应商因违法经营受到刑事处罚或者责令停产停业、吊销许可证或者执照、较大数额罚款等行政处罚。"《广东省行政处罚听证程序实施办法》第五条对较大数额罚款明确定为："较大数额罚款，是指对公民处以5000元以上罚款，对法人或者其他组织处以10万元以上罚款。"我公司受罚金额不属于较大数额罚款的范围。

1 案例来源：韶财采决（2018）8号。

监督检查情况

针对检举人的具体检举事项，该财政局调取了该项目的相关资料并认真审阅，同时向广州某公司作了调查。该财政局认为：（1）关于广州某公司受到广州市住房和城乡建设委员会行政处罚的问题。经查，广州某公司在参加广州南站区域地下空间及市政配套设施工程造价咨询服务项目投标时，投标文件所附业绩资料作假，2017 年被广州市住房和城乡建设委员会处以罚款 77 133 元的行政处罚。根据《政府采购法实施条例》第十九条："政府采购法第二十二条第一款第五项所称重大违法记录，是指供应商因违法经营受到刑事处罚或者责令停产停业、吊销许可证或者执照、较大数额罚款等行政处罚。"《广东省行政处罚听证程序实施办法》第五条对较大数额罚款明确定为："较大数额罚款，是指对公民处以 5000 元以上罚款，对法人或者其他组织处以 10 万元以上罚款。"

广州某公司参加该项目时间为：2018 年 2 月 1 日，根据 2018 年 1 月 23 日修改《广东省行政处罚听证程序实施办法》较大数额罚款对法人或者其他组织以 10 万元以上罚款，广州某公司被罚款 77 133 元不属于较大数额罚款范围内，因此广州某公司符合《政府采购法》第二十二条规定的资格条件。举报事项没有法律依据。

（2）关于检举材料所附广州某公司董事长张某行贿案件判决书内容的问题。经查广州某公司的投标文件，已附广州越秀区人民检察院 2018 年 1 月 25 日出具的投标人及其法人代表行贿犯罪档案查询结果告知函，告知广州某公司及法人代表未发现行贿犯罪记录。举报事项没有事实依据。

综上所述，根据《政府采购法》第七十条、《广东省实施〈中华人民共和国政府采购法〉办法》第六十四条的规定，该财政局于 2018 年 6 月 1 日作出处理决定如下：检举事项缺乏事实依据，驳回检举要求。

案例评析 CASE ANALYSIS

1. 广州某公司被罚款 77 133 元不属于较大数额罚款，不能认定为重大违法记录

广州某公司 2017 年被罚款 77 133 元。2018 年 1 月 23 日，广东省人民政府令第 251 号修改了《广东省行政处罚听证程序实施办法》，规定较大数额罚款是对法人或者其他组织以 10 万元以上罚款。2018 年 2 月 1 日，广州某公司参加该政府采购项目。"从旧兼从轻" 原则是处理各种新旧法律适用问题的一项基本原则，该原则简单理解就是 "有利于当事人的原则"。为有利于广州某公司参加政府采购活动，应当根据该项目采购时的标准来审查，该公司被罚款 77133 元，不属于较大数额罚款。

2. 广州某公司董事长无论是否受到刑事处罚，也不能认定为广州某公司有重大违法记录

财政部门在本案中，是以广州某公司的投标文件已附检察院 2018 年 1 月 25 日出具的行贿犯罪档案查询结果告知函，来认定举报事项没有事实依据。笔者认为，这对是否受到刑事处罚并无针对性，一般说来，对是否受到刑事处罚可以通过"中国裁判文书网"查询。在本案中，检举人检举广州某公司董事长因行贿被判刑，不论该事实是否存在，都不能认定广州某公司受到刑事处罚。因为对供应商的高管的重大违法记录，《政府采购法实施条例》在酝酿过程中曾考虑将其包括在内，但正式颁布时并未包括，因此不能再将供应商的高管的违法犯罪行为说成是该供应商的重大违法记录。

三、针对评审专家的监督检查及其处理内容

政府采购的评审专家，是指经省级以上财政部门选聘，以独立身份参加政府采购评审，纳入评审专家库管理的人员。评审专家在政府采购过程中有着重要作用，对评审专家的监督检查及其处理也至关重要，备受关注。对评审专家的监督检查及其处理内容主要有以下几个方面：

1. 给予警告，并处 2000 元以上 2 万元以下的罚款。主要指《政府采购法实施条例》第七十五条第一款所规定的第一种情形，即未按照采购文件规定的评审程序、评审方法和评审标准进行独立评审或者泄露评审文件、评审情况的。

2. 处 2 万元以上 5 万元以下的罚款，禁止其参加政府采购评审活动。主要指《政府采购法实施条例》第七十五条第一款所规定的第二种情形，即未按照采购文件规定的评审程序、评审方法和评审标准进行独立评审或者泄露评审文件、评审情况且影响中标、成交结果的；第七十五条第二款所规定的情形，即评审专家与供应商存在利害关系未回避的；第七十五条第三款所规定的情形，即评审专家收受采购人、采购代理机构、供应商贿赂或者获取其他不正当利益，尚不构成犯罪的。

3. 评审意见无效，不得获取评审费；有违法所得的，没收违法所得；给他人造成损失的，依法承担民事责任。即评审专家有《政府采购法实施条例》第七十五条所规定的违法行为的。

4. 责令限期改正，情节严重的给予警告，并对其不良行为予以记录。即评审专家存在《政府采购货物和服务招标投标管理办法》（财政部令第 87 号）第八十一条所规定的有该办法第六十二条所列 7 种行为之一的。

5. 评审意见无效，并不得获取评审劳务报酬和报销异地评审差旅费。即评审专家存在《政府采购货物和服务招标投标管理办法》（财政部令第 87 号）第六十二条第（一）项至第（五）项所列 5 种行为之一的。

6. 不得获取劳务报酬和报销异地评审差旅费。即评审专家存在《政府采购评审专家管理办法》第二十六条所规定的未完成评审工作擅自离开评审现场，或者在评审活动中有违法违规行为的。

7. 列入不良行为记录。即评审专家存在《政府采购评审专家管理办法》第二十九条所规定的 7 种情形之一的。

【案例 58[1]】评审专家未按照采购文件规定的评审程序、评审标准进行评审，应如何处理

关 键 词：评审专家 / 评审程序 / 评审标准 / 行政处罚

案例要点：评审专家未按照采购文件规定的评审程序、评审标准进行评审，应受到相应的行政处罚。

案情简介

山东省财政厅认定，几位评审专家在参与山东省煤炭泰山疗养院病房护理设备采购项目过程中，未按照采购文件规定的评审程序、评审标准进行评审，有行政处罚听证会笔录、该项目招标文件、评审资料等证据佐证。该厅认为，几位评审专家分别违反了《政府采购法实施条例》第四十一条的规定。2018 年 3 月 12 日，该厅依据《政府采购法实施条例》第七十五条第一款的规定，决定对各位专家分别作出警告和 3000 元罚款的行政处罚。

案例评析 CASE ANALYSIS

在政府采购过程中，绝大多数评审专家能够按照规定的评审程序、评审方法和评审标准进行独立评审，但少数评审专家不认真、不公正的现象时有发生，有的因过错出现评审错误、协商评分、分工评审，为自己的方便突破评审程序，将自己的喜好作为评审标准。因此，有必要对评审专家的评审行为实施监督检查。

第四节 信息公开申请及其答复内容

根据《政府采购法》第三条之规定，政府采购应当遵循公开透明原则、公平竞争原则、公正原则和诚实信用原则。实现政府采购公开透明化的基本前提是政府采购信息的有效公

1 案例来源：鲁财罚决字〔2018〕2\3\4\5 号。

开。政府采购信息涵盖的内容广泛，因此应当首先界定清楚政府采购信息公开的范围。根据《政府采购法》第七条、第八条、第六十三条、第六十六条以及第八十二条之规定，政府采购信息主要包含以下两个方面，一方面，是政府采购相关的法规和政策，包括政府采购的相关法律、法规、规范性文件以及各行政机关公布的政府采购集中目录和政府采购限额标准等。另一方面，是整个政府采购活动过程以及后续涉及的各类信息。

采购活动开始前，需要公示招标公告和对部分供应商公开的招标文件，招标公告中应当包含采购标准、采购方式、获取招标文件的方式等；招标文件中应当具体罗列采购的项目及需求、供应商资格预审条件以及评审方法等；采购活动完成后，采购人和采购代理机构应当将采购结果予以公布；倘若供应商提出投诉，财政部门应当在法定期限内公布投诉处理决定；供应商对决定不服，继续提出复议和诉讼，也应当及时公示行政复议决定书和人民法院生效裁判文书。

另外，政府采购监督管理部门在进行集中采购代理机构监督考核和政府采购活动监督检查，作出的考核结果和监督检查处理决定等也属于政府采购信息。所以，当相关供应商处于政府采购活动的某一个阶段时，就可以依据《政府采购法》的相关依据向采购人、代理机构或者相关部门申请信息公开。但是，《政府采购法》第十一条同时指出，涉及商业秘密的除外，此条规定与《信息公开条例》的相关规定相同。

对于政府采购信息公开的发布主体，《政府采购法》及其实施条例中并未明确规定，可以遵照“谁制定，谁发布”的原则。《政府采购法实施条例》第八条规定了政府采购项目信息的制定发布渠道：第一种是政府采购限额标准属于中央预算的政府采购项目，由国务院确定并公布；第二种是属于地方预算的政府采购项目，由省、自治区、直辖市人民政府或者其授权的机构确定并公布。同时，《政府采购法》第十一条规定政府采购的信息应当在政府采购监督管理部门指定的媒体上及时向社会公开发布。根据《政府采购法》第七十五条等规定，采购人未依法公布政府采购项目的采购标准和采购结果的，责令改正，对直接负责的主管人员依法给予处分。

【案例59[1]】供应商提出质疑后，申请公开采购代理机构组织原评标委员会对项目评审情况进行复核现场录音录像文件，应如何处理

关 键 词：政府信息公开 / 过程性信息 / 商业秘密

案例要点：实践中存在很多供应商对评审过程不服提出质疑投诉，同时仍申请对评审过程中的信息进行公开的情况。而评审过程或者复核过程的信息大部分都是因讨论、研究

1 案件来源：（2016）浙01行终850号。

或者审查而形成的过程性信息，不属于《政府信息公开条例》规定的应公开的政府信息。同时此类信息亦易涉及相关供应商的商业秘密。因此，采购人、采购代理机构或者财政部门在处理政府信息公开申请时，应多方面考虑相关因素并遵循法定程序，作出准确的答复，避免程序空转。

政府信息公开情况

2016年4月21日，杭州市公共资源交易中心（以下简称“市交易中心”）收到某研究所公开“杭州市公安局指挥中心系统集成项目的复核现场录音录像文件”信息的申请。市交易中心回复告知某研究所，其申请的复核现场录音录像文件不予公开，因该视频资料涉及相关投标公司、关联主体、个人参与该项目的部分信息，我中心已向关联人发送征询意见函征询是否愿意公开的意向，因有公司反对公开，故我中心将不公开复核现场录音录像文件。

行政诉讼一审情况

某研究所不服市交易中心作出的政府信息公开答复，以市交易中心为被告，于2016年6月12日向杭州市江干区人民法院提起诉讼。法院认为，《政府信息公开条例》第二条规定，本条例所称政府信息，是指行政机关在履行职责过程中制作或者获取的，以一定形式记录、保存的信息。该条例第二十一条第（二）项规定，对申请公开的政府信息，属于不予公开范围的，应当告知申请人并说明理由。《国务院办公厅关于做好政府信息依申请公开工作的意见》第二条第二款规定，行政机关在日常工作中制作或者获取的内部管理信息以及处于讨论、研究或者审查中的过程性信息，一般不属于《政府信息公开条例》所指应公开的政府信息。本案中，某研究所申请公开的信息系案涉政府采购项目复核现场的录音录像文件，尽管杭州市公共资源交易中心作为集中采购代理机构，对复核现场进行了全程录音录像，制作并保存了该信息，但是，因复核过程涉及评审专家对采购响应文件及相关供应商的比较与评价、涉及评审结果的讨论与确定，无论从过程性信息不予公开的规定出发，还是从保护评审专家不受干扰地发表评审意见、保障复核过程与复核结果公正性的角度考量，复核现场的录音录像都不适宜向投标供应商公开。如果投标供应商对评审、复核的过程或结果有异议，可以通过相应质疑、投诉程序或申请行政复议、提起行政诉讼等途径寻求救济，保护其合法权益。

因此，市交易中心在收到某研究所的信息公开申请后，在法定期限内作出不予公开的答复，并无不当。某研究所的诉讼请求不予支持。依照《行政诉讼法》第六十九条之规定，判决驳回某研究所的诉讼请求。

上诉人诉求及观点

某研究所不服上述行政判决，向杭州市中级人民法院提起上诉。某研究所认为，2015年10月14日，市交易中心宣布预中标单位为某研究所和太极计算机股份有限公司联合体。2015年11月3日，市交易中心发布采购结果更正公告，宣布预中标供应商为上海迪爱斯通信设备有限公司。因市交易中心组织的2015年10月22日更改中标结果的复核现场存在违规违法行为，某研究所申请市交易中心公开该项目复核现场录音录像。市交易中心从未提出过程性信息不予公开。原审法院主动为不公开找“过程性信息”的理由，对市交易中心提出的商业秘密和个人隐私未作审查。国务院办公厅《关于做好政府信息依申请公开工作的意见》不具有行政法律效力，其有关“过程性信息不予公开”的规定，不能作为司法审查的依据，只能作为具体应用的解释。复核现场视频涉及违法违纪行为，应当公开。市交易中心无证据证明涉及商业秘密、个人隐私，应当公开，即使部分涉密，也应将不涉密内容公开。

被上诉人答辩及观点

市交易中心在二审中认为原审判决认定事实清楚，适用法律正确，审判程序合法。

二审法院裁判及观点

某研究所申请公开的录像反映的是，该项目预中标结果提出质疑的情况下，采购代理机构市交易中心组织原评标委员会对项目评审情况进行复核过程。上述评标委员会成员通过询问、沟通、表达、交流并形成意见的过程，属于处于讨论、研究或者审查中的过程性信息。对此类信息，出于保障坦率交换意见和意见表达的中立性的考虑，应判定为不属于《政府信息公开条例》所指应公开的政府信息。对此，《国务院办公厅关于做好政府信息依申请公开工作的意见》中亦有相同意见。财政部《关于进一步规范政府采购评审工作有关问题的通知》中有“评审委员会成员、采购人和采购代理机构工作人员、相关监督人员等与评审工作有关的人员，对评审情况……负有保密责任”的内容，《浙江省财政厅转发财政部关于进一步规范政府采购评审工作有关问题的通知》中亦有“评审过程中凡是与采购响应文件评审和比较、中标成交供应商推荐等评审有关的情况……评审委员会成员、采购人和采购代理机构工作人员、相关监督人员等与评审有关的人员应当予以保密”的内容，上述内容，并未使用“过程性信息”的概念，但其本意应包含了过程性信息不应予以公开的考量。故市交易中心在案涉回复中引用上述规定，并无明显不当。

此外，案涉复核过程中，评标委员会专家的意见是通过较长时间的询问、沟通、表达、交流而逐渐形成的，难以作区分处理，因此，被诉行政行为决定对某研究所申请的信息不予公开，其结论正确。

某研究所称，其申请公开案涉信息是认为案涉复核涉及违法违纪行为，但现行政府采购及招标投标的法律、法规、规章，对于政府采购及招标投标中的违法行为，均设定相应救济方式，违纪行为亦有相关机构监督检查。因此，案涉信息的不公开，并不影响当事人权利的保障、救济。

综上所述，某研究所申请的信息因属过程性信息，故不应予以公开，但市交易中心在此情况下仍按案涉信息涉及商业秘密的程序征询相关当事人的意见，明显属程序空转，该不当虽无须以判决撤销的方式纠正，但仍需引起市交易中心的充分注意。原审判决认定事实清楚，适用法律正确，审判程序合法。依照《行政诉讼法》第八十九条第一款第（一）项的规定，判决如下：驳回上诉，维持原判。

案例评析 CASE ANALYSIS

1. 本案某研究所申请公开的信息是否应当公开

《国务院办公厅关于做好政府信息依申请公开工作的意见》“二、准确把握政府信息的适用范畴。《条例》[1]所称政府信息，是指行政机关在履行职责过程中制作或者获取的，以一定形式记录、保存的信息。行政机关向申请人提供的政府信息，应当是正式、准确、完整的，申请人可以在生产、生活和科研中正式使用，也可以在诉讼或行政程序中作为书证使用。因此，行政机关在日常工作中制作或者获取的内部管理信息以及处于讨论、研究或者审查中的过程性信息，一般不属于《条例》所指应公开的政府信息。”修改后的《政府信息公开条例》第十六条规定：“行政机关在履行行政管理职能过程中形成的讨论记录、过程稿、磋商信函、请示报告等过程性信息以及行政执法案卷信息，可以不予公开。”可见，公开的政府信息应是正式、准确、完整的。而处于讨论、研究或者审查过程中的过程性信息，不属于应公开的政府信息。

本案某研究所申请公开的录像反映的是，在相关投标人对涉案项目预中标结果提出质疑的情况下，采购代理机构市交易中心组织原评标委员会对项目评审情况进行复核过程。显然，复核是采购代理机构组织评审专家讨论、研究和审查项目评审情况的动态行为，是为了处理质疑从而向供应商作出质疑答复的过程性行为，相应地复核过程所形成的信息亦是过程性信息。因此，根据上述规定，某研究所申请公开的录像信息属于过程性信息，不属于《政府信息公开条例》应公开的政府信息。

1 此处《条例》指《政府信息公开条例》。

2. 采购代理机构对申请应如何处理

采购代理机构收到政府信息公开申请后，应先考虑该信息是否属于本机关公开范围，如果属于不予公开范围，直接告知申请人并说明理由。而属于公开范围的，考虑信息是否涉及商业秘密、个人隐私，如果涉及，征求意见后再答复。而本案采购代理机构未考虑到过程性信息的因素，未认识到申请人所申请的信息本身即属于不予公开的范围，在以其为应公开的信息基础上征求第三方意见。因申请人申请的录像信息为评审委员会的复审过程，其中涉及各供应商提供的信息，很可能涉及供应商的商业秘密，所以，采购代理机构考虑到商业秘密问题亦有合理性。虽然依据两种理由作出的答复结果一样，但很明显程序上有瑕疵。本案采购代理机构应根据《政府信息公开条例》第二十一条第（二）项以过程性信息为理由直接作出不予公开的答复。

【案例 60[1]】国有企业按政府采购程序招标形成的信息，是否属于政府采购信息公开的范围

关 键 词：信息公开 / 国有企业 / 采购程序

案例要点：国有企业不是政府采购的主体，即使其按政府采购程序招标仍不属于财政部门监督管理的范围，采购过程中形成的信息亦不属于政府采购信息公开的范围。但其仍受《招标投标法》等相关法规约束，行政机关在履行国有企业招标投标管理职责中制作或者获取的信息，属于政府信息公开的范围。

招标、信息公开情况

因诸暨市红泰安置小区建设，诸暨市经济开发总公司需要采供电梯 118 台。因为国有企业物资采购未包括在政府采购范畴，2014 年 12 月诸暨市经济开发总公司向诸暨市国有资产监督管理委员会（办公室）申请，要求该项目按照政府采购法进行公开招标。随后，2015 年 1 月诸暨市经济开发总公司委托浙江省成套招标代理有限公司对诸暨市红泰安置小区电梯采购项目进行公开招标。

2015 年 6 月 9 日，绍兴某公司向诸暨市人民政府（以下简称“市政府”）申请，就“浙成套诸暨市红泰安置小区电梯采购项目”谈判小组（评标小组）叶某等五名专家组成员的抽取，公开：（1）上述专家抽取的详细经过；（2）公开专家组成员抽取过程中形成的书面文件，如公管办开往上海市财政局的介绍信及其存根、上海市财政局政府采购管理处盖章的《关于专家抽取情况说明》函件；（3）说明所谓采取应急程序，紧急推荐专家的理由及依据的法律法规政策文件。

1　案例来源：（2016）浙行终 740 号。

市政府收到后于2015年6月30日答复称：绍兴某公司申请的事项不属于政府信息公开范围，如有需要，可请纪检监察部门前来调阅。

原告诉求及观点

绍兴某公司不服市政府作出的政府信息公开答复，以市政府为被告，向浙江省绍兴市中级人民法院提起诉讼。绍兴某公司认为，申请事项符合《政府信息公开条例》第十条第（六）项规定的“政府集中采购项目的目录、标准及实施情况”。且绍兴某公司因参与该项目的投标需要，要求公开相应信息，符合该条例第十三条的规定。市政府的回复未按照该条例第二十一条之规定，对绍兴某公司申请事项不属于政府信息公开范围的理由给予说明。因此请求：针对绍兴某公司的信息公开申请重新答复。

被告答辩及观点

市政府辩称，该项目不属于政府采购，上述电梯采购项目是诸暨市经济开发总公司委托浙江省成套招标代理有限公司招标的，评标专家抽取工作系浙江省成套招标代理有限公司派员联系、落实。由招标人决定到省外异地抽取专家，后确定到上海市财政局专家库抽取。为保证招标人代理机构到前述专家库抽取，诸暨市公共资源交易管理委员会办公室派员跟进，故不保存专家抽取等相关资料。市政府已根据《政府信息公开条例》第二十一条的规定告知绍兴某公司，涉案招标项目即使参照政府采购，根据《政府采购信息公告管理办法》第二条、第八条、第十二条的规定，评标专家抽取的详细过程也不属于政府采购信息公开的范围。

一审法院裁判及观点

法院认为，本案的争议焦点在于，绍兴某公司申请公开的信息是否属于该条例规定的政府信息。本案涉及的采购项目的采购人系诸暨市经济开发总公司，采购代理机构为浙江省成套招标代理有限公司，该项目并非政府采购项目。即使如绍兴某公司所称，涉案招投标行为依照《政府采购法》规定的程序进行，则根据《政府采购法实施条例》第三十九条规定“除国务院财政部门规定的情形外，采购人或者采购代理机构应当从政府采购评审专家库中随机抽取评审专家”。故依据该规定，抽取评审专家系采购人或者采购代理机构的自主行为，也并非市政府的履职活动。故绍兴某公司申请公开涉及的专家抽取活动信息并非市政府在履行职责过程中制作或者获取的政府信息。

综上所述，绍兴某公司起诉要求市政府公开的相关信息不属于政府信息，其诉讼请求依法不能得到支持，市政府答复内容并无明显不当之处。依照《行政诉讼法》第六十九条之规定，判决驳回绍兴某公司的诉讼请求。

上诉人诉求及观点

绍兴某公司不服向浙江省高级人民法院提出上诉称，市政府实施了请求推荐专家组成员的具体行政行为。上海市财政局采购管理处所出具的《关于专家抽取情况说明》可以证实，评标专家组的成员系市政府请求上海市财政局采购管理处以“应急程序”推荐的。该份情况说明只字不提招标人，由此可以确定系市政府依职权请求上海市财政局采购管理处推荐专家。而并非像市政府在答辩意见中所称的由招标人联系、落实。在履行该具体行政行为过程中获取的信息，是否属于政府信息，是否应当予以保存。一审法院认为抽取评审专家系采购人或者采购代理机构的自主行为，并非市政府的履职活动，显然与事实不符。而绍兴某公司要求公开的信息恰恰就是市政府在履行职责过程中制作或者获取的，以一定形式记录、保存的信息。市政府当然有法定公开的义务。请求撤销一审判决，并改判支持上诉人的诉讼请求。

被上诉人答辩及观点

市政府辩称，虽然本案招标单位自愿适用《政府采购法》程序进行招标活动，但采购单位本身始终不是行政机关，因此该活动过程中形成的信息不属于政府信息。虽然市政府实施了请求推荐专家组成员的行为，但该行为并非是市政府履行法定职责的行为，因此该行为产生的信息不属于政府信息。

二审法院裁判及观点

法院认为，本案系绍兴某公司不服市政府内设机构诸暨市公共资源交易管理委员会办公室就其政府信息公开申请所作《回复》，而以市政府为被告提起的不履行政府信息公开法定职责之行政诉讼。在涉案《回复》中，诸暨市公共资源交易管理委员会办公室回复绍兴某公司称，其所申请的信息公开事项“不属于政府信息公开范围”。本案中，绍兴某公司申请公开的事项是该项目谈判小组（评标小组）成员选定的详细经过，以及选定过程中所形成的书面文件和相关“采取应急程序、紧急推荐专家”的理由及依据的情况说明。由于该项目并非《政府采购法》第二条第二款规定的政府采购项目，即使诸暨市公共资源交易管理委员会办公室根据招标人的要求派员联络上海市财政局政府采购管理处请求帮助抽取电梯采购项目的评标专家，亦不能就此改变涉案招标活动的非政府采购项目性质，并以此要求公共资源交易管理委员会办公室履行政府信息公开法定职责。

况且，市政府在原审时也已就其不能应绍兴某公司要求提供其申请公开的上海市财政局政府采购管理处加盖印签的《关于专家抽取情况说明》函件作出了说明。故绍兴某公司提出的政府信息公开事项不符合《政府信息公开条例》第二条和第十七条规定的情形，诸暨市公共资源交易管理委员会办公室《回复》认定绍兴某公司申请事项不属于政府信息公开范围，并无不当。原审判决据此驳回绍兴某公司的诉讼请求，认定事实清楚，适用法律正确，审判程序合法，依法应予维持。绍兴某公司提出的上诉理由缺乏事实和法律依据，法院依法不予采信。判决驳回上诉，维持原判。

案例评析 CASE ANALYSIS

1. 国有企业按政府采购程序招标是否属于财政部门管理范围，由谁管理

诸暨市经济开发总公司作为国有企业并非政府采购的主体，其采购行为不属于《政府采购法》及相关法规调整范围。即使其自愿按照政府采购程序开展采购活动，但仍不属于财政部门管理的范畴，而应由招投标监督管理部门管理。

2. 原告申请公开的信息是否属于政府信息公开范围

绍兴某公司申请公开的事项是涉案项目谈判小组成员选定的详细经过，以及选定过程中所形成的书面文件和相关“采取应急程序、紧急推荐专家”的理由及依据的情况说明。首先，如上所述国有企业非政府采购主体，其采购行为不受《政府采购法》及相关法律法规调整且财政部门对其也不具有监督管理的职责，因此其采购过程中形成的信息公开亦不受《政府采购公告管理办法》规制，不属于政府采购信息公开范围的。

其次，需要考量申请公开的信息是否在履行行政管理职责过程中形成的。如前所述，虽然本案的信息不属于政府采购监督管理部门的职责下所制作而成，但市政府内设机构市公共资源交易管理委员会办公室根据招标人的要求，派员联络上海市财政局政府采购管理处请求帮助抽取电梯采购项目的评标专家，如为履行招标投标的行政管理职责过程中制作的信息，则应公开。

第五节 行政复议申请内容及其决定内容

根据《行政复议法》第二条规定，公民、法人或者其他组织认为具体行政行为侵犯其合法权益，可以向行政机关提出行政复议申请。《行政复议法》第六条又对行政复议范围作出明确的规定。

在与政府采购相关的行政复议申请中，许多申请人往往忽视《行政复议法》的有关规

定，要求复议机关直接对采购文件进行修改，或者责令采购人重新开展采购活动，或者撤销合同，或者要求另行确定自己中标，或者要求废标，或者要求认定废标行为无效，等等。这都是不符合法律规定的。申请人申请行政复议应当结合《行政复议法》第二十八条之规定，只能针对政府采购监督管理部门行政决定的相关内容或者逾期不处理的行为提出如下要求：（1）请求复议机关决定监督管理部门在一定期限内作出投诉处理决定或者监督检查决定等行政决定；（2）请求复议机关决定撤销、变更或者确认投诉处理决定或者监督检查决定等行政决定违法，并要求监督管理部门在一定期限内重新作出处理决定；（3）请求复议机关决定监督管理部门依法给予赔偿。

复议机关在对行政复议申请进行审查时，应当结合申请人的申请请求和被申请人作出的投诉处理决定作出全面审查。针对不同的复议请求，复议机关可以根据《行政复议法》作出如下复议决定：

（1）驳回复议申请决定。包括两种情形：一是申请人不符合行政复议申请条件的；二是复议机关发现该行政机关没有相应的法定职责需要履行或者在受理前已经履行了法定职责的。

（2）维持决定。复议机关认为行政行为认定事实清楚、证据充分、适用法律正确、程序合法时，作出复议维持决定。

（3）撤销决定。复议机关认为行政行为主要事实不清、证据不足，或者适用法律错误，违反法定程序，越权或滥用职权等的，可以撤销行政行为。

（4）变更或确认决定。复议机关认为行政行为认定事实清楚、证据充分，但是法律适用错误；或者认定事实不清、证据不足，但是经过复议机关审查后事实清楚、证据充分的，可以变更行政行为或确认行政行为违法。

（5）责令履行决定。被申请人不履行法定职责的，复议机关可以责令其在一定限期内履行。

【案例61[1]】供应商上游制造商能否申请行政复议，要求撤销政府采购监督检查处理决定、确认中标有效、将举报人列入不良行为记录名单予以公告

关 键 词：制造商/申请行政复议/请求事项内容

案例要点：供应商上游的制造商不是政府采购当事人，其权益不受《政府采购法》保护，对政府采购行为及采购相关的行政决定，都不具有申请复议的主体资格。行政程序中一并提出的履责请求，不能在复议程序中径行提出。

1 案例来源：（2017）京行终4106号。

行政复议情况

2016年10月31日，财政部针对中标人青岛华海环保工业有限公司（以下简称“华海公司”）、采购人中华人民共和国威海海事局（以下简称“威海海事局”）、采购代理机构中技国际招标有限公司（以下简称“中技公司”）作出《财政部监督检查处理决定书》（财库〔2016〕181号，以下简称“181号决定”），认为华海公司提供的5份产品检测报告均不符合招标文件的实质性要求，遂依据《政府采购货物和服务招标投标管理办法》（财政部令第18号）第三十条、第八十二条的规定及招标文件的要求，决定本项目中标无效。

作为涉案产品的生产商，永康市某厂认为财政部对其产品作出否定性评价，损害其合法权益，遂针对“181号决定”向财政部提出行政复议申请，请求：(1) 撤销“181号决定”；(2) 确认此次山东海事局成山头船舶溢油设备库工程溢油应急设备国内公开采购项目公开招标中标结果有效；(3) 驳回安洁公司朱某虚假恶意举报行为，并将其列入不良行为记录名单予以公告，涉及犯罪的依法移送有关部门处理。

2017年2月3日，财政部负责法制工作的机构收到永康市某厂提出的行政复议申请，并于同日受理该申请。2017年3月28日，财政部针对作为申请人的永康市某厂作出《驳回行政复议申请决定书》（财复议〔2017〕47号，以下简称“被诉决定”），主要内容为：(1)《行政复议法实施条例》第二十八条第二项规定，行政复议申请人须符合与具体行政行为有利害关系。虽然申请人是该采购项目原中标商的制造商，但“181号决定”认定的事实以及作出的本项目中标无效的结论均未对申请人的合法权益产生直接影响，申请人与“181号决定”并无利害关系，申请人关于撤销“181号决定”和确认本项目中标结果有效的复议请求不符合行政复议受理条件。(2) 根据《行政复议法》第六条的规定，驳回相关供应商安洁公司朱某虚假恶意举报行为，并将其列入不良行为记录名单予以公告，涉及犯罪的依法移送有关部门处理的复议请求，不属于行政复议范围，不符合行政复议受理条件。综上，依据行政复议法实施条例第四十八条第一款第二项规定，决定驳回永康市某厂的行政复议申请。

原告诉求及观点

永康市某厂不服被诉决定，以财政部为被告，向北京市第一中级人民法院提起行政诉讼称：(1)“181号决定”导致项目中标无效，其与中标供应商之间签订的合同无法履行，给该厂造成预期经济利益的损失。同时，财政部未针对恶意举报人的举报事项进行全面审查，仅认定产品检测报告不符合形式要求，对永康市某厂产品的声誉造成不利影响。因此，永康市某厂与“181号决定”之间具有利害关系。(2) 财政部在作出“181号决定”之前曾征求过永康市某厂意见，永康市某厂在答辩时提出了关于驳回安洁公司朱某虚假恶意举报行为，并将其列入不良行为记录名单予以公告，涉及犯罪的依法移送有关部门处理的要求，财政部未予处理，因此，永康市某厂在复议中再次提出该项请求，属于行政复议受理范围。综上，请求北京一中院判决撤销被诉决定。

被告答辩及观点

财政部答辩认为：永康市某厂与“181 号决定”之间不具有利害关系，其与中标供应商之间的合同关系并非政府采购的行政法律关系。此外，永康市某厂的复议申请不属于行政复议受理范围，不符合行政复议受理条件，财政部驳回其复议申请并无不当。请求北京一中院判决驳回永康市某厂的诉讼请求。

一审法院裁判及观点

本案的争议焦点在于：(1) 永康市某厂与其申请复议的“181 号决定”之间是否具有利害关系；(2) 永康市某厂提出的驳回安洁公司朱某虚假恶意举报行为，并将其列入不良行为记录名单予以公告，涉及犯罪的依法移送有关部门处理等复议请求是否属于行政复议的受理范围。

关于争议焦点一，根据《政府采购法》第十四条规定，政府采购当事人并不包括给供应商提供产品的制造商。制造商与供应商之间基于合同所产生的权利义务并不在政府采购监督检查处理决定所涉及的行政法律关系范畴之内，因此制造商与监督管理部门作出的政府采购监督检查处理决定之间不具有利害关系，不具有复议申请人资格。此外，对于永康市某厂所提其合法权益受到“181 号决定”之侵害这一主张，应当可以认定该损害系基于其与供应商之间的民事合同所产生的间接不利影响。

对此，我们可以参照《行政诉讼法》第二十九条第一款之规定进行理解。根据《行政诉讼法》第二十九条第一款规定，利害关系可区分为与行政行为有利害关系和与案件处理结果有利害关系。前者具有原告资格，属于必须参加诉讼的第三人。而后者并不具有原告资格，不是必须参加诉讼的第三人，其地位类似于民事诉讼中无独立请求权之第三人。本案中的永康市某厂即属于后者，其与“181 号决定”之间不具有利害关系，财政部以此为由决定驳回其针对“181 号决定”提起的行政复议申请并无不当，应予支持。

关于争议焦点二，行政复议属于救济程序，其系针对行政机关作出的行政行为或不作为进行的事后监督，其审查的事项必须是在行政程序中已经形成争议的事项。关于永康市某厂提出的驳回安洁公司朱某虚假恶意举报行为，并将其列入不良行为记录名单予以公告，涉及犯罪的依法移送有关部门处理这一复议请求，根据本案查明的事实可知，永康市某厂在行政程序中并未向财政部提出过此项履责请求，因此不存在需由复议机关进行监督的事项，永康市某厂径行要求复议机关在复议程序中解决该争议，不属于行政复议的受理范围。

财政部针对该复议请求作出的驳回决定并无不当，应予支持。

此外，财政部于2017年2月3日受理永康市某厂提出的行政复议申请，并于同年3月28日作出复议决定，符合行政复议法第三十一条关于复议期限的规定，故对被诉决定程序的合法性予以确认。综上，被诉决定认定事实清楚、程序合法、结论正确，应予支持。永康市某厂提出的要求撤销被诉决定等诉讼主张缺乏事实及法律依据,不予支持。依照《行政诉讼法》第六十九规定，判决驳回永康市某厂的诉讼请求。

行政诉讼二审情况

永康市某厂不服上述行政判决，以财政部为被上诉人，向北京市高级人民法院提起上诉。二审法院认为，本案的焦点问题：

1.关于永康市某厂与其申请复议的“181号决定”是否具有利害关系的问题。本案中，中标人为华海公司，采购人为威海海事局、采购代理机构是中技公司，财政部所作“181号决定”系认为中标人华海公司提供的5份产品检测报告均不符合招标文件的实质性要求，故依法决定中标无效。永康市某厂系中标人华海公司提供检测产品的制造商，财政部在政府采购方面的监管职责并不及于产品的制造商，系针对政府采购当事人，即采购人、供应商和采购代理机构进行处理作出决定。永康市某厂作为制造商，与财政部所作的政府采购监督检查处理决定之间不具有利害关系，故不具有复议申请人资格。北京一中院的判决理由成立，并无不当。

2.关于永康市某厂提出驳回安洁公司朱某虚假恶意举报行为，并将其列入不良行为记录名单予以公告，涉及犯罪的依法移送有关部门处理这一复议请求的问题。鉴于该复议请求事项，永康市某厂在行政程序中并未向财政部提出过此项履责请求，其迳行在复议程序中要求复议机关予以解决，不属于行政复议的受理范围。一审法院的判决理由成立，并无不当。

综上，依据《行政诉讼法》第八十九条第一款第一项的规定，判决驳回上诉，维持一审判决。

案例评析 CASE ANALYSIS

1. 供应商上游制造商与监督检查处理决定无利害关系

《行政复议法》相关法规虽然没有对利害关系作更为细致的解释，但这里所指的利害关系应当是行政法上可评价的利害关系，而不是一切可能权益受损的直接或间接的关系。《财政部监督检查处理决定书》针对中标人青岛华海环保工业有限公司、采购人威海海事局、采购代理机构中技公司作出的，而原告永康市某厂自始至终并未参与涉案政府采购项目，仅是与中标人签订民事合同而提供货物的制造商。《政府采购法》第一条规定的立法宗旨中的内容中有“维护国家和社会公共利益，保护政府采购当事人的合法权益”，而当事人包括采购人、采购代理机构及供应商等，并不包含供应商上游的制造商。可见，制造商与政府采购行为并不具有行政法上的利害关系，其应从民事角度维护自身的合法权益。因此，本案监督检查决定以政府采购行为基础作出的，影响的是直接参与采购活动的相关当事人利益。而永康市某厂如上所述，与政府采购行为并无利害关系，其与监督检查决定更无利害关系。所以，原告永康市某厂并不具有提起行政复议的主体资格。复议机关应对其复议申请不予受理，受理后亦应驳回其申请。

2. 行政程序中未提出的履责请求，不能在复议程序中径行提出

本案监督检查程序中已经形成争议的事项中，并无当事人提出驳回安洁公司朱某虚假恶意举报行为，并将其列入不良行为记录名单予以公告，涉及犯罪的依法移送有关部门处理这一事项，这就不存在由复议机关进行监督检查的事项。永康市某厂径行要求复议机关在复议程序中解决该争议，这一复议请求的内容不属于行政复议的受理范围。

第六节 行政诉讼的诉讼请求及其裁判内容

法院在审理政府采购行政诉讼案件时，只对行政行为的合法性进行审查，而无须对决定内容的合理性进行审查。提起行政诉讼首要的问题，就是明确诉讼请求，而在司法实践中存在许多诉讼请求不明确、不具体、无依据、超越审理范围等情况，根本不能达到诉讼目的，不能通过行政诉讼维护自身的合法权益。因此，投诉人或利害关系人提起行政诉讼，可以根据《行政诉讼法》第四十九条第（三）项的规定，结合案件实际提出下列具体的诉讼请求：（1）请求判决撤销、变更行政行为；（2）请求判决行政机关履行法定职责或者给付义务；（3）请求判决确认行政行为违法；（4）请求判决行政机关予以赔偿或者补偿；（5）请求解决行政协议争议；（6）请求一并审查规章以下规范性文件；（7）请求一并解决相关民事争议；（8）其他诉讼请求。

在政府采购的行政诉讼中，投诉人或利害关系人对投诉处理决定不服提起行政诉讼的占绝大多数，此时相应的诉讼请求应围绕投诉处理决定提出相应的诉讼请求，即请求法院对投诉处理决定作出撤销、变更或者确认无效、违法等判决，或者请求法院判决履行投诉处理等法定职责。如果原告提出确认招标活动无效、采购活动违法等类似的请求诉讼请求，并非是行政诉讼的审查范围，有可能会被人民法院裁定不予受理或者裁定驳回。这是大多数供应商需要注意的。

有诉讼请求必定有相应的裁判，人民法院审理政府采购行政诉讼案件，有可能会作出如下的裁判结果：（1）裁定驳回起诉；（2）判决驳回原告的诉讼请求；（3）撤销或者部分撤销行政机关的行政行为，并可以判决被告重新作出行政行为；（4）被告在一定期限内履行行政行为；（5）确认违法，但不撤销行政行为；（6）确认行政行为无效。

一、裁定驳回起诉

驳回起诉，是指人民法院对于无正当理由或缺乏法律依据的诉讼当事人或其法定代理人提起的诉讼请求拒绝审理而予以驳回的诉讼行为。驳回起诉是行政裁定的一种形式，人民法院在审理行政案件时，可以根据案件的不同情况，对原告作出驳回起诉的裁定。有下列情形之一，已经立案的，应当裁定驳回起诉：（1）不符合行政诉讼起诉条件的；（2）超过法定起诉期限且无正当理由的；（3）错列被告且拒绝变更的；（4）未按照法律规定由法定代理人、指定代理人、代表人为诉讼行为的；（5）未按照法律、法规规定先向行政机关申请复议的；（6）重复起诉的；（7）撤回起诉后无正当理由再行起诉的；（8）行政行为对其合法权益明显不产生实际影响的；（9）诉讼标的已为生效裁判所羁束的；（10）不符合其他法定起诉条件的。

【案例62[1]】财政局收到举报后发函要求重新采购而被起诉，若采购人在诉讼期间取消涉案项目，起诉是否还在行政诉讼范围之内

关 键 词：举报/取消采购项目/受案范围

案例要点：在行政诉讼过程中，采购人取消涉案项目，与涉案项目相关的所有行政行为是否对供应商的权利义务不再产生实际的影响，从而不属于行政诉讼的受案范围，要区分具体情况作出具体处理。

监督检查情况

2017年9月6日，达州市财政局向案外人达州市民康医院、达州市公共资源交易服务中心作出《关于对达州市民康医院信息化建设软件系统及相关服务项目的函》（达市财采管函〔2017〕8号，以下简称“8号函”），该函称，该局收到举报函后，经立案调查发现：该项目招标文件第55项中要求……已违反《政府采购法第》第七十一条第（三）款的规定。……根据《政府采购法实施条例》第七十一条第（三）款之规定，重新开展政府采购活动。

---

1 案例来源：（2018）川1702行初10号。

原告诉求及观点

成都某公司于2018年1月9日向四川省达州市某区人民法院起诉达州市财政局。诉称，2017年9月21日，原告了解到被告作出《行政处罚决定书》(〔2017〕71号)，认定采购人达州市民康医院在该项目中违反政府采购法实施条例相关规定，责令其限期改正。原告认为此招标项目是严格按照政府采购流程进行的，没有任何供应商提出质疑，说明招标文件不存在“以不合理的条件对供应商实行差别待遇或者歧视待遇”，每次均有多家供应商参加投标，说明并没有指定特定的供货商与特定产品。该项目第四次招标时，从专家的评标过程及评标结果看，五家均是合格的供应商，并且评出了成交供应商。原中标人因自身原因而被取消，后其又提出举报认为招标参数有倾向性，该举报是典型的恶意举报，被告不调查举报人的真实意图，却组织人员论证招标文件有问题。2017年11月17日原告得知被告对该招标项目，作出了重新招标采购的决定。原告认为，这个决定是无效的，应该严格按照相关规定，从合格的中标候选人中确定中标者。原告请求撤销“8号函”中关于责令采购人、代理机构重新开展政府采购活动的决定。

被告答辩及观点

被告辩称，(1)原告的诉讼不属于人民法院的受案范围。被告对原告的信访函件所作答复不属于人民法院受案范围；原告已对投诉决定提起诉讼，本案属重复起诉；原告未对达市财管《责令限期改正违法行为通知书》(〔2017〕67号)及《行政处罚决定书》(〔2017〕71号)两个行政行为提起诉讼，即使提起诉讼，原告也不享有诉权；(2)被告作出的《责令限期改正违法行为通知书》及《行政处罚决定书》符合法律规定；(3)采购人已取消涉案采购项目，不存在对包括原告在内的各方当事人造成实质性的损害。同年3月9日案外人达州市民康医院向达州市财政局致函，决定取消案涉招标项目。

法院裁判及观点

法院认为，《行政诉讼法》第四十九条第(四)项规定，提起诉讼应当符合属于人民法院受案范围；《最高人民法院关于执行〈中华人民共和国行政诉讼法〉若干问题的解释》第一条第二款第(十)项规定，对公民、法人或者其他组织权利义务不产生实际影响的行为，不属于行政诉讼的受案范围。案外人达州市民康医院在本案诉讼期间已取消案涉招标项目，故，达州市财政局在“8号函”中作出的相关处理决定，现对成都某公司权利义务不产生实际影响，其起诉不属于行政诉讼的受案范围，应当予以驳回。裁定如下：驳回成都某公司的起诉。

案例评析

CASE ANALYSIS

1. 以采购项目取消而认定对原告权利义务不产生实际影响，值得商榷

本案审理期间，采购人民康医院取消了涉案采购项目，法院依据上述规定，认定本案不属于行政诉讼受案范围。笔者认为，不能仅因采购项目取消而直接认定市财政局在此之前作出的行政行为不产生实际影响，因该采购项目本来已经完成了采购活动，而项目的取消与市财政局的行政行为之间是否有因果关系，是需要进行审查的。因此，法院以不属于行政诉讼受案范围裁定驳回起诉的裁定，值得商榷。

2. 应查明原告与其诉讼请求是否有利害关系，确定应否驳回起诉

原告诉讼请求为撤销市财政局作出的“8号函”中关于责令采购人、代理机构重新开展政府采购活动的决定。此函件的相对人为采购人、采购代理机构，而不是参与采购活动的供应商。从裁定认定的事实分析，原告既不是中标供应商，也不是举报人，但是不是中标候选人之一，裁定书没有说明。因为原告主张“从合格的中标候选人中确定中标者”，如其不是中标候选人之一，其诉讼请求与其没有利害关系，“8号函”及法院如何裁判，都不直接影响其权利义务，就应裁定驳回其起诉。

二、判决驳回诉讼请求

判决驳回原告诉讼请求，是指人民法院通过审理，认定行政行为合法有效，认定原告的诉讼请求不能成立，判决否定原告的诉讼请求。对于政府采购行政诉讼，作出该判决的条件包括以下内容：

1. 对政府采购投诉处理决定、监督检查处理决定、行政处罚决定等作为的行政行为，驳回原告诉讼请求的判决必须同时满足以下四个条件：一是证据确凿，即政府采购投诉处理决定、监督检查处理决定、行政处罚决定等所确认的事实，有充分证据证明其真实存在；二是适用法律、法规正确，即对相应事实选择适用的法律、法规及规范性文件的条文款项正确，与效力更高的法律文件不抵触，而且处理的性质、形式和程序等合法；三是符合法定程序，即被诉行政行为不违反法定程序；四是无滥用职权、超越职权、明显不当等情形，即行政机关正当、合理行使职权，行政行为的内容没有超出权限范围，具有合理性不违反公平公正。

2. 对政府采购投诉、控告检举、申请等不予受理、不予处理、不予答复等不作为的行政行为，驳回原告诉讼请求的判决适用于以下情形：一是行政机关确无履行原告所要求的职责或者给付义务；二是行政机关已经依法履行了法定职责或给付义务；三是行政机关履行法定职责或给付义务的法定期限尚未届满；四是行政机关履行法定职责或者给付义务的条件尚未具备。

法院在审查政府采购行政诉讼案件时，一般结合《政府采购法》等实体法律法规和《行政诉讼法》等程序规定，审查政府采购投诉处理决定、监督检查处理决定、行政处罚决定等被诉行政行为的合法性，主要依据财政部门提供的证据审查。所以，财政部门应严格审核投诉、控告检举等事项，查明事实、适用法律、遵循程序，进而作出合法有效的行政行为。

【案例63[1]】原告诉讼涉及投诉处理决定的事实认定、法律适用、程序处理等众多内容，法院应如何判决

关 键 词：诉讼涉及内容/投诉处理认定事实/适用法律/处理程序/判决内容

案例要点：查明投诉事项中有未经依法质疑的事项应不受理，有查无实据的事项投诉应认定不成立；参加同一项目投标的供应商不存在控股或管理关系，未违反《政府采购法实施条例》第十八条规定；财政部门发送案涉投诉书副本的期限及受送达主体方面与规定不符，属其工作中的缺陷；行政诉讼庭审中提出的未经质疑、投诉的事项，法院无须审查。

招标投标情况

2015年6月，江苏设备成套公司作为招标代理结构，受江苏省地方税务局（以下简称“省地税局”）委托，就“江苏省地方税务局所需全省地税系统网上办税第三方CA认证服务项目”进行公开招标采购。江苏某电商公司于2015年6月23日购买了《招标文件》，另有北京数字认证股份有限公司（以下简称“北京数字认证公司”）等单位参加竞标。《招标文件》中载明了招标范围、评分标准等问题。投标结束后，评审委员会进行了评审。评审委员会由7名委员组成，评审过程中，有1名委员对投标人硬件证书的报价提出异议，认为属低于成本的超低价，但其他委员不持该意见。经评审委员会评标，确定北京数字认证公司、中金金融认证中心有限公司、上海市数字证书认证中心有限公司为中标候选人。后江苏设备成套公司公告北京数字认证公司为中标单位。

质疑及其答复情况

江苏某电商公司对该中标结果有异议，于2015年7月13日向江苏设备成套公司提出质疑，要求重新进行评标或重新进行招标。质疑的事项为：（1）招标文件中评分标准制定存在问题；（2）招标文件中招标范围存在问题；（3）招标过程中评分标准执行存在问题；（4）招标工作公正与公平问题；（5）投标人报价低于成本，中标价格低于成本价。江苏设备成套公司于2015年7月22日就上述质疑向江苏某电商公司作出答复。主要内容为：投

1 案例来源：（2016）苏01行初90号。

诉的第一、二点事项，因未在法定期限内提出，故不予回复。关于第三点事项，评审结果是评审委员会按照法律法规及《招标文件》的规定作出，故尊重评审委员会的评审结果。关于第四点事项，根据江苏某电商公司提供的材料，无法判断该3家单位协同一致并影响招标公正性与公平性。关于第五点事项，成本核算基于很多因素，不能仅根据江苏某电商公司提出的方法确定，且评审委员会未认为中标人的报价明显不合理或低于成本。

投诉及其处理情况

江苏某电商公司不服该答复，于2015年8月12日向江苏省财政厅（以下简称“省财政厅”）投诉江苏设备成套公司，要求省财政厅取消本次中标并按照废标处理，责令江苏设备成套公司重新开展采购活动。投诉的事项及理由与向江苏设备成套公司提出的质疑一致。省财政厅于8月13日收到该投诉，省财政厅于9月16日作出《政府采购供应商投诉处理决定》（以下简称《处理决定》)，认为：(1）江苏某电商公司于2015年6月23日收到招标文件，但未在从该日起7个工作日内对招标文件提出质疑。由于江苏某电商公司投诉的第（1)、(2）项内容，均为未依法进行质疑的事项，不符合投诉的条件。(2）评审委员会是根据政府采购法律法规和采购文件载明的评审方法和标准进行评审，未发现评审委员会在这次评审中，有违法情形或违反招标文件所规定的评标方法和标准进行评审的情形。(3）江苏某电商公司投诉书表明，参加投标的3家单位之间存在股权关系，不存在控股或管理关系。因此，3家单位参加同一项目投标，并未违反《政府采购法实施条例》第十八条规定。对江苏某电商公司投诉所主张的“易协同一致，可能一定程度会影响到此次招标公正性、公平性问题”，并无实据，无法认定。(4）江苏某电商公司认为，投标人以低于成本的报价竞标、中标价格明显低于成本价，无法认定。故决定依据《政府采购供应商投诉处理办法》第十七条的规定，驳回投诉。

行政复议情况

江苏某电商公司不服该《处理决定》,向江苏省人民政府（以下简称“省政府”）邮寄《行政复议申请书》，请求撤销省财政厅作出的《处理决定》，并责令其重新处理江苏某电商公司提出的投诉。主要理由为：北京数字认证公司的报价低于成本价；北京数字认证公司、上海市数字证书认证中心有限公司、中金金融认证中心有限公司存在股权交叉关系，存在协同竞标的嫌疑，影响招标的公平、公正。省政府于2016年2月15日作出《行政复议决定》（以下简称《复议决定》)，认为：(1）省财政厅未在《政府采购供应商投诉处理办法》第十二条规定的期限向江苏设备成套公司发送投诉书副本，且省财政厅未向与投诉事项有关的所有供应商发送投诉书副本进行调查取证，故其作出《处理决定》的程序存在瑕疵。

（2）省财政厅作出投诉处理决定的内容基本适当。理由为：（1）根据《政府采购法》《政府采购法实施条例》的规定，质疑是投诉的前置程序。江苏某电商公司向省财政厅提出的第一、二项投诉针对的是招标文件。江苏某电商公司于6月23日购买招标文件时已知晓相关内容，但其于7月13日向采购代理机构江苏设备成套公司提出质疑，超出了法律规定的期限。因此，其投诉的第一、二所涉事项不符合提出投诉的条件，亦不属于该案行政复议的审查范围，不予审查。（2）未发现评审委员会在此次评审中，有违反招标文件规定的评标方法和标准进行评审的情形。（3）参与本次投标的北京数字认证公司、上海市数字证书认证中心有限公司、中金金融认证中心有限公司三家单位不存在法律规定的控股或管理关系，可以参加该案所涉项目的招投标活动。江苏某电商公司所称“协同一致”等主张，查无实据。（4）招标文件仅限定了投标的最高价，超过该价格的投标为无效标。且项目评审委员会在采购活动中并未认定中标人北京数字认证公司的报价明显不合理或低于成本。在审查中亦未发现北京数字认证公司的报价有可能影响商品、服务质量和不能诚信履约。（5）由于江苏某电商公司在向省财政厅提出投诉，以及省财政厅作出驳回决定时，均未涉及《增值电信业务许可证》以及“分包”等问题，根据《行政复议法》第二十八条的规定，江苏某电商公司在行政复议期间提出的上述许可证和“分包”等问题，超出了该案审理的范围，不予审查。据此，根据《行政复议法》第二十八条第一款第（一）项的规定，决定：维持省财政厅于2015年9月16日对江苏某电商公司作出的《处理决定》。

原告诉求及观点

江苏某电商公司仍不服，向江苏省南京市中级人民法院提起行政诉讼。原告诉称，省财政厅的《处理决定》对以下事项未予以调查，包括：（1）取得江苏省内增值电信业务许可证是本次招标的法定条件。但招标文件未规定此项内容，属违反法律规定，本次招标应属无效。且对该情况的审查不应当受投诉事项的范围限制。（2）本次招标预算最高限价是硬件证书30元/个，每年每户服务费20元。而北京数字认证公司以硬件证书单价1.2元/个，服务费每年20元/户的报价中标，明显低于成本价。（3）北京数字认证公司的投标方案包含擅自分包内容，违背招标文件要求，不具有中标资格。（4）省财政厅在处理投诉过程中违背法定程序。以上事实，省地税局均予认可。但省政府的《复议决定》也未予纠正，仍然作出维持《处理决定》，亦属认定事实和适用法律的错误。据此，请求法院依法判决：（1）撤销省政府作出的《复议决定》；（2）撤销省财政厅作出的《处理决定》，并责令其重新处理投诉。

被告答辩及观点

省财政厅辩称：

1.省财政厅驳回电子商务公司的投诉，具有事实依据和法律依据。对于江苏某电商公司的投诉，省财政厅经调查认为：

（1）关于其投诉的评分标准及招标范围问题。江苏某电商公司于2015年6月23日收到招标文件，但未在7个工作日内对招标文件提出质疑，故该两项投诉问题，不符合投诉的条件。

（2）关于其投诉的评分标准执行问题。评审委员会根据政府采购法律法规和采购文件载明的评审方法和标准进行评审，未发现评审委员会在这次评审中，有违法情形或违反招标文件所规定的评标方法和标准进行评审的情形。

（3）关于其投诉的其他3家投标单位存在股权关系，可能影响招标的公正、公平性问题。江苏某电商公司投诉书表明，其他参加投标的3家单位之间存在股权关系，不存在控股或管理关系，因此，3家单位参加同一项目投标，并未违反相关法律法规的规定。江苏某电商公司投诉主张“易协同一致，可能一定程度会影响到此次招标公正性、公平性问题”，并无实据，无法认定。

（4）关于其投诉的以低于成本报价竞标问题。省财政厅经调查无法认定。

江苏某电商公司申请行政复议时，对《处理决定》关于上述投诉内容的第一、二、三认定未提出异议，仅对《处理决定》关于投诉内容的第4、5点提出异议，认为省财政厅未展开全面调查。但江苏某电商公司在复议听证会上，提出了许多质疑、投诉时未涉及的事项，省财政厅作出《处理决定》时均未涉及。省政府经复议认为，省财政厅作出《处理决定》的程序存在瑕疵，作出的投诉处理决定的内容基本适当。

2.江苏某电商公司的起诉没有事实与法律依据。（1）《增值电信业务许可证》及“分包”问题未经质疑、投诉，复议也未审查，不应作为起诉的内容。（2）江苏某电商公司认为中标人超低价竞标，省财政厅经取证并审查，无法认定。（3）《处理决定》适用依据正确，程序合法，内容适当。请求法院依法驳回江苏某电商公司的诉讼请求。

江苏省政府辩称，省政府作出的《复议决定》认定事实清楚、适用法律正确，复议程序合法。省政府已依法履行行政复议的法定职责，请求法院依法驳回江苏某电商公司的诉讼请求。

法院裁判及观点

首先，关于《处理决定》的事实认定、法律适用及行政程序，南京中院评判如下：

1.省财政厅负有受理并进行审查、作出处理的法定职责。

2. 提出质疑是提出投诉的前置条件，江苏某电商公司于2015年6月23日购买了《招标文件》，未在法定的7个工作日内提出质疑，故省财政厅认定江苏某电商公司的该2项投诉不符合投诉条件，符合法律规定。

3. 在案证据证明，省财政厅调取了评审委员会在案涉政府采购评审过程中形成的相关材料，未发现违反评审纪律或其他违反招标文件规定进行评审的问题。故省财政厅的该认定证据确实、充分。

4. 省财政厅受理江苏某电商公司的投诉后，调取了北京数字认证公司等3家单位的工商登记材料，未发现有违反政府采购法实施条例规定的情形。而江苏某电商公司投诉主张该3家单位易协同一致，可能影响招标的公正性、公平性，系其主观推测，未提供相应的证据证实。省财政厅经审查，亦未发现相应的情形，故其此项认定不违反法律规定。

5.《处理决定》认为，无法认定江苏某电商公司投诉的北京数字认证公司的报价低于成本价。南京中院认为，在案证据证明，案涉评审过程中，仅有1名评审委员会成员提出该问题，但其他成员均不持该意见。省财政厅在审查中亦未发现此问题，故此项认定不违反法律规定。

6. 省财政厅未能提供证据证明其向北京数字认证公司发送了投诉书副本，其在发送案涉投诉书副本的期限及受送达主体方面与《政府采购供应商投诉处理办法》的规定不符，属其工作中的缺陷，但该缺陷未对各方当事人的权益产生实质性影响，不足以导致《处理决定》违法。

其次，关于江苏某电商公司在该案中提出的主张，南京中院评判如下：

江苏某电商公司主张，取得江苏省内增值电信业务许可证是本次招标的法定条件，但招标文件未规定此项内容，属违反法律规定，本次招标应属无效。江苏某电商公司主张的该理由属对《招标文件》的异议，但其未在法定期限内提出质疑，也未在投诉中提出。江苏某电商公司主张该事项不受应在质疑、投诉中提出的限制，缺乏依据，南京中院不予采纳。

江苏某电商公司主张，北京数字认证公司的投标方案包含分包内容。南京中院认为，江苏某电商公司在质疑、投诉及行政复议中均未提出该主张，其在该案诉讼中提出该问题，不属于该案审理范围。

江苏某电商公司主张，省财政厅提交的证据说明其未依法审查江苏某电商公司提出的异议。南京中院认为，关于该问题，江苏设备成套公司及省财政厅已作出说明，南京中院经审查，其说明合理。但需要指出的是，省财政厅在审查中没有指出该笔误，属其工作中的不足，但该不足以导致其作出的《处理决定》违法。

综上，南京中院判决驳回江苏某电商公司的诉讼请求。

案例评析 CASE ANALYSIS

1. 政府采购行政诉讼的审查内容的范围是什么

《行政诉讼法》第六条规定，人民法院审理行政案件，对行政行为是否合法进行审查。及《政府采购法》第五十八条规定，投诉人对政府采购监督管理部门的投诉处理决定不服或者政府采购监督管理部门逾期未作处理的，可以依法申请行政复议或者向人民法院提起行政诉讼。即人民法院审查的是投诉处理决定的合法性。江苏某电商公司在诉讼中提到招标文件应规定供应商具有江苏省内增值电信业务许可证的问题，其未在法定期限内提出质疑，也未在投诉中提出，不属于投诉处理决定的投诉事项。因此，也不属于人民法院的审理范围及审查的内容之内。

2. 投诉事项未经质疑，法院应如何审查

根据《政府采购法》第五十二条、第五十五条，《政府采购法实施条例》第五十三条之规定，政府采购供应商应当在法定期限内提出质疑，且提出质疑是提出投诉的前置条件。本案，江苏某电商公司投诉的“招标文件中评分标准制定问题”“招标文件中招标范围问题”未在法定期限内对招标文件提出质疑，不符合投诉的条件。在诉讼阶段，法院亦无须再审查江苏某电商公司所投诉的“招标文件中评分标准制定问题”“招标文件中招标范围问题”。

3. 财政部门对投诉事项即 3 家单位参加同一项目投标的处理是否合法

《政府采购法实施条例》第十八条规定，单位负责人为同一人或者存在直接控股、管理关系的不同供应商，不得参加同一合同项下的政府采购活动。除单一来源采购项目外，为采购项目提供整体设计、规范编制或者项目管理、监理、检测等服务的供应商，不得再参加该采购项目的其他采购活动。此条是对关联股东参与同一采购活动的禁止性规定。本案中，投诉人投诉北京数字认证公司等 3 家单位参加同一项目投标违法。而省财政厅受理江苏某电商公司的投诉后，调取了北京数字认证公司等 3 家单位的工商登记材料，未发现有违反上述规定的情形。而江苏某电商公司投诉主张该 3 家单位易协同一致，可能影响招标的公正性、公平性亦未提供相应的证据证实。因此，财政部门认定投诉事项不成立，符合法律规定。

三、判决撤销行政行为

政府采购行政诉讼，人民法院围绕财政部门作出的投诉处理决定、监督检查处理决定、行政处罚决定等行政行为进行审查。一是审查财政部门是否具有作出被诉行政行为的职权；二是审查财政部门提供的证据是否能充分证明被诉行政行为的合法性、适当性；三是审查被告作出行政行为的程序是否符合法律规定。如果存在主要证据不足、适用法律法规错误的、违反法定程序、超越职权、滥用职权、明显不当的任一情形，人民法院则判决撤销或者部分撤销，并可以判决被告重新作出行政行为。因此，财政部门在处理政府采购投诉时，应注意每一个细节，以免诉讼风险。

根据《行政诉讼法》第七十条规定，行政行为有下列情形之一的，人民法院判决撤销或者部分撤销，并可以判决被告重新作出行政行为：（1）主要证据不足的；（2）适用法律、法规错误的；（3）违反法定程序的；（4）超越职权的；（5）滥用职权的；（6）明显不当的。因此，政府采购诉讼中，撤销行政行为的判决有以下三种：一是撤销投诉处理、监督检查处理、行政处罚等决定；二是撤销投诉处理、监督检查处理、行政处罚等决定中部分行政行为即相应决定中的某一项或者某几项决定；三是判决被告重新作出决定。上述三种类型中的第一种或者第二种，既可以单独判决，也可以与第三种一并判决。

【案例64[1]】处理投诉时未认定差别待遇或歧视待遇问题，未查明合同签订后是否履行，法院应如何判决

关 键 词：投诉事项成立/撤销行政行为/重新作出处理决定

案例要点：出现以不合理的条件对供应商实行差别待遇或歧视待遇的情形，可认定影响或者可能影响采购结果；财政部门对合同是否已经履行的情况未能查明，属于事实不清。应撤销投诉处理决定，判决重新作出投诉处理决定。

招标、质疑、投诉、复议情况

三亚市采购中心（以下简称“市采购中心”）受三亚市海棠区卫生和计生局（以下简称“海棠区卫计局”）委托，就“全自动血液生化分析仪项目”（以下简称“该项目”）进行公开招标，中标人为河南康铭医疗器械有限公司。海南某医疗设备公司于2018年7月12日向市采购中心对招标文件提出质疑。市采购中心于2018年7月19日对质疑进行回复，并在中国海南政府采购网更正公告，对部分内容进行了调整与删除。海南某医疗设备公司仍然不满，在2018年7月23日向三亚市海棠区财政局（以下简称“海棠区财政局”）投诉，申请：（1）删除招标技术参数第2.9.4条和第4.1条要求；（2）删除商务要求中第一条要求和商务部分厂家授权评审因素；（3）修改上述投诉的商务部分的评标标准和方法。2018年8月23日，海棠区财政局作出投诉处理决定，认为投诉人投诉事项不成立，驳回投诉。

海南某医疗设备公司对处理决定不服，于2018年8月29日向三亚市财政局申请行政复议。三亚市财政局于2018年11月28日维持了海棠区财政局作出的处理决定。

行政诉讼一审情况

海南某医疗设备公司仍不服，以三亚市海棠区财政局为被告，向海南省三亚市城郊人民法院提起行政诉讼，请求：（1）撤销海棠区财政局于2018年8月23日作出的处理决定；

1　案例来源：（2019）琼02行终88号。

（2）撤销三亚市财政局于2018年11月28日作出的复议决定；（3）请求法院根据《政府采购法》第三十六条第一款第（二）项的规定，对该项目作废标处理，责令采购人修改采购文件重新开展采购活动。

三亚市城郊人民法院认为，本案争议的焦点是海棠区财政局处理决定书，认定事实是否清楚，适用法律是否正确。首先，招标文件中2.9.4系统配套性要求：具有原厂配套试剂、校准品和质控品原厂试剂配套项目≥52项，并提供项目注册证明，协和医院未举证此项目全自动血液生化分析仪的机型适用开放性试剂，不适用2.9.4条规定的原厂配套试剂数量，也无证据证明该项目标准有指向特定的供应商，且不能说明乡镇卫生院所使用的全自动血液生化分析仪检测的项目都不会超过30项。因此，不属于《政府采购法实施条例》第二十条规定的以不合理的条件对供应商实行差别待遇或者歧视待遇。售后服务和操作培训的评标标准设置，该评标标准采用的是综合评分法，评审标准中的分值设置应当与评审因素的量化指标相对应，对于无法量化的，只能由评审委员会根据具体评审因素的内容进行评判，而该项目售后服务和操作培训不属于可以量化的评审因素，所以涉案文件并没有违反《政府采购法实施条例》第三十四条第四款的规定。一审法院依照《行政诉讼法》第六十九条的规定，判决驳回海南某医疗设备公司的诉讼请求。

上诉人诉求及观点

海南某医疗设备公司对一审判决不服，向海南省三亚市中级人民法院提起上诉称：

1.原审判决认定事实不清。

（1）试剂是独立于全自动血液生化分析仪之外的日用消耗品，将试剂注册数量作为要求，明显排斥其他厂家的全自动血液生化分析仪参与竞争，符合《政府采购法实施条例》第二十条第（二）（八）项规定的情形，属于以不合理的条件对供应商实行差别待遇或者歧视待遇。（2）案涉项目非出口项目，而是国产产品，在国内生产流通，用于三亚市的基层医疗卫生机构。采购文件要求在国内生产流通的国产产品要具有外国的CE、FDA认证，明显与采购项目的具体特点和实际需要不相适应，符合《政府采购法实施条例》第二十条第（二）（八）项规定的情形。

2.原审判决遗漏认定重要事实，即招标文件采购需求没有经过法定程序组织专家论证。海棠区财政局提交的证据11关于政府采购项目投诉的答复函和三亚市财政局提交的证据6《三亚市海棠区卫计局复议回函》说明采购需求没有经过法定程序组织专家论证，违反了《海南省政府采购当事人和评审专家行为规范（试行）》第十四条规定“根据法定程序组织咨询专家组对采购文件的合法性、合理性、公平性进行论证，采购人应当接受咨询专家组对采购文件的审核意见，不得随意更改专家组的审核意见或擅自对已审定的采购文件做出修改”。

3. 原审判决认为上诉人提交的证据 13 至证据 17 等不具有关联性，不予采纳是错误的。证据 16《指导案例 9 号》是财政部发布的政府采购指导案例，具有普遍指导意义。该案例招标文件评审标准设置有“优得 35~45 分，中得 20~34 分，一般得 0~19 分”等，与本案招标文件售后服务和操作培训的评标标准设置，存在评审因素没有细化和量化、分值设置未与评审因素的量化指标相对应、使用了没有明确判断标准及容易引起歧义的表述等问题，都违反了政府采购法律法规和财政部规范性文件的相关规定。证据 13 至证据 15 是政府采购的有关释义和说明，证据 17 是类似案例，都与本案有高度的关联性。

4. 原审判决认为“该项目售后服务和操作培训不属于可以量化的评审因素，所以涉案文件并没有违反《政府采购法实施条例》第三十四条第四款的规定”是错误的。《政府采购法实施条例》第三十四条第四款规定：“采用综合评分法的，评审标准中的分值设置应当与评审因素的量化指标相对应。”这句话包含两层意思，其中一层意思是评审因素的指标必须是可以量化的，不能量化的指标不能作为评审因素。根据上述规定，原审判决认为“售后服务和操作培训”是不能量化的指标，那就不能作为评审因素，否则就违反了采购法实施条例第三十四条第四款规定。

综上所述，请求二审法院撤销原审判决，改判支持上诉人的诉讼请求。

被上诉人答辩及观点

海棠区财政局辩称：

1. 原判认定事实清楚，采购人可以根据项目的特殊要求，规定供应商的特定条件。《政府采购法》第二十二条第二款规定：采购人可以根据采购项目的特殊要求，规定供应商的特定条件，但不得以不合理的条件对供应商实行差别待遇或者歧视待遇。采购人采购货物的名称是全自动分立式生化分析仪，属医疗设备，为保证医疗设备的安全性、严谨性，检测结果的正确精密以及满足临床项目及未来检验项目增长的需求，制定招标文件 A2.9.4 系统配套性要求以及 A4.1 认证要求，均是根据采购项目的特殊要求，规定供应商的特定条件，并不存在以其他不合理条件限制或者排斥潜在供应商，没有指向特定的供应商。

2. 原判没有遗漏认定事实。《政府采购法实施条例》第十五条规定。政府向社会公众提供的公共服务项目，应当就确定采购需求征求社会公众的意见。除因技术复杂或者性质特殊，不能确定详细规格或者具体要求外，采购需求应当完整、明确。必要时，应当就确定采购需求征求相关供应商、专家的意见。根据上述规定，专家意见并不是必须的，而是在有必要时才征求专家意见。该项目的货物采购需求清楚明确，不属于必须征求专家意见的情形，因此本案的货物采购程序是合法的。

3. 原判对证据的采信认定是正确的。上诉人一审提交的证据13至证据15并非案件事实证据，而是政府文件或法律规定解读，与本案不具有关联性，不能作为认定本案事实的证据使用。上诉人提供的证据16、证据17与本案也不具有关联性，各个项目的采购内容是不同的，需求也是不同的。证据16是仓库资格招标项目，证据17是录播设备的采购，本案采购的是医疗设备，根本不具有可比性，一审不予采信是正确的。

4. 原判认定该项目售后服务和操作培训文件没有违反《政府采购法实施条例》第三十四条第四款的规定是正确的。售后服务及操作培训属于投标企业对售后服务及操作培训的服务类策划方案，评标专家可以通过各投标人实施的方案策划对投标人的服务能力、响应时间、质量保证措施及服务体系进行横向比较，量化出优、良、差等级标准，并非没有明确判断标准。海南省公共资源交易中心及市采购中心公示医疗设备类以及其他货物类的采购公告中关于售后服务及培训方案部分评分均按此标准，不存在不合理要求。

法院裁决及观点

三亚市中级人民法院认为：

1. 关于案涉项目采购文件中，第三部分第一项“货物技术规范及要求”规格和配置技术参数2.9.4系统配套性要求、4.1认证要求是否具有《政府采购法实施条例》第二十条第（二）项、第（八）项之情形及第三项“商务要求”第5点“售后服务和质量保证”、第6点“技术资料和培训”所设置的量化指标及评审标准中的分值设置是否违反该条例第三十四条第三款、第四款之规定的问题。

（1）关于案涉项目采购文件中，第三部分第一项“货物技术规范及要求”规格和配置技术参数2.9.4系统配套性要求、4.1认证要求是否具有《政府采购法实施条例》第二十条第（二）项、第（八）项规定之情形的问题。

第一，关于规格和配置技术参数2.9.4系统配套性要求的问题。《政府采购法实施条例》第二十条规定，“采购人或者采购代理机构有下列情形之一的，属于以不合理的条件对供应商实行差别待遇或歧视待遇：……（二）设定的资格、技术、商务条件与采购项目的具体特点和实际需要不相适应或者与合同履行无关；……”

采购文件将“具有原厂配套试剂、校准品和质控品原厂试剂配套项目≥52项，并提供项目注册证明”作为评审标准，规定在全自动血液生化分析仪规格和配置技术参数内，势必会将仅生产或代理全自动血液生化分析仪而不生产或代理原厂配套试剂、校准品和质控品，或虽生产或代理原厂配套试剂、校准品和质控品，但原厂试剂配套项目≥52项的供应商排斥在外，属于以不合理的条件对供应商实行差别待遇或歧视待遇的情形。上诉人对采购文件该项投诉理由成立，海棠区财政局驳回其对该项投诉的行政行为，适用法律、行政法规错误，应予撤销。三亚市财政局维持该处理决定的复议决定，同样适用法律、行政法规错误，依法亦应予撤销。

第二，关于4.1认证要求是否具有《政府采购法实施条例》第二十条第（二）项、第（八）项规定之情形的问题。4.1认证要求“具备并提供FDA准入或CE认证，国内产品同时须提供ISO9001认证、ISO13485认证。获得国家技术创新示范企业称号，并提供相关证明文件且加盖公章”，分值为4分。产品资质认证要求，属需方对产品质量的要求，符合《政府采购法》第二十二条第二款规定的“采购人可以根据采购项目的特殊要求，规定供应商的特定条件……”不属对供应商实行差别待遇或歧视待遇之情形。“获得国家技术创新示范企业称号”不属认证要求，也不属采购文件规定对供应商的资格要求，在评审标准中也没有设定为加分条件，并不影响采购结果。故海棠区财政局驳回上诉人对该项投诉的行政行为，认定事实清楚，适用法律、行政法规正确，上诉人该项上诉请求和理由依法不能成立，法院不予支持。

2.关于采购文件“商务要求”第5点“售后服务和质量保证”、第6点“技术资料和培训”所设置的评审因素量化指标及评审标准中的分值设置是否违反该条例第三十四条第三款、第四款之规定的问题。

采购文件“商务要求”第5点“售后服务和质量保证”，设置了5个方面的评审因素量化指标；第6点“技术资料和培训”设置了4个方面的评审因素量化指标，并根据各项量化指标设置了相适的分值范围，由专家酌情给分。该分值设置与评审因素量化指标根本对应，虽然采购文件中对设置分值范围用“优”“良”“一般”“差”等词表述，但在实际评审中，评审专家会根据对评审因素量化指标设置的分值范围，根据投标人的响应情况，酌情给出具体、明确的数字分值而并非仅作出“优”“良”“一般”“差”的评价。原审判决认为案涉项目售后服务和操作培训不属于可以量化的评审因素，表述有误，法院依法予以纠正。海棠区财政局驳回上诉人对该项投诉的行政行为，认定事实清楚，适用法律、行政法规正确，上诉人该项上诉请求和理由依法不能成立，法院不予支持。

3.关于上诉人在原审中提出第二项“对海棠区卫计局全自动血液生化分析仪采购项目作废标处理，责成采购人修改采购文件重新开展采购活动”的诉讼请求，依法应否予以支持的问题。依据《政府采购质疑和投诉办法》第五条、第三十一条之规定，处理投诉事项系政府采购监督管理部门的法定职责，应由政府采购监督管理部门按不同情况分别作出处理结果。

本案中，虽然海棠区卫计局已于2018年9月26日与中标供应商河南康铭医疗器械有限公司签订了购销合同，但该合同是否已经履行还需海棠区财政局审查核实，故对上诉人的投诉事项，应由海棠区财政局重新作出处理决定。上诉人请求人民法院对该项诉讼请求径行作出判决，没有法律依据，法院依法不予以支持。

综上所述，二审法院依照《行政诉讼法》第七十条第（二）项、第八十九条第一款第（二）项、第三款之规定，判决撤销一审判决，撤销海棠区财政局投诉处理决定及三亚市财政局行政复议决定，由海棠区财政局在30个工作日内，对海南某医疗设备公司的投诉重新作出处理决定，驳回海南某医疗设备公司的其他诉讼请求。

案例评析 CASE ANALYSIS

1. 本案被诉的政府行政行为是否应当撤销

本案中，由于采购文件设定的资格、技术、商务条件与采购项目的具体特点和实际需要不相适应或者与合同履行无关，属于《政府采购法实施条例》第二十条所规定“以不合理的条件对供应商实行差别待遇或歧视待遇”。投诉人对采购文件该项投诉理由成立，但区财政局未能认定，适用法律、行政法规错误，投诉处理决定应予撤销。复议机关维持该处理决定的复议决定，同样适用法律、行政法规错误，亦应予撤销。

2. 法院判决撤销后，财政部门应当如何处理

招标文件以不合理的条件对供应商实行差别待遇或歧视待遇，可认定已经影响或者可能影响到了采购结果。由于政府采购合同已经签订，但合同是否已经履行未能查明。因此，财政部门应查明合同的履行情况，依据《政府采购质疑和投诉办法》第三十一条重新作出处理决定。即政府采购合同已经签订但尚未履行的，撤销合同，责令重新开展采购活动；若政府采购合同已经履行，给他人造成损失的，相关当事人可依法提起诉讼，由责任人承担赔偿责任。

四、判决限期履行法定职责

《行政诉讼法》第七十二条规定，人民法院经过审理，查明被告不履行法定职责的，判决被告在一定期限内履行。判决限期履行法定职责，是指行政机关不履行或者拖延履行法定职责，人民法院经过审理，判决行政机关必须在一定期限内履行法定职责。根据政府采购、政府信息公开等方面的法律、法规、行政规章等的有关规定分析，在政府采购行政诉讼中，对以下几种情况可以判决限期履行法定职责：（1）符合法定受理条件对采购人或者采购代理机构的投诉，财政部门不予受理或者受理后逾期未作处理的；（2）要求被诉行政机关履行政府采购监督检查的法定职责，被诉行政机关拒绝履行或者不予答复的；（3）申请被诉行政机关履行政府采购信息公开的法定职责，被诉行政机关拒绝履行或者不予答复的；（4）其他不履行法定法定职责的行为。

【案例 65[1]】地方规章规定，未在初步审查期告知补正视为受理质疑，财政部门认为未经质疑而对投诉不予受理，是否属于不履行法定职责

关 键 词：未正确告知补正 / 未答复质疑 / 不予受理投诉 / 不履行法定职责

案例要点：财政部门对投诉事项是否经过依法质疑应当谨慎审查。如果供应商已经提起质疑而仅采购人、采购代理机构未答复，财政部门作出不予受理决定属于不履行法定职责。

采购、质疑、投诉、复议情况

四川玖久公信招标代理有限公司（以下简称“玖久信公司”）作为招标代理机构，受某市国土勘测所和某市妇幼保健院委托，就“全球定位测绘仪 GPSRTK 一套、《四川省孕产妇保健手册》和《四川省儿童保健手册》”项目（以下简称“该项目”）通过询价方式进行采购。四川川印印刷有限公司（以下简称“川印公司”）参加采购活动，项城市顺意商贸有限公司（以下简称“顺意公司”）为该项目的成交供应商。

川印公司对成交结果有异议，2013 年 12 月 1 日向玖久公司提出质疑。质疑事项为：中标供应商顺意公司不具备投标资格，该公司与金园工艺制品有限公司、范集万华彩印厂串通投标，提供虚假资料投标。玖久公司对川印公司的质疑作出初步审查回复，认为川印公司的质疑书只有主观陈述、推理猜测，没有提供客观事实依据，要求川印公司在收到初步审查回复时起，2 日内按相关规定对质疑书进行修改，并依法提交，否则视为撤回质疑。

川印公司不服该答复，于 2014 年 1 月 2 日通过特快专递向某市财政局邮寄了投诉书，认为中标供应商顺意公司不具备投标资格，该公司与金园工艺制品有限公司和范集万华彩印厂串通投标，提供虚假资料投标，要求某市财政局依法处理。

2014 年 1 月 8 日，某市财政局政府采购监督管理股作出供应商投诉不予受理告知书，以供应商提起投诉前未依法进行质疑为由，对川印公司的投诉不予受理。川印公司不服，于 2014 年 2 月 24 日以某市财政局未在法定时间内作出投诉处理决定为由，向复议机关申请行政复议。2014 年 4 月 21 日，复议机关作出行政复议决定，驳回川印公司的复议申请，2014 年 5 月 21 日，川印公司收到行政复议决定书。

行政诉讼情况

川印公司仍不服，以某市财政局为被告，于 2014 年 6 月 13 日向某市人民法院提起行政诉讼。

---

1 案例来源：（2014）绵行终字第 82 号。

某市人民法院认为本案被告某市财政局收到川印公司的投诉书后，以其内设机构政府采购监督管理股的名义作出了不予受理的具体行政行为，并以国内挂号信函的方式通过某市邮政局向川印公司邮寄送达了不予受理告知书。川印公司起诉某市财政局在履行监管工作职责中行政不作为的事实和理由不能成立，对其诉讼请求，法院不予支持。川印公司坚称未收到不予受理告知书，也未针对某市财政局作出的不予受理具体行政行为提起诉讼，法院对该具体行政行为的合法性不作审查。一审法院判决驳回原告川印公司的诉讼请求。

川印公司对一审判决不服，以"原判认定事实不清，证据不足"等为由向四川省绵阳市中级人民法院提起上诉，请求：(1) 撤销一审行政判决；(2) 改判某市财政局在履行该项目监管职责中行政不作为；(3) 改判某市财政局作出投诉处理决定。

四川省绵阳市中级人民法院认为，根据《四川省政府采购供应商质疑处理办法》第二十五条第（二）款"供应商质疑具有本办法第十九条、第二十条、第二十一条规定情形，但被质疑人在初步审查期内未告知供应商的，视同受理质疑"的规定，玖久公司收上诉人川印公司质疑材料的时间是2013年12月5日，上诉人川印公司收到四川玖久公信招标代理机构的回复时间是2013年12月15日，被质疑人在初步审查期2日内内未告知上诉人川印公司，应视同受理质疑。

上诉人川印公司向某市财政局提起投诉，符合《政府采购供应商投诉处理办法》（财政部令第20号）第七条的规定。某市财政局认为上诉人川印公司在提起投诉前未依法进行质疑的理由不成立，某市财政局应当受理上诉人川印公司的投诉。上诉人川印公司的上诉理由成立，法院予以支持。原判处理不当，依法应予纠正。据此，判决撤销一审判决，责令某市财政局依法履行相关法律职责。

案例评析 CASE ANALYSIS

1. 未按地方规章在初步审查期告知补正，应视为受理质疑

《政府采购质疑和投诉办法》（财政部令第94号）施行之前，财政部对采购人、采购代理机构处理质疑没有作出明确、具体规定。部分省份为规范质疑答复行为，出台了关于政府采购供应商质疑的规定。《四川省政府采购供应商质疑处理办法》第二十三条规定，被质疑人应当在收到供应商质疑后次日起二个工作日内完成初步审查工作。第二十五条规定："供应商质疑经过初步审查符合本办法规定的，被质疑人应当对供应商质疑进行受理。供应商质疑具有本办法第十九条、第二十条、第二十一条规定情形，但被质疑人在初步审查期内未告知供应商的，视同受理质疑。"即被质疑人在收到供应商质疑后次日起两个工作日内进行初步审查，如果质疑存在不符合规定的情形，被质疑人应在两个工作日内告知质疑供应商，否则视同受理质疑。本案中，

采购代理机构签收供应商质疑材料的时间是 2013 年 12 月 5 日，案件中未提及采购代理机构发出回复的时间。采购代理机构如认为回复时间是在收到供应商质疑后次日起两个工作日内，就应当进行举证。如未举证，则应作出对其不利结论即视同受理质疑。

2. 市财政局认定投诉事项未经质疑，不予受理属于不履行法定职责

如果投诉事项未经质疑，财政部门不予受理则符合《政府采购供应商投诉处理办法》（财政部令第 20 号）的规定。在本案中，如果采购代理机构未在初步审查期告知补正，则视为受理了供应商的质疑。在此基础上采购代理机构未在法定期限内作出质疑答复，川印公司再向市财政局提起投诉，而市财政局以其未依法进行质疑为由，对川印公司的投诉不予受理，显然是对是否依法质疑的事实认定不清。由于财政部门认定事实有误，认为投诉人未质疑而对投诉不予受理，属于不履行法定职责。因此，法院判决责令市财政局履行法定职责即在法定期限作出投诉处理决定。

五、判决确认违法

行政诉讼中，行政行为违法并不当然被撤销。根据《行政诉讼法》第七十四条规定，结合政府采购实践，有如下情形，人民法院判决确认违法，但不撤销行政行为：

一是应当撤销，但撤销会给国家利益、社会公共利益造成重大损害的，如政府采购投诉处理决定依法应当撤销，但该政府采购项目已经签订采购合同并履行完毕，此时再撤销投诉处理决定会给社会公共利益造成重大损害，则没有撤销的必要。

二是程序轻微违法，但对原告权利不产生实际影响的，如投诉处理决定超过法定期限、投诉处理决定书未送达当事人或者相关供应商，但是当事人或者相关供应商已经知晓未影响后续救济权利。

三是行政行为违法，但不具有撤销的内容，如监督检查处理决定认定某采购代理机构违法事实存在，责令其限期改正，但该处理决定程序违法被诉至法院，在一审期间采购代理机构已经改正违法行为，该监督检查处理决定就不具有撤销的内容。

四是被告改变原违法行政行为，原告仍要求确认原行政行为违法的；如财政部门主动改变原先违法的投诉处理决定，但投诉人仍要求确认原行政行为违法的。

五是被告不履行或者拖延履行法定职责，判决履行没有意义的，如财政部门未如期作出政府采购投诉处理决定，而该采购项目已经取消，再判决被告作出投诉处理决定已经没有任何意义。

因此，结合政府采购相关法规和行政诉讼法相关规定，政府采购行政案件确认违法但不撤销行政行为的情形很多，应结合具体的案情，正确适用法律。

【案例 66[1]】财政部门与复议机关在一审时未完整提供程序证据，而该程序证据客观存在，法院应如何判决

关 键 词：未完整提供程序证据 / 确认违法

案例要点：原告要求撤销投诉处理决定与复议决定，而财政部门与复议机关在一审时未完整提供程序证据，如对原告权利不产生实际影响，仅需确认违法，但不撤销行政行为。

招标、质疑、投诉情况

2015 年 1 月 27 日，大连市政府采购管理办公室发布大连市甘井子区环境卫生作业服务项目（以下简称“该项目”）招标文件。2015 年 3 月 9 日，“评标委员会”作出评标结果（15 标段）。因大连某公司投标文件中未按招标文件要求提供相关承诺文件，未通过符合性审查，不予置评。七名评标委员会成员在评标结果上签字。

2015 年 3 月 12 日、18 日，大连某公司先后两次向招标代理机构大连机械设备成套公司质疑，具体质疑事项为“认为中标结果无效”，事实依据及理由为“未依法律程序开启标书，未依法律程序开标，未依法律程序评标，未在全体投标人前开启标，未公开开标程序，未依法律原则评标，违反了公开公正的原则”，“未严格按规定时间地点开标，投标文件未当众拆封”，“未严格按评标标准评标，评标结果未依法进行公示”。

2015 年 3 月 23 日，招标代理机构作出质疑答复：（1）本项目严格按照招标文件约定的时间、地点进行开标；（2）在开标会议现场当众征询过各个投标人的意见，在无投标单位提出异议的情况下，由三个投标单位的授权代表，代表全体投标单位检查投标文件的密封情况，并签字确认；（3）开标一览表当众开启并进行唱标，开标一览表为投标文件的组成部分，开标一览表的信息包含了投标人名称、投标价格等其他需要宣读的主要内容。……对开标时间、地点、拆封等质疑应于开标时间 2015 年 3 月 6 日后的第七个工作日之前即 2015 年 3 月 16 日之前提出。质疑送达时间为 2015 年 3 月 18 日，已经超过质疑有效期。

大连某公司对该质疑答复不满意，于 2015 年 3 月 26 日向某区财政局投诉，请求依法认定本项目中标结果无效。大连某公司的具体投诉事项为：（1）该项目未严格按规定时间地点开标，投标文件未当众拆封。投诉人对该项质疑并未超期。（2）该项目未严格按评标标准评标，评标结果未依法进行公示。2015 年 4 月 27 日，某区财政局作出投诉处理决定，以大连某公司的投诉请求缺乏事实依据及法律依据为由，驳回大连某公司的投诉。

---

1 案例来源：（2015）甘行初字第 135 号。

行政复议情况

2015年5月20日，大连某公司就上述投诉处理决定向某市财政局申请行政复议。2015年7月16日，某市财政局作出2号行政复议决定，该决定认为“财政部门处理投诉，应当坚持公平公正和高效原则。被申请人对申请人的投诉事项未做针对性答复，即未对申请人所提质疑是否超期、案涉项目的具体开标时间及是否未当众拆封投标文件等事实未予说明”，故某市财政局根据《行政复议法》第二十八条第一款第（三）项第1目的规定，决定撤销某区财政局作出的《政府采购投诉处理决定书》，责令某区财政局在本决定书生效后30个工作日内重新作出投诉处理决定。

2015年8月21日，“评标委员会”作出《关于大连成皓宇环境清洁有限公司投标文件为无效投标文件的复会评审意见》，确认大连某公司12标段、13标段、15标段的投标文件中均未按招标文件26.2及41.19要求提供相关承诺，认定大连某公司为实质上不响应投标文件要求，未通过符合性审查，不予置评，7名“评标委员会成员”在该复会评审意见中签字。但未附“评标委员会成员”身份信息。

2015年8月27日，某区财政局作出投诉处理决定，决定对投诉事项一不予受理、驳回大连某公司对投诉事项二的投诉。

2015年9月23日，大连某公司就上述投诉处理决定向某市财政局申请行政复议。2015年11月20日，某市财政局作出4号行政复议决定，决定维持某区财政局作出的《政府采购投诉处理决定书》。

原告诉求及观点

大连某公司不服上述复议决定，以某区财政局、某市财政局为被告，于法定期限内起诉至大连市甘井子区人民法院。大连某公司诉称：大连某公司的投诉事项有二：一是案涉采购项目未依法按规定时间开标，投标文件未当众拆封，对该项质疑并未超期；二是未严格按照评标标准评标，评标结果未依法进行公示。该项目在2015年3月6日唱标、3月9日开标程序才结束。大连某公司在2015年3月11日、12日、18日上午提出质疑。因招标代理机构拒收，大连某公司于18日下午又再次向代理机构及采购人递交质疑书。大连某公司对3月6日、9日的开标时间，及9日投标文件未当众拆封提出质疑并未过期。甘井子区财政局对该事项不予受理，适用法律错误。评标过程应先进行符合性审查，再进行实质性审查。大连某公司在2015年3月9日已接受了评标过程中的答疑。甘井子区财政局认定大连某公司未通过符合性审查，证据不足。甘井子区财政局认定“未发现不按照评标标准评标的情况”，但拒绝向大连某公司出示所有投标人的评标结果，违反法定程序。故大连某公司请求：（1）依法判决撤销某区财政局作出的投诉处理决定书，并判令某区财政局重新作出政府采购投诉处理决定，认定该项目中标结果无效。(2) 撤销某市财政局作出的复议决定书，并依法认定案涉的中标结果无效。

被告答辩及观点

某区财政局辩称：1. 区财政局对大连某公司的第一项投诉主张的审理及认定：(1) 区财政局经审理查明：第一，招标文件规定的递交投标文件的地点与开标地点虽在方位上略有差距，但不足以影响采购公正，不影响中标结果；第二，大连某公司有效提出质疑的时间为 2015 年 3 月 18 日。大连某公司对招标文件未在法定期限内提出质疑，代理机构依法有权对此项质疑不予受理，区财政局作为投诉处理机关就此节投诉因其未依法履行前置异议或质疑程序而决定不予受理的作法并无不当。(2) 大连某公司的质疑，是否属于超期限提出？区财政局经审理查明：第一，3 月 9 日是评标日而非开标日，案涉项目在 2015 年 3 月 6 日已完成全部开标程序，符合招标文件要求，大连某公司关于开标时间是 3 月 9 日的主张不能成立。第二，大连某公司对开标环节既未依法当场提出异议，又未在法定期限内提出质疑，代理机构依法有权对此项质疑不予受理，区财政局作为投诉处理机关就此节投诉因其未依法履行前置异议或质疑程序而决定不予受理的作法并无不当。

2. 区财政局对大连某公司第二项投诉主张的审理及认定：(1) 区财政局调取了案涉项目的评估报告，发现大连某公司的投标文件因未按招标文件的要求提供相关承诺文件，故未通过符合性评审，其投标文件无效，评委会对其不予置评。(2)《政府采购法实施条例》第四十三条第二款、第三款已就如何公示中标结果作了明确规定，不要求公示中标候选人，只要求公示中标或者成交供应商名称等项目。案涉项目于 2015 年 3 月 10 日在大连市政府采购网上所发布的中标公告内容符合《政府采购法实施条例》的规定，大连某公司的此项投诉主张不成立，故区财政局决定驳回的做法并无不当。大连某公司在起诉状中有关其在评标现场进行了答疑、澄清，因而意味着其已通过符合性评审的主张没有法律依据。综上，区财政局作出的投诉处理决定认定事实清楚、证据确凿，适用法律、法规正确，符合法定程序。请求人民法院驳回大连某公司的诉讼请求。

某市财政局辩称：市财政局作出的 4 号行政复议决定认定事实清楚，证据确凿。市财政局经审查认为，该案的争议焦点有以下三个：(1) 关于第 1 项争议焦点，大连某公司关于开标时间违反招标文件规定及投标文件未当众拆封的质疑是否超期限提出。第一，经审理查实，3 月 9 日是评标日而非开标日，案涉项目在 2015 年 3 月 6 日已完成全部开标程序，符合招标文件要求，大连某公司关于开标时间是 3 月 9 日的主张不能成立。第二，方位差距不足以影响采购公正，不影响中标结果。第三，大连某公司提出质疑的时间为 2015 年 3 月 18 日，超过法定时限。(2) 关于第 2 项争议焦点，大连某公司在复议申请中主张其已经按招标文件要求提供了相关承诺文件，但经审查其没有按照《招标文件》“投标人须知”第26.2条第（12）项及第41.19条的规定提供其他相关承诺。其投标文件因未随附招标文件要求的承诺文件，故确属不实质响应招标文件要求，评委会认定其为无效投标文件不予置评的做法并无不当，大连某公司此节投诉事项不成立。(3) 关于第3项争议焦点：第一，大连某公司要求区财政局公布所有投标单位的评标结果并进行质证，但依据《辽宁省政府采购供应商质疑投诉处理暂行规定》第四十一条第六条的规定，区财政局对评标结果负有保密义务，故区财政局对大连某公司要求公布所有投标单位的评标结果并质证的申请不予批准的作法并无不当。依据《政府采购法实施条例》及《政府采购供应商投诉处理办法》(财政部令第20号）的相关规定，财政部门处理采购投诉采用书面审查的方式，必要时可以进行调查取证或者组织质证，相关的调查取证或质证均非强制性条款，区财政局受理投诉后已经进行了相关调查取证，亦有权在自己认为适当的情况下决定不组织进行质证。第二，《政府采购法实施条例》第四十三条第二款、第三款已就如何公示中标结果作了明确规定，不要求公示中标候选人，只要求公示中标或者成交供应商名称等项目。案涉项目于2015年3月10日在大连市政府采购网上所发布的中标公告内容符合《政府采购法实施条例》的规定，故大连某公司此节投诉事项不成立。综上，请求人民法院驳回大连某公司诉讼请求。

法院裁判及观点

第一，关于大连某公司的第一项投诉事项，案涉项目开标时间为2015年3月6日，大连某公司提出质疑应在2015年3月17日之前，大连某公司于2015年3月18日才提出质疑超过质疑期限。某区财政局对该投诉事项不予受理，证据确凿充分。大连某公司主张其2015年3月12日即提交质疑书，但现有证据不足以证明大连某公司是该日提交的质疑书。虽然质疑书上书写的时间是2015年3月12日，但实际提交日期与书写日期不一定一致。

第二，关于大连某公司的第二项投诉事项，某区财政局事实证据2、证据3、证据4可以证明大连某公司未按照招标文件要求提供相关承诺文件，未通过符合性审查，且中标结果已于2015年3月10日在大连市政府采购网上进行了公示，大连某公司的该项投诉无事实依据，某区财政局驳回大连某公司对投诉事项二的投诉证据确凿充分。

第三，某区财政局作出的被诉行政行为适用法律正确。根据《政府采购法》第五十二条、《政府采购供应商投诉处理办法》(财政部令第20号）第十条以及《辽宁省政府采购供应商质疑投诉处理暂行规定》第二十二条第一款规定，该案中，大连某公司于2015年3月18日提出质疑超过质疑期限，应视为未提出质疑。根据上述规定，某区财政局对第一项投诉事项不予受理，适用法律正确。根据《政府采购供应商投诉处理办法》第十七条之规定，大连某公司的第二项投诉事项无事实依据，某区财政局作出的行政行为适用法律正确。

第四，大连市甘井子区财政局作出的被诉行政行为及大连市财政局的行政复议行为程序轻微违法。大连市甘井子区财政局针对被诉的投诉处理决定的程序，仅提供了分别发给大连机械设备成套公司和大连鸿林环境清洁有限公司答复函的证据，未提供受理、决定和送达的证据。大连市财政局未向大连市甘井子区人民法院提交复议程序方面的证据。但大连市甘井子区财政局及市财政局程序方面的证据是客观存在的，如果仅因大连市甘井子区财政局及市财政局未向大连市甘井子区人民法院提供该证据而让大连市甘井子区财政局及市财政局重新作出行政行为，并引发一诉再诉，是增加当事人诉累，且大连市甘井子区财政局及市财政局未提供的程序证据对大连某公司的权利未产生实际影响。

第五，大连某公司在诉讼请求中要求认定大连市甘井子区环境卫生作业项目中标结果无效，没有法律依据。《行政诉讼法》第六条规定，人民法院审理行政案件，对行政行为是否合法进行审查。该案中，根据该规定，大连市甘井子区人民法院只能对被诉的行政行为是否合法进行认定并作出处理。大连某公司请求在诉讼中认定中标结果无效，没有法律依据。

综上，判决确认某区财政局投诉处理决定违法，确认某市财政局行政复议决定违法，驳回大连某公司的其他诉讼请求。

案例评析 CASE ANALYSIS

1. 从程序上看，由于财政部门未在一审期间提供相应的证据，被法院判决确认违法

在本案中一审阶段，财政部门仅提供了答复函的证据，未提供受理、决定和送达的证据，复议机关未提交复议程序方面的证据，但程序方面的证据是客观存在的，如果仅因未提供该证据而撤销投诉处理决定和复议决定，让财政部门和复议机关重新作出行政行为，则增加当事人诉累，且未提供的程序证据对当事人的权利并未产生实际影响，应认定为程序轻微违法。根据《行政诉讼法》第七十四条第一款第（二）项，人民法院判决确认违法，但不撤销行政行为。

2. 从内容上看，原告要求法院判决中标结果无效，与法律规定相悖

本案中，法院审查的是财政部门的投诉处理决定和复议机关行政复议决定的合法性问题，可以对行政行为作出判决。认定中标结果无效，是政府采购监督管理部门的职权，法院的判决内容不能越俎代庖。因此，原告诉讼请求的该内容是错误的，不可能得到法院的支持。

六、判决确认无效

判决确认行政行为无效，是对行政行为最严厉的否定性评价。《行政诉讼法》第七十五

条规定，行政行为有实施主体不具有行政主体资格或者没有依据等重大且明显违法情形，原告申请确认行政行为无效的，人民法院判决确认无效。可见，该条对确认无效判决的适用作出了明确、严格的规定。“不具有行政主体资格”和“没有依据”两种行政行为无效的情形，其判定标准为“重大且明显违法”。《最高人民法院关于适用〈中华人民共和国行政诉讼法〉的解释》第九十九条规定：“有下列情形之一的，属于行政诉讼法第七十五条规定的‘重大且明显违法’：（一）行政行为实施主体不具有行政主体资格；（二）减损权利或者增加义务的行政行为没有法律规范依据；（三）行政行为的内容客观上不可能实施；（四）其他重大且明显违法的情形。”

【案例67[1]】财政部门收购民办学校资产补充协议存在重大且明显违法情形，且未经过政府采购法所规定的程序，被诉到法院应如何处理

关 键 词：行政协议 / 重大且明显违法 / 参照适用民事合同相关规定 / 确认无效

案例要点：财政部门收购资产协议属于政府采购协议，法院审理行政协议案件，适用行政诉讼法的规定，在行政协议存在重大且明显违法情形时，应依法确认无效。另外，还可以参照适用民事法律规范关于民事合同的相关规定，如《合同法》中的合同法定无效情形的规定可作为行政协议效力的审查依据。

行政协议情况

原永济市某学校是一所民办私立学校，董事长为魏某。2008年8月，由某市财政局委托一家评估机构对永济市某学校科技楼及附属设施进行评估，评估结果544.7548万元。2008年9月20日，永济市某街道办与永济市某学校根据评估结果签订资产转让协议，收购了永济市某学校科技楼及附属设施。2010年1月5日，由某市财政局委托另一家评估机构对永济市某学校的剩余资产进行整体评估，评估结果为3454.1905万元。

2010年9月1日，甲方（收购方）某市财政局、乙方（转让方）永济市某学校、丙方永济市某街道办事处、丁方某市教育局根据评估结果正式签订收购资产协议，成交价3454万元。永济市纪委调查组根据群众举报，在对两家评估机构进行资产评估活动时存在问题进行调查核实后，认为评估结果不能客观反映资产公允价值，于2011年9月25日向永济市政府作了对永济市某学校资产评估结果修正情况的报告，建议市政府责令市财政局对永济市某学校的剩余款项暂停支付、由财政局对两家评估机构修正的资产评估结果进行确认，对调减的永济市某学校资产410.8991万元是否属于国有资产流失问题予以定性认定。

1 案例来源：（2017）晋0828行初12号。

2011 年 11 月 14 日，各方当事人签订收购资产补充协议，各方当事人已经按照收购资产补充协议履行完毕。

魏某因涉嫌诈骗罪于 2011 年 8 月 4 日被刑事拘留，永济市人民法院审理永济市人民检察院指控张某犯受贿罪，魏某犯行贿罪、伪造公司印章罪一案，法院作出刑事判决，该判决认定：2010 年元月，永济市政府经研究决定收购永济市某学校，张某具体负责对永济市某学校的评估工作。2010 年 2 月，魏某为提高永济市某学校的资产评估金额，多次找到张某让其从中帮忙。判后，公诉机关抗诉、张某、魏某不服提起上诉。山西省运城市中级人民法院于 2013 年 5 月 6 日作出刑事裁定，驳回抗诉和上诉，维持原判。原告魏某就本案中被诉的协议，于 2015 年 11 月 3 日以某市财政局、永济市某街道办、某市教育局为被告，诉至法院，请求撤销行政协议。法院作出裁定，以超过起诉期限为由裁定驳回原告起诉。原告魏某二审期间撤回上诉，该裁定书已发生法律效力。

原告诉求及观点

原告魏某诉被告某市财政局、永济市某街道办、某市教育局确认行政协议无效一案，法院于 2016 年 9 月 2 日作出（2016）晋 0828 行初 35 号行政裁定书，原告魏某不服，提起上诉，山西省运城市中级人民法院撤销一审裁定，指令夏县人民法院继续审理。

原告魏某诉称：2008 年 8 月，被告某市财政局委托评估机构对永济市某学校科技楼及附属设施等资产进行评估。2008 年 9 月，原、被告根据评估结果，签订资产转让协议，进行了上述资产的收购。2010 年 1 月 5 日，被告某市财政局委托评估机构对永济市某学校的剩余资产进行了评估。根据评估结果，2010 年 9 月 1 日，原、被告签订了收购资产协议。在协议履行过程中，原告未参与二次评估、不清楚评估结论，被告采取非法手段迫使原告于 2011 年 11 月 14 日签订收购资产补充协议，致使原告损失 410 万元及利息。被告行为侵犯了原告的合法权益，请求依法确认原、被告于 2011 年 11 月 14 日签订的收购资产补充协议无效。

被告答辩及观点

被告某市财政局辩称：(1)原告明知收购资产补充协议内容，从签订之日起至原告起诉，时间已经长达近 5 年，已超过法定起诉期限。(2)本案诉讼标的已被生效的裁判文书所羁束。(3)收购资产补充协议经双方协商一致，自签字或盖章即产生法律效力，已经履行完毕。无人迫使原告签订协议，而且胁迫只是合同可撤销的一个理由，并非《合同法》第五十二条规定的合同无效，本案中不存在合同无效的事由。

被告永济市某街道办提交书面答辩：(1)原告的起诉超过法定起诉期限。(2)原告系重复起诉。(3)根据《合同法》第五十四条第二款的规定，胁迫并非合同无效的情形。本案不存在协议无效的法定事由。

被告某市教育局辩称：(1)被诉协议的形成不存在非法、胁迫。(2)原告之诉已超过法定起诉期限。(3)原告之诉系重复诉讼，且受生效裁判的羁束。

法院裁判及观点

法院认为，被告与原告之间签订的收购资产协议、收购资产补充协议均属政府采购协议。“行政行为有实施主体不具有行政主体资格或者没有依据等重大且明显违法情形”行政行为无效。恶意串通，损害国家、集体或者第三人利益的，合同无效。原告魏某为提高永济市某学校的资产评估金额，多次找到财政局工作人员张某让其从中帮忙，被告与原告根据评估报告签订的收购资产协议存在无效情形，继续履行会损害国家利益和社会公共利益。

永济市纪委调查组对资产评估中存在问题进行了调查核实，建议市政府责令市财政局对永济市某学校的剩余款项暂停支付、由市财政局对两家评估机构修正的资产评估结果进行确认，对调减的永济市某学校资产是否属于国有资产流失问题予以定性认定。在人民法院或者仲裁机构未确认收购资产协议无效的情形下，三被告对收购资产协议进行变更、中止或者终止，应具备依据。

三被告与原告签订收购资产补充协议，缺乏依据主要表现有：第一，未通过重新委托评估机构等方式对两家评估机构修正的资产评估结果进行确认。第二，未对调减的永济市某学校资产是否属于国有资产流失问题予以定性认定。第三，未明确与原告之间的过错，并承担相应的责任。第四，在发现收购合同存在无效情形时，未及时申请有关部门确认合同无效并根据法律规定，行使相应权利。

综上所述，法院判决确认原、被告于2011年11月14日签订的收购资产补充协议无效。

案例评析

CASE ANALYSIS

1. 本案协议为行政协议，属于行政诉讼的受案范围

某市财政局与有关方面签订的收购资产协议，属于行政机关为了实现行政管理或者公共服务目标与公民、法人或者其他组织协商订立的具有行政法上权利义务内容的协议，即行政协议。根据《行政诉讼法》第十二条“人民法院受理公民、法人或者其他组织提起的下列诉讼：……(十一)认为行政机关不依法履行、未按照约定履行或者违法变更、解除政府特许经营协议、土地房屋征收补偿协议等协议的；……”的规定，上述协议属于行政诉讼的受案范围。

2. 行政协议存在没有依据等重大且违法情形，应确认无效

本案原告的诉求为确认收购资产补充协议无效，根据《行政诉讼法》第七十五条规定："行政行为有实施主体不具有行政主体资格或者没有依据等重大且明显违法情形，原告申请确认行政行为无效的，人民法院判决确认无效。"收购资产补充协议签订没有依据，存在重大且明显违法情形，应确认无效。

3. 本案判决适用《合同法》中的合同法定无效情形的规定正确

本案判决认定，财政部门收购资产协议属于政府采购协议。《政府采购法》第四十三条规定，政府采购合同适用合同法。当时适用的《最高人民法院关于适用〈中华人民共和国行政诉讼法〉若干问题的解释》第十四条规定，人民法院审查行政机关是否依法履行、按照约定履行协议或者单方变更、解除协议是否合法，在适用行政法律规范的同时，可以适用不违反行政法和行政诉讼法强制性规定的民事法律规范。上述规定与 2020 年 1 月 1 日起施行的《最高人民法院关于审理行政协议案件若干问题的规定》相类似。即审理行政协议案件，可以同时适用行政法规和民事法规。《合同法》第五十二条规定："有下列情形之一的，合同无效：……（二）恶意串通，损害国家、集体或者第三人利益；……"可见，恶意串通损害国家、集体或者第三人利益是法定的合同无效情形。

原告为提高永济市某学校的资产评估金额，多次找到被告永济财政局工作人员张某让其从中帮忙。被告与原告根据评估报告签订的收购资产协议存在上述无效情形，继续履行会损害国家利益和社会公共利益。永济市纪委和市政府已经调查核实对国有资产流失问题进行认定。因此，后续各方当事人签订收购资产补充协议，在原本合同效力未定、未重新委托评估、相关部门未对是否属于国有资产流失问题予以定性认定的基础上，自行签订补充协议对价格予以变更，显然没有任何依据。

4. 本案资产收购未按政府采购程序进行，值得反思

本案判决认定资产收购协议属政府采购协议，但是资产收购协议签订的过程却没有按政府采购法规定的程序进行。根据《政府采购法》第三十一条和《政府采购非招标采购方式管理办法》（财政部令第 74 号）第二条第四款和第四章规定，本案资产收购可按单一来源采购的程序进行，经过公示、异议（或者有）、论证（或者有）、商定合理成交价格、编写协商情况记录等过程。由于没有经过法定程序，引起争议，这是值得反思的。

七、判决变更

《行政诉讼法》第七十七条规定，行政处罚明显不当，或者其他行政行为涉及对款额的确定、认定确有错误的，人民法院可以判决变更。人民法院判决变更，不得加重原告的义务或者减损原告的权益。但利害关系人同为原告，且诉讼请求相反的除外。对该条的理解，要注意，一是变更判决是撤销判决的补充形式。能作出变更判决的也能作出撤销判决，法院"可以"作出变更判决，而不是只能作出变更判决。二是变更判决的适用范围。只能适用于行政处罚明显不当，如处罚决定畸轻畸重，对不构成非常严重的违法行为"顶格"处

罚；或者其他行政行为涉及对款额的确定、认定确有错误，如投诉处理决定将采购金额认定错误造成罚款数额确定错误。三是诉讼禁止不利变更原则。行政诉讼是公民权利救济机制，而不是针对原告的违法责任追究机制，但是在利害关系人同为原告且诉讼请求相反时，不再适用这一原则。

财政部门的行政行为如果被法院撤销，许多都要判决责令财政部门重新作出行政行为。如果是经过行政复议案件，这样就会影响效率。为了解决这个问题，法院对有些案件也会直接判决变更，这是撤销并责令重作判决的例外，避免了当事人因为行政机关不重作或者乱重作而遭受“二次伤害”。

【案例68[1]】法院认为行政处罚显失公正，明显不当，应如何处理

关 键 词：行政处罚/明显不当/判决变更

案例要点：对供应商行政处罚进行“顶格处罚”，只能在被处罚的供应商违法情节非常严重时才适用。对供应商行政处罚明显与应承担的行政责任不相称的，法院可直接判决变更。

招标、质疑、投诉、复议情况

贞丰县财政局内设的二级机构贞丰县基层财政管理局委托成都晨越建设项目管理有限公司（以下简称“晨越公司”）就公开选择贞丰县基层财政管理局太阳能路灯采购项目（以下简称“该项目”），组织公开招标活动。参与此次投标活动的企业有：江苏某公司、朗越公司、扬州强胜电气有限公司、扬州灯魁照明器材有限公司，江苏某公司中标。

2014年8月31日，参与投标的朗越公司以中标单位提供的太阳能路灯锂电池储控系统该样品存在质量问题为由向贞丰县财政局和晨越公司提出质疑函，认为此次采购活动的中标结果损害了其权益，要求贞丰县财政局及组织公开招标活动的晨越公司作出答复，并要求对存放在采购人（贞丰县基层财政管理局）的太阳能路灯锂电池储控系统样品进行合理性检测。

贞丰县财政局进行答疑后，朗越公司对答疑不满意，于2014年9月12日向贞丰县财政局提起投诉。贞丰县财政局在审查核实过程中，发现江苏某公司提供的《高邮市企业职工基本养老保险个人账户通知单》系伪造。贞丰县财政局根据《政府采购法》的相关规定作出了《政府采购投诉处理决定书》（贞财采〔2014〕1号）作出决定如下：（1）本次采购活动中标候选供应商江苏某公司的中标无效；（2）根据《政府采购货物和服务招标投标

1 案例来源：（2015）贞行初字第4号。

管理办法》(财政部令第18号)第五十九条、第八十二条规定，以及此次采购活动的评标报告，并征求采购人同意，决定从中标候选人中依照顺序重新确定中标候选供应商为：朗越公司;(3)依据《政府采购法》第七十七条、《政府采购货物和服务招标投标管理办法》(财政部令第18号)第七十四条规定,处以供应商江苏某公司1万元罚款,列入不良记录名单,在三年内禁止参加政府采购活动。

该处理决定送达后，江苏某公司不服，向贞丰县人民政府申请行政复议，贞丰县人民政府受理后经过审理，于2014年11月28日作出行政复议决定，维持贞丰县财政局的处理决定。

原告诉求及观点

江苏某公司不服行政复议决定，于2015年1月16日向贵州省贞丰县人民法院(以下简称“贞丰县法院”)提起行政诉讼，要求变更贞丰县财政局作出的处理决定的第三项。江苏某公司诉称：江苏某公司对贞丰县财政局太阳能路灯采购项目公开招标且中标的事实一无所知，是以前和江苏某公司有过合作关系的案外人赵某在没有得到江苏某公司授权的情况下，擅自以江苏某公司的名义，通过其他途径拿到江苏某公司的招标资质参与投标。在整个招标投标过程中，江苏某公司从来都没有收到过招标单位的任何函件和邮件，赵某也没有主动和江苏某公司联系过关于本次招标的情况，江苏某公司对本次招标毫不知情。江苏某公司认为，赵某的行为侵犯了江苏某公司的合法权益，江苏某公司本身也是受害者，贞丰县财政局在没有充分了解事实的情况下，就作出投诉处理决定书，对于江苏某公司作出如此严重的处罚，显然对江苏某公司不公平。因此，江苏某公司要求人民法院依法变更贞丰县财政局作出的贞财采〔2014〕1号《政府采购投诉处理决定书》第三条的处理决定。

被告答辩及观点

贞丰县财政局辩称：江苏某公司在行政起诉状中诉称“江苏某公司对贞丰县财政局太阳能路灯公开招标且中标的事实一无所知”以及“在整个招标过程中，江苏某公司从来没有收到过招标单位的任何函件，哪怕是一个关于招标事宜的邮件”的诉讼理由及事实不能成立。在此次招标活动中，公开招标公告明确要求投标保证金“投标供应商需从基本账户转出”，江苏某公司能参加此次投标活动，证明其投标保证金及招标资格通过了贵州省黔西南州公共交易中心的审查。另外，江苏某公司在行政复议的程序中提供的请求函中也认可了在本次投标过程中其公司的授权代表提供了虚假社保证明欺骗招标单位的事实。故江苏某公司称“不知情”的诉讼理由不实。在此次采购活动中，在相关供应商提出质疑时，采购人，招标单位按规定进行答疑后都将质疑函和答疑函通过邮寄或者电子邮件方式送达给江苏某公司方，在相关供应商进行投诉时，贞丰县财政局亦将投诉书副本及相关通知要求送达给了江苏某公司方，并且有送达签收依据。在法定期限内，江苏某公司没有作出任何回复及答疑。2014年11月11日江苏某公司的法定代表人胡东到贞丰县财政局单位来解释有关本案的情况时，多次承认他们收到此次采购活动的相关资料但没有给予重视，承认有侥幸心理（有录音资料可以证实）。且2014年11月30日，江苏某公司向贞丰县财政局出具的请求函，明确承认参与此次采购投标活动，但江苏某公司法律意识淡薄，藐视法律。

因此，请求人民法院驳回江苏某公司的诉讼请求，维持贞丰县财政局作出的投诉处理决定。

法院裁判及观点

贞丰县法院认为：在本案中。江苏某公司作为参与贞丰县基层财政局太阳能路灯采购项目公开招标的投标单位之一，其在参与投标活动过程中，提供了一系列相关投标资料，并实际全程参与了投标活动，且最后中标。因同时参与投标活动的朗越公司提出质疑和投诉，贞丰县财政局受理后，将投诉副本送达给江苏某公司及第三人，但江苏某公司及第三人在法定期限内未作任何回复，也未提供相关证据材料。

经贞丰县财政局立案调查核实，认定中标人江苏某公司在本次投标活动中提供的《高邮市企业职工基本养老保险个人账户通知单》系虚假材料，据此，贞丰县财政局认定中标候选供应商江苏某公司在此次采购活动中提供虚假材料这一违法事实存在，对此，贞丰县法院予以确认。

对于江苏某公司在其行政诉状中称："江苏某公司对太阳能路灯采购项目公开招标、中标的事实一无所知"一节经庭审调查，与江苏某公司主张的事实不符，贞丰县法院对此节不予认可。综合上述情况，江苏某公司在参与投标过程中，提供了虚假材料，且中标的行为损害了其他参与投标活动单位的利益，违反了公平、公正的原则。贞丰县财政局作出投诉处理决定认定事实清楚，证据确凿充分，适用法律法规正确。但该处理决定存在一定的程序瑕疵。并且该处理决定的第三项给予违法行为人的行政处罚与其应承担的行政责任不相称，该处理决定第三项的行政处罚显失公正，明显不适当。故江苏某公司诉称主张要求变更该处理决定第三项的理由部分成立，贞丰县法院应予支持。法院判决变更贞丰县财政局投诉处理决定第3项为：依据《政府采购法》第七十七条、《政府采购货物和服务招标投标管理办法》（财政部令第18号）第七十四条规定，处以供应商江苏某公司1万元罚款、列入不良行为记录名单，在一年内禁止在贵州省贞丰县参加政府采购活动。

案例评析

CASE ANALYSIS

1. 行政行为存在“明显不当”的才可以予以撤销或变更

《行政诉讼法》第七十条第（六）项、第七十七条规定，行政行为明显不当的，人民法院判决撤销或者部分撤销。行政处罚明显不当的，人民法院可以判决变更，但不得加重原告的义务或者减损原告的权益。由此可见，人民法院审理行政案件，也要对行政行为裁量是否存在明显不当进行审查，如果行政处罚经审查存在明显不当的还可以直接判决变更。法律规定必须行政行为存在“明显不当”的才可以予以撤销或变更，可见对行政裁量进行司法审查时，法院既要履行对行政裁量的审查职责，也要秉持谦抑态度，给予行政裁量必要的尊重。

2. 只能在被处罚的供应商违法情节非常严重时才能顶格处罚

《政府采购法》第七十七条所规定的禁止供应商参加政府采购活动时间为一至三年，对江苏某公司除 1 万元罚款、列入不良行为记录名单以外，“在三年内禁止参加政府采购活动”是顶格处罚，只能在被处罚的供应商违法情节非常严重时才适用。本案中，对供应商“在三年内禁止参加政府采购活动”，明显与应承担的行政责任不相称。依据法律，法院可以判决撤销，责令财政部门重新作出。但那样判决后，财政部门还要重新作出决定，供应商不服还可以复议与诉讼，就要来回“折腾”。因此，法院直接判决变更，是适当的。

下 · 篇

政府采购救济争议

前面已经叙述了政府采购争议的形式有质疑、投诉、行政复议、行政诉讼等多种形式与阶段，政府采购争议的主体有政府采购当事人（包括供应商、采购人及其采购代理机构）、政府采购监督管理部门以及其他负有行政监督职责的部门、行政复议机关、人民法院。由于在政府采购活动中，一方是使用财政性资金的各级国家机关、事业单位和团体组织，另一方是供应商。两者之间尽管从合同法的角度分析是平等的民事主体，但从行政法的角度分析，前者处于主导地位，后者处于弱势地位。为了维护处于弱势地位供应商的合法权益，我国法律对政府采购建立了救济制度，即政府采购质疑、投诉、控告、检举、监督检查、行政复议、行政诉讼等制度。所谓政府采购救济，是指在政府采购活动中，由于采购人或者采购代理机构、政府采购监督管理部门以及其他国家机关的行为，造成供应商的合法权益受到损害时，法律所规定的供应商能采取的维护权益的方法或者补救权益所受损害的措施。也就是说，供应商的争议主要不是针对采购文件、采购过程与采购结果，而是主要针对质疑答复、投诉处理决定、监督检查处理决定、行政复议决定、行政判决等提出异议，从而引起纠纷。

CHAPTER 01

第一章

因质疑答复行为而引起的争议

供应商质疑是政府采购救济途径的第一步，也是政府采购救济最常见的形式。质疑答复工作做好了，争议就会被消灭在萌芽阶段，就会避免、减少投诉。由于法律赋予供应商质疑的权利，未中标的供应商进行质疑难以避免。采购人和采购代理机构必须正确对待供应商的质疑，认真做好这项工作，查找争议的症结，坚持实事求是、规范操作，平衡各方的权益，站在公正的立场上。采购人、采购代理机构要严格按照《政府采购质疑和投诉办法》执行，尽可能在质疑阶段消除供应商疑虑，不再产生纠纷。对质疑事项成立的，要主动与供应商沟通，按照规定做好取证与答复工作。对于争议较大的质疑，要组织评标委员会进行认真审查。对理解上有偏差的供应商要耐心解释，对胡搅蛮缠的要坚持原则，以有效化解矛盾与纠纷，既保障供应商的合法权益，又维护采购人、采购代理机构的利益，确保政府采购活动顺利进行。但是，对于质疑答复也不可能人人满意，除了对政府采购行为仍然有异议外，还存在大量的对质疑答复行为本身的争议。

第一节 有关超过法定质疑期提出质疑的争议

供应商如果对政府采购活动使自己的合法权益受到损害，应当及时提出质疑，法律、法规、行政规章对提出质疑的期限，都有明确规定。《政府采购法》第五十二条规定："供应商认为采购文件、采购过程和中标、成交结果使自己的权益受到损害的，可以在知道或者应知其权益受到损害之日起七个工作日内，以书面形式向采购人提出质疑。”审查供应商质疑是否过期时，对于“知道”比较难举证，因此《政府采购法实施条例》第五十三条规定：“政府采购法第五十二条规定的供应商应知其权益受到损害之日，是指：（一）对可以质疑的采购文件提出质疑的，为收到采购文件之日或者采购文件公告期限届满之日；（二）对采购过程提出质疑的，为各采购程序环节结束之日；（三）对中标或者成交结果提出质疑的，为中标或者成交结果公告期限届满之日。”《政府采购质疑和投诉办法》第十条规定，供应商认为采购文件、采购过程、中标或者成交结果使自己的权益受到损害的，可以在知道或者应知其权益受到损害之日起 7 个工作日内，以书面形式向采购人、采购代理机构提出质疑。采购文件可以要求供应商在法定质疑期内一次性提出针对同一采购程序环节的质疑。

对于超过法定质疑期限的质疑，采购人或者采购代理机构仍然应当予以回复。对于超过投诉期限的投诉，《政府采购质疑和投诉办法》第二十一条，是用的“不予受理”的措辞，对于超过质疑期限的质疑，该办法没有规定用什么措辞，许多采购人和采购代理机构也用“不予受理”。下面是一份对超过法定质疑期限质疑不予受理的通知书参考文本：

【文书 20】

政府采购质疑不予受理通知书

供应商/潜在供应商（名称）：

你（单位）对（项目名称、采购项目编号、品目等）的质疑函，我单位已于　　　年　　月　　日收悉，质疑事项为：

质疑事项一：（质疑函中事项一的内容）

质疑事项二：（质疑函中事项二的内容）

……

经审查，你（单位）上述质疑事项都已经超过法定质疑期限，现通知不予受理你（单位）的质疑。

如果你（单位）对本通知不满意，可以在质疑答复期满后 15 个工作日内向采购人所属预算级次的财政部门依法提起投诉。

采购人/采购代理机构名称（公章）

年　　月　　日

【案例 69[1]】投诉人以采购代理机构未对其质疑作出答复投诉，应如何处理

关 键 词： 质疑期限 / 质疑答复 / 不予受理

案例要点： 供应商对采购文件提出质疑，未在获取采购文件或者采购文件公告期限届满之日起 7 个工作日内提出，以采购代理机构未予回复投诉，财政部门应予以驳回投诉。

投诉情况

张家口某公司对怀来县公安消防大队网络设备及消防设备购置项目提起投诉，怀来县财政局于 2019 年 1 月 25 日收到。投诉人投诉事项为河北同诚庆合招标代理服务有限公司拒绝张家口某公司的质疑作出答复，投诉请求为就上述质疑作出答复。

怀来县财政局经审查认为，投诉人质疑内容为采购文件中的评标办法，该问题应当在获取采购文件或者采购文件公告期限届满之日起 7 个工作日内提出，投诉人是在 2018 年 12 月 25 日购买该项目采购文件，质疑结束时间在 2019 年 1 月 3 日；该项目获取文件开始时间是 2018 年 12 月 24 日，获取文件结束时间是 2018 年 12 月 28 日，以获取文件结束时间推算质疑结束时间在 2019 年 1 月 9 日。投诉人对采购文件的质疑时间为 2019 年 1 月 22 日，已超过对采购文件的最后质疑期限。根据《政府采购质疑和投诉办法》（财政部令第 94 号）第二十九条第（一）项的规定予以驳回。

案例评析 CASE ANALYSIS

1. 购买采购文件之日起 7 个工作日未提出质疑，则超过法定质疑期限

供应商对采购文件不服提出质疑，应在获取采购文件或者采购文件公告期限届满之日起 7 个工作日内提出。对于需要购买采购文件的，应以其购买即获取之日计算期限，而无须购买的以采购文件公告期限届满之日起计算。本案供应商对采购文件中的评标方法不服提出质疑，其在 2018 年 12 月 25 日购买该项目采购文件，质疑期限结束之日为 2019 年 1 月 3 日，而其对采购文件的质疑时间为 2019 年 1 月 22 日，显然已经超过法定质疑期限。

2. 质疑超过法定质疑期限，采购人或采购代理机构可不予受理但应说明理由并通知质疑供应商

《政府采购质疑和投诉办法》第十三条规定，采购人、采购代理机构不得拒收质疑供应商在法定质疑期内发出的质疑函。反言之，对于已经超过法定期限的质疑函，采购人、采购代理机构如果拒收、不予回复并没有承担法律责任的规定。但为防范法律风险，应当谨慎处理，对认为质疑过了法定期限，采购人、采购代理机构最好认真审查，对确实质疑超过法定期限的最好通知质疑供应商不予受理。

1 案例来源：怀财采〔2019〕02 号。

第二节 有关质疑主体身份的争议

根据《政府采购法》第五十二条、《政府采购质疑和投诉办法》第九条、第十一条规定，能够提出质疑的主体有两类：

一、参与所质疑项目采购活动的供应商

一般情况下，供应商如未参加政府采购活动，则不存在其合法权益受到损害的问题。对于如何认定供应商是否参加政府采购活动，经常会有争议。笔者认为，应当根据不同的采购阶段，按照不同的评判标准进行认定。如果对其他供应商的投标或者响应文件、对开标活动、对评审活动、对中标或者成交结果等提出质疑，则以提交投标文件或者响应文件且在采购活动中没有主动放弃参与政府采购活动为准。如果提交投标文件或者响应文件后，主动放弃参与后续的政府采购活动，如撤回投标文件或者响应文件，退出竞争性谈判、竞争性磋商等，其可对所参加阶段的政府采购活动提出质疑，对后续的政府采购活动则不能提出质疑。第一类主体可以对采购文件、采购过程和中标、成交结果提出质疑：

（1）这里的"采购文件"，是指对可质疑的采购文件，包括但不限于公开招标公告等采购公告、投标邀请书、资格预审文件、招标文件、竞争性谈判文件、竞争性磋商文件、询价通知书等，不包括采购预算、采购方式批复、采购活动记录、定标文件、采购合同及验收证明，也不包括单一来源公示文件。质疑时效的起算日期为收到采购文件之日，收到采购文件的日期不能确定的，以采购文件公告期限届满之日为起算日期。

（2）这里的"采购过程"，是指对从公告或者邀请供应商起至确定中标或者成交结果止的整个过程，从招标文件等采购文件的发出，经过澄清、投标、开标、评标、谈判、磋商、询价（或者有）等各程序环节提出质疑。对单一来源公示异议程序的环节不能提出质疑，只能提出异议，但对采购人、采购代理机构将补充论证的结论的告知，可以提出质疑。质疑时效的起算日期为各采购程序环节结束之日。

（3）这里的"采购结果"，是指对中标结果或者成交结果，质疑时效的起算日期为中标或者成交结果公告期限届满之日。

二、已依法获取其可质疑的采购文件的潜在供应商

潜在供应商，是指通过合法途径获取招标文件等采购文件但未参与投标的供应商。这就说明要有两个条件，一为依法获取采购文件，有两种途径，有的是购买，即大多数集中采购代理机构以外的代理机构都是采取出售采购文件的方式，由供应商购买，这非常好鉴

别；有的是自行下载，绝大多数集中采购代理机构都是让供应商自行下载，如无证据证明其没有依法获取，只能认定其已经依法获取。二为是否属于潜在供应商，所谓潜在供应商应当符合采购文件所规定的供应商资格条件，既不符合资格条件，也未对采购文件规定的资格条件质疑的，不能认为其属于潜在供应商。另外，如果采购标的的生产经营是依法必须取得行政许可的，该供应商未取得相应的行政许可，则不能认定为潜在供应商。有的供应商在没有购买或者下载采购文件前，就对采购公告提出质疑，该供应商是否是潜在供应商？有的采购代理机构以供应商的营业执照中是否有相应的经营范围来界定，笔者认为这并不妥当，因为是否超出经营范围已经不作为合同是否有效的因素。当然，如果采购公告中规定供应商必须具备相应的经营范围，而供应商对采购文件中的经营范围问题没有提出质疑，也不能认为其属于潜在供应商。潜在供应商可以对已依法获取其可质疑的采购文件提出质疑，不能对采购过程和采购结果提出质疑。

财政部“指导性案例 29 号:X 厅信息应用平台采购项目投诉案”[1] 中认为，潜在供应商已依法获取采购文件的，可以对该文件提出质疑，但应当符合《政府采购法》第二十二条的相关规定。市场主体明显不具有履行合同所必需的设备和专业技术能力的，不属于潜在供应商。该项目采购内容为农经信息应用平台建设服务，T 公司的经营范围不包含本项目所需的应用平台建设及软件开发等内容，根据现有材料也不能证明 T 公司具备符合本次采购项目所要求的专业技术能力。因此，T 公司不符合参加本次采购活动的供应商应当具备的条件，不属于该项目采购活动的利害关系人，无权对招标文件提出质疑。另外，财政部在该案例中还指出，对不属于国家限制经营、特许经营及法律法规禁止经营的事项，采购人、代理机构不得以营业执照经营范围限制供应商参加政府采购活动。

【案例 70[2]】未成功购买竞争性谈判文件，可以对要求提供材料才能购买提出质疑吗

关 键 词：购买竞争性谈判文件 / 授权委托书 / 质疑主体

案例要点：竞争性谈判公告要求携带相关材料才能购买竞争性谈判文件，供应商携带材料不符合要求，未能成功购买文件。其对要求携带材料才能购买的规定不服提起质疑，尽管其未取得竞争性谈判文件也具备质疑的主体资格。

竞争性谈判采购、质疑答复情况

某建设公司 2019 年 8 月 28 日参加了广西某工程咨询公司代理的“某县运江镇干部职

1. 《指导性案例 29 号——X 厅信息应用平台采购项目投诉案》载 http://www.cgpnews.cn/articles/51430，最后访问日期：2020 年 5 月 15 日。

2 案件来源：象财采决〔2019〕15 号。

工周转楼建设项目”的竞争性谈判报名活动。由于对广西某工程咨询公司报名条件和公告日期不足5日不满，于2019年8月29日向广西某工程咨询公司提出了质疑，该公司2019年9月2日作出了答复。

投诉情况

某建设公司对广西某工程咨询公司的质疑答复不满意，于2019年9月18日以快递方式向某县财政局递交投诉书。投诉事项为：（1）广西某工程咨询公司要求购买标书时一定要项目经理携带相关资料报名；（2）建通公司公告中第三条发布公告日期不足5日。

某县财政局认为：（1）关于竞争性谈判公告中获取竞争性谈判文件的方式：由潜在竞标人法定代表人或本项目负责人携带以下证件现场报名：单位授权委托书（原件）；有效的企业营业执照副本复印件；有效的企业税务登记证副本复印件（三证合一不用提供）；有效的组织机构代码证副本复印件（三证合一不用提供）。以上资料均需加盖单位公章。内容上没有要求一定要项目经理携带相关资料报名的情况。据调查，投诉人于8月28日下午报名购买竞争性谈判文件，当时提交的购买文件资料中的“法人授权委托书原件并非是法人授权委托代理人购买该项目的授权委托书，而是授权委托代理人购买关于华春建设工程项目管理有限责任公司的某个项目”。为此，被投诉人未受理投诉人购买竞争性该项目的竞争性谈判文件，并劝说投诉人补全材料再过来购买竞争性谈判文件。但过后投诉人未再过来购买竞争性谈判文件，而是直接质疑被投诉人要求购买标书时一定要项目经理携带相关资料报名。根据《政府采购质疑和投诉办法》第十一条之规定“提出质疑的供应商应当是参与所质疑项目采购活动的供应商。潜在供应商已依法获取其可质疑的采购文件的，可以对该文件提出质疑”。投诉人的质疑、投诉主体资格不成立。为此，该局认为投诉事项缺乏事实依据，投诉不成立，应当驳回。

（2）被投诉人竞争性谈判公告于2019年8月26日在中国政府采购网、广西壮族自治区政府采购网同时发布。但因广西壮族自治区政府采购网系统维护导致发布延迟，以至于在广西壮族自治区政府采购网上显示时间为2019年8月27日。根据《政府采购信息公告管理办法》第十八条“在各政府采购信息指定发布媒体上公告同一政府采购信息的时间不一致的，以在财政部指定的政府采购信息发布媒体上最早公告信息的时间为公告时间和政府采购当事人对有关事项应当知道的时间”之规定，被投诉人发售竞争性谈判文件的时间要求符合相关规定。

另外，投诉人的“投诉事项2：建通公司公告中第三条发布公告日期不足5日”的法律依据引用错误，该项目为政府采购非招标采购项目，适用的法律依据应为《政府采购非招标采购方式管理办法》（财政部令第74号）第二十九条。为此，该局认为投诉事项缺乏事实依据，投诉不成立，应当驳回。

案例评析

CASE
ANALYSIS

供应商认为采购文件、采购过程或中标结果使自己的权益损害的，可以向政府采购监管部门提起投诉。即采购文件、采购过程或中标结果有使该供应商权益受损的可能时，其具有提起质疑投诉的主体资格。本案中，投诉人到广西某工程咨询公司报名购买竞争性谈判文件，当时提交的购买文件资料不符合竞争性谈判公告的要求，未能成功购买该项目的竞争性谈判文件。虽然投诉人未获取竞争性谈判文件，但其质疑的内容不是竞争性谈判文件规定的内容，而是竞争性谈判公告中提供相关材料购买谈判文件的规定。对竞争性谈判公告的质疑，根据《政府采购法实施条例》第五十三条第（一）项规定，应知权益受到损害之日，是指公告期限届满之日。可见，对竞争性谈判公告的质疑不能以是否购买竞争性谈判文件为准，而是以是否公告为准。且竞争性谈判公告使其未能成功购买文件，有侵害其权益的可能，同时竞争性谈判公告亦应视为采购文件的一部分。本案依然满足潜在供应商已依法获取其可质疑的采购文件的，可以对该文件提出质疑的规定。因此，涉案投诉人具有提出质疑投诉的主体资格。

第三节　有关质疑函及其必要证明材料的争议

《政府采购质疑和投诉办法》第十二条规定，供应商提出质疑应当提交质疑函和必要的证明材料。质疑函应当包括下列内容：（1）供应商的姓名或者名称、地址、邮编、联系人及联系电话；（2）质疑项目的名称、编号；（3）具体、明确的质疑事项和与质疑事项相关的请求；（4）事实依例据；（5）必要的法律依据；（6）提出质疑的日期。供应商为自然人的，应当由本人签字；供应商为法人或者其他组织的，应当由法定代表人、主要负责人，或者其授权代表签字或者盖章，并加盖公章。采购人、采购代理机构收到质疑函后，应当先对质疑函进行形式审查，如存在下列情形，最好通知质疑供应商补正：

1. 质疑函内容不符要求。即质疑函未按《政府采购质疑和投诉办法》第十二条规定，包括下列内容：（1）供应商的姓名或者名称、地址、邮编、联系人及联系电话；（2）质疑项目的名称、编号；（3）具体、明确的质疑事项和与质疑事项相关的请求；（4）事实依据；（5）必要的法律依据；（6）提出质疑的日期。

2. 质疑供应商的身份证明不符要求。（1）质疑供应商是法人，未提交法人营业执照和法定代表人身份证明的；（2）质疑供应商是自然人未提供本人身份证明的，个体工商户未提交个体工商户营业执照和本人身份证明的；（3）质疑供应商是其他组织，未提交其他组织有效证明文件和主要负责人身份证明的。如果质疑供应商已经递交的投标文件或者响应文件的有上述身份证明材料的，也可以免予补正。

3. 质疑供应商的委托材料不符要求。如质疑供应商委托代理人进行质疑：（1）未提交授权委托书、授权代表身份证明的，委托律师的未提交所在律师事务所函的；（2）提交的授权委托书中存在授权事项不明，授权期已过或未在授权委托书上签章等情形的。如果质疑供应商已经递交的投标文件或者响应文件有上述委托材料且包括质疑事项的，也可以免予补正。

4. 质疑供应商的签字盖章不符要求。（1）质疑供应商为法人的，应当由法定代表人或授权代表签字或盖章，并加盖公章；（2）质疑供应商为其他组织的，应当由主要负责人或授权代表签字或盖章，并加盖公章；（3）质疑供应商为自然人的，非个体工商户应当由本人签字，个体工商户应当由经营者本人签字并加盖公章。采购人、采购代理机构，应当审查质疑函上的签字和盖章是否与投标文件或者响应文件相同，如不相同应在补正时说明情况、予以解释。

采购人、采购代理机构收到质疑函后，还要对质疑函进行受理条件的审查，如属于下列情形，应告知其不予受理质疑：

一是质疑范围。即供应商的所有质疑事项均不属于对采购文件、采购过程、中标或者成交结果提出的质疑，潜在供应商仅对采购文件以外的事项提出质疑的。

二是质疑主体。即提交质疑函的供应商不是参与所质疑项目采购活动的供应商或者通过合法途径获取采购文件但未参与质疑项目采购活动的供应商。

三是质疑期限。即质疑供应商提交质疑函时已超过质疑有效期，如质疑函通过邮寄送达的，质疑供应商于质疑有效期期满前成功交邮的，不认定为超过质疑有效期。

四是质疑次数。即质疑供应商对采购文件要求供应商在法定质疑期内一次性提出针对同一采购环节的质疑，仍然多次质疑；或者质疑供应商就已答复过的同一事项又提出质疑且未提供新的有效证据或者线索的。

一、对质疑函是否属于书面形式的争议

根据《政府采购法》第五十二条规定，提出质疑要以书面形式。所谓书面形式，是指通过文字或书面材料进行意思表示的形式。书面形式具有意思表示明确、准确、有据可查的特点，能保持其中所载信息的记录，并能以有形形式复制，便于预防争议。书面形式是法律行为成立的基本形式，政府采购中重要的法律行为几乎都是以书面形式。质疑函的内容应符合法定的要件，形式亦应符合法律、法规、行政规章以及采购文件的要求，为避免争议最好以纸质的书面形式。但也有质疑供应商以非纸质的形式提交质疑函，因影响到采购人、采购代理机构是否受理该质疑的问题，从而产生争议。

【案例71[1]】质疑函以电子邮件发出，是否属于书面形式

关 键 词：电子邮件/书面形式/有效质疑函

案例要点：供应商以电子邮件形式提出质疑，既不符合招标文件规定的书面形式要求，也不具有法定内容要件，为无效质疑函。

质疑、答复情况

天津某公司于2018年2月13日对天津市津南区咸水沽医院迁址扩建项目中央空调设备采购项目（以下简称"该项目"）招标文件，以邮件形式向采购代理机构天津宇和工程咨询有限公司（以下简称"宇和公司"）提出了质疑，宇和公司未答复。2018年3月15日，宇和公司组织实施召开该项目开标评标会，中标供应商为天津雍悦冷暖系统工程有限公司。天津某公司于2018年3月22日向宇和公司递交了质疑书，宇和公司于2018年3月27日作出了质疑答复函。

投诉情况

天津某公司对质疑答复不满意，向天津市津南区财政局（以下简称"区财政局"）投诉，该局于2018年4月18日收取。由于投诉事项中包括对投标文件的投诉内容，对天津某公司2018年2月13日以邮件形式提出的质疑是否有效，成了关键问题。

2018年5月22日，区财政局作出投诉处理决定，该局认为，根据财政部规定的质疑函范本和《政府采购质疑和投诉办法》（财政部令第94号）第十二条的规定"供应商提出质疑应当提交质疑函和必要的证明材料。……供应商为法人或者其他组织的，应当由法定代表人、主要负责人，或者其授权代表签字或者盖章，并加盖公章"，此邮件不具备《政府采购质疑和投诉办法》（财政部令第94号）所要求的要件，且招标文件里也规定以书面形式提出质疑，所以天津某公司的邮件不属于有效的质疑函，故宇和公司应当拒收。

诉讼情况

天津某公司向天津市津南区人民法院起诉，该院经审理，于2018年10月23日以行政判决书认定，区财政局认为天津某公司在向宇和公司提出质疑时提出的质疑函从内容及需具备的要件上不符合《政府采购质疑和投诉办法》的规定，作出天津某公司的邮件不符合有效质疑函的回复并无不当之处。

1　案例来源：（2018）津0112行初66号。

案例评析 CASE ANALYSIS

1. 质疑函的内容应符合规定包括相关内容，关键性内容不得缺失

质疑函必须符合《政府采购质疑和投诉办法》第十二条的规定，包括该条所规定的第（一）至（六）项内容，且需要盖章签字，而以电子邮件发出的质疑函不可能有签字或者盖章。因此，该电子邮件不能视为有效的质疑函。

2. 质疑函的形式应当是书面形式

根据《政府采购质疑和投诉办法》第十条规定，质疑函应当是书面形式，电子邮件并非一般意义的书面形式。笔者认为，为减少政府采购中的争议，采购人或者采购代理机构收到电子邮件发来的质疑函后，也可以用电子邮件告知其按《政府采购质疑和投诉办法》第十二条规定，提交签字、盖章的质疑函。

二、有关质疑函是否有效的争议

尽管《政府采购质疑和投诉办法》第十二条对质疑函的内容作出明确规定，财政部对质疑函还制定了范本，但是仍然有不少供应商所提交的质疑函还是不规范，这就引起对质疑函是否有效争议。碰到争议，采购人、采购代理机构应根据质疑的情况、提交质疑函的形式、质疑函的内容以及质疑的时间进行判断，基本形式或者内容符合规定时不宜轻率否认质疑函的有效性。当然，如果质疑函根本不符合规定，不能承认其有效性。否则，如果对其进行实体审查，特别是在质疑事项成立且影响或者可能影响中标、成交结果的情形下，造成的风险较大。

【案例 72[1]】质疑函正文部分未载明非实质性内容且格式不规范，该质疑函是否有效

关 键 词：质疑函瑕疵 / 有效性 / 质疑回复

案例要点：质疑函格式不规范，正文缺少载明地址、邮编、联系人及联系电话等内容，但在质疑函背面备注了上述信息。因未缺少实质性信息，属于瑕疵，为有效质疑函，采购代理机构应按期回复。

招标、质疑情况

投诉人就琼中县营根镇富美乡村光伏发电产业项目招标文件，于 2018 年 6 月 11 日向海南某招标公司提出质疑，该公司于 2018 年 6 月 21 日作出答复。采购项目于 2018 年 6 月 21 日开标，投诉人为潜在供应商。经资格审查，参与投标供应商共 8 家。经开标、评标，本项目第一中标候选人为达州安年能源有限公司。

---

1 案例来源：琼中财采〔2018〕1978 号。

投诉处理情况

投诉人对该答复不满意，遂向财政局投诉称：被投诉人现场签收质疑函的行为应当视为质疑有效，如认为有遗漏应告知。被投诉人不答复质疑事项认为质疑函无效，明显是以不合理的条件限制或者排斥潜在投标人，对潜在投标人实行歧视待遇。

被投诉人辩称：(1)被投诉人依法依规签收质疑材料不代表认定质疑有效。(2)被投诉人寄送回复函与是否违反《政府采购质疑和投诉办法》(财政部令第94号)第十二条没有必然联系。(3)被投诉人对质疑人的质疑材料没有法律上的告知义务，质疑人应当对其提交的质疑函和质疑材料负责。

经查，投诉人提交的质疑函未依照财政部政府采购质疑函范本的格式书写，也未按照《政府采购质疑和投诉办法》第十二条第一款规定在质疑函正文载明地址、邮编、联系人及联系电话等内容。但投诉人在质疑函背面提供了相关内容。上述情况属质疑函形式上的瑕疵，不应直接认定质疑为无效质疑，被投诉人认定投诉人的质疑为无效质疑无法律依据。被投诉人对质疑的实体事项不予答复的行为，符合《政府采购质疑和投诉办法》第三十六条第二款的规定。但该行为不足以认定拒绝答复质疑的行为是以不合理的条件限制或者排斥潜在投标人，对潜在投标人实行歧视待遇，故投诉人要求重新招标没有事实和法律依据。

综上所述，依照《政府采购质疑和投诉办法》(财政部令第94号)第二十九条第二款规定，驳回投诉人的投诉请求。针对采购代理机构海南某招标公司未对质疑实体事项进行答复的行为，财政局将根据规定另作处理。

案例评析 CASE ANALYSIS

1. 内容瑕疵，不宜直接认定为无效质疑

《政府采购质疑和投诉办法》第十二条规定了质疑函应当具有的内容要件，但不具备部分内容的质疑函不应皆机械认定为无效质疑。如果质疑供应商在提交质疑函时遗漏了非关键性信息，如供应商邮编等不影响质疑事项后续审查的事项，或者仅仅是格式不规范问题，不宜直接否认质疑函的有效性。本案投诉人提交的投诉函未按照《政府采购质疑和投诉办法》第十二条第一款第(一)项规定在质疑函正文载明地址、邮编、联系人及联系电话等内容，但投诉人在质疑函背面提供了地址、联系人及联系电话等内容。因质疑函不缺乏实质要件，同时采购代理机构也获取了相关信息，对仅仅存在质疑函不规范的问题只能认定属于瑕疵，不应认定为无效质疑。

2. 有效质疑函，采购代理机构应按期答复

采购人、采购代理机构不得拒收质疑供应商在法定质疑期内发出的质疑函，应当在收到质疑函后7个工作日内作出答复。本案质疑供应商提交的为在法定质疑期内发出的有效质疑函，采购代理机构应当答复。

三、有关必要证明材料的争议

采购人、采购代理机构进行质疑答复，应当对质疑事项、质疑请求逐项进行审查。供应商对采购文件提出质疑的，采购人、采购代理机构可以组织相关专业人员对采购文件进行论证，也可以征求有关供应商的意见。供应商对采购过程、采购结果提出质疑的，采购人、采购代理机构需要核实相关事实的，可以通知质疑供应商、相关供应商、评审专家进行核实。认为需要当面质证的，可以组织质疑供应商、相关供应商当面质证。质疑供应商、相关供应商或评审专家拒绝配合调查的，采购人、采购代理机构可以告知他们，如拒绝配合将可能视同其放弃说明权利，依法承担不利后果。但采购人、采购代理机构不得以质疑供应商、相关供应商或评审专家拒绝配合调查为由超期答复或拒绝答复质疑。

采购人、采购代理机构在对质疑事项调查、对质疑请求审查过程中，不可避免要与质疑供应商、相关供应商进行沟通，应当注意保密，切不能泄露下列事项：(1) 获取采购文件的供应商名单或人数；(2) 其他供应商的文件及其与投标（响应）的其他；(3) 采购人、采购代理机构或者其他供应商的商业秘密；(4) 评审专家及评审的有关情况（依法已公布的除外）；(5) 对其他未中标、成交供应商资格性审查、符合性审查、报价明细或者评审得分的有关情况（依法已公布的除外）；(6) 公告之前的中标（成交）结果；(7) 其他可能影响采购结果公平、公正的相关事项。

采购人、采购代理机构在调查、审查过程中，如认为需要对采购文件进行修改的，认为质疑事项可能影响中标、成交结果的，采购人应当暂停采购活动，已经签订合同的，应当中止履行合同。

为平衡供应商与采购人或采购代理机构之间的权利义务，《政府采购法实施条例》第五十五条、《政府采购质疑和投诉办法》第十二条规定，供应商提出质疑应当有必要的证明材料。一方面，供应商不能凭空质疑，否则该质疑将不会得到采纳；另一方面，采购人或采购代理机构不能以“谁主张，谁举证”，来推卸自己的职责，对供应商质疑不作调查处理，仅凭供应商提供的证明材料作出答复。因此，对提交“必要的证明材料”这一条件，既不能要求过高，也不能要求过低。笔者认为，所谓“必要的证明材料”，不能理解为能够查明事实的所有证明材料，只能是支持其提出的质疑所应当出具的相关证明材料，主要有：(1) 参加了所质疑项目采购活动或者已依法取得可质疑的采购文件的证明材料；(2) 证明质疑函所述事实存在的证明材料，如采购文件、采购过程、中标、成交结果违法违规或不符合采购文件要求等的证明材料；(3) 采购文件、采购过程或者中标、成交结果损害自己合法权益的证明材料；(4) 证明质疑供应商和委托代理人身份的证明材料，如营业执照、代理人身份证复印件、授权委托书等；(5) 其他应当由质疑人承担举证责任的事项，如质疑人以自己收到、亲眼所见、亲耳所闻的材料来质疑的事项，质疑采购人、采购代理机构拒绝自己询问的事项，等等。

【案例73[1]】对投标人业绩提出质疑，但未提供必要的证明材料，该质疑能否成立

关 键 词：质疑他人投标业绩/未提供必要的证明材料/缺乏事实依据

案例要点：质疑未提供必要的证明材料，对质疑答复不满意又投诉，被财政部门以投诉事项缺乏事实依据为由驳回投诉人的投诉。

案情简介

天健工程咨询有限公司因对被投诉人就本项目作出的质疑答复不满，向滁州市财政局提起投诉。投诉事项为：（1）被投诉人对投诉人的质疑回复中未公布被质疑人投标文件中的备选库、企业荣誉、企业PPP咨询库部分并查验真实性；（2）质疑回复中被质疑人的企业荣誉得分与开标现场宣布分数不符；（3）被质疑人投标文件及成交公告提供业绩时间为项目施工开、竣工时间，不是项目审计时间，未实质响应招标文件；（4）205国道浙江段改造示范工程总投资额约9100万元，与被质疑人投标文件中竣工决算审计金额不符，质疑回复未对此回复；（5）被投诉人未对质疑业绩实地调查核实。

关于投诉事项（1），经审查，投诉人就本项质疑未提供必要的证明材料，评标委员会已对被质疑人投标文件中的备选库、企业荣誉、企业PPP咨询库部分进行了评审，被投诉人也查看了被质疑人的投标文件，未发现被质疑人上述材料的真实性存在问题。招投标中的标底及标书内容涉及商业秘密，要求被投诉人公开备选库、企业荣誉、企业PPP咨询库部分缺乏依据。关于投诉事项（2），经审查，开标现场确认的被质疑人企业荣誉得分为2分，与被投诉人质疑回复中该项得分一致。关于投诉事项（3），经审查，被质疑人投标文件中的业绩材料提供了审计报告，审计时间符合招标文件的要求。关于投诉事项（4），被投诉人认为投诉人通过网页查询自行推断该项目造价9100万，未提供书面证明材料，故按照被质疑人投标文件认定业绩满足招标文件要求并回复了投诉人；经查，205国道浙江段改造示范工程共有24个施工合同段，包括投诉人所述的第5合同段、交通安全设施（护栏部分）开化段等6个标段，送审工程决算金额为7.5128亿元；委托方浙江省公路管理局确认了该项目的送审工程决算金额为7.5128亿元。关于投诉事项（5），经审查，被投诉人认为投诉人的本项质疑缺乏必要的证明材料，被投诉人就本项质疑对被质疑人的投标文件进行审查并将结果反馈给了投诉人，未发现该过程存在违法违规行为。

---

1 《案例来源：滁州市财政局投诉处理决定书》，载 http://www.chuzhou.gov.cn/public/152523227/158161925.html，最后访问日期：2020年5月19日。

综上所述，投诉人的投诉事项缺乏事实依据，投诉事项不成立，依据《政府采购质疑和投诉办法》第二十九条的规定，驳回投诉。

案例评析 CASE ANALYSIS

供应商招标投标活动不符合法律、行政法规规定的，有权向采购人或者代理机构提出质疑，但投诉人不能凭空质疑，不仅要有具体、明确的质疑事项和与质疑事项相关的请求，还要有事实依据与必要的法律依据，也需要必要的证明材料。本案中，质疑供应商对其他供应商作为业绩的工程项目造价有异议，仅通过网页查询自行推断该项目造价 9100 万元，未提供书面证明材料予以证明。由于未就其提出的质疑、投诉提供所应当出具的相关证明材料，其质疑、投诉事项均不能成立。

第四节 有关质疑答复时组织原评审专家协助答复的争议

《政府采购法实施条例》第五十二条第三款规定，政府采购评审专家应当配合采购人或者采购代理机构答复供应商的询问和质疑。《政府采购质疑和投诉办法》第十四条规定，供应商对评审过程、中标或者成交结果提出质疑的，采购人、采购代理机构可以组织原评标委员会、竞争性谈判小组、询价小组或者竞争性磋商小组协助答复质疑。在质疑答复的实践中，有时会发生评审专家拒绝协助的情形，采购人、采购代理机构应当告知他们，如故意拒绝协助采购人、采购代理机构答复质疑的，采购人应当将相关情况书面报告财政部门，由其依法承担不利后果。

政府采购评审专家对于政府采购活动的公正性，有着十分重要的作用，绝大多数评审专家都能客观、公正、审慎地履行评审职责，但也有少数评审专家存在各种问题，有的评审专家由于业务水平与法律水平欠缺出现评审差错的情形，有的不能完全按照采购文件规定的评审程序、评审办法和评审标准进行独立评审，甚至还有违反职业道德与操守进行不公正评审。由于评审专家直接或者间接掌握政府采购活动中最关键的评审权与定标权，许多对采购过程、中标或者成交结果的质疑，都多多少少涉及评审专家的相关情形。同时，评审专家相对评审委员会其他成员具有专业优势，对质疑采购过程的评审行为的相关情形、对中标或者成交结果的产生的相关情况最为了解。评审专家配合或者协助采购人或者采购代理机构答复质疑，有利于弄清事实，释疑解惑，提高质疑答复的质量，有利于平息质疑争议。应当引起注意的是，有的采购人、采购代理机构在质疑答复中，完全以评审专家意见为准，这不符合相关法规的规定，原评审专家的作用是“配合”与“协助”，如何答复的决定权在采购人、采购代理机构。

【案例74[1]】采购人答复质疑时对采购文件作出解释，能作为答复质疑的评判依据吗

关 键 词：评标委员会复审 / 采购文件解释 / 评标依据

案例要点：评审专家配合、协助质疑答复时，应严格依据招标文件规定进行审查，无权对采购文件进行扩大或缩小解释。采购人可对采购文件进行解释，但仍应符合采购文件的规定。

招标、质疑、投诉情况

2015年7月16日，某市集中招投标交易中心（以下简称“市招投标中心”）受某市地方税务局（以下简称“市税务局”）委托，就市税务局土地增值税清算鉴证服务采购项目和企业所得税汇算清缴鉴证服务采购项目（以下简称“该项目”）发布招标公告。2015年8月6日，某税务事务所作为投标人参加了该项目的招投标活动。

2015年8月11日，某税务事务所向市招投标中心就该项目的“评分事项”提出质疑并要求评标委员会进行复评。2015年8月12日，采购人市税务局对某税务事务所提出的采购文件中收入情况规定的“2013年或2014年业务收入数据以上报省行业管理协会的报告数据为准”评分办法解释为“以上报省行业管理协会的收入报表并加盖省行业管理协会公章的资料为准”，其他证明、报告等资料均不得作为此次招投标评分的标准。

2015年8月19日，评标委员会对质疑事项进行复评并出具情况说明，评标委员会认为以下两种情况皆符合“上报省行业管理协会的报告数据”形式：(1)经第三方会计师事务所向供应商出具的审计报告；(2)省行业管理协会出具的证明。2015年9月8日，市招投标中心向某税务事务所作出回复函。

某税务事务所不服，于2015年9月9日向某市招投标监督管理局（以下简称“市招投标局”）进行投诉。某税务事务所认为，省行业管理协会收到供应商上报数据会产生与经第三方会计师事务所向供应商出具的审计报告数据不一致的情形，经第三方会计师事务所向供应商出具的审计报告数据与上报省行业管理协会报告数据没有必然联系。“经第三方会计师事务所向供应商出具的审计报告数据”不能作为“上报省行业管理协会的报告数据”的证据，且招标文件未要求供应商提供“经第三方会计师事务所向供应商出具的审计报告”。

市招投标局受理某税务事务所的投诉认为，采购人对采购文件中“年业务收入数据以

1 案例来源：(2015)州行初字第00106号。

上报省行业管理协会的报告为准”标准进行解释是在开评标之后，不能作为招标文件的组成部分。市招投标局根据评标委员会“情况说明”和市税务局对复评“情况说明”的回复，决定投诉人投诉事项不成立。

原告诉求及观点

某税务事务所不服市招投标局监督决定，于2015年10月8日向安徽省某市某区人民法院提起行政诉讼。某税务事务所认为，“上报省行业管理协会的报告数据”，只能以“省行业管理协会出具的收入证明”作为评分的唯一证据,且招标文件并未要求供应商提供“经第三方会计师事务所向供应商出具的审计报告”。请求法院：依法撤销市招投标局作出的监督决定，判令市招投标局对以上两项目重新组织评委按招标文件进行复评。

被告答辩及观点

市招投标局辩称：2015年8月19日，该中心依照法定程序组织评标委员会的专家进行复评。复评期间，采购人市税务局就投标人所提出的招标文件中的“2013年或2014年业务收入数据以上报省行业管理协会的报告数据为准”评标事项进行了解释，认为该事项应当解释为“年业务收入数据以上报省行业协会的收入报表并加盖行业管理协会公章为准”。评标委员会认为采购文件没有明确，也没有具体格式条款，在更正公告也没有说明的情况下，经评标委员会认真研究会商现场监督人及交易中心代表认可，经第三方会计师事务所向供应商出具的审计报告；省行业管理协会出具的证明皆符合“上报省行业管理协会的报告数据”，且认为招标人的解释在公开招标之后，不能作为招标文件的组成部分，依法维持了原评标结果。该局认为，在招标文件没有明确有关事项的情况下，评标委员会有权根据自己对招标文件的理解作出解释，并作为评标的依据。采购人和中标人应当严格遵守招标文件的规定，对招标文件的事后解释都是不符合招投标法律、法规规定的。因此，采购人在开标之后对评分项目的解释，不能作为复评的依据。请求人民法院驳回原告的起诉。

法院裁判及观点

法院认为，评标委员会成员应当按照招标文件规定的评标标准和方法，客观、公正地对投标文件提出评审意见。招标文件没有规定的评标标准和方法不得作为评标的依据。本案中，市税务局在复评期间对采购文件中规定所作的解释，不符合上述规定的评标委员会对招标文件没有规定的评标标准和方法不得作为评标的依据。评标委员会无权根据自己对招标文件的理解作出解释，并作为评标的依据。

因此，市招投标局对某税务事务所的投诉作出投诉事项不成立的监督决定认定事实不清。鉴于在诉讼期间市招投标局自行撤销了该监督决定，某税务事务所仍坚持原诉讼请求，故对该监督决定应予确认违法。关于第2项诉讼请求，因组织评标委员会复评的职责属采购人或其委托的招标代理机构，不属市招投标局的法定职责，故该诉讼请求，本院不予支持。法院判决确认市招投标局作出的监督决定违法，驳回某税务事务所的其他诉讼请求。

案例评析 CASE ANALYSIS

1. 评标委员会复审期间出具扩大招标文件原意的复审意见，不符合规定

评标委员会应根据招标文件规定的评标方法和标准进行评估、评价。无论评标还是复审都应依据招标文件，对招标文件不可作扩大解释，亦不可做限缩解释，更不可依据招标文件没有的规定进行评审。本案中，评标委员会对质疑事项进行审查并出具情况说明，认为以下两种情况皆符合“上报省行业管理协会的报告数据”形式：（1）经第三方会计师事务所向供应商出具的审计报告；（2）省行业管理协会出具的证明。显然，“经第三方会计师事务所向供应商出具的审计报告”明显超越招标文件规定的原意，已经实质上改变了评标标准，在质疑答复期间出具此说明不符合规定。

2. 采购人答复质疑时对采购文件作出解释与采购文件规定不一致，不得作为答复依据

质疑期间，采购人、采购代理机构应严格按照采购文件的规定审查质疑事项，对于采购文件的规定，采购人、采购代理机构可作一定的解释，但应符合采购文件规定的原意。本案中，采购人在质疑期间对供应商质疑的规定进行解释并无不可，但因其解释的内容与招标文件的规定已有实质差别，不符合规定。

第五节　有关因质疑影响中标、成交结果的争议

《政府采购质疑和投诉办法》第十六条规定：“采购人、采购代理机构认为供应商质疑不成立，或者成立但未对中标、成交结果构成影响的，继续开展采购活动；认为供应商质疑成立且影响或者可能影响中标、成交结果的，按照下列情况处理：（一）对采购文件提出的质疑，依法通过澄清或者修改可以继续开展采购活动的，澄清或者修改采购文件后继续开展采购活动；否则应当修改采购文件后重新开展采购活动。（二）对采购过程、中标或者成交结果提出的质疑，合格供应商符合法定数量时，可以从合格的中标或者成交候选人中另行确定中标、成交供应商的，应当依法另行确定中标、成交供应商；否则应当重新开展采购活动。质疑答复导致中标、成交结果改变的，采购人或者采购代理机构应当将有

关情况书面报告本级财政部门。”可见，质疑答复导致中标、成交结果改变的，应当具备以下条件，一是供应商质疑事项成立，二是对中标、成交结果构成影响，三是限于对采购过程、中标或者成交结果提出的质疑，四是合格供应商符合法定数量时，五是可以从合格的中标或者成交候选人中另行确定中标、成交供应商。以上五个条件缺一不可，必须同时具备，才能另行确定中标、成交供应商。

【案例75[1]】质疑原中标候选人某项不应得分成立，能推荐复审后第一名的供应商中标吗

关 键 词：质疑事项成立／影响中标结果／中标候选人

案例要点：质疑供应商质疑事项成立且影响中标结果，因评标委员会仅推荐了唯一中标候选人，应重新开展采购活动。

招标、质疑情况

某代理公司于2019年9月24日发布常州机电职业技术学院城市轨道交通运营实训室采购项目（以下简称“该项目”）的招标公告，于2019年10月17日上午9时30分组织了该项目的开标、评标，推荐唯一中标单位为某高科公司。评标结果现场宣布时，上海某公司口头提出某高科公司提供的管理体系证书有误，并于当日下午1时向某代理公司递交与上述口头表达内容相同的书面质疑函。当日下午4时30分，某代理公司组织原评标委员会对上海某公司的质疑内容进行复审。复审认为，某高科公司提供的管理体系证书有误，扣除相应分数后，某高科公司的得分低于第二名上海某公司的得分，影响了中标结果，因此推荐第二名上海某公司顺延成为中标单位。

2019年10月18日，某高科公司向某代理公司提出质疑，2019年10月28日，某代理公司对质疑作出答复。

投诉处理情况

某高科公司对质疑答复不满意，经对投诉书补正后于2019年11月20日投诉至江苏省财政厅。投诉内容为该项目组织再次评审的行为不符合法律法规。投诉请求为取消第二次评审结果。某高科公司在投诉中称:某代理公司组织的复审属于二次评审，在未发生《政府采购货物和服务招标投标管理办法》（财政部令第87号）第六十四条的规定的四种情形下组织二次评审，违反了《政府采购货物和服务招标投标管理办法》的规定。

江苏省财政厅经审查认为，某代理公司组织原评标委员会对该项目进行的复审，属于

---

1 案例来源：苏财购〔2020〕1号。

依据《政府采购质疑和投诉办法》第十四条对上海某公司的质疑进行协助答复的行为，不属于《政府采购货物和服务招标投标管理办法》第六十四条所规定的重新评审，投诉人有关“再次评审”“二次评审”的投诉不能成立。

该厅在依法履行政府采购监督检查职责过程中，发现该项目在质疑答复中存在问题。该项目的《评标记录》中推荐了唯一的中标单位某高科公司，当上海某公司对该中标结果提出的质疑成立且影响中标结果时，并不存在其他合格的中标候选人。根据《政府采购质疑和投诉办法》第十六条第一款第（二）项规定，供应商对采购过程、中标或者成交结果提出质疑成立且影响或者可能影响中标、成交结果的，合格供应商符合法定数量时，可以从合格的中标或者成交候选人中另行确定中标或者成交供应商的，应当依法另行确定中标、成交供应商；否则应当重新开展采购活动。

因此，将上海某公司顺延推荐成为中标单位，违反了《政府采购质疑和投诉办法》第十六条第一款第（二）项规定。此外，某代理公司质疑答复导致中标结果改变，未将有关情况报告省财政厅，违反了《政府采购质疑和投诉办法》第十六条第二款规定。该厅另查明，该项目采购人与上海某公司于2019年11月21日已经签订政府采购合同，且该合同已经履行。

根据投诉审查及监督检查结果，依据《政府采购法》第五十六条、第五十九条，《政府采购法实施条例》第七十一条第一款第（四）项、第七十一条第二款，《政府采购质疑和投诉办法》第二十九条第（二）项的规定，省财政厅作出如下处理决定：（1）因政府采购合同已经履行，给采购人、供应商造成损失的，由责任人承担赔偿责任。（2）驳回投诉人关于“再次评审”“二次评审”的投诉。

案例评析 CASE ANALYSIS

1. 质疑期间，评审委员会复审属于协助答复行为

再次评审、二审评审的说法不准确，质疑供应商的本意实际上是说的重新评审。重新评审是指在评标过程中，对评标结果进行修改等情形。而在供应商质疑期间，评审委员会复审是协助质疑答复的行为，符合法律的规定。本案，某代理公司组织原评标委员会对上海某公司的质疑内容进行复审程序并无不当。

2. 质疑事项影响中标结果，涉案项目只有一个中标候选人的，应重新开展采购活动

质疑事项成立且影响或者可能影响中标、成交结果的，合格供应商符合法定数量、有其他合格的中标候选人且质疑事项不影响整个采购活动公平公正的，应依法另行确定中标、成交供应商，否则应当重新开展采购活动。涉案项目的《评标记录》中推荐了唯一的中标单位某高科公司，不存在其他合格的中标候选人。但某代理公司将上海某公司顺延推荐成为中标单位，显然不符合上述法律规定。但因采购合同已经履行，财政部门只能作出给采购人、供应商造成损失的，由责任人承担赔偿责任的投诉处理决定。

CHAPTER 02

第二章

因投诉处理行为而引起的争议

政府采购投诉处理，是财政部门根据供应商的投诉，为解决采购人、采购代理机构与供应商之间在货物、工程和服务的采购过程中所发生的争议，而由财政部门通过审查材料、调查事实，在证据充分、事实清楚的前提下，就政府采购争议事实的认定、法律的适用，依法作出书面裁决的行政行为，是我国各级财政机关在政府采购实践中运用最为广泛的执法手段。政府采购投诉处理是各级财政部门行使行政裁决权的活动，一旦作出处理决定即具有法律效力，不论争议当事人是否承认、同意，都不受影响。当事人如果不服的，只能申请行政复议或提出行政诉讼。由于对投诉处理决定可以申请行政复议、提起行政诉讼，为了经得起复议审查与司法审查，财政部门作出投诉处理决定，一定要证据确凿，适用法律、法规正确，符合法定程序。

《政府采购法》施行十七年来，各级财政部门处理了大量的政府采购投诉案件，为维护政府采购当事人合法权益，规范政府采购行为，保障政府采购活动顺利进行发挥了重大作用。在五花八门的政府采购案件中，供应商之间，供应商与采购人、采购代理机构之间，政府采购当事人与财政部门之间，都有可能存在不同或者相反的观点。质疑供应商对采购人、采购代理机构的答复不满意或者采购人、采购代理机构未在规定的时间内作出答复的，可以在答复期满后十五个工作日内向采购人所属预算级次的财政部门投诉。财政部门的投诉处理行为，对持不同立场的供应商来说，不可能皆大欢喜。对投诉处理行为持异议的供应商就会“横挑鼻子竖挑眼”，进而对投诉处理行为提出新的争议。

第一节 有关不予受理投诉的争议事项

质疑供应商投诉应当提交投诉书和必要的证明材料，财政部门收到后，应当在5个工作日内对投诉书和必要的证明材料进行审查，符合投诉条件自收到投诉书之日即为受理，不符合投诉条件的应当在3个工作日内书面告知投诉人不予受理，并说明理由。这就说明投诉存在下列不予受理情形之一的，应当在收到投诉书8个工作日内书面告知投诉人不予受理，并说明理由：（1）所有投诉事项均未经依法质疑的，但基于质疑答复内容提出的投诉事项除外；（2）投诉书内容不符合《政府采购质疑和投诉办法》的规定；（3）未在投诉有效期内提起投诉的（投诉书通过邮寄送达，投诉人于投诉有效期期满前成功交邮的，未超过投诉有效期）；（4）同一投诉事项已经财政部门投诉处理的；（5）投诉人不是参与所投诉政府采购活动的供应商的，或者以联合体形式参加政府采购活动的其他组成联合体供应商有未共同提出投诉的，但潜在供应商对采购文件提起投诉的情形除外；（6）财政部规定的其他条件。对投诉不属于本部门管辖的，应当在收到投诉书8个工作日内书面告知投诉人向有管辖权的部门提起投诉。

以下是对不符合《政府采购质疑和投诉办法》第十九条第二款所规定条件的投诉，而不予受理的书面告知参考文本：

【文书21】

政府采购投诉不予受理通知书

编号：

投诉人（名称）：

关于（项目名称）　　项目　　（项目编号：　　）的投诉及与投诉有关材料，本部门已于　　年　月　日收悉。经审查，你单位此项投诉不符合《政府采购质疑和投诉办法》第十九条所规定的条件，本部门现通知不予受理。

投诉人对本投诉不予受理决定通知不服的，可在通知书送达之日起六十日内向同级人民政府或上一级财政部门申请行政复议，也可在通知书送达之日起六个月内向（具有管辖权的法院名称）提起行政诉讼。

财政部门（名称）

年　月　日

对于财政部门不予受理投诉的通知、告知或者决定，投诉人经常会有不同的看法，对财政部门投诉处理的行为产生争议。

一、对财政部门以不属于本部门管辖不予受理投诉的争议

管辖，就是指管理，统辖的意思。了解管辖之前，先要了解管辖与主管的区别。对投诉的主管，是解决财政部门的对外关系，即财政部门与其他国家机关、社会团体在处理公共采购投诉方面的分工，经常碰到的是处理工程采购与货物、服务采购投诉方面的分工，前者由招标投标监督管理部门受理，后者由财政部门受理。管辖解决的是财政部门系统内部不同级别、不同地域财政部门之间的分工。《政府采购质疑和投诉办法》（财政部令第94号）较之《政府采购供应商投诉处理办法》（财政部令第20号）在投诉管辖方面有许多新规定：

一是规定了两种类型的管辖。一般管辖，即按照采购人所属预算级次的财政部门确定投诉管辖。跨区域管辖，即跨区域联合采购项目的投诉，有两种不同的情况：（1）预算级次相同的管辖，采购人所属预算级次相同的，由采购文件事先约定的财政部门负责处理，事先未约定的由最先收到投诉的财政部门负责处理。（2）预算级次不同的管辖，采购人所属预算级次不同的，由预算级次最高的财政部门负责处理。这些既是完善实践中的做法，也是将已经实施的规范性文件纳入行政规章，避免在复议、诉讼过程中对法律适用的争议。

二是规定发布的受理投诉信息中增加了受理投诉的方式、联系部门、通讯地址等信息。与原办法相比，新办法第七条第二款规定，发布的受理投诉信息中增加了受理投诉的方式、联系部门、通讯地址等信息，更加方便供应商投诉。

三是对不属于本部门管辖的投诉应书面告知向有管辖权的部门投诉。新办法第二十一条第（三）项规定，投诉不属于本部门管辖的，应当在3个工作日内书面告知投诉人向有管辖权的部门提起投诉。这就改变了原办法“转送有管辖权的部门，并通知投诉人”的规定。下面是一份投诉管辖权告知书参考文本：

【文书22】

投诉管辖权告知书

投诉人（名称）：

关于（项目名称）　　　项目（项目编号：　　　）的投诉及与投诉有关材料，本部门已于　　　年　　月　　日收悉。经审查，该投诉不属于本部门管辖。你（单位）应当向（具有管辖权的财政部门名称）提起投诉。

财政部门（名称）

年　　月　　日

正确认定某一项投诉是否应由某一个财政部门管辖，是投诉处理的首要问题，如果认定错误，就可能对不应当受理的投诉作出处理决定，造成超越职权；也可能对应当受理的投诉错误告知投诉人向其他部门提起投诉，造成行政不作为。由于供应商对采购人的预算级次不太了解，采购人、采购代理机构也交代不清，经常发生供应商因担心投诉无门、投诉过期，匆忙向他们所认为应当受理的财政部门投诉的情况。

【案例 76[1]】供应商向采购人所在区财政局投诉，被告知监管主体为省财政厅，该行政行为合法吗

关 键 词：管辖权 / 回复告知 / 行政诉讼受案范围

案例要点：对于投诉不属于本部门管辖的，应当在 3 个工作日内书面告知投诉人向有管辖权的部门提起投诉。该答复一般对投诉人的权利义务没有实质影响，不属于行政诉讼的受案范围。

原告诉求及观点

2017 年 7 月，南京某公司向栖霞区财政局投诉南京中医药大学在政府采购活动中存在违法行为，该局于 2017 年 7 月 31 日作出书面回复，告知其南京中医药大学为省属高校，其政府采购监管主体为江苏省财政厅，栖霞区财政局无法进行监管。南京某公司不服该答复，诉至南京铁路运输法院。

南京某公司认为，根据《政府采购供应商投诉处理办法》（财政部令第 20 号）第十一条第（二）项规定“投诉不属于不部门管辖的，转送有管辖权的部门，并通知投诉人”，栖霞区财政局直接退回南京某公司投诉书的行为是违法的，栖霞区财政局作出的《政府采购供应商投诉书》书面回复是无效的。请求法院确认栖霞区财政局政府采购供应商投诉处理行为违法，撤销栖霞区财政局的回复。

被告诉求及观点

栖霞区财政局于 2017 年 7 月 28 日收到南京某公司寄出的《政府采购供应商投诉书》，对南京中医药大学仙林校区及汉中门校区绿化养护托管服务项目进行投诉。因委托招标采购的南京中医药大学为省属高校，其政府采购监管的主体为江苏省财政厅，根据《政府采购法》第十三条第一款及《政府采购供应商投诉处理办法》（财政部令第 20 号）第十一款第（二）项的规定，栖霞区财政局并没有管辖权。因此，栖霞区财政局作出被诉回复并向

1　案例来源：（2017）苏 8602 行初 1559 号。

南京某公司送达，后又将南京某公司的投诉材料移送江苏省财政厅并向南京某公司书面告知，符合法律规定。综上，请求依法驳回南京某公司的诉讼请求。

法院裁判及观点

法院认为：公民、法人或者其他组织提起行政诉讼，应当属于行政案件的受案范围。《行政诉讼法》第十二条规定了行政案件的受案范围，属于行政案件受案范围的行政行为应当设立、变更、消灭行政法上的权利义务关系或对行政相对人的权益产生明显影响。本案中，南京某公司向栖霞区财政局提出政府采购方面的投诉，栖霞区财政局进行了答复，该答复并未设立、变更、消灭行政法律关系，对南京某公司的权利并无影响。因此，南京某公司提出本案诉讼，不属于行政诉讼受案范围，不符合行政案件受理条件，已立案的，依法应裁定驳回起诉。综上，法院裁定驳回南京某公司的起诉。

案例评析 CASE ANALYSIS

1. 投诉不属于本部门管辖的，根据原规定应转送给有管辖权的部门并通知投诉人，根据新规定应在3个工作日书面告知不予受理

投诉人向栖霞区财政局提起投诉，因采购人南京中医药大学为省属高校，其预算级次为省级财政，政府采购监督管理部门为江苏省财政厅。所以，栖霞区财政局对该采购项目不具有监督管理的职权，根据《政府采购供应商投诉处理办法》（财政部令第20号）第十一条规定："财政部门收到投诉书后，应当在5个工作日内进行审查，对不符合投诉条件的，分别按下列规定予以处理：……投诉不属于本部门管辖的，转送有管辖权的部门，并通知投诉人。"栖霞区财政局作出书面回复，后又将其投诉材料移送江苏省财政厅并向投诉人书面告知，符合当时行政规章的规定。2018年3月1日起施行《政府采购质疑和投诉办法》（财政部令第94号）第二十一条规定："财政部门收到投诉书后，应当在5个工作日内进行审查，审查后按照下列情况处理：……（三）投诉不属于本部门管辖的，应当在3个工作日内书面告知投诉人向有管辖权的部门提起投诉。……"可见，新旧行政规章规定不同，应当引起注意。

2. 回复对投诉人的权利义务不产生实际影响，不属于行政诉讼法的受案范围

栖霞区财政局向投诉人作出的并未设定新的权利义务关系，亦未消灭投诉人的投诉权利，对投诉人的权利义务不产生任何实质的影响。根据《最高人民法院关于适用〈中华人民共和国行政诉讼法〉的解释》第一条第二款规定："下列行为不属于人民法院行政诉讼的受案范围：……（十）对公民、法人或者其他组织权利义务不产生实际影响的行为。"因此，该案不属于行政诉讼的受案范围。

二、对财政部门以已过投诉期限不予受理的争议

供应商对采购文件、采购过程和中标、成交结果质疑后，对采购人、采购代理机构的答复不满意，或者采购人、采购代理机构未在规定时间内作出答复的，可以在答复期满后15个工作日内向采购人所属预算级次的财政部门提起投诉。投诉人提起投诉应当在投诉有效期限内，这是对供应商及时提出投诉的期限规定。只有及时投诉，在投诉事项成立的情况下，财政部门才能及时依法纠正采购人、采购代理机构的违法违规行为，尽量避免供应商的合法权益受到进一步损害。如果不规定投诉期限，等到政府采购合同已经履行，供应商再投诉也不能制止政府采购合同的继续履行，供应商的合法权益也无法维护。因此，《政府采购法》第五十五条对供应商投诉规定了一个期限。《政府采购质疑和投诉办法》第十九条第二款第（三）项还进一步规定了"在投诉有效期限内提起投诉"。在实践中对于"在投诉有效期内"如何理解，经常会产生争议。

【案例77[1]】财政部门不予受理一件已过有效期限的投诉，而引起的复议、诉讼的案件

关 键 词：投诉有效期内/不予受理

案例要点：如供应商未在质疑答复期满后15个工作日内向财政部门提起投诉，则过法定投诉有效期限。即便如此，财政部门也不得拒收投诉，应作出不予受理的决定并告知当事人。

招标、质疑、投诉、复议情况

安徽合肥公共资源交易中心受托，于2015年3月13日发布公告，对合肥市××人机动轮椅车采购项目（以下简称"该项目"）进行公开招标。2015年4月1日，安徽合肥公共资源交易中心发布公告，确定常州某公司为预中标人。2015年4月17日，安徽合肥公共资源交易中心发布公告，取消常州某公司的中标资格，由河北新世纪川田机车科技有限公司递补为预中标人。

2015年4月23日，常州某公司以书面形式向安徽合肥公共资源交易中心提出质疑。2015年5月7日，安徽合肥公共资源交易中心就此作出答复。

2015年7月14日，常州某公司以邮寄方式向合肥市公共资源交易监督管理局提出投诉。2015年7月16日，该邮件因合肥市公共资源交易监督管理局拒收而被退回。

2015年8月17日，常州某公司以合肥市公共资源交易监督管理局不履行法定职责为

1 案例来源：（2016）皖0111行初60号。

由，向安徽省合肥市包河区人民法院（以下简称“包河区法院”）提起行政诉讼。2015年11月30日，包河区法院作出行政判决书，判决责令合肥市公共资源交易监督管理局就常州某公司于2015年7月14日提出的投诉自本判决生效之日起两个月内履行法定职责。一审宣判后，双方当事人均未提起上诉。

2015年12月31日，合肥市公共资源交易监督管理局以投诉超过法定期限为由，对常州某公司作出《政府采购投诉不予受理决定书》，其内容如下：常州某公司系于2015年4月22日就该项目向安徽合肥公共资源交易中心提出质疑，该中心于2015年5月7日就此作出答复。2015年7月15日，常州某公司向合肥市公共资源交易监督管理局提出投诉，该投诉已经超过法律规定的“答复期满后十五个工作日内”的投诉有效期。依据《政府采购法》第五十五条，《政府采购供应商投诉处理管理办法》第七条、第十条第（四）项、第十一条第一款第（三）项的规定，决定不予受理常州某公司提出的投诉。

常州某公司不服该决定，向合肥市人民政府申请行政复议。2016年4月5日，合肥市人民政府作出行政复议决定书，维持原行政行为。

原告诉求及观点

2016年4月28日，常州某公司以合肥市人民政府与合肥市公共资源交易监督管理局为共同被告，向包河区法院提起诉讼。常州某公司诉称：合肥市公共资源交易监督管理局作出的不予受理决定与合肥市人民政府作出的行政复议决定均属违法，理由如下：常州某公司提出投诉的时间并未超过法定期限。其一，事实上，常州某公司于2015年5月7日收到安徽合肥公共资源交易中心就其质疑作出的答复后，次日即至合肥市公共资源交易监督管理局当面提出投诉，但合肥市公共资源交易监督管理局予以搪塞，致使常州某公司投诉无门，只得通过邮政专递方式邮寄投诉材料，但被拒收。其二，根据《政府采购法》第五十五条规定，法条所用的措辞是“可以”，而非“应当”，可见立法者对于投诉机制采取了宽限的态度，并非对超过投诉期限的投诉行为一律认定为无效。综上，合肥市公共资源交易监督管理局作出的不予受理决定认定事实不清，法律依据不足，应予撤销；合肥市人民政府作出的行政复议决定亦不符合法律规定，亦应予以撤销。

其请求如下：一、撤销合肥市公共资源交易监督管理局作出的《政府采购投诉不予受理决定书》并责令其重新作出行政行为；二、撤销合肥市人民政府作出的行政复议决定书。

被告答辩及观点

合肥市公共资源交易监督管理局辩称：（1）依据《政府采购法》第五十五条的规定，常州某公司的投诉已经超过法定期限。（2）依据《政府采购供应商投诉处理管理办法》第十条第（四）项的规定，投诉人应当在投诉有效期限内提起投诉。依据该办法第十一条第一款第（三）项的规定，投诉不符合其他条件的，书面告知投诉人不予受理，并应当说明理由。因此，其对常州某公司的投诉作出不予受理决定，完全符合相关规定，请求法院判决驳回常州某公司对其提出的诉讼请求。

合肥市人民政府辩称：行政复议机关在查明事实的基础上作出行政复议决定书，维持原行政行为。请求法院判决驳回常州某公司对其提出的诉讼请求。

法院裁判及观点

包河区法院认为：根据《行政诉讼法》第七十九条规定以及《最高人民法院关于适用〈中华人民共和国行政诉讼法〉若干问题的解释》第九条第一款规定，在该案中，针对被诉行政行为的司法审查，据此分为两个部分：（1）原行政行为是否合法。根据《政府采购法》第五十五条、《政府采购供应商投诉处理管理办法》第十条第（四）项以及该办法第十一条第一款第（三）项相关规定，该案中，常州某公司作为质疑供应商系于2015年5月7日收到采购代理机构对其质疑作出的答复，而其于2015年7月14日向合肥市公共资源交易监督管理局投诉，显然已经超过上述法律规定的期限，合肥市公共资源交易监督管理局作出不予受理决定并不违反法律规定。常州某公司主张其于2015年5月8日即向合肥市公共资源交易监督管理局投诉，但并未提供相应证据加以证明，包河区法院不予支持。（2）复议决定是否合法。合肥市人民政府作为行政复议机关，自受理行政复议申请之日起，至作出并送达行政复议决定之日，这一过程遵循的复议程序，不违反《行政复议法》和《行政复议法实施条例》的规定。据此，判决驳回常州某公司全部诉讼请求。

案例评析 CASE ANALYSIS

1. 投诉人投诉的事项已过投诉期限，财政部门亦应回复，告知不予受理

投诉人提起投诉应当在投诉有效期限内提起投诉，财政部门收到投诉书后，应当在5个工作日内进行审查，对不符合投诉条件的，书面告知投诉人不予受理，并应当说明理由。本案中，财政部门拒收投诉人的材料显然是不合法的，即使过了投诉期限，仍然要作出书面答复。

2. 采购项目如确有违法行为，财政部门应另行启动监督检查程序审查

如果财政部门发现采购项目确有违法行为，投诉人提起投诉未在法定期限内，也不应在政府采购投诉中进行处理，而是应另行启动监督检查程序，对违法行为依法处理。

三、对财政部门以不属于投诉范围不予受理的争议

提起投诉前已依法进行质疑，是提起投诉的条件之一。供应商投诉的事项不得超出已质疑事项的范围，但基于质疑答复内容提出的投诉事项除外。这就说明，政府采购投诉处理的范围，一是投诉人先前提出的质疑事项，而质疑的范围仅限于“供应商认为采购文件、采购过程和中标、成交结果使自己的权益受到损害的”情形；二是对采购人、采购代理机构的质疑答复内容提出的投诉事项。其他事项均不属于投诉范围之内，如果投诉人投诉超出的上述范围，财政部门应当不予受理。

【案例 78[1]】供应商以采购人不履行合同向财政部门投诉，是否应当受理

关 键 词：拒绝履行合同 / 政府采购投诉 / 民事诉讼

案例要点：政府采购合同适用合同法，供应商就合同履行问题提起投诉，不属于政府采购质疑投诉的审理范围，财政部门应不予受理并说明理由。对合同履行问题的争议，双方可依法通过民事途径解决。对采购人和供应商不履行合同等问题，财政部门有行政处罚的职权。

招标、合同履行情况

南京某公司于 2017 年 6 月 28 日参加某医院 3M 灰阶显示器采购项目（以下简称“该项目”）政府采购活动，并取得中标资格。南京某公司 2017 年 7 月 4 日取得该项目《池州市政府采购项目中标（成交）通知书》，2017 年 7 月 11 日与某医院签订了《3M 灰阶显示器采购合同》，合同对货物的品牌、型号、验收标准等进行了约定。其中第六条：“买方组织验收小组按国家有关规定、规范进行验收，必要时邀请相关人员或机构参与验收。在验收过程中发现质量、数量、规格、服务等与合同要求不符等问题，应当场提出，责令整改，同时依照采购合同约定，追究违约供应商的法律责任。对于重大采购项目以及专业性较强或采购量较大的采购项目，应委托国家法定质量检测机构进行验收”。

2017 年 7 月 14 日，南京某公司将显示器送至某医院。同日某医院向南京某公司出具一份书面拒绝收货的材料，该材料记载：2017 年 6 月 28 日某医院 3M 灰阶显示器采购项目开标，中标公示结束后，第一中标候选人南京某公司于 2017 年 7 月 14 日送货至某医院，院方提出试用一周后，再请专家验收，南京某公司不同意院方所提出要求，所以某医院拒绝收货。

---

1 案例来源：（2018）皖 17 行终 8 号。

投诉情况

2017年7月18日，南京某公司将此事向某市财政局投诉，投诉事项是某医院不依法履行政府采购合同，法律依据是《政府采购法实施条例》，要求某医院依法履行政府采购合同，赔偿南京某公司遭受的经济损失，依法对某医院相关当事人进行处分。

7月31日某市财政局作出《政府采购投诉不予受理告知书》，载明：该局于2017年7月27日收到你公司关于“第三人民医院3M灰阶显示器采购项目”的投诉书。根据《政府采购法》第五十二条及《政府采购供应商投诉处理办法》第七条的规定，该项目不属于政府采购投诉范围。根据《政府采购供应商投诉处理办法》第十一条第三款，该局对南京某公司本次投诉不予受理。

行政诉讼一审情况

南京某公司对投诉处理不服，以某市财政局为被告，向某区法院提起行政诉讼，起诉请求：撤销某市财政局作出的《政府采购投诉不予受理通知书》的决定；要求某市财政局履行政府采购的监管法定职责，依法对某医院擅自终止政府采购合同的违法行为进行查处。诉讼请求为某医院立即履行显示器采购合同，支付无正当理由拒收货物违约金368元，承担原告工程师和销售上门安装设备被拒绝产生的差旅费462元。

某区法院认为：依法成立的合同，对当事人具有法律约束力，当事人应当按照约定履行各自的义务。南京某公司与某医院通过招投标签订了《3M灰阶显示器采购合同》。依照该合同约定，卖方应当在合同签订后5天内送货至招标人指定地点，现卖方即南京某公司已按合同约定将货物送至招标人即某医院指定地点，已履行完毕交货义务，某医院出具拒收货物的书面材料，拒收货物，某医院行为从形式上已构成擅自中止、终止履行政府采购合同，南京某公司以此向某市财政局进行投诉，符合《政府采购法实施条例》第六十七条第（六）项规定，某市财政局作为对政府采购监督管理的部门，应当予以受理，依法进行处理。

《政府采购法实施条例》第六十七条第（六）项规定事项，虽然不属于《政府采购法》第五十二条明确规定的投诉范围即采购文件、采购过程、中标和成交结果使自己的合法权益受到损害的，但仍然属于财政部门监管范围，也属于《行政诉讼法》第十二条第一款第（六）项规定的行政诉讼受案范围。故某市财政局根据《政府采购法》第五十二条及《政府采购供应商投诉处理办法》第七条的规定，认为该项目不属于政府采购投诉范围，并根据《政府采购供应商投诉处理办法》第十一条第三款，决定对南京某公司本次投诉不予受理。属于适用法律、法规错误，依法应予撤销，并责令某市财政局对南京某公司的投诉重新作出行政行为。

南京某公司诉讼要求某市财政局履行政府采购的监管法定职责，依法对某医院擅自终止政府采购合同的违法行为进行查处，依照《政府采购法实施条例》第六十七条第（六）项规定，对某医院擅自中止、终止政府采购合同的行为，某市财政局应当责令限期改正。鉴于南京某公司就合同履行等问题已经提起民事诉讼，如再判决某市财政局履行责令某医院限期改正擅自中止、终止政府采购合同的行为，已无实际意义。故某区法院依法确定某市财政局作出的《政府采购投诉不予受理告知书》行政行为违法。此案经某区法院审判委员会决定，判决确认某市财政局于 2017 年 7 月 31 日作出的《政府采购投诉不予受理告知书》行政行为违法。

上诉人诉求及观点

南京某公司不服某区法院行政判决，以某市财政局为被上诉人，向安徽省池州市中级人民法院（以下简称“池州中院”）提起上诉称：南京某公司与某市财政局之间进行的是行政诉讼，与某医院是买卖合同关系，二者虽有共同的事件内容，但行为主体及诉讼请求等均不相同，某区法院以南京某公司与某医院提起民事诉讼为由，不再判决某市财政局须撤销其做出的《政府采购投诉不予受理告知书》是不正确的，以某市财政局对某医院相关人员的处分，属于内部行为，不属于人民法院受案范围为由，不再判决某市财政局应履行其对政府采购的监管法定之责，是不合适的，是某区法院规避判决职责行为。上诉请求为，判决撤销某市财政局作出的《政府采购投诉不受理告知书》，立即履行对政府采购的监管法定职责，依法对某医院擅自终止政府采购合同的违法行为进行查处，并书面告知南京某公司查处结论。

某市财政局上诉称，（1）南京某公司行为是投诉，而不是申请行政机关履行法定职责。（2）某市财政局作出的《政府采购投诉不予受理告知书》合规合法。（3）某医院行为不构成中止、终止履行政府采购合同。（4）本案不应适用《政府采购法实施条例》第六十七条第（六）项之规定。上诉请求为，依法撤销一审判决，改判驳回南京某公司诉讼请求。

法院裁判及观点

池州中院另查明，南京某公司向某区法院提起的民事诉讼，某区法院已于 2017 年 9 月 20 日依法作出民事判决，该案诉讼中，某医院抗辩拒收货物是因双方对货物验收发生争执，并表示只要验收合格愿意收货。该判决认为，双方均未提出解除合同，因此判决双方签订的合同继续履行。

池州中院认为，一、《政府采购法》第六章质疑和投诉第五十二条至第五十八条规定了供应商对政府采购过程中的特定事项提出质疑和投诉的具体范围和程序。“供应商认为采购文件、采购过程和中标、成交结果使自己的权益受到损害的”，可以先向采购人提出质疑，对采购人的答复不满意的或采购人在规定期限内未给予答复的，可向政府采购监管部门投诉。《政府采购供应商投诉处理办法》对供应商质疑投诉程序均有具体规定。本案中南京某公司已中标并且与采购人某医院签订了采购合同，双方因合同履行问题发生争议，南京某公司“投诉”某医院不依法履行合同，显然不属“投诉”范围。本案中某市财政局依据《政府采购法》第五十二条及《政府采购供应商投诉处理办法》第七条、第十一条第三款规定作出《政府采购投诉不予受理告知书》不违反法律规定，南京某公司要求判令撤销某市财政局作出的《政府采购投诉不予受理告知书》的请求不能支持。

二、根据《政府采购法实施条例》第六十七条，可以理解为对采购人的上述行为财政部门负有法定监管职责，利害关系人如果认为采购人有“擅自变更、中止或者终止政府采购合同”情形的，可以依法申请财政部门履行法定职责。根据《行政诉讼法》第四十七条及第十二条受案范围的规定等，南京某公司要求判令某市财政局履行法定监管职责，应先行向某市财政局提出书面申请，某市财政局在法定期限内不履行法定职责的，南京某公司可以依法提起行政诉讼。本案中，南京某公司向某市财政局提出的“投诉事项”是某医院不依法履行政府采购合同，并非要求某市财政局履行其监管职责，对南京某公司的该项诉求，依法应予驳回。

某区法院未区分南京某公司的两个诉求，混淆了财政部门对投诉的处理具体行政行为和履行其他监管职责具体行政行为，判决确认财政局作出的《政府采购投诉不予受理告知书》违法，其适用法律错误，应予纠正。

综上所述，某区法院认定本案基本事实清楚，但适用法律错误，某市财政局上诉理由应予支持。据此，判决撤销一审行政判决，驳回南京某公司的诉讼请求。

案例评析 CASE ANALYSIS

1. 政府采购合同履行争议，不属于投诉处理的范围，可通过民事途径解决

《政府采购法》第四十三条规定，政府采购合同适用合同法。第五十二条规定，供应商认为采购文件、采购过程和中标、成交结果使自己的权益受到损害的，可以在知道或者应知其权益受到损害之日起七个工作日内，以书面形式向采购人提出质疑。即政府采购质疑投诉的处理范围为采购文件、采购过程和中标、成交结果。而政府采购合同适用合同法，合同双方履行问题则遵循合同法的规定。因此，发生合同争议属于民事争议范畴，不属于财政部门政府采购处理的审理范围。当事人可依据合同法及合同的约定提起民事诉讼。本案中，南京某公司针对政府采购合同履行情况向市财政局提起投诉，市财政局不予受理并告知理由，符合《政府采购法》的规定。

2. 对采购人擅自变更、中止或者终止政府采购合同，财政部门有行政处罚和行政处分的职权

《政府采购法实施条例》第六十七条规定："采购人有下列情形之一的，由财政部门责令限期改正，给予警告，对直接负责的主管人员和其他直接责任人员依法给予处分，并予以通报：……（六）擅自变更、中止或者终止政府采购合同；……"即财政部门对采购人擅自变更、中止或者终止政府采购合同的情形有处罚和处分的法定职权。因此，如果供应商发现采购人确实存在上述情形，可申请财政部门履职。南京某公司是就采购人不依法履行政府采购合同向市财政局提起投诉，市财政局以不属于投诉的范围不予受理，并无不当，不存在不履职的情形。南京某公司在提起民事诉讼后，如果生效判决认定采购人擅自变更、中止或者终止政府采购合同，可申请财政部门履行法定职责。

四、对财政部门以无法调查为由不予受理投诉的争议

政府采购投诉处理决定，必须在查明事实、证据充分的前提下才能依法作出。只有这样，将来在复议和诉讼程序中才能得到行政复议机关和人民法院的支持。查明事实、证据充分是建立在法定调查程序基础之上的，调查的方式主要有，一是书面审查，即审查供应商投诉所附必要的证明材料，审查被投诉人、相关供应商提供的说明材料和证据材料，审查调阅来的相关政府采购项目的采购文件及资料；二是调查取证，即向有关单位与个人进行调查并收集相关证据；三是组织质证，即组织投诉人与被投诉人、相关供应商对有关证据的真实性、关联性、合法性及其待证事实进行说明与质辩。可见，财政部门的调查方式有多种形式。有的财政部门认为，该供应商的投诉无法调查，就将投诉挡在门外不予受理，容易引起行政复议与行政诉讼。对供应商投诉应否受理，应根据法律、法规和行政规章规定，对照投诉受理的条件，对投诉人提交的投诉材料进行审查，符合受理条件的就应当依法受理，不符合受理条件的不予受理，并说明理由。

【案例 79[1]】财政部门对投诉以无法调查取证为由不予受理，是否合法

关 键 词：不予受理 / 废标 / 确认违法

案例要点：供应商提起投诉，财政部门是否应当受理，应依据投诉受理条件进行审查，符合该条件的应予受理；对于投诉事项不成立的，也应在受理后作出投诉处理决定。

招标、质疑、投诉情况

2015 年 9 月 30 日某市政府采购中心受某市体育局委托，就某市体育局体育设备采购

1　案例来源：（2016）闽 0825 行初 23 号。

项目发布公开招标公告，项目名称其中有“轨道式象棋桌”。2015年10月20日，盘锦某公司参与了第1、3包的公开招投标活动。参与第1包的供应商还有舒华股份有限公司（第1、2、3包）、武汉昊康健身器材有限公司（第1、2、3包）、深圳市好家庭实业有限公司（第1、2、3包）。盘锦某公司第1包开标得分89.9、第3包开标得分75.6，均未中标。

盘锦某公司于2015年10月19日向某市政府采购中心就“轨道式象棋桌”项目提出质疑，其理由为：根据《政府采购法》第三十六条规定，在招标采购中，符合专业条件的供应商或者对招标文件作实质响应的供应商不足三家的，应予废标。供应商中符合国体认证中心的都没有轨道式象棋盘桌，只有好家庭健身器材有此货源，而且是申请专利的，我们无法公平竞标。

某市政府采购中心于2015年10月19日予以回复：(1)经调查有四家厂家的轨道式象棋桌可满足采购需求，有国家体育用品质量监督检验中心的检验为证。(2)评分标准中关于国体认证，是对产品质量的考虑，并无不妥。

2015年10月23日，盘锦某公司就“中标结果、评标情况以及对招标文件中规定的商品技术指标本身”等三项内容向某市政府采购中心提出异议，某市政府采购中心回复，“评标办法为综合法，由评标委员会综合打分，得分最高者为中标供应商，第3项质疑无效”。

2015年10月26日，盘锦某公司向某市财政局（以下简称“市财政局”）投诉，对“竞标采用的综合评分法、竞标评分未做到公开透明、轨道式象棋桌为独一专利产品违反《政府采购条例》第二条第（六）项规定”等三项内容提出质疑。

市财政局于2015年11月12日作出回复，内容为：“你公司所提出的三家供应商，其中两家供应商均未参加此次招标活动，故无法进行调查取证，根据《政府采购供应商投诉处理办法》（财政部令第20号）第十三条规定，财政局对投诉人所投诉事项作出不予受理的决定。”

2015年12月28日，某市政府采购中心对2015年10月20日招标的第1包予以废标，以竞争性谈判的方式进行了招标，名称变更为“室外象棋桌”，2015年12月31日开标，盘锦某公司未参与。

行政诉讼一审情况

盘锦某公司不服投诉答复，以市财政局为被告，以某市政府采购中心，某市体育局为第三人于2015年12月28日向某区人民法院提起诉讼。

一审法院认为，关于市财政局作出不予受理回复的合法性问题。盘锦某公司对市财政局工作程序没有异议，对不予受理决定有异议。市财政局《投诉回复函》不予受理的法律依据是《政府采购供应商投诉处理办法》（财政部令第20号）第十三条，适用法律错误。根据《政府采购法》第五十二条规定，盘锦某公司所提出的质疑及投诉均属受理范围内，基于上位法优于下位法的原则。

《政府采购供应商投诉处理办法》（财政部令第 20 号）第十三条内容为："被投诉人和与投诉事项有关的供应商应当在收到投诉书副本之日起 5 个工作日内，以书面形式向财政部门作出说明，并提交相关证据、依据和其他有关材料。"故该条规定的对象是被投诉人和与投诉事项有关的供应商，而不是投诉人。故市财政局对盘锦某公司作出不予受理回复适用法律错误。

市财政局应当依据《政府采购供应商投诉处理办法》（财政部令第 20 号）第十条规定，审查盘锦某公司投诉是否符合条件。经过庭审调查，盘锦某公司是参与体育设备采购项目的供应商，提起投诉前已依法向采购代理机构进行了质疑，投诉书内容符合规定，在投诉有效期限内提起投诉，属于市财政局管辖，盘锦某公司投诉的事项未经财政部门投诉处理，可以认定盘锦某公司的投诉符合条件，市财政局应予受理。

市财政局不予受理的理由是盘锦某公司提出的三家供应商，其中两家供应商未参加此次招标活动无法进行调查取证，该事实存在，市财政局应当根据《政府采购供应商投诉处理办法》（财政部令第 20 号）第十七条规定作出处理。市财政局提出盘锦某公司所投诉的该项目第 1 包已经废标，于 2015 年 12 月 28 日重新组合招标，并在某市公共资源交易平台上发布招标公告，盘锦某公司对已经废标的活动再行质疑和提起诉讼，已无意义，市财政局的投诉回复函对盘锦某公司的合法权益明显不产生实际影响。

市财政局提供了 2015 年 12 月 28 日体育器材竞争性谈判采购公告，证明对招标文件第 1 包重新招标，应予以采信。重新招标虽不是市财政局直接改变其投诉回复行为，但因该投诉回复行为所指向的对象即招标行为已实际变更，应视为市财政局改变了原违法行政行为，不需要再对该行政行为撤销或者判决市财政局重新作出，根据《行政诉讼法》第七十四条第二款第（二）项的规定，可以确认市财政局的行政行为违法。综上，判决确认市财政局作出的投诉回复行为违法。

上诉人诉求及观点

盘锦某公司、市财政局不服一审法院行政判决，向辽宁省某市中级人民法院提出上诉。

盘锦某公司上诉称，（1）市财政局所称对第 1 包作出予以废标的决定没有事实根据。市财政局在一审中没有提供任何证据加以证明其对第 1 包予以废标的事实，仅是在答辩意见及法庭调查中确认过在 2015 年 12 月 28 日对第 1 包作出了予以废标的决定；市财政局所称对第 1 包予以废标的事实违反政府采购法的相关规定。本案所涉及的采购活动在 2015 年 10 月 20 日进行了开标、评标以及公布了中标结果，此时废标严重违反了政府采购法第三十六条规定。同时，盘锦某公司未接到任何有关废标方面的相关通知。

（2）市财政局对第 1 包予以废标后重新以竞争性谈判采购方式进行采购的行为严重违

法。根据政府采购法的规定，废标后，除采购任务取消情形外，应当重新组织招标，需要采取其他方式采购的，应当在采购活动开始前获得设区的市、自治州以上人民政府采购监督管理部门或者政府有关部门批准。

市财政局在 2015 年 12 月 28 日对第 1 包作出废标决定的同时，直接发布竞争性谈判采取公告的行为严重违反了政府采购法的相关规定；根据政府采购法的有关规定，采用竞争性谈判方式采购的，需要遵循成立谈判小组、制定谈判条件、确定邀请参加谈判的供应商名单、谈判、确定成交供应商等程序。

但市财政局在 2015 年 12 月 28 日在交易平台公布竞争性谈判采购公告，并在 2015 年 12 月 30 日就公布中标结果的行为严重违法。综上，一审法院存在认定事实不够全面，作出的判决不够全面的错误。故请求撤销原判，依法改判。

市财政局上诉称，根据原审查明的事实，采购中心已按照盘锦某公司的要求对招标公告中的第 1 包作废标处理。盘锦某公司完全可以参加投标，盘锦某公司再行对市财政局针对废标前作出的“不予受理决定”提出诉讼，已无实际意义。市财政局作出的“不予受理决定”投诉回复函对该公司的合法权益明显不产生实际影响。原判确认市财政局行政行为违法，属于适用法律错误。综上，请求撤销原判，改判驳回盘锦某公司的起诉。

法院裁判及观点

二审法院认为从对本案审查的情形看，其当事人诉争的客体是市财政局针对盘锦某公司就其所参与的 2015 年 9 月 30 日某市政府采购中心受某市体育局的委托所实施的政府采购活动进行投诉，市财政局就此作出的不予受理决定（回复函）的行政行为是否合法。根据《政府采购法》第五十五条及第五十六条规定，政府采购监督管理部门对质疑供应商不满意采购人、采购代理机构的答复的投诉是应当就投诉事项作出处理的。

同时，参照《政府采购供应商投诉处理暂行规定》（财政部令第 20 号）和《辽宁省政府采购供应商质疑投诉处理暂行规定》的有关规定，供应商的投诉只有在不符合投诉条件的情形下，政府采购监督管理部门方可作出不予受理决定且书面告知投诉人并要说明理由。

本案中，市财政局对盘锦某公司所提出的投诉，因未说明不予受理的法定理由，又未引用适当的法律、法规依据，故其作出的该被诉的行政行为欠缺合法性的要件。市财政局以盘锦某公司向其投诉的事项已作废标处理并据原判认定的，盘锦某公司又对已经废标的活动再行质疑和提起诉讼已无意义，市财政局的不予受理回复函对其合法权益明显不产生实际影响为由提出上诉。

本院认为，招标方式的改变是与盘锦某公司的起诉立案发生在同一时间。此时，该被诉的行政行为既未改变，亦未撤销。根据行政诉法的有关规定，在盘锦某公司不撤诉的情形下，被诉的行政行为不会因其涉及的对象及内容的改变而使盘锦某公司的权利发生变化。

对此，市财政局的上诉理由及请求由于缺乏法律依据而不能得到支持。

关于盘锦某公司提出原判认定市财政局所述的第1包予以废标的事实没有根据及其重新以竞争性谈判采购方式进行采购严重违法的上诉理由，经审查，为证明包号1废标的事实，市财政局在原审时已向法庭提交了某市体育局器材采购竞争性谈判采购公告及相关文件等证据，且经原审庭审质证，盘锦某公司虽对其提出异议，但因没有相反证据推翻或证明其不具有证明力的情形下，可认定该事实的存在。至于废标及采用竞争性谈判方式采购是否合法的问题，结合盘锦某公司在原审的诉请及该行为作出的时间，此事项无法成为本案审查的内容。故盘锦某公司的上诉请求亦不能得到支持。鉴于涉及本案的某市体育局器材采购（包号1）业已完成重组招标及合同履行，判决重作已无意义，对此原判确认市财政局作出的不予受理决定（回复函）违法并无不当。综上，判决驳回上诉，维持原判。

案例评析 CASE ANALYSIS

1. 投诉事项涉及的两家供应商未参加招标无法进行调查取证，财政部门以此对投诉事项不予受理不合法

盘锦某公司是参与该项目的供应商，提起投诉前已依法向采购代理机构进行了质疑，投诉书内容符合规定，在投诉有效期限内提起投诉，投诉属于市财政局管辖，投诉的事项未经财政部门投诉处理，根据当时施行的《政府采购供应商投诉处理办法》第十条，符合提起投诉的条件，财政部门应予受理。而市财政局依据《政府采购供应商投诉处理办法》第十三条“被投诉人和与投诉事项有关的供应商应当在收到投诉书副本之日起5个工作日内，以书面形式向财政部门作出说明，并提交相关证据、依据和其他有关材料”的规定作出不予受理的决定，显然适用法律、依据错误。该条是对被投诉人和相关供应商的要求，与投诉人无关，与是否符合投诉条件更是风马牛不相及。

2. 由于该项目废标后重新开展采购活动，法院确认对投诉不予受理决定违法，是适当的

如上所述，市财政局对投诉作出的不予受理决定违法。由于在投诉处理期间，采购人对该项目废标，并重新组织了采购活动，且该采购合同已经履行完毕。法院即使撤销不予受理决定责令市财政局予以受理，已经没有意义。因此，法院作出确认违法的判决。

五、对投诉既不受理又不答复的争议

财政部门收到投诉后，根据《政府采购质疑和投诉办法》第二十一条规定，应当在5个工作日内进行审查，审查后按照各种情况分别处理。需要补正的，通知补正；不符合受理条件的，告知不予受理；不属于本部门管辖的，告知其向有管辖的部门投诉；符合受理条件的，自收到投诉书之日起即为受理。有时收到的投诉书，经审查认为根本不符合受理条件，误认为不是财政部门的事，就束之高阁，置之不理，就会引起新的争议。根据《政

府采购质疑和投诉办法》第二十一条第（四）项规定，只有在符合投诉受理条件的情况下，才能不通知或者不告知投诉人，自收到投诉书之日起即为受理。收到政府采购投诉后，既不处理，也不给投诉人答复，是典型不履行法定职责的行为，要承担相应的法律责任。

【案例 80[1]】供应商对非政府采购项目的投诉，财政部门应如何处理

关 键 词：非政府采购项目 / 管辖权 / 书面告知 / 不予受理 / 法定职责

案例要点：对于非政府采购项目的投诉，财政部门应当在 3 个工作日内书面告知投诉人不予受理，并说明理由，否则就是不履行处理投诉的法定职责。

招标投标、质疑、投诉情况

湖南省烟草公司（采购人）的某市公司办公区物业管理服务项目开标后，深圳市深华物业集团有限公司（以下简称“深华物业公司”）对中标结果不服，依法向代理机构湖南聚兴顺项目管理有限公司提起质疑，代理机构于 2018 年 12 月 27 日作出质疑答复。深华物业公司对答复不满意，于 2019 年 1 月 15 日向某市财政局投诉称，中标单位益阳百年物业服务有限公司（以下简称“百年物业公司”）弄虚作假、谋取中标。某市财政局在收到投诉书后，一直未予书面答复。

原告诉求及观点

深华物业公司认为某市财政局不履行法定职责，向桃江县人民法院提起诉讼称，代理机构在质疑答复称，如果对答复不满意可以在十五个工作日内按照《政府采购供应商投诉处理办法》的规定向同级监督部门提起投诉。深华物业公司于 2019 年 1 月 15 日依法向某市财政局对中标结果提起投诉，但某市财政局于 2019 年 1 月 17 日收到该投诉书，未在法定期限内处理。请求判令某市财政局履行法定行政职责。

被告答辩及观点

某市财政局辩称：（1）该案涉案采购行为不属于政府采购行为，某市财政局不是该案适格的被告，请求裁定驳回深华物业公司的起诉。该案中，采购主体系湖南省烟草公司某市公司，不属于政府采购法所确定的政府采购主体，该公司自己采购物业管理服务的行为不属于政府采购行为也不是该采购行为的监督管理部门。（2）从投诉内容来看，深华物业公司的投诉事项已超出质疑事项的范围，也不属于某市财政局受理政府采购投诉的范围。

1 案例来源：（2019）湘 0922 行初 30 号。

深华物业公司的投诉不属于被告的受理范围，某市财政局的行为并不违法。综上，请求法院裁定驳回深华物业公司的起诉或判决驳回深华物业公司的诉讼请求。

百年物业公司述称：（1）该案涉案采购行为系企业自己的采购行为，某市财政局不是该案适格的被告，请求驳回深华物业公司的起诉；（2）涉案采购项目在程序中合法，完全符合招投标法规，应当驳回深华物业公司的诉讼请求。

法院裁判及观点

根据《政府采购质疑和投诉办法》第二十一条规定，"财政部门收到投诉书后，应当在5个工作日内进行审查，审查后按照下列情况处理：（一）……（二）投诉不符合该办法第十九条规定条件的，应当在3个工作日内书面告知投诉人不予受理，并说明理由。（三）投诉不属于该部门管理的，应当在3个工作日内书面告知投诉人向有管辖权的部门提起投诉。（四）……"该案中，采购人为湖南省烟草公司，某市财政局认为投诉项目非政府采购项目，故认为财政局没有义务对原告的投诉予以答复，明显地违反了上述行政规章的规定，某市财政局应根据上述规定对深华物业公示的投诉是否属于政府采购项目，是否具有管辖权，是否应予受理该事项给予原告书面答复。故深华物业公司的诉讼请求依法成立。综上，责令被告某市财政局于判决生效后根据《政府采购质疑和投诉办法》规定的期限内对深华物业公司的投诉作出书面答复。

案例评析 CASE ANALYSIS

1. 该项目不属于政府采购项目，不应向财政部门投诉

该项目的采购人为湖南省烟草公司，不属于《政府采购法》第二条所规定各级国家机关、事业单位和团体组织，也未使用财政性资金，该项目并非政府采购项目。财政部门对该项目的采购活动没有监督管理职责，投诉人不应向财政部门投诉。

2. 财政部门应当履行法定职责作出书面告知并说明理由

尽管某市财政局并非其招投标活动的监督管理主体，但其不应当对投诉既不受理又不答复。财政部门在收到投诉书后，应当对投诉书进行初步审查，对投诉书是否需要补正、是否符合相关投诉条件、是否属于本部门管辖范围、是否予以受理等作出判断，并以书面的形式对投诉人作出答复并说明理由。退一步讲，对于不符合法定投诉条件、不属于本部门管辖等应当在初步审查阶段不予受理的项目，若在初步审查规定的期限内未告知投诉人不予受理，则应当将该投诉先受理，在投诉受理过程中根据《政府采购质疑和投诉办法》第二十九条第（一）项的规定，向投诉人作出驳回投诉的处理决定。财政部门对投诉既不受理也不答复，将存在法律风险。

六、对未质疑事项受理的争议

由于供应商对政府采购相关法律、法规不甚了解，部分供应商未依法提出质疑，即向财政部门提出投诉。财政部门在收到相应投诉后，仅审查其投诉是否在规定期限内提出，而忽略了其投诉事项是否满足投诉条件，对于未经质疑的投诉事项直接予以受理并作出相应的投诉处理决定。质疑是投诉的前置程序，这就说明在形式上投诉前要有质疑的过程，在实体上投诉事项必须先经过依法质疑，但基于质疑答复提出的投诉事项除外。如果对未经依法质疑的事项进行投诉，那么《政府采购质疑和投诉办法》第十九条第二款第（一）项规定的“提起投诉前已依法进行质疑”的规定就成了一纸空文。因此，财政部门对未经质疑的投诉事项受理是违反规定的，往往会引起采购人、采购代理机构以及相关供应商的不满，对投诉处理决定申请复议、提起诉讼。

【案例 81[1]】对于未依法进行质疑的投诉事项，财政部门是否应当处理

关 键 词：未经质疑事项 / 不予受理 / 投诉条件 / 超越职权 / 监督检查

案例要点：对于未经质疑等不符合投诉条件的投诉事项，财政部门应当在 3 个工作日内书面告知投诉人不予受理，并说明理由，不应当在投诉中予以调查处理，否则就是超越职权的行为。

招标、质疑、投诉情况

2014 年 6 月 10 日，采购代理人荣昌县公共资源交易中心（以下简称“荣昌交易中心”）发布荣昌县职业教育中心（以下简称“荣昌职较中心”）示范校重点专业建筑专业实训基地软件采购项目（以下简称“该项目”）的招标公告。2014 年 6 月 15 日，重庆浩元软件有限公司对招标文件提出质疑。荣昌职教中心对技术参数及整体打包采购问题进行了回复且在网页上进行了公布，并通知评审专家将该回复作为招标文件的有效组成部分予以评审。2014 年 7 月 1 日经公开招标评审后开标，开标结果第一中标候选人为重庆登川科技有限公司（以下简称“登川公司”），第三中标候选人河北新奔腾软件有限公司（以下简称“新奔腾公司”）。

2014 年 7 月 6 日，新奔腾公司向荣昌职教中心提出质疑，2014 年 7 月 6 日，荣昌职教中心作出书面质疑回复，告知新奔腾公司：因质疑供应商参与了投标（竞争性谈判、询价）活动后再对采购文件内容提出的质疑、对同一事项重复质疑，根据《重庆市政府采购供应

1 案例来源：（2014）荣法行初字第 00068 号。

商质疑投诉处理暂行规定》第十三条第(一)项的规定,对该质疑作出不予受理的书面回复。

2014年8月4日，新奔腾公司向某县财政局提出投诉，投诉内容为：此次公开招投标活动中从2014年6月18日网上发布澄清说明至2014年7月1日开标，时间间隔不满15日，违反了《政府采购法》的相关规定，应判定本次招标无效。2014年9月15日，某县财政局作出处理决定,以招标文件于2014年6月10日公示,2014年6月18日进行补遗，2014年7月1日开标，补遗后公示时间不足15天，违反《政府采购货物和服务招标投标管理办法》(财政部令第18号)第二十七条的规定，根据《重庆市政府采购供应商质疑投诉处理办法》第三十二条规定，决定职教中心招标采购活动违法，责令重新开展采购活动。

原告诉求及观点

登川公司认为该决定侵犯其合法权益，遂以某县财政局为被告，重庆市某县职业教育中心、某县公共资源交易中心和新奔腾公司为第三人，诉至重庆市某县人民法院。

登川公司诉称：登川公司参加了招标活动，位列第一，其预中标情况亦经公示。2014年9月15日，某县财政局作出了处理决定，责令某县职教中心重新开展采购活动。登川公司在此次采购活动中理应中标，某县财政局作出的处理决定认定事实不清，适用法律不当，程序违法，侵犯了登川公司的合法权益，请求法院依法予以撤销某县财政局作出的处理决定。

被告答辩及观点

某县财政局辩称，2014年7月6日，新奔腾公司向采购人提出质疑，要求对招标过程中的违法违规及腐败行为进行调查。同日，采购人作出不予受理的回复。新奔腾公司遂以发布澄清公告不足法定十五日，招标活动违法为由进行投诉。该投诉经查证属实，某县财政局积极履行其监督管理职责,根据《政府采购货物和服务招投标管理办法》(财政部令第18号)第二十七条及《重庆市政府采购供应商质疑投诉处理暂行规定》第三十二条的规定，作出处理决定。基于登川公司预中标的身份地位,因该项目招标活动违反法定程序而重新组织招标,并未对其权益造成实质影响。综上，请法院维持某县财政局作出的具体行政行为。

法院裁判及观点

法院认为，本案中新奔腾公司虽然对中标结果提出了质疑，但质疑的内容没有包含对公示期不满15日的问题，所提及的招标过程中的违法违规及腐败没有具体内容，采购人某县职教中心已对质疑内容依据有关规定进行了回复，某县财政局依法仅应对质疑事项和回复内容进行审查处理，对超过质疑的投诉内容或其他不符合投诉的事项，可以根据《政府采购供应商投诉处理办法》等相关规定处理。所以本案新奔腾公司向某县财政局投诉内容已超出其质疑的范围。某县财政局对没有进行质疑的内容进行受理并作出处理决定，超越其受理投诉职权范围；同时某县财政局在作出的处理决定中没有说明适用具体的法律法规，应视为没有法律依据。综上，根据《行政诉讼法》第五十四条第（二）项第 4 目的规定，撤销某县财政局作出的处理决定。

案例评析 CASE ANALYSIS

1. 供应商投诉内容的范围，不应当超出质疑的范围

本案中，新奔腾公司的投诉内容既不是质疑事项，也不是基于质疑答复内容而提出的投诉事项，且采购人在规定时间内对质疑已作出答复，投诉内容已超出质疑的范围，其不应当将未经依法质疑的投诉事项向财政部门提起投诉。

2. 财政部门对未经依法质疑的投诉事项不应当予以处理

新奔腾公司提出的投诉事项已经超过质疑事项的范围，其投诉内容在投诉前未依法进行质疑，不符合法定投诉条件。某县财政局收到投诉书后，应当在初步审查中告知新奔腾公司不予受理。若未在初步审查期间告知投诉人不予受理，直接将未经质疑的投诉事项予以受理，则在投诉受理过程中，也不应超越职权对投诉事项进行调查处理。

3. 对不属于投诉受理范围内的事项，财政部门可启动监督检查程序予以处理

财政部门在处理投诉过程中，遇到类似本案中未经依法质疑不符合法定投诉条件、不符合法定受理条件的事项，无法在投诉处理中予以审查。因财政部门具有对政府采购活动进行监督检查的法定职责，在初步调查过程中确实发现被投诉的政府采购项目存在违法违规行为时，也不能对相关违法违规问题视而不见、置之不理。此时，财政部门可依据《政府采购法》第五十九条的规定，对被投诉政府采购项目启动监督检查程序，对在投诉处理中不应处理的问题进行审查，并对相关问题作出监督检查处理决定，履行财政部门的法定职责。

七、对与补正相关的不予受理的争议

财政部门收到投诉后，应当根据《政府采购质疑和投诉办法》第二十一条的相关规定进行审查，对于投诉书内容不符合该办法第十八条规定的，应当在收到投诉书 5 个工作日内一次性书面通知投诉人补正：

1. 投诉书内容不符要求。即投诉书未按《政府采购质疑和投诉办法》第十八条规定，出现以下情形之一的：（1）投诉书未写明投诉人和被投诉人的姓名或者名称、通讯地址、邮编、联系人及联系电话；（2）投诉书无质疑和质疑答复情况说明或未附相关证明材料；（3）投诉书无具体、明确的投诉事项、投诉请求，或者投诉请求与投诉事项无关；（4）投诉书内容缺少事实依据；（5）投诉书内容缺少法律依据；（6）投诉书未写明提起投诉的日期。

2. 投诉供应商的签字盖章不符要求。（1）投诉供应商为法人的，应当由法定代表人或授权代表签字或盖章，并加盖公章；（2）投诉供应商为其他组织的，应当由主要负责人或授权代表签字或盖章，并加盖公章；（3）投诉供应商为自然人的，非个体工商户应当由本人签字，个体工商户应当由经营者本人签字并加盖公章。

3. 投诉缺乏必要的证明材料。即供应商投诉没有提供证明其投诉请求成立的必要材料。

4. 投诉书副本数量不足的。即供应商投诉时未按照被投诉采购人、采购代理机构和与投诉事项有关的供应商数量提供投诉书的副本。

补正通知应当载明需要补正的事项和合理的补正期限。未按照补正期限进行补正或者补正后仍不符合规定的，不予受理。为了便于投诉处理工作，财政部门在受理投诉时，也经常对下列情形要求投诉供应商予以补正：

1. 投诉供应商的身份证明不符要求。（1）投诉供应商是法人，未提交法人营业执照和法定代表人身份证明的；（2）投诉供应商是自然人未提供本人身份证明的，个体工商户未提交个体工商户营业执照和本人身份证明的；（3）投诉供应商是其他组织，未提交其他组织有效证明文件和主要负责人身份证明的。

2. 投诉供应商的委托材料不符要求。如投诉供应商委托代理人进行投诉：（1）未提交授权委托书、授权代表身份证明的，委托律师的未提交所在律师事务所函的；（2）提交的授权委托书中存在授权事项不明，授权期已过或未在授权委托书上签章等情形的。

对于应当不予受理的投诉，财政部门应当在3个工作日内书面告知投诉人，并说明理由。在这个问题上，个别财政部门有可能不重视，认为与己无关，对投诉人的答复也是草草了事，甚至出现答复主体错误、超期答复、不予答复的情形，继而在被行政复议、提起诉讼时面临败诉的后果。

【案例82[1]】国有企业终止招标被投诉至财政部门，职能部门通知投诉人补正，因补正过期由职能部门作出不予受理投诉处理决定，是否合法

关 键 词：补正/不予受理/监督管理职责/财政部门/处理决定

案例要点：作出投诉不予受理决定的主体应当是财政部门，而不应当是财政部门的职能部门。

招标、投诉情况

祁阳县第三建筑工程公司（以下简称“祁阳建筑公司”）向某区财政局投诉金洞管理

1 案例来源：（2018）湘1103行初64号。

区湘江流域水河金洞端污染治理项目一期工程采购项目（以下简称“该项目”）无故强行终止招标，存在违法违规行为。2018年6月6日，某区政府采购办公室向祁阳建筑公司作出不予受理书面答复。

原告观点

祁阳建筑公司于2018年6月8日向永州市冷水滩区人民法院提起诉讼称：2018年5月2日，某区城镇建设投资开发有限公司委托代理公司湖南博达方仁工程项目有限公司发布该项目的招标公告，祁阳建筑公司依法在招标公告期限内报名并交纳了相关费用购买招标文件。采购人及采购代理机构无法定理由于2018年5月9日强行决定中止招标。后祁阳建筑公司于2018年5月23日向某区财政局提起投诉，请求撤销终止招标公告，继续招标。2018年6月6日，祁阳建筑公司收到某区政府采购办公室的不予受理通知书。某区财政局作为该次投诉的法定处理部门，不依法履行法定投诉处理义务，却将投诉交由无投诉处理管理权限的政府采购办公室作出不予受理决定属违法，依法应由某区财政局作出处理决定。

被告观点

某区财政局辩称：（1）某区财政局收到祁阳建筑公司的投诉函后进行了审查，发现其所提材料不符合《政府采购质疑和投诉办法》第十八条规定，2018年5月28日，某区政府采购办公室向祁阳建筑公司送达《投诉修改补正通知书》，要求必须在2018年6月2日前提交，如无正当理由，视为放弃投诉。祁阳建筑公司收到通知后直到2018年6月6日才提交补正材料。根据《政府采购质疑和投诉办法》第二十一条第一款之规定，不予受理。（2）金洞管理局区政府采购办公室作为财政局重要职能部门作出投诉不予受理决定主体合法合规。某区政府采购办公室职责包括了负责处理县级政府采购投诉。祁阳建筑公司认为将投诉交由无投诉处理管理权限的政府采购办公室系对政府机构职责的错误认识。综上，某区财政局作出行政行为证据确凿，适用法律正确，程序合法，请求法院驳回祁阳建筑公司的诉讼请求。

法院裁判及观点

法院认为，根据《政府采购质疑和投诉办法》第五条第二款“县级以上各级人民政府财政部门负责依法处理供应商投诉”以及第六条第一款“供应商投诉按照采购人所属预算级次，由该级财政部门处理”的规定，某区财政局作为该案投诉的法定处理部门，在接到祁阳建筑公司的投诉后，将投诉交由无投诉处理管理权限的某区政府采购办公室作出不予受理决定，属违法。在庭审后，被告某区财政局对原告祁阳建筑公司的投诉受理并作出回复，原告祁阳建筑公司表示不撤回诉讼。综上，根据《行政诉讼法》第七十四条第二款第（二）项的规定，确认某区财政局不依法履行祁阳建筑公司投诉的行为违法。

案例评析 CASE ANALYSIS

1. 国有企业招标并非政府采购项目，财政部门应不予受理，而不应通知补正

某区城镇建设投资开发有限公司明显属于国有企业，不属于国家机关、事业单位和团体组织，其招标项目不属于政府采购项目。财政部门收到投诉后，应当以此为由作出不予受理的决定，而不应以所提交材料不符合《政府采购质疑和投诉办法》第十八条规定为由，通知其补正，再以未补正为由作出不予受理决定。

2. 即使是政府采购项目，采购人、采购代理机构应当对终止招标的向供应商说明充足理由

祁阳建筑公司认为该项目是无故强行终止该项目，或许是祁阳建筑公司对终止理由不予认可，或许是采购人、采购代理机构未明确说明该项目终止的理由。实践操作中，很多政府采购项目会出现终止招标的情形。此时，采购人、采购代理机构应该通过发布终止公告的方式，及时向供应商说明终止的理由，并且该理由应当是符合法律法规、具有说服力的。即便供应商对终止理由不予认可，向采购人、采购代理机构提出质疑时，采购人、采购代理机构应当向以书面告知供应商已终止并提供充足的理由。若采购人、采购代理机构在质疑期间对供应商的问题进行充分说明，则在很大程度上可以减少后期的投诉、复议或诉讼等。从本案来看，判决书所认定的事实中并无供应商质疑这一环节的事实认定，原告所述事实与理由中也未涉及，如果未经依法质疑，是不符合投诉受理条件的。

3. 财政部门是作出投诉不予受理决定的主体

财政部门在收到投诉书，可由处理投诉的相关职能部门进行调查处理，例如本案中的某区政府采购办公室可对投诉进行调查，但最后做出政府采购投诉处理决定的主体仍然应当是某区财政局。因此，财政部门在处理投诉过程中不能认为职能部门是自己的组成部门，而由职能部门做出处理决定。

八、对未向与投诉事项有关的当事人发出投诉答复通知书及投诉书副本的争议

财政部门收到投诉后，根据《政府采购质疑和投诉办法》第二十一条第（四）项规定，对符合受理条件的，自收到投诉书之日起受理，并在收到投诉后8个工作日内向被投诉人和其他与投诉事项有关的当事人发出投诉答复通知书及投诉书副本。有供应商在投诉书中将相关供应商列为被投诉人，这就需要财政部门根据事实与法律通知投诉人补正，将采购人或者采购代理机构列为被投诉人。有的供应商在投诉书中并未将相关供应商列入当事人，这就需要财政部门根据事实与法律判断有没有与投诉事项有关的其他供应商，如有就要及时向其发出答复通知书与投诉书副本。否则，将会导致与投诉事项有关的供应商对投诉处理情况完全不知，如投诉处理决定对其出现不利处理结果时，如认定中标或者成交结果无

效，决定撤销合同，中标供应商就会以投诉处理程序违法为由而提出异议，引起行政复议或者行政诉讼。

【案例83[1]】财政部门受理投诉后，未向投诉事项有关的当事人发出投诉答复通知书及投诉书副本时，法院会如何处理

关 键 词：相关供应商/投诉答复通知书/投诉书副本/程序违法/信息公告

案例要点：对未被列为被投诉人、相关供应商等与投诉事项有关的当事人，财政部门应当向其发出答复通知书及投诉书副本以及投诉处理决定等相关材料，既避免程序违法，也有利于投诉案件处理。

投诉情况

2019年1月15日,金沙某食品公司向某县财政局投诉某县中小学(幼儿园)食堂食材“四统”采购项目（以下简称“该项目”），反映该项目中标单位贵州某食品公司在投标过程中提供虚假资料谋取中标，某县财政局对投诉事项不予支持并驳回金沙某食品公司的投诉。

原告诉求及观点

金沙某食品公司不服该处理决定，于7月25日向贵州省大方县人民法院提起行政诉讼诉称：金沙某食品公司于2019年4月1日向某县教育局、贵州兴邦科技有限公司提出质疑，均未得到实质性答复。2019年5月13日，金沙某食品公司向某县财政局提出投诉，某县财政局未经实地调查核实，草率作出决定，调查结果与事实严重不符。某县财政局处理决定书中认定第三人场地面积为3000平方米与事实不符，不得不怀疑第三人虚报场地资料，误导专家评出高分，某县财政局故意包庇第三人中标。综上，请求撤销某县财政局于2019年5月13日作出的投诉处理决定书。

被告答辩及观点

某县财政局辩称：该局作出的投诉处理决定书事实清楚，适用法律依据正确，依法不应被撤销。金沙某食品公司在诉讼中陈述某县财政局所作出的决定书中对于贵州某食品公司中标的面积不足3000平方米，经到第三人经营场所进行核实，贵州某食品公司的经营场地包括加工厂、员工宿舍及其他附属设施，面积足有3000平方米。同时对于招标文件

---

1 案例来源：(2019)黔0521行初256号。

要求只要投标人提供1000平方米的建设场地就满足中标条件，该案中，第三人的场地面积足足有3000平方米。贵州某食品公司提供的资料是符合招标文件要求的，对于贵州某食品公司提供的其他建设包括种植基地也是符合招标文件要求的，因此金沙某食品公司对于贵州某食品公司中标提出异议无事实和法律依据，某县财政局作出的处理决定书是符合法律的规定。综上，请求法院维持该决定书。

第三人观点

贵州某食品公司述称，第三人所租用房屋有办公区、生产车间、生活区、住宿区等，还包括1000多平方米的停车场及1000多平方米附属设施场地。贵州某食品公司在多家参与竞标的公司中脱颖而出，某县财政局对贵州某食品公司的产品、场地、生产车间、员工及相关管理和停车场等附属设施也作了详细的调查和了解，进而得出结果肯定。综上，请求判决驳回原告的无理诉求。

法院裁判及观点

法院认为：该案中，被告某县财政局在受理原告金沙某食品公司的投诉书后，并未依照《政府采购质疑和投诉办法》第二十一条第（四）项的规定向相关当事人贵州某食品公司发出投诉答复通知书及投诉书副本；作出投诉处理决定书后，又未依照《政府采购质疑和投诉办法》第三十四条的规定将该投诉处理决定书送达贵州某食品公司、未及时将投诉处理决结果在省级以上财政部门指定的政府采购信息发布媒体上公告。被告某县财政局处理原告投诉事项的行政行为，违反了法定程序，依法应予以撤销。

根据《行政诉讼法》第七十条第（三）项的规定，（1）撤销被告某县财政局于2019年5月13日作出《政府采购供应商投诉处理决定书》的行政行为；（2）由某县财政局于该判决生效后30个工作日内对金沙某食品公司的投诉事项重新作出行政行为。

案例评析 CASE ANALYSIS

1. 投诉人的投诉书中应当尽量完整列明被投诉人与相关供应商 等相关当事人

很多投诉人的投诉事项中涉及采购人、采购代理机构以及其他供应商，但投诉人仅将采购代理机构列为被投诉人，未将采购人列为被投诉人，也未将其他供应商列为相关供应商。那么，财政部门在处理投诉时，很容易出现本案类似的情况，因为未履行相应法定程序，耽误投诉的处理，还会造成对相关供应商的不公平现象。若投诉人在投诉中明确列明与案件有关的被投诉人、相关供应商，这应当也是对财政部门处理投诉的一种配合方式，也可提高投诉处理的效率与质量。

2. 投诉书副本、答复通知书以及投诉处理决定书的发出对象不仅仅是被投诉人，还包括与投诉相关的其他当事人

本案中，法院判决撤销某县财政局处理决定的理由并非是实质问题处理不当，而是因为其程序违法。因投诉事项与中标供应商贵州某食品公司有关，即使投诉人在投诉书中未将其列为相关供应商，某县财政局在处理该投诉时也应当根据《政府采购质疑和投诉办法》第二十一条第（四）项、第三十四条的规定向与案件有利害关系的贵州某食品公司发出投诉书副本、答复通知书以及投诉处理决定。财政部门根据《政府采购质疑和投诉办法》第二十一条规定受理投诉后，应当根据投诉事项与案件情况进行分析，确定与该投诉有利害关系的相关当事人，并向其发出投诉书副本及答复通知书。否则，就可能出现相关供应商认为财政部门程序错误，进而提起复议或者诉讼。因此，财政部门在处理投诉时既要注重实体问题时，也应当注意程序问题。此外，当投诉书中的被投诉人仅为采购人或采购代理机构一家时，但投诉事项与未被列为被投诉人一方有关的，财政部门应通知投诉人予以补正。

3. 投诉处理结果应当在指定的政府采购信息发布媒体上公告

财政部门在作出处理决定并送达投诉人和与投诉事项有关的当事人后，就认为投诉处理结束了，而忽略了《政府采购质疑和投诉办法》第三十四条规定的及时将投诉处理结果在省级以上财政部门指定的政府采购信息发布媒体上公告。尽管忽略该一步不影响投诉处理决定的结果，但在政府采购投诉处理中应当保持谨慎的态度与处理方式，避免程序瑕疵等问题。

第二节 有关投诉处理程序的争议事项

政府采购投诉是政府采购方面最重要的行政救济方式，它不同于政府采购质疑，因为质疑方与质疑答复方都是政府采购的当事人，而政府采购投诉处理者财政部门不参与具体的政府采购活动，所作出的投诉处理决定属于行政行为。投诉处理程序合法，是行政行为合法的基本标准之一，否则将可能会被行政复议机关或者审判机关撤销、变更或者确认违法。依照依法行政的要求，财政部门处理投诉，必须审查方式合法、调查取证合法、组织质证合法、暂停措施合法、处理时限合法等程序方面的合法。

一、有关审查方式的争议

许多政府采购投诉供应商，经常对投诉处理的审查方式提出异议，比如，认为财政部门没有调查取证，没有组织听证，没有进行检验、检测、鉴定；甚至还提出财政部门没有穷尽国家机关的手段，收集到他们认为存在的证据。对于审查方式的问题，《政府采购法实施条例》第五十六条规定，财政部门处理投诉事项采用书面审查的方式，必要时可以进

行调查取证或者组织质证。对财政部门依法进行的调查取证，投诉人和与投诉事项有关的当事人应当如实反映情况，并提供相关材料。下面是调查取证通知书和调查取证笔录的参考文本（各一份）：

【文书 23】

调查取证通知书

被调查单位（名称）或自然人（姓名）：

本部门在处理关于（政府采购项目名称、编号）投诉过程中，需要对你（单位）进行调查取证。根据《政府采购法实施条例》第五十六条规定，请你（单位）予以配合，如实反映情况，并提供本部门所需要的以下相关材料：

1.______________________________

2.______________________________

……

请予以配合、支持。

财政部门名称（公章）

年　月　日

【文书 24】

调查取证笔录

时 间：　　年　月　日　时至　　年　月　日　时

地 点：

调查人：　　执法证号：

工作单位：　　职务：

记录人：　　执法证号：

工作单位：　　职务：

被调查人：　　性别：　　身份证号：

工作单位：　　职务：

住 址：　　联系电话：

在场人：

调查人：本部门在处理投诉人（名称）对被投诉人（名称）因（政府采购项目名称、编号）质疑答复行为不满提出的投诉过程中，根据《政府采购法实施条例》第五十六条规定，需要向你进行调查取证，你应当如实反映情况，并提供相关材料（告知权利义务）。

……

（调查人、记录人、被调查人、在场人笔录上签字或者捺手印）

应当指出的是，采取什么样的审查方式，是由财政部门确定的，但是对上述规定中的“必要时”如何掌握，确实是个难点问题。

【案例84[1]】有相互矛盾的证据仍然采用书面审查，不调查取证或者组织质证，是否符合程序规定

关键词：矛盾证据/书面审查/质证

案例要点：对证据材料中的矛盾之处没有辨别真伪之前，不宜只进行书面审查，更不能作出处理决定。对投诉处理决定可能对某一供应商不利时，应当让其作为相关供应商参加投诉处理的程序。

招标、质疑、投诉情况

河南省佳林建筑工程有限公司（以下简称“佳林公司”）于2017年12月29日参加了某市第32小学塑胶田径场地采购项目（以下简称“该项目”）的投标，当日中标。河南鼎鑫地坪工程有限公司（以下简称“鼎鑫公司”）向采购人某市第32小学提出质疑，该小学于2018年1月8日作出答复称：佳林公司在该项目的投标文件中的塑胶跑道和硅PU的技术参数均完全响应招标文件要求，质疑问题不属实。2018年1月10日，佳林公司和采购人签订了中标合同书。

同年1月22日，鼎鑫公司向某市财政局投诉称：佳林公司所投产品技术参数不符合招标文件要求，不是合格的中标人；采购人和代理机构没有按照政府采购法规定的程序组织开标和严格评标，对投标人的质疑事项也未依法给予证据明确的答复。市财政局审查了佳林公司递交的投标文件，上海建科检验有限公司检测报告中关于短链氯化石蜡、MOCA含量均符合国家标准。2018年3月13日，市财政局依据自己的询问笔录，作出处理决定，取消了佳林公司的中标资格。

1　案例来源：（2018）豫1702行初74号。

原告诉求及观点

佳林公司不服市财政局处理决定，于2018年4月16日向某市某区人民法院提起行政诉讼称:佳林公司于2017年12月29日参与该项目投标，当日中标，后与采购人签订合同。2018年3月13日市财政局作出取消佳林公司中标资格的决定。为维护佳林公司合法权益，请求法院依法撤销行政处理决定书中关于取消佳林公司中标资格的决定。

被告答辩及观点

市财政局辩称:该局经过调查，确认佳林公司未实质性响应招标文件，开评标程序合规。市财政局所作出的处理决定事实清楚、证据充分，程序合法，适用法律正确。佳林公司起诉缺乏事实依据、法律依据，依法应予驳回。

法院裁判及观点

法院经审理查明，市财政局作出该案争议的处理决定中，没有给行政相对人即佳林公司陈述、申辩或听证的权利，也没有依法向佳林公司送达处理决定。法院认为，市财政局经过调查和书面审查，确认佳林公司没有递交投诉事项的检验报告，作出的处理决定书认定事实不清，程序违法。市财政局认定的事实与其向法院递交的证据材料不符，证据材料中显示出佳林公司递交有合格的检测报告，且市财政局调查中四位评审人员的询问笔录相互矛盾，市财政局作出的结论的事实依据不足；市财政局在调查处理程序中，没有向行政相对人告知，也没有给予行政相对人陈述、申辩或听证的权利，对行政相对人不公正，违反正当程序原则。

市财政局作出的处理决定书违法，不具有合法性，法院予以确认。市财政局提出依照《政府采购质疑和投诉办法》，市财政局可以采取书面审查的方式；但市财政局进行了调查，并依照调查材料所作出的决定将严重影响行政相对人的合法权益，该案争议的行政行为不属于可以书面审查的情形。佳林公司请求撤销行政处理决定书的理由充分，法院予以支持。依照《行政诉讼法》第七十条第（一）项、第（三）项之规定，判决撤销市财政局作出的处理决定书。

案例评析

CASE ANALYSIS

1. 关于投诉处理审查方式的问题

市财政局认为，根据《政府采购质疑和投诉办法》，可以采取书面审查的方式。但在本案中，市财政局进行了调查取证，对调查取证材料中的矛盾之处，调查取证材料与证据材料的矛盾之处，没有弄清什么证据与事实相符，即作出处理决定，造成认定事实不清。由于该案的特殊性，不属于可以书面审查的情形。

2. 关于相关供应商参与投诉处理的问题

市财政局作出投诉处理决定前，没有给佳林公司参与投诉处理的程序，就取消了佳林公司的中标资格。作出处理决定后，也没有依法向佳林公司送达处理决定。对佳林公司很不公正，违反正当程序原则。

二、有关组织质证的争议

《政府采购质疑和投诉办法》第二十三条规定，财政部门处理投诉事项原则上采用书面审查的方式。财政部门认为有必要时，可以进行调查取证或者组织质证。财政部门可以根据法律、法规规定或者职责权限，委托相关单位或者第三方开展调查取证、检验、检测、鉴定。

政府采购投诉处理中的质证，是指政府采购当事人或其委托代理人在财政部门的主持下，对政府采购当事人提出的证据就其真实性、合法性、关联性和证明力的有无、大小以及证明内容予以说明和质辩的活动或过程。财政部门认为需要组织投诉人、被投诉人和与投诉事项相关的供应商进行当面质证的，应在质证前书面通知投诉人、被投诉人和与投诉事项相关的供应商。质证应由两名以上财政部门工作人员主持、记录，一般采用下列步骤：(1) 投诉人就投诉事项和与投诉事项相关的投诉请求的事实、理由和主张进行陈述，并出示证据，被投诉人、与投诉事项相关的供应商就其证据进行质证；(2) 被投诉人就投诉事项具体行为的事实、理由和依据进行抗辩，并出示证据，投诉人、与投诉事项相关的供应商就其证据进行质证；(3) 与投诉事项相关的供应商出示证据，投诉人、被投诉人就其证据进行质证；(4) 投诉人、被投诉人和与投诉事项相关的供应商分别作综合陈述。

质证应制作质证笔录。投诉人、被投诉人、和与投诉事项相关的供应商应在质证笔录上逐页签字，主持人、记录人在笔录尾页签字。质证参考文本如下：

【文书 25】

质证笔录

投诉人：（名称、地址、统一社会信用代码、联系方式）

法定代表人：（姓名、住址、联系方式）

委托代理人：（姓名、住址、工作单位、联系方式）

被投诉人：（名称、地址、统一社会信用代码、联系方式）

法定代表人：（姓名、住址、联系方式）

与投诉事项有关的单位或个人：（名称、地址、统一社会信用代码或身份证号、联系方式）

委托代理人：（姓名、住址、工作单位、联系方式）

主持人：　　　　执法证号：

工作单位：　　　　　　职务：

记录人：　　　　执法证号：

工作单位：　　　　　　职务：

主持人：本部门在处理投诉人（名称）对被投诉人（名称）因（政府采购项目名称、编号）质疑答复行为不满提出的投诉过程中，根据《政府采购法实施条例》第五十六条规定，需要组织有关各方质证。（告知权利义务）。现进行质证：

1.（具体证据材料或事实）

2.（具体证据材料或事实）

……

（投诉人法定代表人或委托代理人）、被投诉人法定代表人或委托代理人、与投诉事项相关的当事人、主持人、记录人签字或捺手印）

政府采购涉及的行业领域较多，财政部门在处理投诉时，投诉事项涉及面较广，经常涉及的有设备、医疗、软件、化工等行业领域。由于财政部门处理方式以书面审查为主，调查手段也十分有限，在涉及技术性较强的投诉事项时，对于那些公说公有理、婆说婆有理，难以辨别是非，弄清真相的问题，组织投诉人、被投诉人、有关当事人及评审专家进行质证，往往能够查明事实，弄清问题。

【案例85[1]】财政部门在处理投诉时，组织投诉人、被投诉人、评标专家、中标候选人等召开质证会，并采纳评标专家意见，合法吗

关 键 词：质证/评标委员会/专家意见

案例要点：对于涉及技术参数、要求等技术性问题或者涉及评标打分环节的投诉，财政部门可组织投诉人、被投诉人、评审专家以及有关当事人进行质证，评审专家可以形成专家意见，财政部门可参考专家意见作出处理决定。

招标投标、质疑、投诉情况

2015年10月13日，重庆市政府采购中心（以下简称“市采购中心”）组织开县卫计委医疗设备采购项目（以下简称“该项目”）的开标，在重庆市级采购专家库中随机抽取5名专家组成评标委员会，评审委员推选王某为评委会组长。经过资格审查，符合性审查，技术评议，商务评议，报价评议，综合评议等项评议程序，评标委员会评出分包1投标人综合得分，采购结果经确认分包1预中标供应商为邦盛医疗装备（天津）股份有限公司（以下简称“邦盛公司”）。

重庆某公司于2015年10月16日向市采购中心提出质疑认为：邦盛公司的产品不能满足标准配置带*号条款的基本要求、不满足内置监视器技术参数要求、不满足技术参数要求；且按招标文件评标方法，邦盛产品总得分低于60分，要求取消邦盛公司该项目预中标人资格。2015年10月28日，开县卫计委和市采购中心向开州区财政局提出《关于申请采购项目评审复核的请示》，请求对重庆某公司的质疑事项进行复核审查，开州区财政局作出《关于同意开县卫计委医疗设备采购项目评审复核的函》，同意对重庆某公司提出的质疑事项进行复核评议。

2015年12月1日，市采购中心组织原评标委员会就质疑事项进行复核评议，复核结论维持原评标结果。同年12月3日，市采购中心作出《政府质疑答复》。

重庆某公司对质疑答复不服于2015年12月19日向开州区财政局投诉，该局受理投诉后于2016年1月26日组织投诉人、被投诉人、评标专家、预中标人等在市采购中心召开质证会议。2016年2月1日，开州区财政局作出《政府采购投诉处理决定书》，驳回重庆某公司的投诉。

原告诉求及观点

重庆某公司对处理决定不服，重庆市云阳县人民法院审理本案。重庆某公司诉称：（1）该项目原评标专家参与质证，质证不公。（2）开州区财政局26日开质证会，25日才

1　案例来源：（2016）渝02行辖14号。

电话通知重庆某公司，重庆某公司无准备时间，并且质证会主持人压制重庆某公司。(3) 开州区财政局处理决定不按照招标文件规定来评判重庆某公司投诉请求。

被告答辩及观点

1. 根据《政府采购法实施条例》第五十六条，《政府采购供应商投诉处理办法》第十四条规定，财政部们处理投诉事项，可以组织质证。《政府采购法实施条例》第五十二条第三款规定，政府采购评审专家应当配合采购人或采购代理机构答复供应商的质疑。因此，开州区财政局2016年1月26日组织投诉人与被投诉人参与质证会，原评审专家配合是合法的。重庆某公司质疑阶段所主张事项，重庆某公司早有充足准备。其诉称：26日开质证会，25日才电话通知无准备时间，此说法明显无理。其诉称质证会主持人压制重庆某公司，更是无根据乱说。

2. 本次政府采购项目依法组建的评标委员会是法定的评标组织，享有独立评审权。由于本次政府采购项目系高科技医疗设备，科学技术含量高，专业性强。依《政府采购法实施条例》第三十九条之规定，在政府采购评审专家库中随机抽取5名专家组成评标委员会具体负责评标。依《政府采购法实施条例》第四十一条之规定，评标委员会行使独立评审权，不受非法干预。评标委员会判定，重庆某公司和邦盛公司等四家投标人的投标均为有效投标。对于评分情况，评标委员会在质疑阶段配合采购人进行认真复核，并再次作出科技专业的评定和答复。

3. 评标委员会专家在本次政府采购项目医疗设备分包1的评审全过程中，没有《政府采购法实施条例》第七十五条规定的泄露评审、回避、贿赂等构成评审意见无效的违法行为。

4. 邦盛公司投标产品供货价格竞标优势明显。在重庆某公司与邦盛公司投标产品均满足招标文件招标货物技术参数要求（双方均评分30分）的条件下，评审专家依照招标文件规定的评标方法综合评分法，评定投标报价最低的邦盛公司为中标人，符合招标文件规定，亦符合《政府采购法》第一条提高政府采购资金使用效益的立法宗旨。

5. 为有利于本案的审理，建议法院依法追加采购人开县卫计委，采购代理机构市采购中心，中标人邦盛公司作为本案第三人参加诉讼。开州区财政局作为法定的政府采购监督机关，受理重庆某公司的投诉后，依法履职，按程序认真处理。依照《政府采购法》等相关规定，评标委员会按照评标规则行使独立评审权，不受非法干预，其出具的评标报告和评定结论意见合法有效。

综上，开州区财政局依法作出的驳回投诉的处理决定书合法正确，请求法院依法予以维持。

第三人观点

开州卫计委述称，对于整个采购的合法性，我们与本案开州区财政局的答辩一致。作为本案第三人，同样认为是完全按照采购人的采购要求完成采购任务，采购任务是合法合规的，重庆某公司的事实和理由是不成立的。

市采购中心述称，（1）同意开州区财政局以及开州卫计委的答辩意见。补充意见为，重庆某公司的投标文件所提供的投标设备的探视头，采视角度小于等于180度，中标人投标设备的采视角度达到了360度，达到了投标文件相应的全角度采视。（2）开州区财政局作出的投诉处理决定，程序合法，客观公正，应该得到维持。（3）开州区财政局作出的处理决定书所认定的事实清楚，依据充分，适用法律正确，依法应该得到维持。综上，请求法院依法驳回重庆某公司的诉讼请求。

法院裁判及观点

法院认为:1.根据《政府采购法实施条例》第五十六条,《政府采购供应商投诉处理办法》第十四条的规定，财政部门处理投诉事项，采取书面审查，也可以组织质证。《政府采购法实施条例》第五十二条第三款规定，政府采购评审专家应当配合采购人或采购代理机构答复供应商的质疑。开州区财政局于2016年1月26日组织投诉人与被投诉人参与质证会，原评审专家配合并无不当。

2.重庆某公司认为25号电话通知，26号开质证会，无准备时间，因质证内容是重庆某公司质疑阶段所主张事项,重庆某公司应有准备,即使其认为准备不充分,可以申请延期。重庆某公司称质证会主持人对重庆某公司方进行压制，无证据证实。

3.本次政府采购在评审专家库中随机抽取5名专家组成评标委员会具体负责评标，评标委员会行使独立评审权，不受非法干预。对于评分的疑问，此技术专业问题，评标委员会在质疑阶段配合采购人进行认真复核，评分没有侵害重庆某公司投标人的实体权利，亦没有评审意见无效的法定情形，并作出专业的评定和答复。因此，开州区财政局在处理重庆某公司投诉时采纳评审专家的意见并无不当。

综上，依照《行政诉讼法》第六十九条之规定，驳回重庆某公司的诉讼请求。

案例评析 CASE ANALYSIS

1.财政部门在处理投诉时，必要时可以进行调查取证或者组织质证

重庆某公司投诉邦盛公司的产品不能满足标准配置带*号条款的基本要求、不满足内置监视器技术参数要求、不满足技术参数要求；且按招标文件评标方法，邦盛产品总得分低于60分。因涉及投标产品的技术参数以及评标委员会打分的问题，仅凭向采购人、采购代理机构以及中标供应商调查的证据，财政部门无法对相关参数进行判断，也无法确定邦盛公司是否应当中标。此时组织评标委员会、投诉人、被投诉人以及有关当事人进行质证，更有利于财政部门对投诉事项的调查。

对于涉及技术参数、技术要求等投诉事项，财政部门对相应投诉事项处于知识盲区，或者投诉事项涉及评标委员会打分环节的，可组织原评标委员会或相关专家进行论证、质证，从专业的角度对投诉事项出具专家意见，财政部门可依据专家意见更有效的作出投诉处理决定，组织专家及相关当事人质证是提高投诉处理效率的有效方式之一。关于组织专家论证或者质证时，是否应当重新选择相关领域的专家而不使用原评标专家的问题，没有相关法律法规对此有所规定，有的可能是简单的技术问题，有的可能是认为评委对参数打分不公正的问题等等，财政部门可根据案件情况决定是否需要抽取新的专家对其进行论证、质证，从而保证专家意见的可参考性。

2. 财政部门应当合理安排质证时间

开州区财政局26号组织质证，25号才电话通知投诉人，原则上给投诉人造成了时间是比较紧迫的，开州区财政局称因在质疑阶段组织评标专家对质疑事项（后期的投诉事项）进行了复审，重庆某公司应当是有所准备的。但在实际操作中，财政部门若组织评标专家进论证或者与投诉人、被投诉人及有关当事人进行质证时，可以提前向相关当事人送达质证通知书，案件复杂的还可以将质证的要点提前告知相关当事人，避免因时间紧张导致质证会进行的不顺利，或者质证会效果不好，可能影响财政部门处理投诉的顺利进行。

三、有关投诉处理决定超过法定期限的争议

《政府采购法》第五十六条规定，政府采购监督管理部门应当在收到投诉后三十个工作日内，对投诉事项作出处理决定，并以书面形式通知投诉人和与投诉事项有关的当事人。这里的三十个工作日，是作出投诉处理的最后时限。但是仅明确了期间计算的起止点，对于投诉处理过程中可能涉及的其他工作所需时间没有作出明确规定。因此，《政府采购法实施条例》第五十八条第一款对此作出补充规定，即财政部门处理投诉事项，需要检验、检测、鉴定、专家评审以及需要投诉人补正材料的，所需时间不计算在投诉处理期限内。投诉处理过程中调查取证可能需要检验、检测、鉴定、专家评审等，此类工作专业性较强，需要委托有专业资格或者技能的单位或者专业人员去完成；投诉处理需要投诉人补正材料，也要给投诉人必要的时间。这类所需时间都应当给他们留出，不能计算在投诉处理期限内。

《政府采购质疑和投诉办法》第二十六条、第二十七条规定，财政部门应当自收到投诉之日起30个工作日内对投诉事项作出处理决定，处理投诉事项需要检验、检测、鉴定、专家评审以及需要投诉人补正材料的，所需时间不计算在投诉处理期限内。所需时间，是指财政部门向相关单位、第三方、投诉人发出相关文书、补正通知之日至收到相关反馈文书或材料之日。财政部门向相关单位、第三方开展检验、检测、鉴定、专家评审的，应当将所需时间告知投诉人。政府采购相关法律法规对投诉处理相关时间作出明确的规定，财政部门应当在上述规定的时间内作出处理决定，否则将承担相应的法律责任。

【案例86[1]】超过法定期限作出的投诉处理决定，法院应判决撤销，还是应判决确认违法

关 键 词：投诉处理/期限/30个工作日/确认违法

案例要点：财政部门应当在收到投诉后30个工作日内，对投诉事项作出处理决定，并以书面形式通知投诉人和与投诉事项有关的当事人；上述三十个工作日不包括处理投诉事项需要检验、检测、鉴定、专家评审以及需要投诉人补正材料的时间。

质疑、投诉情况

某汽车贸易公司于2015年1月19日向某县政府采购中心（以下简称“县采购中心”）提交了书面质疑，县采购中心针对投诉质疑内容作出了书面答复。某汽车贸易公司对答复不满意，于2015年1月26日又向某县财政局政府采购管理办公室（以下简称“采购办”）提交了书面投诉书。采购办对投诉人、被投诉人和相关供应商提交的材料、证据进行了审查和调查，针对投诉人投诉质疑事项，采购办于2015年3月14日邀请原评标委员会专家评委重新审查，审查过程由某县公证处、监察局相关人员全程监督。

某县财政局按照原评标委员会专家评委最终审查结论，某县财政局作出投诉人投诉事项成立的决定，对该项目做废标处理，决定书落款时间为2015年3月19日。

原告诉求及观点

某汽车贸易公司不服某县财政局的处理决定，以某县财政局为被告向吉林省某县人民法院（以下简称“某县法院”）提起行政诉讼称：其2015年1月26日向采购办提交书面投诉材料，财政部门应当自受理投诉之日起30个工作日内，对投诉事项作出处理决定，然而采购办于2015年3月19日下发《投诉处理决定书》已经超过法定期限。采购办属于财政局下属科室，无权作出处理决定。后被告又给某汽车贸易公司补发盖有财政局公章的《投诉处理决定书》，日期为2015年3月19日，某汽车贸易公司实际接到决定书的日期为2015年4月30日。县财政局采购办超过法定期限作出《投诉处理决定书》，属于无效行为。请求法院依法撤销县财政局于2015年3月19日作出的废标决定。

被告答辩及观点

县财政局辩称，其作出的处理决定认定事实清楚，适用法律正确，程序合法，请求人民法院查明事实，驳回某汽车贸易公司的诉讼请求。

---

1 案例来源：（2015）长行初字第12号。

法院裁判及观点

某县法院认为，县财政局认定事实清楚，证据确实、充分，适用法律、法规正确。经审查县财政局作出的具体行政行为超过法定期限，属于程序轻微违法，并不影响该行政决定实体的合法性，对某汽车贸易公司的权利不产生实际影响，故不应该撤销县财政局作出的行政决定。法院判决，一、某县财政局作出的县新农村办公室翻斗车采购项目投诉处理决定程序违法。二、驳回某汽车贸易公司的诉讼请求。

案例评析 CASE ANALYSIS

1. 财政部门应当在收到投诉后 30 个工作日内，对投诉事项作出处理决定

某汽车贸易公司于 2015 年 1 月 26 日提起投诉，某县财政局认为其投诉符合投诉条件，未要求其补正材料等，故 2015 年 1 月 26 日为某县财政局收到投诉的日期；暂且认定某县财政局的作出处理决定的日期为 2015 年 3 月 19 日，某县财政局作出投诉处理决定的期限明显已经超过 30 个工作日。因此，某县法院认定其作出的具体行政行为属于程序轻微违法。

2. 某县财政局作出的行政行为属于轻微违法，但未影响投诉人的实体权利

本案中，某县财政局作出具体行政行为超出法定期限的程序违法行为是客观事实，但其作出的投诉处理决定对某汽车贸易公司提出的投诉事项已经进行审查、明确答复，并且某汽车贸易公司也行使其权利向某县法院提起诉讼。因此，某县财政局未在法定期限内作出处理决定的行为，未对某汽车贸易公司的权利产生实际影响，不足以构成撤销行政行为的理由。

3. 财政部门处理投诉事项需要检验、检测、鉴定、专家评审以及需要投诉人补正材料的，所需时间不计算在投诉处理期限内

因一些项目的复杂性及专业性，需要进行一定的检验、检测、专家评审或是要求投诉人补正，上述检验、检测等时间或长或短，不是固定的。因此，《政府采购法实施条例》明确规定检验、检测、鉴定、专家评审以及需要投诉人补正材料的，所需时间不计算在投诉处理期限内，“所需时间”的起始是指财政部门向相关单位、第三方、投诉人发出相关文书、补正通知书之日至收到相关反馈文书或材料之日，若是投诉处理中涉及上述事项，财政部门可注意将相应时间予以剔除。本案中也有专家评审的情形，但不知什么原因，财政部门未将所需时间不计算在投诉处理期限的理由予以阐述，也未对此进行举证，其做法值得商榷。

四、有关财政部门与其他部门共同调查来处理投诉的争议

财政部门在处理投诉时，有时可能与对政府采购负有监督的其他部门共同调查，其他部门也会对投诉事项提出相应意见。但是，对投诉进行处理，是财政部门不可推卸的法定职责，不能以多部门共同调查而不以财政部门作出投诉处理决定为准，也不能以其他形式的材料来代替投诉处理决定。

【案例87[1]】财政部门与其他部门共同调查投诉案件时，能以共同发文代替投诉处理决定吗

关 键 词：财政部门/其他监督部门/共同调查/法定职责

案例要点：财政部门处理投诉时，如与其他部门共同调查，也应由财政部门作出投诉处理决定，不能以共同调查报告来代替。其他部门参加共同调查，应注意利益冲突，且只能起配合作用。

投诉情况

2018年5月2日，国远恒达（北京）商贸有限公司（以下简称“国远恒达公司”）向驻马店市某区财政局投诉称：因某区教育体育局义务教育均衡发展（装备类）采购项目（以下简称“该项目”）采取有效低价评标法，国远恒达公司的投标折扣率为40.20%，低于该项目标段3公示中标人北京东方青鸟图书有限公司的投标折扣率，中标结果损害了国远恒达公司的权益。2018年6月7日，某区纪委监察委派驻第十三纪检监察组、某区财政局、某区教育体育局三部门向国远恒达公司出具了一份三部门联合出具的关于国远恒达（北京）商贸有限公司对某区义务教育均衡发展（装备类）（第一至十标段）诉事项的调查报告（以下简称《调查报告》），并告知国远恒达公司《调查报告》就是财政局给的处理决定书。

原告诉求及观点

国远恒达公司认为某区财政局不履行政府采购监督管理法定职责，诉至法院称，某区纪委监察委派驻第十三纪检监察组、某区财政局、某区教育体育局三部门联合出具的《调查报告》并不能替代按照《政府采购质疑和投诉办法》的有关规定应该由某区财政局作出的投诉处理决定书。根据该办法的规定，财政部门才是作出投诉处理决定书的唯一适格主体，某区纪委监察委派驻第十三纪检监察组、某区教育体育局都不是作出投诉处理决定书的适格主体。

某区财政局作出处理决定，应当制作投诉处理决定书，并明确规定了投诉处理决定书所应当包括的具体内容，《调查报告》显然并不具备这些要件。综上，请求判令某区财政局按照《政府采购质疑和投诉办法》第二十六条的规定对投诉事项作出处理决定，对投诉事项制作投诉处理决定书。

被告答辩及观点

某区财政局辩称，该局在接到投诉后，进行了调查处理，某区纪委监察委派驻第十三

1 案例来源：（2018）豫1725行初99号。

纪检监察组、某区教育体育局、某区财政局三机关出具《调查报告》，说明某区财政局收到投诉书后依法履行了职责，在法定期限内作出处理决定，行政程序符合法律规定，并且向投诉人进行了送达，处理决定符合法定程序，认定事实清楚，处理意见正确。综上，请求法院驳回国远恒达公司的诉讼请求。

法院裁判及观点

法院认为：2018年6月4日，署名某区纪委监察委派驻第十三纪检监察组、某区财政局、某区教育体育局的《调查报告》。虽然对国远恒达公司投诉的主要事项进行了调查，并告知国远恒达公司其对投诉事项的调查意见，但该《调查报告》不符合《政府采购质疑和投诉办法》第三十三条规定的制作投诉处理决定书的法定形式，亦未告知国远恒达公司申请行政复议或者提起行政诉讼的权利和期限，该《调查报告》不属于《政府采购法》第五十六条规定的应当以某区财政局的名义（加盖公章）作出的投诉处理决定书。国远恒达公司的诉讼请求成立，法院予以支持，判决某区财政局于判决生效后三十日内对国远恒达限公司的投诉事项作出处理决定。

案例评析 CASE ANALYSIS

1. 财政部门与其他部门可共同调查处理投诉事项，但最终作出投诉处决定的应当是财政部门

某区纪委监察委派驻第十三纪检监察组、某区教育体育局、某区财政局三机关均参与了该投诉的处理，某区纪委监察委派驻第十三纪检监察组、某区教育体育局可对投诉事项出具调查意见，但不应当将其作出的调查意见作为投诉处理决定送达给投诉人。财政部门与其他部门共同调查后，不能与其他部门共同发文来代替投诉处理决定，其他部门不是作出处理决定的适格主体，不能出现越俎代庖、反客为主的现象。

2. 其他部门与财政部门共同调查时，应当注意利益冲突问题

某区教育体育局作为该项目中被投诉人，某区财政局作出的处理决定必然会与其有利害关系，不应让其参与共同调查。但是，某区财政局却与其共同出具对投诉事项处理的《调查报告》，这样的做法显然是对投诉人不公平的。尽管某区纪委监察委派驻第十三纪检监察组与该投诉事项没有利益冲突，但在投诉处理中，只能起配合作用，不应直接与财政部门联合发文并送达给投诉人。

五、有关以其他形式进行投诉处理的争议

根据《政府采购质疑和投诉办法》第三十三条规定，财政部门作出处理决定，应当制作投诉处理决定书，并加盖公章。投诉处理决定书应当包括下列内容：（1）投诉人和被投

诉人的姓名或者名称、通讯地址等;(2)处理决定查明的事实和相关依据，具体处理决定和法律依据;(3)告知相关当事人申请行政复议的权利、行政复议机关和行政复议申请期限，以及提起行政诉讼的权利和起诉期限;(4)作出处理决定的日期。财政部门作出的处理决定方式应当符合上述规定，不能将对控告检举、信访的处理与投诉处理相混淆。

【案例88[1]】投诉处理以答复形式作出，符合法律规定吗

关 键 词：财政部门/投诉处理/答复形式/处理方式

案例要点：财政部门在处理政府采购投诉时应当在30个工作日内以制作投诉处理决定书的方式送达投诉人及与投诉有关当事人，以答复的方式不符合法律法规的规定。

投诉、答复情况

2018年5月2日，某县鸿锦渣土运输有限公司(以下简称“鸿锦渣土公司”)向某县财政局投诉称某县秀水公园池塘清淤工程项目(以下简称“该项目”)的竞争性磋商文件设置不合理。2018年6月8日，鸿锦渣土公司向某县财政局寄送投诉书，要求某县财政局对违法政府采购的行为进行审查处理。2018年7月11日，某县财政局作出了对投诉书的回复(以下简称《回复》)。

原告诉求及观点

鸿锦渣土公司认为，某县财政局未在法定期限内作出处理决定，不履行法定职责，诉至某县人民法院。鸿锦渣土公司诉称，2018年6月8日，鸿锦渣土公司向某县财政局寄送投诉书。2018年6月11日，某县财政局签收原告的投诉材料。此后，鸿锦渣土公司多次向某县财政局询问投诉处理结果，但一直未予答复。某县财政局至今未作出处理，严重违反规定，侵害了鸿锦渣土公司的合法权益。

被告答辩及观点

某县财政局辩称，某县财政局对原告的投诉事项已经作出了处理，不存在行政不作为。2018年6月11日，某县财政局收到鸿锦渣土公司通过邮寄方式递交的投诉书，随后，要求某县园林绿化管理局对鸿锦渣土公司的投诉事项作出说明。某县园林绿化管理局向某县财政局口头说明，对该投诉事项已在供应商提出质疑时作了回复。2018年7月6日，被告

---

1 案例来源:(2018)鄂1222行初48号。

作出了《回复》。并于7月11日通过邮寄方式向鸿锦渣土公司送达。综上，请求驳回鸿锦渣土公司的诉讼请求。

法院裁判及观点

法院认为，某县财政局2018年6月11日收到鸿锦渣土公司的投诉书，虽然于7月6日作出《回复》并向鸿锦渣土公司送达，但是《回复》不能代替处理决定，鉴于该项目已经完工，某县财政局对鸿锦渣土公司投诉另行作出处理决定没有实际意义，遂判决确认某县财政局未对鸿锦渣土运输有限公司的投诉事项作出处理决定的行为违法。

案例评析 CASE ANALYSIS

某县财政局虽然对投诉事项予以调查，并以《回复》的形式告知鸿锦渣土公司处理的结果，但其处理方式不符合《政府采购质疑和投诉办法》第二十六条、第三十三条的规定，《回复》并不能代替财政部门作出的《政府采购投诉处理决定书》。财政部门在处理政府采购投诉时，不应当将供应商的投诉与公民的信访、检举、控告等混淆，以回复的方式代替投诉处理决定。因《政府采购法》与《信访条例》的规定有所不同，投诉处理决定书应根据《政府采购质疑和投诉办法》第三十三条规定，要包括法定的内容，符合法定的形式。

六、有关投诉事项、投诉请求未作处理的争议

财政部门对于投诉人所有投诉事项与投诉请求，不论其是否有事实依据与法律依据，也不论投诉事项是否成立、是否影响采购结果，都应当进行审查并作出处理决定，不能出现未作处理的情形。

【案例89[1]】财政部门决定重新开展采购活动，但未对投诉事项中有关串标的问题作出处理，该投诉处理决定内容合法吗

关 键 词：串标/重新开展采购活动/行政处罚

案例要点：供应商提起投诉，投诉书中必须明确投诉事项。财政部门应对投诉事项一一处理并作出答复，不可遗漏。即使处理结果并不存在变化，但遗漏投诉事项未予答复则存在被法院认定违法的风险。

---

1 案例来源：(2018)京02行终67号。

投诉、复议情况

北京市东城区财政局（以下简称“区财政局”）于2016年2月16日作出《政府采购投诉处理决定书》(以下简称“投诉处理决定)，主要内容为：经对投诉人、被投诉人以及有关供应商提供的材料进行书面审查，北京市公安局东城分局刑事技术装备项目第二标段政府采购项目招标文件第三部分一、(二)、9中规定：投标时提供样品一套，样品要求密封包装；样品情况占20分。

区财政局认为，如果将投标样品作为评分标准，在招标文件中应当明确对投标样品的外观质量、材质、功能等作出明确规定，以作为评审打分的依据；未按招标文件要求提供样品的，对应评分项扣减得分，但不影响其投标文件的有效性，中标人提供的样品将由采购人封存，作为采购项目合同履行验收依据的一部分，中标人最终提供的货物必须完全满足招标文件的技术、商务和其他要求，其外观质量、功能和制作工艺等不得低于样品的相关标准，确保合同履行和样品保持一致。本项目招标文件，对样品的外观质量、材质和功能等均没有做出明确、具体的规定；并且中标后，没有将中标人的样品进行封存，影响评标过程和合同履行公平和公正性。区财政局作出处理决定，确认采购活动违法，责令重新开展采购活动。北京某公司不服该决定，向市财政局申请行政复议，市财政局于2016年6月28日作出《行政复议决定书》，维持了区财政局作出的投诉处理决定。

原告诉求及观点

北京某公司诉称，区财政局、市财政局在确认、处理四家公司串标围标的问题上不作为。投诉处理决定的处理结果仅仅是“责令重新开展采购活动”，而对北京某公司的损失未予处理，复议决定也未予处理。投诉处理决定对北京某公司在投诉书中提出的关于中标人存在串标围标、不正当竞争行为等问题也只字未提。北京某公司有录音光盘等证据证明在此次政府采购活动中存在串标围标的行为，区财政局故意避开北京某公司的投诉要点，顾左右而言他，明显存在不作为。请求法院：(1)撤销区财政局作出的投诉处理决定；(2)撤销市财政局作出的复议决定；(3)判令区财政局针对北京某公司的投诉重新作出处理决定。

被告答辩及观点

区财政局在一审中辩称，区财政局依法作出投诉处理决定，认定事实清楚，适用法律正确，程序合法。对于北京某公司一直纠结的串标围标问题，区财政局受理投诉后，根据其他三家投标企业分别提交的书面意见并结合区财政局从北京市工商行政管理局官网下载的三家投标企业的工商信息档案资料无法确定该三家企业之间是否存在交叉持股或具有一定管理关系，更不能在没有充足证据支持而仅凭北京某公司道听途说的怀疑猜忌做出违法认定。区财政局已经认定了本次采购活动违法，并责令重新开展采购活动，无须对北京某公司没有充足证据的怀疑在投诉处理决定中过多表述所谓串标的问题。请求法院驳回北京某公司的诉讼请求。

市财政局辩称，北京某公司申请复议的理由于法无据，其复议请求不应支持。故市财政局依法作出被诉复议决定，维持被申请人作出的投诉处理决定。请求驳回北京某公司的诉讼请求。

一审法院裁判及观点

北京市东城区人民法院（以下简称“一审法院”）经审理认为，区财政局在收到北京某公司的投诉后，经过审查，认定涉案项目招标文件对样品的外观质量、材质和功能等均没有做出明确、具体的规定；并且中标后，没有将中标人的样品进行封存，影响了评标过程和合同履行的公平和公正性，并据此决定采购活动违法，责令重新开展采购活动，符合上述规定，并无不当。区财政局针对北京某公司的投诉所作出的投诉处理决定认定事实清楚，证据确凿，适用法律、法规正确，符合法定程序。

区财政局在处理北京某公司的投诉过程中，并无充分证据证明或显示北京某公司所主张的串标围标行为存在，且北京某公司未就此问题向区财政局提交充分证据予以证实，故区财政局基于已经查实的违法事实作出投诉处理决定并无不当。北京某公司要求撤销区财政局作出的投诉处理决定和市财政局作出的复议决定，并责令区财政局针对其投诉重新作出处理决定的诉讼请求缺乏事实根据和法律依据，不予支持。依照《行政诉讼法》第六十九条之规定，判决驳回北京某公司的诉讼请求。

行政诉讼二审情况

北京某公司不服一审判决，以一审法院适用法律错误，认定事实不清，区财政局作出的投诉处理决定没有针对上诉人举报的存在串标围标行为进行查处，属行政不作为等理由上诉至北京市中级人民法院（以下简称“二审法院”），请求撤销一审判决，依法改判支持其一审诉讼请求。

二审法院认为，区财政局在收到北京某公司的投诉后，履行了审查、受理、发送投诉书副本、核查投诉问题、作出投诉处理决定、通知投诉处理结果等法定程序，经过审查，认定涉案项目存在招标文件不符合法律法规规定，且存在未封存中标人的样品等违法问题，据此，认为上述行为影响评标过程和合同履行的公平和公正性，在此基础上作出投诉处理决定认定采购活动违法，责令重新开展采购活动，投诉处理程序合法，认定事实清楚，并无不当。

关于上诉人北京某公司所提区财政局未对涉案政府采购活动中存在串标围标的行为进行处理的上诉意见，二审法院认为，结合在案证据可知，并无充分证据证明涉案公司存在上述规定中属于投标人相互串通投标或视为相互串通投标的情形，北京某公司亦未提供充足证据证实涉案投标人存在上述规定的相互串通投标的行为，故上诉人的该项上诉理由，缺乏事实和法律依据，二审法院不予采纳。

综上所述，判决驳回上诉，维持一审判决。

案例评析 CASE ANALYSIS

1. 财政部门未对投诉事项中有关串标的问题作出处理，该投诉处理决定内容合法吗

如果北京某公司提起的投诉事项中涉及了串标的问题，且在质疑时亦质疑了串标问题，财政部门应对串标问题进行审查，并在投诉处理决定中明确投诉事项是否成立并说明理由。如果在质疑时未质疑串标问题，财政部门应告知投诉人对该事项不予受理。本案中，财政部门并未发现涉案公司存在串标情形，北京某公司亦未提供充足证据证实涉案投标人存在互串通投标的行为，财政部门应在投诉处理决定中告知此项投诉事项不成立，如果未告知则投诉处理决定是不合法的。

2. 如投诉的串标情形存在，应如何处理

《政府采购法实施条例》第七十四条规定："有下列情形之一的，属于恶意串通，对供应商依照政府采购法第七十七条第一款的规定追究法律责任，对采购人、采购代理机构及其工作人员依照政府采购法第七十二条的规定追究法律责任……"《政府采购法》第七十七条规定："供应商有下列情形之一的，处以采购金额千分之五以上千分之十以下的罚款，列入不良行为记录名单，在一至三年内禁止参加政府采购活动，有违法所得的，并处没收违法所得，情节严重的，由工商行政管理机关吊销营业执照；构成犯罪的，依法追究刑事责任……"因此，如果查证属实供应商确实存在恶意串通的问题，财政部门除了在投诉处理决定中认定投诉事项成立，还应对恶意串通的供应商进行行政处罚。

七、对投诉人程序性要求是否合法、合理的争议

在处理投诉的过程中，投诉人针对投诉处理程序问题经常提出许多申请和要求，对于合法、合理的，财政部门应当采纳。应当引起注意的是，投诉人的申请和要求中不合法、不合理的部分，财政部门应当坚持原则、严格执法，绝不能迁就。有的投诉人对于涉及国家秘密、商业秘密、个人隐私的证据，因自己无法举证而申请财政部门调查取证；有的投诉人在对技术参数材料进行质证时，提出中标供应商将技术参数之外的证据原件让其质证被中标供应商拒绝时，要求财政部门强行从中标供应商手中取得让其质证；有的投诉人要求财政部门将投诉案件移送公安机关侦查、移送纪检监察机关调查、移送市场监督管理部

门吊销执照；等等。这些要求不可能得到财政部门的采纳，甚至还会对投诉处理行为引起新的争议。

【案例 90[1]】投诉人重复投诉，要求撤销采购中心中标结果公告、质疑答复，要求财政部门证据保全，应如何处理该投诉

关 键 词：重复投诉/要求撤销中标结果公告/要求撤销质疑答复/证据保全

案例要点：重复投诉的事项不符合投诉的受理条件，要求财政部门撤销采购代理机构中标结果公告、质疑答复，要求财政部门证据保全，没有法律依据。

招标投标情况

2015年9月24日，杭州市政府采购中心（以下简称“市采购中心”）组织市公安局指挥中心系统集成项目（以下简称“该项目”）公开招投标活动。2015年10月14日，经评标专家委员会进行评审，市采购中心发布该项目采购结果公告，预中标单位为某研究所和北京某公司联合体。

第一次质疑、投诉、复议情况

2015年10月16日，上海某公司对预中标结果提出质疑，认为该项目的中标结果损害其权益。2015年10月22日上午，某研究所和北京某公司向市采购中心提出质疑书。同日下午，市采购中心组织原评审专家就上海某公司的质疑进行复核，某研究所参加，评标委员会经讨论后认定某研究所与北京某公司的联合体投标无效，根据供应商综合得分排序，推荐下一顺序单位上海某公司为预中标单位。

2015年10月23日，市采购中心作出回复，针对某研究所和北京某公司的质疑，认为质疑事项不符合《政府采购法》第五十二条规定，对此次质疑不予处理。

2015年10月25日，某研究所和北京某公司向市财政局提起投诉，鉴于具体投诉事项并非本案所争议的问题，此处略去。

2015年10月27日，市采购中心针对上海某公司的质疑，根据评标委员会的复核意见作出《质疑答复》，认为：（1）上海某公司的质疑缺乏事实依据，质疑不成立；（2）经评标委员会复核，原预中标单位某研究所与北京某公司联合体投标无效；（3）按照原评审结果及供应商综合得分排序，推荐下一顺序单位上海某公司为预中标公示单位。同日，市采购中心将复核意见寄送某研究所。

---

1 案例来源：（2016）浙8601行初100号。

2015年11月9日，在某研究所和北京某公司补正投诉材料后，市财政局对其投诉予以受理。2015年12月17日，市财政局作出《投诉处理决定书》（杭财采监〔2015〕21号，以下简称“21号决定”），认为投诉缺乏事实依据，决定驳回投诉。

2015年12月30日，某研究所和北京某公司不服“21号决定”，向浙江省财政厅申请行政复议。2016年4月5日，浙江省财政厅作出复议决定，维持市财政局作出的“21号决定”。

某研究所不服复议决定，于2016年4月20日向杭州市西湖区人民法院提起行政诉讼，该案在本书姐妹篇《政府采购活动争议处理实务与案例》第一章第七节“对有关联合体参与政府采购的争议”的案例13中予以介绍。

第二次质疑、投诉、复议情况

在第一次投诉处理期间，市采购中心发布更正公告，宣布上海某公司为预中标单位。2015年11月7日，某研究所针对更正公告，向市采购中心提出质疑，市采购中心在2015年11月17日作出《质疑答复》，认为质疑事项缺乏事实依据，质疑不成立。

2015年12月4日，某研究所和北京某公司向市财政局提起投诉，具体投诉事项有：（1）市采购中心组织该项目的复核会议前，未将有关质疑书副本（或复印件）送达我方，致使我方丧失了就相关事项进行书面说明和举证的权利，存在严重的程序违规。（2）向上海某公司和向我方作出的《质疑答复》存在明显错误，该项目复核会议内容不符合有关规定，严重损害了投诉人合法权益。（3）法无授权不可为，市采购中心否定联合体的主体资格，但未明示适用的法律依据和条款。（4）投诉人投标文件（及联合体主体资格）合法有效。即投诉人投标文件中出具的法定代表人授权书，符合法律法规和招标文件的要求。（5）项目复核会议上市采购中心违背利害关系人应主动回避的原则，存在严重程序违法。市采购中心工作人员存在玩忽职守、滥用职权、徇私舞弊的行为。部分评审专家存在徇私舞弊、工作失职。

除此之外，《投诉书》还提及对该项目的评标、复核等环节的现场录音、录像资料，招标文件、各供应商投标和澄清文件、各专家评标和复核意见等证据文件、资料进行证据保全，依法通知市采购中心暂停采购活动，在限期内作出书面回复，将投诉处理结果公开发布。请求主管部门通知市采购中心撤销2015年11月3日发布的该项目采购结果更正公告（将预中标供应商更改为上海某公司）和2015年11月17日对我方作出的《质疑答复》。

2016年1月15日，市财政局作出《投诉处理决定书》（杭财采监〔2016〕2号，以下简称“2号决定”），认为：（1）投诉人曾因对市采购中心的质疑回复不满向该局投诉，该局已做出“21号决定”并送达投诉人，现本次投诉为第二次投诉。投诉事项及其事实和理由与第一次投诉基本相同，该局对于“21号决定”已经认定的事实不再重复处理。（2）因该局未发现该项目存在违背政府采购公平、公正、诚实信用的基本原则和违反社会公序良俗的情形，并且该项目是重要会议的建设项目，必须保证采购效率，故该局对投诉人要求暂停该项目采购活动及撤销上海某公司预中标公告的提请均不予支持。(3) 根据《政府采购法实施条例》第五十八条第二款规定，该局“21 号决定”已在浙江省政府采购网予以公告。(4) 在投诉处理调查过程中，未发现市采购中心有伪造、变造、隐匿或者销毁的情形，且政府采购法律法规中并无关于“证据保全”的相关规定，故该局认为投诉人提请对评标、复核等环节的现场录音、录像资料，招标文件、各供应商投标和澄清文件、各专家评标和复核意见等证据文件、资料进行证据保全的依据不足。(5) 投诉人 2015 年 11 月 9 日向市采购中心提出质疑，市采购中心于 11 月 17 日对投诉人做出《质疑答复》，并未违反规定；且《政府采购供应商投诉处理办法》并无关于撤销质疑答复的规定，故该局对投诉人要求撤销市采购中心《质疑答复》的提请不予支持。综上，投诉人对被投诉人市采购中心关于该项目的《质疑答复》不满的投诉缺乏事实依据，该局决定驳回投诉。

某研究所和北京某公司不服市财政局作出的“2 号决定”，于 2016 年 1 月 27 日向市政府申请行政复议，市政府于 2016 年 4 月 25 日作出《行政复议决定书》，维持“2 号决定”。

原告诉求及观点

某研究所不服市财政局“2 号决定”决定及市政府行政复议决定，于 2016 年 5 月 17 日向杭州铁路运输法院提起行政诉讼。

原告认为：(1) 市财政局、市政府认定事实不清，主要证据不足，存在以下问题：第一，作为本案关键证据之一“复核会议现场的录音录像”，市财政局、市政府从始至终既未出示该项证据，也未出示其他证据或调查笔录，无法证明市采购中心的罗某、孔某在复核会议现场不存在干预或者影响正常评审工作，无法证明罗某、孔某不存在明示或暗示倾向性、引导性意见的行为。第二，无法证明原评标委员会评审专家滕某在复核现场不存在干预或者影响正常评审工作，无法证明滕某不存在明示或暗示倾向性、引导性意见的行为。“复核会议现场的录音录像”足以证明市采购中心相关人员干预专家评标工作，涉嫌行政责任及刑事责任。第三，根据市公安局警务保障部 2015 年 11 月 16 日出具该项目情况说明，载明上海某公司是该项目招标内容中 119 系统的软件供应商。作为本招标项目的利害关系人，上海某公司不得参与本次项目投标。市采购中心和市公安局在招投标阶段、市财政局在行政投诉阶段、市政府在行政复议阶段对这一预中标主体资格的重大问题均未做纠正，予以偏袒，法院应依法确认其行政行为违法并予以撤销。(2) 市财政局、市政府违反法定程序，存在以下问题：第一，通过复核更改预中标结果，违反法定程序。市采购中心组织原评审委员会答复上海某公司的质疑事项，这是采购代理人自由裁量的权力。但原评标委员会出具评审报告并公布预中标结果后，重新出具评审意见，并更改预中标结果，不应当适用“复核”。第二，市采购中心未履行法定程序，未将书面的质疑副本送达某研究所和北京某公司，违反法定程序。第三，市采购中心未公示最终中标结果，也未将中标结果通知所有未中标的投标人，市公安局与上海某公司签订采购合同，违反法定程序。(3) 联合体的投标主体资格符合招标文件的要求，符合相关法律、法规规定，联合体各方均已授权，联合体协议合法有效。(4) 市采购中心组织复核，更改预中标结果，在法律、法规无明确授权的情况下，属超越职权，市财政局、市政府均未做纠正，予以偏袒，法院应依法确认其行政行为违法并予以撤销。(5) 市采购中心组织原评标委员会复核，答复上海某公司质疑事项。但在答复质疑事项之外，再次审查预中标资格，属滥用职权，市财政局、市政府均未对其行政行为的权限、内容、形式合法性进行审查，法院应依法确认其违法并予以撤销。故请求：一、依法撤销市财政局作出的杭财采监〔2016〕2号《投诉处理决定书》；二、依法撤销市政府作出的杭政复〔2016〕47号《行政复议决定书》。

被告答辩及观点

市财政局辩称：(1) 案涉政府采购投诉处理总体情况……(2)《投诉处理决定书》认定事实清楚、依据充分、程序合法。(此部分内容与“2号决定”内容类似，详见上述内容，不再赘述)(3) 其他。某研究所在《行政起诉状》中的诉求与其向西湖区人民法院提出的诉求重复，鉴于某研究所不服“21号决定”，在省财政厅维持决定作出后，向西湖区人民法院提起诉讼，目前另案审理，“21号决定”中涉及的事实不宜在本案中重复审理，避免权利滥用。故请求依法驳回某研究所的诉讼请求。

市政府辩称：(1) 复议决定的程序合法。市政府在2016年1月27日收到复议申请，因案情复杂，经批准延期，在2016年4月25日作出复议决定，并送达各方当事人。(2) 复议决定的事实清楚、于法有据。市政府受理复议申请后，依法进行审理，在查明事实的基础上，市政府认为：某研究所和北京某公司在第二次投诉时提出(一)至(七)项投诉内容，均已在第一次投诉时提出，其投诉事实和理由，与第一次投诉时所称事实理由亦基本一致；市财政局在“21号决定”中，对上述投诉内容，均已予以处理。且市财政局对第二次投诉作出回复时，“21号决定”并未被有权机关撤销，故市财政局作出不再重复处理的回复，事实清楚，并无不当。某研究所和北京某公司在第二次投诉的同时还提出对系统集成项目的评标、复核等环节的现场录音、录像资料，招标文件、各供应商投标和澄清文件、各专家评标和复核意见的文件资料等进行证据保全；并提出暂停采购活动，将投诉处理结果在省级以上财政部门指定的政府采购信息发布媒体上公告，通知市采购中心撤销2015年11月3日在官方网站发布更正公告和2015年11月17日作出的《质疑答复》

等请求，市财政局均已分别作出回复，且从回复内容看，亦无不当。故请求依法驳回某研究所的诉讼请求。

第三人观点

第三人市采购中心述称：某研究所在本次诉讼中的主张，均无事实和法律依据，故请求依法驳回其诉讼请求。

法院裁判及观点

1.关于投诉处理决定的合法性问题

第一，关于重复投诉问题。对于在第一次投诉中已作处理的诸多投诉事项，市财政局在第二次投诉处理时不予重复处理，于法有据，法院予以支持。对于“被投诉人工作人员存在玩忽职守、滥用职权、徇私舞弊的行为问题”这一投诉事项是否已在第一次投诉处理决定中作出处理之问题，经本院审查，第一次投诉处理决定对此已作出处理，只是没有单独作为一个问题进行阐释，而是在“回避问题”中一并阐释，体现在“21号决定”中第8页最后一段，“四、本机关认为：……（四）……投诉人没有证据表明被投诉人与本项目存在利害关系，也未提供相关证据证明被投诉人工作人员存在滥用职权、徇私舞弊的行为”。

第二，关于暂停采购和撤销预中标公告问题。在某研究所提出暂停采购的投诉申请后，市财政局依法有权自由裁量，对申请是否合理作出判断，案涉项目系重要建设项目，在没有证据证明案涉项目的招投标活动违法的情况下，出于保障政府采购工作效率的需求，市政府未暂停采购，并无不当。

第三，关于公告问题。据查，市财政局已经将投诉处理结果在浙江省政府采购门户网站上公告。

第四，关于证据保全问题。市财政局在认为必要时有调查取证的权力，并无证据保全的权力，故某研究所在投诉处理阶段申请证据保全无法律依据。

第五，关于撤销《质疑答复》和更正公告问题。法律、法规和规范性文件亦无可以撤销《质疑答复》和更正公告的规定。据此，某研究所申请撤销《质疑答复》和更正公告无法律依据。

第六，关于调取证据问题。在庭审结束后，某研究所向法院申请依法调取本案涉及项目复核会议现场录音录像文件。法院认为，现有证据可以证实案涉投诉处理决定的合法性，故对该项申请不予准许。关于复核会议合法性问题，某研究所在第一次投诉时已经提出，且第一次投诉处理决定已经作出处理，并经终审判决确定其合法性，故复核会议合法性问题并非本案审查范围，法院对某研究所提出的调取证据申请不予准许。

第七，关于投诉处理决定的程序合法性问题。本案中，在某研究所依法向市采购中心提出质疑后，市采购中心在法定期限内作出《质疑答复》。某研究所在法定期限内向市财政局提起投诉后，市财政局依法受理并通知各方当事人，市采购中心在法定期限内作出书面说明并提交相关材料，最后市财政局在法定期限内作出处理决定，行政程序合法。

2.关于复议程序合法性问题

第一，关于申请调取有关证据材料问题。某研究所在行政复议中申请调取有关证据材料。鉴于某研究所在第一次投诉中已经对复核会议的合法性提出异议，市采购中心已经作了答辩并提交相关证据材料，市财政局已经进行审查并针对具体复议事项作出处理决定，而第二次投诉处理决定对第一次投诉中已经处理内容不作重复处理，市政府有权进行自由裁量，考量调取证据的必要性后作出决定，并无不当。

第二，关于申请停止政府采购活动执行问题。在某研究所提出停止执行的申请后，市政府依法有权进行自由裁量，对申请是否合理作出判断。案涉项目系重要建设项目，在没有证据证明案涉项目的招投标活动违法的情况下，出于保障政府采购工作效率的需求未停止执行，并无不当。

第三，关于申请听证问题。根据《行政复议法实施条例》第三十三条，法院认为，某研究所申请听证，而法律并未规定行政复议必须听证，市政府有权进行自由裁量，没有进行听证，并无不当。

经审查，市政府在收到行政复议申请后及时受理，通知市财政局和市采购中心进行复议答复并要求提交证据，依法作出延期决定，在法定期限内审理后作出复议决定并向某研究所送达，符合《行政复议法》第十七条第一款、第二十三条第一款、第二十八条第一款第（一）项、第三十一条之规定,故复议程序合法。对于某研究所向复议机关申请调取证据，申请停止执行行政行为，申请以听证方式审理案件，市政府未予以准许，并无不当，但没有在《行政复议决定书》中明确作出回应，本院对此予以严肃指正。

3.关于一并审查规范性文件问题

在庭审结束后，十五研究所申请增加诉讼请求，要求对《浙江省人民政府关于进一步严格规范工程建设项目招投标活动的意见》（浙政发〔2014〕39号）规范性文件进行审查，确认其中第十八条违法，并向浙江省人民政府提出处理建议。根据《最高人民法院关于适用〈中华人民共和国行政诉讼法〉若干问题的解释》第二十条，故某研究所申请增加诉讼请求，要求一并审查规范性文件合法性，有正当理由的，可以在庭审中提出。但某研究所系庭审后方提出申请，且不能证明其有正当理由，故对此不予准许。

综上所述，市财政局作出的原行政行为认定事实清楚，适用法律、法规正确，符合法定程序，市政府作出的行政复议决定程序合法。原告的诉讼请求均不能成立，法院不予支持。依照《行政诉讼法》第六十九条、《最高人民法院关于执行〈中华人民共和国行政诉讼法〉若干问题的解释》第四十九条第三款、《最高人民法院关于适用〈中华人民共和国行政诉讼法〉若干问题的解释》第二十条之规定，判决驳回某研究所的诉讼请求。

案例评析 CASE ANALYSIS

1. 财政部门对重复投诉事项的处理是否合法

以前施行的《政府采购供应商投诉处理办法》（财政部令第 20 号）和现在施行的《政府采购质疑和投诉办法》（财政部令第 94 号）都将“同一投诉事项未经财政部门投诉处理”作为投诉人提起投诉应当符合条件之一，可见重复投诉的事项不符合政府采购投诉条件，财政部门应告知对此事项不予受理并应当说明理由。本案中，市财政局在第二次投诉处理时对投诉人第一次投诉的事项不予重复处理，于法有据，但同时要告知不予受理并说明理由。

2. 关于申请证据保全及撤销《质疑答复》《更正公告》的权限问题

证据保全是诉讼程序中的权利规定，而在政府采购投诉处理中，相关的法律法规并未赋予投诉人申请证据保全的权利及财政部门实施证据保全的权限。同时《质疑答复》《更正公告》等都是采购人、采购代理机构所作出的，财政部门在处理政府采购投诉时，只有在投诉事项成立影响采购结果时可作出认定中标结果无效、责令重新开展采购活动等决定，并无法律法规有撤销上述内容的规定。因此，投诉人上述投诉事项是于法无据的。

3. 市财政局对申请暂停采购不予准许、市政府对申请听证不予准许是否合法

《政府采购法》第五十七条规定：“政府采购监督管理部门在处理投诉事项期间，可以视具体情况书面通知采购人暂停采购活动，但暂停时间最长不得超过三十日。”《行政复议法实施条例》第三十三条规定：“行政复议机构认为必要时，可以实地调查核实证据；对重大、复杂的案件，申请人提出要求或者行政复议机构认为必要时，可以采取听证的方式审理。”可见，暂停采购活动或者听证都非必经程序，对于当事人的申请，行政机关有自由裁量权，可根据具体情况考虑是否有暂停或者听证的必要性。本案，案涉项目系重要建设项目，在没有证据证明案涉项目的招投标活动违法的情况下，出于保障政府采购工作效率的需求，市财政局未暂停采购并无不当。在复议期间，市政府认为事实清楚、证据确凿，无进行程序，亦符合法律规定。

八、对组织专家审查、投诉处理决定送达及未公告的争议

财政部门在对政府采购投诉进行处理时，经常会碰到投诉事项中的一些质量、安全、技术规格、物理特性等问题，专业性非常强，致使财政部门很难作出正确判断。为了解决这些问题，财政部门就会组织评审专家对投诉事项中的那些专业问题进行审查，并发表专

家意见。财政部门会以专家意见为证据，依法作出投诉处理决定。

投诉处理作出后，应依法送达投诉人和与投诉事项有关的当事人，并及时将投诉处理结果在省级以上财政部门指定的政府采购信息发布媒体上公告。投诉处理决定书的送达，参照《民事诉讼法》关于送达的规定执行。笔者认为下列送达方式可以参照：

《民事诉讼法》第八十五条规定了“直接送达”，即受送达人是公民的，本人不在交他的同住成年家属签收；受送达人是法人或者其他组织的，应当由法人的法定代表人、其他组织的主要负责人或者该法人、组织负责收件的人签收；受送达人有诉讼代理人的，可以送交其代理人签收；受送达人已向财政部门指定代收人的，送交代收人签收。受送达人的同住成年家属，法人或者其他组织的负责收件的人，诉讼代理人或者代收人在送达回证上签收的日期为送达日期。

《民事诉讼法》第八十六条规定了“留置送达”，即受送达人或者他的同住成年家属拒绝接收财政部门文书的，送达人可以邀请有关基层组织或者所在单位的代表到场，说明情况，在送达回证上记明拒收事由和日期，由送达人、见证人签名或者盖章，把诉讼文书留在受送达人的住所；也可以把诉讼文书留在受送达人的住所，并采用拍照、录像等方式记录送达过程，即视为送达。

《民事诉讼法》第八十七条规定了“电子送达”，即经受送达人同意，财政部门可以采用传真、电子邮件等能够确认其收悉的方式送达。以传真、电子邮件等到达受送达人特定系统的日期为送达日期。

《民事诉讼法》第八十八条规定了“委托及邮寄送达”，即可以委托其他财政部门代为送达，或者邮寄送达。邮寄送达的，以回执上注明的收件日期为送达日期。在政府采购投诉处理的实践中，邮寄送达是最普遍的送达方式，财政部门应当保存邮寄单，打印邮件送达详情并存档。但要注意的是，最好采用交国家邮政机构通过 EMS 邮寄，不得通过其他快递公司邮寄国家机关公文。在“内件品名内”填写“投诉处理决定”等文书名称并注明文号，将收件人存的这一联由邮政局盖上邮戳并保存留卷。预计收件人收件后，查看邮件邮寄详情，并从网络上查询情况，打印邮件到达情况存档。

《民事诉讼法》第九十二条规定了“公告送达”，即受送达人下落不明，或者用其他方式无法送达的，公告送达。自发出公告之日起，经过六十日，即视为送达。公告送达，应当在案卷中记明原因和经过。

《民事诉讼法》第八十四条还规定了“送达回证”，即由受送达人在送达回证上记明收到日期，签名或者盖章。受送达人在送达回证上的签收日期为送达日期。“送达回证”参考文本如下：

【文书 26】

送达回证

政府采购项目名称	
送达文件名称	
受送达人	
送达地址	
受送达人或者代理人	签名或盖章： 年　　月　　日
代收人	与受送达人关系或代收原因： 签名或盖章： 年　　月　　日
备注：此证在于证明财政部门已依法将应送文书送达受送达人	

填表人：　　　　　　　　送达人：

在省级以上财政部门指定的政府采购信息发布媒体上公告的问题也应引起重视。对此，《政府信息公开条例》《政府采购信息发布管理办法》（财政部令第 101 号）《财政部关于做好政府采购信息公开工作的通知》（财库〔2015〕135 号），都有明文规定，应当严格执行。

【案例 91[1]】投诉处理期间组织评审专家进行审查，诉讼期间未能提供评标专家组成及产生符合规定的材料，也未能举证投诉处理决定送达与公告的证据，该投诉处理决定是否合法

关 键 词：评审专家的产生与组成／专家意见／送达／公告／程序违法

案例要点：评标委员会的产生及组成应当符合法律法规的规定，财政部门在处理投诉处理决定时，可组织原评标委员会或其他相关的专家对投诉事项进行评审论证，出具专家

1　案例来源：（2016）苏 8601 行初 342 号。

意见，并可参考专家意见作出投诉处理决定。投诉处理决定作出后应当依法送达并公告。

招标投标、质疑、投诉、复议情况

2016年4月，徐州市某区政府采购中心（以下简称“区采购中心”）受徐州市某区机关后勤保障中心委托，就该后勤保障中心窗帘项目（以下简称“该项目”）公开招标。经资格性审查，广东某遮阳科技公司等4家公司通过了资格性审查，徐州某公司因投标函未标注投标有效期未通过资格性审查。后广东某遮阳科技公司等4家公司又通过了符合性审查。经评标，中标人为广东某遮阳科技公司。

2016年5月17日，徐州某公司向区采购中心提出质疑，认为中标人不符合招标文件的要求。2016年5月20日，区采购中心作质疑答复称，本项目评标过程中，评标专家严格按照招标文件评分细则对各投标人样品进行评审，并根据各投标人样品响应度进行打分；经核查，中标人符合要求。

2016年6月8日，徐州某公司向徐州市某区财政局（以下简称“区财政局”）投诉，认为评审专家未按采购文件标准和方法评审。2016年6月14日，区财政局组织四位评标专家对徐州某公司投诉的内容逐一审核。专家一致认为，中标人的样品符合要求。2016年7月13日，区财政局作出投诉处理决定，驳回投诉人投诉。主要内容有：(1)徐州某公司提交的投诉书超出质疑函的内容，其仅对有效的投诉内容予以受理。(2)招标文件要求“拉珠颜色与面料相配色”，没有指定拉珠颜色是灰色。虽中标人样品没有限位扣，但这项指标不是主要技术参数，不能作为废标的理由。在评标过程中，专家严格按照招标文件评分细则根据各投标人样品响应度打分。(3)经重新组织评标专家对中标样品检测核实，专家一致认为中标样品响应了标书要求。

原告诉求及观点

徐州某公司不服投诉处理决定，向徐州铁路运输法院提起行政诉讼称：该项目中标商提供的样品严重偏离技术要约。区财政局始终认为专家意见有该系统，对专家意见予以支持，损害了其他投标人的利益，也给国家财政造成巨大损失。请求法院依法撤销区财政局投诉处理决定。

被告诉求及观点

区财政局辩称：(1)徐州某公司提出中标人的产品严重偏离招标文件的技术要约，对其投标资格应予以拒绝是错误的。(2)依法办理投诉，维护了政府采购的公开透明公平公正。2016年6月14日组织专家复核，采购人专家不能参加，其余四位当时参与评标的专家均到场。同时对专家复核的过程进行了录音录像，并要求专家对复核结果签字确认。专家复核后一致认为，中标人符合招标文件的要求。

第三人述称及观点

区采购中心述称：区财政局作出的投诉处理决定是正确的。该项目招标活动,程序合法、公开透明。评标采用综合评分法，投标供应商提供的样品不是资格性审查的条件，而是作为得分项之一，评委专家根据各投标供应商样品进行综合评判给出相应得分。

法院裁判及观点

徐州铁路运输法院认为：第一，区财政局具有对该项目政府采购活动中供应商投诉事宜进行处理的法定职责。

第二，该案徐州某公司与区财政局及区采购中心就此问题的分歧焦点在于评审专家的意见能否作为投诉处理决定书认定事实的依据，即专家评审意见是否合法有效。这取决于两个方面，一是专家评审的专业性、公正性，二是专家组成程序及评审程序的合法性。该案中评审专家根据产品性能和专业技术作出评分和提出评审意见属于评审专家依据自身专业和特殊身份行使自由裁量权的范畴，不属于处理投诉争议的区财政局审查的范围，但区财政局作为法定监督管理部门，对评审专家的组成、产生的程序及评审程序是否符合相关法律法规的规定负有监督审查职责。该案中，区财政局提供的证据不能证明评标专家的组成及产生符合《政府采购货物和服务招标投标管理办法》（财政部令第20号）第四十五条、第四十六条、第四十八条第一款规定，区财政局作出的投诉处理决定认定事实的依据不足。

第三，在该案中，铜山区财政局陈述对受理投诉及处理决定均是电话通知送达，没有书面签收单。投诉处理决定仅送达给徐州某公司及区采购中心，亦未在指定媒体上公告。铜山区财政局在法定期限内未提交证据证明其在处理投诉事宜时按上述程序在规定期限内对相关文书向各方当事人均进行了合法送达，故铜山区财政局作出投诉处理决定违反了正当程序原则。

第四，该案在庭审中，区财政局对作出处理决定的法律依据进行了陈述，但投诉处理决定书并未援引作出该处理决定所适用的法律条款，处理决定书的内容不符合上述规定。

综上，依照《行政诉讼法》第七十条第一款第（一）项、第（三）项之规定，判决撤销区财政局投诉处理决定，区财政局于本判决生效之日起30个工作日内对徐州某公司投诉重新作出处理决定。

案例评析

CASE ANALYSIS

1. 区财政局组织进行复核的评标委员会的组成不符合规定，评标专家的意见不能作为投诉处理的依据

投诉处理期间，区财政局组织了原评标委员会中的四位参与投诉事项的复核。根据当时实施的《政府采购货物和服务招标投标管理办法》第四十五条的规定，评标委员会由采购人代表和有关技术、经济等方面的专家组成，成员人数应当为5人以上单数，但区财政局组织专家复核时，仅邀请了4位专家，违反了上述人数的规定，不可以作为区财政局作出处理决定的依据。

此外，法院在判决书中认定区财政局"提供的证据不能证明评标专家的组成及产生符合上述规定"，从区财政局、徐州某公司以及区采购中心提供的证据材料中，并未提供区财政局组织的评标专家的产生存在问题；该项目评标前区采购中心从江苏省专家库中抽取专家的程序符合规定，区财政局、徐州某公司以及区采购中心未对评标专家的产生提出疑问，徐州铁路运输法院在判决中也未表述评标专家的产生存在的问题。因此，本案的问题在于区财政局准备不足，未能举证，并不能认定评标专家的组成及产生违反规定。

2. 评审专家的产生是否必须从专家库中抽取

该项目中区采购中心在开标前从江苏省专家库中抽取专家的行为是符合法律法规的，但是否所有政府采购项目均需从省级以上财政部门设立的政府采购专家库中随机抽取？经修订后《政府采购货物和服务招标投标管理办法》第四十八条规定，采购人或者采购代理机构应当从省级以上财政部门设立的政府采购评审专家库中，通过随机方式抽取评审专家。对于复杂、专业性强的采购项目，通过随机方式难以确定合适评审专家的，经主管部门同意，采购人可以自行选定相关专业领域的评审专家。因此，并非是所有政府采购项目都必须从政府采购评审专家库中抽取评审专家。

3. 原评标委员会是否可以对投诉事项提供意见，原评标委员会的意见是否可以作为投诉处理的依据

因该项目采购的产品性能和专业性，区财政局在处理投诉时，组织了原评标委员会提出评审意见，并以专家意见作出投诉处理决定。关于财政部门是否可以组织原评标委员会对投诉事项出具专家意见的问题，《政府采购法实施条例》第五十八条规定中提及专家评审所需时间不计算在投诉处理期限内，因此财政部门在处理投诉时可以组织专家对投诉事项进行评审，并出具专家意见。组织的专家是否可以为原评标专家，目前没有法律法规对此问题作出规定，组织原评标专家进行评审，可以说是有利有弊；原评标委员会对项目情况比较了解，若项目存在特殊性，则原评标委员会可根据项目的特殊性出具专家意见，但很多财政部门担心原评标委员会是否会对其在评标时作出的错误评审不予承认。因此，财政部门在处理投诉时，可综合考虑是否组织原评标委员会，还是组织其他专家对投诉事项出具相关专家意见。

4. 区财政局应当向徐州某公司送达投诉处理决定并在指定媒体上公告

根据当时施行的《政府采购供应商投诉处理办法》第二十条的规定，财政部门应当自受理投诉之日起 30 个工作日内，对投诉事项作出处理决定，并以书面形式通知投诉人、被投诉人及其他与投诉处理结果有利害关系的政府采购当事人。区财政局作出投诉处理决定后未向投诉人、被投诉人及有关当事人书面送达，违反了上述规定。为进一步贯彻落实政府采购公开透明原则、政府信息公开的要求，对政府采购的监督管理信息也予以公开，因此，《政府采购供应商投诉处理办法》第二十三条对此作出了规定，财政部门应当将投诉处理决定在省级以上财政部门指定政府采购信息发布媒体上公告。

第三节 有关投诉处理决定认定事实的争议

财政部门作出的投诉处理决定，都关系到政府采购当事人的权利义务关系，认定事实必须清楚，否则就无法作出正确的处理决定。通常意义上所称“事实”是指客观上实际存在的情况。其实，财政部门处理投诉都是以查清客观事实为基础的，在财政部门书面审查或者进行调查取证时，由于种种原因使一些证据已经灭失或者已经无法查明，某些事实不清是常见的，但财政部门处理每一个投诉都必须要有事实依据，才能对投诉作出正确处理。因此，财政部门处理投诉的事实，是指有证据证实的情况，即证据事实而不是通常意义上的客观事实。

政府采购投诉处理中的事实问题，都是对发生于过去的政府采购活动及其质疑答复事实的争议。由于这些争议事实不可能完全真实再现，只有将投诉人、被投诉人、相关供应商对事实真伪问题的主张，全部用证据来证明，才能转化为当事人对事实的主张是否有依据，财政部门不能轻易“信以为真”，而应当“信以为证”，才能心安理得地作出投诉处理决定。英国行政法学家韦德曾经说过，事实问题是特定案件的基本事实，它是证人所观察到并由证据加以证实的事实，包括事实和证据两个方面。从政府采购投诉处理来说，事实认定的过程，是财政部门通过书面审查、调查取证、组织质证等方式，对证据进行审查，对举证责任进行分配，对待证事实按一定的证明标准对政府采购活动及其争议的事实作出结论的过程。这就要从两个方面保证，一是投诉处理决定必须有事实根据，不能事实不清或证据缺乏；二是要树立强烈的证据意识，每一情节都有证据佐证。有时行政执法人员查明了事实但未取得证据，就予以认定，势必带来风险。

一、对认定事实有无证据证明的争议

《政府采购质疑和投诉办法》第十八条第（四）项、第三十三条第（二）项规定，对投诉人的投诉书、财政部门的投诉处理决定书，都有“事实依据”和“事实和相关依据”的规定，这也是投诉处理中最容易发生争议的问题，财政部门在作出处理决定时不能只给出处理的结果，还应当对处理结果提供充分的事实依据、法律依据并进行说理，投诉人也可通过对事实依据的了解，对投诉处理决定予以认可，避免因投诉处理决定引起的其他争议。

【案例92[1]】投诉处理决定中，未对认定不属于造假与贴牌的事项载明事实依据，诉讼时也未提供上述认定的证据，法院会如何判决

关 键 词：认定事实/投诉处理决定/载明事实依据/调查取证

案例要点：财政部门处理投诉时，原则上以书面审查为主，必要时可以进行调查取证，并对投诉事项在处理决定中载明认定的事实及法律依据。

招标、质疑、投诉情况

揭阳市揭东区教育局（以下简称“区教育局”）于2016年11月29日委托揭阳市公共资源交易中心（以下简称“交易中心”）对该局直属教育组创建“广东省推进教育现代化先进区”教育设备采购项目（以下简称“该项目”）采用公开招标方式进行采购，交易中心对该项目发出公开招标采购公告以及详细的采购内容。广东某公司与广东某电子科技有限公司（以下简称“某科技公司”）等四家公司参与投标，经评审并经采购人确认，广东某公司中标。某科技公司对广东某公司在投标文件所提供货物的技术规格没有作出实质性响应提出质疑。2017年1月20日，交易中心组织专家进行答疑，评标委员专家组一致认定该项质疑理由成立，广东某公司对投标文件中技术规格没有作出实质性响应，判定广东某公司的第一中标候选人资格无效。

2017年6月28日，交易中心作出《中标通知书作废通知》和该项目的中标、成交结果调整公告，另确认中标供应商为某科技公司。广东某公司于2017年7月7日向交易中心提交质疑函，对相同七名专家前后二次认定广东某公司的投标文件相同的内容作出不同的结论及对某科技公司的投标文件提出了质疑。2017年7月11日，交易中心针对广东某公司提出的质疑组织专家进行答疑，维持评标委员会第一次答疑观点；对于某科技公司投标书中的某一交换机是否存在，评标委员会在评标现场无法核对；某科技公司投标文件未

1 案例来源：（2018）粤52行终25号。

注明另一产品是一个品牌，评标委员会不认为涉嫌造假与贴牌；某科技公司投标文件中“稳压电源、网络信息口、推拉黑板、主控台、功放、音箱”等描述确未提供相关型号，只有提供品牌及参数。

2017年7月12日，交易中心作出质疑答复，广东某公司对质疑答复不服，于2017年7月19日投诉至某区财政局，请求确认广东某公司中标有效，认定某科技公司中标供应商资格无效，依法追究某科技公司的违法责任。

2017年8月28日区财政局作出处理决定，审查认定：(1)广东某公司投标文件没有对招标文件作出实质性响应，取消其中标资格，故对专家组的评定予以照准；(2)某科技公司所提供的部分产品未能对招标文件作出实质性响应，其中标资格无效；(3)某科技公司的投标文件未注明另一产品是一个品牌，不应认定为造假与贴牌，不构成违反《政府采购法》第七十七条第一款提供虚假材料谋取中标、成交的规定，对广东某公司的其他项投诉请求不予支持。因本次采购活动合格的供应商已不足三家，该招标活动以废标处理。区财政局决定取消中标结果，重新组织招标。

行政诉讼一审情况

广东某公司对上述投诉处理决定不服，诉至揭阳市某区人民法院。请求：(1)撤销区财政局投诉处理决定中的第(1)项和第(3)项决定；(2)撤销区教育局、交易中心作出的《中标通知书作废通知》;(3)判决区财政局确认交易中心于2017年1月6日作出的《中标通知书》合法有效，广东某公司为合格中标供应商；(4)判令区财政局对某科技公司提供虚假材料谋取中标、成交行为依法作出行政处罚。

一审法院认为：财政部门在作出处理决定时所查明的事实应当是清楚明确的，并且体现在处理决定书上。区财政局认定某科技公司稳压电源、网络信息口、推拉黑板、主控台、功放、音箱等产品未能提供相应的技术型号，该项认定事实清楚、证据充分，应于认定。但区财政局认定对某科技公司不应认定为造假与贴牌，未能提供该项产品品牌的证据材料，根据《最高人民法院关于行政诉讼证据若干问题的规定》第一条的规定，视为证据不足。因此，该项认定事实不清，证据不足。

广东某公司第一项投诉请求实质是对否定其投标文件对招标文件作出实质性响应有异议，财政局在投诉处理审查部分，没有说明广东某公司所提供哪些产品及相关服务未对应招标文件中的哪些项目技术规格作出实质性响应或者哪些有具体参数及要求的指标而出现实质性偏差，该项认定事实不清，主要证据不足。区财政局根据《政府采购法》第三十六条、第三十七条的规定，作出该项目废标后，由区教育局重新组织招标的决定依据充分、适用法律正确，应予以确认。案涉采购项目已决定重新招标，被诉行政行为已经不具有可撤销内容，因此应确认违法。广东某公司的其他诉讼请求缺乏依据，不予支持。根据《行政诉讼法》第七十四条第二款第（一）项的规定，确认区财政局于2017年8月28日作出投诉处理决定违法，驳回广东某公司其他诉讼请求。

上诉人诉求及观点

广东某公司与区财政局都不服一审判决，提起上诉。

广东某公司认为：(1) 一审法院没有判令某区财政局撤销某区教育局、交易中心于2017年6月28日作出的《中标通知书作废通知》，确认交易中心于2017年1月6日作出的《中标通知书》合法有效，广东某公司为合格中标供应商，是漏判，使广东某公司合法中标权益没有得到法律保护。(2) 一审法院没有查明事实，没有判令某区财政局对某科技公司提供虚假材料谋取中标、成交行为依法作出行政处罚，严重漏判，是对某科技公司严重违法违规行为的放纵。(3) 一审法院认定："但案涉采购项目已决定重新招标，被诉行政行为已经不具有可撤消内容。"系认定事实严重错误，适用法律错误。直到现在，也没有任何案涉项目已决定重新招标的证据。(4) 该案应依法认定，依法判决，切实维护供应商的中标合法权益，确保政府采购活动依法、有序的进行。综上，请求：(1) 撤销一审判决的第二项。(2) 判令区财政局撤销区教育局、交易中心于2017年6月28日作出的《中标通知书作废通知》。判决区财政局确认交易中心于2017年1月6日作出的《中标通知书》合法有效，广东某公司为合格中标供应商。(3) 判令区财政局对某科技公司提供虚假材料谋取中标、成交行为依法作出行政处罚。

区财政局上诉称：(1) 一审法院认为区财政局认定广东某公司的投标文件没有对招标文件作出实质性响应主要证据不足，应予撤销，是错误的。招标文件明确规定"对照招标文件要求的技术规格，投标人逐条说明所提供的货物及相关服务已对招标文件中的技术规格作出了实质性的响应：或申明与技术规格条文的偏差和例外。特别是对于有具体参数要求的指标，投标人必须提供所投货物的具体参数值"。但广东某公司的投标文件中"备课电脑"显示器没有具体尺寸，对参数数值含混不清。即上述的事实只要对照招标文件和投标文件便能够得到充分的证实，便可以认定广东某公司的投标文件没有对招标文件作出实质性响应。有关招标文件和投标文件原件，某区财政局在法定期限均已向一审法院提供。(2) 一审法院认为某区财政局认定"伟兴配套"或"伟兴学生凳"某科技公司认定不构成提供虚假材料谋取中标、成交的事实不清、主要证据不足，应予撤销，是错误的。区财政局经审查，认为广东某公司投诉某科技公司存在提供虚假材料谋取中标、成交的情况并没有提供任何证据证明。提供虚假材料谋取中标、成交的情况，应该有伪造、变造、改造材料或有关资质等情形，才能认定。某科技公司的行为并不符合上述法律法规规定的情形。

综上，一审法院认定事实错误，适用法律错误。区财政局有法定的职权，所作出的处理决定认定事实清楚、适用法律正确、程序合法，依法应予维持。

第三人观点

某科技公司述称：区财政局的上诉事实清楚，理由充分，某科技公司同意揭东区财政局的上诉理由。广东某公司的上诉违背事实和法律，于法无据，二审法院应依法驳回其全部上诉请求。

二审法院判决及观点

二审法院认为，某区财政局作出认定某科技公司中标资格无效的决定是否正确。该案中，根据某科技公司提供的投标文件对照招标文件等材料，可证实某科技公司投标文件所投产品，未能对招标文件作出实质性响应。因此，某区财政局据此认定某科技公司中标资格无效，并无不当。

经对照招标文件和投标文件，由于广东某公司的投标文件中出现所提供货物及相关服务没有具体尺寸或对参数数值含糊不清的情况，涉案项目评标委员会专家组两次评定均为投标文件没有对招标文件作出实质性响应，取消广东某公司的中标资格。因此，广东某公司请求确认其为合格中标供应商理由不能成立，二审法院不予支持。

一审判决认为某区财政局认定广东某公司的投标文件没有对招标文件作出实质性响应事实不清，证据不足错误，二审法院予以纠正。根据《政府采购法》第三十六条、第三十七条的规定，区财政局以本次采购活动的供应商已不足三家为由，作出“创先”采购项目废标后，由教育局重新组织招标的决定，并无不当，二审法院依法予以确认。

财政部门在作出处理决定时应当查明案件事实，并且体现在处理决定书上。该案中，第一，区财政局在《投诉处理决定书》中没有载明存在产品品牌不一致的情况；第二，在评标委员会专家组分别于 2017 年 1 月 20 日和 2017 年 7 月 11 日作出的答疑报告中否定广东某公司投标文件对招标文件作出实质性响应有异议的情况下，区财政局在《投诉处理决定书》中没有载明广东某公司所提供哪些产品及相关服务未对应招标文件中的哪些项目技术规格作出实质性响应，或者哪些有具体参数及要求的指标而出现实质性偏差。因此，区财政局作出《投诉处理决定书》没有明确载明处理决定的具体内容及事实依据不当，容易造成当事人的误解和增加讼累，但对广东某公司权利不产生实际影响。因此，区财政局在二审法庭调查时提交相关文书样式并称其是依照文书样式作出该投诉处理决定书的理由不能成立，本院不予采信。

原审判决以区财政局作出的《投诉处理决定书》中，认定广东某公司的投标文件没有对招标文件作出实质性响应的事实不清、主要证据不足，应予撤销。但因涉案采购项目已决定重新招标，被诉行政行为已经不具有可撤销内容为由，依据《行政诉讼法》第七十四条第二款第（一）项的规定，确认被诉行政行为违法，属于适用法律不当，本院予以纠正。

在该案中，区财政局在《投诉处理决定书》中直接认定对某科技公司不应认定为造假与贴牌，但未能向法院提供认定该项产品品牌的证据和不属于造假与贴牌的材料。而且，广东某公司在一审期间提供的证据以证明某科技公司存在伪造资质证书，提供虚假文件谋取中标、成交的可能，但某区财政局对此仅作书面审查，未进行调查核实。因此，某区财政局的上述认定属于事实不清，证据不足，应当予以撤销并由其重新作出处理。

综上所述，原审判决处理结果不当，二审法院依法应予改判。广东某公司的上诉部分理由和依据不足，二审法院予以驳回。区财政局上诉请求驳回广东某公司全部诉讼请求，维持其作出的处理决定理由和依据不足，二审法院予以驳回。依照《行政诉讼法》第七十条第（一）项、第八十九条第一款第（二）项的规定，判决撤销一审判决，撤销投诉处理决定第（1）项中驳回广东某公司的第三项投诉请求，责令区财政局在30个工作日内对某科技公司是否存在提供虚假材料谋取中标、成交行为重新作出处理，驳回广东某公司和区财政局的其他上诉请求。

案例评析 CASE ANALYSIS

1. 财政部门作出处理决定必须事实依据充分

某区财政局《投诉处理决定书》对广东某公司所提供哪些产品及相关服务未对应招标文件中的哪些项目技术规格作出实质性响应，或者哪些有具体参数及要求的指标而出现实质性偏差，某科技公司是否存在造假的情形，均未在投诉处理决定中对事实依据予以论述，即作出处理决定。因此，被法院判决认为事实不清，并予以部分撤销，并被判决限期重新作出处理决定。

2. 财政部门在处理投诉时，以书面审查为主，但必要时也应当采取其他方式进行调查

财政部门处理投诉事项原则上采用书面审查的方式，有必要时可以进行调查取证或者组织质证。本案中，某区财政局对部分事实仅作书面审查，未进行调查核实，即在处理决定中也未载明任何事实依据，这种做法应当纠正。

二、有关认定事实证据是否充分的争议

投诉处理决定所认定的事实，是财政部门根据其已获得的证据，对有关政府采购活动发生与发展、当事人之间关系以及中标或者成交结果等所作出的认定。财政部门只有在有充分证据的前提条件下，才能对事实作出正确的认定；反之，没有充分证据，所认定的事实就有可能是错误的。如果投诉处理决定基本事实没有认定或者叙述不清，就缺乏事实依

据，所作出的投诉处理决定就不能成立。政府采购投诉处理作出前，财政部门应当将所认定的事实以充分的证据加以证明。否则，在后续可能发生的行政复议和行政诉讼中，在财政机关承担举证责任时，就有“巧妇难为无米之炊”的感觉。许多投诉处理决定作出后，对事实与证据引起争议，不是没有证据，而是证据不充分，有的是孤证定案，有的证据之间的相互矛盾且未查明事实真相，有的是证据未经核实就予以认定。

【案例93[1]】投诉处理认定事实的依据不足，是否应当撤销

关 键 词：认定事实 / 依据不足 / 撤销

案例要点：投诉处理时，对存在或者应当存在而尚未调取的证据，应在收齐后连同其他所有证据材料进行了全面的审查，再对事实进行认定，否则就会因依据不足导致投诉被撤销。

招标、质疑、投诉情况

2016年3月18日上午，某招标投标中心有限责任公司（以下简称“某招标公司”）受某县直机关事务管理局（以下简称“县机关管理局”）的委托，对某县社会化服务用车租赁（第二次）进行公开招标，安徽和诚之宝轿车维修有限公司（以下简称“和诚之宝公司”）、某汽车租赁公司以及某汽车销售公司三家公司参与投标。当日，经评标委员会评定，县机关管理局和某招标公司发布中标公告，某汽车租赁公司以综合费率41%、某汽车销售公司以综合费率65%成为中标候选人，该中标公告第十一项载明的政府采购监督管理部门为某县公共资源交易监督管理局（以下简称“县公管局”）。

和诚之宝公司就中标结果向某招标公司、县机关管理局提出质疑，某招标公司于3月28日给和诚之宝公司作出了回复函，该回复函落款单位为县机关管理局以及某招标公司二家单位。

和诚之宝公司不满意质疑答复于3月29日向某县公管局提出投诉，投诉内容为：某汽车租赁公司以低于成本价竞标违反了招投标法的规定、某招标公司对投诉人指出的非法竞标行为未依法回应。某县公管局受理了投诉。3月31日，县机关管理局给北京德和衡（南京）律师事务所函的函复，答复如下：我局未曾授权招标代理机构做出质疑回复函，该回复函系招标代理机构独立作出。

4月6日，和诚之宝公司再次向某县公管局提出投诉，投诉内容为：某招标公司对投诉人质疑函的回复与县直机关事务管理局的函互相矛盾、县机关管理局未按期回复投诉人

1 案例来源：（2016）皖0523行初25号。

的质疑函违反法律规定。2016年4月22日，某县公管局向和诚之宝公司作出《政府采购投诉调查结果》。调查结果内容为：(1）被投诉人县机关管理局未按期回复投诉人的质疑函违反《政府采购法》的规定。会议研究由县财政局对县机关管理局发出限期改正通知书，责令其限期对投诉人质疑作出答复。(2）该项目开评标及复核中，评委会一致认为某汽车租赁公司报价无不合理情况，不存在低价恶意中标行为，未构成不正当竞争和有降低服务质量的可能。综上，公安局认为该项目招投标过程依法合规，评委会严格按照招标文件规定的评标办法进行评审，未发现评委会有违法违规行为，评审结果合法有效。

原告诉求及观点

和诚之宝公司不服某县公管局作出的政府采购投诉调查结果，向安徽省某县人民法院提起诉讼。和诚之宝公司认为，该项目评审采取综合评分法评审，评审因素为商务标和技术标，其中商务标中价格为唯一因素，设定为30分。在招标过程中，某汽车租赁公司的报价为基准价的42%，远远低于其他投标人的报价，报价明显低于成本，开标当场就提出异议，未被采纳。《政府采购投诉调查结果》以评标委员会认为某汽车租赁公司不存在低价恶意中标行为，未构成不正当竞争等理由答复此次招标活动依法合规，未发现评委会有违法违规行为，认定此次招标活动合法有效。本公司认为，评标委员会在投标人出现需要作出书面说明并提供相关证明材料的情况下，未履行相应的程序规定，且某汽车租赁公司的商务标报价按照最低的成本测算也低于成本价。因此，请求依法判决：(1）撤销某县公管局作出的《政府采购投诉调查结果》，并判令某县公管局重新作出投诉处理决定；(2）撤销某汽车租赁公司的中标资格。

被告答辩及观点

某县公管局辩称，(1）我局作出的政府采购投诉调查结果是书面告知行为，不是政府采购投诉处理决定，和诚之宝公司诉请判决撤销该调查结果，并判令其重新作出投诉处理决定，不符合《行政诉讼法》和《政府采购法》规定的起诉条件。(2）从政府采购投诉调查结果的内容来看，该调查结果没有作出调查处理决定，只是将两项调查结果以及我局所持的观点书面告知当事人。其中，第一项是告知4月7日参加会议的单位和会议研究的内容。第二项告知了以下主要内容：第一，项目开评标及复核中，评委会对某汽车租赁公司报价所持的观点；第二，我局具函县物价局，请求对某汽车租赁公司投标报价是否低于成本进行价格认证鉴定；第三，县物价局函复我局。综述部分告知了我局所持的观点。(3）和诚之宝公司诉请判决撤销某汽车租赁公司的中标资格，明显不属于行政审判权限范围。(4）我局所作的调查结果是不可诉的，即使该投诉调查结果可诉，和诚之宝公司诉请也无法律依据。因为我局没有作出投诉处理决定，只是将投诉调查结果书面告知投诉人，无须也无法引用法条；我局告知的调查结果具有事实依据；我局将调查结果书面告知投诉人的过程中，没有违反法定程序；我局受理了投诉，并给投诉人书面告知意见，没有超越职权。综上，请求驳回和诚之宝公司的起诉。

法院裁判及观点

法院认为，本案被诉的《调查结果》是某县公管局对外发出的具有法律效力的行政文书，《调查结果》是某县公管局依职权受理投诉后进行调查取证处理所做的结论性答复，该调查结果是针对特定的原告作出的，对原告的权利义务产生影响，故某县公管局作出的《政府采购投诉调查结果》系可诉的行政行为。

和诚之宝公司作为投标人之一，在招标公示期间向某县公管局递交有明确请求的投诉，并提供了相关的证明材料，某县公管局受理投诉后，应当进行调查和作出处理。本案某县公管局向本院提供的证据材料，不足以证明该局在受理和诚之宝公司的投诉后，其调查组对和诚之宝公司投诉提供的证明材料进行了全面的调查核实，在采购人县机关管理局未作出质疑答复以及物价部门未给出价格认证的情况下，作出结论性的《政府采购投诉调查结果》，因此，被诉行政行为认定事实的依据不足，且未引用法律依据，依法应予撤销。对和诚之宝公司要求放弃第二项诉讼请求的申请，因不损害国家利益、公共利益和他人的合法权益，符合法律规定，依法予以确认。

综上，根据《行政诉讼法》第七十条第一款第（一）项、第（二）项之规定，判决如下：（1）撤销某县公管局作出的《政府采购投诉调查结果》；（2）责令某县公管局对和诚之宝公司的投诉于本判决生效之日起三十日内重新作出行政行为。

案例评析 CASE ANALYSIS

某县公管局在本案中向法院提供的证据材料，不足以证明该局对和诚之宝公司投诉时提供的证明材料进行了全面的调查核实，在采购人未作出质疑答复以及物价部门未作出价格认证的情况下，就作出对事实认定的结论性，显然其认定事实的依据不足，应当予以撤销。

三、有关因采购前后信息不同而引起的事实认定争议

供应商的身份信息不同，其在政府采购中享受的权利和应承担的义务有所不同。由于投诉处理决定认定供应商的身份信息错误或未能查明，将会导致供应商承受不应依法承受的责任，将会损害他们的合法权益。供应商的工商登记信息、社保缴纳信息、行政许可信息、

行政处罚信息、证书注册信息、资格资质信息等有时会出现变动，这些变动一般都会在相关官网上进行公示。有时也会存在部分官网由于信息更新不及时，导致供应商在参加政府采购时无法通过资格性审查，财政部门在处理投诉时也会导致信息获取错误。因此，对此类情况，财政部门在核实相关信息时，要引起充分注意，对相关事项要进一步查明，避免错误。同时，供应商在参加政府采购及质疑、投诉期间，也应当对自身信息时刻关注，既可避免自身在参加政府采购时引起不必要的麻烦，在投诉中也可为财政部门提供正确的事实依据。

【案例 94[1]】当采购活动前后出现企业信息变更的情况，财政部门应当如何处理

关 键 词：事实依据的认定/证据的核实/信息变更

案例要点：财政部门对投诉中遇到的企业信息出现变更等难以认定的问题，可通过组织质证等方式与有关当事人进行沟通，投诉人及与投诉事项有关的当事人应当予以配合，避免出现事实认定不清的问题。

招标、投标情况

2018 年 4 月 4 日，安徽创智行健教育装备有限公司（以下简称“创智装备公司”）向怀远县公共资源交易监督管理局（以下简称“县公共资源局”）投诉称 2017 年改善普通高中学校办学条件中央补助资金采购及安装项目（以下简称“该项目”）的中标供应商安徽远志信息工程有限公司（以下简称“远志信息公司”）的投标产品的云终端存储参数不满足招标文件要求。2018 年 4 月 20 日，县公共资源局组织原评标委员会进行第二次复审，原评标委员会依据投诉材料，作出该项目第二次复审报告认为：第一中标候选人远志信息公司、第二中标候选人蚌埠市中兴电子科技有限公司双方存在利害关系，属于关联企业。依据投诉材料中 2、3、4、5 项技术参数内容并结合所提供的官方电话录音，无法认定技术参数符合文件技术参数要求。评标委员会认为，应该取消远志信息公司和蚌埠市中兴电子科技有限公司中标候选人资格。该复审报告经县公共资源局批准后，该复审报告公告，停止本次招标。

行政诉讼一审情况

远志信息公司见到复审报告的公告后，向安徽省怀远县人民法院提起诉讼。一审法院

1　案例来源：（2018）皖 03 行终 103 号。

认为，依据《行政诉讼法》第三十四条第一款的规定，行政机关作出行政行为前，必须进行调查核实案情，有充分证据证明远志信息公司行为违反有关招标法律和招标文件的规定，才能作出处理决定。县公共资源局对评标委员会依法享有监督权，其认可的评标委员会第二次复审报告，取消远志信息公司和蚌埠市中兴电子科技有限公司中标候选人资格，评标委员会认定第一中标候选人远志信息公司与第二中标候选人蚌埠市中兴电子科技有限公司双方存在利害关系属于关联企业。远志信息公司提起诉讼后，县公共资源局在举证期限内，所提供的证据中用于证明远志信息公司与第二中标候选人是关联企业的依据是其从官网上下载打印的，而没有到工商登记管理部门调档予以核实远志信息公司与第二中标候选人是否存在关联，而事实上远志信息公司已于2017年7月20日办理完企业变更有关事项，官网显示的是未及时更新的信息，县公共资源局仍然依据企业变更前的信息作出认定远志信息公司与第二中标候选人是关联企业，故县公共资源局认定事实不清。

县公共资源局认定远志信息公司的投标材料2、3、4、5项技术参数内容是结合所提供的官方电话录音，并称无法认定技术参数符合文件技术参数要求，认定行为主要证据不足。并且县公共资源局并未就复审报告主要事项书面通知远志信息公司，故县公共资源局作出的行政行为违反法定程序，县公共资源局对该复审报告未进行严格审查，便批准予以公告。县公共资源局在作出认可取消远志信息公司第一中标候选人资格并批准公告时没有说明具体依据的法律条款。

综上所述，判决撤销县公共资源局于2018年5月10日作出的在蚌埠市公共资源交易中心网站公告的该项目招标二次复审中取消远志信息公司第一中标候选人的决定。

上诉人答辩及观点

县公共资源局对一审判决不服，向安徽省蚌埠市中级人民法院提出上诉称：一审判决证据认定、事实认定有误，一审判决认定县公共资源局程序违法有误，一审判决适用法律错误。在本案中，县公共资源局没有许可或批准行为。

被上诉人答辩及观点

远志信息公司答辩称，(1)县公共资源局在没有审查评标委员会复审报告的基础上，错误地确认远志信息公司在涉案招投标活动中与他人系关联企业并且批准取消远志信息公司中标候选人资格，对外公示，该行政行为严重损害了远志信息公司的合法权益，县公共资源局系涉案行政行为的作出者，也是本案的适格主体。(2)一审认定事实准确，证据充分，程序合法，县公共资源局不能以市场监督管理局未及时上传变更企业信息为由，推卸其监督审查的责任。

二审法院裁判及观点

二审法院认为：县公共资源局批准并进行公告的该项目招标（二次）复审结果，该行政行为未经调查核实即认定第一中标候选人与第二中标候选人属于关联企业，认定事实不清，证据不足，未就复审报告主要事项书面通知远志信息公司，违反法定程序，且该公告未引用具体的法律规定，适用法律错误。综上，判决驳回上诉，维持原判。

案例评析

CASE ANALYSIS

在处理投诉时，经常需要通过查询有关官网信息获取证据信息，如有关工商、社保等官方网站，但经常出现由于网站信息更新不及时导致获取的信息错误的情况。例如，本案中，县公共资源局依据原评标委员会的复审报告及其在官网上下载的资料，即认定第一中标候选人远志信息公司与第二中标候选人蚌埠市中兴电子科技有限公司属于关联企业，但其却不知远志公司的有关信息在项目开展前早已变更过，其认定事实不清，证据不足。对于采购前后可能会发生变更的信息材料，财政部门应当对此多一份注意，不仅仅是在官网查询获取，也可通过向采购人、采购代理机构以及有关当事调查取证进行核实。本案中，县公共资源局若仅是将原评标委员会的报告作为参考材料，在处理过程中将其获取的证据材料送达给远志公司进行书面质证或者组织质证，或许县公共资源局不会出现认定事实不清的问题。因此，财政部门在处理投诉时，也应当重视与投诉有关的当事人进行沟通，确保其处理决定的合法性、公正性。

四、对具体事实认定的争议

财政部门对具体事实的认定有时会直接影响采购结果，一旦事实认定错误，就很可能引起复议、诉讼。因此，财政部门在投诉处理时，应当对各方提供的证据材料，包括招标文件、专家意见、评标报告等进行全面审查，对具体事实作出有依据的认定。

【案例95[1]】投诉处理决定对部分具体事实认定出现错误，该投诉处理决定是否应当撤销

关键词：事实认定／招标文件／非强制性规定

案例要点：投诉处理时应查明具体事实，尤其对招标文件的要求是否是强制性的必须查明，对采购合同是否签订，是否履行也应予以核查并保存相应证据。

1　案例来源：（2016）粤7101行初2704号。

招标、投诉、复议情况

2016年2月1日，深圳某公司向某财政部门投诉称，某政府采购中心组织招标办公及医用家具项目（以下简称“该项目”）的中标供应商东莞市某家具有限公司（以下简称“东莞某公司”）产品技术规格不符合招标技术要求等问题。2018年3月24日，某财政部门认定东莞某公司实际提供的办公桌（办公组合台）、诊桌、办公椅、圆凳（吧椅）、药柜的检验报告，与其在《技术规格偏离表》中的投标响应情况不相符，《技术规格偏离表》属于填写不实，遂决定取消东莞某公司的中标资格，撤销项目的采购合同并责令重新开展采购活动。

东莞某公司不服该决定，于2016年4月6日向广东省财政厅申请行政复议。2016年5月18日，广东省财政厅作出复议决定，查明：货物技术要求中的技术规格部分不是供应商所须提供检验报告的强制性要求内容；该项目采购合同已开始履行，某财政部门无证据证实其对该项目的合同是否履行予以调查取证。认为某财政部门作出的处理决定认定事实不清，证据不足，适用依据错误，依据《行政复议法》第二十八条第一款第（三）项的规定，决定撤销某财政部门于2016年3月24日作出的投诉处理决定，并责令其限期重新作出处理决定。

原告诉求及观点

深圳某公司不服广东省财政厅行政复议决定，向广州铁路运输第一法院提起行政诉讼。原告诉称，广东省财政厅在办理复议案件时应当告知深圳某公司作为第三人参与行政复议程序，广东省财政厅并未对深圳某公司对复议的情况予以告知，侵害了深圳某公司的知情权、陈述申辩权和起诉权利，并且广东省财政厅撤销投诉处理决定的复议行为是错误的。

被告答辩及观点

广东省财政厅辩称：（1）财政厅作出行政复议决定并无违反法定程序之处。我厅在办理该复议案件时，认为该案利害关系集中在某财政部门的具体行政行为是否侵犯了复议申请人的合法权益上，深圳某公司虽然曾经就该采购项目提出过质疑和投诉，但与该复议案件本身并无直接关联。（2）财政厅作出的行政复议决定事实清楚、证据确凿。招标文件第7页，未按要求检测或不合格的予以扣分；第28页有具体明确的指标范围表述，并未对其中的“技术规格是否符合招标技术要求”该评分项作出明确且强制性的尺寸指标要求；招标文件第48页备注内容并未要求必须符合货物技术要求中的有关技术规格；招标文件第50页表述，可以确定该招标文件第28页中的的技术规格部分只属于对最终供货阶段的货物参考尺寸，可以根据实际需要予以变更，并非强制性规定。同时，经财政厅调查，该项目在执行过程中，采购人也根据实际需要在具体深化设计方案对货物实际技术规格进行了调整。由此可见，深圳某公司认为招标文件中成品货物的技术规格为强制性要求，不可以随意变更以及招标文件提前设定的各项标准是强制要求投标人必须满足采购人的采购需求等理由并不成立。财政厅作出的复议决定事实清楚、证据确凿。

法院裁判及观点

法院认为：本案中，招标文件评标信息中对检测报告评分准则的表述、样品清单中样品要求的表述及其备注均未对办公桌（办公组合台）、诊桌、办公椅、圆凳（吧椅）、药柜等设备作出明确且强制性的尺寸指标要求；成品技术要求对于办公桌（办公组合台）、诊桌、办公椅、圆凳（吧椅）、药柜等作出相应指标范围要求，在“其他说明”中亦指出中标厂家在制作家具前需到采购方的实际现场进行测量，并与采购方确定尺寸、款式，提供家具图纸给予采购方确认后再进行生产，因此招标文件货物技术要求中的技术规格并非强制性标准。

东莞某公司提供了检验结果为技术规格符合招标技术要求的检测报告以及相应《技术规格偏离表》等投标材料，广东省财政厅经查明认为某财政部门认定东莞某公司《技术规格偏离表》填写不实的事实不清、证据不足，以及无证据证实其对项目合同的履行情况予以调查取证，并决定撤销某财政部门作出的处理决定并无不当。深圳某公司以复议决定程序违法、东莞某公司检验报告型号、规格空白以及《技术规格偏离表》填写不实等为由要求撤销涉案复议决定缺乏事实和法律依据，对其主张法院不予支持。综上，依照《行政诉讼法》第六十九条的规定，判决驳回深圳某公司的诉讼请求。

案例评析

CASE ANALYSIS

1. 投诉处理决定对是否属于招标文件的强制性要求未能查明

本案中，招标文件货物技术要求中的技术规格并非强制性要求。而某财政部门认定东莞某公司实际提供的办公桌（办公组合台）、诊桌、办公椅、圆凳（吧椅）、药柜的检验报告，与其在《技术规格偏离表》中的投标响应情况不相符，《技术规格偏离表》属于填写不实，完全是事实认定错误。

2. 投诉处理决定对采购合同是否履行未能查明

该项目采购合同已开始履行，某财政部门无证据证实其对该项目的合同是否履行予以调查取证，也未能查明该项目采购合同已经履行。

由于上述两个事实认定错误，造成作出错误的投诉处理决定，应当予以撤销。

五、对某一事实状态认定的争议

在政府采购投诉中，对某种事实状态，如资格要求、规模条件、业绩认定等，如何对其定性，经常会有不同的看法，许多牵涉到对事实的定性问题。

【案例96[1]】对招标文件规定的资格要求与投标人现具备的条件，投诉处理时因不能说明两者之间的区别就否定投标人资格，该处理决定正确吗

关 键 词：否定投标人资格 / 废标处理 / 撤销行政判决 / 撤销投诉处理决定

案例要点：在政府采购投诉处理中，财政部门对招标文件规定的资格条件与投标人现具备的条件，无法合理解释两者之间的不同，就否定投标人资格，认定评委会的专业判断属于扩大解释，属于对事实定性认定的错误，应当予以纠正。

招标、质疑、投诉、复议情况

某政府采购中心于2013年6月20日发布招标公告，就某区残疾人日间照料中心服务采购项目（以下简称“该项目”）进行公开招标。招标文件规定，投标人须有开展残疾人日间照料中心服务项目经验。某社工服务中心和某残疾人服务中心等6家供应商参与了该项目的投标。经过初步审查，有一家投标人未通过符合性检查，包括某社工服务中心在内的其余五家投标人通过符合性检查。经综合评分，某社工服务中心被评标委员会推荐为中标人。

投标人某残疾人服务中心于2013年7月11日向某区政府采购中心提交质疑函，对中标人的服务能力、学科带头人业务能力和科研水平、前期工作调研等方面不符合评标信息要求提出异议。2013年7月16日，某区政府采购中心作出质疑的复函，称经原评标委员会进行复审，维持原评审结果不变。同日，某区政府采购中心向某社工服务中心发出《采购通知书》，确定某社工服务中心为该项目的供应单位。

投标人某残疾人服务中心不服上述质疑答复，于2013年7月22日向某区财政局投诉称：（1）某社工服务中心的法定代表人不具备招标文件要求的条件；（2）某社工服务中心不具备招标文件“资质或工作人员承接残疾人服务”要求；（3）某社工服务中心不具备招标文件“开展项目前期针对性调研，出具针对性的残疾人康复需求调研分析报告”要求，不具备履约能力；（4）评标过程中，各专家评审不公正、不透明。

经调查后，某区财政局于2013年9月11日作出投诉处理决定，认定该项目所有投标人均不符合招标文件规定的投标人资格要求，依据《政府采购法》第三十六条、第三十七

1 案例来源：（2014）深中法行终字第399号。

条相关规定，决定对该项目作废标处理，该次采购活动中标结果无效，重新组织采购。

某社工服务中心对上述投诉处理决定不服，申请行政复议。某区人民政府于2013年11月20日作出复议决定，维持了某区财政局的投诉处理决定。

行政诉讼一审情况

某社工服务中心仍不服，遂向某区人民法院提起行政诉讼。一审法院认为，招标文件规定，投标人须有开展残疾人日间照料中心服务项目经验（须提供合同或相关证明材料）。而某社工服务中心的业务范围和提交的《购买社会工作专业化服务合同书》等材料也显示，某社工服务中心主要通过分派社工进入辖区为残疾人联合会提供某方面或者某些方面的社工服务，不足以证明其有开展残疾人日间照料中心服务项目经验。某区财政局认为6家投标人均未提交开展残疾人日间照料中心服务项目的合同，其中有2家投标人提供了相关证明材料，但是证明内容也并非“开展残疾人日间照料中心服务项目”的经验。因此，该项目所有投标人均不符合招标文件规定的投标人资格要求。

该项目评标过程中，评委会以“为残疾人提供服务的经验”替代“开展残疾人日间照料中心服务项目的经验”，属于对招标文件的扩大解释。因此，认定该项目所有投标人均不符合招标文件规定的投标人资格要求，决定对该项目作废标处理，该次采购活动中标结果无效，重新组织采购。该处理决定符合《政府采购法》第三十六条、第三十七条等规定，原审法院予以支持。

某区财政局对案涉政府采购项目是否依照法律、法规和招标文件的规定进行采购有权监督和管理。而评标委员会和采购中心对投标人资格以“为残疾人提供服务的经验”替代“开展残疾人日间照料中心服务项目的经验”属于对招标文件的扩大解释，如以此作为投标人资格条件，等于放宽了投标人资格条件，且未在投标前予以公示，如不废标将影响其他合格供应商的投标权利。因此，该解释违反招标文件的规定，也违反《政府采购法》规定的公平竞争原则，将损害其他合格供应商的利益。

综上所述，某社工服务中心诉请撤销某区财政局作出的投诉处理决定，并责令某区财政局重新作出新的具体行政行为，缺乏事实依据和法律依据，一审法院不予支持，判决驳回某社工服务中心的诉讼请求。

上诉人诉求及观点

某社工服务中心不服一审判决，向广东省某市中级人民法院提起上诉。上诉请求为：（1）撤销原审判决；（2）撤销投诉处理决定，并判令某区财政局重新作出新的具体行政行为。某社工服务中心在上诉状中提到了十九点上诉理由，主要观点归纳如下：

某区财政局在未提供评标委员会的评标意见和投诉质疑程序中的复审意见的情况下，不能仅以投诉处理决定中认为评标委员会以“为残疾提供服务的经验”替代“开展残疾人日间照料中心服务项目的经验”就否定评标委员会的专业意见。

同样，原审法院必须对评标委员会的评标意见和投诉质疑程序中的复审意见与某区财政局的投诉处理决定意见进行对比后才能确定何者的判断更符合招标文件所设定的条件，因此，某区财政局就必须举证说明评标委员会是如何替代的以及这种替代的违法性，否则评标委员会是否存在替代的问题尚有质疑，更遑论其替代的合理性及某区财政局否定评标委员会是否具有充足的正当理由和依据。

原审法院在某区财政局未提供评标委员会的评标意见和投诉质疑程序中的复审意见就直接判决驳回诉讼请求缺乏事实基础，再者，原审判决意见对核心问题均未涉及，仅以事实描述作为裁判的结论，却未从采购监督主管部门、评标委员会、采购中心等各自的职责界限去厘定。行政机关作出对行政管理相对人、利害关系人不利的行政决定之前，应当告知行政管理相对人、利害关系人，并给予其陈述和申辩的机会；对重大事项，行政管理相对人、利害关系人依法要求听证的，行政机关应当组织听证。某区财政局应当履行听证告知义务而未履行，显然严重违反了法定程序。

被上诉人答辩及观点

第一，招标文件规定的投标人的资格条件属于客观评判标准，评委会没有执行招标文件的标准，某区财政局依法履行监督职责，纠正评委会的错误评标，这是符合法律规定的。

第二，在政府采购活动中，评审委员会必须严格执行评标规定，不能以所谓的专业判断以突破招标文件的规定，评委会是否执行评审标准也属于某区财政局的监管权限范围。

第三，根据招标文件的规定，所有对招标文件的澄清和修改应当在投标截止日之前完成，必须应当通告全体投标人。而在该项目中，采购中心并没有发出关于澄清或者修改的通知，因为招标文件是评标委员会评标的唯一标准，不得进行变通。

第四，如果在评标过程中对招标文件进行变通将损害招标秩序，并对其他潜在的供应商不公平。

第五，本案处理投诉过程中，某区财政局已经将投诉事项告知了某社工服务中心，某社工服务中心也作出了书面的解释和说明，保障了某社工服务中心的知情权和解释说明的权利，并没有违反相关的程序规定。

二审法院判决及观点

二审法院认为，原审判决对涉案政府采购行为经过的认定符合客观实际。双方当事人的诉辩意见对该事实的认定也无异议。本案争议的核心问题是某区财政局认定某社工服务中心不具备招标文件要求的投标人资格要求，该判断是否成立。

招标文件要求投标人须有开展残疾人日间照料中心服务项目经验，某社工服务中心提供的五份合同显示其曾经多次中标政府社工服务岗位采购项目的经验，且为残疾人提供过多样化服务。某区财政局一方面认为以上证据仅能证明某社工服务中心有“为残疾人提供服务的经验”，另一方面又认为该经验不等于招标文件需要的“日间照料中心服务项目经验”。但在诉讼中，某区财政局并不能解释清楚两种经验之间的区别，也不能对“日间照料中心服务项目经验”的内容进行合理的说明，甚至不能对什么样的机构才具有“日间照料中心服务项目经验”进行列举。在此等情况下，某区财政局认定某社工服务中心不具备招标文件要求的投标人资格要求，此判断有失客观标准。

某区财政局还认定该项目评标过程中评委会以“为残疾人提供服务的经验”替代“开展残疾人日间照料中心服务项目的经验”，属于对招标文件的扩大解释。因此，该项目评委会对于投标人资格的审查结论，与招标文件的规定存在不符。但事实上某区财政局对这两种经验的区别与界限并不能作出一个清楚的说明，其直接认定评委会属于扩大解释，该认定缺乏专业性的标准和客观性的判断，更不具有充足的说服力。

结合以上两个方面的分析，某区财政局在无法合理解释“为残疾人提供服务的经验”与“开展残疾人日间照料中心服务项目的经验”区别的基础上直接否定某社工服务中心的投标人资格，直接认定评委会的专业判断属于扩大解释，属于认定事实不清。其在此基础上作出投诉处理决定，认定该项目所有投标人均不符合招标文件规定的投标人资格要求，决定对该项目作废标处理，该次采购活动中标结果无效，重新组织采购。该决定缺乏事实根据和法律依据，本院予以撤销。

某社工服务中心在上诉中还要求法院判令某区财政局重新作出新的具体行政行为。本院认为，本案审查的是某区财政局投诉处理决定的合法性。在该决定书被依法撤销之后，某区财政局是否需要对本次政府采购活动的经过与结果继续进行调查处理，由行政机关自行判断，该案不属于必须判决行政机关重新作出具体行政行为的情形。故对某社工服务中心的该上诉请求，二审法院予以驳回。

综上所述，二审法院改判，撤销一审判决，撤销某区财政局投诉处理决定，驳回某社工服务中心的其他诉讼请求。

案例评析 CASE ANALYSIS

某区财政局认定，该采购项目所有投标人均不符合招标文件规定的投标人资格要求，决定对该项目作废标处理，该次采购活动中标结果无效，重新组织采购。然而，招标文件要求的投标人资格要求为，投标人须有开展“残疾人日间照料中心服务项目经验”。某社工服务中心提供的五份合同显示其曾经多次中标政府社工服务岗位采购项目的经验，且为残疾人提供过多样化服务。某区财政局一方面认为以上证据仅能证明某社工服务中心有“为残疾人提供服务的经验”，另一方面又认为该经验不等于招标文件需要的“日间照料中心服务项目经验”，却未解释清楚两种经验之间的区别，未对“日间照料中心服务项目经验”的内容进行合理且充分的说明。

此外，某区财政局还认定该项目评标过程中评委会以“为残疾人提供服务的经验”替代“开展残疾人日间照料中心服务项目的经验”，属于对招标文件的扩大解释。因此，该项目评委会对于投标人资格的审查结论，与招标文件的规定存在不符。但其未能对这两种经验的区别与界限作出说明，直接认定评委会属于扩大解释，缺乏专业性的标准和客观性的判断，不具有充足的说服力，属于认定事实不清。

六、有关认定事实对当事人权利义务影响的争议

财政部门作出的投诉处理决定是以认定事实为基础，事实认定的正确与否往往会影响投诉处理决定的正确与否。但并非所有的事实认定错误都对当事人的权利与义务产生影响，对于不影响当事人权利与义务的瑕疵错误，如错误记载日期等，此类的事实认定错误对投诉事项的实质性认定不构成影响。

【案例 97[1]】投诉处理决定认定事实错误，但未对当事人权利义务产生影响，该处理决定是否应当撤销

关 键 词：事实认定错误 / 权利与义务 / 不利后果

案例要点：财政部门作出的投诉处理决定中对事实认定错误，但该错误未对当事人的权利与义务产生影响，法院判决财政部门属于轻微违法，对其作出的投诉处理决定不予撤销。

招标、质疑、投诉情况

2014 年 7 月 4 日，深圳市东方招标有限公司（以下简称“东方招标公司”）组织采购

1 案例来源：（2014）深福法行初字第 2039 号。

的深圳市第二人民医院程控交换机工程采购项目发布招标文件。深圳某公司收到相关材料后向东方招标公司提出了质疑。深圳某公司对质疑答复不满意，以东方招标公司及深圳市第二人民医院（以下简称“第二医院”）为被投诉人向深圳市财政委员会（以下简称“市财政委”）提出投诉，要求撤销及删除招标文件的相关内容。同年8月21日，市财政委作出《政府采购投诉处理决定书》（深财书〔2014〕152号，以下简称“152号决定”），认定招标文件部分条款存在一定的倾向性，对其他供应商合法权益可能造成损害，决定对投诉人部分请求予以支持，对部分请求不予支持。

收到上述处理决定后，采购人第二医院与东方招标公司对招标文件进行修改并公告，项目名称为“深圳市第二人民医院语音通讯工程及服务项目（重新招标）”。2014年10月8日，深圳某公司就修改后的招标文件向市财政委提出投诉。2014年11月12日，市财政委对深圳某公司投诉事项进行回复并作出《政府采购投诉处理决定书》（深财书〔2014〕208号，以下简称“208号决定”），决定如下：（1）被投诉人和采购人应严格执行“152号决定”的意见，准确使用项目名称，细化相关内容。（2）删除招标文件第13页关于井管/道的要求。（3）投诉人关于处罚招标代理机构及采购人的要求不予支持。

原告诉求及观点

深圳某公司对市财政委作出的该决定书不服，以市财政委为被告，起诉至广东省深圳市福田区人民法院（以下简称“福田区法院”）。深圳某公司诉称：经“152号决定”的处理要求，招标人及采购人第二次招标，但仅更改项目名称，仍未按照“152号决定”的要求明确项目名称及招标项目内容、性质，经再次投诉，市财政委因此作出“208号决定”。深圳某公司认为：

1.“208号决定”调查核实的事实错误，该决定书认定项目名称为：“深圳市第二人民医院程控交换机采购项目（最新招标）”，而实际上招标人第二次招标的项目名称为：“深圳市第二人民医院语音通讯工程及服务项目（重新招标）”。

2.“208号决定”未就招标项目的名称、内容、参数明确细化，也未对第二次招标文件当中存在的诸多问题结合深圳某公司的投诉进行认定和处理。

3.市财政委未依法对招标人及采购人进行处罚，招标人及采购人的行为已侵害了其他供应商的权益，应当受到处罚。

4.市财政委也未依法将涉案的处理结果在省级以上财政部门制定的政府采购信息发布媒体公告，违反了《政府采购供应商投诉处理办法》第二十三条之规定。

请求法院判令撤销“208号决定”，重新作出投诉处理决定，依法将涉案的投诉处理的结果在省级以上财政部门制定的政府采购信息发布媒体公告。

被告答辩及观点

市财政委辩称：

1. 关于调查核实的事实认定，上述“208号决定”中第三页重新招标的招标文件名称与该处理决定书其他事实认定确认的重新招标文件名称不符，属于打印错误，如果深圳某公司需要，市财政委将予以更正。但该打印错误并不影响整体事实的认定，不构成撤销处理决定书的充分理由。

2. 市财政委关于投诉招标文件存在问题的处理。就深圳某公司投诉的6点事项，市财政委归纳为三大投诉事项，且深圳某公司也书面同意该归纳。

首先，关于深圳某公司的第一个投诉事项，因市财政委在“152号决定”中已经明确要求采购人及东方招标公司，故市财政委在“208号决定”就该项投诉责令采购人及东方招标公司严格执行“152号决定”的做法不存在违法之处。

其次，关于深圳某公司的第二个投诉事项，市财政委已经责令采购人删除，已实现深圳某公司的投诉目标，因此，市财政委关于此项的处理决定并无不妥，没有存在违法违规之处。

最后，该案是在政府采购活动的招标文件公示阶段，市财政委要求采购人等修改招标文件已属于行政处理决定，故深圳某公司关于市财政委没有对投诉事项进行行政处理的说法与事实严重不符。

3. 关于对采购人的处罚。深圳某公司在投诉处理期间也没有进一步提供证据证实采购人等在招标文件公示阶段存在违法、违规的行为，故深圳某公司要求市财政委对采购人等实施处罚没有事实依据。市财政委已经责令改正，不予选择适用罚款处罚，并不违反上述规定。

4. 关于在省级以上财政部门指定的政府采购信息发布媒体公告事宜。深圳作为计划单列市行使省级经济管理权限，市财政委作为深圳财政管理部门，已经指定深圳政府采购网作为信息发布平台，包括对深圳某公司的投诉处理决定书在内所有投诉处理决定书均已按照规定发布公告，不存在违反《政府采购供应商投诉处理办法》第二十三条规定的情形。

法院裁判及观点

针对深圳某公司的第二次投诉，市财政委作出“208号决定”，对深圳某公司投诉的事项作出了明确回应和处理，并敦促采购人、招标代理人予以更正。关于市财政委在决定书中将重新招标文件名称记载为“深圳市第二人民医院程控交换机采购项目（重新招标）”的问题，确实存在认定错误，但基于采购人第二医院与东方招标公司对招标文件进行修改并公告，该招标项目名称“深圳市第二人民医院语音通讯工程及服务项目（重新招标）”

已由社会公众知悉，深圳某公司对该项目名称亦已知悉，故市财政委的上述认定未对深圳某公司的权利义务产生实质影响，该认定不足以构成撤销“208号决定”的理由。

综上所述，市财政委所作“208号决定”，已对深圳某公司第二次投诉问题进行处理，并无违法或不当，法院予以支持。深圳某公司若对招标文件存在质疑，应针对第三次招标文件进行投诉，其请求撤销市财政委所作的处理决定并责令市财政委重新作出处理，没有法律依据，福田区法院不予支持。

深圳某公司请求责令市财政委将涉案投诉处理结果在省级以上财政部门制定的政府采购信息发布媒体公布的诉求，市财政委已将“208号决定”在深圳政府采购网进行发布公告，市财政委的该行为符合《政府采购供应商投诉处理办法》第二十三条的规定，故深圳某公司的该请求缺乏事实依据，法院依法予以驳回。

依据《最高人民法院关于执行〈中华人民共和国行政诉讼法〉若干问题的解释》第五十六条第（四）项的规定，判决驳回深圳某公司的全部诉讼请求。

案例评析 CASE ANALYSIS

福田法院在审查裁判是否撤销该决定时，认为市财政委对深圳某公司投诉的事项已经作出了明确回应和处理，并无违法或不当，唯一存在问题的是：市财政委在决定书中将重新招标文件名称错误记载为“深圳市第二人民医院程控交换机采购项目（重新招标）”，虽其存在认定错误，但因该项目重新招标的公告已经在相关网站上进行发布，深圳某公司在质疑、投诉环节均对该项目知悉；并且上述错误记载对深圳某公司进行复议、诉讼等权利及义务均不影响，未对深圳某公司产生不利的后果，深圳某公司也在法定期限内向福田法院提起诉讼。故市财政委的上述错误记载未对深圳某公司的权利义务产生实质影响，该行政行为也不存在违法或无效的情形，因此，仅因上述记载错误还不足以构成撤销投诉处理决定的理由。

第四节 有关适用法律的争议事项

政府采购投诉处理中的适用法律问题，也是争议的焦点问题之一。其主要原因有，一是《政府采购法》与《招标投标法》两大法律体系中各自的行政法规、行政规章及其规范性文件的不同规定；二是政府采购当事人中采购人、采购代理机构与供应商的出于不同立场、利益对相同的规定的不同理解；三是采购人、采购代理机构与财政部门不同主体之间对政府采购活动决定权的分享；等等。处理政府采购投诉时，首先必须正确无误地适用法律、行政法规、地方性法规、行政规章，否则将会导致该处理决定不合法。其次，赋予财政机关自由裁量权或者选择权的行政行为必须在法律规定幅度内，绝不能超出。

一、对投诉处理决定直接废标的争议

《政府采购法》第三十六条对应予废标的情形进行的规定，但未对有权废标的主体作出明确规定，导致在实践操作中出现采购人、采购代理机构以及财政部门均有作出废标决定的案例。因此，经常会出现关于废标主体是否合法合规的争议。有的观点认为，废标决定只能是采购人作出，财政部门只能认定项目是否违法违规；有的观点认为，财政部门有政府采购监管职权，有权作出废标决定，再说采购人作出废标的决定也必须上报至财政部门。因此，在复议、诉讼中经常出现有关废标权的争议。对于废标权的行使主体，目前全国各地的做法存在差异。财政部“指导性案例 24 号：J 单位新闻策划支持系统软件开发项目举报案”[1]在“其他应注意事项”中认为，采购人是作出废标决定的主体。因此，有权决定废标的只能是采购人，财政部门只能决定责令采购人废标，而不能越俎代庖去履行采购人的职责。

【案例 98[2]】财政部门处理投诉时发现评标委员会未按照采购文件规定的评审方法、标准评分，可能影响中标成交结果，有权直接废标吗

关 键 词：废标处理决定 / 财政部门 / 超越职权 / 采购人

案例要点：财政部门在投诉处理决定中作出废标决定，被法院判决其行政行为超越职权，其不具有作出废标决定的权利。

招标、质疑、投诉情况

2015 年 4 月 14 日，采购代理机构广州群生招标代理有限公司（以下简称“群生公司”）受采购人汕头市某区环境卫生管理局（以下简称“某区环卫局”）的委托，就汕头市某区道路清扫保洁及垃圾收集作业服务项目进行全国公开招标。投标人深圳市洁亚清洁服务有限公司（以下简称“洁亚公司”）、广州侨银环保技术有限公司（以下简称“侨银公司”）等六家公司投标。经评审，并经采购人确认，洁亚公司中标。2015 年 5 月 13 日，采购代理机构发布中标公告。

1 《指导性案例 24 号——J 单位新闻策划支持系统软件开发项目举报案》，载 http://www.cgpnews.cn/articles/51032，最后访问日期：2020 年 5 月 19 日。

2 案例来源：（2015）汕金法行初字第 18 号。

2015 年 5 月 14 日，侨银公司就采购项目中标结果向某区环卫局及群生公司提出质疑。同月 21 日，群生公司答复侨银公司，该采购项目评审过程符合相关法律法规要求。

侨银公司对质疑不满意，遂向某区财政局投诉称：评标专家不按评分标准规定进行评分、带有倾向性。2015 年 7 月 17 日，某区财政局经审查作出《政府采购投诉处理决定书》（以下简称《决定书》），决定：涉案采购项目予以废标，并重新开展采购活动。2015 年 7 月 17 日，某区卫计局作出《关于采购项目废标的告知函》（以下简称《告知函》），函告各投标人某区财政局作出的决定情况。

原告诉求及观点

洁亚公司对投诉处理决定不服，向广东省汕头市金平区人民法院提起诉讼。洁亚公司认为，（1）《决定书》做出废标决定，没有法律规定的依据，属于超越职权，法律规定废标应当由招标采购单位作出，某区财政局不具备废标的主体资格。（2）某区财政局直接代替专家修改评分属于超越职权的行为。依据相关法律规定，某区财政局无职权直接对专家评分进行评定。（3）处理决定认定的事实是评分差错，但适用的是违法违规的条款，属适用法律有误。专家评分差错，不影响中标结果。故请求法院判令：撤销某区财政局作出的《决定书》，撤销某区卫计局作出的“告知函”。

被告答辩及观点

某区财政局辩称：

1. 某区财政局受理供应商对政府采购活动的投诉并作出处理决定，符合法定职责。根据法律规定，财政部门处理投诉事项，审查范围自然包括采购文件的规定、评标委员会的评审活动等整个采购过程，并根据审查结果认定采购活动是否公正、是否存在影响或可能影响中标成交结果或者中标成交结果产生过程存在违法违规行为。评标委员会未按照采购文件规定的评审方法、标准作出评分，既可能影响中标成交结果，也属于中标成交结果产生过程存在违法违规行为。某区财政局的审查职责就是发现并认定该行为是否存在。因此，洁亚公司的主张缺乏法律依据。

2. 某区财政局认定政府采购过程评审委员会评分错误影响中标结果、对采购项目予以废标并重新开展政府采购活动的处理决定，事实清楚、证据确凿、适用法律法规正确。依据《政府采购法》第三十六条第一款第（二）项及第三十七条规定，在招标采购中，出现影响采购公正的违法、违规行为的，应予废标。废标后除采购任务取消情形外，应当重新组织招标。某区财政局审查认定，在政府采购过程评审委员会的评分行为不符合采购文件规定，存在评分不公正且错误的违法违规行为，影响或可能影响中标成交结果。因此，某区财政局根据上述法律规定作出处理决定书，对采购项目予以废标并责令重新组织采购活动。另外，某区卫计局“告知函”与某区财政局处理决定属于不同行政主体的不同行政行为，并非同一行政行为。洁亚公司同时提出请求撤销不同行政机关的不同行政行为，缺乏法律依据。综上，请求人民法院依法驳回洁亚公司的诉讼请求。

第三人观点

某区卫计局认为，（1）某区财政局经审查，决定对涉案采购项目予以废标，并向某区卫计局送达了《决定书》。某区卫计局当天即向包括洁亚公司在内的本采购项目各投标人发出《告知函》，并要求各投标人在收到告知函后将《签收回执》盖章后传真回某区卫计局。尔后，洁亚公司等各投标人均在收到告知函后将《签收回执》盖章并传真给某区卫计局。因此，某区卫计局向投标人发出《告知函》，程序合法、方式适当。（2）某区财政局作为政府采购的监督机关，依法有权对政府采购活动过程中违法违规或其他影响采购公正的行为作出废标的决定，且在本案中，某区财政局作出废标决定的程序合法，事实清楚，证据确凿充分，其作出的《决定书》合法有效。

法院裁判及观点

法院认为，本案的关键问题是某区财政局作为政府采购监督部门，是否享有对政府采购中的公开招标作出废标处理决定的权利。根据《政府采购法》第三十六条、《政府采购货物和服务招标投标管理办法》（财政部令第18号）第五十七条第一款规定，当招标采购中出现应予废标情形时，应当由招标采购单位予以废标，而不是由政府采购监督管理部门予以废标。故某区财政局不具有对政府采购中的公开招标作出废标处理决定的权利，某区财政局作出的处理决定属超越职权的情形，应予以撤销。某区卫计局与某区财政局虽是不同的行政机关，但为了方便当事人的诉讼，且某区卫计局是根据某区财政局决定书的精神作出《告知函》的，《告知函》已失去相应的依据，故应予撤销。

综上，依照《行政诉讼法》第七十条第（四）项之规定，判决撤销某区财政局作出《决定书》和某区卫计局作出的《告知函》。

案例评析 CASE ANALYSIS

1. 财政部门对政府采购项目是否具有作出废标处理决定的权利

本案中，法院依据《政府采购法》第三十六条、《政府采购货物和服务招标投标管理办法》（财政部令第18号）的规定，认定当招标采购中出现应予废标情形时，应当由招标采购单位予以废标，而不是由财政部门予以废标，故某区财政局作出的处理决定属超越职权的情形。

但在实际操作中，财政部门是否具有作出废标决定的权利，各地做法不一并且有很大的争议，部分地区认为有，部分地区认为没有。《政府采购法》第三十六条规定了在招标采购中应予废标的四种情形，但该条款并未对废标主体作出明确规定，是由财政部门废标还是由采购人废标。本案中适用的《政府采购货物和服务招标投标管理办法》（财政部令第 18 号）已于 2017 年进行了修订，修订后的《政府采购货物和服务招标投标管理办法》（财政部令第 87 号）将本案中适用的《政府采购货物和服务招标投标管理办法》（财政部令第 18 号）第五十七条中招标采购机构予以废标的规定删除，将该办法第四十三条财政部门在“招标文件存在不合理条款的，招标公告时间及程序不符合规定”，“在评标期间，出现符合专业条件的供应商或者对招标文件作出实质响应的供应商不足三家”的情形下应予废标的规定也予以删除。

现有的政府采购法律法规中没有条款直接规定了财政部门作出废标决定的权利，部分地区处理投诉的观点与本案中的意见一致，认为财政部门可依据法律法规决定投诉项目中是否存在违法行为，但作出废标决定的是没有法律依据的；另一部分的观点为，根据《政府采购法》第十三条、《政府采购法实施条例》第五十九条的规定，财政部门作为政府采购监督管理部门，理应对政府采购活动情况进行监督管理，对采购项目是否予以废标，理应是有决定权的。我们认为，为了避免争议、防范风险，财政部门可以在符合法定废标条件的情形时，决定责令采购人予以废标。

2. 根据现在实施的政府采购法律法规，对财政部门处理投诉时是否有权予以废标没有明确规定

相对于《政府采购投诉处理办法》（财政部令第 20 号），2018 年 3 月 1 日起施行的《政府采购质疑和投诉办法》第三十一条、第三十二条，对财政部门处理投诉事项的处理进行了修改。对于投诉人对采购文件、采购过程或者采购结果提起的投诉事项经查证属实且影响或可能影响采购结果的，财政部门都可认定中标或者成交结果无效。对于投诉人对废标行为提起的投诉事项成立的，财政部门应当认定废标行为无效。

二、对财政部门直接决定有关评分事宜的争议

政府采购采用公开招标且以综合评分法的方式进行的，评分决定供应商投标的成败。中标结果公布后，供应商得分的争议在整个争议中占有一定的比例。供应商对评分问题提出质疑，如未被采购人或者采购代理机构采纳，很可能会被投诉至财政部门。财政部门经审查认为，供应商投诉成立且评分问题影响中标结果，能不能直接修改评分？能不能直接决定按新的评分排序来决定中标供应商？答案是否定的，因为评标委员会负责具体评标事务，并独立履行对投标文件进行比较和评价的职责，而财政部门作为监督管理部门是不能直接行使这一职责的。在投诉处理时，财政部门可以对评标委员会的评标行为和中标结果进行认定，但不能直接决定某一供应商的具体得分。

财政部门如果认为评分影响中标结果，根据 2018 年 3 月 1 日施行的《政府采购供应商投诉处理办法》（财政部令第 20 号）第十九条规定，如果政府采购合同没有履行，只能

责令重新开展采购活动。2018年3月1日施行的《政府采购质疑和投诉办法》（财政部令第94号）第三十一条、第三十二条明确规定了财政部门可以认定中标或成交结果无效，除责令重新开展采购活动外，还可对已经确认中标供应商或者已经签订政府采购合同的，在供应商符合法定数量时，由采购人依法从合格的中标或者成交候选人中另行确定中标或者成交供应商。该条款的规定弥补了《政府采购供应商投诉处理办法》（财政部令第20号）中只要投诉事项影响或可能影响采购结果时，必须重新采购的漏洞。

【案例99[1]】财政部门处理投诉时决定“不予计分”，是否超越职权

关 键 词：不予计分／超越职权／实体权利的确认

案例要点：财政部门未按照当时的法律法规规定，要求采购人重新采购，而对投标人的实体权利义务进行了确认，则其作出的行政行为超越了法定职权。

招标、质疑、投诉、复议情况

2017年1月5日，广西科联招标中心（以下简称“科联中心”）受某市城管局委托，对来宾市2017~2019年城区道路清扫保洁与上门收集生活垃圾服务项目（以下简称“该项目”）进行公开招标采购，其中03号标共有8家单位递交招标文件。经评标委员会评审，03号标的第一中标候选人为广西路佳环保工程有限公司（以下简称“路佳公司”），第二中标候选人为顺来公司（以下简称“顺来公司”），第三中标候选人为：广西洁邦环保科技有限公司。2017年1月6日，经采购单位某市城管局确定，03号标中标供应商为路佳公司。

2017年1月10日，顺来公司向科联中心质疑：质疑事项一：路佳公司不具备投标人资格；质疑事项二：路佳公司提供的设备设施车辆停放场地不实，得场地分5分依据不足；质疑事项三：路佳公司提供的“城市生活垃圾经营性清扫收集服务许可证”不能作为得5分的依据，该许可证是否按照《行政许可法》相关规定取得；质疑事项四：路佳公司业绩得分提供的业绩证明不足，应按实际业绩予以计分。

2017年1月22日，顺来公司对质疑答复不满，向某市财政局投诉，投诉事项为：（1）路佳公司不具备投标人资格；（2）科联中心未进行实地调查，也未组织评委进行复查，仅以路佳公司提供的材料予以答复，程序不合法；（3）路佳公司存在压低标价的不正当竞争行为，本次招标活动存在暗箱操作的嫌疑。

2017年2月28日，某市财政局作出投诉处理决定。路佳公司不服，向某市政府提起行政复议，某市政府于2017年6月2日作出复议决定，维持投诉处理决定。

1 案例来源：（2018）桂13行终11号。

行政诉讼一审情况

路佳公司不服，以某市财政局、某市政府为被告，向某区法院提起行政诉讼，请求法院判决撤销某市财政局作出的投诉处理决定及某市政府行政复议决定。

某区法院认为，根据《政府采购供应商投诉处理办法》第四条规定，法律法规没有规定财政部门采取书面审查的具体办法，但某市财政局通过专家库抽取复核专家小组人员，同时，某市财政局监督人员与复核专家小组人员、路佳公司、场地出租方韦兆笔到现场进行场地现场指认，勘查发现：路佳公司用于保洁车辆和保洁设备停放的场地为一排居民住宅区中间的一栋居民住宅楼房（楼房土地使用证面积为60平方米，出租方只出租住宅楼房的第一、二层），居民楼房客厅面积为4.8米长、5米宽，客厅中间按民间风俗摆放有供台、日常生活用具。截止调查日期（2017年2月15日），出租方家庭人员在此栋楼（包括出租的第一、二层）生活居住，维持日常生活用品用具的摆放。现场专家组一致认定，用于停放车辆和设备场地面积与场地租房合同面积（600平方米）不符。场地租房合同所称出租的外围院子实为居民住宅楼房面前一条8米宽、35米长的公共巷道。后复核专家小组人员在来宾市公共资源交易中心评审室进行了复核审查。根据有关评审专家复核审查结果，某市财政局作出投诉处理决定。在整个过程中，某市财政局只是负责监督，没有参与评审专家复核审查。然后，某市财政局根据评标专家组意见作出处理决定。

根据《政府采购供应商投诉处理办法》第十九条第（一）项规定，某市财政局在接受投诉后，如果认为中标、成交结果的产生过程存在违法行为的，应责令采购代理机构重新开展采购活动，而不应根据专家意见直接作出“对路佳公司‘企业信誉业绩及场地分’中的车辆停放场地分（5分）不予以计分”的决定，其行为违反上述规定，属超越职权违法行政，因此，其作出的行政行为程序违法，应予以撤销。

综上所述，某市财政局作出的处理决定书及某市政府作出的行政复议决定书，违反法定程序，应予以撤销。路佳公司诉讼请求有事实和法律依据，应予支持。遂判决撤销某市财政局投诉处理决定，撤销某市政府行政复议决定。

上诉人诉求及观点

某市财政局不服某区法院一审行政判决，以路佳公司为被上诉人，向广西壮族自治区某市中级人民法院（以下简称“二审法院”）提起上诉。

某市财政局上诉称，某区法院认定某市财政局“属超越职权违法行政”，属认定事实错误，适用法律、法规错误。理由如下：

第一，作为涉案采购项目的监督管理部门，有法定职权对该项目进行监督检查，对出现的违法、违规行为依法予以纠正。路佳公司认为应该适用《政府采购法》第十九条是错误的，《政府采购供应商投诉处理办法》第十九条应该适用的是第二位中标人。

第二，2017年2月5日组织评审专家组进行实地勘查复核勘查情况表明，路佳公司车辆场地停放场地租赁合同属实，但实际可停放车辆场地面积与租赁合同约定面积出入较大，不能满足该公司投标时承诺投入的车辆设备停放要求，无法满足该项目的顺利实施。因此，复核专家组认为“根据实地核查情况被投诉人路佳公司的‘企业信誉业绩及场地分’中的车辆停放场地分不应予以计分”。该部分事实在某区法院的行政判决书中亦已查证属实，故某市财政局系根据复核专家组的意见作出投诉处理，并申明由科联中心按专家意见重新核定候选人的推荐排名，并重新发布中标结果公告。而投诉处理决定认定路佳公司企业信誉业绩及场地分中的车辆停放场地分（5分）不予计分，系上述申明的推理过程，系客观（原因）要素，同时亦为某市财政局履行法定监督职责，纠正违法违规行为的体现。

按照监督的相关部门是财政部门组织新的复核组也包括原来的专家和新的专家。况且，由于投诉人的投诉事项二包含两个子事项，而该两子事项一个投诉不成立，一个投诉成立，为便于识别，某市财政局将涉诉的子事项表述为：认定……“中的车辆停放场地分（5分）不予计分”，由科联中心按照专业意见重新核定候选人的推荐排名，并重新发布中标结果公告。

第三，《政府采购供应商投诉处理办法》第十九条的规定，从法理上分析，根据重新核定的推荐排名情况，从合格的中标或者成交候选人中，重新开展政府采购活动，这符合行政法上的“比例原则”。

综上所述，某市财政局作出的投诉处理决定没有违反《政府采购供应商投诉处理办法》（财政部令第20号）的规定，属于法定的政府采购监督检查的职权范围，程序合法，请二审法院撤销某区法院判决，依法维持某市财政局的处理决定。

被上诉人答辩及观点

路佳公司答辩称，（1）某区法院判决认定事实清楚，适用法律正确，某市财政局的上诉理由不成立；（2）某市财政局在行使监督权时，直接作出取消路佳公司场地得分五分的行政处理决定无法律授权也无法律依据，依据行政法“法无授权则禁止”的原则，违反法定程序。根据《政府采购供应商投诉处理办法》第十九条的规定，本案中某市财政局在接到投诉后，如果认为中标、成交结果的产生过程存在违法行为的，应该按照《政府采购供应商投诉处理办法》第十九条规定的第一种情况责令采购代理机构重新开展采购活动，但某市财政局违法第十九条的法定处理程序。

综上可知，某区法院认定事实清楚准确，适用法律、法规正确。某市财政局作出的行政处理行为违反法定程序，其上诉理由不成立，请求法院依法驳回某市财政局的所有上诉。

法院裁判及观点

二审法院另外查明，2017年6月28日，某市城管局与顺来公司签订了该项目合同。二审法院认为，某市财政局按照相关程序组织专家小组进行了复核审查，并组织相关人员到现场指认，整个过程某市财政局只负责监督，没有参与评审和复核，之后根据评审专家组意见作出了处理决定，事实清楚；但根据《财政部门监督办法》第十六条、《政府采购法》第五十九条的规定，某市财政局作出的投诉处理决定第二项，直接表述对路佳公司企业信誉业绩及场地分中的车辆停放场地分（5分）不予以计分，该项内容属专家组经审核后技术方面的评定，而某市财政局将该项技术评定直接作为处理决定的内容，实质上是对投标相关人的实体权利义务进行了确认，超越了其监督职权的范围，某区法院判决予以撤销正确，依法应予维持；某市财政局的上诉理由不成立，依法不予支持，二审法院判决驳回上诉，维持原判。

案例评析 CASE ANALYSIS

1. 财政部门没有修改评审结果的职权

《财政部关于进一步规范政府采购评审工作有关问题的通知》（财库〔2012〕69号）中规定，评审结束后，除国务院财政部门规定的情形外，采购人、采购代理机构不得以任何理由组织重新评审，即除可以重新评审的情形外，不得修改评标结果。后2017年10月1日起施行的《政府采购货物和服务招标和投标管理办法》第六十四条明确重申了上述规定，即评标结果汇总完成后，除分值汇总计算错误的；分项评分超出评分标准范围的；评标委员会成员对客观评审因素评分不一致的；经评标委员会认定评分畸高、畸低的外，任何人不得修改评标结果。

该项目中涉及路佳公司“企业信誉业绩及场地分”中的车辆停放场地分（5分）是否予以计分的问题，不属于上述可以修改评审结果的情形，原评标委员会不得对该项目进行重新评审，某市财政局更不应当将专家组的技术评定直接作为处理决定的内容，并要求采购人重新核定候选人。财政部门处理投诉时，应当根据当时适用的《政府采购供应商投诉处理办法》（财政部令第20号）第十九条的规定，认定采购文件、采购过程影响或者可能影响中标、成交结果的，决定采购项目是否存在违法行为，是否需要重新采购。因此，某市法院撤销某市财政局的采购投诉处理决定书，撤销某市政府的行政复议决定书是符合当时的法律法规的。

2. 根据现行的行政规章的规定，财政部门可要求采购人依法另行确定中标、成交供应商

根据《政府采购供应商投诉处理办法》（财政部令第 20 号）的规定，对于影响或者可能影响中标、成交结果的投诉，财政部门的处理结果只有责令重新采购或由相关责任人承担赔偿。对于存在违法违规或者因第一中标人自身的问题就导致整个项目重新采购，对于采购人、采购代理机构以及其他中标候选人来说，确实存在浪费社会资源、浪费精力的情形，影响政府采购活动顺利进行。2018 年 3 月 1 日开始施行的《政府采购质疑和投诉办法》（财政部令第 94 号）对此作出了修改，该办法第三十二条规定，对于经认定成立的投诉事项影响或者可能影响采购结果的，并且已经确定中标、成交供应商或者政府采购合同已经签订但未履行的，认定中标或者成交无效或撤销合同后，合格供应商符合法定数量时，可以从合格的中标或者成交候选人中另行确定中标或者成交供应商的，应当要求采购人依法另行确定中标、成交供应商；否则责令重新开展采购活动。因此，《政府采购质疑和投诉办法》（财政部令第 94 号）的施行，解决了政府采购过程空转的问题，同时也提高了政府采购活动的效率，更具有科学性。

三、对认定中标、成交结果无效或者撤销合同的，是另行确定中标、成交供应商，还是责令重新开展采购活动的相关争议

投诉处理时，财政部门对投诉事项查证属实且影响或者可能影响采购结果的，就有可能认定中标或者成交结果无效或者撤销合同，那么后一步如何走，是从合格的中标或者成交候选人中另行确定中标或者成交供应商，还是责令重新开展采购活动？需要财政部门准确认定事实，正确适用法律，否则又会产生新的争议。

【案例 100[1]】第一中标候选人不符合条件，是确定第二中标候选人中标，还是重新开展采购活动

关 键 词：重新开展采购活动 / 顺延中标 / 撤销行政行为

案例要点：在处理质疑投诉过程中，对于确认中标或者成交结果无效且存在合法数量的合格供应商与合格的中标或者成交候选人时，是另行确定中标供应商，还是责令重新开展采购活动，要根据中标结果违法是否影响整个采购过程的公平公正来判断，如果影响公平公正，责令重新开展采购活动并无不当。

招标、质疑、投诉、复议情况

2016 年 2 月，某旗政务服务中心委托某旗公共资源交易中心（以下简称“交易中心”）对服务类租赁房屋项目（以下简称“该项目”）进行采购，季某和崔某，李某，赤峰市昊赫房地产开发有限责任公司，赤峰市润鑫房地产开发有限责任公司等 4 家供应商参加了采

1 案例来源：（2016）内 0422 行。

购活动。根据评标委员会评审，季某和崔某综合评分名次第一，被确定为中标人。

在公示期内李某、赤峰市昊赫房地产开发有限责任公司分别向交易中心提出质疑。交易中心经审查认定，季某和崔某提供的土地使用证还有其他共有人，提供租赁服务的楼房权属资料显示为其他共有人所有，权属不清，交易中心答复时明确中标结果为无效。赤峰市昊赫房地产开发有限责任公司向某旗财政局提出投诉，某旗财政局于 2016 年 5 月 18 日作出投诉处理意见，决定：本次招标活动无效，责令重新开展采购活动。

李某对该决定不服，向某旗人民政府申请复议，某旗人民政府于 2016 年 8 月 26 日作出复议决定，维持某旗财政局投诉处理意见。

原告诉求及观点

李某以某旗人民政府和某旗财政局为被告，起诉至内蒙古自治区巴林左旗人民法院要求撤销投诉处理意见和复议决定。李某诉称，李某符合竞标条件并被确定为第二中标人，由于第一中标人在招标过程中提供的资料权属不清，其中标当然无效。根据招标文件 7.1.3 的规定，应当确定第二合格中标人即李某为中标人。但某旗财政局却根据《政府采购法》第三十六条第二条的规定废标，既无事实根据又无法律依据，损害了李某合法竞标的权利，实属滥用行政职权，排除或限制竞争的乱作为。因此，请求法院依据事实和法律，撤销复议决定和投诉处理意见书，判令被告履行交易中心招标文件中 7.1.3 中标规定。

被告答辩及观点

某旗财政局辩称，（1）根据《政府采购法》第三十六条规定，某旗财政局依法作出本次招标活动无效，责令重新开展采购活动的决定事实清楚、程序合法、适用法律、法规正确。（2）李某的诉讼请求及理由不能成立。季某和崔某在不具备投标条件下报名、参与采购活动并中标，不但影响中标结果，也影响政府采购行为的合法性，对其他投标人也不公平，某旗财政局依据《政府采购法》第 36 条规定和财政部颁布的《政府采购供应商投诉处理办法》第 19 条有关规定依法作出的决定，与招标文件中 7.1.3 内容既不冲突，又不矛盾。招标文件中 7.1.3 确有“排名第一的中标人因不可抗力不能履行合同或者因违反相关规定被依法取消资格的，排名第二的投标候选人为中标人”的内容，但本案，不仅仅违反相关规定，同时存在违反法律规定的情形，因而导致影响中标结果情况的发生，某旗财政局认为在存在法定情形和法律规定情况下，应当适用法律。因此某旗财政局作出招标活动无效，责令重新开展采购活动的决定是正确的。

某旗人民政府辩称，（1）某旗人民政府作出的复议决定复议程序合法，不存在瑕疵或不当之处。（2）某旗财政局作出投诉决定事实清楚、程序合法、适用法律正确，应当驳回李某的诉讼请求。招标文件“7.1.3”内容与存在的客观情况不一致，违反法律强制性规定，因此不能以自行制定的违反法律强制性规定的条款内容作为中标依据使用，严格来说，招标文件都违法，更能说明采购活动影响中标结果。综上，李某的诉讼请求没有事实及法律依据，不能成立，某旗人民政府作出的复议决定程序合法，不存在违法或不当之处。

法院裁判及观点

法院认为，交易中心招标文件不违背法律的规定，对双方都具有约束力。某旗财政局根据供应商的投诉，认定第一投标人不符合招标文件规定的标准，作出本次招标活动无效的决定，严重损害了包括李某在内的其他供应商的合法权益，也违背了公平、公正的原则。

某旗财政局根据“《政府采购法》第三十六条第二条”的规定作出的投诉处理意见主要证据不足、适用法律错误，其作出的投诉处理意见应当予以撤销。虽然某旗人民政府在本案复议中履行了相应的程序，其办案程序合法，但对某旗财政局作出的投诉处理意见认定其事实清楚、证据充分错误，应当予以纠正。李某的诉讼请求，符合法律规定，应当予以支持。因此，依照《行政诉讼法》第七十条第（一）项、第（二）项之规定，判决撤销某旗财政局投诉处理意见和某旗人民政府复议决定，依照交易中心招标文件的规定继续履行招投标活动。

案例评析 CASE ANALYSIS

1. 本案财政部门责令重新开展采购活动是否违法

财政部第 18 号令第七十七条规定：“评标委员会成员有下列行为之一的，责令改正，给予警告，可以并处一千元以下的罚款：……（五）未按招标文件规定的评标方法和标准进行评标的。上述行为影响中标结果的，中标结果无效。”本案第一中标候选人季某和崔某网签到其二人名下楼房产权面积未达到招标要求，提供的土地使用证还有其他共有人，季某和崔某不符合此次中标项目的投标条件而进入评标活动中，因此评标委员会成员未按照招标文件规定的评标方法和标准进行评析，影响了中标结果，中标结果无效。

财政部第 18 号令第八十二条规定：“有本办法规定的中标无效情形的，由同级或其上级财政部门认定中标无效。中标无效的，应当依照本办法规定从其他中标人或者中标候选人中重新确定，或者依照本办法重新进行招标。”财政部第 20 号令规定第十九条规定“财政部门经审查，认定采购文件、采购过程影响或者可能影响中标、成交结果的，或者中标、成交结果的产生过程存在违法行为的，按下列情况分别处理：（一）政府采购合同尚未签订的，分别根据不同情况决定全部或者部分采购行为违法，责令重新开展采购活动……”上述两个规章对于存在违法采购行为的处理有所不同。但处理结果应为从中标候选人中重新确定还是重新招标要依据具体的采购情况考虑。本案中，评标委员会成员未按照招标文件规定的评标方法和标准评标，致使不符合条件的季某和崔某进入评标活动。那么评标委员会对评标方法和标准的理解存在问题且存在资质审查不严的情况，影响的不仅仅是中标结果，以至于有理由怀疑整个评标过程的公平公正性，而直接从候选人中另行确定中标人是不适当的。财政部门责令采购人重新开展采购活动并无不当。

2. 本案的招标文件第 7.1.3 条款是否违法

财政部第 18 号令第六十条规定："中标供应商因不可抗力或者自身原因不能履行政府采购合同的，采购人可以与排位在中标供应商之后第一位的中标候选供应商签订政府采购合同，以此类推。"此条意指在采购活动合法有效的基础上，合法的中标供应商因不可抗力或者自身原因不能履行合同，则可顺延中标候选人签订合同。

而本案招标文件 7.1.3 规定"排名第一的中标人因不可抗力不能履行合同或者因违反相关规定被依法取消资格的，排名第二的投标候选人为中标人"。即该条规定增加了因违反相关规定被依法取消资格的情形，显然是违反上述规章规定的。同时，采购人或者采购代理机构未考虑到整个评审程序违法或者评审委员会存在违法行为等可能会影响原有采购活动的公平公正的情形。因此，本案招标文件第 7.1.3 条款规定欠妥，违反法律规定。

3. 原告李某是否有行政诉讼主体资格

《政府采购法》第五十八条规定："投诉人对政府采购监督管理部门的投诉处理决定不服或者政府采购监督管理部门逾期未作处理的，可以依法申请行政复议或者向人民法院提起行政诉讼。"政府采购法赋予了投诉人对投诉处理决定提起行政诉讼的权利，而未提到相关供应商的起诉权。结合《行政诉讼法》第二十五条规定，行政行为的相对人以及其他与行政行为有利害关系的公民、法人或者其他组织，有权提起诉讼。如果财政部门作出的投诉处理决定如果影响到了中标人或者其他相关供应商的利益，他们也可以以此为依据提起行政诉讼。

本案投诉人为赤峰市昊赫房地产开发有限责任公司，李某为参与采购活动的供应商且为第二中标候选人。其认为投诉处理决定认定中标结果无效，责令重新开展采购活动侵害其作为第二中标候选人的权益提起诉讼符合规定。因此，本案李某为适格原告。

4. 本案法院判决是否存在问题

暂且不论本案是否应撤销投诉处理决定及复议决定。本案判决结果第三项为依照交易中心招标文件的规定继续履行招投标活动。本案的审理范围为投诉处理决定及复议决定的合法性，而非直接审理招投标活动的合法性，该项判决显然超越了诉讼请求进行审理。同时，招投标活动并非是行政诉讼的受案范围，法院直接判决"继续履行招投标活动"是值得商榷的。

CHAPTER 03

第三章

因监督检查行为而引起的争议

政府采购监督检查的相关内容，在《政府采购法》和《政府采购法实施条例》第七章“监督检查”中有明文规定，在本书上篇相关章节已经论述的监督检查的内容与形式，本章内容重点探讨政府当事人及其相关主体因对政府采购监督检查行为本身有异议，而通过救济程序解决争议的相关问题。财政部门对政府采购当事人及其相关主体在采购过程中发生的政府采购活动进行监督检查，对集中采购机构进行监督检查，其范围非常广泛，方式主要有以下三种：

一是日常监督检查，即财政部门在日常政府采购监督管理的过程中，对政府采购当事人即采购人、采购代理机构或者供应商的监督检查。包括依法制定监督检查办法、审查政府采购预算和计划、确定和审批政府采购方式、对政府采购活动过程进行监督、对集中代理机构进行考核，等等。

二是专项监督检查，即财政部门对特定的政府采购项目、特定的内容进行的监督检查，它是日常监督检查的必要补充。

三是个案监督检查，即财政部门根据控告和检举、上级指示、日常监督检查和专项检查中发现的问题、处理投诉案件时发现的问题，对某一政府采购项目的采购活动进行的监督检查。

对于政府采购监督检查，尽管没有为其量身定做制定规范性文件，但某些行政规章、规范性文件对监督检查工作也有一定的规范作用。如：

财政部、监察部于2003年11月17日制定了《集中采购机构监督考核管理办法》（财库〔2003〕120号），明确规定了考核内容、考核要求、考核方法、考核结果及责任，对正确开展对政府集中采购机构的监督考核工作，确保监督考核工作的规范性，促进集中采购机构工作质量的提高，发挥了重要作用。

财政部于2006年1月26日制定了《财政检查工作办法》（财政部令第32号），对财政检查工作管辖、年度财政检查计划、财政检查的检查组组成、财政检查的程序、财政检查报告的内容、财政检查的复核制度、行政处理或处罚决定，等等，作出了规定。

财政部于2012年3月2日制定了《财政部门监督办法》（财政部令第69号），规定实施监督应当坚持事前、事中和事后监督相结合，建立覆盖所有政府性资金和财政运行全过程的监督机制，明确将政府采购法规、政策的执行情况列入该办法监督范围，还规定了监督方式和程序，可以采取监控、督促、调查、核查、审查、检查、评价等方法，可以采取专项监督和日常监督相结合的方式。

国务院办公厅于2015年7月29日发出《关于推广随机抽查规范事中事后监管的通知》（国办发〔2015〕58号），规定制定随机抽查事项清单、建立"双随机"抽查机制、合理确定随机抽查的比例和频次、加强抽查结果运用。

特别应当注意的是，近年来财政部及有些地方政府对政府采购监督检查，也作出了一些规定。如：

财政部于2016年10月10日发布《财政部关于政府采购监督检查实施"双随机—公开"工作细则的公告》（2016年第123号）。规定：财政部依法实施政府采购监督检查时，采取随机抽取检查对象、随机选派执法检查人员，及时公开抽查情况和查处结果的活动。政府采购监督检查按照财政部公开的随机抽查事项清单和批准的年度检查计划开展，坚持健全机制、规范监管、公正高效、公开透明的原则。政府采购监督检查采取定向抽查和不定向抽查相结合的方式，对于重大问题或舆情反映的热点问题，可以采取定向抽取的方式，设定类别条件选择检查对象或执法检查人员。检查实施前，财政部通过统一的信息平台随机抽取执法检查人员和检查对象，随机抽取过程全程记录。代理机构抽取比例为检查对象名录库中代理机构数量的10%~30%，具体比例根据年度检查工作安排确定。近3年内检查过的代理机构，在抽取时可以排除。执法检查人员的抽取数量根据检查工作需要确定，同一检查组执法检查人员不得少于两人。出现随机抽取的执法检查人员因实际困难不能参加检查工作或需要回避等情形，应通过统一信息平台及时抽取，补齐执法检查人员。随机抽取的检查对象名单和检查处理处罚等信息，经履行报批程序后，及时在财政部门户网站和指定政府采购信息发布媒体上公开，主动接受社会监督。

福建省财政厅于2016年5月19日印发了《福建省政府采购监督检查办法》，对在日常监管以外对各级政府采购活动组织实施的内部监督和监督检查作出规定。

财政部门必须依照法律赋予的职责进行监督检查，既不能不作为，也不能乱作为，否则将会产生争议并可能承担法律责任。对监督检查行为产生争议的原因主要有：

一是从立法方面看，相对于质疑和投诉，对于监督检查缺乏法律、法规和行政规章的具体、明确规定，而监督检查的内容远远超过质疑和投诉的内容，对政府采购进行监督检查的部门不仅限于财政部门。特别是对监督检查的程序问题更是缺乏统一的规定，也造成了争议容易产生。由于现有的相关规定都是针对对监督检查的某一方面的，《财政部关于政府采购监督检查实施“双随机一公开”工作细则的公告》规定只适用于财政部依法实施政府采购监督检查时。如果碰到争议，各方可以从上述规定中“各取所需”，因此对监督检查行为本身非常容易产生争议。

二是从执法方面看，未能严格按照《政府采购法》及其他相关法律办事，如有的财政部门在监督检查方面存在疏于履行法定职责的行为，监督检查失察、贻误或者不到位，对于违法违规行为应查不查；有的财政部门越权执法，滥用职权，超越了法律、法规对其授予职权的范围，行使职权背离了执法目的；有的财政部门对监督检查的事实未能查清，在证据不足的情形下就作出监督检查处理决定；有的财政部门适用法律错误，未依据查明事实的性质适用相应的法律，或者适用不应适用的其他法律条款，或者不在监督检查处理决定中指明适用的依据。

三是从相关主体看，不少被监督检查的对象诚信度不高，有时想钻法律的空子谋取私利；不少被监督检查的事项比较复杂，查清并取得充分证据的难度较大。

第一节 对监督检查认定事实的争议

监督检查是一种行政行为，其合法性也要建立在认定事实清楚，证据确凿充分的基础之上。如果认定事实不清，证据不足，就会产生法律风险。

【案例101[1]】财政部门处理决定认定事实有误，但结论正确，被诉至法院，应如何处理

招标、监督检查、行政复议情况

某市档案局委托某市公共资源交易中心（以下简称“交易中心”）对某市档案馆新馆智能密集架项目（以下简称“该项目”）进行公开招标，交易中心于2013年7月10日向

1 案例来源：（2014）佛城法行初字第326号。

宁波某公司发出中标通知书。2013年12月25日，佛山市禅城区人民检察院认为徐某为顺利承接该项目存在行贿行为，向佛山市禅城区法院提起公诉。

2014年1月13日，某市纪律检查委员会、某市监察局向某市档案局发出关于某市档案馆新馆已公开招标和签订合同项目的处理意见，提出：该项目中标供应商宁波某公司与市档案局个别负责人存在利益往来，涉嫌围标串标及行贿受贿问题，现立案调查。鉴于尚未签订施工合同，根据《政府采购法》第七十二条、第七十三条，市档案局可对进场施工部分核定工程造价，并报请财政部门审核后予以结算，其余部分另行组织招标。

广东省佛山市禅城区人民法院于2014年2月25日作出(2014)佛城法刑初字第69号《刑事判决书》，认定徐某为顺利承接该项目，多次行贿。2014年3月26日，某市档案局向某市财政局及发改局、资管办发出该项目招标执行情况的函，提出：请市财政局向宁波某公司发出《中标无效通知书》，对该公司未签合同便违规进场施工的工程进行检查评估，符合合同规定的按评估价进行结算。2014年4月29日，某市财政局作出该项目中标结果无效的处理决定书，认定市档案局来函反映，经某市纪委、监察局调查，发现宁波某公司与某市档案局个别负责人存在利益往来，涉嫌行贿受贿，经查证属实。宁波某公司不服该决定，认为某市财政局认定事实错误，侵犯了宁波某公司的合法权益，向广东省财政厅提起复议，广东省财政厅于2014年9月5日作出复议决定，决定维持某市财政局作出的处理决定。

原告诉求及观点

宁波某公司不服，以某市财政局为被告，于2014年9月25日向广东省某市某区法院提起行政诉讼称，事实上，宁波某公司并未参该项目投标，更加无从谈起与某市档案馆个别负责人存在利益往来，存在行贿行为。广州某公司也并非宁波某公司在广东地区的全资子公司。案外人徐某并非宁波某公司的总经理，与宁波某公司不存在劳动关系、委托代理关系及其他合同关系。因此，宁波某公司不存在行贿行为。请求判令撤销某市财政局作出的该项目中标结果无效的处理决定书。

被告答辩及观点

根据宁波某公司提交的投标文件，证实广州某公司系宁波某公司的分支机构（全资子公司），全权负责宁波某公司在广东地区的相关业务，承担该项目的售后服务工作。上述投标文件，证实徐某系广州某公司的负责人，徐某在本次项目招投标中，是宁波某公司的工作人员以及采购项目的主要利害关系人。经法院于2014年2月25日判决，徐某犯行贿罪，判处有期徒刑二年，缓刑三年。宁波某公司的中标资格是徐某作为宁波某公司的工作人员以及采购项目的主要利害关系人通过行贿的方式获得，宁波某公司应承担相应的法律后果。

《处理决定书》事实清楚，程序合法，适用法律准确，依法予以维持，请求法院依法驳回宁波某公司的诉讼请求。

法院裁判及观点

根据本案证据，佛山市禅城区法院作出的《刑事判决书》认定了徐某为承接某市档案馆新馆密集架项目，实施了行贿的违法行为。该判决为生效法律文书，其作出的有罪判决可作为某市财政局认定该项目中标无效的依据。根据前文法律法规的规定，该项目采购过程中存在对采购人行贿的违法行为，其中标结果应认定无效，故某市财政局认定中标结果无效的结论正确。

本案中，生效的裁判文书认定了徐某为承接该项目进行行贿的事实，但对徐某的行贿行为是否代表宁波某公司单位并未作出认定，某市财政局亦未提供证据证明司法机关对宁波某公司是否存在单位行贿的违法行为进行认定的证据。纪检部门出具的意见中也仅认为宁波某公司涉嫌行贿受贿，现正立案调查，并未作出查证属实的认定。故现有证据只能认定徐某个人为承接该项目实施了行贿的行为，不能认定宁波某公司单位实施了行贿的行为。

某市财政局在处理决定中表述宁波某公司“涉嫌行贿受贿，经查证属实”的事实依据不充分，属表述不当。根据法律法规的规定，认定行贿违法行为的主体将导致可对其采取行政处罚的法律后果，故某市财政局的该表述对宁波某公司的权利义务造成了影响，属认定事实不清。但由于该处理决定是对该项目中标结果无效作出的认定，该中标结果是徐某以非法手段获得，某市财政局作出中标结果无效的认定，结论正确，应予保留。如撤销处理决定将对后续的政府公开招标行为和政府采购项目的进行产生影响，会对公共利益造成重大损失，故应确认该行为违法，并责令某市财政局采取补救措施。依照《最高人民法院关于执行〈中华人民共和国行政诉讼法〉若干问题的解释》第五十八条的规定，判决确认某市财政局作出关于该项目中标结果无效的处理决定书违法，责令某市财政局于本判决发生法律效力之日起十五日内作出书面决定，对处理决定书中表述不当的违法部分予以纠正。

案例评析 CASE ANALYSIS

1. 某市财政局作出《中标结果无效的处理决定书》是否符合法定程序

根据《政府采购法》第七章对财政部门监督检查职权的相关规定，财政部门启动监督检查的方式可以依申请启动，也可以依职权自行启动。在该案中，某市档案局在法院作出《刑事判决书》以后，向某市财政局发函建议其向宁波某公司出具《中标无效通知书》，其后某市财政局作出关于该项目中标结果无效的处理决定书，符合政府采购监督检查的启动程序。

2. 财政局认定中标人行贿，事实认定是否有误

根据《政府采购法》第七十七条第（四）项的规定，供应商有向采购人、采购代理机构行贿或者提供其他不正当利益的，其中标、成交无效。再结合《刑法》中关于单位行贿罪的相关规定，其犯罪主体必须是单位，要么是以单位集体意志，要么是单位主管人员以法定代表人身份行贿。因此，能否依据此条款认定供应商中标结果无效的关键在于该行贿行为是否是以供应商的名义作出。该案中，生效的裁判文书认定了徐某为承接该项目进行行贿的事实，但对徐某的行贿行为是否代表宁波某公司单位并未作出认定。因此，宁波某公司是否行贿有待查证，某市财政局据此作出中标结果无效的相关表述有失妥当，属于认定事实不清。

第二节 有关监督检查处理中程序问题的争议事项

对政府采购监督检查中的有关程序问题，法律、法规、财政部行政规章都未专门为其作出明确、具体规定。但是，这不意味着政府采购监督检查就可以为所欲为，财政部门在监督检查时，有关程序问题既要遵循政府采购法律规范，也要结合实际情况执行财政部等有关部门制定的《集中采购机构监督考核管理办法》《财政检查工作办法》《财政部门监督办法》等行政规章和规范性文件，也要执行当地人民政府有关行政程序的规定。据悉，许多省级地方人民政府制定了行政规章，对行政程序作出明确、具体的规定，财政部门在进行政府采购监督检查时，一定要严格执行。

不少供应商将自己的对政府采购活动的举报行为与投诉行为相混淆，举报后未见财政部门处理结果就认为属于行政不作为，这种看法是错误的。财政部“指导性案例 28 号：Z 研究所修缮购置实验仪器采购项目举报案”[1] 中指出，政府采购相关法律法规已经为供应商提供了法定的权利救济制度。在认为自身合法权益遭受损害时，供应商应当依循质疑、投诉等法定途径寻求权利救济。供应商选择举报等方式而未在法定期限按法定程序提出质疑、投诉的，财政部门对其没有告知案件处理结果的义务。

【案例 102[2]】财政部门根据纪委建议直接通知采购人取消中标结果，其程序是否合法

关 键 词：行政纠错程序 / 法定程序 / 告知义务 / 程序违法

1 《指导性案例 28 号——Z 研究所修缮购置实验仪器采购项目举报案》，载 http://www.cgpnews.cn/articles/51344，最后访问日期：2020 年 5 月 19 日。

2 案例来源：（2016）苏 0282 行初 78 号。

案例要点：财政部门进行政府采购监督检查，应当执行财政部和地方人民政府有关行政程序的规定，对与政府采购项目有关的当事人履行告知义务。

招标投标、监督检查情况

某市政府采购中心受江苏省某市高级中学（以下简称“某市高中”）委托，对某市高中运动场面层人造草坪采购、铺设项目（以下简称“该项目”）进行公开招标。2016年5月27日某市政府采购中心向南京宇博工程建设有限公司（以下简称“宇博公司”）发出了中标（成交）通知书，要求其必须于2016年6月26日前与采购单位签订合同。

2016年6月27日某市财政局向某市高中下发《通知》称：按照中共某市纪委信访案件查报告中“该项目属于扩建项目，其发包应当适用《招标投标法》”及结案呈批表中建议某市财政局纠正该项目实行政府采购适用法律法规错误问题，依法取消中标结果，妥善处理后续事宜的要求，依据《招标投标法》的有关规定，取消中标结果，责令重新招标。某市高中未与宇博公司签订合同，宇博公司委托律师两次向某市高中邮寄了“律师函”，先要求签订书面合同，后核实某市财政局是否曾下文要求某市高中取消该项目中标结果，要求某市财政局及时依法予以纠正。某市财政局收到该函后，未予答复。

原告诉求及观点

宇博公司不服某市财政局作出的《通知》，于2016年10月25日向江苏省宜兴市人民法院提起行政诉讼。

宇博公司认为，其按照相关文件的要求，依法参加政府招投标活动并取得中标结果，完全符合法律规定，依法应予以保护。某市财政局在接到相关信访投诉及有关部门调查通知时，依法应按照《政府采购供应商投诉处理办法》第十二条、第二十条相关规定的要求，将投诉、调查事宜及处理决定在规定的期限内以书面形式送达宇博公司，以保障相关利害关系人的知情权、申辩权及行政救济的权利，同时，依照《江苏省行政程序规定》第五十三条之规定，“行政机关在作出行政执法决定前，应当告知当事人、利害关系人享有陈述、申辩的权利，并听取其陈述和申辩”，而某市财政局却无视上述规定之要求，擅自作出相关行政决定，构成严重的程序违法。

同时，本次政府采购项目为“运动场面层人造草坪采购、铺设项目”，项目主体为人造草坪及塑胶跑道，本质上属于货物采购，相关施工项目仅属于相关货物配套的安装服务，依法应适用政府采购相关规定，某市财政局在《通知》中依据《招标投标法》的相关规定作出相关的行政决定，属于适用法律错误，依法应予以撤销。

被告答辩及观点

某市财政局辩称，在招标程序结束后，某市财政局收到其他供应商的举报，称本案工程的招标适用法律错误，应依照《招标投标法》进行招投标。某市财政局经审查核实，发现确属适用法律错误，立即启动纠错程序，通知某市高中依照《招标投标法》重新招投标。宇博公司在某市高中依照《招标投标法》重新进行招标投标过程当中，仍然可以参加该项目的招标投标。对于宇博公司而言，其财产权等合法权益并没有遭受到侵害。依据《行政诉讼法》第十二条受案范围规定，本案情形不在受案范围之列。

另外，本案所涉《通知》属内部行政行为，不属于行政诉讼受案范围，本案中某市财政局向某市高中发出的《通知》并不涉及对外创设权利、义务，对宇博公司的权利义务不产生实际影响，故该行为不具有可诉性。

根据某市发展和改革委员会关于某市高中人造草坪运动场翻新改造项目可行性研究报告的批复，本案所涉项目为人造草坪运动场的翻新改造工程。依据《政府采购法》的规定，该工程应适用《招标投标法》及其实施条例，以公开招标的方式进行采购。本案所涉项目系使用财政性资金采购的政府工程，并且项目造价 190 万元，根据无锡市政府办公室《市政府办公室关于印发无锡市集中采购目录政府采购限额标准和公开招标数额标准的通知》、《江苏省工程建设项目招标范围和规模标准规定》、本案所涉项目必须进行公开招标，而《政府采购法》《政府采购法实施条例》规定，政府采购工程进行招标投标的，适用《招标投标法》，因此，某市政府采购中心依据《政府采购货物和服务招标投标管理办法》对本案所涉项目进行招标属适用法律错误。因此，某市财政局通知某市高中取消中标结果，并依《招标投标法》有关规定重新进行招标并无任何不当，该通知有充分的事实和法律依据，也是某市财政局履行监督管理职责的体现。某市财政局认为宇博公司的诉讼请求没有事实依据和法律依据，恳请法院查明事实，依法驳回宇博公司诉讼请求。

法院判决及观点

《行政诉讼法》第二十五条规定，行政行为的相对人及其他与行政行为有利害关系的公民、法人或者其他组织有权提起诉讼。某市财政局就该项目向某市高中作出的《通知》，要求某市高中取消中标结果，责令其重新招标的决定，使宇博公司的合法权益因该通知受到侵害，与其有利害关系，宇博公司对此不服提起行政诉讼的，属于行政诉讼的受案范围，某市财政局认为《通知》不具有可诉性的理由不能成立。

《江苏省行政程序规定》第三条、第七条、第二十五条对相关行政程序有明文规定，本案中某市财政局未提供证据证明已按相关程序规定向宇博公司告知了其享有的权利，未依法启动行政执法程序便做出《通知》，属程序违法。对某市财政局认为其根据某市纪委建议，纠正该项目实行政府采购是适用法律法规错误，而进行的纠正的主张，本院认为，启动行政纠错程序，应依据法定的程序进行。故对该主张本院不予支持，《通知》应予撤销。

综上所述，依照《行政诉讼法》第七十条第一款第（三）项之规定判决撤销某市财政局于2016年6月27日向某市高中作出的通知书。

案例评析 CASE ANALYSIS

1.某市财政局作出的《通知》对投诉人的权利义务产生实际影响，属于行政诉讼法的受案范围

某市财政局认为该项目应当适用《招标投标法》，而不应当适用《政府采购法》进行采购，于是向某市高中作出的《通知》取消中标结果，责令其重新招标的决定。因该项目已按政府采购程序进行采购，某市财政局作为某市高中政府采购活动的监管部门，其作出的《通知》是依据其职权作出的行政行为，《通知》使宇博公司中标权益受到侵害，对其权利与义务产生实质的影响，其有利害关系。根据《行政诉讼法》第二条、第二十五条的规定，宇博公司提起的诉讼属于行政诉讼的受案范围。

2.某市财政局直接作出《通知》取消宇博公司的中标结果的行为，属于程序违法

就本案而言，根据《江苏省行政程序规定》（江苏省人民政府令第100号）第三条、第七条、第二十五条规定，财政部门应当根据法律、法规、规章，在法定权限内，按照法定程序行使行政职权。供应商因政府采购行为取得的正当权益受法律保护，非因法定事由并经法定程序，财政部门不得撤销、变更已经生效的中标通知书。供应商在行政程序中，依法享有申请权、知情权、参与权、陈述权、申辩权、监督权、救济权。宜兴市人民法院撤销某市财政局作出的《通知》，并不是因其纠错认定的事实错误，是因其作出行政行为时，未按照当地省政府的规定，履行法定程序，其作出的《通知》影响宇博公司的实际权益。由于某市财政局在作出《通知》前未向宇博公司进行告知，剥夺了宇博公司享有知情权、参与权、陈述权、申辩权、监督权等权利，明显对宇博公司是不公平的，属于程序违法。因此，财政部门在进行政府采购监督检查时，一定要注意执行法律、法规、财政部行政规章及其规范性文件中相应的行政程序规定和当地人民政府有关行政程序的规定。

第三节 对监督检查中某一具体行为性质的争议

由于政府采购监督检查，不像质疑、投诉那样，有明确、具体的程序规定，监督检查行为有的以决定书形式发出，有的以函件形式发出，有的以通知形式发出，等等，对于这

些行政行为属于什么性质的问题，不同主体看法不同，极易产生争议。如果属于处罚，就应当按《行政处罚法》所规定的程序作出，给予当事人陈述申辩的权利，有的还需要告知当事人有要求听证的权利；如果属于行政处理决定，则要执行有关行政程序规定中对相关行政行为的程序规定；如果仅是财政部门对采购人、采购代理机构发出而由他们去直接行使供应商权利的，则另当别论。供应商对采购人、采购代理机构的行为可以提出质疑，然后再视情况提出投诉。所以，监督检查中的行为性质，关系到对于该具体行为的争议处理。

【案例103[1]】中标供应商被反映提供虚假材料，财政部门作出取消中标结果的复函但未向供应商送达，该做法是否合法

关键词：虚假材料／中标无效／行政处罚／告知义务

案例要点：当采购人、采购代理机构发现采购项目中存在供应商提供虚假材料等问题，应当及时向当地财政部门报告，由财政部门对供应商依法进行处理。供应商确实提供虚假材料的，财政部门应当认定中标结果无效，并依据《政府采购法》第七十七条第一款第（一）项的规定对其予以处罚。

招标、监督检查情况

四川某公司参与了成都市政府投资项目评审中心（以下简称“评审中心”）工程造价服务机构定点采购项目（以下简称“该项目”）包件1的政府采购。2016年10月18日，评审中心向成都市财政局（以下简称“市财政局”）反映四川某公司在投标文件第155页业绩一览表中注明的委托人为“绵竹市发展和改革局”，但委托人出具的已完成业绩证明材料原件上盖章确认的单位为“绵竹市发展和政改局”，经核实，绵竹市行政和事业单位不存在“绵竹市发展和政改局”这个单位，也未曾使用该名称的单位。

2016年10月31日，市财政局向四川某公司作出说明，四川某公司针对投标文件第152页《政府投资项目评审业绩一览表》显示业绩委托人为“绵竹市发展和改革局”，业绩证明材料原件加盖“绵竹市发展和政改局”公章，中共绵竹市委机构编制委员会办公室回函的内容等事项作出说明，并提供有效证明材料。2016年11月3日，四川某公司函复市财政局因标书制作人员在标书制作过程中失误，没有按照招标文件的要求制作投标文件等内容。

2016年12月14日，市财政局作出《成都市财政局关于对“成都市政府投资项目评审中心工程造价服务机构定点采购项目”有关情况的函告》（以下简称“该函告”），就该项目政府采购活动中六家中标供应商涉嫌提供虚假材料谋取中标的问题，经调查核实，函

1 案例来源：（2018）川01行终430号。

告如下：四川某公司投标文件中的部分业绩证明材料属于虚假材料，市财政局依法认定项目包件1中标供应商四川某公司中标无效，请评审中心依法开展政府采购活动。2016年12月16日，评审中心委托成都市公共资源交易服务中心更正了该项目的中标供应商。

行政诉讼一审情况

四川某公司不服，以市财政局为被告，向四川省成都高新技术产业开发区人民法院提起行政诉讼，请求人民法院确认市财政局作出函告无效。一审法院认为，市财政局收到评审中心提交的举报材料后，调阅了四川某公司参与该项目包件1投标时提交的材料，向四川某公司进行了发函询证和调查询问，能够证明绵竹市行政和事业单位中不存在四川某公司业绩证明材料上加盖公章的“绵竹市发展和政改局”，也无单位曾使用该名称，四川某公司参与该项目包件1投标时提供的部分业绩证明材料虚假。同时，四川某公司在市财政局的调查询问中，在庭审过程中均认可其提供虚假材料的事实，故市财政局作出该函告，依法认定四川某公司中标无效，并请评审中心依法开展政府采购活动，并无不当。

四川某公司主张该函告属于行政处罚，市财政局未依据《行政处罚法》《政府信息公开条例》等规定，依法向四川某公司告知、送达案涉行政行为，未保障四川某公司陈述申辩的权利，程序违法等内容，法院经审查认为，首先，依据《行政处罚法》第八条，市财政局作出的该函告所载处理意见不属于行政处罚的法定种类，不适用《行政处罚法》第三十一条、第三十二条等规定。其次，依据《政府采购法》第七十条“任何单位和个人对政府采购活动中的违法行为，有权控告和检举，有关部门、机关应当依照各自职责及时处理”的规定，案涉行政行为是市财政局收到采购人提交的反映案涉项目六家中标供应商涉嫌提供虚假材料的检举材料后，经调查对举报人即本案采购人的控告和检举行为作出的书面回复。四川某公司不是提出控告和检举的当事人，亦非案涉项目的采购人或采购代理机构，其不是市财政局作出案涉行政行为的对象，市财政局无需将调查结果向控告或检举人之外的人送达，四川某公司认为市财政局需按《行政处罚法》的规定履行告知义务等主张，不予支持。判决驳回四川某公司的诉讼请求。

上诉人诉求及观点

四川某公司不服，向四川省成都市中级人民法院提起上诉。四川某公司认为，市财政局认定四川某公司中标资格无效，取消四川某公司中标资格，而又不向四川某公司送达相关法律文书，剥夺了四川某公司的知情权、陈述权、申辩权，违反了《行政处罚法》《行政复议法实施条例》《政府信息公开条例》的规定，将《政府采购法》第七十七条分割适用，曲解法律。原审法院未能纠正市财政局违法行政行为，错误适用法律，认定案件主要事实不清。请求撤销原判，确认市财政局作出的具体行政行为无效。

二审法院裁判及观点

法院认为，市财政局根据调查取得的相关证据材料，认定四川某公司参与该项目包件1投标时提供的部分业绩证明材料属于虚假材料，并向评审中心作出该函告，认定四川某公司中标无效，要求评审中心依法开展政府采购活动，符合法律规定，并无不当。

上述该函告系市财政局作为政府采购监督管理的部门，针对本案采购人评审中心提交的报告进行调查后向其出具的函复意见，系对案涉政府采购行为效力的评判，而非针对四川某公司作出的行政处罚行为，故不适用行政处罚相关法律、法规中关于权利告知、送达等规定，同时亦无相关法律、法规明确规定此函复行为需履行向供应商作出权利告知、送达等程序性行为。而对于四川某公司在案涉政府采购活动中的违法行为，市财政局已单独作出行政处罚决定，四川某公司不服，经复议后，亦已另案向法院提起了行政诉讼。

综上，四川某公司的上诉理由不能成立，法院不予支持；原审判决认定事实清楚，适用法律正确，审判程序合法，驳回四川某公司的诉讼请求并无不当。据此判决驳回上诉，维持原判。

案例评析 CASE ANALYSIS

1. 市财政局认定四川某公司提供虚假材料的事实认定证据充分、法律适用正确

四川某公司提供的材料中存在委托人名称与加盖的公章不一致的情形，经市财政局核实，明确有关单位未向四川某公司委托过相关评审任务。尽管四川某公司表示其因标书制作人员的失误，但对是否提供虚假材料仅需要依据客观事实就可判断，可以认定四川某公司提供了虚假材料。

2. 市财政局的函告不属于行政处罚

市财政局作出的该函告，对四川某公司提供虚假材料予以明确，并根据法律、法规规定取消其中标结果。尽管市财政局可依据《政府采购法》第七十七条的规定对其作出行政处罚，但市财政局作出的函中并未涉及根据《政府采购法》第七十七条规定的处罚情形，也未涉及《行政处罚法》中规定的行政处罚类型。因此，一审法院认定其作出的行政行为不是行政处罚行为符合法律法规的规定。

3. 市财政局的函告是否应当向四川某公司送达

本案中的市财政局函告，一审、二审法院均认为，该函告系对案涉政府采购行为效力的评判，并非针对四川某公司作出的行政处罚行为，不适用行政处罚相关法律、法规中关于权利告知、送达等规定。但在政府采购的实际操作中，对于涉及有利害关系的当事人是否应当履行送达义务的观点存在争议。部分财政部门及法院与本案中观点一致，认为无相关法律、法规明确规定相关复函行为需履行向供应商作出权利告知、送达等程序性行为；但也有部分财政部门及法院认为，财政部门对政府采购项目履行监管职责过程中作出的复函都应当属于行政行为，都应当保证行政程序的合法。

公民、法人和其他组织在行政程序中，依法享有申请权、知情权、参与权、陈述权、申辩权、监督权、救济权。因此，当复函中涉及当事人的利害关系时，应当履行对相关当事人的告知等义务，保障相关当事人的权益。笔者倾向于第二种观点，因为这不仅保障了当事人合法权益，也减少了争议，防范了风险。

第四节 对不诚信行为记分并披露的争议

随着政府采购活动的发展，财政部门认识到，需要重视政府采购领域的信用体系建设，这是一种在公开、公正、公平的原则下，规范和约束供应商的信用行为的监督管理机制。全国各地的财政部门通过不良记录、惩戒制度、计分披露等方式对政府采购有关当事人实行诚信鼓励、失信制约的机制，通过政府采购监督管理建立诚信机制，通过诚信机制促进政府采购的监督管理。

2016 年 8 月，财政部发布了两个通知，一个是《关于在政府采购活动中查询及使用信用记录有关问题的通知》，要求通过“信用中国网”“中国政府采购网”等查询相关主体信用记录；另一个是《关于做好政府采购有关信用主体标识码登记工作的通知》，要求登记政府采购严重违法失信记录时，录入信用主体标识码。2016 年 9 月，《关于在招标投标活动中对失信被执行人实施联合惩戒的通知》规定，最高人民法院将失信被执行人基本信息推送到全国信用信息共享平台和“信用中国”网站。但是，现行的政府采购制度还有许多漏洞，客观上给不法供应商造成可乘之机，导致他们失信成本太低，失信问题屡禁不绝，如有的虚假应标，几乎所有应答都是“响应”或“正偏离”，而事实上指标相差甚远；有的母公司投资设立多家子公司，“父子不上阵”“兄弟姐妹齐上阵”，貌似合法，但陪标嫌疑难以排除；有的恶意质疑、投拆，滥用检举、控告权，故意干扰政府采购活动正常进行，借机谋取不当利益；有的在履约过程中以各种形式违约，如偷工减料、以次充好、以假乱真；等等。供应商诚信体系建设对不同诚信状况的供应商实施不同的监督措施，对守信供应商建立激励机制，对警示供应商建立预警机制，对失信供应商建立惩戒机制，对严重失信的供应商建立淘汰机制，可以为供应商营造一个公平竞争的采购环境。一旦供应商被记录不诚信作为，客观上给其今后参加政府采购活动将会造成不利影响，他们就可能采取救济手段，从而产生争议。

【案例104[1]】对供应商不诚信行为予以记录并披露，是否属于行政处罚，是否可以提起行政诉讼

关 键 词：诚信管理／不良记录／计分披露／行政诉讼受案范围

案例要点：监管机构在处理相关案件时，不仅对供应商的违法行为予以处罚，同时对其不诚信行为予以记录，监管机构对供应商不良行为的记录行为不属于行政诉讼的受案范围。

招标投标、处罚及处理情况

2017年5月12日，安徽诚信项目管理有限公司（以下简称“诚信公司”）受采购人合肥市瑶海区教育体育局（以下简称“区教体局”）的委托，对“2017年瑶海区中小学课堂教学课桌椅采购”项目（以下简称“该项目”）进行招标。安徽某公司为投标，提供了加盖“扬州市产品质量监督检验所检验专用章”的《热固性粉末涂料检验报告》及购买全自动数控冲床、全自动数控焊接机的发票两张。当日，经评审确定安徽某公司为中标供应商。

采购人区教体局向诚信公司反映安徽某公司所提供的生产设备发票涉嫌造假，且不能提供检测报告原件。诚信公司遂向合肥市公共资源交易监督管理局（以下简称“市公管局”）反映上述问题，并提请市公管局对安徽某公司依规处理。

2017年6月8日，市公管局向扬州市产品质量监督检验所发出协查函。次日，该所回复，称安徽某公司投标时提供的《热固性粉末涂料检测报告》与该所存档信息不一致。2017年6月13日，对市公管局法定代表人莫某进行了调查，莫某承认该公司为投标所提供的生产设备发票和《热固性粉末涂料检测报告》均系该公司伪造。

2017年7月20日，市公管局分别作出处理决定及行政处罚，对安徽某公司记不良行为记录1次，记15分，累计记15分并予以披露，罚款36 923元，一年内禁止参加政府采购。

原告诉求及观点

安徽某公司对市公管局作出的处理决定不服，向安徽省合肥市包河区人民法院提起诉讼。安徽某公司认为，市公管局认定事实不清，选择性执法，不能进行公正处理。本公司参加涉案采购项目，招标文件要求标准为GB/T1950—2013，而实际正确标准为QB/T1950—2013，本次所有参与投标单位为谋求中标，均响应了招标文件的错误标准，否则不会有中标单位出现，只会是流标一种结果。针对此标准，如果本公司涉嫌违法造假，那么所有参与投标单位均涉嫌违法造假。市公管局只是对本公司进行单独处罚，实属不当，是典型的选择性执法。

---

1 案例来源：（2018）皖0111行初21号。

被告答辩及观点

被告市公管局辩称：被告是涉案公共资源交易活动项目的监督管理机构，根据《合肥市公共资源交易管理条例》第六条规定，被告对合肥市行政区域内公共资源交易实行统一监督管理，包括受理公共资源交易投诉、依法查处公共资源交易中的违法行为、建立公共资源交易信用管理制度。请求法院驳回原告的全部诉讼请求。

法院裁判及观点

法院认为，根据《合肥市公共资源交易管理条例》第六条的规定，被告作为涉案公共资源交易活动项目的监督管理机构，对合肥市行政区域内公共资源交易实行统一监督管理，包括受理公共资源交易投诉、依法查处公共资源交易中的违法行为、建立公共资源交易信用管理制度等。

本案中，市公管局作为公共资源交易监督管理机构，针对安徽某公司投标中存在的违法行为，在作出行政处罚决定之外又作出涉案处理决定，实际是行使建立公共资源交易信用管理制度的法定职责，其核心是对公共资源交易中信用管理制度的具体落实，目的是建立市场竞争主体信用信息档案，将不诚信行为以记分方式加以披露并区别，因而并非行政处罚的范畴。处理决定的作出，对安徽某公司的权利义务不产生实际影响，不属于人民法院行政诉讼的受案范围。

综上所述，裁定驳回安徽某公司的起诉。

案例评析 CASE ANALYSIS

1. 市公管局作出“记入不良记录”“计记 15 分并予以披露”的处理决定，有利于推进政府采购领域信用体系的建设

为进一步净化政府采购营商环境，全国多地正在构建政府采购信用管理体系。本案中，市公管局在处理案件时，对供应商的失信行为予以评价、记录，有利于贯彻落实公共资源交易中信用管理制度，建立诚实守信的约束机制，政府采购监管部门在行政监管职权时，同时需要注重如何通过诚信机制规范政府采购的市场。

2. 对安徽某公司记不良行为记录 1 次，记 15 分，累计记 15 分并予以披露，不属于行政处罚

市公管局作出的记录不良记录、计分并予以披露的行为是建立市场竞争主体信用信息档案，并不属于《行政处罚法》所规定的行政处罚类型。记录不良记录以及计分披露，并未对安徽某公司设定新的义务，亦未消灭其复议、诉讼及参加投标的权利，对安徽某公司的权利义务不产生实质的影响，不属于行政诉讼的受案范围。

第五节 有关诉讼期间财政部门撤销监督检查决定的争议

在行政诉讼中，财政部门会意识到自身的行政行为存在或者可能存在违法违规的情形，存在或者可能存在瑕疵，便在诉讼期间，未经法院裁判，通过财政部门自己的监督检查程序自行纠正行政行为的错误。但很多供应商并不会因财政部门的主动纠错而撤诉，还会请求法院对财政部门作出确认违法的判决。《行政诉讼法》第七十四条规定，行政行为有下列情形之一，不需要撤销或者判决履行的，人民法院判决确认违法：……被告改变原违法行政行为，原告仍要求确认原行政行为违法的；……《最高人民法院关于适用〈中华人民共和国行政诉讼法〉的解释》第八十一条第三款规定，被告改变原违法行政行为，原告仍要求确认原行政行为违法的，人民法院应当依法作出确认判决。因此，财政部门的行政行为尽管已自行撤销，法院还可对财政部门先前的行政行为判决确认违法。

【案例 105[1]】对监督检查处理决定不服提起诉讼后，财政局撤销该决定后，还要承担法律责任吗

关 键 词：诉讼期间 / 撤销监督检查处理决定 / 确认违法

案例要点：行政诉讼期间财政部门可通过监督检查程序纠正其违法行政行为，但行为相对人仍可不撤诉而请求法院对财政部门的违法行为作出确认违法的判决。

招标、投诉情况

2018 年 1 月 24 日，某县农业局对 2016 年支持规模化生产经营主体开展重大技术推广项目一标段（以下简称“该项目”）进行开标、评标，某县公证处对该活动进行现场监督公证。2018 年 3 月 26 日，招标单位某县农业局与招标代理单位北京中兴恒工程咨询有限公司给郑州万谷机械股份有限公司（以下简称“万谷公司”）发出项目中标通知书。后因南阳三农农业装备有限公司投诉，某县财政局于 2018 年 5 月 16 日作出废标的处理决定，认定万谷公司不具备合格的投标人资格要求，取消其中标供应商资格。按照《政府采购法》第三十六条规定的废标条件，该项目按废标处理。

1 案例来源：（2018）豫 1328 行初 30 号。

行政诉讼情况

万谷公司不服该处理结果,于2018年7月2日向河南省唐河县人民法院提起行政诉讼。诉讼期间，某县财政局于2018年8月27日作出财政局政府采购监督检查处理决定书，对2018年5月16日作出的废标的处理决定予以撤销，万谷公司仍请求判决确认某县财政局2018年5月16日作出的处理决定违法。

法院认为，某县财政局于2018年8月27日作出监督检查处理决定书，对2018年5月16日作出的废标的处理决定予以了撤销。废标的处理决定已不具有法律效力，万谷公司仍请求确认该处理决定违法,符合法律规定。依照《行政诉讼法》第七十四条第二款第(二)项、最高人民法院关于适用《行政诉讼法》解释第八十一条第三款之规定，判决确认某县财政局2018年5月16日作出的关于某县废标的处理决定违法。

案例评析 CASE ANALYSIS

某县农业局在诉讼期间对其之前作出的废标处理决定，通过监督检查予以撤销。一般说来，原告的诉讼目的已经达到，许多供应商会撤诉。但也有一些供应商，坚持诉讼到底，尽管财政部门已经对自己先前的行政行为予以纠正，但该违法的客观事实已经存在，法院根据《行政诉讼法》第七十四条第二款第（二）项的规定确认违法，是符合法律法规的。

CHAPTER 04

第四章

因政府采购中行政处罚而引起的争议事项

上篇第二章“争议及其处理的形式”中“追究行政责任的形式”中已经讨论了政府采购中的行政处罚的形式，即警告、罚款、没收违法所得、供应商在一年至三年内禁止参加政府采购活动、采购代理机构在一年至三年内禁止代理政府采购业务、禁止评审专家参加政府采购评审活动等。本章讨论因财政部门在政府采购中行政处罚的行为而引起的争议。政府采购中的行政处罚，是政府采购监督管理部门行政制裁的一种形式，指政府采购监督管理部门依法定职权和程序，对违反政府采购方面的法律、行政法规和行政规章尚未构成犯罪的相对人，给予行政制裁的行政行为。对于政府采购中的行政处罚，经常有人将它与政府采购中的行政处分、行政措施和行政处理相混淆，经常影响政府采购的救济。

一、政府采购中的行政处分与行政处罚

政府采购中的行政处分，是行政机关（包括财政部门及其行政机关）、监察机关或人事部门对在政府采购活动中违法违纪的公务人员依法给予的惩戒。行政处分分为警告、记过、记大过、降级、降职、开除六项，《政府采购法》中明确了“给予处分，并予通报”“依法给予处分”的规定。被行政处分的公务人员，对行政处分不服的，只能依据《公务员法》的有关规定进行申诉，而不能申请行政复议或者提起行政诉讼。

政府采购中的行政处罚，是财政部门对采购人、采购代理机构、供应商、评标委员会成员等行政相对人作出，被处罚的行政相对人如果不服，可以申请行政复议或者提起行政诉讼。

二、政府采购中的行政措施与行政处罚

政府采购中的行政措施，是财政部门根据法律、法规、行政规章以及其他规范性文件的规定，对于政府采购活动中存在的一般违法行为，决定由违法者承担的行政处罚、行政处分以外的法律责任。如“责令限期改正”“列入不良行为记录名单”“对不诚信行为予以记录并披露”等。它不在行政处罚的种类之中，对该行政措施不能申请行政复议或者提起行政诉讼。

三、政府采购中的投诉处理决定与行政处罚

政府采购中的投诉处理决定在下篇第二章内容中已经进行了讨论，它与行政处罚的区别主要有：

1. 提起的主体不同。政府采购投诉处理只能由参加政府采购活动的质疑供应商提起，其他任何单位和个人，包括采购人、采购代理机构和未参加该项政府采购活动的供应商不能提起；政府采购行政处罚，可以由任何单位和个人控告和检举，也可以由有关部门、机关履行各自职责而主动发现，从而启动行政处罚的程序。

2. 依照的程序不同。政府采购投诉处理依照《政府采购法》《政府采购法实施条例》《政府采购质疑和投诉办法》以及财政部一系列规范文件所规定的程序，包括投诉提起、投诉受理、投诉事项审查、投诉处理决定、送达与公告等程序；政府采购行政处罚依照《行政处罚法》中的实施机关、管辖、简易程序、一般程序、听证程序、处罚决定、处罚执行等程序。

3. 认定的事实不同。政府采购投诉处理认定的主要事实是，投诉事项是否成立，是否影响采购结果，合格供应商是否符合法定数量，能否从合格中标或者成交候选人中另行确定中标或者成交供应商，政府采购合同是否签订或者履行，等等。政府采购行政处罚认定的主要事实是，政府采购当事人以及政府采购评审专家是否存在《政府采购法》《政府采购法实施条例》第八章“法律责任”中以及其他行政规章中应当承担法律责任的行为，有没有依法从轻、减轻、不予行政处罚的情形。

4. 适用的依据不同。政府采购投诉处理主要以《政府采购法》《政府采购法实施条例》《政府采购货物和服务招标投标管理办法》《政府采购非招标采购方式管理办法》《政府采购信息发布管理办法》《政府采购质疑和投诉办法》以及财政部一系列规范文件为适用的依据；政府采购行政处罚除了适用上述法律、法规、行政规章中的“法律责任部分”，主要以《行政处罚法》为依据。

5. 决定的内容不同。政府采购投诉处理决定的内容主要是围绕政府采购活动是继续开展，还是责令重新开展，还是要求采购人另行确定中标或者成交供应商，还是撤销合同，还是由责任人承担赔偿责任；政府采购行政处罚决定的内容，是对政府采购当事人以及评

审专家的违法违规行为作出行政制裁的具体措施。

由于有的政府采购监督管理部门内部执法机制和督促机制不严格，少数工作人员执法意识不强，执法程序不规范，对《政府采购法》《行政处罚法》等法律、法规理解有偏差，引起争议。另一方面，有的被处罚者不能正确对待自己的违法行为，怀有侥幸心理，想钻法律的空子，也会挑起争议。

第一节 有关政府采购行政处罚适用的争议事项

由于政府采购方面涉及的主体众多，竞争激烈，利益平衡较难，就会有人“越轨”冒险，甚至违法。为了规范政府采购行为，保障和监督政府采购有效、正常进行，《政府采购法》《政府采购法实施条例》以及《政府采购货物和服务招标投标管理办法》《政府采购非招标采购方式管理办法》《政府采购质疑和投诉办法》《政府采购信息公告管理办法》等行政规章，都在“法律责任”一章对有关违法行为规定了相应的行政处罚。财政部门在行使行政处罚权力时，一方面要正确适用政府采购方面的法律、法规、行政规章，还应当正确适用《行政处罚法》的相关规定。

一、有关违法事实与处罚是否适当争议

《行政处罚法》第四条规定，行政处罚遵循公正、公开的原则。设定和实施行政处罚必须以事实为依据，与违法行为的事实、性质、情节以及社会危害程度相当。对违法行为给予行政处罚的规定必须公布；未经公布的，不得作为行政处罚的依据。政府采购方面的行政处罚，也应当公开、公正，当事人违反政府采购方面法律的行为与其所得到的处罚也应当相适应。这就是人们经常说的“过罚相当”，但如何把握并不容易。处罚过度，会伤害供应商合法权益；处罚太轻，就会成为非法行为“合理的许可证费”，等于是放纵违法。

【案例106[1]】被处罚人认为处罚明显过重，应如何处理

关 键 词：行政处罚/处罚幅度/危害程度

案例要点：供应商提供虚假材料谋取中标，财政部门应作出行政处罚。因其已经中标，导致采购人需重新开展采购活动，造成了一定的危害结果。财政部门选择中间的处罚档次

1 案例来源：（2017）川06行终85号。

并未顶格，处罚得当。

竞争性磋商及行政处罚情况

2016年11月11日，德阳市旌阳区政府采购中心举办《中国共产党旌阳历史（1921~1984）》和《汶川特大地震德阳市旌阳区抗震救灾志》印刷出版服务项目（以下简称“该项目”）竞争性磋商，确定成都某公司为该项目的成交单位。2016年11月14日，自贡市华华广告印务有限公司自贡某公司向区财政局（以下简称“区财政局”）举报成都某公司投标提交的海德堡四色印刷机购买发票涉嫌虚假。2017年1月23日，四川省国家税务局认为“代码为5100013441的四川省增值税普通发票不符合发票编码规定，不属于合法合规的增值税普通发票”。

2017年2月21日，区财政局向成都某公司作出行政处罚告知书。2017年3月3日，区财政局作出行政处罚决定书对成都某公司处以“中标、成交无效，采购金额千分之五以上千分之十以下的罚款，即0.2万元罚款，列入不良行为记录名单，禁止参加政府采购活动二年”的行政处罚。

行政诉讼一审情况

成都某公司不服，向德阳市旌阳区人民法院提起本案诉讼，请求判令撤销区财政局作出的行政处罚决定书。

原审法院认为，成都某公司与区财政局对成都某公司在该项目竞争性磋商活动中，提供虚假的增值税普通发票的基本事实没有异议。根据《行政处罚法》第三十条的规定“公民、法人或者其他组织违反行政管理秩序的行为，依法应当给予行政处罚的，行政机关必须查明事实；违法事实不清的，不得给予行政处罚”。区财政局接到举报后，对举报情况进行了调查、取证，最终确定成都某公司向区财政局提交的四川省增值税普通发票被认定为不符合发票编码规定，不属于合法合规的增值税普通发票。

区财政局依据《政府采购法》第七十七条第一款的规定“供应商有下列情形之一的，处以采购金额千分之五以上千分之十以下的罚款，列入不良行为记录名单，在一至三年内禁止参加政府采购活动，有违法所得的，并处没收违法所得，情节严重的，由工商行政管理机关吊销营业执照；构成犯罪的，依法追究刑事责任：（一）提供虚假材料谋取中标、成交的；……”之规定，对成都某公司提供虚假材料的行为作出相应处罚，符合法律规定。

区财政局根据成都某公司提供虚假材料的违法行为，对成都某公司处以“中标、成交无效，采购金额千分之五以上千分之十以下的罚款，即0.2万元罚款，列入不良行为记录名单，禁止参加政府采购活动二年”的行政处罚，符合《行政处罚法》第四条第二款“设定和实施行政处罚必须以事实为依据，与违法行为的事实、性质、情节以及社会危害程度相当”的规定。综上，区财政局对成都某公司错处的行政处罚行政行为，事实清楚、证据确凿、适用法律法规正确、程序合法、处罚得当。成都某公司请求予以撤销的理由不成立，不予支持。依照《行政诉讼法》第六十九条之规定，判决驳回成都某公司的诉讼请求。

上诉人诉求及观点

成都某公司不服一审判决，向四川省德阳市中级人民法院提起上诉称，原审法院认定成都某公司提交的设备证明材料（设备购买发票）系虚假材料属认定事实错误，成都某公司在区财政局调查过程中提供了收据、固定资产明细、设备及生产厂房照片等证据能够证明成都某公司符合采购项目要求的履约能力，且成都某公司并非出票单位，不具有鉴定发票真伪的能力，设备购买发票不符合规定不是成都某公司的过错。

另成都某公司的行为不具有主观恶意，且情节轻微，未造成危害后果，依法应当不予处罚，故区财政局对成都某公司的处罚明显过重。综上，请求二审法院：撤销原判，并依法改判撤销区财政局作出的行政处罚决定书。

被上诉人诉求及观点

区财政局答辩称，购买设备发票系虚假材料是成都某公司认可的，对成都某公司作出的行政处罚证据充分，程序正当，处罚的结果合理合法，成都某公司的上诉请求及理由不能成立，请求二审法院依法维持原判。

二审法院判决及观点

二审法院认为，该案争议焦点为：区财政局对成都某公司的行政处罚是否适当。本案中，成都某公司在政府采购活动中存在提供虚假材料的违法行为，该虚假的印刷设备（属履约设备）证明材料对本次印刷出版服务项目的中标与否显然存在影响，能够认定成都某公司提供虚假材料系为谋取中标；法律规定对提供虚假材料谋取中标、成交的给予处罚，并不以是否具有履约能力而区分；成都某公司其后获得中标，也使本次政府正常的采购活动受到较大影响（该项采购活动还需另行实施），故区财政局经正当程序，对成都某公司所作的相应处罚，符合《政府采购法》的规定，处罚幅度并无明显不当。成都某公司上诉所提其具备履约能力、情节轻微、未造成危害后果，故应不予处罚（处罚明显过重）的主张，不能成立。

综上所述，判决驳回上诉，维持原判。

案例评析 CASE ANALYSIS

1. 提供虚假材料谋取中标，属于行政处罚的情形

供应商参与政府采购活动，应保证所提供材料合法真实有效，否则应承担一定责任。如果提供虚假材料谋取中标，即使未中标，依然应受行政处罚。本案中，成都某公司提交给项目磋商小组的发票，通过四川省国家税务局明确为不符合发票编码规定，不符合合法合规的增值税普通发票。因此，区财政局认定成都某公司在响应文件中提供的设备证明材料（设备购买发票）为虚假材料，并对其提供虚假材料的行为进行处罚并无不当。

2. 处罚轻重应考虑违法行为的性质、情节以及社会危害程度等情况

实施行政处罚必须以事实为依据，与违法行为的事实、性质、情节以及社会危害程度相当。成都某公司提供虚假材料违反了法律规定，该虚假材料实质影响中标结果。成都某公司也确实获得了中标资格，使政府正常的采购活动受到较大影响，因此造成了较大的危害结果。财政部门对其在法定处罚金额范围内处以 0.2 万元罚款，列入不良行为记录名单，禁止 2 年内参与政府采购活动，选择了中间的处罚档次，并未顶格处罚，与违法行为的事实、性质、情节以及社会危害程度相当。

二、有关一事不再罚的争议

在我国，行政机关众多林立，行政处罚种类繁多、职权交叉重叠，法律规范对政府采购违法行为有可能有两种以上的行政处罚规定，“一事不再罚”原则解决是法条竞合问题，是行政处罚中的一项重要原则，其目的是防止行政机关在实施行政处罚过程中滥用职权，对行政相对人同一违法行为以同一事实理由处以几次罚款。有时某一政府采购当事人的同一违法行为，有可能同时违反两个以上的法律，且两个以上的法律都对该行为规定了相应的行政处罚，如果对同一违法行为，让几个行政机关轮番处罚，必然会侵害政府采购当事人以及评审专家的合法权益，影响行政处罚的合理性和合法性，也会损害行政机关的形象。《行政处罚法》第二十四条规定，对当事人的同一个违法行为，不得给予两次以上罚款的行政处罚。对该条规定的理解，一是对违法行为人的同一个违法行为，可能存在两次以上的行政处罚；二是同一个违法行为在实施的主体上，是同一违法行为人；三是同一个违法行为是指一个独立的违法行为而非一类违法行为；四是同一个违法行为是指一个违法事实而非一次违法事件；五是对违法行为人同一违法行为需要给予两次以上行政处罚的，不允许给予两次以上的罚款；六是对同一个违法行为，指的是该违法行为的全貌，如果违法行为人针对该行为向行政机关作了重大隐瞒并导致对该违法行为的定性和施罚产生重大影响，则行政机关在第一次处罚后可以根据新查明的事实情况对违法当事人追加处罚。

【案例107[1]】财政部门撤销原行政处罚决定重新作出，被处罚人认为违反一事不再罚原则

关 键 词：撤销行政行为 / 一事不再罚 / 行政处罚

案例要点：因发现原作出的处罚决定违法，财政部门主动纠错，撤销后重新依法作出新的处罚决定，实质上只给予了一次行政处罚，并不违反一事不再罚原则。

采购情况

2016年4月14日，采购人芜湖市公安局交通警察支队（以下简称“交警支队”）委托安徽盛唐工程项目管理有限公司（以下简称“盛唐公司”）对交警支队酒精测试仪采购项目（以下简称“该项目”）发布招标公告。招标文件对联网式酒精测试仪技术参数要求作了明确规定（以公安部检测报告为准）。芜湖某公司作为投标人参与投标，其投标文件中提交了公交检［委］第20151566号检测报告显示投标产品深圳市科运科技有限公司生产的天鹰3号。2016年5月23日，盛唐公司发布中标公告，芜湖某公司为该项目的中标单位。

行政处罚、复议情况

2016年7月1日，交警支队向芜湖市财政局（以下简称“市财政局”）发出《关于酒精测试仪项目招标情况的报告》，载明：“在与中标单位签订采购合同过程中，该中标单位无法提供招标文件中要求的所投产品的相关检测报告原件。后经我单位与公安部交通管理科学研究所联系核查发现，投标文件中的检测报告复印件与实际检测报告不符。”情况说明的内容为：我们对传真的检测报告与留存的编号为公交检［委］20151566号的检测报告进行了核查，发现“允许误差”检测项目部分实测结果数据有改动。2016年9月30日，市财政局作出财采〔2016〕682号行政处罚决定书（以下简称“682号行政处罚决定”），认定芜湖某公司投标文件中提供的检测数据被修改，根据《政府采购法》第七十七条之规定，对芜湖某公司处以取消中标供应商资格，罚款中标金额千分之五1440元的行政处罚。芜湖某公司缴纳了上述罚款。

2017年10月12日，市财政局撤销682号行政处罚决定中关于对芜湖某公司处以中标金额千分之五1440元罚款的行政处罚，并根据规定程序，重新作出对芜湖某公司的行政处罚决定。2017年12月8日，市财政局将1440元罚款退还芜湖某公司，后该公司又将该笔罚款退回市财政局。

---

1 案例来源：（2018）皖02行终122号。

2017年10月13日，市财政局作出行政处罚事项告知书。经中生安然公司申请，市财政局于2017年11月8日对拟处罚事项举行听证。2017年12月12日，市财政局作出财采〔2017〕1070号行政处罚决定书（以下简称“1070号行政处罚决定”），认定芜湖某公司在投标活动中，提供了虚假材料，根据《政府采购法》第七十七条之规定，决定对芜湖某公司处以罚款1440元，将芜湖某公司列入不良行为名单，在一年内（2017年12月22日至2018年12月21日）禁止芜湖某公司参加政府采购活动的行政处罚。

芜湖某公司不服，于2018年1月8日向芜湖市人民政府（以下简称“市政府”）申请行政复议，要求撤销市财政局作出的1070号行政处罚决定，并拒收无效投标文件。市政府维持市财政局作出的1070号行政处罚决定，驳回芜湖某公司的其他复议请求。

行政诉讼一审情况

芜湖某公司不服行政处罚决定和行政复议决定，以市财政局、市政府为被告，向安徽省芜湖市鸠江区人民法院提起诉讼。一审法院认为，根据《行政处罚法》第二十四条之规定，“一事不再罚”原则是指对当事人的同一个违法行为，不得给予两次以上罚款的行政处罚。即便按照一般法律适用规则理解，“一事不再罚”原则也应当是指同一违法行为不能给予两次以上的相同或者类似性质的行政处罚。本案中，虽然市财政局对芜湖某公司的一个违法行为作出了两次行政处罚，但是682号行政处罚决定中罚款部分已被撤销，市财政局并未对芜湖某公司进行两次罚款，682号行政处罚决定与1070号行政处罚决定的处罚性质也不相同，故市财政局作出1070号行政处罚决定并不违反“一事不再罚”原则。综上，判决驳回芜湖某公司的诉讼请求。

上诉人诉求及观点

芜湖某公司不服，向安徽省芜湖市中级人民法院提起上诉。芜湖某公司认为，案涉行政处罚违反“一事不再罚”原则，请求二审法院依法撤销一审判决，并撤销行政处罚决定书。

二审法院判决及观点

二审法院认为，虽然市财政局对芜湖某公司的一个违法行为作出了两次行政处罚，但是682号行政处罚决定遗漏处罚事项，市财政局发现后主动撤销该处罚决定，属自动纠错行为。而后市财政局再依法重新作出1070号行政处罚决定，并不违反“一事不再罚”原则。综上所述，芜湖某公司的上诉理由不能成立。原审判决认定事实清楚，程序合法，适用法律正确，依照《行政诉讼法》第八十九条第一款第（一）项之规定，判决驳回上诉，维持原判。

案例评析 CASE ANALYSIS

一事不再罚原则是对同一个违法行为，不得给予两次以上罚款的行政处罚。最初，市财政局对芜湖某公司作出取消中标供应商资格，罚款中标金额千分之五 1440 元的行政处罚。因行政处罚决定遗漏了法定处罚事项，市财政局撤销先前作出的行政处罚决定，属于主动纠错的行为，并无不当。市财政局重新依法对芜湖某公司作出处以罚款 1440 元，将芜湖某公司列入不良行为名单，在一年内禁止芜湖某公司参加政府采购活动的行政处罚，并不属于二次处罚，因第一次行政处罚撤销后自撤销之日无效，可溯及到作出之日。本案财政局主动撤销行政处罚重新作出，实质上只处罚了一次，并不存在违反一事不再罚的情形。

三、有关依法从轻、减轻或者不予处罚的争议

“过罚相当”原则是行政处罚的原则之一，是指行政处罚决定必须以事实为依据，与违法行为的事实、性质、情节以及社会危害程度相当。在政府采购活动中，只要政府采购当事人以及评审专家实施了违反应当承担法律责任的行为，非有法定免责事由，都应承担一定的行政法律责任。为了体现“过罚相当”原则，法律在设定行政处罚时，还对一些违法行为作出了从轻、减轻、不予或免予处罚的规定。根据《行政处罚法》第二十七条规定，当事人主动消除或者减轻违法行为危害后果的，受他人胁迫有违法行为的，配合行政机关查处违法行为有立功表现的，其他依法从轻或者减轻行政处罚的，都应当对其依法从轻或者减轻行政处罚。违法行为轻微并及时纠正，没有造成危害后果的，不予行政处罚。对于政府采购中的行政处罚而言，有关从轻、减轻、不予处罚的规定，可以这样理解：

从轻处罚，是指财政部门在法定的处罚方式和处罚幅度内，对行政违法的政府采购当事人以及评审专家，在法定几种可能的处罚方式内选择较低的处罚方式，或者在一种处罚方式下，在法定幅度内选择幅度的较低限进行的处罚。

减轻处罚，是指财政部门在法定的处罚方式和处罚幅度最低限以下，对行政违法的政府采购当事人以及评审专家，适用的行政处罚。

不予行政处罚，是指因有法定事由存在，财政部门对有某种违法行为的政府采购当事人以及评审专家不得适用行政处罚，如违法的政府采购当事人以及评审专家，违法行为轻微并及时纠正，没有造成危害后果的，不予行政处罚。

有的政府采购当事人因违法行为被处罚时，经常先以各种理由否认违法事实，后在证据面前不得不承认时，又以各种理由要求不予处罚，要求从轻或者减轻，从而引起形形色色的争议。

【案例 108[1]】中标人提供虚假材料谋取中标，在被立案调查前主动放弃中标，是否应当从轻处罚

关 键 词：主动放弃中标 / 危害结果 / 从轻处罚

案例要点：中标人提供虚假材料谋取中标，在立案调查前主动放弃中标，但已经造成了废标、浪费社会资源的危害结果，不得减轻或不予处罚。基于其主动配合调查、态度良好可适当从轻处罚。

招标、质疑、处罚、复议情况

重庆市政府采购中心（以下简称“市采购中心”）受采购人重庆市安全生产监督管理局（以下简称“市安监局”）委托，对2016年市安监局安全监管执法能力建设项目（以下简称“该项目”）进行公开招标，重庆某公司为该项目分包二执法取证设备的中标供应商。2017年2月16日，市采购中心对中标结果进行预公示。同月18日，陕西某公司就该中标结果提出质疑，认为中标人执法记录仪存在两项带★条款、一项非带★条款不满足招标文件要求的情况，其中包括质量、回放浏览功能和数据完整性。同月22日，重庆某公司对此作出《质疑答复函》，称所投产品为升级产品，该产品完全满足招标要求，可提供产品实物进行检测。同月27日，重庆某公司向市采购中心出具《说明》，以厂家一直未能提供执法记录仪《检验报告》原件进行查验为由，放弃成为第一中标候选人的资格。

2017年3月22日，涉案项目原评标委员会复议认定重庆某公司投标的执法记录仪不满足《招标文件》的三项技术要求，其中包括两项带★条款。2017年3月27日，采购人市安监局向市财政局来函，建议取消该项目分包二中标候选人资格，并重新组织采购。同月30日，市采购中心向市财政局作出情况说明，建议采购人根据评标委员会复核决定重新确定采购结果。因该项目分包二不满足招标文件要求，采购人市安监局决定重新采购，该项目于2017年4月5日被公告废标，至2017年11月9日重新开始招标。

根据采购人市安监局、市采购中心来函情况，市财政局认为重庆某公司在该项目中存在涉嫌提供虚假材料谋取中标的违法行为，遂于2017年4月5日立案调查。经查证，市财政局于同月18日作出并向重庆某公司送达《行政处罚告知书》，认为重庆某公司在参加涉案项目的政府采购活动中，存在为谋取中标提供虚假投标文件的行为，拟对重庆某公司处中标金额10‰的罚款，即5.59万元，并列入不良行为记录名单，三年内禁止参加政府采购活动，同时告知重庆某公司陈述、申辩的权利。

其后，重庆某公司提交《异议书》，主张重庆某公司无提供虚假材料的主观故意，并

---

1 案例来源：（2018）渝01行终490号。

及时放弃中标候选人资格，未造成损害后果，不应处罚。2017年5月18日，市财政局向重庆某公司作出《行政处罚听证告知书》载明：根据重庆某公司异议书中的陈述和提供的材料，针对重庆某公司提供虚假材料谋取中标的行为，决定拟变更处罚为罚款3万元，并列入不良行为记录名单，在一年内禁止参加政府采购活动。

市财政局于2017年7月19日作出并向重庆某公司送达《行政处罚决定书》，该决定书认定重庆某公司投标时提供虚假材料谋取中标，其行为违反《政府采购法》第七十七条第一款第（一）项、《政府采购货物和服务招标投标管理办法》（财政部令第18号）第七十四条第一款第（一）项之规定，对其处罚款3万元，并列入不良行为记录名单，在一年内禁止参加政府采购活动。

重庆某公司不服，于2017年8月3日向市政府申请行政复议。市政府决定维持市财政局作出的处罚决定。

行政诉讼一审情况

重庆某公司不服行政处罚决定、行政复议决定，以市财政局、市政府向重庆市渝北区人民法院提起诉讼，请求撤销市财政局作出的行政处罚决定及市政府作出的行政复议决定。

一审法院认为，根据查明的事实，重庆某公司按《招标文件》要求提交的公安部特种警用装备质量监督检验中心出具的《检验报告》复印件存在13处篡改，内容既涉及“★”号条款，又涉及非“★”号条款。经比对，这些篡改明显是根据该项目《招标文件》中的技术指标要求进行的针对性篡改，是为谋取中标的一种有意行为。而依据该虚假《检验报告》，重庆某公司取得了该项目分包二的中标候选人资格。重庆某公司提交虚假投标材料谋取中标的行为，扰乱了政府采购市场秩序，依法应当予以处罚。

重庆某公司主张其对《检验报告》虚假一事并不知情，且已通过向生产商核实、在公安部检测中心网站查询等多种途径对该报告的真实性进行核查，已尽到审查义务，故其无提供虚假材料谋取中标的故意，不应受到行政处罚。一审法院认为，政府采购供应商作为向各级国家机关、事业单位和团体组织提供货物、工程或服务的直接主体，本身应当具备相应的专业技术能力和审慎品格，对投标文件的真实性负责，从而保障其提供的产品或服务不会损害国家利益和社会公共利益。这是政府采购供应商的责任和义务。

本案中，重庆某公司并非投标产品的生产商，其投标的产品来源于其他市场主体。故作为政府采购的供应商，重庆某公司更应全面了解投标产品并审慎审查产品所涉材料的真实性。但重庆某公司在提交投标文件时未尽合理查验义务，在采购人提出核实要求时仍未审慎核查，在质疑人提出质疑时仍回复产品满足招标要求。直至因无法提供《检验报告》原件，重庆某公司放弃成为第一中标候选人的资格。重庆某公司的行为和表现，表明其对投标产品本身的性能和相关技术参数并不熟悉，亦未在投标前认真审慎地审查投标产品所涉文件的真实性，导致虚假《检验报告》进入招投标环节，从而造成本案采购项目被废标。故对重庆某公司的该主张，一审法院不予支持。

重庆某公司主张其知晓《检验报告》存在虚假后即放弃中标候选人资格，未造成危害后果，不应受到行政处罚。一审法院认为，《行政处罚法》第二十七条第二款规定，违法行为轻微并及时纠正，没有造成危害后果的，不予行政处罚。但如前所述，重庆某公司的违法行为存在，已严重扰乱了政府采购市场秩序，且该行为造成该项目废标，虽其放弃中标候选人资格，但不属于该条规定的免于处罚情形。

而重庆某公司在立案调查前主动放弃中标候选人资格，退出采购程序这一情节，市财政局已作为本次行政处罚的考量因素，并根据《行政处罚法》第二十七条第一款第（一）项关于主动减轻违法行为危害后果应当依法从轻或者减轻行政处罚的规定，将处罚结果减轻为罚款3万元，并列入不良行为记录名单，在一年内禁止参加政府采购活动。市财政局的量罚考量适当，符合处罚比例原则及处罚与教育相结合之目的。故对重庆某公司的该主张，不予支持。

市财政局认定重庆某公司在投标过程中提供虚假材料谋取中标的行为，对其作出的行政处罚，事实清楚、适用法律法规正确、程序合法、量罚适当。重庆某公司要求撤销被诉行政处罚决定的主张，无事实根据和法律依据，一审法院不予支持。综上，判决驳回重庆某公司的诉讼请求。

上诉人诉求及观点

重庆某公司不服一审行政判决，向重庆市第一中级人民法院提起上诉。重庆某公司认为，（1）作出行政处罚应考虑重庆某公司是否存在主观过错，且应在证据充分的情况下依法予以处罚；（2）一审判决认定事实不清，重庆某公司无谋取中标的主观故意；（3）重庆某公司对提交的投标材料已尽了足够的审慎义务，一审法院的认定过分严格。请求撤销一审判决，改判支持重庆某公司的上诉请求。

被上诉人答辩及观点

市财政局辩称：市财政局作出行政处罚依据的事实清楚、证据确凿，一审认定事实清楚市财政局作出行政处罚适用法律正确，一审判决适用法律正确。请求二审法院驳回上诉请求，维持原判。

市政府辩称，市政府作出的行政复议决定程序合法，请求二审法院驳回上诉请求。

二审法院判决及观点

首先，重庆某公司在参与政府采购招投标活动过程中，提交包含有人为造假内容的投标文件，客观事实上已符合提供虚假材料的违法情形。其次，重庆某公司投标文件中所含执法记录仪《检验报告》，是其参与政府采购招投标提交文件的核心内容，其记载的是采购招标项目所需产品设备的技术参数，对评标委员会作出评标结果具有直接影响，并且直接关系到其自身能否成功中标，故该虚假材料与政府采购招标要求内容直接相关。对于重庆某公司提出的其绝无提供虚假材料谋取中标的主观故意，且自己已尽到审慎审查义务的上诉理由。法院认为,重庆某公司参与涉案项目投标时,在其提供的投标文件中明确承诺“我方提交的所有投标文件、资料都是准确和真实的，如有虚假或隐瞒，我方愿意承担一切法律责任”。根据一审查明的事实，重庆某公司在市采购中心要求其对市安监局核实投标产品技术参数进行回应时，重庆某公司仅是出具了一份承诺书，承诺所投产品技术参数符合招标要求，但未举示任何证据证明其对有关参数进行了核实审查。且在陕西某公司提出质疑后，重庆某公司亦仅是答复其提供的产品符合招标要求，仍未举证或作出合理说明以证明其对相关技术参数文件进行了核查。该事实充分证明重庆某公司在提交招标文件过程中疏于审核，对于客观上提供虚假材料存在明显的过失。

本案中，重庆某公司作为该项目投标人，是参与本次采购的投标主体，应对投标活动中存在的违法行为承担主体责任。重庆某公司声称提供虚假材料的责任应由其他责任主体承担，但无法推脱其应承担的相应法律后果，也无法证明其“提供虚假材料”的行为中不存在“主观故意”。最后,根据重庆某公司提交的《检验报告》存在13处改动,甚至存在“128x慢进、慢退模式”这样的常识性错误的情形，以及结合重庆某公司陈述其在投标前一天晚8时左右才取得《检验报告》和技术参数这一客观情况，难以支撑重庆某公司对所提交材料的准确性、真实性已尽到审慎审查义务的辩称意见。故重庆某公司应对其没有提供虚假材料的主观故意负相应的证明责任，因此其该上诉理由不能成立，法院依法不予支持。

法院认为，本案中，由于重庆某公司提供虚假材料，其后虽自行放弃中标，但事实上已造成该项目废标，导致该采购项目在时隔7个月之后才重新启动招投标，该行为已扰乱了政府采购秩序，造成社会管理资源的浪费，其主动放弃中标亦并未消除或者减轻违法行为的危害后果。

重庆某公司的行为，不符合《行政处罚法》第二十七条第一款规定的应当依法从轻或减轻处罚和第二款规定的不予行政处罚，以及《重庆市规范行政处罚裁量权办法》第十三条规定的应当不予处罚的情形。故对于重庆某公司这一辩解理由,法院依法不予支持。综上，判决驳回上诉，维持原判。

案例评析

CASE ANALYSIS

1. 政府采购严于民间采购，提供虚假材料并非要有“谋取”的限定

政府采购不同于一般平等民事主体间的民间采购活动，其中牵涉的国家利益和社会公共利益，需要由特别法来规范和保护。为规范政府采购活动，提高政府采购资金的使用效能，必须要求供应商遵守诚实信用原则，严禁提交虚假投标材料，否则将承担严厉的行政处罚责任，甚至刑事责任。《政府采购法》第七十七条第一款（一）项所规定“供应商提供虚假材料谋取中标、成交的”，该条文中的“谋取”是对“中标、成交”的限定，而非对“提供虚假材料”的限定。因此在对此法律条文的适用上，应重点审查行为人是否具有在客观上提供虚假材料的事实。

2. 主动纠正违法行为，但违法行为已经造成危害后果的，应予行政处罚

违法行为轻微并及时纠正，没有造成危害后果的，不予行政处罚。本案由于重庆某公司提供虚假材料，其后虽自行放弃中标，但事实上已造成涉案项目废标，导致该采购项目在时隔七个月之后才重新启动招投标，该行为已扰乱了政府采购秩序，造成社会管理资源的浪费。因此，重庆某公司的违法行为已经实质导致了危害后果，不属于没有造成危害后果的情形，应当予以行政处罚。

3. 当事人主动配合、认错态度好，即使没有减轻危害后果，也可以作为从轻考量的情节

当事人主动消除或者减轻违法行为危害后果的，应当依法从轻或者减轻行政处罚。本案违法行为确实存在，重庆某公司虽自行放弃中标，但主动放弃中标的行为仍然导致整个项目废标、浪费社会资源，并没有消除或大大减轻违法行为危害后果，所以不应减轻行政处罚。但基于重庆某公司在立案调查前主动放弃，退出采购程序，属于认错态度端正、主动配合调查工作的情形，在量罚时亦应考量，可以适度从轻处罚。所以市财政局作出罚款3万元，并列入不良行为记录名单，在一年内禁止参加政府采购活动的处罚决定，是在处罚幅度内从轻处罚，量罚考量适当，处罚与违法情形相适应。

第二节　对违法事实及调查终结审查并作出决定的争议

以事实为根据，以法律为准绳，是我国一项重要的法律原则，财政部门在政府采购执法过程中也应当贯彻这一原则。具体到政府采购中的行政处罚决定，应当以政府采购当事人以及评审专家的违法行为确实存在为前提，以违法事实确已查明为基础。没有违法事实或者违法事实不清，不能对其进行行政处罚。

因此，《行政处罚法》第三十条规定，公民、法人或者其他组织违反行政管理秩序的行为，依法应当给予行政处罚的，行政机关必须查明事实；违法事实不清的，不得给予行政处罚。

这里的“违反行政管理秩序”，是指违反《政府采购法》《政府采购法实施条例》或者政府采购方面的其他法律、法规、行政规章所规定的政府采购管理秩序;这里的“依法”,是指《政府采购法》《政府采购法实施条例》或者政府采购方面的其他法律、法规、行政规章的规定，如果没有法律、法规、行政规章的明确规定，即使政府采购当事人以及评审专家违反了政府采购管理秩序,财政部门也不能对其给予任何各类的行政处罚。这里的“违法事实”，是指政府采购当事人以及评审专家违反政府采购管理秩序的事实，包括行为人的具体违法行为，以及行为人违法行为的性质、情节和社会危害程度。

财政部门要在查明违法事实且证据确凿时，才可以依法对违法的政府采购当事人以及评审专家给予行政处罚；违法事实没有查清或者证据不足的，财政部门不能作出行政处罚决定。否则，就会形成争议与纠纷，引起行政复议或者行政诉讼。

财政部门要查明政府采购当事人以及评审专家的违法行为事实，就要调查；查明事实后，就应调查终结，由财政部门负责人对调查结果进行审查，根据不同情况，作出行政处罚决定。一般包括以下程序：一是执法人员或者调查人员对案件的调查终结后，将情况报告和对案件的处理意见转财政部门法制机构审核。二是法制机构对情况报告和处理意见进行审核，发现事实不清、证据不足建议予以补充，发现违反法定程序应及时纠正，发现适用法律不适当的应依法办理。三是财政部门负责人进行审查，对事实清楚、证据确凿、适用法律正确的，即可作出行政处罚决定；也可以将即将作出的行政处罚决定的内容告知拟处罚对象，再次听取其对案件处理的陈述和申辩，如有出入应当复查;拟处罚对象无异议的，即可作出行政处罚决定。四是制作行政处罚决定书，财政部门负责人应当对行政处罚决定书签名或者盖章。根据《行政处罚法》第三十八条规定，行政机关负责人应当对调查结果进行审查，根据不同情况，分别作出决定。这里所说的不同情况，大致有四种：（1）确有应受行政处罚的违法行为的，根据情节轻重及具体情况，作出行政处罚决定；（2）违法行为轻微，依法可以不予行政处罚的，不予行政处罚；（3）违法事实不能成立的，不得给予行政处罚；（4）违法行为已构成犯罪的，移送司法机关。对情节复杂或者重大违法行为给予较重的行政处罚，行政机关的负责人应当集体讨论决定。

【案例109[1]】财政部门未查清举报事项且未经集体讨论，能否作出处罚决定

关 键 词：事实不清/重大违法行为/集体讨论/处罚决定

案例要点：未全面、客观地调查、收集证据，在现有证据不足以证明存在举报事实的情况下即作出处罚决定，属于违法事实认定不清；行政机关拟对相对人处以较大数额罚款，处罚决定应当经行政机关负责人集体讨论决定。

1　案例来源：（2016）冀0825行初27号。

采购情况

2015年8月，某县教育体育局委托某县公共资源交易中心（以下简称“交易中心”）对预算价值700万元的“班班通一体机”采购项目（以下简称“该项目”）公开招标。招投标过程中,承德某公司提供过盖有印章（复印章）为教育部教育装备研究与发展中心（以下简称“教育装备中心”）的产品监制证明：教育装备中心现与山东某公司签订监制协议，对其生产的教学设备予以监制，并承担相应的产品检测、质量跟踪及监督等职责，确保上述产品符合相关国家、行业、及企业标准。2015年10月23日的采购公告为承德某公司通过为预中标。

行政处罚、复议情况

石家庄某公司于2015年12月30日向某县财政局举报，称山东某公司在该采购项目中提供虚假材料。县财政局曾于2015年11月23日向教育装备中心发出便函，要求该中心对山东某公司出具的盖有该中心印章的“产品监制证明”是否系造假予以核实，该中心向县财政局书面进行回复说明，表明该中心从未与山东某公司签订过监制协议，也未为其开具过相应产品监制证明。

2015年12月16日，县财政局公开发布废标公告。2016年1月8日，县财政局向承德某公司邮寄送达了行政处罚告知书及听证告知书,并于2016年1月29日举行了听证会,2016年2月18日,县财政局以承德某公司在该项目中提供虚假的产品监制证明,谋取中标、成交，其行为违反了《政府采购法》第七十七条第（一）项之规定，决定对承德某公司作出罚款35 000元的行政处罚。

承德某公司不服，向某县人民政府（以下简称“县政府”）申请行政复议，县政府于2016年8月3日作出复议决定，维持县财政局的行政处罚决定。

原告诉求及观点

承德某公司不服行政处罚决定、行政复议决定，以县财政局、县政府为被告，以山东某公司为第三人向河北省某县人民法院提起行政诉讼。承德某公司诉称，县财政局作出的行政处罚认定事实不清,程序不当。(1）山东某公司与承德某公司签订针对采购项目的《制造商授权委托书》《质量保证承诺书》《售后服务承诺书》，所以承德某公司与山东某公司是委托方与被委托方的关系，山东某公司应承担一切责任，山东某公司是独立主体，应该独立承担责任。(2）山东某公司推拉黑板产品的“教育部产品监制证明”是由厂家提供给承德某公司的，并非承德某公司伪造。厂家业务人员到投标现场提供此监制证明原件经专家评委进行资格后审可以证明。(3）教育装备中心出具的公函说明没有给山东某公司出具过此监制证明，但不能证明盖公章为假公章，不能确定为假公章就不能推定提供虚假材料。（4）产品监制证明属于违反规定加分，不属于正常加分，不属于谋求不正当中标成立。县政府作出行政复议决定事实不清，程序违法。综上，请求法院查明事实依法撤销县财政局行政处罚决定书及县政府行政复议决定。

被告答辩及观点

县财政局辩称，其作出的行政处罚决定事实清楚、程序合法，适用法律正确，应当予以维持，理由如下：

承德某公司诉称“其主观不存在明知和故意，客观上没有实施明知是虚假材料而故意提供的行为，故本案原告的提供行为不具有违法性，不符合《政府采购法》关于处罚的规定……”其理由是不成立的，供应商应向采购部门提供真实有效的材料，通过公平、公正合法的方式竞争，对提供的材料保证真实有效，有核实真实性的义务。承德某公司向采购部门提供了虚假的材料，其中另一家被处罚的投标单位因此中标，后又作出废标处理，其行为扰乱了正常的采购程序，造成极环的影响，其行为违反了《政府采购法》第七十七条第（一）项的规定，应依法作出处罚。综上所述，县财政局作出的处罚决定事实清楚，程序合法得当，适用法律正确，请求法院依法予以维持。

县政府辩称，县财政局作行政处罚决定认定事实清楚、程序合法，县政府在履行行政处罚案卷书面审查、集体讨论等程序后，作出行政复议决定，维持县财政局作出的行政处罚决定。

第三人观点

（1）投标文件中的“监制证明”系业务人员通过个人关系取得，但并非伪造。所谓伪造是指通过造假技术手段，伪造或变造某单位公文或印章的行为。通过个人渠道获得与伪造是完全不同的两个概念。且“监制证明”并非国家法律法规授权的某种法定资质，只是一种民事行为，因此只要公章为真即不能视为伪造。（2）2016年5月6日，经承德市公安局物证鉴定中心鉴定，山东某公司在参与某县政府采购教育装备项目过程中提供的“教育装备中心”公章系伪造。需要特别指出的是：盖有“教育装备中心”公章的文件是两份而不是一份；其中一份是“监制证明”，而另一份是“说明函”。“监制证明”确系山东某公司业务人员提供，而另一份“说明函”并非该公司业务人员提供。（3）从“办案说明”来看，只说明有一份文件是伪造，但并未说明是“监制证明”是伪造。只有“监制证明”的真伪才是关键性的问题，“说明函”的真伪与“监制证明”的真伪无直接因果关系。如果鉴定“监制说明”伪造，我们有权利申请重新鉴定；如果鉴定“说明函”为伪造，则与我们无关。

综上所述，行政复议依据“办案说明”直接认为“监制证明”系“虚假材料”，证据不充分；“说明函”的真伪与“监制证明”两码事，更不能因此认定是“监制证明”是虚假材料。

法院判决及观点

根据《行政处罚法》第三十条规定，违法事实不清的，不得给予行政处罚。该案县财政局仅凭由教育装备中心出具的“说明”，未全面、客观地调查、收集有关证据，在无其他证据相互印证且“产品监制证明”在未经有关部门鉴定确认系虚假的情况下就据此认定承德某公司在政府采购项目中提供的系虚假材料，以谋取中标、成交，属缺乏事实依据，主要证据不足。

县财政局在对本案进行处理时，应根据行政处罚一般程序的相关规定，在接到举报人的违法行为举报线索后，应先予立案。立案是行政处罚的启动程序，然后再进行相关的调查，通过县财政局当庭提供的证据材料看，县财政局确系存在调查时间在前、立案时间在后以及立案时间在先、举报时间在后，立案时间在立案审批表与行政处罚决定叙述中相互矛盾，作出行政处罚决定后未有证据证明已经向承德某公司进行送达等违反法定程序问题。

另根据《行政处罚法》第三十八条规定，对情节复杂或重大违法行为给予较重的行政处罚，行政机关的负责人应当集体讨论决定。该案县财政局在作出行政处罚前只是由机关参加听证的人员进行了合议，而非行政机关的负责人集体讨论，该合议结果不能替代机关负责人集体讨论最后作出的决定意见，故亦应属违反法定程序。

综上，县财政局作出行政处罚决定主要证据不足，违反法定程序，法院依法应予撤销；县政府作出的行政复议决定错误的维持了县财政局作出的行政处罚决定，亦应一并予以撤销。根据《行政诉讼法》第七十条第（一）项、第（三）项之规定，判决撤销县财政局作出的行政处罚决定及县政府作出的行政复议决定，责令县财政局六个月内重新作出行政行为。

案例评析 CASE ANALYSIS

1. 行政处罚作出前，应确保所调查的事实清楚，证据确凿

行政机关对于举报的案件应查明事情，对于事实不清楚的，不得给予行政处罚。本案中，市财政局对于举报事项仅向教育装备中心进行核实。除此之外，未全面、客观地调查、收集其他证据，在无其他证据相互印证且“产品监制证明”在未经有关部门鉴定确认系虚假的情况下，就据此认定承德某公司在政府采购项目中提供的系虚假材料，以谋取中标、成交。显然，其认定事实不清楚，证据不充分，行政处罚决定不符合规定。

2. 较大数额罚款属于重大违法行为，处罚决定应当由行政机关负责人集体讨论决定

对情节复杂或重大违法行为给予较重的行政处罚，行政机关的负责人应当集体讨论决定。法律法规并未明确界定何为情节复杂或重大违法行为，但实践中属于责令停产停业、吊销许可证或者执照、较大数额罚款等需要听证的案件则归属于重大违法行为案件。本案，县财政局作出罚款35 000元的行政处罚，为较大数额罚款，应当由行政机关负责人集体讨论决定。本案，县财政局在作出行政处罚前只是由机关参加听证的人员进行了合议，而非行政机关的负责人集体讨论，该合议结果不能替代机关负责人集体讨论最后作出的决定意见，故亦应属违反法定程序。

第三节 对财政部门未让当事人享有权利的争议

《行政处罚法》第三十一条、第三十二条规定，行政机关在作出行政处罚决定之前，应当告知当事人作出行政处罚决定的事实、理由及依据，并告知当事人依法享有的权利。当事人有权进行陈述和申辩。有的财政部门认为，陈述和申辩可能会让违法行为人无理纠缠，因而不太重视这一程序性规定，这容易产生法律风险。对于违法行为人的陈述和申辩如果有理的应当复核，有事实与法律依据的应当采纳，不能认为当事人因陈述和申辩而认为是“狡辩”，去加重处罚。

一、对财政部门在处罚前未履行告知义务的争议

《行政处罚法》第三十一条，实际上是对行政处罚的不告知不处罚原则的规定，如不告知所作出的处罚无效。这就为行政机关作出行政处罚之前设定了一个告知义务。告知义务，是指行政机关在作出行政处罚之前，应当告知当事人依法享有的权利，这些权利包括：要求行政执法人员表明身份的权利，要求行政执法人员说明理由的权利，陈述权和申辩权，申请听证权，要求行政执法人员出具行政处罚决定书的权利，请求救济权，等等。程序是实体的保证，程序公正是实体公正的前提。财政部门应在作出行政处罚前应履行法定的告知义务，否则就违反法定程序。实践中，关于程序的争议大多在于告知义务未履行。

【案例110[1]】处罚前口头告知处罚事实，未告知相关权利，程序是否违法

关 键 词：告知义务 / 听证 / 程序违法

1 案例来源：（2014）綦法行初字第00086号。

案例要点：财政部门在作出行政处罚前未作出书面处罚事先告知书，仅口头告知处罚事实，未告知相关权利，则没有充分履行法定的告知义务，程序违法。

招标、处罚、复议情况

2013年11月，郑州某公司参加了重庆市某区公共资源综合交易中心，就重庆市某区公安局门楼牌采购项目（以下简称“该项目”）的公开招标，该项目的采购金额为158.2399万元。郑州某公司中标。

行政处罚、复议情况

郑州某公司被其他投标人举报提供虚假材料，经查实该公司所提供的委托代理人，在单位缴纳社会保障金的证明材料是虚假的，遂被某区财政局取消中标资格，处以1.5万元的罚款和将其列入不良行为记录名单，二年内禁止参加重庆市某区政府采购活动的处罚决定。某区财政局在作出该处罚决定前，未向郑州某公司送达行政处罚告知书，也无向该公司已口头告知了拟作出行政处罚决定的事实、理由及依据和依法享有的权利的书面记录，该公司承认在处罚前某区财政局告知对其处罚一事，但称未向某区财政局告知依法应享有的权利等事项。

郑州某公司对此不服，于2014年5月27日申请行政复议，经重庆市某区人民政府复议，维持某区财政局作出的行政处罚决定。

原告诉求及观点

郑州某公司仍不服，以某区财政局为被告，于2014年8月22日向重庆市某区人民法院提起行政诉讼。郑州某公司认为，依照行政处罚法的规定，某区财政局在作出该行政处罚前，应当告知我司作出处罚决定的事实、理由及依据，并告知我司依法应享有的陈述、申辩权，而某区财政局并未履行前述告知义务，仅口头告知了我司处罚的事情，并未告知我司所享有的权利，存在程序违法。为此，请求法院依法变更某区财政局作出的行政处罚决定书。

被告答辩及观点

某区财政局辩称，郑州某公司为了谋求中标，而在投标文件中提供虚假证明材料，属于《政府采购法》第七十七条第一款第（一）项所规定的情形，我局对郑州某公司处以本次项目采购金额1 582 399元10%以下的罚款，即15 000元，将其列入不良行为记录名单，二年内禁止参加重庆市某区政府的采购活动，符合该条款的规定；而决定取消郑州某公司对该项目的中标资格，则是按该条第二款的规定作出的；依照《行政处罚法》第四十二条第一款和《重庆市行政处罚听证程序规定》第三条的规定，我局作出的该行政处罚，不属于必须听证的范围，因此，我局未告知郑州某公司听证权利的情况并未违法。综上，我局《行政处罚决定书》，证据充分、程序合法，应当依法予以维持。

法院判决及观点

法院认为，按照《行政处罚法》第三十一条、第三十二条和《重庆市行政执法基本规范（试行）》第三十条、第七十六条的规定，某区财政局在对郑州某公司拟作出行政处罚前，应当告知作出行政处罚决定的事实、理由及依据和依法享有的权利，并送达行政处罚告知书，但某区财政局未履行该法定程序，致某区财政局对郑州某公司所作出的该行政处罚决定，程序违法，应依法予以撤销。依照《行政诉讼法》第五十四条第（二）项第3目之规定，判决撤销某区财政局作出的行政处罚决定书。

案例评析 CASE ANALYSIS

1. 行政机关仅口头告知处罚事实，但未告知相关权利，则未充分履行告知义务

行政机关在作出行政处罚决定之前，应当履行告知义务，即告知当事人作出行政处罚决定的事实、理由及依据，并告知当事人依法享有的权利，从而充分保障当事人陈述和申辩权。某区财政局在作出该处罚决定前，未向郑州某公司送达行政处罚告知书，虽然口头告知了处罚事实，但并未告知当事人所享有的权利等，未充分的履行告知义务，违反法定程序。根据行政诉讼法的规定，法院应撤销某区财政局作出的处罚决定，并可以责令其重新作出。

2. 不属于应当听证的范围，未告知听证不违法

行政机关作出责令停产停业、吊销许可证或者执照、较大数额罚款等行政处罚决定之前，应当告知当事人有要求举行听证的权利。本案，某区财政局对郑州某公司罚款1.5万元。罚款数额是否属于较大数额应根据各地区的具体规定。《重庆市行政处罚听证程序规定》第三条规定，较大数额罚款，是指对非经营活动中的违法行为处以1000元以上，对经营活动中的违法行为处以20 000元以上罚款。本案招投标行为属于经营活动，1.5万元罚款不是较大数额罚款，不包括在应该听证的情形中。所以，某区财政局未告知郑州某公司听证权利的并未违法。

二、对财政部门未充分听取当事人意见的争议

在当事人依法享有的程序性权利中，最重要的是对陈述权和申辩权。陈述，就是有关当事人对行政机关所称存在的违法行为是否存在，行政机关认定是否符合事实发表意见；申辩，就是当事人对自己的行为是否有过错，是属于故意还是过失，是否构成违法，处罚

是否合法进行辩解。对陈述权和申辩权，《行政处罚法》第六条、第三十二条、第四十一条专门作出规定：公民、法人或者其他组织对行政机关所给予的行政处罚，享有陈述权、申辩权。当事人有权进行陈述和申辩。行政机关必须充分听取当事人的意见，对当事人提出的事实、理由和证据，应当进行复核；当事人提出的事实、理由或者证据成立的，行政机关应当采纳。行政机关不得因当事人申辩而加重处罚。拒绝听取当事人陈述和申辩的，行政处罚决定无效。这里要重点掌握的有，一是行政机关作出行政处罚前，当事人随时可以提出陈述和申辩；二是行政机关对当事人的陈述和申辩必须充分听取；三是行政机关对当事人提出的事实、理由和证据必须依法处理，先进行复核，如果成立应当采纳；四是行政机关不得因当事人申辩而加重对其的处罚，无论其申辩是否成立，态度是好是坏，都不能加重处罚。

【案例 111[1]】未听取陈述、申辩即作出行政处罚，是否违反程序

关 键 词：陈述申辩权 / 告知 / 行政处罚不成立

案例要点：财政部门对不履行政府采购合同的中标人作出《通报》，但实质内容为行政处罚，因未履行行政处罚的告知、听取当事人陈述申辩等程序，处罚未成立。

招标、处罚情况

2015 年 8 月 5 日，蚌埠市商务和外事局在蚌采商城发布台式计算机和笔记本电脑的采购信息（以下简称“该项目”），蚌埠某公司于 2015 年 8 月 6 日在蚌埠市采购商城经过竞价后中标。2015 年 8 月 10 日，蚌埠市商务和外事局致函蚌埠市公共资源交易监督管理局（以下简称“市公共资源交易监管局”）称，该项目因中标单位蚌埠某公司不能按型号和技术参数提供所采购设备，现申请取消上述两个采购项目。

市公共资源交易监管局根据采购人蚌埠市商务和外事局反映的问题，以蚌埠某公司低价中标后又不能履约供货，导致采购人采购目的不能实现，严重不守诚信为由，依据《关于印发蚌埠市政府采购网上商城管理办法的通知》第十四条第五款和《政府采购年度保证金协议书》第七条第三款之规定，于 2015 年 9 月 7 日作出蚌公共资源局《关于对蚌埠某公司进行处理的通报》。内容为：没收蚌埠某公司 1 万元诚信保证金，记不良行为记录，即日起暂停其一年参与蚌采商城报价资格，并予以公示。该通报于当日在蚌公共资源交易网发布。

1 案例来源：（2016）皖 0303 行初 2 号。

原告诉求及观点

蚌埠某公司不服，遂向安徽省蚌埠市蚌山区人民法院提起诉讼。蚌埠某公司诉称：中标后，蚌埠某公司组织货源有关事宜，与蚌埠市商务和外事局在法律规定的范围内进行协商和沟通，双方达成共识，没有违反有关法律法规的规定。2015年9月7日，市公共资源交易监管局以蚌埠某公司中标后不能按照中标结果进行履约为由，下达处罚通报，违反了有关法律法规的规定。故请求法院撤销该通报，并审查规范性文件的合法性。

被告答辩及观点

市公共资源交易监管局辩称：《蚌埠市政府采购网上商城管理办法》是根据《政府采购法》、《政府采购法实施条例》及《全国政府采购管理交易系统建设总体规划》并结合蚌埠市实际情况制定的，符合法律规定。蚌埠某公司于2015年8月6日下午，经过竞价后低价中标，之后未按约定供货。市公共资源交易监管局经调查认定，蚌埠某公司作为政府采购的供应商，其明知自己没有采购人所采购的商品且无法按时提供所采购的商品，却主动投标报价要求供应，低价中标后又不能履约供货，导致采购人采购目的不能实现，严重不守诚信。请求法院查明事实，依法驳回蚌埠某公司的诉请。

法院裁判及观点

法院认为，根据《政府采购法》的相关规定及《安徽省公共资源交易监督管理办法》第五条和第六条的规定，该案的市公共资源交易监管局有权制定《蚌埠市政府采购网上商城管理办法》，并对本辖区的网上采购违法者作出处罚决定，蚌埠某公司提出对该管理办法进行合法性审查，并未提出不合法的理由，经审查，该管理办法内容既不违反法律、法规及部门规章之强制性规定，也不存在不合理之处，蚌埠某公司提出此管理办法不合法的诉请不予支持。

市公共资源交易监管局依照《蚌埠市政府采购网上商城管理办法》对蚌埠某公司作出的关于对蚌埠某公司进行处理的通报，该处理通报具有处罚内容，属于对蚌埠某公司的行政处罚，市公共资源交易监管局作出行政处罚应当按照《行政处罚法》的规定进行。但市公共资源交易监管局作出该处理通报仅根据蚌埠市商务和外事局的函，未履行听取当事人陈述、申辩，亦未履行听证及告知拟处罚决定等必经的法定程序，属于程序不合法。

综上所述，判决撤销市公共资源交易监管局对蚌埠某公司进行处理的通报，驳回蚌埠某公司的其他诉讼请求。

案例评析 CASE ANALYSIS

行政机关及其执法人员在作出行政处罚决定之前，未向当事人告知给予行政处罚的事实、理由和依据，或者拒绝听取当事人的陈述、申辩，行政处罚决定不能成立，即行政处罚决定对当事人没有约束力。本案市公共资源交易管理局对蚌埠某公司作出关于对蚌埠某公司进行处理的通报，虽然形式为通报，但其实质内容为对蚌埠某公司进行处罚。因此，应当履行行政处罚的法定程序。同时，行政机关在作出影响公民、法人及组织权益的决定前，都应当履行一定的告知义务，听取其陈述和申辩，确保程序正当。

第四节 对财政部门进行行政处罚一般程序的争议

行政处罚的程序分为简易程序和一般程序。简易程序，又称当场处罚程序，是指具备法定条件的情形下，由行政执法人员当场作出行政处罚决定，有时还可以当场执行。政府采购方面的行政处罚，几乎都没有当场处罚的情形，只能适用一般程序，而不适用简易程序。一般程序，又称普通程序，是指除法定适用简易程序和听证程序的以外，行政处罚通常所适用的程序。一般程序有以下特征：一是程序要求高，比简易程序严格、复杂，在时间顺序、环节内容、证据要求上，都有具体的法律规定。二是从适用范围广，除法律有特别规定的以外，一般都适用一般程序，即适用简易程序和听证程序以外的，都适用一般程序；而适用听证程序的，除听证环节之外，也是适用一般程序，当事人不要求听证的，也是适用一般程序。一般程序包括下列环节：（1）立案，即对认为有违法行为发生，该行为应受行政处罚，属于本部门管辖，不适用简易程序处理的，应予立案；（2）调查，即对案件进行全面、客观、公正的调查，收集证据，依法进行检查、询问，制作笔录；（3）处理决定，即在调查终结后，对于情节复杂或者重大违法案件给予较重的行政处罚，行政机关负责人应当集体讨论，根据不同情况，分别作出决定；（4）告知，即告知当事人作出行政处罚决定的事实、理由和证据，告知当事人依法享有的权利；（5）当事人陈述和申辩，即听取他们的意见，进行复核，如成立应予以采纳；（6）制作行政处罚决定书，载明法定事项，加盖印章；（7）送达、执行。下面是行政处罚一般程序流程：

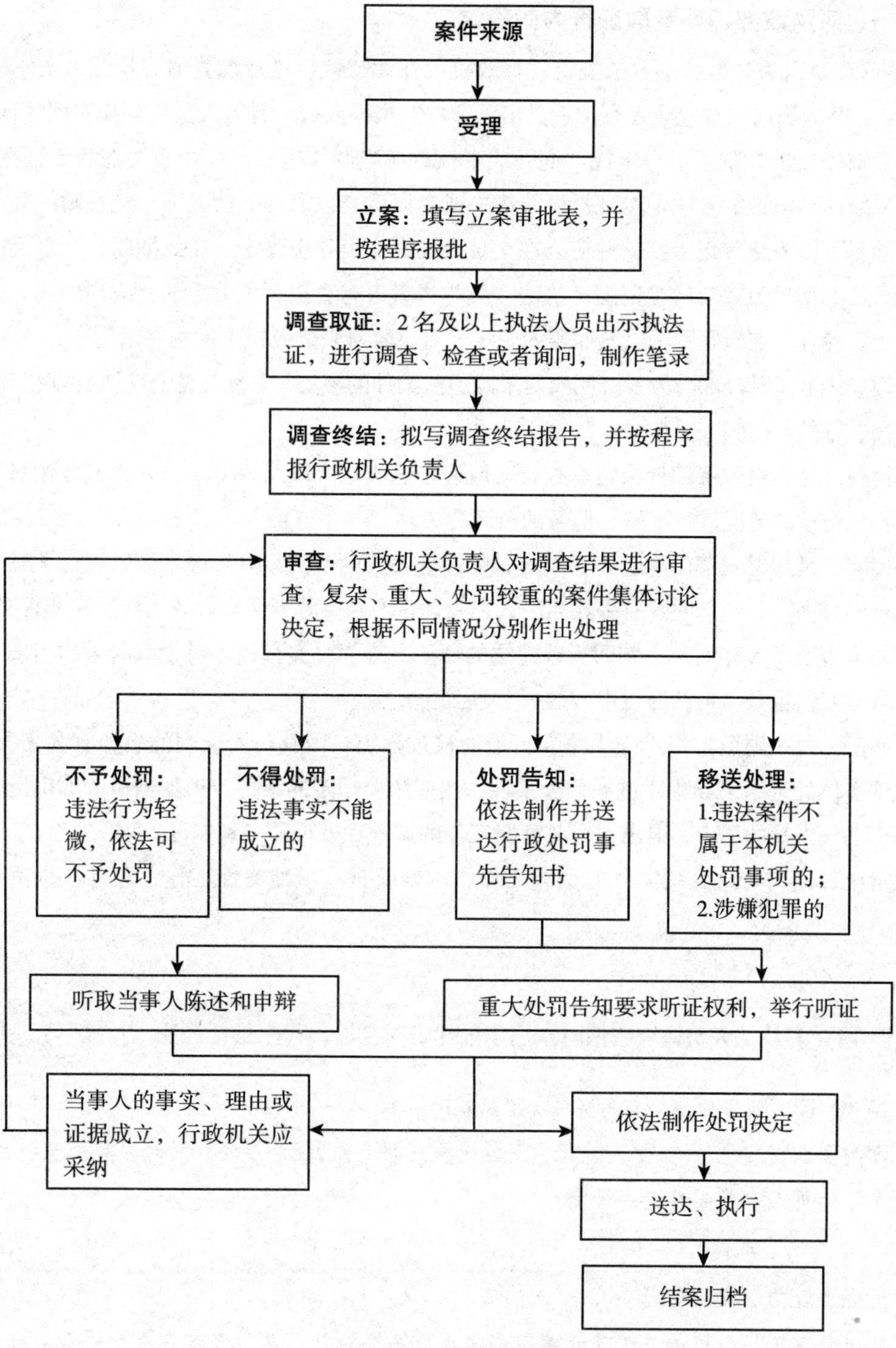
案件来源
受理
立案：填写立案审批表，并按程序报批
调查取证：2名及以上执法人员出示执法证，进行调查、检查或者询问，制作笔录
调查终结：拟写调查终结报告，并按程序报行政机关负责人
审查：行政机关负责人对调查结果进行审查，复杂、重大、处罚较重的案件集体讨论决定，根据不同情况分别作出处理
不予处罚：违法行为轻微，依法可不予处罚
不得处罚：违法事实不能成立的
处罚告知：依法制作并送达行政处罚事先告知书
移送处理：1.违法案件不属于本机关处罚事项的；2.涉嫌犯罪的
听取当事人陈述和申辩
重大处罚告知要求听证权利，举行听证
当事人的事实、理由或证据成立，行政机关应采纳
依法制作处罚决定
送达、执行
结案归档

行政处罚一般程序流程

一、对财政部门调查取证行为的争议

《行政处罚法》第三十七条规定，行政机关在调查或者进行检查时，执法人员不得少于两人，并应当向当事人或者有关人员出示证件。当事人或者有关人员应当如实回答询问，并协助调查或者检查，不得阻挠。询问或者检查应当制作笔录。行政机关在收集证据时，可以采取抽样取证的方法；在证据可能灭失或者以后难以取得的情况下，经行政机关负责人批准，可以先行登记保存，并应当在7日内及时作出处理决定，在此期间，当事人或者有关人员不得销毁或者转移证据。执法人员与当事人有直接利害关系的，应当回避。这是对调查、检查、询问等程序以及回避的规定。对于政府采购处罚中的程序来说：

调查，是指财政部门为了查明政府采购违法案件的事实，查获违法行为人并获得证据，而依法进行的专门调查工作。

检查，是指财政部门依法定职权，对政府采购当事人以及评审专家是否遵守法律、法规和行政规章的情况进行了解、监督的行政行为。

询问，是指财政部门为了查明政府采购违法案件的事实，对有关知情人进行了解并予以记录的行为。其中询问政府采购当事人以及评审专家，对于证实行政违法事实非常必要，能够弄清事实的具体情节，判明行政违法的性质，查明真实真相。对于政府采购当事人以及评审专家，也是为自己进行申辩的一个机会。

回避，是指财政部门工作人员在行使职权过程中，因其与所处理的事务有利害关系，为保证实体处理结果和程序进展的公正性，按照法律规定的条件，根据当事人的申请或财政部门工作人员的请求，退出对行政处罚案件的调查和处理的一种制度。

财政部门对行政处罚案件的调查工作，本来就是一项冲突性工作，极易产生争议与纠纷。

【案例112[1]】执法人员调查案情时未出示证件表明身份，程序是否合法

关 键 词：调查取证/表明身份/回避制度

案例要点：行政机关工作人员调查案件时未表明身份，程序违法。同时因其未表明身份，影响了被处罚人申请回避权的行使。

招标、处罚、复议情况

某市经济贸易学校委托天津众韬投资咨询有限公司就“某市经济贸易学校食品加工实

1 案例来源：（2019）京02行终575号。

训基地设备采购项目”（以下简称“该项目”）招标。2017 年 11 月 30 日，天津某公司向某市财政局（以下简称“市财政局”）以中标供应商的报价明显低于其他通过符合性审查的投标人的报价投诉。在投诉案件办理过程中，市财政局发现天津某公司的投标文件中三份北京中大华远认证中心（以下简称“认证中心”）颁发的认证证书疑似造假。通过在国家认证认可监督管理委员会网站认证认可业务信息统一查询平台查询，三份认证证书均显示无对应的认证信息。2018 年 1 月 2 日，天津某公司向市财政局提交了《投诉函撤销申请书》。2018 年 1 月 3 日，认证中心书面回函，表明其从未给天津某公司颁发过前述三份证书。

2018 年 1 月 26 日，市财政局作出《行政处罚事项告知书》，载明拟作出行政处罚决定的事实、理由及依据，并告知天津某公司陈述申辩的权利。2018 年 2 月 1 日，认证中心为天津某公司颁发了质量、环境、职业健康安全管理体系三份认证证书。2018 年 2 月 2 日，天津某公司向市财政局提交《申辩函》。2018 年 2 月 13 日，市财政局对申辩意见进行了复核并于 2018 年 3 月 4 日通过合法性审查委员会的审查。

2018年3月12日，市财政局对天津某公司作出行政处罚决定（以下简称“该处罚决定”），主要内容为：天津某公司在参与政府采购活动中提供虚假材料的行为，属于《政府采购法》第七十七条第一款第（一）项规定的提供虚假材料谋取中标、成交的情形。根据《政府采购法》第七十七条第一款的有关规定，作出如下处罚决定：罚款 5598.5 元，列入不良行为目录名单，禁止一年内参加政府采购活动。

2018 年 4 月 28 日，复议机关收到天津某公司的行政复议申请。2018 年 6 月 26 日，复议机关作出该复议决定，维持了市财政局作出的该处罚决定。

原告诉求及观点

原告天津某公司诉称，（1）市财政局虽然依据认证中心书面确认函等材料认定天津某公司投标文件中的认证证书均为虚假材料，但其并未搜集和掌握天津某公司“明知”上述证书为虚假材料的证据，该处罚决定的主要证据不足。（2）在某市经济贸易学校食品加工实训基地设备采购项目的招标文件中，未有任何关于认证的要求，天津某公司“无意”中添加涉案认证证书，并无以此谋取中标的主观故意，该处罚决定适用《政府采购法》第七十七条第一款的规定属于适用法律错误。（3）市财政局作出该处罚决定时未向被处罚人告知办案人员姓名，剥夺了被处罚人提出回避的权利，且收集的证据未经被处罚人确认和质证，影响陈述申辩权，属程序违法。（4）被处罚人天津某公司是在举报他人违法行为时被市财政局进行了行政处罚，该处罚决定打击了社会公众对违法行为进行举报的积极性，降低了行政机关对违法行为的发现率，对社会公平公正造成负面影响，该处罚决定明显不当。(5)复议机关所作该复议决定事实认定错误，未区分“用于投标”和“谋取中标”的区别，且对该处罚决定调查过程中市财政局的程序违法问题没有纠正。综上，市财政局作出的该处罚决定和复议机关作出的该复议决定，主要证据不足，适用法律错误，程序违法，请求法院判决撤销该处罚决定和该复议决定。

被告答辩及观点

市财政局辩称，第一，天津某公司作为投标主体，应依法对投标文件的真实性负责，其将不真实的认证证书作为资质文件附在投标文件中，作为证明专业技术能力的材料，已经构成提供虚假材料谋取中标的违法事实。第二，2018年1月26日，市财政局作出《行政处罚事项告知书》，将处罚事实、依据以及陈述、申辩权利向天津某公司进行告知，后对其申辩意见进行复核，认为理由不能成立。2018年3月12日，市财政局作出该处罚决定。第三，案件办理中，天津某公司未提出回避申请，市财政局也没有发现执法人员存在应当回避的情形。综上，市财政局作出的该处罚决定认定事实清楚，证据确凿，适用依据正确，程序合法，请求法院驳回天津某公司的诉讼请求。

法院裁判及观点

对于天津某公司认为市财政局未提交完整的投标文件，该处罚决定证据不足的主张，法院不予支持。法院认为：根据查明的事实，市财政局在调查中与天津某公司的工作人员进行过一次电话沟通并进行了录音，该录音音频及文字记录均未体现市财政局向天津某公司工作人员表明调查人员身份，且在后续程序中亦无办案执法人员身份的相关证明材料。从证据内容上看，电话录音涉及市财政局向天津某公司工作人员询问认证证书的真伪问题，应属对相关违法事实进行的调查，而市财政局在答辩期内未能提供证据证明其调查行为以及后续的行政处罚相关程序符合《行政处罚法》第三十七条第一款的规定，属于程序违法。《行政处罚法》第三十七条第三款规定，执法人员与当事人有直接利害关系的，应当回避。法院认为，虽然对于被处罚人是否有申请回避的权利，未见明确规定。但是，回避制度是行政程序的基本制度，目的是避免办案人员由于与案件或案件的当事人有某种利害关系，保证案件的公正办理，确保案件的当事人受到公平的对待，是公平、公正原则在行政程序中的制度体现。因此，行政相对人认为处理案件的行政机关工作人员有法律规定的回避情形时，在行政程序结束之前依法可向有权限的行政机关提出要求该行政机关工作人员回避处理该案的请求。该案中，天津某公司作为被处罚人依法具有要求执法办案人员回避的权利，对于其认为市财政局在行政处罚调查中未告知执法人员身份，影响其行使申请回避权利的主张，法院予以支持。综上，法院判决撤销市财政局行政处罚决定和复议机关行政复议决定书。

案例评析 CASE ANALYSIS

1. 行政机关执法人员在调查或检查时，应出示证件表明身份

行政机关在调查或者进行检查时，执法人员不得少于两人，并应当向当事人或者有关人员出示证件。本案中，市财政局在调查时与天津某公司的工作人员进行过一次电话沟通并进行了录音，该录音音频及文字记录均未体现市财政局向天津某公司工作人员表明调查人员身份，且在后续程序中亦无办案执法人员身份的相关证明材料。因此，电话录音涉及询问认证证书的真伪问题，应属对相关违法事实进行的调查，而市财政局工作人员未表明身份，属于程序违法。

2. 被处罚人有申请行政机关工作人员回避的权利

执法人员与当事人有直接利害关系的，应当回避。虽然法律法规未明确规定由谁申请回避。但从回避制度的目的来看，该制度是为了避免办案人员由于与案件或案件的当事人有某种利害关系，保证案件的公正办理，确保案件的当事人受到公平的对待，是公平、公正原则在行政程序中的制度体现。因此，行政相对人认为处理案件的行政机关工作人员有法律规定的回避情形时，在行政程序结束之前依法可向有权限的行政机关提出要求该行政机关工作人员回避处理该案的请求。本案，天津某公司作为被处罚人依法具有要求执法办案人员回避的权利，市财政局在行政处罚调查中未告知执法人员身份，影响其行使申请回避权利。

二、对财政部门行政处罚决定书送达的争议

《行政处罚法》第四十条规定，行政处罚决定书应当在宣告后当场交付当事人；当事人不在场的，行政机关应当在七日内依照民事诉讼法的有关规定，将行政处罚决定书送达当事人。有关送达的问题，已经在本书下篇第二章有关投诉处理决定送达中讨论，与行政处罚决定书的送达相类似，不再赘述。

【案例113[1]】财政部门打电话让被处罚人领取决定书，从而送达超期，程序是否违法

关 键 词：送达方式/超期/程序违法

案例要点：财政部门打电话要求被处罚人亲自领取决定书，后被处罚人领取了决定书时已超过法定期限。财政部门采取非法定方式送达且超期，程序违法。

1 案例来源：(2018)京01行初835号。

招标、投诉、处罚、复议情况

2017年5月，某采购中心就某大学昌平新校区云服务平台采购项目（以下简称“该项目”）进行招标，北京某公司等多家公司竞标，同年6月采购中心进行评审，北京某公司中标，中标金额为158.98万元。2017年8月3日，该项目某竞标人就涉案采购项目向财政部门提交《投诉书》。同年8月4日，财政部门作出《提出答复通知书》，并于同年8月8日向北京某公司送达。北京某公司收到上述《提出答复通知书》后，向财政部门提交了相关的情况说明以及生产厂家出具的说明等。同年12月14日，财政部门作出投诉处理决定书，认定投诉人关于北京某公司投标产品不满足招标文件要求的“支持NFC面板”的投诉事项成立，涉案采购项目中标无效。同日，财政部门作出行政处罚事项告知书，告知北京某公司拟对其进行处罚的事实、依据及结论，并告知北京某公司其享有的陈述和申辩的权利。

同年12月25日，北京某公司向财政部门提交了《行政处罚听证申请书》，并提交了《行政处罚陈述申辩书》。北京某公司辩称，其在提供系统集成服务环节将通过支持NFC功能的数据读取面板模块插入服务器主板或USB接口上，来实现服务器支持NFC面板。北京某公司在投标文件中未对相关内容进行详细描述，存在不足，但其投标产品满足“支持NFC面板”，并非虚假应标。

2018年2月14日，财政部门作出行政处罚决定。该决定书的主要内容为：财政部门在依法对“某大学昌平新校区云服务平台采购项目”（以下简称“该项目”）投诉处理过程中，发现涉案采购项目招标文件的要求包含“支持NFC面板”的内容，北京某公司投标文件“投标货物技术规范偏离表”在响应时删除了该部分内容，不但没有明示，而且在偏差栏标示无偏差，存在较强的主观故意。同时，在财政部门调查期间，北京某公司也未能证明投标产品满足该项要求。诚实信用原则是政府采购的基本原则之一，供应商应如实响应招标文件的要求。上述行为明显违反了政府采购诚实信用原则，属于《政府采购法》第七十七条第一款第（一）项规定的“提供虚假材料谋取中标”的情形。北京某公司听证及相关申辩理由均不成立。根据《政府采购法》第七十七条第一款第（一）项的规定，财政部门决定对北京某公司作出罚款7949元，列入不良行为记录名单，一年内禁止参加政府采购活动的行政处罚。

北京某公司不服行政处罚决定，于2018年3月16日向复议机关申请行政复议。2018年5月10日，复议机关作出行政复议决定，决定维持行政处罚决定。

原告诉求及观点

北京某公司不服财政部门作出的行政处罚决定及复议机关行政复议决定，向北京市第一中级人民法院提起行政诉讼称：行政处罚决定程序违法。行政处罚决定的调查取证并非由财政部门的工作人员进行，而是由财政部门法律顾问单位北京市齐致律师事务所的工作人员进行。财政部门作出行政处罚决定到送达的时间超过了16天，即便扣除春节法定假期，亦超过了8个工作日，应认定行政处罚决定超期违法。综上，行政处罚决定及行政复议决定认定事实不清，适用法律错误，程序违法。北京某公司请求法院判决撤销行政处罚决定及行政复议决定。

被告答辩及观点

财政部门辩称：关于送达行政处罚决定书的问题，财政部门于2018年2月14日作出行政处罚决定，于同年2月27日电话通知北京某公司领取，北京某公司于同年3月2日当面领取了行政处罚决定书，没有超过法定期限。综上，请求法院判决驳回北京某公司的全部诉讼请求。

法院裁判及观点

《行政处罚法》第四十条规定，行政处罚决定书应当在宣告后当场交付当事人；当事人不在场的，行政机关应当在7日内依照民事诉讼法的有关规定，将行政处罚决定书送达当事人。该案中，财政部门于2018年2月14日作出行政处罚决定，同年3月2日北京某公司签收。其中，法定节假日应予扣除。但至北京某公司签收时，亦已超出上述法律规定的送达期限。财政部门在庭审中主张其于同年2月27日曾电话通知北京某公司到财政部门处领取行政处罚决定书，但财政部门向法院提交该电话记录证据的时间已经超过举证期限，且电话通知亦不属于法定送达程序或法定送达形式。在此情况下，财政部门延迟送达行政处罚决定的行为，虽对北京某公司权利未产生实际影响，但仍构成程序轻微违法。北京某公司关于行政处罚决定超期送达程序违法的诉讼主张，法院予以支持。

复议机关收到北京某公司提出的行政复议申请后，依法履行了行政复议职责，并无不当。但行政处罚决定送达程序存在轻微违法情形，行政复议决定对于行政处罚决定的合法性作出的认定存在错误，故法院依法应予撤销。北京某公司关于撤销行政复议决定的诉讼请求，法院予以支持。

综上，财政部门作出的行政处罚决定认定事实清楚、适用法律正确，财政部门作出行政处罚决定的程序轻微违法对北京某公司权利不产生实际影响，法院依法确认行政处罚决定违法。基于此，法院一并判决撤销行政复议决定。鉴于法院已对行政处罚决定的合法性进行判定，行政复议决定被撤销后，复议机关无需重新作出复议决定。法院判决，确认财政部门作出的行政处罚决定书违法，撤销复议机关作出的行政复议决定。

案例评析

CASE
ANALYSIS

行政处罚决定书的送达依照《民事诉讼法》的规定。民事诉讼法规定的送达方式有直接送达、留置送达、电子送达、委托送达、公告送达。打电话要求相对人亲自取决定书不是法定的送达方式。2018 年 2 月 27 日，财政部门工作人员电话通知被处罚人领取决定书非法定的送达方式，视为当时未送达。后被处罚人于 2018 年 3 月 2 日当面领取了处罚决定书，而行政处罚决定的作出时间为 2018 年 2 月 14 日，去除春节假期，已经超过了 7 日，属于超期送达，程序违法。

第五节 对财政部门听证程序的争议

听证，是指行政机关在作出重大的、影响相对人权利义务关系的决定之前，举行由全部利害关系人参加，听取当事人陈述、申辩和质证，然后再视情作出行政决定的一种程序。其目的在于弄清事实、发现真相，有效保障行政相对人的合法权益。《行政处罚法》第四十二条第一款规定：行政机关作出责令停产停业、吊销许可证或者执照、较大数额罚款等行政处罚决定之前，应当告知当事人有要求举行听证的权利；当事人要求听证的，行政机关应当组织听证。当事人不承担行政机关组织听证的费用。听证依照以下程序组织：（1）当事人要求听证的，应当在行政机关告知后三日内提出；（2）行政机关应当在听证的七日前，通知当事人举行听证的时间、地点；（3）除涉及国家秘密、商业秘密或者个人隐私外，听证公开举行;（4）听证由行政机关指定的非本案调查人员主持;当事人认为主持人与本案有直接利害关系的，有权申请回避；（5）当事人可以亲自参加听证，也可以委托一至二人代理;（6）举行听证时，调查人员提出当事人违法的事实、证据和行政处罚建议；当事人进行申辩和质证；（7）听证应当制作笔录；笔录应当交当事人审核无误后签字或者盖章。从以上规定可以看出：（1）听证的范围，是只适用于拟作出重大处罚的行政案件；（2）要求听证的权利应当告知；（3）听证的前提是当事人申请；（4）组织听证是行政机关的义务；（5）听证除法定原因外，公开举行；（6）听证由行政机关非本案调查人员主持，当事人有权申请回避；（7）听证时由调查人员与当事人进行论辩；（8）当事人可亲自参加也可以委托他人代理，笔录交当事人审核签章。

【案例114[1]】听证组成人员有财政部门以外的人，听证时间不符合规定，且同时适用政府采购法与招标投标法，如此作出的行政处罚决定合法吗

关 键 词：行政处罚 / 听证程序 / 听证人员 / 听证时间 / 适用法律

案例要点：政府采购工程类项目，采用招标方式，应适用《招标投标法》及实施条例，不得再同时适用《政府采购法》。财政部门组织听证，听证的时间、方式、人员等应符合相关规定，否则程序违法。

行政处罚情况

2016年9月，四川宏捷招标代理有限公司接受雅安市某区人民政府授权，对“省道105线雅安至上里至邛崃××段灾后重建升级改造工程（一期）PPP项目（第三次）”（以下简称“该项目”）进行公开招标。2016年11月28日，经过公开招标投标，某路桥公司中标。该项目采购金额约为3亿元。

因路桥公司在该项目投标中涉嫌弄虚作假，2017年5月17日，某区财政局对路桥公司进行了立案调查。调查认定路桥公司在投标过程中存在隐瞒部分诉讼事实，违反投标承诺。2017年5月27日，某区财政局向路桥公司送达了《行政处罚事项告知书》《陈述申辩、举证告知书》以及《听证告知书》。2017年5月28日，路桥公司向某区财政局提交了《延期提交书面陈述申辩及相关证据申请书》和《听证申请书》。2017年7月27日，某区财政局举行了听证。

2017年8月21日，某区财政局作出《行政处罚决定书》，依据《政府采购法》第七十七条第（一）项、《招标投标法》第五十四条之规定对路桥公司作出以下处罚：（1）取消路桥公司在该项目中的中标资格，其中标、成交无效；（2）对路桥公司罚款3 000 000元；（3）禁止路桥公司在三年内参加政府采购活动，并于2017年8月22日向路桥公司送达。

行政诉讼一审情况

路桥公司不服某区财政局对其作出的行政处罚决定，向四川省某县人民法院提起诉讼。

一审法院认为，本案争议的焦点主要是：路桥公司在投标过程中的行为是否足以认定其中标无效并处罚；某区财政局对路桥公司作出的处罚是否恰当。

《政府采购法》第四条规定，政府采购工程进行招标投标的，适用招标投标法；《政府采购法实施条例》第七条规定，政府采购工程以及与工程建设有关的货物、服务，采用招标方式采购的，适用《招标投标法》及其实施条例；采用其他方式采购的，适用政府采购

1　案例来源：（2018）川18行终58号。

法及本条例。该项目属于采用招标投标方式采购的工程，因此，本案适用《招标投标法》及其实施条例的规定。

路桥公司在投标过程中的行为是否足以认定其中标无效并处罚。本案中，某区财政局以隐瞒“重大诉讼、违反投标承诺”为由对路桥公司作出处罚。路桥公司认为所谓“重大诉讼”应当是涉及金额占公司最近一期经审计净资产绝对值10%以上的诉讼才属于“重大诉讼”，而本案中某区财政局所述的其他几起诉讼均未达到此标准。本案涉及的招标文件第七章表5“重大诉讼”须知“(1) 投标人应提供在过去三年中已经结束或正在履行的合同引起的诉讼或仲裁信息；(2) 投标人若虚假响应，将导致投标保证金将不予退还，已中标的取消中标资格”，结合路桥公司在投标文件中披露的争议金额为836 889.50元的劳务纠纷案件信息可知，路桥公司在进行投标的时候是充分理解了招标文件中“重大诉讼”的含义，并进行了部分披露，但并未按照招标文件的要求将过去三年中涉及的诉讼案件信息和执行案件信息进行全面披露，违反了招标文件的相关要求。因此，对路桥公司认为未披露的诉讼信息及执行信息不属于“重大诉讼”的诉称理由，依法不予支持。路桥公司的行为足以认定其中标无效并予以处罚。

某区财政局对路桥公司作出的处罚是否恰当。按照《招标投标法》第五十四条规定，路桥公司在投标过程中隐瞒部分“重大诉讼”事实的行为已经违反投标文件的规定，该行为亦符合“以其他方式弄虚作假”的情形，但尚未构成犯罪，因此，某区财政局据此对路桥公司作出一、二项的处罚并无不当。本案中，路桥公司在投标过程中确实存在“以其他方式弄虚作假”的情形，但并不存在“情节严重”的情形，因此某区财政局在路桥公司并无“情节严重”的情形下对其作出“禁止路桥公司在三年内参加政府采购活动”的处罚明显不当。

综上所述，路桥公司在该项目投标过程中隐瞒诉讼事实、违反招标文件约定的行为属实，某区财政局据此对路桥公司作出处罚证据确凿、充分，程序合法，但部分处罚明显不当。

据此，原审法院依照《行政诉讼法》第七十条“行政行为有下列情形之一的，人民法院判决撤销或者部分撤销，并可以判决被告重新作出行政行为：……（六）明显不当的”之规定，判决：撤销某区财政局《行政处罚决定书》中“……3.禁止路桥公司在三年内参加政府采购活动……”的处罚。

上诉人诉求及观点

路桥公司不服一审判决，向四川省雅安市中级人民法院提起上诉。路桥公司认为：（1）依照《招标投标法实施条例》和雅安市人民政府《关于严格规范国家投资工程建设项目招标投标工作的意见》的相关规定，原审判决关于某区财政局具有作出具体行政行为主体资格的认定错误。(2)依照《深圳证券交易所股票上市规则》(2014年修订)、《深圳证券交易所创业板股票上市规则》(2014年修订)、《上海证券交易所股票上市规则》(2014年修订)、《全国中小企业股份转让系统挂牌公司信息披露细则(试行)》的相关规定,原审判决关于路桥公司隐瞒重大法律诉讼、违反投标承诺应予处罚的认定错误。(3)依照《行政处罚法》《财政机关行政处罚听证实施办法》《四川省行政处罚听证程序规定》的相关规定,原审判决对路桥公司提出的行政处罚程序违法的诉讼请求及证据不予评判,直接认定行政处罚程序合法,严重违反了法律规定。(4)依照《行政处罚法》第四条、《四川省财政行政处罚自由裁量权规范》的相关规定,原审判决未撤销某区财政局对路桥公司作出的中标无效并罚款300万元的行政处罚,于理不合,于法无据。综上,原审判决错误认定主体资格以及案件事实,且对程序违法问题不予评判,请求撤销原审判决书,改判撤销某区财政局作出的《行政处罚决定书》。

被上诉人答辩及观点

某区财政局辩称:(1)该项目属于采用招投标方式采购的工程,依照《招标投标法实施条例》第四条第二款、《政府和社会资本合作项目政府采购管理办法》第二十三条的相关规定,原审判决认定某区财政局有依法查处案涉采购活动中违法违规行为的职权,事实清楚,适用法律正确。(2)路桥公司未按照案涉《招标文件》的要求提供其在过去三年中已经结束或正在履行的合同引起的诉讼,其引用上市规则关于重大诉讼的规定并不适用于本案,原审判决认定某区财政局的行为足以认定其中标无效并予以处罚,认定事实清楚,适用法律正确。(3)原审判决对某区财政局作出的行政行为的程序、合法性、合理性进行了审查,并予以认定某区财政局对路桥公司作出的处罚证据确凿、充分,程序合法。综上,请求二审法院驳回路桥公司的上诉,维持原审判决。

法院裁判及观点

关于行政处罚适用法律是否正确的问题。某区财政局作出案涉行政处罚决定书依据的是《政府采购法》第七十七条第(一)项和《招标投标法》第五十四条。可见,前述两条法律的规定有相似之处,但又不完全一致,属同类型的规定,从处罚的严厉程度来看,前者更重于后者。结合《政府采购法》与《招标投标法》的立法侧重点来看,后者主要规定的是民事责任,前者除规定民事责任外还规定了行政责任,后者在程序设计、管理要求、法律责任等方面严于前者。按照《政府采购法》第四条规定,政府采购工程进行招标投标的,适用招标投标法。为此,《政府采购法》第七十七条第(一)项和《招标投标法》第五十四条规定的监督管理主体、调整对象、法律责任等方面存在明显区别。某区财政局在作出案涉行政处罚时同时适用《政府采购法》第七十七条第（一）项和《招标投标法》第五十四条属适用法律错误。

关于行政处罚程序是否合法的问题。按照《财政机关行政处罚听证实施办法》第九条规定，财政机关应当在收到当事人听证要求之日起20日内组织听证，并在听证的7日前将《财政行政处罚听证通知书》送达听证参加人。本案中，路桥公司于2017年5月28日向某区财政局提交了《延期提交书面陈述申辩及相关证据申请书》《听证申请书》，某区财政局于2017年6月1日作出同意路桥公司延期十五日（2017年6月3日至17日）提交书面陈述申辩及相关证据的《通知书》，路桥公司于2017年6月1日作出陈述申辩，某区财政局于2017年7月17日作出《行政处罚听证通知书》、2017年7月27日举行听证。虽路桥公司申请了延期，但仅申请延期提交书面陈述申辩及相关证据，并未提交听证延期的申请且某区财政局只同意延长至2017年6月17日。某区财政局庭后提交的《关于延长行政处罚期限的请示》即延长期限为2017年7月16日至8月29日，结合路桥公司于2017年5月28日便提交的《听证申请书》，第一次延长至2017年6月17日，而第二次延期针对处罚期限，起止时间为2017年7月16日至8月29日，延期并不连续，也不是针对听证事项的延期，两次延期间隔近一个月，且第二次延期也并未有证据证明告知了路桥公司。另外，按照《四川省行政处罚听证程序规定》第十二条规定，行政机关根据需要，可以指定1~2名本机关内部的非本案调查人员担任听证员，协助听证主持人组织听证。经查，本案听证程序中，听证员由两名非某区财政局机关内部的人员组成，听证组成人员不合法。综上，路桥公司于2017年5月28日提交了《听证申请书》，而某区财政局在2017年7月27日才举行听证，违反了前述应当在收到当事人听证要求之日起20日内组织听证的规定且听证组成人员不合法，行政处罚听证程序违法。

综上所述，某区财政局作出行政处罚时适用法律错误，程序违法，原审判决适用法律错误，二审依法应予以纠正。依照《行政诉讼法》第八十九条第一款第（二）项的规定，判决撤销一审判决，撤销某区财政局《行政处罚决定书》。

案例评析

CASE ANALYSIS

1.《政府采购法》与《招标投标法》的适用应视具体采购项目而定

《政府采购法》第七十七条第（一）项和《招标投标法》第五十四条规定的监督管理主体、调整对象、法律责任等方面存在明显区别：

《政府采购法》第七十七条第（一）项规定，供应商有下列情形之一的，处以采购金额千分之五以上千分之十以下的罚款，列入不良行为记录名单，在一至三年内禁止参加政府采购活动，有违法所得的，并处没收违法所得，情节严重的，由工商行政管理机关吊销营业执照；构成犯罪的，依法追究刑事责任：提供虚假材料谋取中标、成交的；……供应商有前款第一至五项情形之一的，中标、成交无效。

《招标投标法》第五十四条规定，投标人以他人名义投标或者以其他方式弄虚作假，骗取中标的，中标无效，给招标人造成损失的，依法承担赔偿责任；构成犯罪的，依法追究刑事责任。依法必须进行招标的项目的投标人有前款所列行为尚未构成犯罪的，处中标项目金额千分之五以上千分之十以下的罚款，对单位直接负责的主管人员和其他直接责任人员处单位罚款数额百分之五以上百分之十以下的罚款；有违法所得的，并处没收违法所得；情节严重的，取消其一年至三年内参加依法必须进行招标的项目的投标资格并予以公告，直至由工商行政管理机关吊销营业执照。

某区财政局在作出案涉行政处罚时同时适用《政府采购法》第七十七条第（一）项和《招标投标法》第五十四条属适用法律错误。具体应适用哪部法律，应根据采购项目而定。

2. 本项目是 PPP 项目采购，应依据《政府采购法》追究法律责任

根据财政部《政府和社会资本合作项目政府采购管理办法》（财库〔2014〕215 号）第二条、第二十三条、第二十四条规定，PPP 项目采购，是指政府为达成权利义务平衡、物有所值的 PPP 项目合同，遵循公开、公平、公正和诚实信用原则，按照相关法规要求完成 PPP 项目识别和准备等前期工作后，依法选择社会资本合作者的过程。各级人民政府财政部门应当加强对 PPP 项目采购活动的监督检查，依法处理采购活动中的违法违规行为。PPP 项目采购有关单位和人员在采购活动中出现违法违规行为的，依照政府采购法及有关法律法规追究法律责任。

3. 本案听证程序违法

路桥公司于 2017 年 5 月 28 日提交了《听证申请书》，而某区财政局在 2017 年 7 月 27 日才举行听证，违反了前述应当在收到当事人听证要求之日起 20 日内组织听证的规定。听证组成人员由非某区财政局机关内部的人员组成，听证组成人员不合法。因此，该行政处罚的听证程序违法。

第六节 有关因政府采购投诉行为被处罚引起的争议

供应商认为采购文件、采购过程、中标或者成交结果损害自己合法权益，经质疑对答复不满意或者采购人、采购代理机构未依法答复的，可以向财政部门投诉。这是供应商的一个权利。但是，在政府采购实践中，这一权利经常被少数供应商滥用，捏造事实投诉者有之，提供虚假材料投诉者有之，以非法手段取得证明材料投诉者有之。这些行为不仅侵

害他人的合法权益，而且影响政府采购的顺利进行，干扰财政部门的监督管理。为了制止这种现象泛滥，《政府采购法实施条例》第七十三条规定："供应商捏造事实、提供虚假材料或者以非法手段取得证明材料进行投诉的，由财政部门列入不良行为记录名单，禁止其1至3年内参加政府采购活动。"《政府采购质疑和投诉办法》第三十七条规定，投诉人在全国范围12个月内三次以上投诉查无实据的，由财政部门列入不良行为记录名单。投诉人有下列行为之一的，属于虚假、恶意投诉，由财政部门列入不良行为记录名单，禁止其1至3年内参加政府采购活动：捏造事实；提供虚假材料；以非法手段取得证明材料。证据来源的合法性存在明显疑问，投诉人无法证明其取得方式合法的，视为以非法手段取得证明材料。这里的"捏造事实"，是指无中生有编造、谎称某一事实与情节，或者掩盖真相、歪曲事实作违背客观事实的陈述的行为。这里的"提供虚假材料"，是指伪造、变造有关材料进行投诉的行为。这里的"以非法手段取得证明材料"，是指采取窃取、欺骗、诱惑、威胁、胁迫、强迫、抢夺等非法手段取得证明材料。以上述非法手段进行投诉，损害了政府采购当事人的合法权益，干扰了正常的政府采购争议处理，破坏了政府采购供应商救济制度，应当追究他们的法律责任。

【案例115[1]】供应商质疑、投诉时使用的证据材料是非法获取的，应当受到什么行政处罚

关 键 词：非法手段／录音文件／证据材料

案例要点：供应商提出质疑和投诉使用的录音文件，未能充分证明其获取该材料的合法途径，属于非法获取，应对其作出相应的行政处罚。

招标投标、行政处罚情况

上海海关委托某机电公司代理上海海关金关工程二期上海青浦核心应用处理节点机房建设采购项目（以下简称"该项目"）。2015年9月2日，某机电公司发布该项目招标公告。2015年10月8日，该项目开标、评标，并于同年10月10日发布中标公告。

2015年10月11日，上海某公司认为该项目评标过程违法违规，向某机电公司提出质疑后，于2015年11月10日向财政部提出投诉，并提交该项目评标现场录音文件。2016年1月20日，财政部作出投诉及监督检查处理决定，决定该项目中标结果的产生过程存在违法行为，责令重新开展采购活动。

2016年2月29日，财政部收到某机电公司的举报材料，其举报上海某公司对该项目提出质疑和投诉时使用的证据材料是非法获取的，违反《政府采购法实施条例》第七十三

1 案例来源：（2017）京行终2805号。

条之规定，要求财政部予以处罚。收到举报后，财政部启动对该项目的监督检查程序。

同年3月16日，财政部收到上海某公司的回复函，其中称，上海某公司投诉某机电公司所涉现场录音光盘系某评标知情人士认为评标现场不公正，事后主动提供给上海某公司销售人员（已离职），在质疑函中上海某公司提供录音仅作为招标代理机构调查评标过程的线索。上海某公司称，其中提供了涉案技术人员的相关信息，但对于某产品供应商及相关电话记录的信息，称因时间较长记不清楚，故无法提供。同年6月16日，上海某公司再次向财政部提交回复函，其中提供了收到涉案评标现场录音光盘的上海某公司销售人员的信息，并表示该销售人员已经离职。经电话沟通，该销售人员表示其系通过匿名邮件收到的涉案评标现场录音文件并交给上海某公司。对此，上海某公司表示请求财政部进行调查核实。

2016年7月26日，财政部作出行政处罚事项告知书，告知上海某公司，其在投诉时使用了本应对上海某公司保密的现场录音材料，对员工获取该证明材料手段的合法性，上海某公司应当承担举证责任，上海某公司应对员工以非法手段获得证据材料的行为承担法律责任，拟依据《政府采购法实施条例》第七十三条之规定，作出将上海某公司列入不良行为记录名单，1年内禁止参加政府采购活动的行政处罚，并告知了上海某公司有权进行陈述和申辩。

同年8月10日，财政部向上海某公司寄交该告知书，上海某公司于同年8月12日签收，并于同日向财政部提交申辩书，不认可财政部拟作出的处罚决定。同年8月29日，财政部作出被诉处罚决定，并于同年9月5日寄交上海某公司。

行政诉讼一审情况

上海某公司不服被诉处罚决定，以财政部为被告，起诉至北京市第一中级人民法院。一审法院认为，《政府采购法实施条例》第七十三条规定，供应商捏造事实、提供虚假材料或者以非法手段取得证明材料进行投诉的，由财政部门列入不良行为记录名单，禁止其1年至3年内参加政府采购活动。据此，供应商以非法手段取得证据材料进行投诉的，财政部门可以将其列入不良行为记录名单，禁止其1年至3年内参加政府采购活动。

本案中，上海某公司认为该项目评标过程违法违规，向财政部提出投诉，并提交该项目评标现场录音文件。从该录音文件记载的内容来看，其涉及评标现场的诸多细节，属于应当保密的材料，且上海某公司并不属于该保密材料的知情人范围。上海某公司以保密材料进行投诉，构成上述规定所指的以非法手段取得证明材料进行投诉之情形，财政部据此作出将上海某公司列入不良行为记录名单，1年内禁止参加政府采购活动的被诉处罚决定并无不当。上海某公司对此提出的异议理由不能成立，不予支持。

综上所述，被诉处罚决定认定事实清楚，适用法律正确，程序合法，应予支持。上海某公司提出的要求撤销被诉处罚决定等诉讼主张缺乏事实及法律依据，不予支持。据此，依照《行政诉讼法》第六十九条的规定，判决驳回上海某公司的诉讼请求。

上诉人诉求及观点

上海某公司不服一审判决，向北京市高级人民法院提起上诉称：

（1）一审判决缺乏事实依据，并无证据证明上海某公司有"非法手段取得证明材料进行投诉"的行为。上海某公司投诉提供的录音材料是"线索"而非"证据"，更谈不上财政部所称的"以非法手段取得"的"证明材料"。而且，上海某公司已对涉案录音材料的来源进行了合理的说明，不能仅因上海某公司持有该材料就主观武断认定上海某公司必然是非法取得。（2）一审判决缺乏法律依据。按照《政府采购法实施条例》第七十三条的规定，只有捏造事实、提供虚假材料或者以非法手段取得证明材料进行投诉的，才可以进行处罚。财政部并无证据证明上海某公司捏造事实、提供虚假材料或者以非法手段取得证明材料，不应适用该条规定。而且，对于录音材料来源的合法性与否的举证责任，应当在财政部。上海某公司"持有""存在非法取得可能性的证据"行为，不应被扩大解释从而认定为构成法律意义"以非法手段取得"的法律适用条件。（3）上海某公司向财政部提供录音材料目的是揭露投标过程中的违法行为，并未造成任何的社会危害后果。上海某公司提供的投诉线索是有效的，被证明是真实的，财政部也依法对违法者给予了查处。因此，上海某公司的投诉属于立功行为，退一步而言，即便存在些许不当之处，也应当免于相关的行政处罚。综上，请求二审法院撤销一审判决，撤销被诉处罚决定。

被上诉人答辩及观点

财政部辩称：（1）被诉处罚决定认定事实清楚、证据确凿，适用法律依据正确。投标供应商不参与评标，不应知悉涉及评审过程的相关情况，更不应获取评标过程录音文件。上海某公司将其本不应获取的评标现场录音文件作为其投诉事项的证据材料提交，又无法明确回应录音文件来源，也不能给出相应合法解释，认定为"供应商以非法手段取得证明材料进行投诉"，合法有据。（2）被诉处罚决定的作出符合法定程序。财政部发现上海某公司的投诉材料获取过程存在以非法手段获取的可能，向上海某公司进行调查，让其对材料合法来源进行说明并举证。随后，向上海某公司发送《行政处罚事项告知书》，详细告知上海某公司拟作出行政处罚的原因、事实依据、法律依据和处罚内容以及其陈述、申辩权利，程序合法。（3）上海某公司的上诉理由不能成立。涉案录音材料来源明显不合法，上海某公司以其取得的来源不合法的证明材料用于投诉，构成"以非法手段取得证明材料进行投诉”的法定情形。综上，请求二审法院驳回上诉，维持一审判决。

法院裁判及观点

法院认为，对于财政部在本案中的监管职责和被诉处罚决定作出程序的合法性，上海某公司并无异议，法院经审查对其予以确认。本案的争议焦点，是上海某公司的行为是否符合“以非法手段取得证明材料进行投诉”的情形，以及将上海某公司列入不良行为记录名单并禁止其1年内参加政府采购活动是否存在明显不当。对此，法院从以下四个方面来进行分析：

（1）涉案录音材料属于证明材料且上海某公司不属于合法知情人范围。上海某公司是否是涉案录音材料的知情人范围，是判断被诉处罚决定是否合法的带有前提性的事实问题。本案中，上海某公司作为投标供应商，未参与评审过程，不应当知悉采购项目的评审情况。涉案录音资料展现的是项目评审现场情况，对上海某公司而言，属于“严格保密”“不得泄露”的范围，即上海某公司不属于涉案录音资料的知情人范围。上海某公司对此并不持有异议，法院也以此事实作为展开后续分析论证的事实基础。此外，上海某公司还提出其投诉提供的录音材料是“线索”而非证明材料的主张。对此法院认为，从语义上看，证明材料是指据以佐证观点的物质或资料。上海某公司在提出质疑和投诉时认为招标评标存在违纪违规的情形，侵害了其合法权益，并以涉案录音材料作为佐证，财政部认定其属于“证明材料”并无不当。而且，即使涉案录音材料是财政部进一步展开调查的“线索”，也并没有改变该录音材料作为上海某公司投诉“证明材料”使用的性质和地位。因此，对上海某公司认为涉案录音材料并非投诉证明材料的主张，法院不予支持。

（2）上海某公司对涉案录音材料来源的合法性应当承担说明和证明责任。本案中，上海某公司据此认为财政部并无证据证明其以非法手段取得证明材料，并主张被诉处罚决定缺乏事实依据。但是，行政诉讼证据规则与行政程序证据规则虽有紧密联系，却也有质的区别。行政诉讼奉行被告负举证责任规则，并不意味着在行政程序中，行政机关不能让行政相对人就其涉嫌违法的行为承担说明责任并提供排除其涉嫌违法行为的相应证据。特别是对于本案而言，涉案录音材料依法属于需要严格保密的范围，上海某公司并非合法知情人，财政部门在调查上海某公司是否存在非法手段获取证明材料的时候，行政程序举证责任分配更具有一定的特殊性。应当说，上海某公司如何获取其依法不应知悉的证明材料以及获取渠道是否合法正当，无疑上海某公司本身最清楚、最了解，因而，不论在法理上，还是在事理抑或常识上，上海某公司对其涉嫌以非法手段获取证明材料的行为，既有合理说明和提供相应证据的能力，更有合理说明和提供相应证据的义务；财政部门在行政程序中告知上海某公司就其涉嫌以非法手段获取证明材料行为进行说明并要求其提供排除其涉嫌违法行为证据，上海某公司在有义务也有能力就此进行说明并提供相应证据的情况下，如果无正当理由拒不说明并提供相应证据或者提供的证据不足以排除其违法嫌疑的，应当作出对上海某公司不利的认定。本案中，财政部在行政程序中依法保障了上海某公司陈述、申辩和提交证据的权利，先后两次向上海某公司发送《调查取证通知书》，要求上海某公司就其获取涉案录音材料的渠道和方式进行说明并提供相应证据。上海某公司答复认为涉案证明材料系知情匿名人士通过匿名邮件的方式提供给其已离职的员工，具体情况需要财政部进行调查核实。上海某公司的该答复并不足以让人信服其系以合法手段获取涉案录音资料，且在行政程序中亦未向财政部提供可以进一步调查取证的有效线索。因此，财政部据此认定上海某公司以非法手段获取涉案录音资料并无不当。上海某公司认为其已对涉案录音材料来源进行合理说明并据此认为财政部认定其以非法手段获取证明材料缺乏事实依据的主张，依法不能成立，法院不予支持。

（3）上海某公司投诉事项成立与财政部对其违规投诉行为进行规制属于不同性质的法律关系。投诉人以非法手段取得证明材料进行投诉的，不论投诉事项成立与否，既要依法驳回其投诉，还要依法制裁其恶意投诉行为，两者性质并不相同，不可混淆。也就是说，财政部门对以非法手段取得证明材料进行投诉的行为进行规制，与投诉事项本身成立与否没有直接关系。本案中，上海某公司以非法手段获取的涉案录音资料进行投诉，财政部门在对该投诉予以驳回的基础上，经过调查认定该项目中标结果的产生存在违法行为并决定责令重新开展采购活动，又基于他人举报对上海某公司恶意投诉的行为进行调查和处罚，二者并不矛盾，亦无不当。因此，上海某公司认为其投诉行为成立且没有社会危害后果因而不应予以处罚的主张，缺乏法律依据，法院不予支持。

（4）被诉处罚决定对上海某公司的处罚并不存在明显不当的地方。本案中，上海某公司不属于涉案录音材料的合法知情人范围，且上海某公司对其持有该材料并据此进行投诉不能进行合理说明，财政部认定其构成以非法手段取得证明材料进行投诉并将其列入不良行为记录名单，符合法律规定，并无不当。当然，上海某公司的投诉虽然被依法驳回，其恶意投诉行为本身也应当受到法律的否定性评价，但其在一定程度上毕竟为涉案政府采购项目的后续监管提供了线索，财政部也正是以上海某公司投诉为基础开展调查并作出了责令重新开展采购活动的决定，有效维护了政府采购法律秩序，因此，财政部对上海某公司进行行政处罚有必要考虑该因素。对此财政部陈述认为，正是鉴于上述情况，才在《政府采购法实施条例》第七十三条规定的“禁止其 1~3 年内参加政府采购活动”范围内，酌定禁止上海某公司 1 年内参加政府采购活动，并据此作出被诉处罚决定。可以看出被诉处罚决定并不存在明显不当的情形，因此对财政部作出被诉处罚决定中的合理裁量，法院依法应予支持。对于上海某公司认为自己存在立功行为并提出应当免予处罚的主张，法院不予支持。

综上所述，被诉处罚决定合法有据，裁量亦无不当，一审判决驳回上海某公司的诉讼请求正确，法院应予维持；上海某公司的上诉请求缺乏法律依据，法院不予支持。据此，依照《行政诉讼法》第八十九条第一款第（一）项的规定，判决驳回上诉，维持一审判决。

案例评析 CASE ANALYSIS

1. 评标现场录音资料属于保密材料，供应商不属于知情人

《政府采购法实施条例》第四十条第一款规定，政府采购评审专家应当遵守评审工作纪律，不得泄露评审文件、评审情况和评审中获悉的商业秘密。修改前与修改后的《政府采购货物和服务招标投标管理办法》都规定，招标采购单位（采购人、采购代理机构）“应当采取必要措施，保证评标在严格保密的情况下进行”。这里的“遵守评审工作纪律”和“保证评标在严格保密的情况下进行”，不仅是对政府采购评审专家和采购人、采购代理机构的要求，也是为所有政府采购当事人与评审活动参与人所确立的义务。政府采购评审专家不得泄露评审文件、评审情况和评审中获悉的商业秘密，同时评标亦在严格保密的情况下进行的。评标过程中的录音资料反映了整个评标过程，属于应严格保密的材料。上海某公司认为该项目评标过程违法违规，向财政部提出投诉，并提交该项目评标现场录音文件。从该录音文件记载的内容来看，其涉及评标现场的诸多细节，属于应当保密的材料，且上海某公司并不属于该保密材料的知情人范围。

2. 供应商应对其获取录音资料的行为合法性承担一定的举证责任，否则承担不利后果

行政机关作出行政行为应当遵循“先取证、后裁决”的法定程序，在诉讼程序中理当由行政机关对被诉行政行为合法性承担举证责任。因此，《行政诉讼法》第三十四条第一款的规定，被告对作出的行政行为负有举证责任，应当提供作出该行政行为的证据和所依据的规范性文件。一般情况下，行政机关相比较行政相对人，在诉讼程序中举证能力更强。但是，在本案中上海某公司是直接取得录像资料的相对人，其对获取的情况理应比财政部更清楚。行政诉讼由被告负举证责任规则，并不意味着在行政程序中，行政机关不能让行政相对人就其涉嫌违法的行为承担说明责任并提供排除其涉嫌违法行为的相应证据。上海某公司对其涉嫌以非法手段获取证明材料的行为，既有合理说明和提供相应证据的能力，更有合理说明和提供相应证据的义务。本案中，财政部先后两次向上海某公司发送《调查取证通知书》，上海某公司答复认为涉案证明材料系知情匿名人士通过匿名邮件的方式提供给其已离职的员工，具体情况需要财政部进行调查核实。上海某公司的该答复并不足以让人信服其系以合法手段获取涉案录音资料，且在行政程序中亦未向财政部提供可以进一步调查取证的有效线索。因此，无充分证据证明上海某公司合法获取了录音文件。财政部门对其处罚并无不当。应当注意的是，对上海某公司决定行政处罚时，《政府采购质疑和投诉办法》（财政部令第 94 号）尚未施行，该办法施行后，上海某公司的举证责任是非常明确的。该办法第三十七条第二款第（三）项规定，以非法手段取得证明材料。证据来源的合法性存在明显疑问，投诉人无法证明其取得方式合法的，视为以非法手段取得证明材料。

3. 投诉人非法手段取得证明材料进行投诉，应当承担相应的法律责任

诚实信用原则，是《政府采购法》的基本原则之一，政府采购当事人都应遵循。当事人以非法手段获取证明材料并进行投诉，不论其事实是否存在，投诉事项是否成立，都是违背诚实信用原则的，也是对政府采购公平公正秩序的一种破坏。如果允许以非法手段获得的材料作为投诉的证据，虽然可能对财政部门查清案件事实有所帮助，但这却是以破坏法律秩序和社会诚信以及侵害其他主体合法权益为代价的，可以说是得不偿失。因此，《政府采购法实施条例》第五十七条第一款规定，投诉人捏造事实、提供虚假材料或者以非法手段取得证明材料进行投诉的，财政部门应当予以驳回。对于投诉人以非法手段取得证明材料进行投诉的情形，在法律后果上绝不仅仅在于投诉被驳回，投诉人还需要承受法律制裁，这既是义务与责任相匹配所必须，也是维护政府采购法律秩序的需要，还是塑造社会诚实信用的必然要求。对此，《政府采购法实施条例》第七十三条专门设置了相对应的法律责任。

4. 非法手段取得证明材料进行投诉，应列入不良行为记录名单并禁止其 1~3 年内参加政府采购活动

根据《政府采购法》《政府采购法实施条例》《政府采购质疑和投诉办法》的相关规定，投诉人对投诉事项并不需要承担提供充分、确凿证据的举证责任，财政部门在投诉处理期间，可以依照有关规定要求采购人、采购代理机构提供投诉人无法掌握的证据，事实上形成了举证责任倒置。投诉人投诉时，只要提供必要的证明材料、涉及投诉事项的具体情节和线索，即可以由财政部门调查。投诉人通过非法手段去获取证明材料，完全是画蛇添足，偷鸡不着蚀把米。非法手段取得证明材料进行投诉的，由财政部门列入不良行为记录名单，禁止其 1 至 3 年内参加政府采购活动。本案综合考虑上海某公司违法行为的性质、情节以及社会危害程度，以及财政部作出裁量的考量因素，决定将上海某公司列入不良行为记录名单，并禁止其 1 年内参加政府采购活动，合法合理。

CHAPTER 05

第五章

有关政府采购信息公开的争议事项

《政府采购法》第三条规定："政府采购应当遵循公开透明原则、公平竞争原则、公正原则和诚实信用原则。"可见，公开透明原则是列为首位的政府采购最基本的原则。同时，政府采购信息的公开透明，不仅能规范采购行为，也能优化政府采购监督机制。当政府采购的所有信息准确地、完整地、系统地面对社会公开，实现政府采购行为透明化，才能确保公平竞争，才能确保公正和诚实信用。2008 年 5 月 1 日由国务院颁布施行的《政府信息公开条例》，对政府采购信息的公开提出了新的挑战。依申请公开作为政府采购信息公开的新源泉，使包括供应商在内的社会公众拥有更多的渠道获取所需的政府采购信息，从而实现从政府采购信息被动接受的唯一方式，到被动接受与主动获取两种方式的形成。虽然绝大部分政府采购信息都是主动公开，但有了依申请公开制度，有效地限制了行政机关在公开与否、公开什么、怎么公开上的自由裁量权，真正体现了公众主动参与政府采购信息公开，有力维护包括供应商在内的社会公众合法权益。但是，与政府采购信息主动公开的方式相比，依申请公开在政府采购实践中的问题始终未能有效解决。如行政机关作为采购人的政府采购信息是否属于政府信息，能否申请公开？行政机关以外的采购人，如各级人民代表大会常务委员会、政治协商会议各级委员会、各级监察机关、各级人民法院、各级人民检察院等国家机关和事业单位、团体组织的政府采购信息，是否属于政府信息，能否向财政部门申请公开？集中采购代理机构是否属于政府采购信息依申请公开的主体？对于诸如此类的问题，由于立场不同，看法不一，极易引起争议。

第一节 对政府采购信息公开范围的争议

《政府采购法实施条例》加大了信息公开的力度，推动了政府采购从发布到结果全过程的公开透明化进程，从政府采购信息及预算的公布，到中标、成交结果附带招标文件、竞争性谈判文件、询价通知书、政府采购合同等的公开，对采购单位、采购代理机构、中标内容（项目名称、规格、成交价格、数目等等）的信息公开要求更加详细。

《财政部关于做好政府采购信息公开工作的通知》（财库〔2015〕135号）第二条第（四）项“政府采购项目信息公开要求”中对政府采购信息公开的范围作了明确、具体的规定：

1．公开招标公告、资格预审公告

招标公告的内容应当包括采购人和采购代理机构的名称、地址和联系方法，采购项目的名称、数量、简要规格描述或项目基本概况介绍，采购项目预算金额，采购项目需要落实的政府采购政策，投标人的资格要求，获取招标文件的时间、地点、方式及招标文件售价，投标截止时间、开标时间及地点，采购项目联系人姓名和电话。

资格预审公告的内容应当包括采购人和采购代理机构的名称、地址和联系方法；采购项目名称、数量、简要规格描述或项目基本概况介绍；采购项目预算金额；采购项目需要落实的政府采购政策；投标人的资格要求，以及审查标准、方法；获取资格预审文件的时间、地点、方式；投标人应当提供的资格预审申请文件的组成和格式；提交资格预审申请文件的截止时间及资格审查日期、地点；采购项目联系人姓名和电话。

招标公告、资格预审公告的公告期限为5个工作日。

2．竞争性谈判公告、竞争性磋商公告和询价公告

竞争性谈判公告、竞争性磋商公告和询价公告的内容应当包括采购人和采购代理机构的名称、地址和联系方法，采购项目的名称、数量、简要规格描述或项目基本概况介绍，采购项目预算金额，采购项目需要落实的政府采购政策，对供应商的资格要求，获取谈判、磋商、询价文件的时间、地点、方式及文件售价，响应文件提交的截止时间、开启时间及地点，采购项目联系人姓名和电话。

竞争性谈判公告、竞争性磋商公告和询价公告的公告期限为3个工作日。

3．采购项目预算金额

采购项目预算金额应当在招标公告、资格预审公告、竞争性谈判公告、竞争性磋商公告和询价公告等采购公告，以及招标文件、谈判文件、磋商文件、询价通知书等采购文件

中公开。采购项目的预算金额以财政部门批复的部门预算中的政府采购预算为依据；对于部门预算批复前进行采购的项目，以预算“二上数”中的政府采购预算为依据。对于部门预算已列明具体采购项目的，按照部门预算中具体采购项目的预算金额公开；部门预算未列明采购项目的，应当根据工作实际对部门预算进行分解，按照分解后的具体采购项目预算金额公开。对于部门预算分年度安排但不宜按年度拆分的采购项目，应当公开采购项目的采购年限、概算总金额和当年安排数。

4. 中标、成交结果

中标、成交结果公告的内容应当包括采购人和采购代理机构名称、地址、联系方式；项目名称和项目编号；中标或者成交供应商名称、地址和中标或者成交金额；主要中标或者成交标的的名称、规格型号、数量、单价、服务要求或者标的的基本概况；评审专家名单。协议供货、定点采购项目还应当公告入围价格、价格调整规则和优惠条件。采用书面推荐供应商参加采购活动的，还应当公告采购人和评审专家的推荐意见。

中标、成交结果应当自中标、成交供应商确定之日起 2 个工作日内公告，公告期限为 1 个工作日。

5. 采购文件

招标文件、竞争性谈判文件、竞争性磋商文件和询价通知书应当随中标、成交结果同时公告。中标、成交结果公告前采购文件已公告的，不再重复公告。

6. 更正事项

采购人或者采购代理机构对已发出的招标文件、资格预审文件，以及采用公告方式邀请供应商参与的竞争性谈判文件、竞争性磋商文件进行必要的澄清或者修改的，应当在原公告发布媒体上发布更正公告，并以书面形式通知所有获取采购文件的潜在供应商。采购信息更正公告的内容应当包括采购人和采购代理机构名称、地址、联系方式，原公告的采购项目名称及首次公告日期，更正事项、内容及日期，采购项目联系人和电话。

澄清或者修改的内容可能影响投标文件、资格预审申请文件、响应文件编制的，采购人或者采购代理机构发布澄清公告并以书面形式通知潜在供应商的时间，应当在投标截止时间至少 15 日前、提交资格预审申请文件截止时间至少 3 日前，或者提交首次响应文件截止之日 3 个工作日前；不足上述时间的，应当顺延提交投标文件、资格预审申请文件或响应文件的截止时间。

7. 采购合同

政府采购合同应当自合同签订之日起 2 个工作日内公告。批量集中采购项目应当公告框架协议。政府采购合同中涉及国家秘密、商业秘密的部分可以不公告，但其他内容应当公告。政府采购合同涉及国家秘密的内容，由采购人依据《保守国家秘密法》等法律制度规定确定。采购合同中涉及商业秘密的内容，由采购人依据《反不正当竞争法》、《最高人民法院关于适用〈中华人民共和国民事诉讼法〉若干问题的意见》（法发〔1992〕22号）等法律制度的规定，与供应商在合同中约定。其中，合同标的名称、规格型号、单价及合同金额等内容不得作为商业秘密。合同中涉及个人隐私的姓名、联系方式等内容，除征得权利人同意外，不得对外公告。

2015年3月1日以后签订的政府采购合同，未按要求公告的，应当于2015年10月31日以前补充公告。

8．单一来源公示

达到公开招标数额标准，符合《政府采购法》第三十一条第（一）项规定情形，只能从唯一供应商处采购的，采购人、采购代理机构应当在省级以上财政部门指定媒体上进行公示。公示内容应当包括采购人、采购项目名称；拟采购的货物或者服务的说明、拟采购的货物或者服务的预算金额；采用单一来源方式的原因及相关说明；拟定的唯一供应商名称、地址；专业人员对相关供应商因专利、专有技术等原因具有唯一性的具体论证意见，以及专业人员的姓名、工作单位和职称；公示的期限；采购人、采购代理机构、财政部门的联系地址、联系人和联系电话。公示期限不得少于5个工作日。

9．终止公告

依法需要终止招标、竞争性谈判、竞争性磋商、询价、单一来源采购活动的，采购人或者采购代理机构应当发布项目终止公告并说明原因。

10．政府购买公共服务项目

对于政府向社会公众提供的公共服务项目，除按有关规定公开相关采购信息外，采购人还应当就确定采购需求在指定媒体上征求社会公众的意见，并将验收结果于验收结束之日起2个工作日内向社会公告。

《财政部关于做好政府采购信息公开工作的通知》（财库〔2015〕135号）第二条第（五）项“监管处罚信息的公开要求”中对政府采购监管处罚信息公开的范围也作了明确、具体的规定：

财政部门作出的投诉、监督检查等处理决定公告的内容应当包括相关当事人名称及地址、投诉涉及采购项目名称及采购日期、投诉事项或监督检查主要事项、处理依据、处理结果、执法机关名称、公告日期等。投诉或监督检查处理决定应当自完成并履行有关报审程序后5个工作日内公告。

财政部门对集中采购机构的考核结果公告的内容应当包括集中采购机构名称、考核内容、考核方法、考核结果、存在问题、考核单位等。考核结果应当自完成并履行有关报审程序后5个工作日内公告。

供应商、采购代理机构和评审专家的违法失信行为记录公告的内容应当包括当事人名称、违法失信行为的具体情形、处理依据、处理结果、处理日期、执法机关名称等。供应商、采购代理机构和评审专家的违法失信行为信息月度记录应当不晚于次月10日前公告。

可见，政府采购方面的法律、法规、行政规章以及规范性文件已经对公开范围和公开要求作了明确规定，还对政府采购项目信息提出了，已经对主动公开的范围作了明确、具体规定，对提高政府采购透明度产生了非常积极的作用。但在实践中，对申请公开政府采购信息的范围还是经常有不同的看法，例如：

一是对“商业秘密”、“个人隐私”以及“公开会对第三方合法权益造成损害”等问题如何把握。《政府信息公开条例》第十五条规定，涉及商业秘密、个人隐私等公开会对第三方合法权益造成损害的政府信息，行政机关不得公开。但是，第三方同意公开或者行政机关认为不公开会对公共利益造成重大影响的，予以公开。实践中，对政府采购信息中，哪些属于“商业秘密”，哪些属于“个人隐私”经常有争议，至于“公开会对第三方合法权益造成损害”更是众说纷纭。如对政府采购合同中合同标的名称、规格型号、单价及合同金额等内容是否能作为商业秘密不予公开；对采用单一来源方式时，有关参与论证专业人员的工作单位和职称能否作为个人隐私不予公开。

二是对内部管理信息、过程性信息如何把握的问题，《政府信息公开条例》第十六条规定，行政机关的内部事务信息，包括人事管理、后勤管理、内部工作流程等方面的信息，可以不予公开。行政机关在履行行政管理职能过程中形成的讨论记录、过程稿、磋商信函、请示报告等过程性信息以及行政执法案卷信息，可以不予公开。法律、法规、规章规定上述信息应当公开的，从其规定。如对采用单一来源方式采购的原因及相关说明，专业人员对相关供应商因专利、专有技术等原因具有唯一性的具体论证意见，能否作为内部管理信息不予公开；再如，在政府采购的工程项目验收等工作已完成的情况下，对履行相关职责过程中形成的整改通知、整改验收记录、监督巡查记录、报送审批材料等能否作为过程性信息不予公开。

三是我国《政府信息公开条例》以及政府采购方面法律、法规、规章及规范性文件所明确列举应当公开以外的信息是否属于公开的范围。

《最高人民法院关于审理政府信息公开行政案件若干问题的规定》第一条、第二条规定了政府信息公开行政案件受理与不予受理条件，第三条规定了不依法履行主动公开义务的，应先申请公开。根据这些规定可以明确，对政府采购信息主动公开的，不论采购人、采购代理机构、财政机关是否依法履行主动公开义务，除了公开的信息侵犯其商业秘密、个人隐私等合法权益的，都不能直接向法院起诉。对依申请公开政府采购信息的，符合受理条件的，则可以向法院提起行政诉讼。

一、对行政机关、事业单位、团体组织的零星小额采购信息是否属于公开范围的争议

从《政府采购法》的规定看，政府采购，是指各级国家机关、事业单位和团体组织，使用财政性资金采购依法制定的集中采购目录以内的或者采购限额标准以上的货物、工程和服务的行为。如果零星小额采购的项目在集中采购目录之内，则属于政府采购范畴，相应的采购信息应依照政府采购相关规定进行公告。而如果既不在集中采购目录之内亦不在采购限额标准以上，则不属于《政府采购法》所规定的政府采购，相应的采购信息无须依照政府采购相关规定进行公告。

从《政府信息公开条例》的规定看，2008 年 5 月 1 日起至 2019 年 5 月 14 日止施行的原条例第二条规定，政府信息，是指行政机关在履行职责过程中制作或者获取的，以一定形式记录、保存的信息。2019 年 5 月 15 日起施行的新条例第二条规定，是指行政机关在履行行政管理职能过程中制作或者获取的，以一定形式记录、保存的信息。新条例将政府信息限定在"履行行政管理职能过程中制作或者获取的"的信息。可见，原条例规定的"管理职责"的外延广于"履行行政管理职能"，是否属于"履行行政管理职能"是一个关键的因素。"履行行政管理职能"，是指法律、法规、行政规章等明确赋予行政机关对外履行的行政管理职能，不包括行政机关内部管理职责。新条例第十六条第一款规定，行政机关的内部事务信息，包括人事管理、后勤管理、内部工作流程等方面的信息，可以不予公开。

由于行政机关、事业单位、团体组织的零星小额采购信息，不在主动公开的范围之内，那么公民、法人和其他组织能否对其申请公开，在实践中也经常引起争议，为此而申请行政复议与提起行政诉讼的，也亦为数不少。

【案例 116[1]】申请公开零星小额采购合同的信息，该信息是否属于应当公开的政府信息

关 键 词：采购合同 / 平等协商 / 政府信息

案例要点：集中采购目录以外或者采购限额标准以下的零星采购合同，是采购人作为合同一方当事人与他方经平等协商签订的民事协议，无须公告，也不属于在履行职责过程中制作或者获取的信息，不应认定为政府信息。

1 案例来源：（2017）苏行终 257 号。

信息公开申请、答复情况

2015年12月18日,江苏某公司向江苏省公安厅提交政府信息公开申请(以下简称“涉案信息公开申请”),申请公开:(1)1999年至今江苏省公安厅与南京擎天科技有限公司(以下简称“擎天公司”)合作开发或购买治安管理系统软件的相关协议名称、签署时间、主要内容;(2)2000年至2008年期间江苏省公安厅与南京南华擎天资讯科技有限公司(以下简称“南华擎天公司”)合作开发或购买治安系统软件的相关协议名称、签署时间、主要内容(以下简称“涉案信息”)。江苏省公安厅收到申请后,经该单位相关部门检索,未发现存在江苏某公司申请公开的相关信息,遂于2016年1月7日作出告知书,告知江苏某公司其申请公开的信息不存在,并于2016年1月8日向江苏某公司邮寄送达。

行政诉讼一审情况

江苏某公司不服该告知书,提起本案诉讼,请求:(1)撤销江苏省公安厅作出的告知书;(2)责令江苏省公安厅公开涉案信息。

一审法院认为:江苏某公司申请公开江苏省公安厅与擎天公司或南华擎天公司订立的有关协议的名称、签署时间、主要内容。江苏省公安厅如果与有关企业订立了协议,属于江苏省公安厅作为合同一方当事人与他方经平等协商实施的法律行为,即订立此类协议不是江苏省公安厅履行社会公共事务管理职责过程中实施的行为,此类协议的有关情况不属于《政府信息公开条例》第二条规定的政府信息。江苏某公司请求法院判令江苏省公安厅依照信息公开条例的规定公开相关协议的名称等,缺乏法律依据。

江苏省公安厅收到江苏某公司的信息公开申请后,经检索,相关信息不存在,江苏省公安厅据此向江苏某公司作出告知书,行为并无不当。江苏某公司的诉讼请求没有事实和法律依据,不予支持。一审法院依照《行政诉讼法》第六十九条之规定,判决驳回江苏某公司的诉讼请求。

上诉人诉求及观点

江苏某公司上诉称:江苏省公安厅的涉案政府采购项目的实施内容依法属于重点应当主动公开的政府信息,江苏某公司在原审中举证的证据3即照片打印件3页(内容为:南京公证会计师事务所出具的《关于对南京南华擎天资讯科技有限公司2000年度会计报表审计的报告》封面1页、2000年12月应收账款明细账1页、附件三合作条件明细1页),能够证明江苏省公安厅与南华擎天公司存在一笔14 500元往来,因此,江苏省公安厅应该有相应信息。原审判决认为江苏某公司的涉案信息公开申请没有法律依据错误。原审判决认定事实不清。请求法院撤销原审判决，撤销江苏省公安厅于2016年1月7日作出的告知书，判决江苏省公安厅公开涉案信息。

被上诉人答辩及观点

江苏省公安厅答辩称：江苏某公司提供的相关材料线索不能证明江苏省公安厅与擎天公司或南华擎天公司开发或购买相关治安管理系统软件，更不能证明江苏省公安厅保存了江苏某公司申请公开的信息。针对江苏某公司的涉案信息公开申请，江苏省公安厅经充分检索后未查找到该信息。因江苏省公安厅已将不存在申请人申请公开的信息的情况依法向江苏某公司进行了告知。原审判决符合法律规定。请求法院驳回上诉，维持原判。

二审法院经审理查明的事实与原审判决认定的事实一致，二审法院予以确认。二审法院认为，《政府信息公开条例》[1]第二条规定，本条例所称政府信息，是指行政机关在履行职责过程中制作或者获取的，以一定形式记录、保存的信息。第二十一条第（三）项规定，对申请公开的政府信息，依法不属于本行政机关公开或者该政府信息不存在的，应当告知申请人，对能够确定该政府信息的公开机关的，应当告知申请人该行政机关的名称、联系方式。

本案中，江苏某公司申请公开江苏省公安厅与擎天公司或南华擎天公司订立的治安管理系统软件的相关协议的名称、签署时间、主要内容，因该类协议的订立，双方当事人的法律地位平等，须以当事人双方意思表示一致为前提，作为合同一方当事人的行政主体在合同履行时亦不享有行政优益权，故该类协议属于民事协议范畴，不属于《政府信息公开条例》规定的政府信息范围。

同时，江苏省公安厅经查询确认该厅不存在上诉人申请公开的信息，而江苏某公司亦无充分证据江苏省公安厅确实存在该信息。因此，江苏省公安厅于2015年12月18日收到江苏某公司的信息公开申请后，于2016年1月8日向江苏某公司邮寄送达该厅不存在江苏某公司申请公开的信息的告知书并无不当。

综上所述，上诉人江苏某公司的上诉理由和请求依法不能成立。原审判决驳回江苏某公司的诉讼请求结果正确。依据《行政诉讼法》第八十九条第一款第（一）项的规定，判决驳回上诉，维持原判。

---

1 本案例中适用的是原《政府信息公开条例》。

案例评析

CASE ANALYSIS

1. 集中采购目录以内或者限额标准以上的政府采购，属于政府采购信息公告的内容，而小额零售采购不在公告范围之内

政府采购合同应当自合同签订之日起 2 个工作日内公告。批量集中采购项目应当公告框架协议。政府采购合同中涉及国家秘密、商业秘密的部分可以不公告，但其他内容应当公告。其中，合同标的名称、规格型号、单价及合同金额等内容不得作为商业秘密。合同中涉及个人隐私的姓名、联系方式等内容，除征得权利人同意外，不得对外公告。在 2015 年 3 月 1 日以后签订的政府采购合同，未按要求公告的，应当于 2015 年 10 月 31 日以前补充公告。政府采购合同属于主动公开的信息，由采购人或其委托的采购代理机构负责公开。另外，各级国家机关、事业单位和团体组织都有许多集中采购目录以外或者限额标准以下的零星小额采购，并不适用《政府采购法》，合同也无须备案或者公开。

2. 采购人签订的政府采购合同不是在履行行政职能过程中形成的，不属于政府信息

政府采购合同是双方按照平等、自愿的原则签订的，适用合同法。采购人采购货物、工程与服务的合同，并不是履行行政管理职能过程中制作、保存的信息，不应认定为政府信息。本案中案涉合同的订立，双方当事人处于平等的法律地位，须以当事人双方意思表示一致为前提，作为合同一方当事人的行政主体在合同履行时亦不享有行政优益权，故该类合同属于民事协议范畴，不属于《政府信息公开条例》规定的政府信息范围。

二、对政府采购档案材料是否属于信息公开的范围的争议

《档案法》第二条规定档案，是指过去和现在的国家机构、社会组织以及个人从事政治、军事、经济、科学、技术、文化、宗教等活动直接形成的对国家和社会有保存价值的各种文字、图表、声象等不同形式的历史记录。目前，对政府采购档案的管理，有两种情形，第一种情形是行政机关自行进行档案管理，即行政机关将自己制作或者获取的政府采购相关信息收集并保存在本机关；第二种情形是国家档案管理，即各级国家档案馆将国家机关、事业单位、团体组织相关政府采购相关的档案材料进行集中保存和管理。根据《最高人民法院关于审理政府信息公开行政案件若干问题的规定》第七条规定，政府信息由行政机关的档案机构或者档案工作人员保管的，适用《政府信息公开条例》的规定；政府信息已经移交各级国家档案馆的，依照有关档案管理的法律、行政法规和国家有关规定执行。因此，对于行政机关自行进行档案管理的政府采购信息，当事人申请公开的，应当根据《政府信息公开条例》的相关规定予以处理。

《政府信息公开条例》第十六条第一款规定，行政机关在履行行政管理职能过程中形成的讨论记录、过程稿、磋商信函、请示报告等过程性信息以及行政执法案卷信息，可以

不予公开。法律、法规、规章规定上述信息应当公开的，从其规定。政府采购档案材料中有不少属于行政机关的内部事务信息，也有不少讨论记录、过程稿、磋商信函、请示报告等过程性信息，可以不予公开。但是，政府采购档案材料不属于行政执法案卷信息，不能一概认为可以不予公开，应当按照《政府信息公开条例》第三十七条规定，对含有不应当公开或者不属于政府信息的内容，能够作区分处理的，向申请人提供可以公开的政府信息内容，并对不予公开的内容说明理由。

【案例117[1]】政府采购档案材料是否在政府信息公开的范围之内

关 键 词：政府采购档案材料／政府信息／行政协议

案例要点：申请人申请政府采购档案材料，因档案材料涉及较多信息，行政机关应区分处理，其中为了履行征收职责而签订的行政协议，属于应当公开的政府信息。

信息公开申请、答复、复议情况

2013年12月23日于某向某县人民政府书面申请公开某县钢延产业园区（平安堡段）土地整理项目政府采购档案材料的信息。某县人民政府于2014年1月5日作出答复，认为申请人要求公开的信息不属于政府信息公开范畴，不予提供。

于某不服，向承德市人民政府申请复议，承德市人民政府于2014年4月18日作出承政复决字（2014）33号《行政复议决定书》，维持了某县人民政府作出的兴政办公开函〔2014〕1号政府信息公开申请答复。

原告诉求及观点

于某诉称：某县人民政府于2011年开始在于某房屋所在地搞“钢延产业园区”，某县人民政府与平安矿业公司达成协议，要拆迁于某房屋。为了查明平安矿业公司的拆迁行为是否合法，于某委托律师于2013年12月25日向某县人民政府提出有关信息公开申请，2014年1月5日某县人民政府作出了兴政办公开函〔2014〕1号《政府信息公开申请答复》，说于某申请公开的事项不属于政府信息公开范畴，不予公开。

于某认为，某县人民政府要求公开的事项属于政府信息公开范围，某县人民政府应当予以公开，其不予公开的行为是违法的。现在于某依据《行政诉讼法》的有关规定提起行政诉讼，请求支持于某的诉讼请求。

1 案例来源：（2014）宽行初字第18号。

被告答辩及观点

某县人民政府辩称：对于某的申请已作出及时准确答复。于某于2013年12月25日向某县政府提出申请，要求公开某县钢延产业园区（平安堡段）土地整理项目政府采购档案资料，某县人民政府已于2014年1月5日作出书面答复。于某申请公开的信息不属于政府信息公开范畴。某县人民政府2011年与兴隆矿务局（国有企业）和平安矿业（开滦集团控股企业）协商，决定利用兴隆矿务局和平安矿业部分土地资源建设钢延产业园区的协议意向，《政府信息公开条例》没有明确政府协议意向属于公开范围，我政府已告知于某并说明理由。

同时县政府认为于某申请公开的事项是与于某生产、生活、科研等特殊需要无关的政府信息。于某称申请公开政府信息是为查明平安矿业公司的拆迁行为是否合法，依法不属于本行政机关公开内容。根据属地管理的原则，申请人所在地为河北省承德市鹰手营子矿区北马圈子镇，平安矿业拆迁行为是否合法，应向鹰手营子矿区咨询。综上所述，某县人民政府所作出的信息公开及时准确，事实清楚，证据充分，程序合法，适用法律正确，请法院依法驳回于某的诉讼请求。

法院裁判及观点

法院查明：2011年某县人民政府与兴隆矿务局和平安矿业公司协商，决定利用兴隆矿务局和平安矿业部分土地资源建设钢延产业园区。某县平安矿业公司向某县人民法院起诉，要求于某、李某拆除违建房屋、腾出土地归还某县平安矿业有限公司，并赔偿损失。2013年5月14日某县人民法院作出（2012）兴民初字第2604号民事判决书，判令于某、李某拆除属于原马圈矿机电科墙外的某县平安矿业公司管理范围土地上的建筑物，退出所占用的土地。于某不服提起上诉。2013年9月6日承德市中级人民法院作出（2013）承民终字第1393号民事判决书，维持了某县人民法院的判决。

法院认为：某县人民政府与兴隆矿务局和平安矿业公司达成某县钢延产业园区（平安堡段）土地整理协议，负责协调、解决、处理在园区土地整理过程中遇到的违法建筑、违法种植树木和违法占地等问题；就房屋拆迁、征占等问题有义务向于某公开；某县人民政府认为于某要求公开的信息不属于政府信息公开范畴，不予提供的观点，法院不予支持。根据《最高人民法院关于审理政府信息公开行政案件若干问题的规定》第十条之规定，判决撤销某县人民政府2014年1月5日作出政府信息公开申请的答复，责令某县人民政府在十五日内作出答复。

案例评析 CASE ANALYSIS

1. 履行行政管理职责过程中制作的信息，属于政府信息

政府信息是指行政机关在履行行政管理职能过程中制作或者获取的，以一定形式记录、保存的信息。本案，某县人民政府与兴隆矿务局和平安矿业公司达成某县钢延产业园区（平安堡段）土地整理协议，负责协调、解决、处理在园区土地整理过程中遇到的违法建筑、违法种植树木和违法占地等问题。可见，该行政协议是某县人民政府在履行房屋征收职责过程中签订的，应属于《政府信息公开条例》中规定的政府信息。

2. 申请政府采购档案信息公开，被申请部门应区分处理

政府采购档案是指在政府采购活动中形成的具有查考、利用和保存价值的文字、图表、声像等不同形式的历史记录。主要包括政府采购预算执行文件、采购文件、评审文件、中标文件及采购合同等等。因涉及较多采购信息，行政机关应区分处理，其中部分涉及商业秘密、个人隐私、内部信息、过程性信息等可以不公开，其他信息应当公开。

第二节 对政府采购信息公开主体的争议

《政府信息公开条例》第十条第一款规定："行政机关制作的政府信息，由制作该政府信息的行政机关负责公开。行政机关从公民、法人和其他组织获取的政府信息，由保存该政府信息的行政机关负责公开；行政机关获取的其他行政机关的政府信息，由制作或者最初获取该政府信息的行政机关负责公开。法律、法规对政府信息公开的权限另有规定的，从其规定。"

《财政部关于做好政府采购信息公开工作的通知》（财库〔2015〕135 号）第二条对政府采购信息公开的主体作了明确规定：一是采购项目信息，包括采购项目公告、采购文件、采购项目预算金额、采购结果等信息，由采购人或者其委托的采购代理机构负责公开；二是监管处罚信息，包括财政部门作出的投诉、监督检查等处理决定，对集中采购机构的考核结果，以及违法失信行为记录等信息，由财政部门负责公开；三是法律、法规和规章规定应当公开的其他政府采购信息，由相关主体依法公开。

一、向财政部门申请公开采购项目信息的争议

根据先前施行的《政府采购信息公告管理办法》第二十条、现在施行的《政府采购信息发布管理办法》第十六条规定的精神，由采购人或者其委托的采购代理机构负责公告，

但对依申请公开则有可能发生供应商的错误认识与不切实际的要求、采购人与采购代理机构之间的推诿、投诉处理主体与信息公开主体之间的错位、公共企事业单位对政府采购信息公开义务的推卸,经常会发生争议。根据《财政部关于做好政府采购信息公开工作的通知》第二条第（二）项规定，财政部门负责公开的是监管处罚信息。而供应商往往对采购人及其代理机构不信任，要求财政机关公开，去“越俎代庖”，这容易引起行政争议，造成应当公开的信息因为当事人找错门、走错路，而延误公开。

【案例 118[1]】向财政部门申请公开政府采购项目的评标标准，应当如何答复

关 键 词：评标标准 / 政府信息公开 / 职责范围

案例要点：申请人向财政局申请公开部分采购项目采购文件中的评标标准，财政局作为监督管理部门不具有公开的职责。

信息公开申请、答复情况

2014 年 3 月 28 日，四川某公司向东营市财政局提出信息公开申请，请求公开包括“东营市财政局网络系统设备”在内的 5 个东营市政府采购项目的评标标准（包括但不限于投标报价得分计算方法、评标基准价确定方法等）。东营市财政局于 2014 年 4 月 21 日作出非本单位公开信息告知书，认为四川某公司申请获取的政府信息不属于东营市财政局公开的信息范围，依据《政府信息公开条例》[2] 第二十一条第（三）项规定，予以告知，并建议四川某公司向东营市市级政府采购中心（以下简称“市采购中心”）咨询。

原告诉求及观点

四川某公司不服东营市财政局作出的非本单位公开信息告知书，于 2014 年 8 月 1 日提起行政诉讼。四川某公司认为，东营市财政局作为对政府采购活动负有法定监督管理职责的行政机关，有义务应四川某公司的申请公开上述五项政府信息；同时，东营市财政局作为东营市政府采购项目“东营市财政局网络系统设备”的招标人，也有法定义务公开该招标项目的信息。故依据《政府信息公开条例》《行政诉讼法》之相关规定提起诉讼，请求依法判决：（1）撤销东营市财政局作出的非本单位公开政府信息告知书；（2）判令东营市财政局对四川某公司所申请的第 1 项即“东营市财政局网络系统设备”的评标标准（包括但不限于投标报价得分计算方法、评标基准价确定方法等）政府信息依法公开。

1　案例来源：（2014）东行初字第 43 号。

2　本案例中适用的是原《政府信息公开条例》。

被告答辩及观点

东营市财政局辩称：(1)东营市财政局作出的非本单位公开政府信息告知书证据确实充分，适用法律、法规正确。根据《政府信息公开条例》第十七条规定，政府信息公开以谁制作、谁公开为原则，行政机关制作的政府信息由本机关负责公开。根据《东营市政府集中采购操作规程（试行）》第七条、第八条，《东营市市直部门单位政府采购工作职责》第二条第三项规定，东营市政府采购项目评标标准规定在招标文件中，而编制招标文件是市采购中心的法定职责。东营市财政局不是四川某公司申请公开的政府信息的制作单位，不是该政府信息的公开义务主体。

《政府采购法》第十三条，《政府采购信息公告管理办法》第五条第一款规定，东营市财政局系政府采购活动的监督管理部门，对政府采购信息公告活动进行监督、检查和管理。东营市财政局不论作为政府采购活动的监督管理机构，还是作为东营市财政局网络系统设备政府采购项目的采购人，都不是政府采购项目评标标准的制作机关，不具有公开上述政府信息的行政职责。因此，东营市财政局作出的非本单位公开政府信息告知书，证据确实充分，适用法律、法规正确。

综上，东营市财政局作出的具体行政行为证据确凿，适用法律、法规正确，程序合法。四川某公司要求东营市财政局按照《政府信息公开条例》的规定公开"东营市财政局网络系统设备"的评标标准，没有法律依据，请求法院依法驳回四川某公司的诉讼请求。

法院裁判及观点

法院认为，《政府信息公开条例》第十七条规定，行政机关制作的政府信息，由制作该政府信息的行政机关负责公开；行政机关从公民、法人或者其他组织获取的政府信息，由保存该政府信息的行政机关负责公开。法律、法规对政府信息公开的权限另有规定的，从其规定。据此，政府信息公开采取谁制作、谁公开的原则。东营市财政局、东营市监察局、东营市审计局《关于印发〈东营市政府集中采购操作规程（试行）〉的通知》第七条规定：市采购中心编制政府采购文件（包括招标文件、谈判文件、询价文件等），并经采购人按程序审核确认签字。因此，市采购中心负责编制政府采购文件，是法定的政府信息公开机关。

作为采购人的东营市财政局，虽然对政府采购文件按程序审核确认签字，但不是直接的制作机关，因此，东营市财政局不是涉案政府采购信息的公开主体，东营市财政局作出的非本单位公开政府信息告知书的具体行政行为程序合法。经法院审判委员会讨论决定，依照《最高人民法院关于审理政府信息公开行政案件若干问题的规定》第十二条第（一）项之规定，判决驳回四川某公司的诉讼请求。

案例评析

CASE ANALYSIS

1. 财政局作为监督管理部门，对采购文件不具有公开职责

采购项目公告、采购文件等采购过程所形成的信息，由采购人或者其委托的采购代理机构制作或保存，相应负责公开。而财政部门负责公开监管处罚类信息。本案，申请人向采购人东营市财政局申请的信息为“东营市财政局网络系统设备”在内的5个东营市政府采购项目的评标标准，属于采购文件的内容。在财政局只具有政府采购监督管理部门身份的项目中，其不是采购文件的制作或者保存主体，申请人所申请的信息不属于其负责公开的范围。

2. 财政部门不是采购文件的制作人，告知申请人向制作人咨询是适宜的

根据东营市财政局、东营市监察局、东营市审计局《关于印发〈东营市政府集中采购操作规程（试行）〉的通知》第七条规定，市采购中心编制政府采购文件，并经采购人按程序审核确认签字。按程序审核确认签字并非信息制作者，而市采购中心是政府采购文件的直接制作者，东营市财政局告知其向市采购中心咨询，符合法律规定。

二、对集中采购代理机构是否属于政府采购信息公开主体的争议

向集中采购代理机构申请政府采购信息公开，经常会被他们以自己不是行政机关而拒绝。集中采购代理机构究竟是《政府信息公开条例》第五十四条所规定的“法律、法规授权的具有管理公共事务职能的组织”，还是该条例第五十五条规定的“与人民群众利益密切相关的公共企事业单位”，还是不属于上述两类组织或者公共企事业单位，在实践中是有争议的。根据财政部有关政府采购信息公开方面的行政规章及规范性文件，集中采购代理机构负有对采购项目信息进行公开的职责，笔者认为也应当作为依申请公开的义务主体。

另外，作为社会中介机构的采购代理机构，与集中采购代理机构不同，肯定不具备管理公共事务职能，也不属于与人民群众利益密切相关的公共企事业单位，不能作为依申请公开的义务主体，应当由其被代理人即采购人作为依申请公开的义务主体。

【案例119[1]】政府采购信息是否属于政府信息，集中采购代理机构属于信息公开的主体吗

关 键 词：集中采购代理机构／政府采购信息／信息公开主体

案例要点：对集中代理机构编制的采购文件申请公开，其作为该信息的制作单位，应为该信息公开的主体。

1 案例来源：（2014）东行初字第44号。

信息公开申请、答复情况

2014年3月28日，四川某公司向东营市某采购中心（以下简称“采购中心”）邮寄政府信息公开申请书，申请采购中心公开包括“东营市财政局网络系统设备”在内的五个东营市政府采购项目的评标标准（包括但不限于投标报价得分计算方法、评标基准价确定方法等）。2014年4月22日，采购中心作出信息公开告知书，告知四川某公司其要求公开的政府采购项目应当公开的信息，按规定已在财政部及省级财政部门指定的网站予以公开发布，请四川某公司登陆有关网站查询，四川某公司要求公开的内容不属于政府信息公开范围。

原告诉求及观点

四川某公司不服，向法院提起行政诉讼。四川某公司认为，采购中心错误地理解和执行《政府信息公开条例》和《政府采购信息公告管理办法》的相关规定。采购中心在网站上已经公开的内容，属于依职权应当主动公开的内容。四川某公司根据《政府信息公开条例》[1]第十三条、第十七条规定，向采购中心提出申请，并要求向四川某公司公开其制作、保管的五个政府采购项目的评价标准（特别是有关项目评标标准中的投标报价得分计算方法），属于依申请公开的内容。采购中心拒不公开，没有法律依据，依法应予纠正。四川某公司根据《政府信息公开条例》《行政诉讼法》等法律、法规规定提起行政诉讼，请求依法判决撤销采购中心作出的信息公开告知书，判令采购中心向四川某公司公开“东营市财政局网络系统设备”五个采购项目的评标标准（包括但不限于投标报价得分计算方法、评标基准价确定方法等）。

被告答辩及观点

采购中心辩称：采购中心作出的信息公开告知书合法、有效，应予维持。四川某公司申请公开的内容不属于政府信息，其申请公开的理由不能成立，依法应予以驳回。具体理由如下：

1.四川某公司与其申请公开评标标准的五个政府采购项目之间没有任何利害关系，即该五个项目的评标标准与四川某公司无关。《政府采购法》第十四条规定，政府采购当事人是指在政府采购活动中享有权利和承担义务的各类主体，包括采购人、供应商和采购代理机构等；第二十一条规定，供应商是指向采购人提供货物、工程或者服务的法人、其他组织或者自然人。

1 本案例中适用的是原《政府信息公开条例》。

四川某公司未参加五个涉案政府采购项目的采购活动，不是涉案五个政府采购项目的供应商，与该五个涉案采购项目不存在任何利害关系。因此，该五个项目的采购文件（包括评标标准）、采购过程以及中标、成交结果等均与四川某公司没有任何利害关系。此外，由于不同采购项目的具体要求不同，每个采购项目会根据自身的特点、采购目的及获得的财政预算资金额度等因素，设定不同的得分项目及评标分值，不同采购项目的评标标准之间不具有可比性。

2. 四川某公司申请公开的内容既不属于政府信息，也不属于政府采购信息公开的范围。《政府信息公开条例》第二条规定，政府信息是指行政机关在履行职责过程中制作或者获取的，以一定形式记录、保存的信息。首先，采购中心是事业单位，不是行政机关；其次，在政府采购业务中，采购中心是采购代理机构，根据采购人的委托办理采购事宜。因此，采购中心的行为属于民事行为的范畴，四川某公司申请公开的内容当然就不属于政府信息的范畴。《政府采购信息公告管理办法》第八条规定，对应当以公告方式公开的政府采购信息进行了列举式的明确规定，四川某公司在本案中申请公开的内容也不属于政府采购信息公开的范围。

3. 四川某公司申请公开涉案评标标准的理由不符合法律规定的情形，采购中心依法应当不予公开。四川某公司申请公开所依据理由中的“研究、学习”与《政府信息公开条例》第十三条规定的“科研”有着本质性的区别，二者是截然不同的。采购中心据此作出的信息公开告知书完全符合法律规定。

4. 采购中心已就五个涉案采购项目履行了政府采购信息公开的法定职责。采购中心已经按照《政府采购货物和服务招标投标管理办法》和《政府采购信息公告管理办法》的相关规定，对五个涉案政府采购项目应当公开的政府采购信息依法发布了公告。

综上所述，采购中心依法作出的信息公开告知书既有事实依据，又有法律依据，四川某公司的诉讼请求应依法不予以支持。

法院裁判及观点

1. 关于四川某公司申请事项是否属于政府信息问题。《政府信息公开条例》第二条规定，本条例所称政府信息，是指行政机关在履行职责过程中制作或者获取的，以一定形式记录、保存的信息。财政部《政府采购信息公告管理办法》第二条规定，政府采购信息，是指规范政府采购活动的法律、法规、规章和其他规范性文件，以及反映政府采购活动状况的数据和资料的总称。《政府采购法》第四十二条第一款、第二款规定，采购人、采购代理机构对政府采购项目每项采购活动的采购文件应当妥善保存，不得伪造、变造、隐匿或者销毁。采购文件的保存期限为从采购结束之日起至少保存十五年。采购文件包括采购活动记录、采购预算、招标文件、投标文件、评标标准、评估报告、定标文件、合同文本、验收证明、质疑答复、投诉处理决定及其他有关文件、资料。采购文件是履行采购过程中制作、保存的资料，其中评标标准包括在采购文件之中，因此，四川某公司要求采购中心依申请公开的事项属于政府信息。

2. 关于采购中心是否属于涉案政府采购项目信息公开的主体问题。《政府信息公开条例》第十七条规定："行政机关制作的政府信息，由制作该政府信息的行政机关负责公开；行政机关从公民、法人或者其他组织获取的政府信息，由保存该政府信息的行政机关负责公开。法律、法规对政府信息公开的权限另有规定的，从其规定。"第三十六条规定："法律、法规授权的具有管理公共事务职能的组织公开政府信息的活动，适用本条例。"《政府采购法》第十六条规定：集中采购机构是非营利事业法人，为采购代理机构，根据采购人的委托办理采购事宜。财政部《政府采购货物和服务招标投标管理办法》第二条第二款规定，采购代理机构，是指集中采购机构和依法经认定资格的其他采购代理机构。第十一条第三款规定，集中采购机构应当依法独立开展货物服务招标活动。东营市财政局、东营市监察局、东营市审计局《关于印发〈东营市市直部门单位政府采购工作职责〉的通知》规定，东营市采购中心的职责包括编制政府采购文件（包括招标文件、谈判文件、询价文件等），以及政府采购法及相关法律、法规规定的其他职责。根据上述规定，采购中心作为负责东营市市级政府集中采购公共事务职能的单位，是法定的政府采购信息公开机关。采购中心认为其是事业单位，不是行政机关，在政府采购业务中是根据采购人的委托办理采购事宜，其行为属于民事行为的范畴，四川某公司申请公开的内容不属于政府信息范畴的抗辩理由没有法律依据，法院依法不予支持。

3. 关于采购中心作出具体行政行为的事实和程序问题。《政府信息公开条例》第十四条第四款规定，行政机关不得公开涉及国家秘密、商业秘密、个人隐私的政府信息。《国务院办公厅关于施行〈中华人民共和国政府信息公开条例〉若干问题的意见》第三条第（六）项规定，凡属国家秘密或者公开后可能危及国家安全、公共安全、经济安全和社会稳定的政府信息，不得公开。《最高人民法院关于审理政府信息公开行政案件若干问题的规定》第八条第一款规定，政府信息涉及国家秘密、商业秘密、个人隐私的，人民法院应当认定属于不予公开范围。

四川某公司申请的政府采购信息不属于上述法规、司法解释规定的不予公开范围，且该政府采购信息已在招标文件中向参与投标人公开。《政府信息公开条例》第二十一条第（二）项规定：属于不予公开范围的，应当告知申请人并说明理由。因此，采购中心认为四川某公司要求公开的内容不属于政府信息公开范围没有事实和法律依据，行政程序不符合法规规定。《政府信息公开条例》第十三条规定，公民、法人或者其他组织还可以根据自身生产、生活、科研等特殊需要，向国务院部门、地方各级人民政府及县级以上地方人民政府部门申请获取相关政府信息。《国务院办公厅关于施行〈中华人民共和国政府信息公开条例〉若干问题的意见》第五条第（十四）项规定，行政机关对申请人申请公开与本人生产、生活、科研等特殊需要无关的政府信息，可以不予提供。采购中心在庭审中主张四川某公司以学习、研究为由与生产、生活、科研无关，但其作出的告知书的内容是不属于政府信息公开范围，而不是不予提供。因此，采购中心的主张没有事实依据。

综上，判决撤销采购中心信息公开告知书，采购中心于本判决生效之日起15日内重新作出具体行政行为。

案例评析 CASE ANALYSIS

1. 集中采购机构属于政府信息公开的主体

集中采购机构，是政府集中采购公共事务的职能单位，是法定的政府采购信息公开机关。该机构属于非营利事业法人，其非营利性质说明其是以谋求社会公共利益为目的，且其依据法律的授权开展采购活动。根据《政府采购信息公告管理办法》和《财政部关于做好政府采购信息公开工作的通知》（财库〔2015〕135号），采购代理机构对采购项目信息，包括采购项目公告、采购文件、采购项目预算金额、采购结果等信息，负有公开的职责。因此，集中采购代理机构可以成为依申请公开的义务主体。本案，采购中心作为负责东营市市级政府集中采购公共事务职能的单位，是法定的政府采购信息公开主体。

2. 采购文件随中标、成交结果公告，属于主动公开的信息

行政机关不得公开涉及国家秘密的信息，涉及商业秘密、个人隐私的信息应征询相关人意见后决定是否公开。招标文件、竞争性谈判文件、竞争性磋商文件和询价通知书应随中标、成交结果同时公告。中标、成交结果公告前采购文件已公告的，不再重复公告。因此，采购文件属于主动公开的信息，不存在涉密的内容。采购中心认为四川某公司要求公开的内容不属于政府信息公开范围没有事实和法律依据。

第三节 有关在网络主动公开政府采购信息的争议

政府采购作为一项"阳光事业"，涉及公众利益调整，政府采购信息应当坚持以公开为常态，不公开为例外。先前施行的《政府采购信息公告管理办法》明确规定，除涉及国家秘密、供应商的商业秘密，以及法律、行政法规规定应予保密的政府采购信息以外，八

类政府采购信息必须公告，还对公开招标、邀请招标资格预审、中标、采购信息更正、不良行为记录名单、投诉处理决定等公告的内容作出规定。自 2020 年 3 月 1 日起施行的《政府采购信息发布管理办法》，在网络主动公开方面作了较大的调整，一是加强信息发布管理，对政府采购信息发布行为进行规范；二是明确信息发布责任，特别是财政部门的责任，规定除政府采购项目信息外，监督检查处理结果、集中采购机构考核结果等监管信息也应在指定媒体上公告；三是突出网络公开主渠道作用，将中国政府采购网及其省级分网明确为政府采购信息的汇总平台，要求政府采购信息应当在中国政府采购网或其省级分网发布，解决发布渠道散、公众查询难的问题。

《财政部关于做好政府采购信息公开工作的通知》（财库〔2015〕135 号）第二条第（三）项“公开渠道”规定，中央预算单位的政府采购信息应当在财政部指定的媒体上公开，地方预算单位的政府采购信息应当在省级（含计划单列市，下同）财政部门指定的媒体上公开。财政部指定的政府采购信息发布媒体包括中国政府采购网（www.ccgp.gov.cn）、《中国财经报》（《中国政府采购报》）、《中国政府采购杂志》、《中国财政杂志》等。省级财政部门应当将中国政府采购网地方分网作为本地区指定的政府采购信息发布媒体之一。

为了便于政府采购当事人获取信息，在其他政府采购信息发布媒体公开的政府采购信息应当同时在中国政府采购网发布。对于预算金额在 500 万元以上的地方采购项目信息，中国政府采购网各地方分网应当通过数据接口同时推送至中央主网发布（相关标准规范和说明详见中国政府采购网）。政府采购违法失信行为信息记录应当在中国政府采购网中央主网发布。

【案例 120[1]】对信息公开申请，采购代理机构答复采购结果已在政府采购网公告，但对其他信息未说明，合乎规定吗

关 键 词：主动公告 / 信息不存在 / 告知义务

案例要点：申请人申请公开第一、第二、第三中标候选供应商信息，涉案项目仅确定了第一中标候选供应商且已预公告。县公共资源交易中心对于已经公开的信息应告知获取的途径和方式，对于不存在的信息应告知不存在。

信息公开申请、答复情况

四川某印刷公司于 2014 年 1 月 24 日以邮件方式向某县公共资源交易中心提出公开成都市某县史志办公室民俗志印刷采购项目（第二次）（以下简称“该项目”）第一、第二、

1　案例来源：（2014）龙泉行初字第 56 号。

第三中标候选供应商信息的政府信息公开申请。某县公共资源交易中心 2014 年 1 月 28 日收到申请后，于 2014 年 2 月 21 日向四川某印刷公司作出政府信息公开答复，内容为：(1）本项目的结果公告内容严格按照《政府采购信息公告管理办法》执行。(2）根据本项目评审委员会推荐的供应商名单，已按要求在“四川政府采购网”发布结果预公告和结果公告。

原告诉求及观点

四川某印刷公司认为，政府采购要推荐第一、第二和第三位中标候选人。三位中标候选人的名称及报价信息不仅属于《政府信息公开条例》第十条第（六）项规定的“主动公开”的信息，而且也是《招标投标法实施条例》第五十四条第一款，《四川省财政厅关于进一步规范政府采购监管和执行的若干意见》（川财采〔2013〕66 号）第四点第（一）项中规定应当公示的信息。某县公共资源交易中心结果预公告仅公开了第一中标候选供应商的名称及报价，没有按照四川某印刷公司的申请，依法公开本项目第二、第三中标候选供应商的名称及报价。故四川某印刷公司请求判令：撤销某县公共资源交易中心作出的政府信息公开答复，并依法公开本项目的第二、第三中标候选供应商的名称及报价。

被告答辩及观点

某县公共资源交易中心辩称：某县公共资源交易中心在该项目采购活动中已严格按照规定的程序进行，并已按要求在“四川政府采购网”上发布了中标结果预公告和结果公告，已履行了政府信息公开法定告知义务，请求人民法院根据《最高人民法院关于审理政府信息公开行政案件若干问题的规定》第十二条的规定，驳回四川某印刷公司诉讼请求。

法院裁判及观点

法院认为：某县公共资源交易中心针对四川某印刷公司提出的政府信息公开申请作出了答复，并在答复中说明了该项目招投标结果预公告信息已在“四川政府采购网”发布，同时还指明了查找方式，故某县公共资源交易中心已履行了法定告知义务。该项目招投标评标委员会在《评标报告》中只确定了一名中标候选人，某县公共资源交易中心在该项目招投标程序中并未收集、保存有第二、第三中标候选人，也没有为四川某印刷公司收集、制作第二、第三中标候选人的法定义务。故四川某印刷公司申请某县公共资源交易中心公开第二、第三中标候选人的信息不存在。

综上，四川某印刷公司要求某县公共资源交易中心公开该项目招投标程序中的第二、第三中标候选人无事实和法律依据。依照《最高人民法院关于审理政府信息公开行政案件若干问题的规定》第十二条第一款第（一）项的规定，判决如下：驳回四川某印刷公司全部诉讼请求。

案例评析 CASE ANALYSIS

1. 对于已经公开的信息，应告知获取该信息的途径、方式

根据《政府信息公开条例》、《政府采购信息公告管理办法》以及机构编制管理部门的规定，县公共资源交易中心具有履行政府采购和结果预公告信息公开的法定职责。本案四川某印刷公司申请公开涉案项目第一、第二、第三中标候选供应商名称及报价信息。因涉案项目招投标结果预公告信息已经在四川政府采购网公布，且预公告仅有第一中标候选供应商信息。故某县公共资源交易中心应告知四川某印刷公司，因第一中标候选供应商名称及报价信息已公开，在此提供获取途径和方式。

2. 经检索后没有所申请的信息，应告知该信息不存在

对于第二、第三中标候选供应商名称及报价信息。因涉案项目评标委员会在《评标报告》中只确定了一名中标候选人，并未确定第二、第三候选人。因此，第二、第三中标候选供应商名称及报价属于不存在的信息。故县公共资源交易中心经检索发现没有四川某印刷公司所申请的信息后，应明确告知四川某印刷公司第二、第三中标候选人的信息不存在。而县公共资源交易中心未对四川某印刷公司所申请的信息区分处理，其答复行为中这个问题值得商榷。

第四节 对非结论性的告知行为的争议

对申请政府采购信息公开的，根据《政府信息公开条例》规定，对申请人有几种告知情形：

一是申请信息不明确的补正告知。该条例第三十条规定，政府信息公开申请内容不明确的，行政机关应当给予指导和释明，并自收到申请之日起 7 个工作日内一次性告知申请人作出补正，说明需要补正的事项和合理的补正期限。答复期限自行政机关收到补正的申请之日起计算。申请人无正当理由逾期不补正的，视为放弃申请，行政机关不再处理该政府信息公开申请。

二是延长答复期限的告知。该条例第三十三条规定，行政机关收到政府信息公开申请，能够当场答复的，应当当场予以答复。行政机关不能当场答复的，应当自收到申请之日起 20 个工作日内予以答复；需要延长答复期限的，应当经政府信息公开工作机构负责人同意并告知申请人，延长的期限最长不得超过 20 个工作日。

三是确定延迟答复合理期限的告知。该条例第三十五条规定，对申请人申请公开政府信息的数量、频次明显超过合理范围，经申请人说明理由且合理，但是无法在法定的期限内答复申请人的，可以确定延迟答复的合理期限并告知申请人。

四是申请公开数量、频次不合理而不予处理的告知。该条例第三十五条规定，申请人申请公开政府信息的数量、频次明显超过合理范围，行政机关可以要求申请人说明理由。行政机关认为申请理由不合理的，告知申请人不予处理。

五是对信息公开申请答复的告知。该条例第三十六条规定，对政府信息公开申请，行政机关根据下列情况分别作出答复：（1）所申请公开信息已经主动公开的，告知申请人获取该政府信息的方式、途径；（2）所申请公开信息可以公开的，向申请人提供该政府信息，或者告知申请人获取该政府信息的方式、途径和时间；（3）行政机关依据本条例的规定决定不予公开的，告知申请人不予公开并说明理由；（4）经检索没有所申请公开信息的，告知申请人该政府信息不存在；（5）所申请公开信息不属于本行政机关负责公开的，告知申请人并说明理由；能够确定负责公开该政府信息的行政机关的，告知申请人该行政机关的名称、联系方式；（6）行政机关已就申请人提出的政府信息公开申请作出答复、申请人重复申请公开相同政府信息的，告知申请人不予重复处理；（7）所申请公开信息属于工商、不动产登记资料等信息，有关法律、行政法规对信息的获取有特别规定的，告知申请人依照有关法律、行政法规的规定办理。

六是对通过相应渠道提出的告知。该条例第三十九条规定，申请人以政府信息公开申请的形式进行信访、投诉、举报等活动，行政机关应当告知申请人不作为政府信息公开申请处理并可以告知通过相应渠道提出。

上述第一、第二、第三种情形都是非结论性、非终局的告知行为，不具有终局性，一般情况下是不可诉的。而第四、第五、第六种情形都是结论性、终局的告知行为，直接影响申请人权利义务的，具有可诉性。政府采购信息类型繁多，财政部门在处理时经常会作出多种告知，相应则产生一系列围绕告知行为的争议。

【案例121[1]】财政部门作出补正告知书，申请人不服提起诉讼，法院应如何处理

关 键 词：补正告知／可诉性／政府信息公开

案例要点：申请人申请的信息不明确，财政部门可以作出告知书要求申请人补正，补正告知书并不直接影响申请人的权利义务，不具有可诉性。

1　案例来源：（2016）苏0505行初56号。

信息公开申请、答复、复议情况

2016年4月4日，高某向苏州国家高新技术产业开发区财政局（以下简称“新区财政局”）提起政府信息公开申请，申请公开的信息为：高新区财政局对苏州高新区狮山街道办事处2010年度、2011年度、2012年度、2013年度、2014年度、2015年度的政府采购的监督信息。新区财政局于2016年4月6日作出《政府信息公开申请答复告知书》告知高某，其所需要公开的信息内容不明确，请作出更改或补充。高某不服，于2016年4月29日申请行政复议，虎丘区政府于2016年7月27日作出行政复议决定，决定维持新区财政局所作信息公开答复。

行政诉讼情况

高某不服，诉至苏州市姑苏区人民法院，提出前述诉讼请求。苏州市姑苏区人民法院认为，根据《政府信息公开条例》[1]第四条的规定，新区财政局答复高某的政府信息公开申请，系政府信息公开的主体，是本案适格被告。根据《行政复议法》第十二条的规定，被告虎丘区政府经高某申请作出复议决定，系履行法定职责，且作为维持原行政行为的复议机关，根据《行政诉讼法》第二十六条的规定，系本案共同被告。

《最高人民法院关于审理政府信息公开行政案件若干问题的规定》第二条第（一）项规定，因申请内容不明确，行政机关要求申请人作出更改、补充，且对申请人权利义务不产生实际影响的告知行为，当事人提起行政诉讼，人民法院不予受理。本案被诉原行政行为系新区财政局于2016年4月6日所作告知书，该告知系被告认为高某申请内容不明确，要求补充更改。告知的目的在于方便行政机关有针对性地为当事人提供准确的政府信息，告知行为未对高某政府信息公开申请给出结论性意见，对高某的权利义务不产生实际影响。新区财政局告知书中告知了高某提起复议或者诉讼的权利，并不适当，苏州市姑苏区人民法院予以指正，但高某是否享有诉权应根据法律的规定予以认定，并不因被告的告知而取得诉权。

本案高某提起行政诉讼不符合法定起诉条件，应不予受理，已经受理的，应当裁定驳回起诉。据此，依照《最高人民法院关于审理政府信息公开行政案件若干问题的规定》第二条第（一）项，《最高人民法院关于适用〈中华人民共和国行政诉讼法〉若干问题的解释》第三条第一款第（一）项之规定，裁定驳回高某的起诉。

---

1 本案例中适用的是原《政府信息公开条例》。

案例评析

CASE ANALYSIS

1. 申请内容不明确的，应告知补正

原《政府信息公开条例》第二十条规定，将“申请公开的政府信息的内容描述”作为政府信息公开申请应当的内容；新《政府信息公开条例》第二十九条则进一步明确规定，将“申请公开的政府信息的名称、文号或者便于行政机关查询的其他特征性描述”作为政府信息公开申请应当的内容。但是，申请人一般无法指明政府信息的名称、文号，对特征描述也难以具体、明确，很可能指向许多具有同样特征的政府信息，导致信息内容“明确”的目的难以达到。申请人申请公开的信息为：高新区财政局对苏州高新区狮山街道办事处 2010 年度、2011 年度、2012 年度、2013 年度、2014 年度、2015 年度的政府采购的监督信息，其申请内容既不具体、也不明确。由于原《政府信息公开条例》第二十一条对此种情形规定的是“申请内容不明确的，应当告知申请人作出更改、补充”。因此，财政部门通知其予以补正是适当的。

2. 告知行为并非结论性的行政行为

根据新《政府信息公开条例》第三十条规定，政府信息公开申请内容不明确的，行政机关应当给予指导和释明，并自收到申请之日起 7 个工作日内一次性告知申请人作出补正，说明需要补正的事项和合理的补正期限。申请人无正当理由逾期不补正的，视为放弃申请，行政机关不再处理该政府信息公开申请。本案中，新区财政局于 2016 年 4 月 6 日作出《政府信息公开申请答复告知书》告知高某，其所需要公开的信息内容不明确，请作出更改或补充。从行政处理流程看，该告知书相对于最终的处理决定是中间性、阶段性的行为，并非结论性的行政行为。

3. 并非结论性的行政行为不具备可诉性

可诉的行政行为要具备成熟性，要有最终的法律效力。受理、告知补正、听证等需要告知相对人或相对人参与的行政行为，一般情形下不具有可诉性，但如果告知实际上导致程序终止，那就具有可诉性。本案，新区财政局作出的《政府信息公开申请告知书》为补正告知书，如果申请人不补正，视为申请人放弃申请。如果申请人补正，则后续会作出最终的答复书。因此，该告知书并不会直接影响申请人的权利，不会阻却申请人申请信息公开的途径。法院认定其不具有可诉性，裁定驳回起诉，是正确的。

第五节 对信息公开答复行为的争议

《政府信息公开条例》第三十三条规定，行政机关收到政府信息公开申请，能够当场答复的，应当当场予以答复。行政机关不能当场答复的，应当自收到申请之日起 20 个工作日内予以答复；需要延长答复期限的，应当经政府信息公开工作机构负责人同意并告知申请人，延长的期限最长不得超过20个工作日。可见，行政机关应当在法定期限内对政府信息公开申请予以答复。申请人对答复行为不服，可对答复行为提起行政诉讼。而未予以答复的，申请人可以行政机关不作为提起行政诉讼。

【案例122[1]】向财政局、公安局申请公开公安单警装备采购情况，因财政局延迟答复被诉诸法院，法院应如何判决

关 键 词：延迟答复 / 不作为 / 确认判决

案例要点：行政机关未在法定期限内答复政府信息公开申请，申请人提起行政诉讼后，行政机关在诉讼期间作出答复，法院应确认行政机关不作为行为违法。对于答复，申请人可另行提起诉讼。

信息公开申请、答复情况

单某于2016年6月16日通过特快专递向某市财政局邮寄《政府信息公开申请书》，申请公开某市公安单警装备——执法记录仪的采购情况，包括以下信息：（1）招标信息：招标人或其委托的招标代理机构名称；标的名称、用途、数量、基本技术要求；交货日期；联系人、地址、邮政编码、电话及传真号码等事项。（2）中标信息：中标人名称、地址、联系方式；中标金额等。（3）违规通报与投诉处理信息。某市财政局于同年6月17日收到单某的政府信息公开申请后，于同年7月12日电话通知单某到某市财政局处领取相关材料，单某因某市财政局提供的材料不符合其要求的答复形式故拒绝领取，只是用手机拍照后即离开。

行政诉讼一审情况

单某认为某市财政局一直未按其要求作出答复，于2016年7月26日诉至一审法院，要求确认某市财政局不予答复行为违法，并责令某市财政局公开其申请的政府信息。

一审法院查明：某市财政局在诉讼过程中于2016年7月30日向单某作出市公安局单警装备——执法记录仪器信息公开情况的答复称：市公安局单警装备由省厅直接采购、配发，所有的采购信息都在财政部门指定的政府采购信息发布媒体上公告。你所要求的信息公开可以在中国政府采购网、山东政府采购网查询。该答复附采购公告2份。

在该案中，某市公安局辩称某市公安单警装备执法记录仪是其根据上级规定自行采购的，未列入政府集中采购项目范围，一审法院经审查认为，单某申请公开的上述政府信息

---

1 案例来源：（2016）鲁10行终97号。

不属于某市公安局应当主动公开的范围，且与单某自身生产、生活、科研等特殊需要无关，故某市公安局所作的不予公开决定正确。

一审法院认为，《政府信息公开条例》[1]第二条规定，本条例所称政府信息，是指行政机关在履行职责过程中制作或者获取的，以一定形式记录、保存的信息。第二十一条规定，对申请公开的政府信息，行政机关根据下列情况分别作出答复：……依法不属于本行政机关公开或者该政府信息不存在的，应当告知申请人，对能够确定该政府信息的公开机关的，应当告知申请人该行政机关的名称、联系方式；……第二十四条规定，行政机关收到政府信息公开申请，能够当场答复的，应当当场予以答复。行政机关不能当场答复的，应当自收到申请之日起15个工作日内予以答复；如需延长答复期限的，应当经政府信息公开工作机构负责人同意，并告知申请人，延长答复的期限最长不得超过15个工作日。

本案中，某市财政局在收到单某政府信息公开申请后未在法定期限内作出答复，其延期答复违反相关法律规定，故对单某要求确认某市财政局不予答复行为违法的诉请，一审法院予以支持。在（2016）鲁1083行初28号案件中，单某已得知某市公安单警装备执法记录仪由某市公安局自行采购，未纳入政府集中采购范围，因此单某申请公开的政府信息不属于某市财政局在履行职责过程中制作或者获取的，且某市公安局已针对同一项政府信息向单某作出了答复，单某依法获取政府信息的权利已得到保障和实现，故对单某要求某市财政局公开某市公安单警装备——执法记录仪采购情况的诉请，一审法院不予支持。

依照《行政诉讼法》第七十四条第一款第（二）项、《最高人民法院关于审理政府信息公开行政案件若干问题的规定》第十二条第（一）项之规定，判决确认某市财政局对单某要求公开某市公安单警装备——执法记录仪采购情况的申请不予答复的行为违法，驳回单某要求某市财政局公开某市公安单警装备——执法记录仪采购情况的诉讼请求。

上诉人诉求及观点

单某不服一审判决，上诉称，一审判决认定事实不清，上诉人当庭就某市财政局提交的证据涉及的网站网页真实性提出质疑，某市财政局未提供证据并作出合理的解释；一审判决认为，上诉人信息公开的诉求已在（2016）鲁1083行初28号案件中得到保障和实现，故对上诉人的诉请不予支持，但上诉人已就该案提起上诉，而且某市财政局与某市公安局对上诉人的信息公开答复互相矛盾。综上，上诉人请求撤销原判，判令某市财政局重新作出答复。

被上诉人答辩及观点

某市财政局答辩称，上诉人申请公开的政府信息，经一审审理查明不属于某市财政局

1　本案例中适用的是原《政府信息公开条例》。

在履行职责过程中制作或获取的信息，依法不属于某市财政局公开的范围。一审法院另查明上诉人曾就同一项政府信息向某市公安局申请公开，某市公安局亦对其申请作出了答复，上诉人依法获取政府信息的权利已得以实现。综上，请求驳回上诉，维持原判。

二审法院裁判及观点

二审法院认为，本案中，被上诉人于2016年6月17日收到上诉人的政府信息公开申请，至上诉人同年7月26日提起诉讼时，未作出答复，被上诉人该不作为行为违法。《最高人民法院关于审理政府信息公开行政案件若干问题的规定》第一条第一款第（一）项规定，公民、法人或者其他组织向行政机关申请获取政府信息，行政机关拒绝提供或者逾期不予答复的，公民、法人或者其他组织依法提起行政诉讼的，人民法院应当受理。本案中，上诉人向被上诉人提出政府信息公开申请，被上诉人未在法定期限内作出答复，上诉人向一审法院提起诉讼，要求确认被上诉人不予答复行为违法，并责令被上诉人公开其申请的政府信息，一审法院对上诉人的起诉予以受理并作出判决，符合上述规定。被上诉人在诉讼中向上诉人作出答复，该答复行为区别于其前述不作为的行政行为，属于另外一个行政行为，如上诉人不服该行为，可另行主张权利，故对上诉人要求判令被上诉人公开其申请的政府信息的请求，法院不予支持。

综上所述，一审判决正确，法院予以维持。上诉人的上诉理由不当，法院不予支持。依照《行政诉讼法》第八十九条第一款第（一）项之规定，判决驳回上诉，维持原判。

案例评析 CASE ANALYSIS

1. 未在法定期限内依法答复，属于行政不作为

行政机关收到政府信息公开申请，对于不能够当场答复的，除了需要延期的，应当自收到法定期限内予以答复。同时，行政机关应当根据申请人的要求提供政府信息，除非存在可能危及政府信息载体安全或者公开成本过高的情况，可以安排其他形式。某市财政局收到申请人的政府信息公开申请后，电话通知其到某市财政局处领取相关材料，申请人因某市财政局提供的材料不符合其要求的答复形式故拒绝领取。可见，某市财政局要求申请人亲自领取材料不符合申请人所要求的公开形式且无其他合理理由，视为其未答复。

2. 行政机关在审理期间作出行政行为，原告不撤销，法院应确认不作为违法

原告起诉被告不作为，在诉讼中被告作出行政行为，原告不撤诉的，人民法院应当就不作为依法作出确认判决。本案中，某市财政局在一审期间作出了政府信息公开答复，而单某并没有撤诉，法院只能对某市财政局不作为行为进行审理，作出确认不作为行为违法的判决。而对于某市财政局作出的政府信息公开答复，单某可另行提起行政诉讼。

CHAPTER 06

第六章

行政复议行为的争议事项

对于政府采购中的行政复议，本书上篇第二章第三节“政府采购争议行政复议与行政诉讼的形式”、上篇第三章第三节“复议机关”、上篇第四章第五节“行政复议申请内容及其决定内容”中，已经对行政复议的相关实务及案例进行介绍。本章重点对政府采购中的行政复议行为的争议事项，作些探讨。

第一节 对行政复议范围的争议

行政复议的范围，是公民、法人或者其他组织受到行政行为侵害时受到行政复议机关保护的范围。行政复议的范围有哪些？《行政复议法》第六条明文规定：“有下列情形之一的，公民、法人或者其他组织可以依照本法申请行政复议：（一）对行政机关作出的警告、罚款、没收违法所得、没收非法财物、责令停产停业、暂扣或者吊销许可证、暂扣或者吊销执照、行政拘留等行政处罚决定不服的；（二）对行政机关作出的限制人身自由或者查封、扣押、冻结财产等行政强制措施决定不服的；（三）对行政机关作出的有关许可证、执照、资质证、资格证等证书变更、中止、撤销的决定不服的；（四）对行政机关作出的关于确认土地、矿藏、水流、森林、山岭、草原、荒地、滩涂、海域等自然资源的所有权或者使用权的决定不服的；（五）认为行政机关侵犯合法的经营自主权的；（六）认为行政机关变更或者废止农业承包合同，侵犯其合法权益的；（七）认为行政机关违法集资、征收财物、摊派费用或者违法要求履行其他义务的；（八）认为符合法定条件，申请行政机关颁发许可证、执照、资质证、资格证等证书，或者申请行政机关审批、登记有关事项，行政机关没有依法办理的；（九）申请行政机关履行保护人身权利、财产权利、受教育权利的法定职责，行政机关没有依法履行的；（十）申请行政机关依法发放抚恤金、社会保险金或者最低生活保障费，行政机关没有依法发放的；（十一）认为行政机关的其他具体行政行为侵犯其合法权益的。"

对照上述行政复议的范围，在政府采购实践中行政复议范围及其发生的争议主要有：

1. 对政府采购行政处罚决定不服的。政府采购方面的行政处罚常见的有，警告、罚款、没收违法所得、在一至三年内禁止供应商参加政府采购活动、在一至三年内禁止采购代理机构代理政府采购业务、取消集中采购机构代理采购的资格、禁止评审专家参加政府采购评审活动、取消政府采购评审专家资格、取消政府采购信息指定发布媒体资格，等等。对此方面的争议主要是，对予以通报、责令限期改正、列入不良行为记录名单、在财政部门指定的政府采购信息发布媒体上予以公告等行政行为，是否属于行政处罚，能否作为行政复议范围。笔者认为，此类行政行为不能视为行政处罚，如果对相对人权利义务与合法权益没有任何影响，则不应认定属于行政复议范围；反之，则应认定属于行政复议范围。

2. 对政府采购投诉处理决定不服的。这是行政复议机关受理最多政府采购行政复议案件的类型。对投诉处理决定列入行政复议范围，因有《政府采购法》第五十八条的明文规定，没有任何争议。存在争议的主要有：一是投诉处理没有以决定书的形式出现，而是以意见、函、通知、调查报告的形式出现，有人认为它不是最终发生效力的行政行为，不属于行政复议范围。笔者认为，这种看法是片面的。《政府采购法》第五十八条还规定政府采购监督管理部门逾期未作处理的，也可以申请行政复议。财政部门不能一方面以意见、函、通知、调查报告等形式不是最终发生效力的行政行为，另一方面又不举证其投诉处理决定的内容，而规避上一级行政机关的行政复议。因此，对以其他形式出现的投诉处理行为，应认定为属于行政复议的范围。

二是未经质疑、投诉的事项，能否作为行政复议的范围。行政复议审查的对象是投诉处理行为，未经质疑、投诉的事项是不能作为投诉处理决定内容的，当然也不能作为行政复议的范围。但是，基于投诉处理决定内容而申请复议的除外，如对投诉处理决定本身认定事实、适用法律、处理程序的异议；基于投诉事项基础事实涉及的复议范围除外，因为行政复议申请人对政府采购法律的理解、对采购文件、采购过程和采购结果的了解的局限性，不能对其要求过高而限制其行政复议申请权的行使。

3. 对政府采购监督检查处理决定不服的。由于法律、法规、行政规章对此缺乏明确规定，争议较多。笔者认为，监督检查处理决定不论以什么形式出现，关键是看该行政行为对相对人权利义务与合法权益没有造成影响，例如，有的监督检查处理的结论，不改变原中标或者成交结果，或者是驳回控告、检举，此类监督检查处理行为没有对相对人设定新的义务与责任，不应认定属于行政复议范围；有的监督检查处理的结论，决定改变原中标或者成交结果，或者对相对人设定新的义务与责任，则应认定属于行政复议范围。

4. 申请财政部门履行政府采购管理职责，财政部门没有依法履行的。这里容易发生争议的有：一是对控告、检举等函件反映政府采购活动的违法行为要求依法处理，究竟是信访还是申请履职有不同看法。笔者认为应重点把握两个方面，即与来函人是否有利害关系，收函人是否有该监督管理职责，如果两者全部具备则应视为属于履职申请并认定属于行政复议范围，如果有一项不具备则应视为信访并认定不属于行政复议范围。二是对财政部门履职不满意能否作为复议范围有不同看法。笔者认为，关键在于审查申请人是否认为财政部门有没有依法履职，如果对“依法”没有异议，而是没有达到其对财政部门履职的“满意度”，则不属于行政复议的范围。

5. 申请财政部门公开政府采购监管处罚信息，财政部门没有依法履行公开义务的。一般来说，财政部门对政府采购监管处罚信息都是主动公开的，但有人对主动公开的监管处罚信息范围不满意，有的直接申请行政复议，毫无疑问这不属于行政复议的范围。如果先申请公开某些信息，对财政部门答复不满意或者未答复，则属于行政复议的范围。

6. 对采购人、采购代理机构滥用行政权力排除或者限制供应商参与政府采购活动的。此方面直接申请行政复议的不多，因为供应商一般会先向采购人、采购代理机构质疑，未达目的再向财政部门投诉，然后还可以申请行政复议，多两个救济途径总比少两个救济途径对供应商更为有利。

7. 对采购人不依法履行、未按照约定履行或者违法变更、解除政府采购合同的。此方面直接申请行政复议的也不多，其原因在于采购人违约情形并不多，对于供应商违约的，采购人只能通过民事救济途径，而不能通过行政复议与行政诉讼的救济途径解决。

【案例 123[1]】一件对复议审查范围、明显不合理低价、未对最终投标报价进行分项报价有关认定的行政复议争议案件

关 键 词：行政复议范围 / 明显不合理低价 / 最终报价 / 分项报价

案例要点：对投诉处理决定申请行政复议的范围，不能超出质疑、投诉的范围；行政复议范围可以在质疑、投诉事项的基础事实范围之内，不一定外延完全相同。

1 案例来源：（2018）京行终 2936 号。

招标、质疑、投诉、复议情况

2016年11月19日，海关总署物资装备采购中心（以下简称“海关采购中心”）发布“2016年集装箱、车辆检查系统（重新招标）采购项目”招标公告，其中第05包为通过式快速检查系统即涉案招标项目（以下简称“该项目”）。

2016年12月12日,该项目经开标、评标。某科技公司与某技术股份公司均参与了投标。2016年12月30日，海关采购中心发布中标公告，某科技公司中标。采购项目中标公告中公示的“技术支持与售后服务”对应的“原产地和制造商名称”载明：“中国君和信达”。

2017年1月3日，海关采购中心收到某技术股份公司提出的质疑，质疑事项为：(1)中标供应商投标文件提供的售后服务不符合招标文件实质要求。具体为：该项目中标货物明细信息中，第1项“主设备”的“原产地和制造商名称”为“中国西安优派”，第7项“技术支持与售后服务”的“原产地和制造商名称”为“中国君和信达”。该项不符合招标文件第二部分第三章第二类第（19）项“‘★’所投产品的制造商售后服务承诺函”及招标文件第24.3条的规定。(2)中标供应商以低于成本价进行不正当商业竞争。

2017年1月11日，海关采购中心作出该项目中标结果质疑的复函，答复某技术股份公司：……关于中标供应商的售后服务应答问题已在第“一”点中答复，中标供应商在投标文件中已按招标文件要求提供了中标产品制造商的售后服务承诺函。关于某科技公司以低于成本价进行不正当商业竞争的问题，已经在上次的回复意见中答复过，本次质疑，某技术股份公司未提供新的证据，因此，采购人仍无法依据本次质疑函中提供的材料认定某科技公司此次投标属于“低于成本价投标”。

2017年2月4日，财政部收到并受理了某技术股份公司提出的投诉，投诉事项为：(1)根据中标公告，中标货物的制造商为“中国西安优派”，售后服务的制造商为“中国君和信达”，不符合招标文件中要求提供“★所投产品的制造商售后服务承诺函”的实质性要求，应当作为无效投标处理。(2)中标供应商以低于成本价进行不正当商业竞争。根据中标公告，中标供应商中标价格为200万元2套，即每套设备中标价为100万元。通过式快速检查系统至少应包括射线源、探测器系统、屏蔽装置、电控系统与计算机等设备，仅此射线源一项的成本就要120万元左右，故中标供应商所报的100万元设备单价明显低于成本价。另外据了解，中标供应商2012年出口马来西亚的通过式快递检查系统的海关报关价格为每台162万美元。综上，某技术股份公司的投诉请求为：(1)请求决定该项目全部或者部分采购行为违法，责令重新开展采购活动。(2)请求对中标供应商采取不正当手段排挤其他供应商的行为予以行政处罚。

2017年3月28日，财政部作出《财政部投诉处理决定书》(财库法〔2017〕3号，以下简称3号处理决定)，认为:(1)关于投诉事项一，经审查，某科技公司提交的投标文件中“售后服务承诺函”落款处“制造商名称”为“西安优派电子科技技术有限公司”，并盖有西安优派公司公章，符合招标文件关于提供产品制造商售后服务承诺函的实质性要求，该投诉事项缺乏事实依据。(2)关于投诉事项二，经审查，某科技公司与生产商成立联合实验室，其承诺对第一批中标项目的电磁感应加速器给予最大优惠价格，评标委员会认为中标供应商投标报价满足招标文件要求，未发现评标委员会评审过程存在违法违规行为，某技术股份公司以某科技公司2012年出口马来西亚的海关报关价及其测算的货物价格为由，认为某科技公司低于成本价进行不正当竞争，缺乏事实依据。据此，财政部决定：投诉事项一、二缺乏事实依据，驳回投诉。

某技术股份公司不服财政部3号处理决定，提出行政复议申请，请求撤销3号处理决定，依法决定该项目成交无效，并依法停止具体行政行为的执行。2017年6月21日，财政部负责法制工作的机构收到并受理了某技术股份公司的行政复议申请。6月28日，某科技公司收到财政部发出的第三人参加行政复议通知书，通知其作为第三人参加行政复议程序，并将行政复议申请书及有关证据材料转交某科技公司。

2017年8月18日，财政部行政复议决定书(财复议〔2017〕131号，以下简称“复议决定”)，主要内容为:

1.根据对中标供应商某科技公司投标文件内容审查，其提供的《制造商委托代理投标授权书》和《售后服务承诺函》均符合招标文件的要求，其投标产品的制造商为西安优派电子科技有限公司(以下简称“西安优派公司”)，而其《投标分项报价表》中第7项“技术支持与售后服务”对应的“原产地和制造商名称”载明“中国君和信达”，该内容属于明显的笔误。根据招标文件内容，中标候选人投标文件中的分项报价表的数量、单价、总价等要素将会在中标结果公告中予以公示。采购项目确定中标候选人后，采购人将载有笔误的投标分项报价表中相关内容进行公示，虽公示内容存在错误，但该笔误并不影响其投标文件相关实质内容，被申请人(财政部)认定“中标供应商投标文件相关内容符合招标文件关于提供产品制造商售后服务承诺函的实质性要求”，对该部分认定事实清楚，证据确凿。

2.对于投标人明显低于投标预算及其产品市场价的报价，评审委员会应采用“合理怀疑、合理信赖”的原则，要求供应商对其报价进行书面说明给出合理解释，并提供相应的证明材料，如供应商对其报价不能给出合理解释，则可认定其投标报价不合理，属于无效投标。根据《政府采购货物和服务招标投标管理办法》(财政部令第18号)第五十二条的规定，本案中，根据招标文件规定，第05包采购项目采购预算为5600万元，根据中标供应商投标文件内容，其投标文件《开标一览表》中的“投标报价”和《投标分项报价表》的分项报价都对其提供货物进行了报价，总价为肆仟肆佰捌拾万元整，而《开标一览表》“其他声明”的内容确定贰佰万元整。该报价作为最终投标报价与招标文件规定的采购预算和其《投标分项报价表》中计算的其产品市场价（列表价乘以数量等于《投标分项报价表》中总价 44 800 000 元）相比明显不合理，中标供应商在处理投诉阶段提出的有关“与俄罗斯托木斯克理工大学成立联合实验室，联合开发电磁感应加速器的尖端技术”等理由，无法证明其报价合理，也没有其他相应证据证明其报价合理性，因此，该理由不属于合理理由，根据前述分析可以认定中标供应商报价不合理，该行为不符合《政府采购法》第三条的规定。根据招标文件第 67 页“《投标分项报价表》注 2”的要求，投标供应商应提供详细分项报价，不提供详细分项报价将视为没有实质性响应招标文件。从中标供应商《投标分项报价表》内容可知，中标供应商没有对贰佰万元整最终投标报价进行详细的分项报价，按照招标文件要求，其 200 万元最终投标报价应被视为没有实质性响应招标文件。综上，被申请人（财政部）3 号处理决定对该部分事实认定不清。

3. 根据《政府采购供应商投诉处理办法》（财政部令第 20 号）第七条的规定，供应商向财政部门提出的投诉事项应经过质疑。根据该办法第二十四条的规定，投诉人对财政部门的投诉处理决定不服或者财政部门逾期未作处理的，可以依法申请行政复议或者向人民法院提起行政诉讼。本案中，申请人（某技术股份公司）行政复议申请书中有关“以下任一事实都足以导致中标供应商、制造商履行政府采购合同的能力部分甚至全部丧失，也足以导致二者自始不符合政府采购供应商所应具备的基本条件并且成为中标、成交无效之条件”的主张因未经过质疑、投诉，不属于本次行政复议审理范围，本机关（财政部）不进行评价。

4. 关于申请人提出的第二项复议请求，经审查，被申请人（财政部）作出的 3 号处理决定内容为驳回投诉，因此，该请求事项没有事实依据，不属于《行政复议法》第二十一条规定的情形，本机关不予支持。

5.2017 年 2 月 4 日被申请人（财政部）收到并受理投诉，2017 年 3 月 28 日被申请人（财政部）作出 3 号处理决定不符合“财政部令第 20 号”第二十条的规定，作出处理决定期限超过法定期限。

综上所述，根据行政复议法第二十八条第一款第（三）项的规定，决定如下：撤销 3 号处理决定，被申请人（财政部）应当在收到复议决定书后，依法对申请人的投诉重新作出处理。

一审原告诉求及观点

某科技公司不服财政部作出的复议决定，向北京市某中级人民法院提起行政诉讼。某技术股份公司作为第三人。某科技公司诉称：（1）被诉复议决定适用法律错误。被告适用价格法及原反不正当竞争法作为认定原告报价属于明显不合理低价，是以民事法律规范推翻行政法规范规定。政府采购活动应以“提高政府采购资金的使用效益”为宗旨，以“低价优质”为原则，区别于一般商业采购行为。(2)被诉复议决定扩大了复议机关的审查范围和审查事项，程序违法。投诉人在投诉程序中仅提出低于成本价进行不正当竞争，并未提出“评审委员会是否采用合理怀疑、合理信赖原则要求供应商对其报价进行书面说明给出合理解释”及某科技公司“最终报价没有实质性响应招标文件”等投诉请求。被告因此撤销3号决定书，属于程序违法。

一审被告答辩及观点

被告财政部辩称：(1)被诉复议决定适用法律正确。引用价格法及原反不正当竞争法中的有关原则及原理与政府采购法第一条关于“提高政府采购和资金的使用效益”并不矛盾，“低价优质”原则并不等同于供应商可以采取低价恶性竞争。(2)被诉复议决定并未超出审查范围，程序并不违法。某技术股份公司投诉的对象之一系原告中标价格，即认为其存在低于成本价进行不正当商业竞争的行为，3号处理决定的审查对象之一也系原告的中标价格。被诉复议决定审查内容必然会涉及3号处理决定对原告中标价格的认定以及对该部分投诉事项的处理，审查对象同样是原告中标价格。被诉复议决定撤销3号处理决定的理由是认为其对第2项投诉事项的认定事实不清且超期。(3)低价竞争构成对政府采购市场的扰乱，不对该行为进行纠正会导致供应商报价恶性竞争，不能认为过低的价格提高了财政资金的使用收益，因为过低价格并不等于质优。

一审第三人观点

第三人某技术股份公司述称：被诉复议决定认定事实清楚、适用法律正确、程序合法。(1)有确实、充分的证据证明原告存在低于成本价投标的事实，原告未对其以不合理低价投标的行为进行合理性说明，被告作出认定正确；(2)某技术股份公司在质疑及投诉程序中，一直主张有权机关依据相关规定对原告违法投标行为进行全面审查，故被告作出被诉复议决定未超过投诉范围。

一审法院裁判及观点

1. 被诉复议决定未超过复议审查范围。

根据《政府采购法》第五十六条的规定，政府采购监督管理部门应当对投诉事项作出处理决定。因此，投诉事项的范围决定了3号处理决定的范围，进而也就决定了被诉复议决定所得审查的范围。第三人某技术股份公司所投诉事项之一为原告的报价行为系低于成本价进行不正当商业竞争，被诉复议决定关于原告最终投标报价明显不合理以及最终投标报价无分项报价构成未实质响应招标文件要求的认定，并未超出投诉事项的基础事实范围，因此也就不存在超越审查范围的问题。

2. 原告最终投标报价行为不属于以明显不合理低价进行不正当竞争的行为。被诉复议决定以报价是否明显低于合理价格作为认定是否构成无效投标的事由，具有法律依据。但在该案中，被告仅以采购项目预算价与原告的最终投标报价进行对比，认定原告的最终投标报价属于明显不合理低价事实依据不足。

3. 原告未对最终投标报价进行分项报价不属于未实质性响应招标文件要求。原告在其《分项报价表》中已经进行了分项报价，实质响应了招标文件的要求，并在《开标一览表》中作出声明，其最终投标报价是对投标预算报价的统一折扣价格。招标文件并未要求在最终投标报价与分项报价表的报价不一致时，还需要再针对最终投标报价提供分项报价。故被诉复议决定认为原告的统一折扣价格还要再进行分项报价，缺乏招标文件的依据。

据此，该院于2018年3月1日作出一审判决，撤销财政部行政复议决定，于法定期限内对第三人某技术股份公司提出的行政复议申请重新作出决定。

二审上诉人诉求及观点

某技术股份公司不服一审法院行政判决，向北京市高级人民法院提起上诉称：(1) 某科技公司最终投标报价行为属于以明显不合理低价进行不正当竞争，被诉复议决定认定事实清楚、适用法律正确，一审判决认定事实错误，适用法律、法规错误，证据不足。(2) 某科技公司未实质性响应招标文件要求，一审判决认定事实错误。(3) 某科技公司涉及多项违法犯罪及只是产权侵权，势必将影响产品质量、不能诚信履约。请求依法撤销一审法院行政判决，驳回某科技公司全部诉讼请求。

二审被上诉人答辩及观点

某科技公司二审答辩称：(1) 一审判决认定事实清楚，适用法律、法规正确，释明充分。(2) 被诉复议决定判断合理价格的标准不具有充分的依据和事实基础。(3) 被诉复议决定认定事实不清、主要证据不足，适用法律错误。(4) 某科技公司系严格依据招标文件要求及政府采购的相关法律法规进行投标。(5) 一审判决撤销被诉复议决定的理由系因“被诉复议决定认定某科技公司报价明显不合理”的事实不清、主要证据不足。

原审被告观点

财政部二审答辩称：(1) 被诉复议决定中认定某科技公司的标价不合理是考虑各方面因素后作出的，并非仅以市场价格或者采购项目的预算价作为依据。(2) 被诉复议决定在无法律规则可以直接适用的情况下，适用法律原则并无不妥。在法律没有明确规定的情况下，应当适用法律原则，在该案中《政府采购法》对服务价格判断的标准没有做出明确法律规定的情况下，政府采购应当遵循公开透明的原则。（3）财政部作为政府采购监管部门，应当加大对不当采购部门的管理。综上，不同意一审判决。

二审法院裁判及观点

关于一审法院认定："原告未对最终投标报价进行分项报价不属于未实质性响应招标文件要求。"该院认为：某科技公司在《投标分项报价表》中经计算得出的总价为4480万元，与《开标一览表》中的投标总价一致。但某科技公司以200万元作为其最招标文件的要求进行分项报价，亦未说明该200万元的报价与经分项报价后计算得出的总价之间的关系，故以200万元作为投标价，不符合招标文件对投标报价应予以详细分项报价的要求。某科技公司通过"其他声明"的方式改变其报价，不符合招标文件的填写要求，其以"其他声明"的方式废弃其正式报价，二者差异巨大，致使该应是其正式报价的价格成为虚设，亦不符合诚实信用原则。一审法院对上述做法认定为"最终投标报价是对投标预算报价的统一折扣价格"，缺乏法律依据。因此，被诉复议决定认定某科技公司200万元的最终投标报价没有实质性响应招标文件，并无不当。二审法院认可一审法院的其他结论。二审法院于2018年11月30日作出判决，撤销一审行政判决，驳回某科技公司的诉讼请求。

案例评析 CASE ANALYSIS

本案中争议中涉及行政复议范围的有两处，当事人对有关行政复议范围的主张的观点正好相反，第一种情形是行政复议申请人主张扩大审查范围，第二种情形是行政诉讼原告主张行政复议决定违反程序扩大了审查范围。

1. 对投诉处理决定申请行政复议的范围，不能超出质疑、投诉的范围

行政复议申请人某技术股份公司在行政复议申请书中有关"以下任一事实都足以导致中标供应商、制造商履行政府采购合同的能力部分甚至全部丧失，也足以导致二者自始不符合政府采购供应商所应具备的基本条件并且成为中标、成交无效之条件"的主张，因未经过质疑、投诉，不属于该次行政复议审理范围，财政部不进行评价是完全正确的。因为某技术股份公司的上述主张，与质疑、投诉事项完全不同，行政复议时不能扩大复议审查的范围。

2. 行政复议范围可以在质疑、投诉事项的基础事实范围之内，不一定外延完全相同

行政诉讼原告某科技公司认为，投诉人在投诉程序中仅提出低于成本价进行不正当竞争，并未提出“评审委员会是否采用合理怀疑、合理信赖原则要求供应商对其报价进行书面说明给出合理解释”及某科技公司“最终报价没有实质性响应招标文件”等投诉请求，而被诉复议决定扩大了复议机关的审查范围和审查事项，程序违法。复议机关认为，某技术股份公司投诉事项及3号处理决定的审查对象之一系原告中标价格，被诉复议决定审查内容必然会涉及3号处理决定对原告中标价格的认定以及对该部分投诉事项的处理，审查对象同样是原告中标价格，未超过复议审查范围。一审法院认可复议机关的这一观点，认为复议并未超出投诉事项的基础事实范围，不存在超越审查范围的问题。二审法院也未持有异议。如果将该投诉事项与复议审查对象，进行文字对比，确实含义不同，外延也不同。但复议审查是对投诉事项的基础事实范围进行审查，原告中标价格与报价的认定是有密切关系的，因此不能认定超出复议审查范围。

第二节 对参加行政复议主体的争议

在政府采购方面行政复议的实践中，对参加行政复议的主体问题产生争议并诉诸人民法院的案件较多，此问题应当引起各方的格外重视。一般说来，能够参加行政复议的主体包括：

一是申请人，《行政复议法》第九条，第十条第一款、第二款对行政复议申请及其申请人作了规定。申请人就是依法申请行政复议的公民、法人或者其他组织，有两类：第一类是行政行为相对人，如因政府采购被行政处罚的当事人、对财政部门投诉处理行为不服的当事人、对财政部门监督检查处理行为不服的当事人、申请财政部门履行政府采购管理职责的申请人、政府信息公开的申请人、签订政府采购合同的供应商，第二类是利害关系人，即认为其合法权益受到行政行为侵犯的当事人，如在政府采购投诉处理、监督检查处理程序中，未通知中标、成交供应商作为当事人参加，处理决定却直接决定中标、成交结果无效。这两类当事人都可以依法向行政部门上一级行政机关申请复查该行政行为，行政复议机关依照法定程序对被申请审查的行政行为的合法性、适当性进行审查并作出决定。

二是第三人，《行政复议法》第十条第三款规定，同申请行政复议的具体行政行为有利害关系的其他公民、法人或者其他组织，可以作为第三人参加行政复议。《行政复议法实施条例》第九条第一款规定，行政复议期间，行政复议机构认为申请人以外的公民、法人或者其他组织与被审查的具体行政行为有利害关系的，可以通知其作为第三人参加行政复议。在这个问题上，最容易发生争议。有时行政复议决定作出了，没有参加行政复议的

其他公民、法人或者其他组织却认为该复议决定对其不利但未通知其参加，经常会对行政复议决定提起行政诉讼。

三是被申请人，《行政复议法》第十条第三款规定，公民、法人或者其他组织对行政机关的具体行政行为不服申请行政复议的，作出具体行政行为的行政机关是被申请人。对被申请人产生争议的原因，有的是因为对采购行为与监管行为产生混淆、模糊不清，有的是由于当地将政府采购监管职责指定给其他行政部门履行，有的是由于对财政部门与审计机关、监察机关监督职责理解不够。一般说来，对被申请人的争议按《政府采购法》相关规定，是能够辨别清楚的。

【案例124[1]】行政复议能对非申请人作出不利的决定吗

关 键 词：行政处罚/行政复议/利害关系人/正当程序

案例要点：行政复议机关作出对利害关系人产生不利影响的行政复议决定，应当按照正当程序原则的要求，通知利害关系人参加行政复议。行政复议机关未通知利害关系人参加行政复议，直接作出对利害关系人不利影响的行政复议决定，属于违反法定程序。

处罚情况

2013年12月26日，浙江大学对中央排气通风笼盒系统采购项目（以下简称“该项目”）进行竞争性谈判采购，并发布了公告。苏州某公司参与了该项目的采购活动，并取得预成交资格。

2014年6月11日，上海某公司以苏州某公司提供虚假材料谋取成交为由，向某财政部门提交了举报材料。2015年4月2日，某财政部门作出行政处罚决定，认定苏州某公司存在提供虚假材料谋取成交的违法情形。该行为违反了《政府采购法》第七十七条第（一）项的规定，决定对苏州某公司处以采购金额千分之五（人民币2000元）的罚款。

上海某公司不服该处罚决定，认为：（1）在行政处罚告知书中载明某财政部门拟作出的行政处罚为对苏州某公司处以罚款2000元，列入不良行为记录名单，并作出一年内禁止参加政府采购活动。但行政处罚决定遗漏了部分处罚内容。（2）行政处罚均应信息公开，故行政处罚决定的信息公开选项应为公开。（3）苏州某公司提交虚假材料属于数额特别巨大，情节严重，应由工商行政管理机关吊销营业执照，并依法追究该公司的刑事责任。故于2015年6月3日向某财政部门提出行政复议申请，请求：依照《政府采购法》第七十七条，将行政处罚决定变更为采购金额千分之五（人民币2000元）的罚款，列入不良行为记录名单，

1 案例来源：（2016）京01行初1042号。

并作出一年内禁止参加政府采购活动的行政处罚；将信息公开选项修改为公开信息；并由工商行政管理机关吊销营业执照，追究苏州某公司的刑事责任。

复议情况

2015年7月28日，复议机关就《政府采购法》第七十七条规定的“处以采购金额千分之五以上千分之十以下的罚款”、“列入不良行为记录名单”和“在一至三年内禁止参加政府采购活动”三者之间是并处关系还是可选择关系的问题，请求全国人大法工委作出解释。并于同日作出中止行政复议通知书，告知上海某公司，因该案涉及法律适用问题，需要有权机关作出解释，根据《行政复议法实施条例》第四十一条第一款第（六）项的规定，自2015年7月28日起中止该行政复议案件的审理。同年8月27日，全国人大法工委电话回复复议机关，《政府采购法》第七十七条规定的上述三者之间属于并处关系，应同时适用。同年9月2日，复议机关作出恢复审理告知书，告知上海某公司，行政复议中止原因已消除，从2015年8月28日恢复该行政复议案件的审理。同年9月7日，复议机关作出行政复议决定（以下简称“被诉复议决定”）。

原告诉求及理由

苏州某公司不服被诉复议决定，向北京市第一中级人民法院提起行政诉讼称：被告作出被诉复议决定违反法定程序。根据《行政复议法》第十条第三款的规定，原告作为利害关系人具有以第三人身份参加复议的权利，被告亦具有通知原告参加行政复议的义务。但被告在对行政处罚决定进行复议期间，从未告知原告此事。被告的行为侵犯了原告的合法权益。综上，请求法院判决撤销被诉复议决定，并由被告承担该案诉讼费用。

被告答辩及观点

（1）被诉复议决定认定事实清楚，证据确凿。苏州某公司在相应文件中列入的该项业绩尚未实现，该公司存在提交虚假材料谋取成交的违法情形，符合《政府采购法》第七十七条第一款第（一）项的规定。被诉复议决定中的法律争议为《政府采购法》第七十七条的适用问题，对此存在不同理解。在原复议案件审理期间，被告已经向立法机关进行了请示，立法机关明确上述规定中行政处罚属于并处关系。行政处罚决定认定苏州某公司在采购项目中存在提供虚假材料谋取成交的违法情形，却仅处以罚款，不符合上述法律规定，处罚明显不当。被诉复议决定适用法律正确。（2）被诉复议决定的作出符合法定程序。请求法院判决驳回原告苏州某公司的诉讼请求。

法院裁判及观点

《行政诉讼法》第二十九条规定，公民、法人或者其他组织同被诉行政行为有利害关系但没有提起诉讼，或者同案件处理结果有利害关系的，可以作为第三人申请参加诉讼，或者由人民法院通知参加诉讼。该案审查的行政行为系被告作出的行政复议决定，浙江大学与该决定以及案件的处理结果均不具有利害关系，不符合上述法律规定的第三人条件。上海某公司要求通知浙江大学作为第三人参加诉讼的请求，该院不予支持。

虽然《行政复议法》第十条第三款、《行政复议法实施条例》第九条第一款对通知第三人参加行政复议，赋予了行政复议机关一定的裁量权，并未对行政复议机关课以通知利害关系人参加行政复议的强制性义务，但行政复议过程仍应遵循正当程序原则的要求，保障利害关系人基本的程序权利，即行政复议机关在可能作出对利害关系人不利的决定时，应当给予其参与到行政复议程序中的机会，保障其享有与复议申请人、被申请人平等的程序权利。

该案中，被告审查的行政行为系行政处罚决定，苏州某公司系该处罚决定的被处罚人，与该处罚决定之间具有直接的利害关系。而被告在受理上海某公司针对行政处罚决定提出的行政复议申请后，并未通知苏州某公司作为第三人参加行政复议程序。在此情况下，被告最终作出对苏州某公司不利的行政复议决定，有违正当程序原则的内在要求，应属程序违法。被诉复议决定应予撤销。该院对苏州某公司要求撤销被诉复议决定的诉讼请求予以支持。

据此，依照《行政诉讼法》第七十条第（三）项之规定，判决撤销复议机关行政复议决定，并责令复议机关自该判决生效之日起在法定期限内针对上海某公司的行政复议申请重新作出行政复议决定。

案例评析 CASE ANALYSIS

根据《行政复议法》第十条第三款的规定，同申请行政复议的具体行政行为有利害关系的其他公民、法人或者其他组织，可以作为第三人参加行政复议。《行政复议法实施条例》第九条第一款规定，行政复议期间，行政复议机构认为申请人以外的公民、法人或者其他组织与被审查的具体行政行为有利害关系的，可以通知其作为第三人参加行政复议。尽管此处的表述是“可以”，赋予了行政复议机关自己决定是否通知的自由裁量权，但如果行政复议要对申请人之外的第三人作出不利的决定时，应当保障该利害关系人与复议申请人、被申请人平等的参与权，这是正当程序原则的要求。如果违背了这个原则，则会构成程序违法，法院应当依法予以撤销。

第三节 对行政复议决定认定事实的争议

行政复议机关审理政府采购方面的复议案件，也要遵循以事实为根据，以法律为准绳的原则，需要对政府采购投诉处理决定等行政行为所认定的事实是否清楚，证据是否确凿进行审查。《行政复议法》第二十八条规定："行政复议机关负责法制工作的机构应当对被申请人作出的具体行政行为进行审查，提出意见，经行政复议机关的负责人同意或者集体讨论通过后，按照下列规定作出行政复议决定：（一）具体行政行为认定事实清楚，证据确凿，适用依据正确，程序合法，内容适当的，决定维持；……（三）具体行政行为有下列情形之一的，决定撤销、变更或者确认该具体行政行为违法；决定撤销或者确认该具体行政行为违法的，可以责令被申请人在一定期限内重新作出具体行政行为：1. 主要事实不清、证据不足的；……"《行政复议法实施条例》第四十七条第（二）项规定，具体行政行为认定事实不清，证据不足，但是经行政复议机关审理查明事实清楚，证据确凿的，行政复议机关可以决定变更。

结合政府采购实践，如果财政部门作出的投诉处理决定等行政行为存在认定事实不清的情况，行政复议机关可以对该投诉处理决定等行政行为决定撤销、变更或者确认违法；决定撤销或者确认该具体行政行为违法的，可以责令被申请人在一定期限内重新作出具体行政行为；如果复议机关经审理查明事实清楚，证据确凿的，可以对该投诉处理决定等行政行为决定变更。

如果复议机关对行政行为认定事实错误的问题，未能作出认定，该复议决定所认定的事实也就存在认定事实不清的问题。复议决定对其认定的事实，都必须有确凿证据。如果主要证据不足，将来就会在行政诉讼中存在被撤销的风险。

【案例 125[1]】行政复议机关未对投诉处理决定进行审查，认定事实不清，在行政诉讼中应当如何处理

关 键 词：质疑 / 认定事实不清 / 撤销行政复议决定

案例要点：在供应商认为采购成交结果使自己的权益受到损害而提出质疑后，中标人作出质疑回复函，财政部门对此质疑回复函作出的投诉处理决定；行政复议机关并未针对投诉处理决定书的内容，也未针对中标人质疑回复函进行审查，都属于认定事实错误，处理程序失当，应予撤销。

1 案例来源：（2019）辽 11 行终 236 号。

招标、质疑、投诉情况

鞍山某公司是某区防汛预警和综合保障设备项目（以下简称“该项目”）的投标人之一，中标人为兴隆台区金华亿物资经销处（以下简称“物资经销处”）。2018年8月20日，鞍山某公司向盘锦市某区财政局（以下简称“区财政局”）政府采购监督管理办公室投诉，投诉书主要质疑，中标人投标产品项目（10）摩托罗拉MagOneA8型对讲机国家标准，标配电池是镍氢电池与招标文件中要求的锂电池不符。依据投标文件中投标人须知第五开标与评标，如果投标文件实质上没有响应招标文件的要求，将作为无效投标处理。

2018年8月20日，区财政局向中标人物资经销处送达投诉答复通知书。物资经销处对鞍山某公司的质疑作出质疑回复函称，中标供应商作为独立的法律主体，有能力承担投标文件履行合同的法律后果，且投标文件中参数要求部分已明确体现无偏离，满足采购要求。2018年8月28日，区财政局作出投诉处理决定：投诉人的投诉事项经查证不影响采购结果，决定继续开展采购活动。

复议情况

2018年8月29日，鞍山某公司向盘锦市某区人民政府（以下简称“区政府”）提出行政复议，复议请求为（1）撤销区财政局投诉处理决定；（2）将中标供应商物资经销处作为无效投标供应商处理。依法确定鞍山某公司为该项目的中标人。2018年9月7日，区财政局作出行政复议答复书：主要意见为中标人投标时所提供的摩托罗拉A8对讲机，配置摩托罗拉2400毫安原厂锂电池满足采购需求；摩托罗拉A8对讲机的电池是选配件，可以根据需要正常选配，正常使用；该局组织采购人、评审专家对摩托罗拉A8对讲机配置摩托罗拉2400毫安原厂锂电池正常使用进行了现场实物论证，结论是可以正常使用，满足采购需求；采购人认同中标人提供的对讲机，认为通话正常，可以正常使用，满足采购需求。区政府认为，质疑回复函是由物资经销处作出，既不是采购人也不是采购代理机构作出，区财政局受理鞍山某公司投诉属于认定事实不清。区政府据此作出撤销区财政局作出的处理决定书。

一审法院裁判及观点

一审法院认为，根据《政府采购质疑和投诉办法》第十七条规定，质疑供应商对采购人、采购代理机构的答复不满意，可以在答复期满后15个工作日内向该办法第六条规定的财政部门提起投诉。对质疑回复函是否是采购人及采购代理机构的答复，鞍山某公司与区政府存在争议。鞍山某公司认为，质疑回复函因有五名专家的签字，因而不能认为是中标人的回复，而应认为是财政局的回复。一审法院认为，即便在质疑函上签字的是5名专家且签字真实，也仅能证明该5名专家支持中标人的回复意见，区财政局在质疑回复函上没有加盖任何公章，不能认为该回复函是区财政局的回复意见。

同时鞍山某公司提供了另外两份证据，一个是投诉书专家答复，该投诉书上同样没有财政局的公章；另一个质疑回复函加盖的是中标人的印章。以上证据均不能证明鞍山某公司投诉所针对的回复函是区财政局作出，因加盖有供应商的印章，鞍山某公司投诉的是供应商的质疑答复，因此，其不能就此向财政部门进行投诉，区政府对此事实认定正确。《行政复议法》第二十八条第一款第（三）项规定，具体行政行为适用依据错误、违反法定程序的，决定撤销、变更或者确认该具体行政行为违法；决定撤销或者确认该具体行政行为违法的，可以责令被申请人在一定期限内重新作出具体行政行为。同时，区财政局作出具体行政行为，应依据鞍山某公司针对其回复或不作为而进行的投诉始能进行，区政府据此作出撤销区财政局作出的处理决定，具有法律依据。

综上所述，依照《行政诉讼法》第六十九条规定，判决驳回原告鞍山某公司的诉讼请求。

上诉人诉求及理由

鞍山某公司不服一审判决，向盘锦市中级人民法院提起上诉称，区财政局政府采购管理办公室对该项目的招标采购中确定物资经销处为中标人，违反《招标投标法》的事实是清楚的。区政府未依照《行政复议法实施条例》第四十七条规定进行处理进行变更，是一种懒政行为。请求（1）撤销一审判决依法改判；（2）将中标供应商物资经销处作为无效投标供应商处理，依法确定鞍山某公司为该项目的中标人。

二审法院裁判及观点

二审法院认为，鞍山某公司是针对投诉处理决定提起的行政复议，复议机关区政府应针对投诉处理决定是否合法进行审查，但区政府在复议决定中并未针对投诉处理决定的内容进行审查，属于认定事实错误，应予撤销。一审法院对上述事实认定错误，应予撤销。区政府应针对鞍山某公司的复议申请内容重新作出复议决定。鞍山某公司的第二项上诉请求未在一审中提出，且不属于行政诉讼受案范围，法院不予支持。

综上所述，鞍山某公司的上诉请求部分成立，一审认定事实错误，应予改判。二审法院判决撤销一审行政判决和区政府作出的行政复议决定，责令区政府重新作出复议决定，驳回鞍山某公司其他上诉请求。

案例评析

CASE ANALYSIS

1. 财政部门没有查明投诉人未经依法质疑，就作出投诉处理决定，既属于事实不清，又属于程序违法

本案中，鞍山某公司向区财政局政府采购监督管理办公室投诉，投诉书主要质疑，依据盘锦市公共采购交易中心发布的政府采购结果公告、中标人投标产品项目与招标文件中要求的不符。区财政局向中标人物资经销处送达投诉答复通知书，物资经销处对鞍山某公司的质疑作出质疑回复函。

由此可知，鞍山某公司对于盘锦市公共采购交易中心发布的政府采购结果公告、中标人投标产品项目提出质疑，认为此次政府采购的成交结果使得自己的权益受到了损害。依据《政府采购法》第五十二条、第五十五条的规定，投诉的前提条件是对采购人或者采购代理机构质疑答复不满意或者其未在法定期限内答复。然而有关回复材料仅有五名专家的回复意见没有加盖任何公章，另外一个质疑回复函加盖的是中标人的印章。因此，本案中没有依法提出的质疑及其答复，本案中的质疑回复函是由供应商物资经销处作出，既不是采购人也不是采购代理机构所作出。因此，本案既不符合投诉条件，投诉处理决定的应当认定的事实也没有查明。

2. 行政复议机关应当审查具体行政行为的合法性，而不应当审查政府采购行为的合法性

行政复议审查的对象是行政机关的行政行为，就本案来说就是审查投诉处理决定认定事实、适用法律、处理程序。本案中的行政复议对投诉处理的相关事实没有查明，却纠缠于具体采购行为，未针对投诉处理的内容进行审查，属于认定事实错误，处理程序错误。

第四节 对行政复议决定适用法律的争议

行政复议审查行政行为，需要审查行政机关适用依据是否正确。适用依据错误的，属于违法行政行为，应当予以撤销、变更、确认违法。根据《行政复议法》第二十八条第（三）项规定，具体行政行为适用依据错误的，行政复议机关应当决定撤销、变更或者确认该具体行政行为违法；决定撤销或者确认该具体行政行为违法的，可以责令被申请人在一定期限内重新作出具体行政行为。根据《行政复议法实施条例》第四十七条第（一）项规定，具体行政行为认定事实清楚，证据确凿，程序合法，但是适用依据错误的，行政复议机关可以决定变更。政府采购行政复议案件中，若复议机关没有发现财政部门作出的投诉处理决定等行政行为适用法律错误，或者发现了却不作出决定撤销、变更或者确认违法，复议决定本身适用法律也存在错误。

在政府采购行政复议的实践中，由于政府采购方面的法律、法规、行政规章与招标投标方面的法律、法规、行政规章既有相同、类似的规定，也有完全不同的规定，交融之处很多，冲突之处也很多。对同一项采购活动，究竟是认定为工程采购项目，还是货物、服务采购项目，不同的认识就会适用不同的法律，再加上对两大法律体系的所表现的上位法与下位法、特别法与一般法、新法与旧法的理解不同，对同一法律文件不同条款的理解不同，都会对行政复议决定适用法律问题产生争议。在实践中，较多的争议表现在，一是对适用《政府采购法》与《招标投标法》的争议；二是对适用上位法与下位法的争议；三是适用特别法与一般法的争议；四是适用新法与旧法的争议；五是适用同一法律、法规、行政规章不同条款的争议；六是能否适用已经失效、废止或者尚未生效法律、法规、行政规章的争议；七是能否不说明适用具体法律条文的争议；等等。

【案例126[1]】复议机关未对投诉处理决定内容进行审查，未发现其适用法律错误，复议决定适用法律是否有问题

关 键 词：政府采购 / 不予受理 / 适用法律错误 / 撤销复议决定

案例要点：复议机关应当依据申请人的复议申请对投诉处理决定的内容进行审查，并对该行为是否合法或适当作出相应的行政复议决定。复议申请人提出确认中标无效的复议请求非行政复议机关的法定职责。

招标投标、质疑、投诉情况

2015年9月28日，某项目管理公司受某县国土资源局的委托，对某县农村宅基地使用权及集体建设用地使用权确权登记发证项目（以下简称“该项目”）发布招标公告进行国内公开招标。该项目标段划分：分为AB两个包，其中A包为外业标，共七个标段，B包为内业标，一个标段。公告还注明政府采购监督管理部门为某县政府采购办和某县公共资源交易监督管理局（以下简称“县公管局”）。

2014年11月4日，某项目管理公司的项目就招标中标结果发布公告公示。其中，A包第七标段第一中标候选人为武汉科岛地理信息工程有限公司，第三中标候选人为某勘测技术公司。B包第一中标候选人为长江空间信息技术工程有限公司（武汉）。2015年11月9日，某勘测技术公司向某县国土资源局及某项目管理公司就该项目中A包第七标段、B包第一中标候选人提出质疑，理由为该二中标候选人的项目负责人在其他投标中标项目中为项目负责人，违反了某项目管理公司受某县国土资源局委托发布的招标公告中第三款第

---

1 案例来源：（2016）鄂1125行初17号。

六条中“拟派项目负责人必须具备国家注册测绘师资格或测绘类高级工程师及以上职称，且项目负责人未在其他项目任职”的规定。

2015年11月12日，某项目管理公司向某勘测技术公司作出答复函。2015年11月18日，某勘测技术公司向县公管局递交了投诉函，针对某项目管理公司就该项目作出的回复函中提出的问题作进一步质疑并按规定响应投诉，并就A包第七标段第一中标候选人武汉科岛地理信息工程有限公司所派项目负责人、B包第一中标候选人长江空间信息技术工程有限公司项目负责人在其他项目任职情况作了说明，并将京山项目网上公示的信息作为证据提交。

2015年11月26日，县公管局以该项目A包第七标段第一中标候选人、B包第一中标候选人违反该项目招标文件“拟派项目负责人未在其他项目任职”规定，经过调查，依据《招标投标法实施条例》《湖北省招标投标投诉处理办法》的规定，作出投诉处理决定，（1）武汉科岛地理信息工程有限公司该次投标项目负责人包某正在其他项目任职，违反了招标文件相关规定，其中标应无效；（2）投诉人某勘测技术公司不是B包的投标人或其他利害关系人，对该项投诉事项予以驳回。

复议情况

某勘测技术公司对县公管局作出的投诉处理决定不服，于2015年12月30日向某县人民政府申请行政复议，请求撤销被申请人所签发的投诉处理决定第2项处理决定，确认长江空间信息技术工程有限公司在该项目目中标无效。

某县人民政府经过审理后，以复议申请人某勘测技术公司不是B包投标人，与B包不存在利害关系，与投诉项目没有法律上的利害关系为由，于2016年1月18日作出行政复议决定，维持县公管局作出的投诉处理决定。

原告诉求及观点

某勘测技术公司不服县公管局行政处理决定、某县人民政府行政复议决定，于2016年2月17日向湖北省某县人民法院提起诉讼。

某勘测技术公司诉称，该项目招标共分A、B两个包，在项目内部是独立存在的，无论哪个包都是项目整体的一部分，是不可分割的，客观上具有关联性，原告是项目投标人，与该项目必然存在利害关系；同时，从专业角度来看，测绘工作的“外业”与“内业”是密不可分的，内业不能脱离外业存在，外业实施必然有内业存在，这种不可分性也决定原告与B包之间存在利害关系；《招标投标法》的主旨是为了规范招标投标活动，保护国家、社会公共、招标投标当事人的合法权益，只要相关单位有损害社会公共利益或者招标投标当事人合法权益的行为，任何人都有权维权，从这个角度，原告亦应与B包有利害关系。原告某勘测技术公司无论是作为A包的实际投标人，还是作为B包潜在的投标人，权益都受到侵犯，故诉请人民法院，请求依法判令撤销被告县公管局作出的投诉处理决定中的第2项内容及被告某县人民政府作出的行政复议决定。

被告答辩及观点

被告县公管局辩称,A包为外业标,共七个标段;B包为内业标,一个标段。按照投标规则，A包的投标人最终只能中一个标段，A包一至七标段在开标时抽签确定所属标段，B包投标人可直接参与投标，不参与抽签。依据相关法律、法规规定，投标人、利害关系人认为招投标活动不符合相关法律、法规、规章规定的，有权向行政监督部门投诉，利害关系人是指招投标人以外的，与招投标项目或者招投标活动有直接或者间接利益关系的法人、其他组织或者个人，结合上述事实和法律规定来看，原告与所投诉的B包的招投标活动没有利害关系；某县国土资源局委托招标的两个项目包是彼此独立的，之间无关联性，投标人对其中一个项目包的投标不影响另一个项目包的招投标活动。同时，外业包和内业包所进行的项目内容是彼此独立的，二者之间没有利益上的关联性；原告亦不能举证证实其与该标段的招投标活动有直接或者间接的利益关系；被告县公管局认定原告与B包招投标无利害关系并无不当，被告据此驳回原告的投诉理由亦无不当，故被告作出的投诉处理决定符合法律规定、程序合法，请求人民法院依法驳回原告的诉讼请求。

被告某县人民政府辩称:（1）某县人民政府复议程序合法;（2）原告的请求无法律依据，原告不是B包的投标人,与投诉项目没有法律上的利害关系,不符合投诉人提起投诉的条件。县公管局作出的投诉处理决定认定事实及适用法律正确，某县人民政府作出的复议决定认定事实清楚、适用法律正确、程序合法、内容适当，请求人民法院依法维持复议决定。

法院裁判及观点

诉讼过程中，2016年3月4日，被告县公管局作出新决定，以适用法律不当为由，撤销原作出的投诉处理决定中的第2项处理决定，并就原告的该项投诉重新作出决定，内容为:投诉人某勘测技术公司不是B包的投标人或者其他利害关系人,对该投诉事项不予受理，该决定已送达原告。

该案中，县公管局针对原告的投诉请求进行审查后，认为原告所投诉的涉及B包的第一中标候选人违反该项目招标文件的相关规定的请求，以原告不是B包的投标人或其他利害关系人，作出行政处理决定中第2项“对该项投诉事项予以驳回”，违反了《湖北省招标投标投诉处理办法》第十六条第（一）项之规定，适用法律、法规错误，县公管局虽在诉讼过程改变原行政行为，撤销原作出的投诉处理决定中的第2项处理内容并重新作出新的行政行为，但原告仍要求确认原行政行为违法，故应依法确认投诉处理决定中的第2项处理内容违法。

某县人民政府收到某勘测技术公司请求撤销县公管局所作出的投诉处理决定第2项处理决定，确认长江空间信息技术工程有限公司在该项目中标无效的复议申请后，应对被告县公管局作出的投诉处理决定中的第2项处理内容进行审查，并对该行为是否合法或适当作出相应的行政复议决定，但某县人民政府在审查后，未依原告申请行政复议的内容，作出维持县公管局作出的投诉处理决定的行政复议决定，审查超出行政复议申请范围。

且原告提出的另一确认中标无效的复议请求不是行政复议机关的法定职责，被告某县人民政府审查后应依法作出不予受理决定，书面告知申请人，故被告某县人民政府作出的行政复议决定适用法律、法规错误，其行政行为违法，依法应予撤销。据此，依照《行政诉讼法》第七十条第（二）项、第七十四条第二款第（二）项、第七十九条之规定，判决确认县公管局作出投诉处理决定中第2项处理内容违法，撤销某县人民政府作出的行政复议决定，并责令某县人民政府在该判决生效之日起三十日内对原告某勘测技术公司的复议申请重新作出行政行为。

案例评析 CASE ANALYSIS

1. 从投诉处理决定看，应适用《政府采购法》，不应适用当地规定

本案采购项目是农村宅基地使用权及集体建设用地使用权确权登记发证项目，属于服务项目，不是建设工程项目，应当适用《政府采购法》而不应当适用《招标投标法》，监督管理部门是财政部门而不应当是招标投标的管理部门。根据《政府采购法》第五十二条、第五十五条规定，某勘测技术公司不是B包的投标人，没有参加B包的采购活动，就不能对B包采购结果提出质疑、投诉。因为《政府采购法》与《招标投标法》对投诉人的条件规定不同，前者规定必须参加采购活动，后者规定未参加招标但与投诉项目有利害关系也能投诉。因此，如果适用《政府采购法》就不会产生是否有利害关系的争议，对B包的投诉事项就不会受理。

公管局作出投诉处理决定时，是依据《湖北省招标投标投诉处理办法》第十六条第（一）项的规定，认为投诉人不是B包招标投标活动的参与者，与B包也无任何利害关系，作出行政处理决定中第2项“对该项投诉事项予以驳回”，也违反了该条规定。因此，不论从《政府采购法》与《招标投标法》规定来看，投诉处理决定适用法律、法规都有错误。尽管县公管局在诉讼过程改变原行政行为，撤销原作出的投诉处理决定第2项内容并重新作出不予受理的行政行为，但某勘测技术公司的要求是确认原行政行为违法，故法院在审理过程中应依法确认投诉处理决定中的第2项处理内容违法。

综上所述，该投诉处理的错误主要有：一是投诉处理机关并非财政部门；二是未适用《政府采购法》及其行政法规、行政规章；三是即使适用《招标投标法》也应当适用上位法，而不应当适用当地规定。

2. 从行政复议决定看，未对投诉处理决定适用法律错误进行纠正，其也存在适用法律错误的问题

复议机关收到复议申请后，应对投诉处理决定中的第 2 项处理内容进行审查，并对该行为是否合法、是否适当作出相应的行政复议决定，也没有发现投诉处理决定适用法律错误的问题。复议机关在审查后，未依申请行政复议的内容进行审查，其审查超出行政复议申请范围。且复议申请人提出的确认中标无效的请求不是行政复议机关的法定职责，审查后也未作出不予受理决定，适用法律、法规也存在错误。

第五节 对行政复议程序的争议

行政复议程序，是指从行政复议申请人向行政复议机关申请行政复议，至行政复议机关作出复议决定的各项步骤、形式、顺序和时限的总和。行政复议的具体程序分为四个步骤：（1）申请，是指复议申请人要求复议机关确认行政行为违法或者不当，以及确认行政行为的依据不合法的请求，申请是行政复议的出发点和不可缺少的环节。（2）受理，是指复议机关审查复议申请是否有正当理由而决定是否收案和处理。（3）审理，是指复议机关对被申请人的行政行为依法进行全面审查的行为，对其合法性和适当性以复议决定的方式作出评价，审理主要方式：一是原则上以书面审理为主，二是必要时可以调查情况、核实证据，三是听取申请人、被申请人和第三人的意见，四是必要时可以采取听证的方式审理。（4）决定，是指复议机关通过审理，在查明事实的基础上，依照法律、法规和规章以及其他规范性文件，对有争议的行政行为是否合法、适当作出的判断和处理：①具体行政行为认定事实清楚、证据确凿、适用依据正确、程序合法、内容适当的，决定维持；②被申请人不履行法定职责的，决定其在一定期限内履行；③具体行政行为有下列情形之一的，决定撤销、变更或者确认其违法，可以责令被申请人在一定期限内重新作出具体行政行为：主要事实不清、证据不足的；适用依据错误的；违反法定程序的；超越或者滥用职权的；具体行政行为明显不当的。

具体程序详见下列行政复议流程：

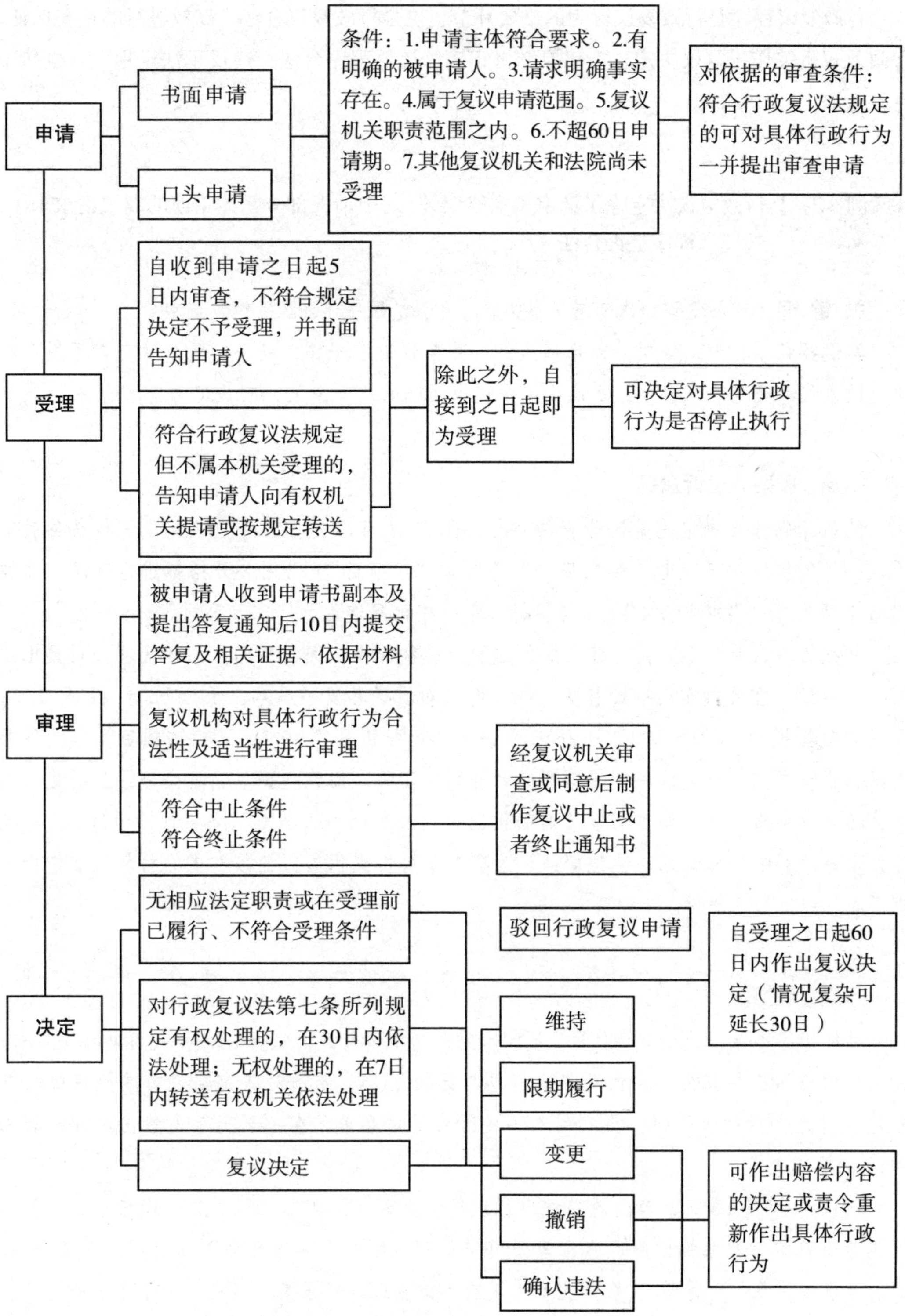
申请
书面申请
口头申请
条件：1.申请主体符合要求。2.有明确的被申请人。3.请求明确事实存在。4.属于复议申请范围。5.复议机关职责范围之内。6.不超60日申请期。7.其他复议机关和法院尚未受理
对依据的审查条件：符合行政复议法规定的可对具体行政行为一并提出审查申请
受理
自收到申请之日起5日内审查，不符合规定决定不予受理，并书面告知申请人
符合行政复议法规定但不属本机关受理的，告知申请人向有权机关提请或按规定转送
除此之外，自接到之日起即为受理
可决定对具体行政行为是否停止执行
审理
被申请人收到申请书副本及提出答复通知后10日内提交答复及相关证据、依据材料
复议机构对具体行政行为合法性及适当性进行审理
符合中止条件
符合终止条件
经复议机关审查或同意后制作复议中止或者终止通知书
决定
无相应法定职责或在受理前已履行、不符合受理条件
驳回行政复议申请
对行政复议法第七条所列规定有权处理的，在30日内依法处理；无权处理的，在7日内转送有权机关依法处理
自受理之日起60日内作出复议决定（情况复杂可延长30日）
复议决定
维持
限期履行
变更
撤销
确认违法
可作出赔偿内容的决定或责令重新作出具体行政行为

行政复议流程

行政复议程序是行政复议行为的重要环节，也是行政复议合法、高效进行的重要保证。行政复议机关作出复议决定，不仅要结果正确，还要程序合法，违反了法定程序，也属于行政违法。

【案例127[1]】行政复议决定除了认定事实错误外，对申请人部分明显错误的复议请求未予处理，程序是否合法

关 键 词：遗漏复议请求审查/事实认定不清/程序违法/撤销复议决定

案例要点：行政复议机关对申请人的部分复议请求未作出处理，既未认定其不属于本次行政复议处理范围，也未在复议决定中提出明确的处理意见，应认定为程序违法。

招标、质疑、投诉情况

某招标代理公司接受某区教育局委托，于2015年9月30日就某区2015年义务教育阶段公办学校农村学生营养餐项目（以下简称"该项目"）采用公开招标进行采购，纯纯奶品（以下简称"纯纯奶品"）参与投标，第一中标候选人为广东某公司。

纯纯奶品认为广东某公司存在提供虚假业绩和提供虚假材料向某招标代理公司提出质疑，某招标代理公司作出质疑答复。纯纯奶品对质疑答复不满意，于2015年11月9日，向区财政局投诉。2015年12月28日，该局作出投诉处理决定，认为该项目招标文件要求只需提供真实、有效的中标通知书或者合同复印件，而无须提供销售金额，且销售金额不作为评分标准。广东某公司在《商品供应协议书》上手工书写"全年预计销售额为100万元"并不影响评标结果，纯纯奶品认为广东某公司提供虚假业绩和虚假材料谋取中标依据不足，决定驳回投诉。

行政复议情况

纯纯奶品不服，于2016年2月2日向市财政局申请行政复议：（1）撤销投诉处理决定书；（2）依法确认广东某公司在该项目中标结果无效；（3）依法对广东某公司虚假投标及其他违法行为进行行政处罚，将其列入不良行为记录名单，在一至三年内禁止参加政府采购活动。

2016年4月13日，市财政局作出行政复议决定书，认为：（1）关于广东某公司是否提供虚假业绩骗取中标问题。广东某公司与省府后勤中心等签署合同确定"先签订合同，后发生供销关系"销售模式，合同文本中没有具体金额。广东某公司在合同上手工书写"全

1 案例来源：（2017）粤71行终576号。

年预计销售额”是其单方对市场销售的预测，认定其虚报业绩依据不足，且采购项目评审小组对各投标人进行商务评审时，根据招标文件内容，发现该项评分内容及评分标准并没提及业绩合同金额，评审专家认定手工书写金额多少并非该评分项目的参考依据及标准。因此，对纯纯奶品此项主张，不予支持。(2)关于广东某公司是否提供虚假投标材料问题。区财政局根据纯纯奶品的投诉通过函证方式向省府后勤中心调查，省府后勤中心确认广东某公司投标文件中提供的《商品供应协议书》真实有效，合同经双方当事人意思表示一致、签字盖章后生效。广东某公司单方对合同进行预测估算并手工标注的行为并不影响合同原有法律效力。因此，对纯纯奶品此项主张，不予支持。

一审法院裁判及观点

纯纯奶品不服行政复议决定，向一审法院提起行政诉讼。一审法院认为，广东某公司在投标时递交的《2013年至今完成同类项目业绩一览表》中与广东省政府机关后勤事务中心合同总价为100万元，但该合同总额并非实际履行金额。上述合同发生在项目招投标之前，且表格注明是“至今已完成”，市财政局认为广东某公司在合同上手工书写“全年预计销售额为100万元”是其单方对市场销售的预测理由不成立，事实不清。某招标代理公司出具的《答疑函》核查结果第二点查明：广东某公司投标文件《商品供应协议书》扫描件“全年预计销售额100万元”与原件的字迹不同。区财政局通过函证方式向广东省政府机关后勤事务中心调查，虽然该中心确认广东某公司投标文件中提供的《商品供应协议书》真实有效，但也说明《商品供应协议书》中关于“全年预计销售额100万元”字样为对方内部预测数据，与该中心无关。合同有效并不代表广东某公司手工书写添加“全年预计销售100万元”对项目招投标无影响，市财政局以广东某公司单方对合同进行预测估算并手工标注的行为并不影响合同原有法律效力为由，未对上述行为是否构成虚假业绩、虚假文件进行认定，从而认为纯纯奶品投诉不成立，事实不清，理由不成立。

综上，依据《行政诉讼法》第六十九条、第七十条第（一）项之规定，判决撤销市财政局行政复议决定，市财政局在本判决生效之日起六十日内重新作出行政复议决定。

上诉人诉求及观点

广东某公司对一审判决不服，向二审法院提起上诉称：

1. 原审判决遗漏裁判、程序违法。(1)原判已认定纯纯奶品的部分诉请不属于行政诉讼受案范围，依法应当裁定驳回起诉，但原审仅仅注明不作处理，未进行裁判；(2)纯纯奶品提供的证据大部分是通过违法途径取得，原审判决对其证据采纳作为定案依据明显错误，依法应发回重审。

2.原审认定是在违背客观证据的基础上作的认定，属于事实认定错误，依法应予改判。（1）原审错误将业绩等于合同金额，导致错误判决，本案的《招标文件》、评审专家的说明以及合同相对方的意见均可以说明业绩不等于合同金额，合同金额并非案涉标段的评审标准。（2）原审判决关于市财政局遗漏处理申请请求的认定严重违背事实及法律规定。根据《行政复议法》的规定，市财政局复议只能针对区财政局的投诉处理决定本身，而纯纯奶品的第二、三项复议请求超出了复议审查范围，不属于行政复议应解决的事项。

综上所述，原审判决违背客观事实，请求二审法院撤销原审判决，改判驳回纯纯奶品的全部诉请或起诉，或将案件发回重审。

被上诉人答辩及理由

纯纯奶品二审答辩称：

1.我方原审中取得证明广东某公司提供虚假业绩的证据均是依法取得，且在一审庭审中，各方当事人对我方提供上述证据的合法性并无异议，原审判决依据上述证据作出判决并无不当。

2.市财政局认定广东某公司“即使造假业绩，也不足认定其提供虚假业绩”的认定混淆事实，理由不成立，有失察失职之嫌。

综上所述，请求二审认定广东某公司存在造假、提供虚假投标文件及行贿评标专家的事实，依据《政府采购法》对其作出处罚。

原审被告述称

市财政局二审述称：（1）关于广东某公司是否提交虚假材料问题。广东某公司存在先签合同后销售的运行模式，其对预计销售额的预算估测并手工标注的行为，并不影响合同的真实有效，现有证据不能证明广东某公司存在提供虚假材料的故意及欺骗评审专家的事实。我局在行政复议决定中作出不支持纯纯奶品举报的决定，实质上就是对广东某公司是否存在提供虚假材料进行的认定，而非一审法院认为的未予认定、存在事实不清。（2）关于广东某公司是否提供虚假业绩骗取中标问题。广东某公司提供了真实的业绩合同复印件作为附件供专家审查，《一览表》中金额填写不严谨，但《一览表》的附件是真实的，仅凭《一览表》填写金额不准确不足以认定广东某公司提供虚假业绩。项目评审小组在评标时已经发现广东某公司合同上手写了预测数，认定手写金额并非评分项目参考依据及标准。因此，一审法院认定广东某公司销售合同发生在涉案项目招标之前，且表格备注为“至今已完成”，市财政局认为广东某公司手写“全年预计销售额”是对其市场销售预测“理由不成立，事实不清”不合理。(3)关于纯纯奶品提出复议申请时的第二、三项事项未予答复问题。根据《政府采购供应商投诉处理办法》第十七条、第二十五条的规定，我局的行政复议决定已作出：责令区财政局重新调查处理的决定，是否确认广东某公司中标结果无效并需对广东某公司进行处罚，应由区财政局根据案情作出决定，因此，一审判决认定我局未对纯纯奶品的行政复议申请第二、三项请求作出回复、遗漏复议请求属于认定错误。(4)一审法院作出“撤销并责令重新作出复议决定”的判决值得商榷。一审判决已经对广东某公司是否提供虚假业绩骗取中标问题和是否提交虚假材料的问题进行了认定,即均认定“事实不清”,根据《行政复议法》的规定，具体行政行为主要事实不清、证据不足的，复议机关决定撤销或者确认该具体行政行为违法，可以责令被申请人在一定期限内重新作出具体行政行为，我局的复议决定从实质上与本案一审判决中的认定是一致的，因此，从诉讼经济原则、维系行政管理秩序、定分止争的角度考虑，应作出驳回一审原告诉讼请求的判决。综上，我局依法履行了行政复议处理的职责，程序合法，适用法律正确，认定事实清楚，请求撤销原审判决，驳回纯纯奶品的全部诉请。

二审法院裁判及观点

二审法院认为：关于广东某公司是否提供虚假业绩骗取中标、是否提供虚假投标材料问题，原审判决已充分阐述理由，二审法院同意原审意见，不再赘述。对于纯纯奶品公司在行政复议申请中所提第（二）、（三）项请求，市财政局既未认定其不属于本次行政复议处理范围，也未在复议决定中对上述两项请求提出明确的处理意见，原审判决认为市财政局遗漏复议请求亦并无不当。虽然复议决定撤销了区财政局的投诉处理决定，从结果上满足了复议申请人即被上诉人的要求，但如市财政局认定事实不清，导致处理的理由存在偏差，亦有可能对区财政局下一步的调查处理起到不恰当的引导作用，故纯纯奶品公司针对复议决定的事实认定问题起诉至原审法院，要求撤销复议决定，有法律上的依据。

综上所述，市财政局作出复议决定认定事实不清、遗漏复议请求，应予以撤销，市财政局应对纯纯奶品公司的复议申请事项重新作出复议决定。原审判决认定事实清楚，适用法律正确，程序合法，应予维持。广东某公司的上诉请求缺乏事实和法律依据，二审法院不予支持。依照《行政诉讼法》第八十九条第一款第（一）项之规定，判决驳回上诉，维持原判。

案例评析

CASE ANALYSIS

1. 对申请人复议请求，复议机关应进行全面审查

在政府采购行政案件中，申请人因不服投诉处理决定向行政复议机关提出复议申请的，其复议请求应当围绕该投诉处理决定而展开。《行政复议法实施条例》第二十八条第（三）项将“有具体的行政复议请求和理由”作为受理行政复议申请的条件之一。由于政府采购当事人对行政复议法律制度缺乏理解，其提出的行政复议请求有些明显与行政复议机关的职责不符合，有些是明显无理要求。行政复议机关有时对这些行政复议申请事项不屑一顾，置之不理，不提出处理意见。这是违反复议程序的。对于这个问题，有人认为申请人的那些复议请求不能成立，未予处理不影响其权利义务；还有人认为对于申请人的复议请求都应当进行审查并作出处理决定，如不审查怎能知道那些复议请求不能成立?

2. 对不符合受理条件的复议申请，应决定不予受理或者驳回

本案中，纯纯奶品公司作为复议申请人，其第二、三项复议申请主张依法确认涉案项目中标结果无效，以及要求复议机关对广东某公司虚假投标及其他违法行为进行行政处罚，该两项复议申请非政府采购行政复议范围。复议机关应当在审查后，根据《行政复议法实施条例》第十七条规定，决定不予受理；如果受理时未发现不符合受理条件，即根据《行政复议法实施条例》第四十八条第（二）项规定，在发现该复议申请不符合受理条件时，决定驳回该复议申请。而不应当遗漏对复议请求的审查，不提出明确的处理意见，属于程序违法。

CHAPTER 07

第七章

因诉讼活动产生的争议事项

对于政府采购中的行政诉讼，本书上篇第二章第三节“政府采购争议行政复议与行政诉讼的形式”、上篇第三章第四节“审判机关”、上篇第四章第六节“行政诉讼的诉讼请求及其裁判内容”中，已经对行政诉讼的相关实务及案例进行介绍，不再赘述。本章重点对政府采购中的行政诉讼行为的争议事项，作些探讨。

第一节 因原告主体资格引起的争议

政府采购行政诉讼的原告，是指认为财政部门等行政主体侵犯其参加政府采购活动的合法权益，与投诉处理决定、监督检查处理决定、行政处罚处理决定等行政行为存在利害关系，以自己的名义依法提起行政诉讼的公民、法人或者其他组织。这里的“行政行为”，应作广义理解，即包括作为、不作为和行政事实行为；这里的“公民、法人或者其他组织，也包括国家机关、事业单位和团体组织，如这些单位作为采购人因政府采购活动中的违法行为被财政部门行政处罚，则处于相对人地位，对行政处罚不服，也可以对财政部门提起行政诉讼。

政府采购行政诉讼原告的主体资格，是指哪些人可以以自己的名义向人民法院提起政府采购方面的行政诉讼，请求法院审查被诉行政机关的行政行为并作出相应裁判。根据《行政诉讼法》第二条、第二十五条第一款、第四十九条规定，行政行为的相对人以及其他与行政行为有利害关系的公民、法人或者其他组织，认为行政机关和行政机关工作人员的具体行政行为侵犯其合法权益，在符合有明确的被告、有具体的诉讼请求和事实根据，并且属于人民法院受案范围和受诉人民法院管辖的条件下，有权依照行政诉讼法向该法院提起诉讼。可见，我国行政诉讼法规定的原被告双方是恒定的，即“民告官”，原告只能为行政相对人或行政相关人，被告只能为行政主体。

行政相对人，是指行政管理法律关系中与行政主体相对应的另一方当事人，即行政主体的行政行为影响其权益的个人或组织。行政相关人，指的是与某一行政行为存在利害关系的其他公民、法人或其他组织。在政府采购活动中，行政相对人一般指参加某一具体政府采购项目的供应商、提出质疑的供应商、提出投诉的投诉人、行政复议的申请人以及质疑、投诉的相关供应商和作为行政复议第三人的供应商。在行政采购诉讼中，行政相关人一般指向供应商以外的与采购项目或者采购活动有直接和间接利益关系的法人、其他组织或个人。

需要明确的是，行政相对人及行政相关人的起诉，法院不一定全部受理。根据《最高人民法院关于适用〈中华人民共和国行政诉讼法〉的解释》（法释〔2018〕1号）第六十九条第（八）项规定，行政行为对其合法权益明显不产生实际影响的，已经立案的，受案法院也应当裁定驳回起诉。“行政行为对其合法权益明显不产生实际影响的”，如何进行理解和认定，在行政审判实践中存在争议。上述解释第十二条规定：“有下列情形之一的，属于行政诉讼法第二十五条第一款规定的‘与行政行为有利害关系’：（一）被诉的行政行为涉及其相邻权或者公平竞争权的；（二）在行政复议等行政程序中被追加为第三人的；（三）要求行政机关依法追究加害人法律责任的；（四）撤销或者变更行政行为涉及其合法权益的；（五）为维护自身合法权益向行政机关投诉，具有处理投诉职责的行政机关作出或者未作出处理的；（六）其他与行政行为有利害关系的情形。”如何正确理解与正确适用上述规定，也是实践中的一大焦点问题。

【案例128[1]】投诉处理决定仅将调查结果对投诉人进行一般告知，复议决定予以维持，投诉人具备原告主体资格吗

关 键 词：投诉处理/复议维持/利害关系/原告主体资格

案例要点：政府采购供应商对招标文件先后提出质疑、投诉，财政部门所作投诉处理决定尽管只是将调查结果对投诉人进行一般告知，仍然可以构成行政法意义上的“利害关

1 案例来源：（2017）京02行终818号。

系”，对投诉人的权利义务产生实际影响，在行政诉讼中投诉人享有原告主体资格。

招标、质疑、投诉、复议情况

2016年4月，四川省人民政府防汛抗旱指挥部办公室（以下简称“四川防汛办”）委托四川东升项目管理有限公司（以下简称“东升公司”）组织开展“2016年省级防汛物资采购项目”（以下简称“该项目”）的公开招投标活动。汉能（天津）工业泵有限公司（以下简称“汉能公司”）向东升公司提出质疑，认为该项目第二包部分参数设定不合理。2016年5月6日，东升公司就质疑问题函复汉能公司，质疑事项不属实，质疑无效，继续开展政府采购活动。汉能公司不满遂于2016年5月11日向四川省财政厅投诉，投诉事项与质疑事项相同，请求对招标文件进行审查、更正。

2016年6月16日，四川省财政厅作出投诉处理决定，告知经审查未发现招标文件中存在不合理之处，投诉事项缺乏事实依据，决定驳回投诉。汉能公司对投诉处理决定不服，向财政部申请行政复议，该部于2016年9月1日作出复议决定，维持了四川省财政厅作出的投诉处理决定。

一审原告诉求及观点

汉能公司不服，以四川省财政厅、财政部为被告，向某区法院提起行政诉讼称，四川省财政厅未尽职审查，作出投诉处理决定的程序违法，在质证过程中，采购人并未出示任何证据，在汉能公司代表要求查看对方证据的情况下，四川省财政厅表示，不允许汉能公司代表查看。四川省财政厅认定事实错误，敷衍塞责、渎职失职，违反《政府采购法》等相关法律规定，给汉能公司的合法权益造成损害，采购人要求的标准不科学、不合理、不符合实际。对于政府采购项目，出现一个仅凭主观判断而没有客观评判标准的参数，必然会大大不利于潜在供应商公平、公正地参与。财政部复议审查过程中未对复议请求事项进行全面审查，事实不清，证据不足。综上，请求人民法院依法撤销四川省财政厅作出的投诉处理决定；撤销财政部作出的复议决定。

一审被告答辩及观点

四川省财政厅辩称，投诉处理决定认定事实清楚，适用法律正确，程序合法，内容并无不当之处，请求法院依法驳回汉能公司的诉讼请求。

财政部辩称，复议决定认定事实清楚、证据确凿、适用依据正确，程序合法，汉能公司的诉讼请求不能成立，请求法院驳回其诉讼请求。

一审法院裁判及观点

某区法院认为，公民、法人或者其他组织向人民法院提起行政诉讼，应当符合法定的起诉条件，不符合法定起诉条件的，已经立案的，应当裁定驳回起诉。根据《行政诉讼法》第二十五条第一款之规定，行政行为的相对人以及其他与行政行为有利害关系的公民、法人或者其他组织，有权提起诉讼。

该案中，汉能公司并未参与该项目第二包的投标活动，只是对招标文件有异议，认为某些参数设置不合理，影响了其作为潜在投标人的权益，遂向四川省财政厅提出投诉。四川省财政厅依法受理了汉能公司的投诉，经过调查后，发现汉能公司投诉的内容并无事实和法律依据，遂作出投诉处理决定，将调查的相关情况对汉能公司予以告知。法院认为，投诉处理决定只是将调查结果对投诉人即汉能公司进行一般告知，并未对汉能公司设定权利义务，对其合法权益未产生直接影响。因此，汉能公司与投诉处理决定不具有行政法意义上的利害关系，汉能公司不具备提起该案之诉的原告主体资格。故汉能公司的起诉不符合法定的起诉条件，对其起诉，依法应予驳回。

综上所述，依据《行政诉讼法》第二十五条第一款、第四十九条第（一）项、《最高人民法院关于适用〈中华人民共和国行政诉讼法〉若干问题的解释》第三条第一款第（一）项之规定，裁定驳回汉能公司的起诉。

二审法院裁判及观点

汉能公司不服某区法院的一审判决，以四川省财政厅、财政部为被上诉人向北京市第一中级人民法院（以下简称“北京一中院”）提起上诉。

北京一中院认为，政府采购供应商对政府采购监督管理部门的投诉处理决定不服或者政府采购监督管理部门逾期未作处理的，可以依法向人民法院提起行政诉讼。根据《政府采购法》第五十二条、第五十五条之规定，供应商认为采购文件、采购过程和中标、成交结果使自己的权益受到损害的，可以在知道或者应知其权益受到损害之日起7个工作日内，以书面形式向采购人提出质疑。质疑供应商对采购人、采购代理机构的答复不满意或者采购人、采购代理机构未在规定的时间内作出答复的，可以在答复期满后15个工作日内向同级政府采购监督管理部门投诉。《政府采购供应商投诉处理办法》第十条规定，“投诉人提起投诉应当符合下列条件：（一）投诉人是参与所投诉政府采购活动的供应商……”

该案中，汉能公司购买了该项目的招标文书，交纳了履约保证金，其应属于参与涉案政府采购活动的供应商。汉能公司因认为涉案招标文件参数不合理侵犯了其合法权益，向招标代理公司提出质疑，因对质疑答复不满，向四川省财政厅提起投诉。四川省财政厅依法受理了汉能公司的投诉，并经过审查作出被诉《告知书》。该院认为，汉能公司与涉案招标文件具有利害关系，其有权依法向行政机关提起投诉。被诉《告知书》属于具体行政行为，对相对人的权利义务产生了实际影响，具有可诉性。

据此，一审裁定认定被诉《告知书》只是将调查结果对投诉人即汉能公司进行一般告知，并未对其设定权利义务，对其合法权益未产生直接影响，属于认定错误，应予纠正。因此，依照《最高人民法院关于执行＜中华人民共和国行政诉讼法＞若干问题的解释》第六十八条的规定，裁定撤销一审裁定，并指令某区法院继续审理该案。

案例评析 CASE ANALYSIS

1. 被诉告知书行为对汉能公司的权利义务产生实际影响

本案一、二审法院在被诉告知行为是否对投诉人的权利义务产生了实际影响的问题上认定完全不同。一审法院认为，汉能公司并未参与投标活动，只是对招标文件有异议，认为某些参数设置不合理，影响了其作为潜在投标人的权益，投诉处理决定只是将调查结果对汉能公司进行一般告知，并未对其设定权利义务，对其合法权益未产生直接影响。而二审法院认为，汉能公司购买了该项目的招标文书，交纳了履约保证金，属于参与涉案政府采购活动的供应商，与涉案招标文件具有利害关系，汉能公司有权根据《政府采购法》第五十二条、第五十五条的规定，依法向行政机关投诉。因此，被诉告知行为对相对人的权利义务产生了实际影响，具有可诉性。可见，判断被诉告知行为是否对汉能公司的权利义务产生实际影响，与其是否参加了特定的招标活动无关，而是需要结合采购文件是否可能使供应商的利益受到损害进行判断。

2. 汉能公司具备本案适格的原告主体资格

根据《行政诉讼法》第二条、第二十五条，行政行为的相对人以及其他与行政行为有利害关系的公民、法人或者其他组织，认为行政机关和行政机关工作人员的具体行政行为侵犯其合法权益，有权依法向人民法院提起诉讼。该案中，被诉告知行为属于具体行政行为。汉能公司作为被诉告知行为的行政相对人，虽未参与该项目第二包的投标活动，但被诉告知行为对汉能公司的权利义务产生了实际影响，它们之间存在行政法意义上的利害关系。因此，在采购人对财政部门的投诉处理决定不服的情况下，可以向人民法院提起行政诉讼，汉能公司享有适格的原告主体资格。

3. 投诉人不服投诉处理决定，向法院起诉是《政府采购法》赋予的权利

《政府采购法》第五十八条规定："投诉人对政府采购监督管理部门的投诉处理决定不服或者政府采购监督管理部门逾期未作处理的，可以依法申请行政复议或者向人民法院提起行政诉讼。"投诉人对财政部门投诉处理决定不服起诉到法院，法院是不能以司法解释的规定为由，而不予受理或者驳回起诉的，因为司法解释的效力远远低于法律的效力。

第二节 对判决、裁定认定事实的争议

在政府采购行政诉讼中，当事人对行政判决或者裁定不服是经常发生的情形。其中，许多是对判决或者裁定所认定的事实存在争议，从而提起上诉的。根据《行政诉讼法》第八十九条规定，法院审理上诉案件，原判决、裁定认定事实清楚，适用法律、法规正确的，判决或者裁定驳回上诉，维持原判决、裁定；原判决、裁定认定事实错误或者适用法律、法规错误的，依法改判、撤销或者变更；原判决认定基本事实不清、证据不足的，发回原审人民法院重审，或者查清事实后改判。

法院作出行政诉讼裁判，首先要查明事实，关键靠证据。在行政诉讼案件中，行政机关负有主要举证责任。《行政诉讼法》第三十四条明确规定，被告对作出的行政行为负有举证责任，应当提供作出该行政行为的证据和所依据的规范性文件。被告不提供或者无正当理由逾期提供证据，视为没有相应证据。但是，被诉行政行为涉及第三人合法权益，第三人提供证据的除外。在政府采购行政诉讼中，通常由财政部门及其复议机关对其作出行政处理、处罚或者复议决定的合法性进行举证。举证的范围主要有：（1）认定事实的证据。凡是行政行为所认定事实所需要的全部证据都要包括。如政府采购中的招标文件、有争议的投标文件、对评审有异议的评审材料、对采购结果有异议的相关公告、质疑书及其答复函等、投诉书及其投诉处理决定书、行政复议申请书及其行政复议决定书，等等。（2）处理程序的证据。从受理或立案、调查、做出行政行为及其送达，处理中如何履行法定程序的，都要有证据证明。（3）主体资格的证据。如行政相对人单位的营业执照或统一社会信用代码证，自然人的身份证，行政机关统一社会信用代码证及其设立、撤销、合并情况等。如果对主体问题没有争议，许多法院对行政机关这部分证据也不要求举证。（4）行政行为的依据。行政诉讼尽管只依照法律和法规，规章只是参照，对规章以下的规范性文件没有参照的规定。但在司法实践中，只要不违反上位法，对带有解释性、执行性的，法院一般是认可的。

除上述行政机关负有举证责任之外，如果原告起诉财政部门不履行政府采购投诉处理、监督检查、行政处罚等政府采购监管职责的，根据《行政诉讼法》第三十八条规定，原告应当提供其向财政部门提出申请的证据。但有下列情形之一的除外：（1）被告应当依职权主动履行法定职责的；（2）原告因正当理由不能提供证据的。在行政赔偿、补偿的案件中，原告应当对行政行为造成的损害提供证据。因被告的原因导致原告无法举证的，由被告承担举证责任。

【案例129[1]】财政部门对同一投诉事项，前后作出三次投诉处理决定，在前一决定未撤销时又作出后一决定，复议机关与一审法院都未查明这一事实，二审法院应如何处理

关 键 词：投诉处理/前决定未撤销/又作后决定/判决事实认定错误

案例要点：二审法院对上诉案件的审理，必须全面审查一审法院认定的事实是否清楚，适用法律、法规是否正确，有无违反法定程序。若一审判决认定的事实错误，二审法院可以依法改判。

招标、质疑、投诉、复议情况

2013年12月12日某县公共资源交易服务中心（以下简称“县交易服务中心”）受采购人某县文化广播影视新闻出版和旅游局委托，对文昌文化系列丛书印刷采购项目（以下简称“该项目”）进行招标。某印刷公司及某教育印刷厂等四家单位投标。

2014年2月12日开标，在评分过程中有一评委对信誉一项未按招标文件的评分标准评分：招标文件规定，资质信誉一项的评分标准为2分，而有一评委给某教育印刷厂评了6分，给某印刷公司评了5分；某教育印刷厂没有LS9001质量体系认证和LS01400环境体系认证，不应得分，而该评委给评了2分。

某印刷公司于2014年2月20日向县交易服务中心质疑，2014年3月5日县交易服务中心向某印刷公司作出“质疑不予受理告知函”。2014年3月13日，某印刷公司向某县财政局投诉，该局于2014年3月25日作出投诉处理决定（以下简称“第一次投诉处理决定”），认为投诉事项缺乏事实依据，驳回投诉。

某印刷公司对该投诉处理决定不服，依法向某县人民法院提起行政诉讼，要求撤销该投诉处理决定。该院经审理后于2014年9月5日作出一审判决，维持某县财政局第一次投诉处理决定。某印刷公司不服该院判决，向绵阳市中级人民法院提起上诉，二审法院审理后，于2014年10月28日作出二审判决，撤销某县财政局第一次投诉处理决定，并判令其依法重新作出投诉处理决定。

某县财政局分别于2014年11月28日和2014年12月1日先后二次重新作出投诉处理决定，驳回了某印刷公司的投诉。某印刷公司对2014年12月1日作出的投诉处理决定不服，向绵阳市财政局申请行政复议。在行政复议期间，某县财政局于2015年3月10日作出《关于撤销行政处理决定书的通知》，该通知撤销了其于2014年11月28日作出的投诉处理决定，并于当日再次作出驳回某印刷公司此项投诉的投诉处理决定（以下简称“第

1　案例来源：（2014）绵行终字第79号。

三次投诉处理决定"），认定某印刷公司有关"评标委员会未遵循公平、公正原则"投诉事项部分属实，经2014年11月3日原评审委员会复议后，按照复议结果确定中标候选人排名顺序；投诉事项"第一中标候选供应商提供虚假资料谋取中标"与事实不符，驳回此项投诉。

2015年3月16日，绵阳市财政局作出行政复议决定，确认某县财政局在2014年12月1日作出的投诉处理决定违法。某印刷公司对某县财政局于2015年3月10日第三次投诉处理决定不服，向某县人民政府申请行政复议，要求确认采购活动违法，撤销第三次投诉处理决定，并责令某县财政局重新作决定。

某县人民政府于2015年4月27日作出行政复议决定，驳回某印刷公司的复议申请，并维持某县财政局作出的第三次投诉处理决定。

行政诉讼一审情况

某印刷公司不服某县财政局于2015年3月10日作出的第三次投诉处理决定及某县人民政府作出的行政复议决定，以某县财政局、某县人民政府为被告，向某县人民法院提起行政诉讼，请求撤销第三次投诉处理决定，并责令某县财政局重新作出决定。

某县人民法院认为：某县财政局作出第三次投诉处理决定，能否将评审复议结论作为依据？

某印刷公司认为，某县财政局在作出第一次投诉处理决定之前就应当组织评审复议，作出第三次投诉处理决定之前组织的评审复议系新增加的证据，不能作为行政行为的依据。《四川省政府采购评审工作规程》第三十九条规定"评审委员会成员的评审复议结论可以作为做出质疑答复和投诉处理决定的重要依据"，该案争议的行政行为是某县财政局于2015年3月10日作出的第三次投诉处理决定，某县财政局前两次的投诉处理决定均已被撤销，其作出的第三次投诉处理决定实质是在对某印刷公司的投诉事项进行处理，某县财政局认为需要评审委员会对相关事项进行评审复议，可以组织原评审委员会全体成员进行。故某县财政局依据原评审委员会成员的评审复议结论作为第三次投诉处理决定的依据符合法律规定。

某县财政局于2015年3月10日作出的《投诉处理决定书》证据确凿，适用法律、法规正确，符合法定程序；某县人民政府的行政复议决定适用法律、法规正确，符合法定程序，某印刷公司的诉讼请求不能成立，应当依法予以驳回。故判决驳回某印刷公司的诉讼请求。

上诉人诉求及观点

某印刷公司不服一审判决，以某县财政局、某县人民政府作为被上诉人，向四川省绵阳市中级人民法院提起上诉称，某县财政局第三次作出的投诉处理决定程序违法，适用法律错误，某县人民政府作出的行政复议决定和某县人民法院作出的行政判决事实不清、适用法律错误，请求撤销某县财政局第三次作出的投诉处理决定，责令某县财政局重新作出处理决定。

被上诉人答辩及观点

某县财政局答辩称：（1）第三次投诉处理决定于法有据、所依据的事实客观真实，程序合法；（2）上诉人上诉所述内容不实；（3）该次采购不存在废标的情形，也无采购活动违法的情形。故上诉人的上诉理由不能成立，请求二审法院驳回上诉人的上诉请求。

某县人民政府答辩称：第三次投诉处理决定是正确的，上诉人的上诉理由不能成立，请求二审法院驳回上诉人的上诉请求。

二审法院裁判及观点

二审法院认为：某县财政局于2014年12月1日对某印刷公司的投诉作出了某县财政局投诉处理决定书后，在该投诉处理决定未被撤销前，又于2015年3月10日就某印刷公司的同一投诉再次作出某县财政局投诉处理决定书，某县财政局就同一投诉在不同的时间作出两次不同的投诉处理，显属不当，故某县财政局于2015年3月10日作出的某县财政局投诉处理决定书程序违法，应依法予以撤销。某县人民政府于2015年4月27作出的行政复议决定认定事实错误，亦应依法予以撤销。为此，某印刷公司所持上诉理由成立，该院依法予以支持。一审判决认定事实错误，导致判决驳回某印刷公司的诉讼请求不当，法院依法予以纠正。据此，依照《行政诉讼法》第七十条第（三）项、第（六）项规定，行政行为有下列情形之一的，人民法院判决撤销或者部分撤销，并可以判决被告重新作出行政行为：违反法定程序的；……明显不当的。及第八十九条第一款第（二）项规定，人民法院审理上诉案件，按照下列情形，分别处理：原判决、裁定认定事实错误或者适用法律、法规错误的，依法改判、撤销或者变更，判决撤销一审行政判决、某县财政局于2015年3月10日作出的投诉处理决定以及某县人民政府于2015年4月27日作出的行政复议决定。

案例评析 CASE ANALYSIS

1. 违反法定程序、明显不当的行政行为，复议机关与法院都应当在查明事实后予以撤销

行政诉讼是对具体行政行为合法性的审查。根据《行政诉讼法》第七十条第（三）项、第（六）项，行政行为有下列情形之一的，人民法院判决撤销或者部分撤销，并可以判决被告重新作出行政行为：……违反法定程序的；……明显不当的。本案中，某县财政局在未撤销2014年12月1日投诉处理决定的情况下又对同一投诉事项作出了同样驳回的第三次投诉处理决定，违反法定程序，明显不当。而复议机关与一审法院都没有查明上述事实，属于事实认定错误，造成作出错误复议决定和错误的判决。

2. 一审判决认定事实错误的，二审法院可以依法撤销

根据《行政诉讼法》第八十九条第一款第（二）项规定，人民法院审理上诉案件，按照下列情形，分别处理：……原判决、裁定认定事实错误或者适用法律、法规错误的，依法改判、撤销或者变更；……二审法院应当对上诉请求的有关事实和适用法律进行审查。本案中，一审法院存在认定事实错误的情况，二审法院在"依法改判、撤销或者变更"，选择了撤销一审判决，符合法律规定。

第三节 对判决、裁定适用法律错误的争议

政府采购行政诉讼中的法律适用，体现了政府采购、行政诉讼方面的法律规定与政府采购活动、政府采购救济机制的一个中间环节，是将文字上的法律条文变成现实的过程。与政府采购行政救济程序中的法律适用相比，行政诉讼法律适用内容更复杂、要求更严格、争议更突出。

《行政诉讼法》第六十三条规定，人民法院审理行政案件，以法律和行政法规、地方性法规为依据。地方性法规适用于本行政区域内发生的行政案件。人民法院审理民族自治地方的行政案件，并以该民族自治地方的自治条例和单行条例为依据。人民法院审理行政案件，参照规章。在这里，法院审理行政诉讼案件的"依据"，是指必须适用该法律、法规规范，而不能拒绝适用，法院无权审查这些规范是否合乎宪法，是否符合上位法。如果碰到法律、法规规范方面的冲突，应按《立法法》所规定的，上位法优于下位法、特别法优于一般法、后法优于前法等法规适用规则，选择应适用的法律、法规规范。在这里，法院审理行政诉讼案件的"参照规章"，是指法院不是无条件地适用规章而是参考、对照，合乎上位法的就适用，不符合的就不适用。

政府采购行政诉讼的法律适用可以分为两大类：一是解决政府采购行政争议当事人权利义务的法律适用，最多的是法院裁判未适用政府采购方面法律的争议；二是解决行政程序、诉讼程序问题的法律适用，在诉讼中最突出的是适用《行政诉讼法》及其司法解释的争议。上述两大类法律规范，程序方面的规范往往有统一的规定，在适用上相比容易一点，而政府采购实体方面的规范，因呈多元化的特点，规范数量较多，等级效力各异，异议冲突频发。

一、对解决政府采购行政争议当事人权利义务法律适用的争议

一般说来，绝大多数法官对法律适用问题比普通人要更为专业，出现适用法律错误的现象并不多。但是，由于政府采购方面的法律、法规、行政规章与其他规范性文件自成一体，有些法官不太熟悉，造成了在审理政府采购案件过程中，混淆政府采购行为与政府采购监督行为。有的法官还以“全面审查”为由，对政府采购文件、采购过程和采购结果中存在的问题，认为财政部门没有履行好监督职责，认为应由财政部门“买单”、承担法律责任。特别是在质疑、投诉、复议、起诉、上诉的审查范围上，混淆不清，造成适用法律错误。

【案例130[1]】一审判决以财政局未证明整个采购程序合理合法为由，判决撤销投诉处理决定与复议决定，该判决合法吗

关 键 词：适用法律/投诉处理审查范围/审查方式/投诉处理决定书表述

案例要点：法院在审判政府采购案件时，应当考虑到投诉处理决定并非对整个采购程序进行审查，审查方式主要是书面审查，必要时才调查取证或者组织质证，不然法院就可能适用法律错误。投诉处理决定的表述要得当，不宜对审查范围之外事项作出认定，否则就存在被法院认定为证据不足的风险。

招标、质疑、投诉、复议情况

2016年12月7日，乐昌市公共资源交易中心（以下简称“市交易中心”）受乐昌市财政局（以下简称“市财政局”）委托，对乐昌市公务用车定点维修采购项目（以下简称“该项目”）进行公开招标，为乐昌南片确定6家公务用车定点维修企业，为乐昌北片确定3家公务用车定点维修企业。

2017年1月5日，乐昌某公司向市交易中心质疑，认为以下几方面存在有违公正、公平的评定原则，导致该公司不能中标，损害了该公司的合法权益：（1）中标结果存在优

1 案例来源：（2017）粤02行终208号。

汰劣胜的情况，具有明显倾向性的问题；(2) 三家中标单位维修人员都不足二类维修厂应当配备的九人，不符合供应商资格；(3) 其中两家中标单位在2015年度企业质量信誉评级中均为落选单位，按照招标文件的评分标准，在质量信誉评分中应为不得分，在商务部分的总分中，扣除质量信誉分，这两个中标单位的商贸部分总分应不超过11分，而却被评为16.6分和17.2分。要求对中标单位的中标信息进行信息公开。

2017年1月10日，市交易中心作出答复：(1) 评审小组公平、公正评审，不存在主观倾向性;(2) 所反映三家公司均有提供《二类机动车维修（小型车辆维修）》经营许可证，也有提供6个月的社保证明；(3) 该两家中标单位均提供2015年质量信誉考核评级，均为AA级。

乐昌某公司对答复不满意，于2017年2月8日向市财政局投诉市交易中心，投诉事项为：(1) 被投诉人对投诉人的质疑疑点，质疑事项，在复函中仅仅敷衍答复不存在质疑问题，对一些实质性的、招标材料完全可以证实的问题没有提供相关材料予以佐证;(2)《公开招标文件》在商贸部分质量信誉有12分的评分标准，是依据交通运输部门对维修企业（特定行业）的企业质量信誉评级（行业的业绩、奖项）作为评分标准的，违反《政府采购法实施条例》第二十条规定，从而导致采购的违规性存在，应予废标；(3) 该项目在质疑、投诉期内仓促签订采购合同，这与《政府采购法实施条例》第五十四条规定相违背。请求依法取消本次中标并予以废标处理。

2017年3月20日，市财政局作出投诉处理决定，认为：(1) 整个采购程序合理、合法，质疑答复也遵循了公开、公平、公正的原则，该投诉事项无明确的请求和必要的证明材料，投诉缺乏事实依据，予以驳回；(2) 关于评分标准不合理存在违规的投诉事项，投诉前未依法进行质疑，超出了质疑事项的范围，本机关不予受理；(3) 关于招投标活动在质疑、投诉期内仓促签订采购合同的投诉事项，投诉前未依法进行质疑，超出了质疑事项的范围，本机关不予受理。故驳回乐昌某公司的投诉。

乐昌某公司不服，于2017年5月11日向乐昌市人民政府（以下简称“市政府”）申请行政复议，请求撤销投诉处理决定，取消本次中标并予废标，重新组织招标。

2017年7月10日，市政府作出行政复议决定，维持市财政局投诉处理决定。

行政诉讼一审情况

乐昌某公司仍不服，向韶关市某区人民法院提起行政诉讼。

一审法院经审理认为：市财政局投诉处理决定和市政府作出行政复议决定不合法。

1.市财政局受理乐昌某公司的投诉后，应对乐昌某公司认为涉案招标采购活动使其合法权益受到损害的理由进行调查核实，再根据查证的结果对投诉事项作出处理决定。

2.在本案诉讼中，市财政局未提交证据证明其如何对乐昌某公司的投诉事项进行查证，也未提交证据对其如何得出“整个采购程序合理合法”“质疑答复也遵循了公开、公平、公正”等结论予以说明，导致投诉处理决定中认定的事实与相关证据显示的情况脱节，应视为投诉处理决定没有相应证据。

3. 对认定事实不清，证据不足的具体行政行为，行政复议机关应予撤销。因此，市政府作出的行政复议决定认定事实不清，适用法律错误。

综上，乐昌某公司要求撤销投诉处理决定及行政复议决定理由充分，予以支持。至于乐昌某公司有关“取消本次中标并废标，重新组织招标”的诉讼请求，不属于行政案件的审理范围,本案中不作审查。依照《行政诉讼法》第七十条第一款第（一）项、第（二）项的规定，判决：撤销市财政局作出投诉处理决定，撤销市政府作出的行政复议决定，责令市财政局于本判决发生法律效力之日起30个工作日内对乐昌某公司的投诉重新作出处理决定。

上诉人诉求及理由

市财政局不服原审判决向广东省韶关市中级人民法院提起上诉称：

1. 原判对市财政局是否进行调查的事实未作出审查。一审判决仅列明市财政局受理投诉，作出投诉处理决定书，忽略了市财政局受理投诉后积极履行职责的客观事实，市财政局已提交了可证明上述事实的证据材料。

2. 市财政局已在法定期限内围绕具体行政行为提交了充分的事实证据及法律依据。本案涉及的是政府采购的投诉处理，市财政局已依法进行调查处理，在收到起诉状副本后，在法定期限内围绕具体行政行为的合法性提交了相关证据材料。尽管本次投诉处理中有包括本项目各供应商的投标文件、评标委员会的评标报告在内涉密材料，但根据《政府采购供应商投诉处理办法》第三十一条规定，涉及第三方合法权益、第三方商业秘密的证据材料，市财政局负有保密义务。依据《行政诉讼法》第三十四条，市财政局在一审开庭时已明确表示原审法院可以依职权调查。该案中即使没有上述涉密材料，市财政局提交的证据也足以证明作出的行政行为合法有据。其中包括以下方面：(1）就采购流程是否公平公正，乐昌某公司于法定期限内提交了招标文件、招标公告、中标结果公告等证据材料，证明本项目是依法组织公开招标活动，并依法公布中标结果公告，采购过程合法，应予维持。(2）就质疑回复是否公平、公正、公开，市财政局在受理投诉后，按照《政府采购供应商投诉处理办法》第十四条书面审查原则，已对本项目代理机构作出的质疑答复函予以审查，查明代理机构是按照《政府采购法》第五十三条的规定依法作出答复后，认定其作出的质疑答复遵循了公开、公平、公正原则并无不当，该质疑答复函作为证据于法定期限内也一并提交给一审法院。(3）就市财政局作出的投诉处理决定，市财政局已依法进行了充分举证，提交了足够的事实依据及法律依据。而一审判决对于上述证据材料所主张的事实，却只字未提，并未依法予以审查认定，违背了《最高人民法院关于行政诉讼证据若干问题的规定》

第五十三条“人民法院裁判行政案件，应当以证据证明的案件事实为依据”的规定。

3.原判未围绕投诉处理决定的合法性进行审理。原判认定本次乐昌某公司提起的投诉事项，根据《政府采购供应商投诉处理办法》的规定，市财政局的投诉处理工作是围绕着投诉事项依法进行审查，在调取相关证据后作出投诉处理决定。市财政局在投诉人投诉事项缺乏事实及法律依据以及暂未发现存在违法违规的情形下，认定整个采购程序合法并无不当。原判并未对市财政局作出的投诉处理决定进行审查，其作出的认定明显超出投诉处理决定应当提供证据证明的范畴。上诉请求为，销一审法院作出的行政判决，并依法改判。

被上诉人答辩及理由

乐昌某公司答辩仍然围绕投诉书的三个投诉事项予以展开，认为对第一项投诉，市财政局只是反复强调采购结果合法有据，却不向法庭提交采购结果合法有据的相关证据材料；对第二项投诉，采取的是答非所问的态度，对乐昌某公司要求市财政局提交能证实本次招投标活动依法依规的核心证据，即已中标单位的投标文件，市财政局不肯提交，竟找借口以涉及第三方合法权益、商业秘密为由拒不提供；对第三项投诉，该两家中标单位的AA级是在省交通运输部门公布最终评定结果之后单独发文评定，完全无视评定流程，越权评级。综上，市财政局陈述的事实和理由不能成立，一审判决认定事实清楚，适用法律正确，请求二审法院依法维持原判决，驳回市财政局的上诉。

原审被告观点

市政府答辩称：市政府作出的行政复议决定程序正当，认定事实清楚，适用法律正确。请求二审法院依法改判。

二审法院裁判及观点

二审法院认为：《政府采购法实施条例》第五十五条、《政府采购供应商投诉处理办法》第八条明确规定了相关供应商质疑和投诉的启动要求，即不得超出已质疑事项的范围，且应当有明确的请求，必需的证明材料。该案一审法院的判决书“经审理查明”和“本院认为”明确了乐昌某公司认为涉案招标活动使其合法权益受到损害的理由已质疑的内容为：(1)中标结果不公平、不公正。(2)中标单位人员配备不足九人，不符合供应商资格。(3)中标单位商贸部分得分存疑。(4)要求对中标单位的中标信息进行信息公开，以保证此次政府采购招标行为的公正、公平性。

经查：(1)三家中标单位维修人员都超过9人，乐昌某公司投诉与事实不符，该理由不能成立。(2)尽管乐昌某公司的2015年度道路运输企业诚信评价结果为AAA级诚信单位，但在乐昌某公司递交的投标文件中，没有该信息或者相关文件，说明没有得分的原因，并非有关评审委员会评审人员的责任。

综上所述，市财政局作出的财政行政确认合法，市政府作出的行政复议符合法定程序，应予支持。市财政局上诉有理，应予采纳。乐昌某公司起诉提出的诉讼请求理由不充分，应予驳回。原判适用法律、法规有误，应予纠正。据此，依照《行政诉讼法》第八十九条第一款第（二）项的规定，判决撤销一审行政判决，驳回乐昌某公司的诉讼请求。

案例评析 CASE ANALYSIS

1. 一审判决适用法律错误的原因是对政府采购法规的错误理解

一审判决避开质疑、投诉供应商所主张的事实是否存在，而从另外方面指出，财政部门未提交证据证明其如何对投诉事项进行查证，也未提交证据对其如何得出“整个采购程序合理合法”“质疑答复也遵循了公开、公平、公正”等结论予以说明，认为投诉处理决定认定的事实与相关证据显示的情况脱节，应视为投诉处理决定没有相应证据。

这样的判决确实少见，究其原因，主要是对政府采购投诉处理的法律、法规理解上的偏差：一是对投诉处理审查范围的理解偏差，未经质疑的事项不予审查，但基于质疑答复内容提出的投诉事项除外，而不是对“整个采购程序合理合法”进行审查。二是对投诉处理审查的方式的理解偏差，处理投诉主要是书面审查，必要时才调查取证或者组织质证。本案中，财政部门已经就所作出的投诉处理决定，提交了相应证据予以证明，有关程序性的证据也证明了查证的过程。由于一审判决对法律适用方面的错误，导致错误判决。因此，二审判决所认为的“原判适用法律、法规有误，应予纠正”，这是完全正确的。

2. 投诉处理决定表述不当，也是造成一审判决错误的原因之一

投诉处理决定认定：“整个采购程序合理、合法，质疑答复也遵循了公开、公平、公正的原则”，这样写法是不妥当的。因为投诉处理无须也不可能审查整个采购程序是否合理、合法，无须也不可能审查质疑答复是否公开、公平、公正，投诉处理决定凭什么下这个结论？如果投诉处理决定作出上述认定，投诉人提出复议申请或者提起行政诉讼，对财政部门来说是有法律风险的。投诉处理决定对投诉人此类投诉事项，可以表述为“投诉人投诉时对该投诉事项既未提供必要的证明材料，也未提供具体事实与情节”，用本机关“查无实据”“未发现”等相对客观、不带主观评价的措辞来表述。

二、对解决行政程序、诉讼程序法律适用问题的的争议

行政程序、诉讼程序等法律规范的适用，主要是解决法院在行政诉讼中对被诉行政行为进行程序性审查和诉讼程序操作的问题。对于行政程序、诉讼程序的法律规范有两种或者两种以上可供选择适用的情形时，如何选择适用容易产生不同的看法。比如在行政程序中，质疑事项成立时，是澄清或者修改采购文件后继续开展采购活动，还是重新开展采购活动；是另行确定中标、成交供应商，还是重新开展采购活动；投诉事项成立时，是要求

采购人另行确定中标、成交供应商，还是责令重新开展采购活动；在诉讼程序中，行政处罚明显不当，是判决撤销，还是判决变更，等等。诸如此类的问题，都有可能引起争议。

【案例 131[1]】法院认为复议决定错误撤销了投诉处理决定，判决重新作出复议决定，适用法律是否正确

关 键 词：依法改判 / 选择适用法律 / 撤销复议决定 / 恢复原行政行为效力

案例要点：复议决定改变原行政行为错误，判决撤销复议决定时，可以一并责令复议机关重新作出复议决定或者判决恢复原行政行为的法律效力。这样，可防止循环诉讼与浪费司法资源和行政资源的现象发生。

投诉处理、行政复议情况

2017 年 8 月 14 日，广西德新工程管理咨询有限公司（以下简称“德新公司”）受采购人委托就大塘垃圾处理中心设备采购项目（以下简称“该项目”）通过交易中心平台发布公开招标公告。后因项目采购潜在投标人对招标文件存在质疑两次延期。2018 年 1 月 3 日，广西岩昊贸易有限公司（以下简称“岩昊公司”）向交易中心中国工商银行账户缴纳保证金。2018 年 1 月 4 日，开标结果显示，广西聚德庆节能环保科技有限责任公司（以下简称“聚德庆公司”）等 4 家公司如期缴纳投标保证金参与竞标，而岩昊公司因前述工商银行账户“协议状态非正常”，未能成功缴纳投标保证金。根据评审，最终确认聚德庆公司中标。

2018 年 1 月 16 日，岩昊公司向某市财政局投诉。2018 年 2 月 5 日，某市财政局调查后认为，由于系统原因导致该项目的一个账户在截止开标时间前无法将竞标保证金存入，违反了《政府采购法》第三十五条，岩昊公司的投诉事项成立，依据《政府采购法》第三十六条第一款第（二）项的规定，决定对该项目作出废标处理，撤销合同，并责令重新开展采购活动。聚德庆公司对此不服，提起行政复议。

某市人民政府作出行政复议决定认定，该项目采购活动并未出现影响采购公正的违法、违规行为，岩昊公司应当自行跟踪确认保证金如期到账的情况；否则，相应的不利后果应由其承担。某市财政局以此为由作出废标处理决定，更加不能体现公平和效率，属适用法律错误，故撤销某市财政局的投诉处理决定，确认聚德庆公司中标。

行政诉讼一审情况

岩昊公司对某市政府作出的复议决定不服，于是向桂林市中级人民法院（以下简称“桂

---

1 案例来源：（2019）桂行终 735 号。

林中院”）提起行政诉讼，请求撤销行政复议决定。桂林中院认为：根据《行政复议法》第四条的规定，行政复议机关在履行行政复议职责时，应当遵循合法、公正等复议原则，在查清事实的基础上，依法作出复议决定。在该案中，岩昊公司在截止开标日前向指定的账户缴纳投标保证金，符合相关招标公告的要求。但由于该银行账户系统的原因导致岩昊公司保证金未能成功缴纳，影响了该采购项目公正的进行，而相应的责任不应由岩昊公司承担，故岩昊公司的诉讼请求予以支持，某市政府的行政复议决定认定事实不清、证据不足，依照《最高人民法院关于适用〈中华人民共和国行政诉讼法〉的解释》第八十九条的规定，判决撤销某市政府作出的行政复议决定，由某市政府重新作出复议决定。

上诉人诉求及观点

聚德庆公司不服一审判决，向广西壮族自治区高级人民法院（以下简称“广西高院”）提出上诉称：一审判决认定事实错误，岩昊公司未能成功缴纳投标保证金应自行承担责任；某市政府作出的行政复议决定认定的事实清楚，证据充分。综上所述，请求二审法院撤销一审判决，驳回岩昊公司的诉讼请求。

被上诉人答辩及理由

岩昊公司答辩称：（1）德新公司公布无效账户，导致潜在的投标人因保证金未能缴纳而失去投标资格，这侵害了岩昊公司的利益。招标文件存在重大瑕疵，导致严重不公平，既损害了岩昊公司利益，也损害了公共利益。（2）招标文件出现重大错误，招标人应当进行澄清或者修改。综上所述，一审判决认定事实清楚、适用法律法规正确，请求二审法院驳回上诉，维持原判。

一审被告辩称

某市政府述称：（1）行政复议决定认定事实清楚。（2）岩昊公司未能成功缴纳投标保证金是其自身责任。综上所述，请二审法院撤销一审判决，改判驳回岩昊公司的诉讼请求。

二审法院裁判及理由

广西高院认为，德新公司通过交易中心平台发布提交保证金银行账户，应当为有效的账户，该账户在缴纳投标保证金截止时间之前发生变动或无效的情况的，德新公司应当告知投标人。岩昊公司未获告知银行账户无效的情况，其根据德新公司公布的银行账户通过银行存入保证金，在开标当天岩昊公司才获知其存入保证金的银行账户无效，保证金未能成功交纳。德新公司公布银行账户无效后未告知投标人是造成岩昊公司交纳保证金无法缴纳到账的原因，岩昊公司不应承担不利后果，根据《政府采购法》第三十六条第一款第（二）项规定“在招标采购中出现下列情形之一的，应予废标：……（二）出现影响采购公正的违法、违规行为的……”应予废标。某市财政局作出投诉处理决定对采购项目作出废标处理，撤销合同，并责令重新开展采购活动有法律依据的，应当予以维持。某市政府作出的行政复议决定确认中标的行为错误，应予撤销。根据《最高人民法院关于适用〈中华人民共和国行政诉讼法〉的解释》第八十九条“复议决定改变原行政行为错误，人民法院判决撤销复议决定时，可以一并责令复议机关重新作出复议决定或者判决恢复原行政行为的法律效力”的规定，一审判决撤销行政复议决定正确，但判决某市政府重新作出复议决定，将会形成循环诉讼，浪费司法资源和行政资源，不符合行政诉讼法实质化解行政争议的立法目的，广西高院予以纠正，并根据上述规定，恢复某市财政局作出的投诉处理决定的法律效力。上诉人聚德庆公司上诉理由不成立，广西高院不予支持。

依据《行政诉讼法》第八十九条第一款第（二）项规定，判决变更桂林中院（2018）桂03行初104号行政判决主文为“撤销某市人民政府作出的行政复议决定，恢复某市财政局于2018年2月5日作出的1号投诉处理决定书的法律效力”。

案例评析 CASE ANALYSIS

在本案中，岩昊公司缴纳投标保证金的行为符合招标公告的要求，由于银行账户系统原因导致未能成功缴纳，责任不应由岩昊公司承担。复议决定改变投诉处理决定错误，根据《最高人民法院关于适用〈中华人民共和国行政诉讼法〉的解释》第八十九条“复议决定改变原行政行为错误，人民法院判决撤销复议决定时，可以一并责令复议机关重新作出复议决定或者判决恢复原行政行为的法律效力”的规定，一审判决撤销行政复议决定，尽管与法律规定与上述司法解释并不违背，但撤销后由某市政府重新作出复议决定，确实会形成循环诉讼，浪费司法资源和行政资源。因此，二审判决予以纠正，判决恢复原投诉处理决定的法律效力，符合行政诉讼法实质化解行政争议的立法目的。

第四节 对法院审理程序的争议

行政诉讼的审理程序即人民法院审理案件适用的程序，可以分为一审程序、二审程序和审判监督程序，它是一个严密严谨、环环相扣的一系列活动所构成的过程，需要人民法院与原告、被告等诉讼主体共同参与，将原告起诉材料、被告答辩材料及案件事实、法律规定等诉讼原材料，最后加工成一个诉讼产品，即人民法院的行政判决书或者行政裁定书。

政府采购行政案件中，对法院审理程序的异议非常广泛，如在起诉受理环节，对法院应否受理该原告的起诉，该法院是否有管辖权；在庭前准备环节，法院是否在立案之日起5日内将起诉状副本发送被告，被告是否在收到起诉状副本之日起15日内向人民法院提交作出行政行为的证据和所依据的规范性文件以及答辩状，法院是否在收到答辩状之日起5日内将答辩状副本发送原告；在审理阶段，与本案有利害关系或者有其他关系可能影响公正审理的有关人员是否回避，行政行为应否停止执行，原告、被告不到庭是否有正当理由，诉讼参与人及其他有关人员行为是否属于妨碍行政诉讼的行为，法院能否调解该案件，证据取得是否违法，审判期限是否超期；在裁判作出后，送达是否符合规定问题，等等。

在政府采购行政诉讼案件中，对审理程序的争议集中在一审程序中。下面是行政诉讼一审流程：

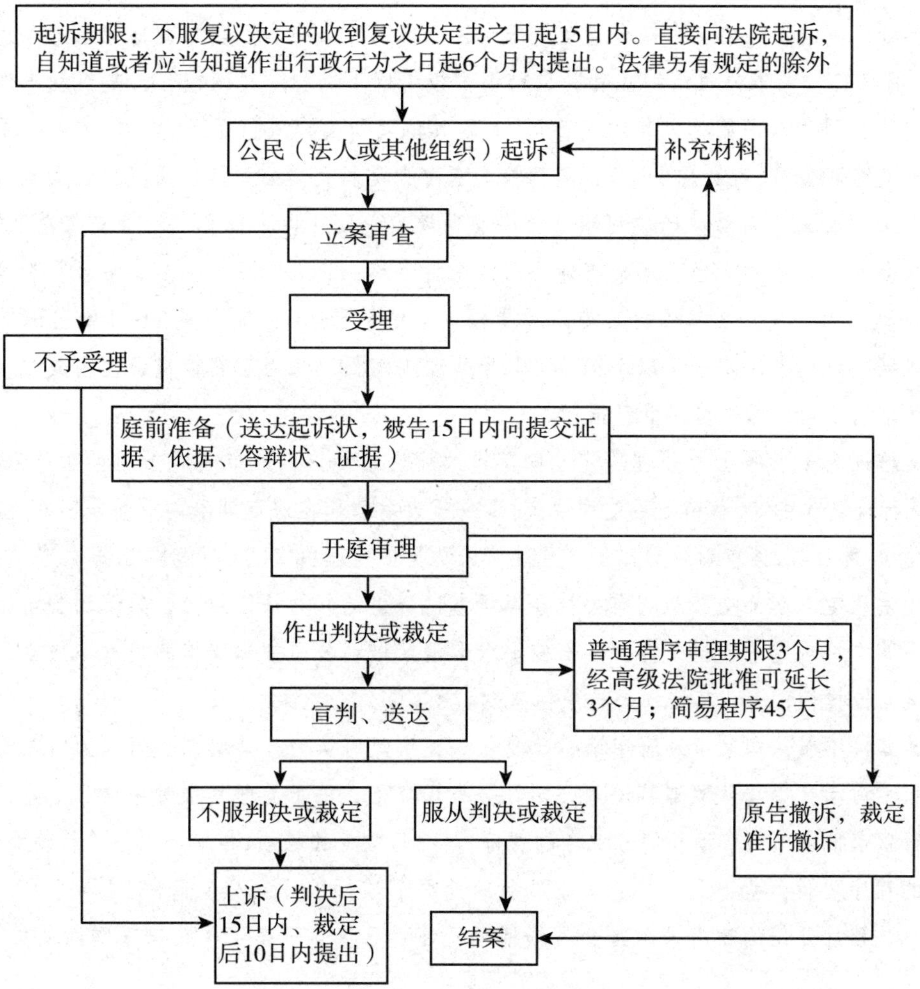

行政诉讼一审流程

【案例 132[1]】一审法院将原告未准时到庭认定为拒不到庭，并裁定按撤诉处理，是否构成了对审判程序的违反

关 键 词：招标 / 投诉 / 贿赂 / 撤诉 / 再审

案例要点：按照撤诉处理作为一种带有惩处性质的司法措施，法院应当审慎使用。对于原告未准时到庭的情况，法院需要查明具体原因，不应直接将其认为拒不到庭，从而按照撤诉进行处理，否则会导致原告的合法权益无法得到保护，系对审判程序的违反。

招标、质疑、投诉、复议情况

2017 年 10 月 26 日，偃师市公安局交通警察大队（以下简称“交警大队”）委托河南龙华工程咨询有限公司（以下简称“龙华公司”）发布了政府购买社会考场服务招标公告，要求参加谈判的供应商应当符合《政府采购法》第二十二条和无行贿犯罪记录等条件。同年 11 月 3 日，龙华公司组织某驾驶员培训学校（以下简称“某驾校”）、某机动车驾驶员培训有限公司（以下简称“某培训公司”）和其他两所驾校进行了评标，确定第一中标候选人为某培训公司。11 月 14 日，某驾校向交警大队和龙华公司提出质疑，认为某培训公司在参加政府采购活动前已被河南省公安交通警察总队（以下简称“河南交警总队”）取消了社会考场资格，应当取消某培训公司的中标资格。11 月 29 日，因交警大队和龙华公司未作出书面回复，某驾校向某市财政局投诉，该局于 2018 年 1 月 15 日作出该局 1 号政府采购投诉处理决定书（以下简称“1 号处理决定”），认为某驾校投诉理由成立，决定取消某培训公司中标资格，重新招标。

某培训公司不服 1 号处理决定，向某市政府提出复议。某市政府于同年 4 月 28 日作出 6 号行政复议决定，撤销 1 号处理决定，责令某市财政局在法定期限内重新作出处理决定。2018 年 6 月 8 日，某市财政局作出 3 号政府采购投诉处理决定（以下简称“3 号处理决定”），认为无法认定河南公交警总队有关社会考场考试资格通知的法律效力，某培训公司符合该项目采购文件规定的资格条件，某驾校要求取消某培训公司中标资格的投诉不成立，决定驳回某驾校投诉，确认某培训公司中标有效。

某驾校不服，向某市政府申请行政复议。某市政府认为，某培训公司未因行贿受到刑事处罚；河南交警总队取消某培训公司社会考场资格、停止受理其报考申请 3 个月，实质是对行政审批事项的取消和部分业务的暂停，具有行政处罚性质，但其不具备《行政处罚法》规定的程序要件，故不是严格意义上的行政处罚；该行贿行为发生于 2014 年 8 月，距离 2017 年 10 月开始的政府采购社会考场活动已超过 3 年，不属于《政府采购法实施条例》

1 案例来源：（2019）豫 7102 行再 1 号。

第十九条规定的重大违法记录。某培训公司在参加政府采购社会考场活动前三年内无重大违法记录，符合政府采购供应商条件，中标有效。2018年8月8日，某市政府依照《行政复议法》第二十八条第一款第（一）项之规定，作出14号行政复议决定，维持某市财政局3号处理决定。

行政诉讼情况

某驾校不服，向某铁路运输法院（以下简称“铁路法院”）提起诉讼。铁路法院原审认为，因作为原告的某驾校经传票传唤，无正当理由拒不到庭，故本案可以按照撤诉处理。依照《行政诉讼法》第五十八条的规定，以（2018）豫7102行初74号行政裁定书裁定本案按照撤诉处理。该裁定书已经发生法律效力。铁路法院经审判委员会讨论决定，于2019年8月9日作出（2019）豫7102行监1号行政裁定再审本案，于9月19日公开开庭审理了本案。

某驾校诉讼请求为，撤销3号处理决定和14号行政复议决定。事实和理由为，某培训公司已因行贿被取消了社会考场资格，不符合政府采购供应商条件，不应当被确定为中标人。原审裁定错误，应当予以撤销。

某市财政局辩称，该局在确定中标人时，未得知有关取消社会考场资格情况，取消某培训公司社会考场资格并停止受理其报考申请三个月的处理并非严格依照法律程序作出的行政处罚，不能据此认定某培训公司存在“重大违法记录”情形。某培训公司中标合法有效，应当驳回某驾校的诉讼请求。原审裁定正确，应当予以维持。

某市政府辩称，某培训公司的行贿行为发生于2014年8月，该行为未受到刑事处罚，并且距本次招投标已超过3年。取消社会考场资格通知中对某培训公司所作处理，具有行政处罚性质，但并非严格意义上的行政处罚。某培训公司符合《政府采购法》第二十二条“参加政府采购活动前3年内，在经营活动中没有重大违法记录”的规定，是合格供应商。行政复议决定事实清楚，证据确凿，适用法律正确，程序合法，应当驳回某驾校的诉讼请求。原审裁定正确，应当予以维持。

某培训公司同意某市财政局和某市政府的答辩意见。

铁路法院另查明，2016年5月19日，河南省周口市中级人民法院作出刑事判决书，认定某培训公司为使增建的考场通过审批，于2014年8月向河南交警总队车驾管支队支队长行贿面值均为5000元的购物卡两张。2016年7月12日，河南交警总队作出275号取消社会考场资格通知，认为某培训公司等驾校在社会考场验收等事项中存在行贿行为，决定取消某培训公司等驾校社会考场资格，停止受理其报考申请3个月。7月20日，洛阳交警支队驾管所依据该通知向所辖各驾校进行了通报。

再审又查明，该案原审定于2018年10月25日8时30分在铁路法院第一法庭开庭，某市财政局和某市政府的委托诉讼代理人均按时到庭，某驾校和某培训公司当时均未到庭。9时整，铁路法院宣布该案原审按照撤诉处理。约9时20分，某驾校委托诉讼代理人到庭，称因堵车才晚到，要求开庭。

铁路法院再审认为，按照撤诉处理是一种带有惩处性质的司法措施，根据一事不再理原则，原告某驾校无正当理由拒不到庭而被按照撤诉处理后，不得再以同一事实和理由重新起诉。原审将原告未准时到庭认定为拒不到庭，并且当庭宣布按照撤诉处理，既不符合事实，又导致原告申明未按时到庭理由的权利无法行使，进而相关行政争议被搁置，原告的合法权益得不到保护。这显然有悖行政诉讼法的立法目的，应予纠正。法院判决撤销铁路法院（2018）豫7102行初74号行政裁定，撤销3号投诉处理决定、14号行政复议决定，责令某市财政局在本判决生效后30个工作日内对某驾校的投诉事项重新作出处理决定。

案例评析 CASE ANALYSIS

1. 法院未查明原告未按时到庭原因，即裁定按撤诉处理，违反审判程序

《行政诉讼法》第五十八条规定："经人民法院传票传唤，原告无正当理由拒不到庭，或者未经法庭许可中途退庭的，可以按照撤诉处理；被告无正当理由拒不到庭，或者未经法庭许可中途退庭的，可以缺席判决。"本案原审开庭时，某驾校和某培训公司当时均未到庭。开庭半个小时后，铁路法院宣布本案原审按照撤诉处理。本案原审未能查明原告是什么原因未到庭，是不是拒不到庭。事实上开庭50分钟后，某驾校委托诉讼代理人到庭，称因堵车才晚到。原审将原告未准时到庭认定为拒不到庭，并且当庭宣布按照撤诉处理，是不符合事实的。直接按撤诉处理，显然违反审判程序。

2. 原告在原审裁定作出后可以通过上诉来解决争议。

原审按撤诉处理的裁定作出后，原告完全可以通过上诉来纠正原审裁定。但是，原告没有行使这一权利，从判决书看也没有申请再审，而是由原审法院审判委员会讨论决定。这种做法很难理解，延误了行政争议的解决。

第五节 对法院审查范围的争议

根据《行政诉讼法》第六条、第三十四条、第七十条的规定，人民法院对行政行为进行审查的范围，主要是合法性审查，即审查行政行为认定的事实、适用的法律、处理的程序。在行政诉讼中，要求被告提供证据，不仅是举证责任，也是一项义务，一项作为国家

行政机关证明其所作行政行为的所有内容皆属“依法行政”的“应诉”义务。因此，行政机关除应向人民法院提供证明作出的实体处理合法的证据，证明行政行为程序合法的证据，作出行政行为依据的规范性文件外，还需提供证明行政机关在作出行政行为时，没有超越职权、滥用职权、明显不当等证据。可见，行政诉讼审查的范围，都是围绕行政行为的合法性展开。

一、对只围绕原告诉讼请求审查的争议

《行政诉讼法》第四十九条第一款第（三）、第（四）项规定的起诉条件是，有具体的诉讼请求和事实根据，属于人民法院受案范围和受诉人民法院管辖。由于有些原告对政府采购方面的法律、法规的错误理解，有时也急于求成，在诉讼请求中不是对政府采购投诉处理决定、监督检查处理决定、行政处罚决定提出合法性与适当性审查，而是请求法院直接判决确认其中标、确认中标供应商中标无效、判决政府采购项目废标或者废标无效、判决重新开展采购活动、判决撤销合同，等等。对于此类诉讼请求，明显不属于法院行政诉讼受案范围，更不在行政诉讼案件的审查范围之内，法院应当不予受理，如已经受理也应当驳回起诉，而不应当进行实体审理。

【案例133[1]】一审判决只审查了原告诉讼请求，而未审查投诉处理决定的合法性，该判决是否正确

关 键 词：政府采购 / 确认无效 / 受案范围

案例要点：供应商要求法院确认中标无效等，应当由采购人或者财政部门行使的权力，不属于行政诉讼受案范围，供应商只有对行政监管部门的行政行为不服的情况下才可以向人民法院提起行政诉讼。

招标、质疑、投诉情况

2016年4月6日，广东志正招标有限公司（以下简称“志正公司”）受某区城管局的委托，对某镇范围上门收运居民住宅小区及部分垃圾存放点的生活垃圾承包项目（以下简称“该项目”）发出招标公告。深圳某公司、广州某公司等四家单位参加投标。2016年4月27日，该项目开标评标，最终广州某公司中标。

2016年5月3日，深圳某公司向志正公司提出质疑，对广州某公司在投标时提供的证书的真实、合法性有异议。2016年5月6日，志正公司向深圳某公司作出答复，认为广州

1 案例来源：（2017）粤14行终20号。

某公司的证书合法有效。

2016年5月23日，深圳某公司向某区财政局提出投诉，对中标人广州某公司取得的认证证书的合规、合法性有异议。2016年6月16日，某区财政局作出投诉处理决定，认为深圳某公司的投诉缺乏事实依据，驳回投诉。

一审法院裁判及观点

2016年9月18日，深圳某公司以某区财政局为被告，志正公司、广州某公司和某区城管局为第三人，向某区法院提起诉讼，请求确认广州某公司对招标项目的中标无效和确认广州某公司提供的5A信用等级证书无效。

某区法院认为，本案是对某区财政局所作的投诉处理决定进行审查。深圳某公司请求确认广州某公司对招标项目的中标无效和确认广州某公司提供的5A信用等级证书无效，是基于其对广州某公司在投标中所提供的认证证书合规、合法性有异议所致。本案中深圳某公司向某区法院提供用于质疑广州某公司5A级信用证书合法性的证据是其从互联网上下载打印的未经信用评价机构确认的截图。根据《最高人民法院关于行政诉讼证据若干问题的规定》第六十三条第（一）项的规定，深圳某公司所提供的证据不能证明广州某公司所拥有的认证证书无效。同样也不能证明广州某公司对招标项目的中标无效。因此，深圳某公司关于确认广州某公司对招标项目的中标无效和确认广州某公司提供的5A信用等级证书无效的诉讼请求证据不足，理由不成立，依法不予支持。某区财政局作出的投诉处理决定事实清楚、证据充分、程序合法、应予维持。依照《行政诉讼法》第六十九条之规定，判决驳回深圳某公司关于确认广州某公司对招标项目的中标无效和确认广州某公司提供的5A信用等级证书无效的诉讼请求。

上诉人诉求及理由

深圳某公司不服某区人民法院行政判决，以某区财政局为被上诉人，志正公司、广州某公司和某区城管局为原审第三人，向广东省梅州市中级人民法院（以下简称梅州中院）提起上诉。

深圳某公司上诉称：（1）广州某公司不符合信用等级取得条件，投标时所提供5A信用等级证书为虚假证书，不应得分中标。（2）广州某公司成立不足三年，根本不具备申报A级以上信用等级条件，两项5A等级证书是虚假的。（3）志正公司主张其与认证机构在电话中咨询企业获得信用证书的条件，并未提交相关的书面证据予以证实，志正公司的说法不应采信。（4）请求法院认定“重质量守信用”及“重合同守信用”两项5A等级证书无效，追加发证的事务所为本案第三人参加诉讼。（5）某区财政局没有对深圳某公司的投诉作出公正有效决定，投诉处理决定是错误的，依法应予撤销。请求依法撤销一审行政判决和某区财政局作出的投诉处理决定，依法确认广州某公司对招标项目的中标无效和确认广州某公司提供的5A信用等级证书无效。

被上诉人答辩及观点

某区财政局答辩称：原审判决认定事实清楚，适用法律正确，请求梅州中院维持原判，驳回深圳某公司的上诉。理由：(1)某区财政局既没有侵犯深圳某公司的合法权益，亦不是出具5A信用等级证书的认证单位或备案单位，证书有效性认定与某区财政局无关，故某区财政局作为本案诉讼主体不适格。(2)评审委员会决定投标文件的响应性只针对广州某公司提交的全部资料本身的内容，在没有新证据足以证明广州某公司提交虚假资料的情况下，某区财政局有理由采纳广州某公司的全部投标文件资料。(3)深圳某公司没有任何证据可以证明广州某公司取得的5A信用等级证书无效。

二审法院裁判及理由

梅州中院认为，本案系因政府职能部门招标投标活动引起的纠纷，相关规定并未赋予其对招标投标的效力问题可通过诉讼程序确认的权利，只能对行政监督部门作出的处理决定不服才可以向人民法院提起行政诉讼。

本案中，深圳某公司对该项目的中标结果和质疑答复不满意，以中标人广州某公司在投标过程提供的5A级信用等级证书的真实性、合法性有异议而向某区财政局投诉，某区财政局亦作出了投诉处理决定。但是，深圳某公司并未对某区财政局作出的处理决定书提起行政诉讼，而是请求确认广州某公司提供的5A信用等级证书无效和确认广州某公司对招标项目的中标无效。所以，深圳某公司的起诉缺乏事实根据，没有明确的被诉行政行为，某区法院与诉讼请求之间不存在关联性，不符合《行政诉讼法》第四十九条第一款第（三）项之规定的起诉条件，依法应予驳回。

原审判决针对某区财政局所作的投诉处理决定进行合法性审查与深圳某公司的诉讼请求不一致，依法应当撤销。

梅州中院关于深圳某公司在二审期间请求依法撤销某区财政局于2016年6月16日作出的投诉处理决定的问题。因该请求属二审中增加的诉讼请求，梅州中院对此不作审查。对于深圳某公司申请追加发证事务所的问题。因本案属行政诉讼，在二审中申请追加，梅州中院不予准许。

综上所述，梅州中院裁定撤销一审行政判决，并驳回深圳某公司的起诉。

案例评析

CASE ANALYSIS

1. 本案原告的诉讼请求超出了法院行政诉讼审查的范围

《行政诉讼法》《政府采购法》并无赋予法院在行政诉讼中可以对招标投标的效力、投标文件中的某一证书的效力问题进行裁判的权力。根据《行政诉讼法》第十二条规定的法院受理行政诉讼的范围，确认招标项目中标无效和确认投标人提供的某一证书无效的诉讼请求，显然不属于行政诉讼受理的范围。原告未对某区财政局作出的处理决定书提起行政诉讼，而是请求确认广州某公司对招标项目的中标无效、广州某公司提供的5A信用等级证书无效，显然不是法院行政诉讼审查的范围。

2. 本案原告起诉应予驳回，而不应当进行实体审理

原告起诉既缺乏事实根据，也没有明确的被诉行政行为，法院受案范围与诉讼请求之间不存在关联性，不符合《行政诉讼法》第四十九条第一款第（三）项、第（四）项规定的起诉条件，依法应予驳回。一审法院虽认为本案是对投诉处理决定进行审查，但实际上却针对原告的诉讼请求进行实体审理，审理程序存在问题。

二、对原告、被告主张审查范围不同的争议

政府采购行政诉讼案件，围绕法院审查范围的问题，一直争议不断。法官审理政府采购投诉处理案件时，是否需要根据原告的诉讼请求，审查质疑、投诉、复议以外的事项？换言之，质疑时未提出投诉时才提出的事项、投诉时未提出复议时才提出的事项、行政复议中未提出诉讼程序中才提出的事项等等，是否属于法院的审查范围？这些问题看法各异、做法不同，是诉讼中争议的焦点问题。

【案例134[1]】供应商在废标后质疑、投诉，但起诉事项超过质疑范围的，法院应如何处理

关 键 词：废标 / 投诉 / 起诉事项

案例要点：供应商在质疑、投诉后提起行政诉讼，起诉的事项应围绕投诉处理的内容。对于投诉处理决定以外的内容，不属于法院的审理范围。同时，采购人、采购代理机构或者财政部门在处理政府采购事务中，仍要注意相关信息的公示，切忌有所遗漏，以免不必要的纠纷。

1 案例来源：(2015)苏行终字第00031号。

招标投标、质疑、投诉情况

江苏省政府采购中心（以下简称“采购中心”）受南京医科大学的委托，决定就其所需的旋转通风笼具采购项目进行公开招标采购，并于2014年2月26日发布招标文件，评标日期为2014年3月19日。上海某公司作为供应商参与了此次招标。

2014年3月10日，上海某公司向采购中心递交质疑书，提出如下质疑：(1)技术参数要求中缺少屏障环境压差要求；(2)增减货物条款违反《政府采购法》第三十一条的规定；(3)付款方式4没有信用证付款方式，不符合国际惯例；(4)要求提供合同复印件，并可以计分，该条款不公平；(5)国家或省部级部门授予证书作为评分依据显失公平，属于限制性、排他性条款；(6)此次招标的评分方法和评标标准没有从性能上考量产品，没有公正性、公平性；(7)投标报价分高，显失公平；(8)此次招标采购项目经办人对上海某公司2014年3月10日的函件未回复，对该工作人员的工作态度和工作能力提出质疑。

2014年3月20日，采购中心向上海某公司出具关于上海某公司质疑书的复函，针对上海某公司对采购项目招标文件的质疑作出回复：(1)经组织政府采购专家审核认定，《质疑书》中所列招标文件中相关要求和条款不属于不合理条款，也未含有倾向性或者排斥潜在投标人的内容；(2)因上海某公司2014年3月10日、2014年3月13日寄送的关于招标文件的《质疑书》的格式、内容不符合相关规定，采购中心告知上海某公司进行补正，该做法符合《政府采购法》及《江苏省政府采购供应商监督管理暂行办法》的规定，2014年3月17日上海某公司又向采购中心寄送一份补正的《质疑书》，采购中心对该份质疑进行回复。

2014年3月19日，采购中心出具评标报告，评标结果为因投标人不足三家而废标。当日，采购中心发布了采购项目的中标公告，中标信息的公示内容为“第一包，废标，投标人不足三家；第二包，废标，投标人不足三家”。2014年3月25日，上海某公司向采购中心提交质疑书，提出如下质疑：(1)要求公开评标委员会评委的工作单位；(2)采购项目为何开标并与上海某公司洽谈后再废标；(3)本次参标只有二家供应商，本次废标是由于另一家供应商未提供样品，按照招标文件将被扣除20分，评标委员会明显是袒护另外供应商；(4)此次招标未按照规定的程序进行开标、评标、定标。

2014年4月1日，采购中心向上海某公司出具的复函，针对上海某公司对采购项目的中标结果的质疑作出回复：(1)评标委员会评委的工作单位不属于《政府采购信息公告管理办法》(财政部令第19号，以下简称《信息公告办法》)规定的应当公告的内容；(2)对采购活动的质疑时间已超出法定的质疑期限，对该质疑事项不予受理；(3)本采购项目两个分包的投标人均不足三家，评标委员会因此按废标处理，符合《政府采购法》第三十六条的规定；(4)本次招标采购程序符合《政府采购法》、《政府采购货物和服务招标投标管理办法》（财政部令第18号）的相关规定。

2014年4月14日，上海某公司向江苏省财政厅（以下简称“省财政厅”）递交投诉书，投诉：（1）申请公开评标委员会评委的工作单位，采购项目招标文件放低招标技术要求，放弃了重要的技术指标；（2）采购项目招标采购中心与评标委员会开标了，并向上海某公司询标，后宣布由于投标供应商不足三家而废标，未归还上海某公司的投标文件，要求采购中心出示当时录像，解释开标、扣留标书的原因，要求退还上海某公司的投标文件；（3）采购项目招标过程中，采购中心严重违规，因另一家供应商未提供样品，按照招标文件将被扣除20分，因此再次废标，评标委员会明显是袒护另外供应商；（4）本次招标未按照规定的程序开标、评标、定标；（5）采购项目招标文件违反《政府采购法》，开标后再违法废标，对于供应商开标前的多次质疑、公司函件不回复，不作为。

2014年5月16日，省财政厅出具投诉处理决定，认为：（1）采购中心在招标结束后，未向投标供应商公开评标委员会评委的工作单位，未违反政府采购法律法规和招标文件的相关规定；（2）投诉人对采购项目的投诉，对项目招标文件质疑答复的投诉，均已超过了法定期限；（3）采购中心在开标后，发现投标供应商不足三家而予以废标，符合《政府采购法》第三十六条规定；（4）投诉人投诉采购中心在本次招标过程中未按照规定的程序开标、评标、定标，查无实据。综上，决定：投诉人的投诉缺乏事实依据，驳回投诉。

行政诉讼一审情况

上海某公司不服以上处理决定，以省财政厅为被告，采购中心为第三人，向江苏省南京市中级人民法院（以下简称“南京中院”）提起行政诉讼。请求依法判令撤销省财政厅作出的投诉处理决定，重新审核、评定采购项目招投标工作。

南京中院认为，《信息公告办法》未将评标委员会评委的工作单位规定为必须公开的内容，上海某公司要求公开无法律依据。《政府采购法》第五十二条、第五十三条规定了政府采购供应商质疑及投诉的期限。上海某公司于2014年3月提出对编号为JSZC-G2013-196采购项目的质疑，因该采购项目第一包、第二包均因投标人不足三家而废标，结果已于2013年11月21日公示，故上海某公司对该采购项目的质疑已超过供应商可以提出质疑的法定期限。上海某公司对于招标文件的质疑书于2014年3月10日首次提交，根据上述法律规定，采购中心的答复期满日为2014年3月19日，上海某公司若对采购中心的回复不服或采购中心未作出答复的，上海某公司至迟应于2014年4月9日向同级财政部门提起投诉，而上海某公司却于2014年4月14日向省财政厅递交投诉书，故该公司对此招标文件质疑答复已超出供应商可以提起投诉的法定期限，省财政厅据此认为对采购项目招标文件质疑答复的投诉已超过了法定期限并无不当。

《政府采购法》第三十六条规定，在招标采购中符合专业条件的供应商或者对招标文件作实质响应的供应商不足三家的应予废标，上海某公司认可采购项目只有两家供应商参加,故按废标处理并无不当。上海某公司在投诉书中提出招标未按照规定的程序开标、评标、定标，但在投诉书中未说明具体理由，上海某公司在庭审中解释了其理由，即采购中心以供应商不足三家而废标实际是为偏袒对方，故意不开标，但采购中心的做法符合《政府采购法》的上述规定，上海某公司的该项投诉内容没有事实依据。

因此，省财政厅依法驳回上海某公司的投诉符合法律规定。故南京中院依照《最高人民法院关于执行〈中华人民共和国行政诉讼法〉若干问题的解释》第五十六条第（四）项的规定，判决驳回上海某公司的诉讼请求。

上诉人诉求及观点

上海某公司不服南京中院行政判决，以省财政厅和采购中心为被上诉人，向江苏省高级人民法院（以下简称“省高院”）提起上诉称：

（1）省财政厅在原审中提供的评标报告封面中的评标委员会主任栏为空白，违反了财政部的规定；且该报告内容不完整，缺乏公正性；该厅提供的采购项目的质疑论证意见，有多处被篡改的章节、字句及人为增加句子的情况，甚至有评委名字写错后重新书写的情况，故评标报告、质疑论证意见不具备真实性。因采购中心未对上海某公司针对招标文件进行质疑时，提出的招标文件货物和服务的追加、减少和添购条款违反了《政府采购法》第三十一条规定的情况进行处理，省财政厅未对采购中心的上述不予处理行为进行处理亦属于行政不作为行为。（2）因采购中心在JSZC-G2013-196采购项目中违法开标，故上海某公司于2014年3月24日发现后提出质疑合理合法。因《招标投标法》中对于评标委员会的评委等招标事项有明确要求，故省财政厅未对此进行审查涉嫌包庇违法乱纪行为。上海某公司在2014年3月10日首次提交质疑书，在2014年3月17日收到采购中心要求补正的电话通知后，采购中心于次日即收到上海某公司的补正材料，因此，上海某公司于2014年4月14日向省财政厅递交投诉书时，并未超过投诉的法定期限。对于省财政厅在处理上海某公司涉案投诉时存在的未仔细审核、未尽到政府采购监督管理义务的情况，南京中院并未尽职进行审查，因此，南京中院对于省财政厅作出的投诉处理决定在公理判断和事实认定方面存在错误。南京中院对上海某公司调取证据的申请予以拒绝，违反了《最高人民法院关于行政诉讼证据若干问题的规定》第六条规定，侵害了上海某公司的合法权益。故南京中院适用《最高人民法院关于执行〈中华人民共和国行政诉讼法〉若干问题的解释》第五十六条第（四）项作出本案判决属于适用法律错误。请求省高院依法予以改判，支持该公司在原审中的全部诉讼请求。

上诉人答辩及观点

省财政厅答辩称：

1.原审判决认定事实清楚。采购项目评标报告在形式和内容上并不违反法律规定，而该采购项目的质疑论证意见证明了评标委员会对上海某公司的质疑进行论证的情况。JSZC-G2013-196采购项目于2013年11月21日公告，上海某公司在2014年3月方对该采购项目进行质疑后又投诉，已超过法定期限。上海某公司于2014年3月10日针对采购项目招标文件提出质疑，并于同月17日对质疑进行补正，采购中心于2014年3月20日予以答复，根据《政府采购法》的规定，采购中心的答复期满日应为2014年3月19日，上海某公司如对采购中心的回复不满意或采购中心未作出答复的，该公司至迟应于2014年4月9日向省财政厅投诉，上海某公司于2014年4月14日针对该采购项目招标文件向省财政厅提出的投诉已超过法定期限，为无效投诉事项。省财政厅未发现采购项目存在违法行为，上海某公司亦认可只有两家供应商参加该采购项目招标，故该标依法按废标处理并无不当。

2.原审判决符合法定程序。根据《加强政府采购投诉工作通知》第三条规定，对上海某公司超出该公司质疑范围的投诉事项，依法不属于省财政厅投诉处理范围，该公司要求法院审查超出其质疑范围的事项没有法律依据，南京中院已尽到对上海某公司起诉状相关内容进行概括、审查与审理的责任。上海某公司向南京中院提出调取证据的要求，不符合行政诉讼证据的相关规定。

3.南京中院适用法律正确。上海某公司未能说明原审判决适用法律错误在何处，其认为南京中院适用法律错误不能成立。上海某公司的诉讼主张不能成立，原审判决合法。请求省高院驳回上诉，维持原判。

二审法院裁判及观点

省高院另查明，在原审期间，上海某公司于2014年9月18日向南京中院提交调取证据申请，申请南京中院从采购中心、省财政厅调取采购项目及编号JSZC-G2013-196采购项目的立项、审批、招投标过程的完整资料。南京中院于2014年10月17日作出（2014）宁行初字第202号决定书，认为上海某公司的上述申请不符合《最高人民法院关于行政诉讼证据若干问题的规定》的有关规定，决定不予准许。上海某公司对该决定不服，向南京中院申请复议，南京中院于2014年10月20日作出复议决定书，维持了上述决定。

省高院认为：1.关于省财政厅对上海某公司就涉案政府采购投诉进行处理的职责范围问题。根据财政部《加强政府采购投诉工作通知》第三条第三款之规定，本案中，上海某公司在向采购中心就采购项目的招标文件、中标结果提出质疑时，并未提出除评委工作单位之外与评委相关的问题，亦未提出评标委员会的组成、选用、组长及标书返还等问题，故省财政厅在作出的投诉处理决定中，对上海某公司在本案审理期间提出的超过该公司针对采购项目质疑范围的事项未进行处理并无不当。上海某公司就未质疑事项可依其他法定途径另行寻求救济。

2.关于省财政厅作出的投诉处理决定是否合法的问题。根据《政府采购法》第二条、第四条之规定，因本案所涉政府采购项目采购的是货物而非工程，故本案不适用《招标投标法》的规定。根据《政府采购货物和服务招标投标管理办法》（财政部令第18号）第四十五条第三款规定、《信息公告办法》第十二条第（六）项规定，其中并未规定政府采购中标公告中公开评标委员会评委名单的同时，需公布评委的工作单位等个人信息，故采购中心于2014年3月19日发布采购项目中标公告时，只公布评标委员会评委名单，而未公布评委的工作单位等情况并无不当。根据《政府采购法》第五十二条、第五十五条之规定，本案中，上海某公司参加了JSZC-G2013-196采购项目的投标，该采购项目因投标人不足三家而废标，结果已于2013年11月21日对外公告，且公告中明确各有关当事人的质疑期限为该公告发布之日起七个工作日内，因上海某公司在当时即应知道该公告情况，故针对上海某公司于2014年3月就该采购项目提起的投诉，省财政厅认为已超过法律规定的投诉期限，并无不当。而上海某公司于2014年3月10日就采购项目招标文件向采购中心提出质疑，应采购中心2014年3月17日的要求，上海某公司于当日对该质疑书的格式等内容进行了补正，采购中心随后于2014年3月20日针对上海某公司就招标文件提起的质疑向该公司作出了答复，而上海某公司于2014年4月14日方就招标文件问题向省财政厅提起投诉，已超过法律规定的投诉期限。根据《政府采购法》第三十六条第一款第（一）项之规定，本案中，上海某公司亦认可采购项目只有两家供应商参加，故采购中心将该标确定为废标符合上述法律规定，省财政厅在投诉处理决定中对此予以确认并无不当。因该标为废标，故该标未进行《政府采购法》等相关法律规范中的开标、评标、定标程序并不违反法律规定。采购中心在该标中标公告中未将相关中标公告格式文本中的“进行了开标、评标、定标”的表述予以删改，确有不当，省财政厅在投诉处理决定中对此亦未指出，工作中存在瑕疵，但因该标依法即应为废标，故该工作瑕疵并不影响上海某公司的实际权益，该厅在今后的工作中应予改进。据此，省财政厅驳回上海某公司的投诉，结果并无不当。

综上，上海某公司的上诉理由和请求缺乏事实根据和法律依据，依法不能成立，省高院不予支持。南京中院依据《最高人民法院关于执行〈中华人民共和国行政诉讼法〉若干问题的解释》第五十六条第（四）项之规定，判决驳回上海某公司的诉讼请求并无不当。省高院依据《行政诉讼法》第六十一条第（一）项之规定，判决驳回上诉，维持原判。

案例评析

CASE ANALYSIS

1. 原告起诉未经质疑事项，不在法院审查范围之内

投诉人提起投诉前已依法进行质疑，是提起投诉条件之一，投诉事项必须经过质疑，才属于投诉处理的审查范围，而未经过依法质疑的事项，财政部门应不予受理。本案中，上海某公司在向采购中心就采购项目的招标文件、中标结果提出质疑时，并未提出除评委工作单位之外与评委相关的问题，亦未提出评标委员会的组成、选用、组长及标书返还等问题，故省财政厅在作出的投诉处理决定中，对上海某公司在本案审理期间提出的超过该公司针对采购项目质疑范围的事项未进行处理并无不当，同时法院亦无须对上述问题进行实质性的审查，只需审查省财政厅所作投诉处理决定的合法性。

2. 评标委员会评委的工作单位不应公开

《政府采购法实施条例》第四十三条规定，中标、成交结果公告内容应当包括采购人和采购代理机构的名称、地址、联系方式，项目名称和项目编号，中标或者成交供应商名称、地址和中标或者成交金额，主要中标或者成交标的的名称、规格型号、数量、单价、服务要求以及评审专家名单。《信息公告管理办法》第十二条规定，中标公告应当包括下列内容：……评标委员会成员名单。可见，政府采购中标公告中公开评标委员会评委名单的同时，并未规定需公布评委的工作单位等个人信息，故采购中心于 2014 年 3 月 19 日发布采购项目中标公告时，只公布评标委员会评委名单，而未公布评委的工作单位等情况并无不当。因此，财政部门认定投诉事项不成立事实清楚证据确凿。

3. 原告申请法院调取采购相关证据是否应允许

《行政诉讼法》第四十一条规定，与本案有关的下列证据，原告或者第三人不能自行收集的，可以申请人民法院调取：（1）由国家机关保存而须由人民法院调取的证据；（2）涉及国家秘密、商业秘密和个人隐私的证据；（3）确因客观原因不能自行收集的其他证据。可见，原告或第三人申请调取的证据需与待证事实有关且符合上述三种条件。本案中，招投标项目的招投标过程资料，因本案系上海某公司对省财政厅的投诉处理决定不服而提起诉讼，依法应由省财政厅承担证明其行政行为合法的证明责任，省财政厅现已提交了相关证据，对省财政厅证据是否充分、是否能证明其行政行为合法均应由法院审查认定，并无调查收集的必要性。关于原告申请调取编号为 JSZC-G2013-196 的招标项目因已超过法定的质疑期，省财政厅不予受理，未作出投诉处理决定，故该次招投标采购项目的所有资料均不属于本案审理范围。此外，招投标项目的立项、审批过程的资料与招投标程序本身并无关联，也超出了上海某公司的质疑、投诉范围，故不属于本案审理范围。因此，上述证据都与待证事实无关联，并没有调取的必要性，法院不予准予合法合理。

POSTSCRIPT

后·记

笔者从2003年开始至今一直担任江苏省财政厅法律顾问，2006年代理该厅第一件诉讼案件即为政府采购行政诉讼案件。历经一年多时间的质疑、投诉、诉讼，该厅虽然最终胜诉，但在投诉处理过程中存在一些瑕疵，带来很大法律风险。从那以后，该厅政府采购管理处、政策法规处（前为税政法规处）以及江苏省政府采购中心进一步加强对防范政府采购争议处理法律风险的探讨。从那时始，笔者经常参与该项工作，从中学习并积累了许多政府采购争议处理方面的法律理论与实务经验，为本书的酝酿与写作奠定了基础。

感谢江苏省财政厅历任领导，该厅政府采购管理处、政策法规法处历任领导及同仁，江苏省政府采购中心历任领导及同仁，是他们对政府采购工作的极其重视，对政府采购质疑、投诉的公正、高效处理，对政府采购行政复议、行政诉讼的积极、有效应对，使得江苏省财政厅、江苏省政府采购中心在行政复议、行政诉讼中一直保持全胜记录，也为本书写作提供了许多案例和资料。

感谢苏州大学孙文基教授，在本书提纲的酝酿阶段提出过很好的建议。

感谢我的同事及写作不同时段的助手张艳、仲甜甜、张静、张云巧、吉祥、汪澍玉、吴蕾、李清、林小帆、赵明丽等同志，先后参与本书不同章节资料收集、案例修改。

感谢法律出版社法商分社社长薛晗女士、编辑田浩先生及其他不知姓名的编辑们，书稿接近完成时，我尝试拨了法律出版社的电话，恰巧是薛社长接了电话，听了书稿介绍，她当即拍板“成交”，田编辑在出版过程中悉心指导，其他编辑默默无闻辛勤工作，使得本书顺利出版。

感谢《中国政府采购报》总编辑齐玄江先生，在百忙之中为本书作序，他的点睛之笔是对笔者的鼓励与鞭策。

政府采购法律条文既简洁、又原则，如何准确理解、适用，以正确处理形形色色的争议，非常不易。从法院生效裁判文书看，“同案不同判”的现象，在政府采购争议案件中特别突出。为让读者能够深入分析，尽量将争议各方主体的观点和法院的裁判观点予以介绍，为突出该章节主题又作了许多删改，同时也对案例进行评析。笔者学识粗浅，经验有限，书中错谬难免，欢迎批评指正，读者可在 QQ:947070410 上留言，或发电子邮件至 E-mail:18915979838@163.com，笔者不胜感激！

图书在版编目(CIP)数据

政府采购救济争议处理:实务指引与案例分析 / 杭正亚著. -- 北京:法律出版社,2020
ISBN 978-7-5197-4630-8

Ⅰ. ①政… Ⅱ. ①杭… Ⅲ. ①政府采购-争议-处理-案例-中国 Ⅳ. ①D922.205

中国版本图书馆 CIP 数据核字(2020)第 102406 号

政府采购救济争议处理:实务指引与案例分析
ZHENGFU CAIGOU JIUJI ZHENGYI CHULI:
SHIWU ZHIYIN YU ANLI FENXI

杭正亚 著

责任编辑 薛 晗 田 浩
装帧设计 马 帅

出版 法律出版社
总发行 中国法律图书有限公司
经销 新华书店
印刷 中煤(北京)印务有限公司
责任校对 晁明慧
责任印制 胡晓雅

编辑统筹 法商出版分社
开本 710 毫米×1000 毫米 1/16
印张 34.25
字数 670 千
版本 2020 年 9 月第 1 版
印次 2020 年 9 月第 1 次印刷

法律出版社/北京市丰台区莲花池西里 7 号(100073)
网址/www.lawpress.com.cn
投稿邮箱/info@lawpress.com.cn
举报维权邮箱/jbwq@lawpress.com.cn
销售热线/400-660-8393
编辑电话/010-83938130

中国法律图书有限公司/北京市丰台区莲花池西里 7 号(100073)
全国各地中法图分、子公司销售电话:
统一销售客服/400-660-8393/6393
第一法律书店/010-83938432/8433 西安分公司/029-85330678 重庆分公司/023-67453036
上海分公司/021-62071639/1636 深圳分公司/0755-83072995

书号:ISBN 978-7-5197-4630-8
定价:136.00 元
(如有缺页或倒装,中国法律图书有限公司负责退换)